河南省“十四五”普通高等教育规划教材

司法制度原理

主编◎王建国

郑州大学出版社

图书在版编目(CIP)数据

司法制度原理 / 王建国主编. -- 郑州 : 郑州大学出版社, 2023. 10
ISBN 978-7-5645-9974-4

Ⅰ. ①司… Ⅱ. ①王… Ⅲ. ①司法制度 - 高等学校 - 教材 Ⅳ. ①D916

中国国家版本馆 CIP 数据核字(2023)第 186902 号

司法制度原理
SIFA ZHIDU YUANLI

策划编辑	王卫疆	封面设计	苏永生
责任编辑	张卫明	版式设计	苏永生
责任校对	陈　思	责任监制	李瑞卿

出版发行	郑州大学出版社	地　　址	郑州市大学路 40 号(450052)
出 版 人	孙保营	网　　址	http://www.zzup.cn
经　　销	全国新华书店	发行电话	0371-66966070
印　　刷	河南龙华印务有限公司		
开　　本	710 mm×1 010 mm　1 / 16		
印　　张	29.25	字　　数	608 千字
版　　次	2023 年 10 月第 1 版	印　　次	2023 年 10 月第 1 次印刷

书　　号	ISBN 978-7-5645-9974-4	定　　价	89.00 元

作者名单

主　编　王建国

副主编　谷耿耿　肖　冲

编　委　谷耿耿　肖　冲　王　蕊

　　　　吴芊玮　苏晓阳　张毅伟

主编简介

王建国 男，汉族，1968年12月生，河南商水人，中共党员，法学博士、博士后，郑州大学法学院教授，博士生导师。现任郑州大学法学院党委委员、法理法史学科带头人、法理法史教研室主任、教学督导委员会主任、郑州大学中原法治文化研究中心主任。兼任中国法学会法理学研究会常务理事、河南省法学会法理法史学研究会会长。研究领域为：马克思主义法学理论、司法原理、党内法规与监察制度。任教高校以来，主持完成国家社科基金重点项目1项、国家社科基金后期资助项目1项，参加国家社科基金重大项目2项、重点项目2项；主持最高人民检察院重大课题1项、河南省高校哲学社会科学基础研究重大项目1项、河南省高校哲学社会科学创新团队支持计划项目“马克思主义法治理论”等国家、省部级项目20余项。曾获河南省优秀专家、河南省高层次人才（C类）、河南省第六届省直道德模范、河南省第二届优秀中青年法学家、河南省“四个一批”人才等荣誉称号。科研成果多次获奖，其中获省部级一等奖1项、二等奖4项、三等奖4项，获厅级优秀成果奖5项。独著、主编或合著著作10余部，在《法学》《法律科学》《法学评论》《法学杂志》等刊物发表法学学术论文80余篇。

前言

司法是实现社会正义的最后一道屏障，是社会秩序稳定和国家法治建设的重要制度保障。作为法律调整的基本方式和动态过程，司法是国家制定法在社会生活中发挥应有职能的重要活动和方式。现代法治社会通过国家司法机关的有序司法活动，保障国家法律规范得到适用和实施，促使社会主体依法享有法律权利和履行法律义务，及时追究违法人的法律责任，实现法律在国家治理体系中的价值依归和目的追求。在国家权力结构体系中，司法权是一种关涉公民人身和自由的重要权力，如无规制则难免导致滥权擅权现象的发生。因此，为了规范司法权的有序运行，实现司法的终极目标，这就要求司法活动遵循法律规范的约束和程序规制，这个规范和程序就是健全的司法制度。由此，司法制度则构成一国法律体系中最重要的组成部分，属于一个国家的基本政治制度，它是司法体制在宪法和法律中的具体化和制度化，也是司法活动有序进行的制度保障。司法制度的概念有狭义和广义之分。狭义的司法制度，通常是指对法院诉讼活动予以规范的制度，这一概念通常以西方司法制度为背景；而广义的司法制度，则涵盖了国家司法机关和法律授权的机关、社会组织适用法律处理诉讼案件和非诉讼事务的制度，包括审判制度、检察制度、公安侦查制度、监狱制度、监察制度、律师制度、调解制度、仲裁制度、公证制度等，这一概念通常以我国司法制度和司法政治实践为背景。广而言之，我们将这些制度统一归于广义的司法制度，它们相互结合，构成了当代中国司法活动的制度体系和基础。司法的功能和目的，就是在特定的社会环境、历史条件下以及特定司法理念的指导下，通过国家具体的司法制度、司法程序和法律职业的专门活动，由司法主体依照国家法律规定适用国家法律解决具体纠纷和处理具体法律问题得以实现的。

十八大以来，在完成中国特色社会主义法律体系建设的基础上，中国特色社会主义法治建设深入推进和展开。由于国家法治发展以及学术理论的深化，很多法律法规都与时俱进地进行了修订，基于宪法修正和司法改革的深化，司法制度体系也展现出新的时代风貌。为了顺应时代发展，作者根据多年来从事法学教学的研究经历和法律实践的知识积累，在河南省"十二五"普通高等教育规划教材《司法制度原理》的基础上，重新组织法学新秀参与，在第一版的基础上修订编撰而成这本新教材。修订后的教材有幸入选河南省"十四五"普通高等教育规划教材出版计划，并由郑州大学出版社负责出版。

本教材从广义司法概念着手，全面系统地阐述了现代司法的基本原理、制度设计、构成要素、运作方式，以及法律职业、法律程序、社会条件等内容，进而清晰地揭示司法在现代法治国家治理中的地位、意义和功能，并着重对我国现行司法制度及其原理进行介绍和研究。不仅从静态的法律规则即成文规范性法律文件体系的角度，而且从法律的调整及运作这种动态的发展过程和实践活动的角度，阐释司法运作与法律调整的原理和功能作用；站在时代的前沿收集当下国内外司法制度的最新研究信息和法律资料，论述的内容涉及国内外不同法域的司法制度和司法体系，不仅回顾了司法的历史源流和发展演进，而且论及全球化背景下世界性的司法制度改革的现状和趋势；不仅重点论述了基于狭义司法概念下的法院审判制度，而且兼顾到广义司法概念视野下的司法活动、制度和程序等各方面内容；另外，还选择介绍和比较了世界各国司法制度的异同，拓展了我国司法制度的理论研究范围，有助于开阔法律理论研究者的视野和提高司法工作者的法律思维能力，也有利于读者对司法制度的宏观把握。

本书既注重把现代司法制度和司法活动的基本原理与现实制度及程序相结合，又注重比较世界各国现实的制度。同时，注重把研究静态的法律制度原理与动态的司法实践、发展和改革相结合。本书把我国司法制度置于当代全球化世界法治发展的宏观视域之下，并由此展示当代世界各国司法体制、理念和具体制度及程序设计的多样性，克服以往对国外司法制度和研究信息掌握中的片面性和主观性，从而使对我国司法制度及司法改革的研究建立在更为客观的基础上，为司法制度的学习者提供一种科学的基本的方法和思路。作为一个发展中的社会主义国家,我国当下司法制度的建设和改革绝不是一种简单的移植或模仿过程,在司法现代化的过程中面临着更为艰巨的任务。因此,在司法制度的研究中,既不能简单地把某一个西方国家的司法制度直接照搬到我们国家,也不应因为国情的特殊性拒绝接受人类先进法律文化所孕育的具有普适性的司法制度和司法理念。本书以一种严肃的学术态度和强烈的社会责任感,在介绍有关司法理论知识的同时,试图以更为客观公正的态度叙述各国司法制度的原貌以及可资借鉴的内容。

由于本教材所涉及的许多司法问题不仅不局限于理论法学领域,而且跨越了若干法学部门;不仅内容繁杂,而且存在有一定的理论难度和法律认识上的差异;加上编者本身的写作能力和理论水平所限以及篇幅宏大的双重限制,对于相关理论的阐述可能存在不足和偏颇之处,或有一些问题和争议,恳请读者和法学界同仁不吝赐教,予以批评指正。本书编写过程中参考、借鉴和吸收了法学界许多教材和研究成果,丰富了本教材的内容,所有参考书籍和文章一并在参考文献中列出,在此谨对各作者表示深切的谢意!

王建国

2022 年 7 月 16 日

目　录

第一章

司法制度概述

第一节　司法制度的基本概念和沿革

一、司法、司法权、司法机关、司法制度

司法、司法权、司法机关、司法制度是法学理论研究和司法实践常见的一组概念,也是现实法律生活中的常用语,但对这些法律术语内涵与外延的理解和界定却是中外有别,而且说法各异,莫衷一是。

(一)司法

1. 司法的词源

司法(justice)是指国家司法机关及其司法人员依照法定职权和法定程序,适用法律处理案件的专门活动。西方资本主义国家实行"三权分立"的政治体制,司法与行政、立法的概念之间有严格的外延界限和内涵区分。司法是历史的产物,是一种社会现象,并非一成不变。它随着国家的社会制度、历史背景、文化传统和经济发展程度的不同而存在着差异。但不管有多大差异,司法都离不开三个要素:一是它以社会关系上的纠纷为处理对象;二是纠纷的处理者为第三方,主要是法官;三是纠纷解决的依据是法律。从历史角度考察,"司法"一词,在我国古已有之。据《辞源》修订本(1979 年商务印书馆)解释:"司法",官名。北齐称法曹参军。唐制,在府叫法曹参军,在州叫司法参军,在县叫司法。至清朝末年变法修律,西法东渐,具有现代意义上与立法、行政相对应的"司法"概念传入中国。

在西方欧美国家,"司法"一词大都同时作为学理和法理上的概念和各国制定法上的用语而存在。古代乃至近代思想家们的视野中,对于"司法"问题均有详细

论述。在古希腊，亚里士多德（公元前384—前322年）在其代表作《政治学》中提出了将国家权力划分为三种，即议事权、行政权和司法权。这一学说被后来的资产阶级启蒙思想家法国学者布丹（1530—1596年）、英国学者洛克（1632—1704年）等人所继承发展，到了18世纪，法国资产阶级的启蒙思想家孟德斯鸠（1689—1755年）正式创立三权分立学说，即将国家权力分立为三个部分：立法机关（议会）行使立法权，创制法律；司法机关（法院）行使司法权，适用法律；行政机关（政府）行使行政权，执行法律。三机关分权制衡，以避免形成"专制"或"专断"。依孟德斯鸠的三权分立学说，司法有别于立法及行政，是"处罚犯罪或裁决私人争讼"的权力，性质上属于纯粹的法律作用，而非政治作用。法官不过是法律的传声筒，只能依三段论法精确地适用法律条文，不具有违宪审查权，甚至连解释权亦受到严格限制。但从现代各国司法体制及司法机关的职权来看，孟氏对司法的定义方式显然与现实存在脱节。

在资产阶级思想家看来，司法只能是法院的职权行为，亦即是法官的审判活动。一般认为，司法的内容受各国传统及时代因素的影响，具有历史的可变性，不能够基于一国之定式予以统一界定。西方国家在解释司法的概念时，总是基于以法官和法院为司法主体以及法院和法官对案件的审判为客体进行阐述。如《牛津法律大辞典》对"司法"一词解释为："关于法官的术语，在很多情况下区别于'立法的'和'行政的'，在另外一些情况下区别于司法之外的，后者指不经法院的处理以及没有法官干预的处理。"对"司法程序"的解释为："与立法程序及行政程序不同，它的功能在于通过查清纠纷和案件的事实，公布真相，以协作司法机关对于纠纷和案件进行法律处理。"又如《布莱克维尔政治百科全书》对"司法机构"的解释为："一种拥有解决法律冲突权力的政府机构。在大多数国家中，司法机构或法院被赋予或成功地保持着一种与众不同的独立作用。在理想的观念模型中，司法机构常常被界定为旨在以一种确保对争讼各方都公平和正当的方式使冲突解决制度化的专门组织。"对"司法"的功能解释为：在诉讼当事人双方的争执中听取和评判案情并做出最后裁定的能力。考察现代各国对"司法"概念的理论界定和司法活动具体实践，大体上，美、日与德、法堪称两类典型。

美国的司法概念，依其联邦宪法第三条规定，以"事件及争讼"（Cases and controversies）为要素，包含民事、刑事及行政事件的裁判。而且，法院审理案件时，附带对有关法令进行违宪审查，这是司法的本质性职责和义务。日本战后基于美国对于日本的控制，日本基于外发型现代化对美国司法制度全盘照收。因此，在对司法概念的理解和制度建设上，也大致采取与美国相同的理论模式和制度构造。

法国自1789年大革命以来，即将司法范围限定于民事、刑事裁判领域，将行政案件的裁判排除于外。司法的任务亦受严格限制。大革命时期的法律规定，法官干预立法权及执行权行使的，即构成渎职罪。同时，法院"解释"法律也被绝对禁止。相应地，法官仅能一板一眼、中规中矩地适用法律。1958年《法兰西第五共和宪法》虽然引进违宪审查制度，但该制度与一般司法不同，这很突出地反映在相应法律条文的归属上。后者规定于第八篇“司法权威”，而前者却另外规定于第七篇“宪法院”。同属大陆法系的德国，传统类似于法国，将行政法院排除在司法体系之外，现行基本法则另设“裁判”（Rechtsprechung）一语，作为“司法”的上位概念，用以统括普通法院、行政法院、财政法院、劳动法院、社会法院及具有抽象违宪审查权的宪法法院。

对于司法的理解，中外虽存有一般共识性理解，但对司法的认识差别远远大于共识。除了中国古代司法的字面意义与国外不同之外，主要差别还在于含义上。国外所称“司法”为法院权力或法院活动，而我国法律实践中所称“司法”则为包括公、检、法、司等机关权力或活动，司法与监察体制改革后，广义的司法已扩展到监察领域。当然，最根本的差别莫过于关于司法制度的创设，西方是以“三权分立”为其理论基础的，在我国，“三权分立”仅仅是一种有借鉴价值意义的学说。我国具有中国特色的社会主义司法乃是基于人民代表大会制度下的立法权之下的检察权、审判权、监察权和行政权分立。

2. 司法的特点

（1）司法的中立性。中立性是司法权的第一特性，这在世界各国的司法理念中没有差别。如果将法官比作裁判员，司法权的中立性要求：法官不能像有些球类裁判那样满场跑，满场奔跑的裁判难以处于中立和消极的地位，不处于中立地位的裁判就容易做出错误的判断，这也是有些球类裁判判罚结果的公正性和准确性为什么时常容易引起怀疑的主要原因之一。排球裁判却不一样，他站在场地之外，立于场地的正中间并高于球网，运动员触网或过网击球时自己都不一定能察觉，居中裁判者却能明察秋毫，判罚结果也很少引起质疑。因此，法官就要像排球裁判那样居中裁判，不偏不倚地、公正地对待原被告和控辩双方，力求不受立场限制地做出准确判断。裁判者如果不能保持中立，其裁判结果的公正性就会受到怀疑。我国法院机构的徽章是由一柱华表支起一架天平来表现其中立性，西方以美国为代表的司法文化中也不乏蒙眼的正义女神手执天平的比喻和图像。各国法院还通过建立回避制度和严格的诉讼程序规则来保障法院和法官的中立地位。司法权的中立性的另一个层面是其消极性，司法是解决社会矛盾最后的防线，但不是唯一的手段。纠纷者通过谈判和解、调解和仲裁解决民事纠纷应是当事人的首选方式，不到最终不要随便动用国家的司法资源去解决民间纠纷。美国法院甚至将调解和和解的理念应用于刑事诉讼之中，建立了辩诉交易制度，90%左右的刑事案件都可以由检察官与辩方律师或刑事被告在法庭之外达成交易，和解结案，节省了大量的国家司法资源。司法权的消极性还具体表现在司法机关不应该主动出击，而应被动地等待，一般来说就是实行不告不理原则，法官不能主动地挑起当事人去打官司。但这是以法院审判界定为狭义司法权为参照系做出的分析，如若以广义司法权概念的角度讲中立性，应该将中立性界定为法定机关适用法律处理案件不偏不倚。

(2)司法的被动性。也就是说,只有当事人的争议发生后向其提出解决的请求时,司法才能启动,司法不能主动介入已发生的纠纷之中。具体来说,被动性表现在以下几个方面:一是整个司法程序非由当事人的请求不得启动;二是司法程序必围绕当事人的请求事项来进行;三是司法程序一旦启动必须依照法定程序推进,不能随意加快程序、省减程序,也不得随意拖延程序、中断程序。终止程序也由当事人决定。司法被动性的意义在于:其一,只有被动行使司法权,法院才能真正在争议各方之中保持中立和不偏不倚,如果主动发动司法审判程序或主动地将某一事项纳入司法裁判范围,实际上是帮助一方当事人进行诉讼,从而丧失裁判中立者的立场。其二,法院不主动干预控辩双方的纷争,可以为双方平等地参与司法裁判过程、平等地对法院的裁判结论施加积极的影响创造条件。其三,法院不主动发动新的诉讼程序,有助于裁判者的冷静、克制与自律,防止出现裁判者在存在偏见、预断的心理预期下,进行实质上的自我裁判活动。其四,确保裁判过程和结论获得争议各方的普遍认同,使裁判者的公正形象得到社会公众信赖。

在西方,司法的被动性体现在司法程序的全过程。在程序的启动上,表现为司法活动只能由当事人提出申请以后才能进行,没有当事人的请求(起诉、上诉和申诉),法院不能主动开始一个诉讼程序审理案件。正如西方法律谚语所说的“无诉讼即无裁判,无诉求即无法官”。同时,法院受理了当事人的请求,其审理的范围仅仅局限于当事人的诉讼请求,而不能超越请求范围主动地去调查处理未经请求的事项。不仅如此,在一审程序后的各个诉讼阶段,也都严格遵守这一基本理念。无论是大陆法系国家或是英美法系国家,上诉程序抑或是三审程序,法院将审理的范围严格限定在上诉人的上诉请求事项范围之内,而不能越雷池半步。也就是说,上诉法院对于当事人没有提出异议的一审裁判部分,通常认为已被双方当事人所接受,而无须重新审查确认。如果当事人对于一审裁判结果没有提出任何异议,在法定期间内放弃上诉的,则上诉审程序不能启动。再审程序方面也同样如此,依司法“被动性”之说,任何法院都无权自行主动撤销一个已经发生法律效力的裁决,再审程序的启动权交由双方当事人决定是否进行。必须指出,诉讼涉及的实体和程序两个方面问题中,实体问题的解决和程序问题的解决都是被动进行的。法院对程序性事项审查时,也局限于当事人提出的诉讼请求之列。比如逮捕、搜查、扣押等诉讼程序中的问题通通限定在有人提出诉讼请求的前提下才能进行。

被动性的界定亦是依据西方狭义司法概念而界定,仅仅限于法院裁决案件的活动。在我国,司法权的被动性是相对的。司法机关和准司法机关依据法律处理案件均需具有案件来源才可行使权力,即是说有原告或者案件举报人、提起人,不能无根据地启动裁决案件或者追诉公民的程序。即使是狭义上司法机关——法院在裁决案件时,亦有释明法理的主动义务。

(3)司法的独立性。司法独立性的基本含义是指司法机关在司法裁判过程中,自主地认定案件事实和适用法律,不受来自司法机关内部、外部的影响。司法独立的根本在于司法权的独立，司法权独立的实现有赖于法院和法官的独立。

司法独立原则产生于17世纪的英国，1688年英国议会公开确认了司法权独立的原则。资产阶级国家政权建立后，陆续将司法权独立作为一项基本原则予以确立。1791年法国宪法确认，司法权无论何种情况下都不能由国会或国王行使，而只能由法院行使。德国1919年和1949年《基本法》均规定，司法必须独立，法官和法院行使司法权。美国在其《宪法》第三条第一项中规定：司法权属于最高法院和低级法院。战后的日本国《宪法》中七十六条第一款规定："一切司法权属于最高法院及依照法律规定设立的下级法院。"而在此之前所有包括司法权在内的权力均属"天皇"。其他西方国家在宪法和法律中对司法或司法权的表述大同小异。必须指出，不但传统老牌资产阶级国家对"司法"作如此界定和描述，就是社会制度转轨中的国家也是如此。苏联解体和东欧国家在国家性质发生巨变后，之后的俄罗斯和独联体国家也把司法独立作为原则在宪法中确立下来，其基本理念为司法独立且只能由法院行使。司法权的独立性是确保司法公正的必要，也是由司法职能的特殊性所决定的。法院是裁判各种法律纠纷的场所，通过其他途径不能解决的纠纷最终只能诉至法院解决。按西方学者观点，法院是"社会正义最后一道防线"，如果司法即法院不独立，则社会无公平正义可言，从而有违人类最基本的价值准则。马克思早就指出："法官除了法律，没有别的上司。""军人以服从命令为天职，法官以服从法律为天职。"司法独立，就其内涵来说，包括以下三个方面的内容：首先，司法职能独立，即指国家的司法职能应当与国家的其他职能实行分工，彼此互不隶属。自从资产阶级启蒙思想家提出"三权分立"的学说以后，现代国家均将国家职能划分为立法、行政、司法三个方面。这三种职能应当由不同的国家机关来行使，而不能集中于一个国家机关。其次，司法机关独立。这指司法机关作为一个整体而独立，不受外界的干涉和影响。司法机关独立包括以下几个方面的内容：一是司法机关依照其对案件事实的认定和法律的理解自由作出裁判，不受来自任何其他机关的直接或间接不当影响，正如同联合国《关于司法机关独立的基本原则》规定的那样：司法机关应不偏不倚裁决其所受理的案件。二是司法机关对具有司法性质的争议问题有管辖判定权。三是司法机关有权独立决定有关司法程序的问题。四是司法机关有权处理司法管理事务。最后，法官独立。即法官作为行使司法权的主体在审判过程中依据法律的规定和自己的良心独立自主地对案件作出裁决，不受任何外在因素的影响和干预。法官独立如同司法机关即法院独立一样，包括以下内容：一是法官身份独立。法官在从事审判活动中，具有独立的人格和身份，对任何机关和个人保持独立，无论是外部影响或是司法系统的内部影响均在法官排除之列。二是法官在任职期间以及退休以后的各种条件和待遇应受到充分有效的保障。具体指法官的调动升迁、薪水报酬、奖惩任免、任期以及退休后的待遇都要得到保障。三是法官在社会政治生活中保持独立。这主要指法官不得同时兼任与其司法职务不相称的其他公职，或从事有违司法独立精神的活动。四是法官在行使司法职权过程中的言论不受法律追究。德国学者将司法独立归结为:①独立于国家和社会间的各种势力;②独立于上级官署;③独立于政府;④独立于社会;⑤独立于政党;⑥独立于新闻舆论;⑦独立于国民的时尚与爱好;⑧独立于自我偏好、偏见与激情。而从社会角度来看待或确认司法独立与否应有四个标准:一是不侵犯审判机关的管辖权;二是不违法介入司法程序干预司法裁决;三是不对法院审判人员施压影响审判活动和裁判结果;四是不对法院审判活动和裁判结果妄加评议。

司法的独立与中立是两个不同的概念。司法的独立侧重于司法机关及司法人员与外界及司法内部之间的关系。而司法中立强调的是司法机关及司法人员与利害关系主体之间的关系。司法中立也是司法独立的一种表现形式。司法中立必须以司法独立作依托,没有司法独立也就无司法中立。

美国作为资产阶级"三权分立"体制的国家的代表,通过"司法独立"原则保障其司法机关的独立性。他们的司法机关不仅完全地独立于立法和行政机关,还享有违宪审查权,可以撤销违反宪法的法律和行政行为。美国法院则是绝对禁止上级法院在任何时候干预下级法院的审判活动,只有当事人提出上诉时,上级法院才能对下级法院的裁判做出改判或维持的决定。我国现行《宪法》第一百三十一条规定:"人民法院依照法律独立行使审判权,不受行政机关、社会团体和个人的干涉。"从严格意义上说,我国实行的是法院"独立行使审判权"的原则,是在人民代表大会的框架内司法权对"行政机关、社会团体和个人"的独立,也就是对当事人的独立。审判机关不仅要保证对外独立于当事人,内部也要相互独立。内部独立包括两个方面:一是上下级法院之间是监督和指导关系,而非领导与被领导关系,维持审级独立。因此上级法院不能在下级法院没有审结其所管辖的案件时对下级法院的正常审判工作进行干预,除非有法律适用方面的新问题出现,下级法院逐级呈报请示最高人民法院,最高人民法院对请示案件的批复就成为新的司法解释。二是审理者裁判、审理则负责。司法改革的深化,完善了法院审判独立的制度,严格禁止非正常地干预过问法官办理案件。但是,在我国的人民代表大会的体制下司法权不能独立于立法权,不能独立于执政党的政治领导。

(4)司法的终局性。司法的终局性是指法院对认为应由其管辖的所有司法性质的争议享有最终裁判权。主要有两层含义:一是指司法机关和法官作出的判决,除了由上诉法院经过二审程序或再审人民法院经过再审程序依法撤销的以外,具有终极效力,其他任何机关和个人都不得非法撤销该裁判,终止其效力,即司法裁判的既判力。禁止随意宣告终局裁判无效和擅自加以改动,只能按照法定的程序撤销原判决,作出新判决。二是指在解决争议的诸多方式中,只有司法裁判是终局性的,司法是正义的最后一道防线,任何纠纷的解决,只要走完了司法程序,就再也没有别的途径可走了,即解决纠纷的其他裁判形式都不具有司法的这种终局性。这意味着将纠纷转化为诉讼,法官依据事实和法律对纠纷进行裁判,当事人就要接受司法判决的终局性权威。

司法的终局性起源于古代罗马法上的一事不再理原则。这一原则要求司法机关对同一案件不能作出两个或两个以上的生效判决。其内涵是:经过诉讼程序处理完毕的一个争讼案件,不能再次成为另一个诉讼程序的审理对象。在罗马共和国时期,法院实行一审终审制,依程序对案件进行审理作出裁判之后,该裁判即具有法律效力,除法律另有规定的以外,法院不得对此案件进行再次审判。按照罗马法学家们的理论学说,法院的判决一旦生效,即产生既判力,而具有既判力的事实应当视作真实,则任何法院和法官都不能将它推翻。

罗马法这一原则随后被世界各国所继承。在大陆法系国家,均在法律层面规定司法机关对业已生效的案件,一般不再重新启动审判程序。当然,在特殊情况下,对生效裁判也可以再审。而在英美法系国家,则将这一原则表述为禁止双重追诉原则。根据这一原则要求,被告人不得因同一犯罪受到两个或两个以上的生效的处罚。美国联邦法院 1969 年判例中明确指出,禁止双重追诉原则可以表述为三项内容:一是保证对同一罪行宣告无罪后不得再次被追诉;二是保证对同一罪行在作出有罪生效判决后不得再次追诉;三是保证对同一罪行不得两次处罚。在英国,其普通法也规定,对于那些被宣告无罪或者作出有罪的生效判决的被告人,禁止实行双重追诉。禁止双重追诉尽管是对一事不再理原则的继承和弘扬,但是禁止双重追诉原则与一事不再理原则有差异或区别。一事不再理原则强调法院经过法定程序所作的判决产生法律效力后,一般不得推翻。而禁止双重追诉原则要求不得对同一事件进行两次审判。裁决一经作出,不论是否发生法律效力,当事人都要遵守。可以说,禁止双重追诉不仅适用于诉讼程序的终结阶段,而且适用于诉讼过程的进行阶段。英美法系国家中控诉方无权就陪审团作出的无罪判决提出上诉。

再审程序的设立是司法终局性的例外情况。司法终局性虽然已得到国际社会的认可,联合国《公民权利及政治权利国际公约》第十四条第七项规定:“任何人依一国法律及刑事程序经终局判决判定有罪或无罪释放的,不得就同一罪名再次进行审判或判刑。”但毋庸讳言,无论大陆法系或英美法系都在诉讼制度中设立再审程序。设立再审程序的目的当然也是为了纠正司法过程中的非正义和不合理现象,以保护公民的合法权益不受非法侵犯,维护司法尊严和权威。各国多规定再审程序的启动根本禁绝法院主动进行,以及仅限于保障当事人合法权益,因此控辩双方请求方可启动再审程序。再审程序的设立与司法终局性在某种程度上找到了一个缓冲地带。

司法终局性的法律意义:其一,实现程序正义。司法的实体正义是司法活动所追求的价值目标,同样,程序正义也是司法活动追求的价值目标,两者同等重要。司法活动中为实现实体正义价值目标而无休无止地反复启动诉讼程序,不仅使当事人人身和财产权利置于悬而未决的状态得不到有效保障,而且背离了程序正义的价值目标与实体正义的等同诉求。其二,节约诉讼成本。诉讼一直处于进行之中,对于国家、社会、当事者均是一个诉讼资源使用的过程。效益理念已经成为当今社会不能不考虑的因素。尽管占主流的观点仍认为为了正义,可以不计成本,但是,社会资源的有限性不允许这样做,诉讼也要讲究效益和资源的合理利用,而司法无终局性,将浪费诉讼资源。其三,体现人文关怀。当事人的诉讼地位是衡量一个国家法治文明的基本标准。如果当事人在司法过程中沦为诉讼客体或诉讼的"奴隶"地位,将是法治文明低下的表现。司法无终局性,将很容易使当事人沦为诉讼的"奴隶"。

(二)司法权

1. 司法权的概念

司法权是一种与立法权和行政权相区别的重要的国家权力,是一种适用法律、处理案件的专属权力,具有执行、裁判、救济权的特性。

中外在"司法权"问题上存在学理争议和制度差异。在国外,由于"司法"仅仅限定为法院活动,所以,"司法权"被称作法院的权力。除"法院"审判权以外的所有权力都不能称为"司法权"。在我国,如同"司法"的概念一样,"司法权"被称为相对于"立法权、行政权和监察权"的一种国家权力。从权力特征来看,它是一种国家权力或称"公权力",是国家的一种职能表现。国家通过建立专门的司法机构并赋予其司法权,从而实现国家职能。司法权从根本上是由主权所派生的,也是国家主权的一种表现或"晴雨表"。司法权是国家权力的组成部分,并以国家强制力为后盾。在我国,关于"司法权"由哪个机关行使,也与国外尤其是西方国家有诸多不同。通常而言,在我国国家权力结构中,学理上认为,"司法权"享有的机关不仅仅有法院,还有检察机关。

基于当代世界各国政治体制、国家结构和传统的差异,对司法权的界定和职权范围的划分各有不同,司法机关的权限和功能也有所不同。即使是行使司法权的法院,在管辖范围、权限等方面也存在着明显的差异。同样,司法权与立法权、行政权、监察权的关系也各具特色。因此,在研究司法权问题时,不能简单地一概而论,而必须首先了解一个国家的司法体制。司法权在国家权力体系中具有极为重要的地位,并且可以同立法权与行政权明确加以区分。

一般而言,立法权是指国家立法机关在其权限内制定、认可、修改、废止规范性法律文件的权力;立法机关的权限还包括监督权、任免权。行政权,是指国家行政机关(政府)管理国家行政事务的权力,其活动方式包括决策、组织、管理、调控等,本质上是一种对立法机关所确定的国家法律法规和政策的执行权。辛亥革命之后,孙中山基于"五权宪法"的理念实行五权制度。依据国家机构"五权分立"的组织原则,将国家的立法、行政、司法、考试、监察这五种治权分别由立法、行政、司法、考试、监察五院独立行使,以防止政府之专权;而同时将选举、罢免、创制、复决四种“政权”由人民掌握,实行所谓“权能划分”。“五权宪法”的基本原则是以欧美资本主义国家宪法的基本原则——“三权分立”原则为基础,结合我国封建时代的考试、监察二权而形成的。孙中山认为,“五权宪法”是五权制度的宪法原则,可以补救“三权宪法”的三权制度的不完备之处,从而使“五权宪法”成为实行民治的根本大法。新中国成立后,“五四宪法”实行人民代表大会制度下立法权、行政权、审判权和检察权分工制度。2018 年“八二宪法”修正案对监察体制改革后,催生传统隶属于行政权的监察权成为一种独立的国家权力,形成人民代表大会制度下立法权、行政权、审判权、检察权、监察权分工负责的中国特色社会主义的宪法体制。

2. 司法权的学说界定

西方法学流派中的司法权概念,经历了长期的演变。从古希腊的亚里士多德到当代不同国度的著名大法官,从近现代资产阶级启蒙思想家的政治学说到马克思列宁主义思想家,都从不同的角度对司法权的功能作用、价值意义、性质和特征等进行过研究论述。在当代世界全球化背景下各国法律理论的移植借鉴和融合,司法权的理论界说也呈现出不同特色。在当下中国,自改革开放以来,随着法学理论研究的繁荣,中西法学理论学说的争鸣,关于司法和司法权的研究不断深化,已经成为近年来的理论热点。法学理论界学者将迄今为止关于司法权的理论界定和学术观点概括为以下几种:

(1)广义的司法权,或称之为大司法权说。该学说认为司法权指审判机关、检察机关、警察机关、监察机关、司法行政机关在办理诉讼案件和非讼案件过程中所享有的国家权力,甚至律师、公证、仲裁等组织在从事与司法行为有关的活动时所行使的权力也属于司法权的范畴。这种学说是我国目前关于司法制度的教学体系通常采用的司法制度和司法权概念。

(2)狭义的司法权。狭义的司法权就是指法院的审判权以及与审判权有关的其他各种诉讼权的总称。该学说认为法院是司法权的核心。

(3)三权说。认为司法权包括审判权、检察权和侦查权三权,即审判机关、检察机关、公安侦查机关在司法过程中代表国家行使的权力。三权说比“大司法权说”而言,缩小了司法权的范围,将监察机关、司法行政机关、律师公证、仲裁等组织的活动排除在司法之外。

(4)两权说。该学说根据我国宪法所确立的司法体制,根据宪法规定政权机关体制将审判机关、检察机关明确为国家的司法机关,并在宪法结构上与其他同时兼有司法功能的公安、司法行政等国家行政机关严格区分开来。该学说已经得到中国当下国家主流意识和司法改革的文件确认。在目前中国的司法实践和政治话语中阐释法学基本理论,揭示司法的功能等问题上,两权说更为规范。但是,仍有必要分别阐述审判权和检察权的本质、功能和特点。也就是说,两权说也不能简单地说明司法权的特征。

实际上,上述四种学说并非必然是相互矛盾的,而是在不同语境和场域下分别具有自己的特定意义,适用于不同的解释功能中。本书所采用的司法权概念是与司法概念直接相关的,是考虑到司法功能、权力的配置和司法活动的特点而界定的,以法院的审判权为司法权的核心,并以宪法规定将法院和检察院界定为我国法定的司法机关,同时兼顾中国目前特殊的司法体系,基于司法权的多元化配置和功能互补的特点,着眼于现行司法制度,将与司法有关的从事准司法活动的国家机关、社会团体和法律职业的活动也纳入现行司法制度的研究范围。

3. 司法权的性质

从职能属性而言,与立法权和行政权相比较,司法权具有以下几方面的特性:

(1)司法权是一种法律适用权。从职能行使角度而言,和立法机关相比,司法机关所享有的职权是准确适用立法机关制定的法律规范,其权限受到主管和管辖范围的限制。在职权行使的意义上讲,相对于立法职权而言,司法权与行政权都是执行法律和适用法律,二者具有相似的性质和特点。在职能行使的原则上,司法机关不能僭越国家的法律规定,在处理案件、解决纠纷中只能以法律为判断的基准,不能任意超越法律规定的权限行使司法权,也不能随意放弃自己的职权,同时要恪守与立法权和行政权的行使界限。

(2)司法权是一种裁判权。司法权是司法机关享有的在司法活动中将法律规范适用于具体案件依法解决各种纠纷的权力。在司法权的行使过程中,法官需要对案件事实进行调查和判断,并通过对法律规范的解释,将法律规范与案件事实对应联系起来,合乎逻辑地进行法律推理,得出法律适用的结果。在缺少明确的法律规范或出现复杂的事实和法律漏洞时,法官可以通过行使自由裁量权,去发现或创造新的法律规范,推动法律的发展。随着现代司法社会功能的扩大,法官对法律的发展和通过个案追求社会正义的正当性日益得到社会的承认。而最高法院和上级法院则通过审级制度对各级法院的裁判结果进行审查,保证法律的统一适用。司法机关适用法律、处理案件的活动结果是以作出裁判文书表明争议的解决过程和结果。法院生效的司法裁判是具有终局效力的裁判,是代表国家对纠纷或待定事项作出的最后判断和决定。在这个意义上,司法与行政执法及行政适用存在着本质的不同。正是这一特性,不仅明显地将检察权与审判权区分开来,实际上也将法院的审判权与执行权的区别凸现出来了。

(3)司法权是一种救济权。权利的实现依赖于救济制度,无救济就无权利。法律调整的效果,就是当社会主体的权利实现出现障碍时,国家和社会能够提供一种权威性的救济机制,责令违法者承担相应的法律责任,使社会主体受到侵害的权利得以恢复、实现或得到有效补救。相对于社会中其他的救济方式,司法救济通常是司法主体通过司法程序和司法裁判作出的具有最高的权威性和法律效力的救济。司法救济的范围一般与法律调整的范围相当,当社会发生纠纷时,能否诉诸诉讼,即是否具有可诉性,决定着司法管辖和司法救济的范围和限度。司法机关能够通过判例确立法律规则和影响公共政策,为社会主体未来行为提供准则。但通常情况下，司法主要是针对社会生活中已经发生的社会主体之间的纠纷，适用现存的法律规范通过裁决为当事人提供救济的。因而，司法的根本使命不是对社会纠纷起到预防作用，也不是对社会主体未来的行为加以规划，而是一种事后的法律调整措施和救济方式。

(4)司法权是一种监督权。为了防止权力擅断，现代国家都设计了分权的制度。在分权的制度体制下，每一种权力都对其他权力具有监督和制约的功能。基于权力制约的意义，在国家政权体制中具有独立地位的司法权，本身是对行政权和立法权的制约和监督。当行政权被滥用时，健全的行政诉讼制度，赋予司法机关可以直接对行政权的滥用予以纠正、为受到侵害的行政相对人提供司法救济的权力。现代宪政国家还通过赋予司法机关以司法审查权，对立法机关和行政机关的行为及其制定的规范性文件的合法性(是否违宪)进行裁判，并可以通过个案对由多数决定的非正义的法律规则或制度这些民主弊端进行纠正。司法还可以通过对社会团体的自治性规范和自治活动乃至于抽象政治行为进行司法审查和监督，以保证公共利益和社会秩序的安全稳定。伴随着法律的全球化和制度融合，司法审查制度已经得到越来越多国家广泛的认同。司法能动主义得到提倡，这种积极的司法理念和政策主张通过违宪审查程序，使司法全面和积极地介入对立法的监督和干预，并直接通过判例参与立法与决策。这里我们需要清楚的一个问题是，在司法的构成中，审判权中的监督是一种被动的、事后的监督，检察权则体现的是一种主动、积极的监督。

(三)司法机关

司法机关(judicial branch)是行使司法权的国家机关。在资本主义国家，司法机关与立法机关、行政机关互不从属；在社会主义国家，司法机关从属于国家权力机关而相对独立于其他国家机关。司法权是由司法机关行使的专属权力，而世界各国司法机关的外延及其权限和性质也因标准的不同而存在较大差异。一般而言，各国界定司法机关所采用的标准主要有以下三种：

1. 法定标准

以在宪法或相关法律中的明确规定，作为认定司法机关范围的标准。根据这一标准，我国的司法机关包括审判机关(法院)和检察机关(检察院)；而西方两大法系的国家法律规定通常仅将法院确定为司法机关。例如，日本国宪法规定：一切司法权属于最高法院及根据法律规定设置的下级法院。司法机关仅指由最高法院及下级各级法院构成的法院组织体系，而检察院则不属于狭义的法定司法机关。

2. 功能标准

从法律适用或纠纷解决的功能的角度，将某些在法律和习惯上都并不属于司法机关的国家机关、社会组织机构能视为司法机关，赋予这些机构以司法职能。例如，仲裁机构、调解机构本质上属于民间机构；还有我国的基层司法所、西方国家的治安法院(官),性质上属于行政性和服务性机构,它们都不具有国家司法机关的本质特征和职权,但由于这些机构享有一定的法律适用和纠纷解决的职能,因此通常也被视为准司法机关。从司法发展的角度看,当代司法的功能确实存在分化的趋势,法院的纠纷解决功能逐渐延伸到社会其他组织。比如,当代中国监察体制和司法体制改革后,监察机关成为一个独立的机关,其也具有适用法律处理案件的权力,在一定程度上具有司法属性。

3. 习惯标准

在法治发展的历史进程中,有些国家机关尽管并不属于法定的司法机关,但历来被社会和公众认为属于司法机关,其行使的国家权力也属于国家司法权的组成部分,或具有实质意义上的司法的职能。例如,尽管我国宪法并未将公安(警察)机关规定为司法机关,但习惯上,社会乃至法学界历来将其视为司法机关,习惯上将公、检、法以及司法行政机关并列为司法机关。而随着 2018 宪法修改,我国监察体制和司法体制改革的成果得以确认,检察机关的大部分职务犯罪侦查权移转给监察机关,因而在一定程度上监察机关也具有司法的属性。有些国家的行政法院尽管属于行政系统,但人们在习惯上也将其作为司法机关看待。一般而言,法、德等大陆法系国家通常把侦查、起诉、审判和裁判的执行都纳入司法的范畴之中,其司法机关习惯上包含了审判机关、检察机关、警察机关和裁判执行机关;而英、美等普通法系国家的司法机关习惯上仅限于审判机关及其司法裁判活动。

通常而言,法定的标准划分的是狭义上司法机关,而从功能和习惯角度划分的司法机关则属于广义上的司法机关。尽管可以从不同角度和按不同标准对司法机关进行划分,但是,司法所具有的中立性、终局性、权威性、独立性和被动性的特征并不是完全存在于除法院之外广义上的其他司法机关。检察机关和公安(警察)机关以追究犯罪、保护国家和公共利益为使命,在追究犯罪等活动中具有高度的主动性。在刑事诉讼司法程序中检察机关和公安机关是作为代表国家或社会公共利益的一方当事人出现的;监察机关在监察程序中的调查权也具有主动性,因此消极性和中立性并不符合检察、侦察、监察职权的特征。同样,大多数除法院之外的准司法机关的纠纷裁决不具有最高的权威性和终局性,要接受法院的司法审查。所以,从广义上的司法机关概念出发在研究每一个具体的司法机关职能、权限及活动程序时,需要具体问题具体分析,根据对象加以区分,揭示其特殊规律及个性特征。

(四)司法制度

在司法制度概念的界定问题上,如同前述司法、司法权、司法机关的概念存在不同界定一样,中外对于司法制度的概念界定也是相距甚远。在西方国家,司法制度仅为法院制度。当然,近年来,西方对于司法的概念在理论上也出现了变化。认为司法是多样化的,不应当为法官或法院所独享有,一些法院之外的国家机关,甚至某些非国家机关的社会组织也具有一定的司法性质和作用,比如大陆法系的检察机关就是"准司法机关"。因而,司法制度的研究也要涉及这些机关的活动内容。尽管这种观点并非主流观点,也未根本动摇西方司法理念中的司法制度即"法院制度"的这一传统理念,但毕竟法学理论和司法实践均出现了不同声音和争鸣。

1. 狭义的司法制度

狭义的司法制度仅指法院制度,这是西方主流学界所认可和推崇的观点。在西方主流观点看来,司法制度是有关"司法"的制度,而"司法"具有诸多的特殊之处,这些特殊之处就是之前已论述过的司法的被动性、中立性、终局性和独立性。不是任何机关的活动和职能都符合这些特征,而仅仅是"法院"的活动和职能符合这些特征。狭义的司法制度即指法院制度,是西方国家的通例,其背后的理论逻辑背景是西方的"三权分立"理论。凡实行"三权分立"体制的国家,均在法治理论和司法实践中以狭义司法制度作为其司法基本理念。

2. 广义的司法制度

广义的司法制度是指司法机关及其他司法性组织的性质、任务、组织体系、组织与活动的原则以及工作制度等方面规范的总称,是指国家司法机关和法律授权的组织适用法律处理诉讼案件和非诉讼事件的制度。倘若说狭义的司法制度是西方主流观点的话,则广义的司法制度是我国司法制度理论的主流观点。广义的司法制度,当然包括了狭义的司法制度内容,但并不仅限于此。它包括的范围非常广泛,具体说包括两个方面内容:一是审判和检察制度,这是主要的司法制度;二是包括侦查制度、监察制度、监狱制度、司法行政管理制度、人民调解制度、律师制度、公证制度、国家赔偿制度等。

我国的司法制度是一整套严密的人民司法制度体系,在整个国家体制中具有非常重要的地位和作用。在我国,学者们认为,司法制度概念作广义的理解理由有以下三个方面:

其一,广义的司法制度的界定乃是我国司法实践的约定俗成。在我国历史上,古代乃至近代,司法均为广义之概念,传统话语中的中国司法概念与西方司法理论观点也大相径庭。西方主流狭义的司法制度界定于法院制度的观点学说,乃是自清末引入的,之后各个历史时期对于司法制度含义理论界定和制度实践从来没有厘清过。究竟是狭义的司法制度抑或是广义的司法制度,理论上虽有"剪不断理还乱"之情缘,但司法实践中以及民众的看法中却有一个约定俗成的理解,即司法实践中的司法制度不应该仅指审判制度,而且应该包括所有与此相关联的制度。从法学教学角度,我国已出版的有关"司法制度"的教材和著述,均将司法制度作广义理解和界定。

其二,从广义上研究司法制度,有助于法律规定与司法理论之间的协调。通俗地说,我国司法制度是研究有关司法机关及其职权运行的制度。因此,谈论研究司法制度要首先以司法制度的主体司法机关的概念界定和法律规定为基点，脱离司法制度的主体谈论和研究司法制度将是无以论说的。我国在宪法中尽管没有明确的司法机关的概念界定，但在其他诸如《刑事诉讼法》等基本法律中，都有“司法机关”广义的界定。这些法律规范以及在提到司法机关时，均是将审判机关与检察机关并列为司法机关。此外，从官方领导人讲话到国家出台的司法改革法律规定和文件，从普通民众的法律认知到学者们理论研讨，再到司法机关系统，主流的观点大都认为依据宪法规定将人民法院和人民检察院相提并论，单纯将司法机关界定法院之说多是论述方便之故。如果仅仅将司法制度狭义地界定为法院制度，必将会产生司法理论与法律规定之间的脱节乃至于冲突。

其三，广义的司法制度概念界定是我国宪政制度与西方宪政制度的重要区别。我国宪法制度实行的是人民代表大会制度，它是基于人民主权的理论设计的国家权力机关领导行政机关、司法机关和监察机关的制度。而西方司法制度的理论逻辑是“三权分立”理论，立法、行政、司法三权互相分立，互相制衡。在三权分立的制度模式下，合乎逻辑的必然结论就是司法机关即指法院，司法权即指法院权力，司法制度即指法院制度。司法制度就是法院制度乃是三权分立这一理论在国家政权体制中的自然引申。我国人民代表大会的宪政制度中摒弃西方“三权分立”的理念和制度，西方“三权分立”为理论逻辑建构的司法制度不适合中国的治国理念和制度体制，其司法制度的内涵范围界定当然存在分野。

学者们对司法制度作广义理解并不表明狭义的司法制度可以忽视和随意舍弃。还应该指出，对于广义的司法制度提法在理论界并非一致。有人称，司法制度是指法院和检察制度，为广义的司法制度；包括法院、检察制度在内的侦查、监察、监狱、律师、仲裁、调解、公证属最广义的司法制度。但更多的人还是倾向于不区分“广义和最广义”的司法制度，而笼统地称广义司法制度即可。我们认为，各种科学的理论属于全人类的遗产，都在学习借鉴之列。我们应该明白一点，在中国语境下，谈论司法制度和司法机关时，司法的概念是有区别的。我们谈论司法制度时，往往基于广义的概念以习惯标准将法院制度、检察制度、公安侦查制度、监察制度、监狱制度、律师制度、仲裁制度、调解制度、公证制度等相关制度都归于司法制度讨论值范围内；而当我们从宪法规定在严格意义上讲司法机关时，司法机关的划定则是依据法定标准。而当我们将司法仅仅限定于法院，其标准则是以西方现代司法理论为基点。

二、司法的构成要素

借鉴现代西方理论，将司法界定为审判，将司法权界定为审判权，在理解并把握司法权的属性上有重要意义。因为只有狭义的司法概念才能与现代司法原理及司法权的特征和属性完全契合。因此，本书在论述司法的一般原理时是以法院的审判权为基准的，而检察机关、公安机关、监察机关以及司法行政机关的性质、职能及其活动原则等内容在有关章节予以分别论述。

司法活动作为法治的重要运行部分，是由多种要素共同构成的，包括司法的制度结构、司法组织、作为司法主体的司法官及其他相关法律职业者、法律规范体系、司法理念、法律文化和司法的社会环境等。因此，在考察一个国家的司法制度时，不应该单单停留在宪法、法律中的制度结构、法律规范和程序规则以及法院的组织体系上，还应该全面了解司法的基本理念和运行状况，以及司法背后的政治经济体制、历史传统、文化和社会环境等因素。司法的制度建构及其实际运作与司法的各构成要素息息相关，密切联系，各种要素构成了一个有机的系统。

（一）司法体制

司法体制，是一个国家有关司法机关的设置、各司法机关之间的职权划分和相互关系的体系、制度、形式和活动原则的总称。司法体制涉及司法机关在国家权力体系中的地位、构成方式，即国家司法权力配置、权限划分和司法权行使的方式等问题，集中体现为宪法体制中规定的司法组织体系及其与立法、行政及其他权力之间的关系。司法体制中涉及的另一个重要问题是审判权与其他司法权之间的关系，如与公诉权、侦查权和司法行政权之间的关系等。

由于对司法概念有狭义与广义的理解之分，对司法体制概念的界定及其构成也存在狭义与广义的理解。狭义的司法体制相当于法院体制，而广义的司法体制则将各种广义的司法制度整合为一个总括性的概念。司法体制的具体内容包括：司法权的设置、司法职能和权限划分、司法组织机构的权限与设置等。

（二）司法组织

基于司法、司法权、司法制度、司法体系存在狭义和广义之分，司法组织的概念亦可作狭义和广义的解释。

狭义的司法组织，是指行使司法权的国家机关及其组织系统，主要指法院系统。世界各国的法院组织体系各有特色，通常由法院组织法或宪法加以规定。根据等级、功能等标准可以有不同的构成形式。根据等级可以分为下级法院、高级法院、最高法院，根据功能和管辖权可分为宪法法院、普通法院、行政法院、特殊（专门）法院等，根据国家结构可分为中央（联邦）和地方（州地方）法院，等等。根据各国司法体制的不同，检察院在有些国家属于司法机关，在有些国家则不属于司法机关。

广义的司法组织，则将各种实际具有司法功能的国家机关、法律授权的专门组织以及与司法组织程序有衔接关系的机构都纳入司法机关的范围。例如：警察（公安）机关、司法行政机关、仲裁机构、调解机构等。在这个意义上，广义的司法组织实际上已包括了某些行政机构和民间机构。

(三)法律体系

法律体系(Legal System)也称为法律规范体系,是指一个国家全部现行法律规范分类组合为不同的法律部门而形成的一个呈体系化的有机联系的统一整体。简单地说,法律体系就是部门法体系。部门法,又称法律部门,是根据一定标准、原则所制定的同类规范的总称。司法是一种法律适用活动,因此,司法活动的前提是有一系列以权利义务为内容的规则体系。其中既包括成文法,也包括判例法和习惯法等法的渊源;既包括法律规则,也包括法律概念、原则和具体制度。

(四)司法程序

一般意义上的程序,泛指人们从事一定活动所采取的方式、方法和遵循的顺序、步骤等的总称。程序有法律程序与非法律程序之分,前者又根据适用的范围、对象不同,有选举程序、立法程序、司法程序与行政程序等之分,分别适用于选举活动、立法活动、司法活动以及行政活动。

司法程序,是指一国司法机关行使司法权时所必须遵循的法定的方式、方法、顺序及步骤等的总称,包括起诉程序、审判程序等不同的内容。司法程序是司法权的构成要素之一,程序改革在司法改革中占有极其重要的地位,发挥着十分独特的作用。司法程序往往集中体现一个国家司法活动的方式和样式,这一概念可以作广义与狭义的理解。

狭义的司法程序,特指诉讼程序,包括刑事诉讼、民事诉讼、行政诉讼程序及违宪审查程序。司法活动具有程序性的特点,集中体现了现代司法程序正义的理念,通过公正的程序设计和保障,力求保证司法的公正和对当事人合法权益的保护;并通过程序保证法院准确地查明案件事实和正确地适用法律进行裁决,实现公平与效率的平衡。现代司法程序逐步形成了一系列共同的准则,例如司法程序的合法性原则、平等对待原则和辩论原则、裁判中立性原则、公开审判原则、审级保障原则等。同时,各国的司法程序在基本功能相近的前提下,实际上也存在着较大的理念、技术等方面的差异,反映出不同法律体系和法系的鲜明特点。

广义的司法程序,包括刑事、民事、行政诉讼法(规则)、违宪审查程序等诉讼程序,以及法院、检察院等司法机关的规则和工作原则等,并可以涵盖司法行政机关和其他法律职业(如律师)的行为准则、司法行政程序和部分非诉讼程序等。

(五)司法主体

司法是由作为司法主体的司法官适用法律裁决案件的活动,因此司法的运作离不开人的要素,司法活动不仅必须依靠直接行使司法权的司法官,而且离不开其他参与司法运作乃至与法律有关的法律工作者。司法主体从事的是法律职业,法律职业是一个共同体,可以称为司法活动的主体要素或司法的软件系统,其中包括法官、检察官及律师,并可以将法学家和立法者,以及其他法律专业人士,如监察官、仲裁员、调解员、公证员等都纳入法律职业范畴。我国严格意义上的法律职业共同体只包括法官、检察官及律师。但从我国目前的司法资格统一考试来看，初任法官、初任检察官，申请律师执业、公证员执业和初次担任法律类仲裁员，以及行政机关中初次从事行政处罚决定审核、行政复议、行政裁决、法律顾问的公务员，共有九类人员，应当通过国家统一法律职业资格考试，取得法律职业资格。随着监察体制改革，也有趋向要求从事监察工作的监察官也应当通过法律职业资格考试。

司法活动的独立性、专属性和技术性使法律职业逐步成为一个与其他职业有明显区别的专门行业。独立的法律职业集团或共同体的存在，是西方法律传统的重要标志之一，也是现代法治社会的共同需要。从广义上讲，由法官、检察官、律师、立法者、法学家及其他职业法律职业工作者构成的法律职业集团，亦可统称为法律家。这些人被视为法律体系的缔造者、操作者及其发展的推动者。在现代法律体系中，受过专门的职业培训或教育、具有特殊的法律职业思维和技能的法律家被视为与法律规范本身同等重要的要素，二者如同车之两轮、鸟之两翼，不可偏废。司法官及其他法律职业工作者素质的高低与执法水平及法律机制运作的公平与效率密切相关。因此，现代法治国家无不在通过建立司法官的身份保障制度和选任制度，法律家的培训和教育制度，并通过科学规划法律家人数和法律职业集团的组织模式等途径，致力于保证和提高法律家的素质。同时，世界各国的法律职业工作者往往构成特殊的共同体，恪守自身的职业道德规范，保持高度的自律和自治。同时，世界各国的司法官及法律职业在共同体样式、任职资格和方式、教育培训途径等方面也都存在着显著的差异。在两大法系不同司法模式的影响下，继承中国司法制度传统，发展社会主义司法制度，形成了中国特色社会主义法系的司法模式。

（六）司法理念

司法理念，是建构司法体制、司法制度和运作司法程序中的理论基础和价值观，也是指导司法运作和实践的指导思想，是司法构成的思想和精神要素。司法理念是基于不同的价值观、意识形态和文化传统对司法的功能、性质和应然模式的系统思考，表现为司法制度的价值取向、司法观念、司法的基本原则、法律职业伦理等，体现在司法制度的设计建构、对司法的评价及对法律职业的要求和司法运作的行为规范上，它属于法律意识形态的组成部分。现代司法理念则是指人们在认识司法客观规律过程中形成的一系列科学的基本观念，是支配人们在司法过程中的思维和行动的意识形态与精神指导，包括中立、公正、独立、民主、效率、公开等。司法理念对于司法的作用是深刻和潜移默化的。首先表现在世界各国在司法的建构和运作中，由于理念的不同，可能设计出完全不同的制度，每个国家的司法制度都是特定的法律文化和政治理念的产物。其次，由于司法理念的不同，形式相同的司法制度或程序在运作中可能产生完全不同的结果，而移植继受的制度尤其需要注意这种差别。最后，社会理念和司法理念的变化，可能推动司法制度和程序的改革，并使其发生重大甚至根本性的变革，例如，当代司法改革及其对非诉讼程序的重视，就受到了司法理念和社会理念变化的推动和影响。

司法理念作为一种哲学属于一种实践理性。理念在司法中的价值包含以下几个方面：首先，司法制度在设计中应该有系统成熟的理念作为基础。理论准备不足会导致立法的矛盾、混乱和缺乏可操作性，也会带来法律和制度的不稳定性。其次，司法改革是理念的变革，没有理论指导的改革是反复无常、朝令夕改的。再次，司法理念的偏差会导致法律信仰的危机，从对司法的迷信到幻灭，会导致司法制度没有灵魂，没有精神。从某种意义上讲，司法理念不是空洞的口号。口号是非理性的，那些空洞的缺乏理论根据的口号与现代司法理念是相悖的。不遵循科学规律，提一些群众运动式的政治口号，只能使司法成为政治的附庸。

（七）司法环境

司法环境主要指司法制度形成和运作的政治社会环境。一方面，司法制度的形成深受一个国家的政治经济体制和国家性质与结构、经济基础、社会需求、利益平衡、传统习惯、法律文化等社会因素以及特定历史条件的制约。司法制度在建立之后，社会经济结构、政治因素、法律传统、民众及统治者的法律意识、社会理念等因素不可避免地直接或间接地影响着司法机制的运作效果和预期目的能否实现。

社会环境对于司法的实际运行不仅存在积极的促进作用，还存在有消极阻碍的负面作用。社会政治因素积极的作用有利于司法既定功能的正常发挥，促进司法产生预期的效果，实现司法定分止争、维护社会正义的目标，减少司法运作的成本，推动司法适应社会发展的需求不断进行改革完善。而社会环境的负面因素对司法的消极作用，则可能阻碍司法功能和既定目标的实现，增加司法运作的成本，腐蚀司法官和法律职业，破坏司法人员的自律，阻碍司法公信力和司法权威的确立，最终严重危害国家法治的运行和法律秩序的稳定。尤其是在全球化进程中，发展中国家不断移植继受西方法律制度，现代性的法律制度移植需要一定的过程和条件。在法律移植过程中传统社会的固有因素对现代司法运作的负面消极影响不同程度地存在，出现了本土化与全球化的排斥现象。因此，在建设法治社会的历史进程中，必须注意现代法律和司法制度与本土社会的兼容适应，克服传统社会对现代司法活动的消极影响，尊重司法运行的规律，消解特权对于司法运行的不当干预，培养和提高全社会的法律意识，逐步创造和形成健康良好的司法环境。

第二节　司法的历史沿革

一、司法的产生与历史发展

（一）司法的起源

司法制度的产生是人类社会的生产方式、社会结构发展变化的结果，并与国家的形成息息相关。在人类历史上,司法活动是基于平衡利益冲突和解决社会主体之间的纠纷的需要而产生的。当人们之间发生纠纷和利益冲突而无法自行解决时,就需要依靠权威的或中立的第三者出面进行调整加以解决,以避免人类在同态复仇中消灭自身同归于尽。原始社会的纠纷解决往往是依靠氏族共同体的权威,例如部落的首领、大家族的家长、族长以及巫师、祭司这些原始宗教的领袖等社会力量。法人类学家将原始社会存在的以解决纠纷为基本功能的、具有强制力的社会组织或力量,称为"法院"或法院的雏形。但严格地说,在氏族社会这一历史阶段,由于国家尚未形成,并不存在严格意义上的司法和司法权。同时,被害人通过自己的家庭和家族的力量进行报复这种所谓"私力救济"或"自力救济"原则和习惯恢复权利,为氏族社会所普遍承认和实行。到了原始社会后期,随着私有制经济和交换市场的出现、社会分工和社会规则也逐步形成,专门化和社会化的纠纷解决机制逐渐产生。伴随着作为公共权力机关的国家的形成,与此同时就出现了专门解决纠纷的司法机关。司法解决纠纷以法律规范而不是司法者的个人意志为基准,并受到一定程序的约束,这就是诉讼。随着国家制度和司法活动的逐步发展,正式的司法制度、司法机关、司法程序和法律职业都随之产生,并形成了法学研究、法律教育与培训等相关机制。

(二)前资本主义的司法制度

人类社会进入近现代之前,司法活动和司法制度经历了一个漫长的发展过程。根据马克思的社会历史理论,我们可以把近现代资产阶级革命之前现代国家尚未建立的历史阶段统称为前资本主义。毫无疑问,在国家产生以后的不同历史时期,都不同程度地存在着司法机关、司法程序以及法律职业。但是,由于民族国家的区域性和民族性,每个国家和地区的司法制度受当地当时的特定社会环境所决定,呈现出极其丰富和复杂的样式。基于此,西方法律传统与中国等非西方国家的司法存在着明显的差别,即使同为西方的欧美国家之间也存在不同法系的司法制度的差别。但是,追索中西司法发展的历史,对于在近现代以前世界各国的司法特点,仍然可以归纳出一些共性。

1. 司法行政合一

在前资本主义时代,司法权往往与其他权力特别是行政权浑然一体、共同行使。无论是古罗马或是古代中国,司法权都与行政权或其他权力没有严格区分,司法隶属于专制君主或从属于行政权。中世纪后期的法院和法官开始出现专门化、职业化趋势,但并未实现真正意义上的司法职权独立。

2. 司法纠纷解决机制多元化

在中世纪漫长的历史阶段,西方国家的国家权力与地方封建割据共存,构成了宗教法、国家法、地方法和习惯法等多元化的司法和纠纷解决机制同时存在的格局。中国在进入现代社会以前经历了漫长的奴隶社会、封建社会,尽管国家治理模式一直实行中央集权统治。地域广袤、人口众多、民族成分复杂的现象形成中国地方特色,宗法制度也一直主导着前现代社会的中国。在地方不同程度存在着地方自治和宗族法、家族法等规则以及纠纷解决多元"司法"体系。

3. 法律规则与程序制度欠缺精细化

前资本主义时代,多数国家的法律规则和法律程序都没有形成系统的成文法典,君主、国王的命令就是法,民事诉讼与刑事诉讼亦尚未各自独立,民刑合一法律规则缺乏分化。在古代社会的司法活动中,实体法通常与程序法没有严格区别,程序正义的理念没有得到应有对待,缺乏程序保障的酷刑导致冤狱频仍。

4. 司法擅断和严酷

前现代社会的司法盛行有罪推定、刑讯逼供,酷刑盛行。司法活动常常与宗教或巫术、神明裁判等迷信活动相互交融,欧洲中世纪的一些国家实行法定证据制度,在此历史阶段,司法呈现出非理性的特征。

随着人类社会的不断发展和进步,人类的法律文化和司法理念也在发展的过程中不断积累、升华和凝练,专横擅断、严酷、非理性的司法遭到摒弃,其中一些具有理性的制度措施和司法理念被近现代的司法所继承和延续。由于司法制度本身是由特定的社会条件所决定,受到特定时代的经济、政治和社会理念的作用,因此,世界各国的司法制度不仅仅是特定传统文化的产物,更重要的是社会发展回应社会现实需要的结果。

二、近现代司法制度的建立与发展

(一)西方近代司法制度产生的背景和条件

纵观当代世界各国的司法制度都是基于各国现代社会经济的发展,并以此为基础建立的国家上层建筑。考察西方近代司法制度乃是在近现代民族国家逐渐形成的基础上,伴随着国家司法权的逐步强化和统一而产生。权力制衡和司法机关独立行使司法权成为现代法治国家的政治基础和标志,与此相伴的现代国家司法制度逐步形成。现代司法制度产生的历史条件主要有以下几个方面:

1. 民族国家统一乃是现代司法制度形成之政治前提

近代社会市场的逐渐统一,也促进现代民族国家的统一。民族国家的统一必然要求作为国家权力的司法权的统一行使,而统一民族国家的形成和司法权的独立行使又促进了市场经济的完善发展。随着统一的国家权力的建立,结束了地方割据的局面,国家实现了法律和司法的统一,从而建立起自上而下的专门的司法机关及其组织体系,并通过法律规定明确国家司法权的权威性和专属性。

2. 法律职业共同体的成熟乃是现代司法制度形成的社会基础

西方国家的法律职业化形成于古罗马时期,中世纪晚期得到进一步的发展。

12世纪欧洲罗马法复兴运动促进了西方近现代法律职业与法学的诞生。法律职业群体在建构各国的法律规范体系、司法程序和司法制度中发挥了重要作用,促进了不同法律体系的技术、形式的完善和法律职业的分工。成熟的法律职业共同体在西方近现代法律体系的建构中将司法体制的创建与历史传统的延续融会贯通,起到保证法律的自治性的重要作用并担当起现代司法独立的主体角色。法学家的研究使得近代西方法律理性化和系统化,法学家群体倡导的法典化使得的西方法律和司法制度达到一个新的历史发展阶段。

3. 现代民主政治制度乃是司法制度建立的法治基础

现代意义上的法治是以民主政治为基础的,两者密不可分。随着资产阶级革命的完成,近现代国家先后建立了民主共和制的国家制度,实行宪政和民主政治制度。民主政治的基本政治理念强调界定公权与私权之间的关系,以民主法治为理念,以法律制度为保障,保护公民的权利和自由,实现政治上的自由与民主,依法界定国家公共权力的边界,要求国家权力的行使符合法律规定的权限,防止国家权力的滥用和对公民权利的侵害。这种分权制衡的政治理念在国家权力的配置和制度的设计上体现为"三权分立"原则,即立法、行政与司法权三权之间的相互独立和制约。资产阶级思想家的权力制约理论构筑成为现代法治国家的分权制衡体制的理论基础,在三权制衡的体制中,司法权独立行使,既是"三权分立"原理的体现,也是现代司法制度的标志。

(二)现代司法制度的建立

在西方国家,现代司法制度是在经过资产阶级革命后,根据资产阶级启蒙思想家的理论和现代司法理念建立起来的,属于现代政治制度和法律制度的组成部分。现代司法制度的主要标志如下:

1. 统一而独立的国家司法机构的建立

司法机关独立和专属地行使司法权是现代司法制度的主要体现和标志。现代西方国家根据分权与制衡的原理确立了司法机关的法律地位和权限;通过法官制度建设,赋予法官独立审判的职权和一定的自由裁量权,促进法官独立而无偏见地行使审判职权,切实落实司法的法治功用,进而保证司法独立的实现。

2. 司法机关严格依法独立行使职权

现代司法确立了国家实体法与程序法完全分离的制度模式,形成了系统的包括成文法典和判例法体系之类的法律规范体系,以及独立的包括刑事、民事和行政三大诉讼程序的诉讼法律规范体系。完善的法律体系为司法机关独立司法奠定了法制基础。司法活动和法律职业内部的分工实现了规范化和专门化,并逐步建立了司法审查(违宪审查)程序或专门机关。

3. 司法公正理念的确立

现代司法理念和司法政策以形式合理性和程序公正为基本价值。司法程序和司法活动不断趋向合理和文明，强调法律面前人人平等与人权保护。司法机关注重以程序公正为基本价值目标，正当程序和人权保护具体化为一系列司法制度和原则。例如，无罪推定，罪刑法定，罪刑相适应，法不溯及既往，疑罪从无，保证公民寻求司法救济的权利，扩大司法救济范围，对非法证据的排除，等等。

三、中国司法制度的形成和演进

（一）古代社会的司法制度

1. 奴隶社会的司法制度

奴隶制社会时期（公元前21世纪至公元前476年）的夏、商、西周和春秋时代，奴隶制的国家制度和法律制度有了一定的演进发展。从司法机构的设置来看，夏、商时期没有形成和设置专门的司法机构。夏王和商王拥有国家最高司法权、立法权和行政权。国王的裁断具有最高法律效力。西周时期周王及各诸侯国的内部开始设有专职的司法官员。中央为司寇，地方有乡士、遂士、县士等专职司法官员，但周王掌管国家最高司法权。中国古代奴隶制社会时期司法机构设置的主要特点有以下几方面：①司法权高度集中，司法权直接由国家最高统治者国王掌握，但是各地方贵族亦拥有一定司法裁判权；②司法裁判依据的成文法体系尚未形成系统化，导致司法活动的随意性和擅断性；司法只保护贵族（奴隶主）及平民（自由民）的利益，奴隶则不具有诉讼主体资格，其权利不受法律保护；③司法程序与西方同时期司法相比，宗教迷信色彩相对较少，但诉讼程序具有严酷性，通行刑讯逼供；④初步具备了审级、民刑事程序的区别、证据、定罪量刑、比附类推和刑讯等制度，以及“五听”等审讯方法，并提出了疑罪从轻减免、有犯意无事实不论等有价值的司法理念，为后世继承并得到延续发展；⑤未设置有专门司法机构，但出现了专职辅佐王权最高司法裁决权的司法官员。

2. 封建社会的司法制度

封建制社会时期（公元前475年至公元1840年），从秦代开始，一套从中央到地方、基层的完整的司法机构的设置逐渐建立并不断丰富完善。

从中央司法机构纵向沿革演进来看，秦、汉最高司法机关是廷尉；汉代尚书开始参与司法审判；三国两晋南北朝时期司法机构名称出现变化，北齐时正式设置大理寺，司法机关称为秋官大司寇或大理寺或廷尉，监察机构御史台的监督职能得到加强；隋、唐演变为大理寺、刑部、御史台三大司法机构；宋朝在唐三司的基础上增加了审刑院；元朝设大宗正府；明、清时期的司法机关为大理寺、刑部和都察院，明代出现“厂卫”等特务司法机关，清代则设立了处理少数民族事务的司法机关理藩院和维护旗人利益特殊司法机构。

中国古代地方司法机构司法与行政不分，汉至唐大体上分为三级审理，宋至清末大体上为四级审理。其中，秦、汉地方司法机构为郡、县两级。郡守、县令兼理司法，基层设乡里组织，负责本地治安与调解工作；三国两晋南北朝为州、郡、县三级；隋为州、县二级；唐沿袭隋，唐代地方司法机关仍由行政长官兼理，同时州设法曹参军或司法参军、县设司法佐史等。县以下乡官、里正对犯罪案件具有纠举责任，对轻微犯罪与民事案件具有调解处理的权力，结果须呈报上级；宋为知州、通判。宋太宗时起在州县之上设立提点刑狱司；元为行省、路、府(州)、县四级；明为省、府(州)、县三级。明朝在省级设立提刑按察司，有权判处徒刑及以下案件，徒刑以上案件须报送中央刑部批准执行。明朝还在各州、县及乡设立申明亭，张贴榜文，申明教化；清为省、道、府、县四级。

通过以上对中国奴隶制社会和封建制类型司法机构设置变迁的考察与分析，可知中国古代的司法机构设置的基本特点如下：

(1)司法隶属于行政。皇帝拥有最高的国家权力，本身也是最高司法机关。中央设专门的司法机关，各司法机关之间相互制约。但地方司法均由地方行政长官兼理，并身兼侦查、公诉、审判、鉴定等职责于一身。

(2)重刑轻民，刑民合一。一般刑事案件须严格按照程序，由地方官审理后逐级上报，直至中央。户婚、田土之类的民间词讼则由地方官全权处理，并多数以调处结案。在审判方式上，基本上是不告不理，但国家经常对犯罪主动追究，刑讯逼供方式比较普遍，在处理民事纠纷时也经常采用刑讯逼供的手段并以刑罚加以处置。

(3)缺少专职的法律职业集团。法律职业未受到国家的重视，司法官多为科举出身的文官，不谙法律，需要有幕僚等加以辅助，但幕僚的地位仅为附属，不属于国家正式官吏。虽然存在民间的法律家，如诉讼中当事人需要借助“讼师”帮助，民间注律亦较为活跃，但其存在都不具有合法性，加之民间注律的陋弊，经常受到国家的打击限制。因此，也没有形成法律教育或培训的制度和传统，法学研究也很不发达。

(4)强调司法过错责任追究。历代政府均非常重视司法责任，自秦律起便有治狱不直之罪。官吏办案，如出入人罪(漏判或错判)须承担责任。同时国家对办案期限等也有规定，违者须承担责任。惩戒方式包括免职或治罪。

中国古代的司法制度曾经对东亚各国特别是日本和朝鲜等国家产生了重要的影响。但是，清末变法修律后，西法东渐，中华法系的司法制度开始走向全球化借鉴和移植之路。

(二)近现代司法制度

1840年鸦片战争之后，中国进入了半殖民地半封建社会，到新中国成立之前，司法制度经历了若干历史阶段的变化。

1. 清末司法改革

1906年清政府任命沈家本为修律大臣，开始进行“变法修律”，仿行西方改革中华法系的司法制度。近现代意义上的与立法、行政权相对应的司法及司法权概念初步形成。在中央设大理院作为最高审判机关,在全国设立初级、地方、高等三级审判厅,实行四级三审制,并建立了四级检察厅,实行审检合署。诉讼分为民、刑事两类,制定颁布了《刑事诉讼律草案》和《民事诉讼律草案》。随着辛亥革命的爆发,这些法律草案尚未实施便成为历史典籍。

2. 民国时期司法制度

民国时期从 1911 年辛亥革命始,先后经历了南京临时政府、北洋军阀政府和南京国民政府等不同阶段。各阶段的司法制度均有不同程度的变化,这一时期司法制度的特点是:①中国传统司法制度解体,初步引入了西方现代司法制度,近现代意义上的审判、检察、律师、诉讼等司法制度基本建立。②由于战争和社会动乱,基层社会的变革基本未完成,司法制度与民众的社会生活存在巨大距离,仍然停留在形式上,仅在中心城市发挥作用,司法的统一远未实现。③领事裁判权破坏和撕裂国家主权,国家司法管辖权不能进入外国租界内。④司法服务于政治,司法腐败盛行,司法公正受到质疑。

3. 革命根据地时期的司法制度

从第二次国内革命战争时期开始,在中国共产党领导的革命根据地都建立了司法机关,开展司法活动。由于战争时期的条件限制和农村的实际情况,根据地时期的政权建设具有军事化特点,并服从于政治斗争的需要,司法机关及司法活动缺乏规范,没有形成正式的制度和法律规范体系。但是根据地的审判活动也形成了一些特有的司法传统,形成了以"马锡五审判方式"为代表的诉讼模式,其主要内容是简化诉讼手续,实行巡回审判、就地审判。在审判中依靠群众、调查研究,解决并纠正疑难与错案,使群众在审判活动中得到教育。马锡五审判方式的特点有:①深入农村、调查研究,实事求是地了解案情;②依靠群众、教育群众,尊重群众意见;③方便群众诉讼,手续简便,不拘形式;④坚持原则,依法办事,廉洁公正。

(三)当代司法制度

1. 新中国司法制度的建立与发展

1949 年中华人民共和国成立后,司法制度的发展经历了以下几个阶段:

(1)初始创建阶段。新中国成立后,我国根据作为临时宪法的《中国人民政治协商会议共同纲领》第七条的规定,着手建立人民司法制度。在中央设最高人民法院、最高人民检察署、公安部、司法部,实行审判、检察、侦查、司法行政的"分立制"。在省、市、县则实行审判与司法的"合一制",不专设司法行政机关,只设人民法院、人民检察署和公安机关,实行基本上的三审终审制。此后,逐步建立了人民调解制度、律师制度和公证制度。1954 年我国颁布了第一部《宪法》,以及《人民法院组织法》和《人民检察院组织法》。建立了四级人民法院和各专门法院,实行两审终审制。同时,按照法院的审级建立了各级人民检察院,并在省、自治区、直辖市设立了司法厅(局),负责各地方的司法行政工作。

(2)挫折停顿阶段。1957年以后,法治建设受到极大破坏,已经确立的司法制度重新陷入瘫痪或名存实亡,省一级司法厅(局)一度被撤销,尽管60年代开始恢复,但很快又被随后开始的“文化大革命”彻底摧毁。“文化大革命”期间各项司法制度几乎都受到破坏,1969年正式撤销了各级检察机关,法院审判工作也基本停顿。

(3)恢复重建阶段。1976年10月“四人帮”被粉碎后,我国进入了新的发展时期。1978年12月党的十一届三中全会明确提出加强社会主义法制的目标,重新提出“有法可依、有法必依、执法必严、违法必究”的口号。从此,我国法治建设开始走上了快速发展的道路,司法制度也得到恢复与发展。全面加强各级人民法院的建设,恢复了各级人民检察院,重建了监察机关、司法行政机关,律师、公证和人民调解等制度也得到恢复和发展,国家还持续不断地开展了“普法”活动。

(4)发展改革阶段。20世纪90年代初期开始,我国进入了新的历史发展时期,随着经济体制改革和建立社会主义市场经济目标的确定和推进,社会结构、社会意识和国家治理方式都开始发生一系列深刻的转变,并由此导致社会对司法需求的变化。社会转型使得司法体制和司法程序必须进行相应的调整和改革,因而推动了司法改革的进程。1997年党的十五大提出建设法治国家的目标,并提出“推进司法改革”的口号,并将依法治国写入了宪法。2002年党的十六大继续坚持依法治国的口号,并提出将司法改革推向深入的目标。2007年十七大进一步强调“坚持党的领导、人民当家作主、依法治国有机统一,发展社会主义民主政治,保障人民知情权、参与权、表达权、监督权”;2012年党的十八大报告用了相当大篇幅阐述“扩大社会主义民主,加快建设社会主义法治国家”的具体路径和制度措施。2018年宪法修正案将司法改革和监察体制改革的成果予以确认。在宪制层面确立监察权,实行人民代表大会制度下立法权、行政权、审判权、检察权、监察权的分工体制,我国的司法制度的建设和改革正在朝着现代法治国家所应有的方向发展和完善。

2. 当代司法制度的特点

当前,我国司法制度具有以下显著特点:

(1)现代司法体制从形式上已经基本建立。但是由于时代原因,司法制度未从根本上完成现代化建设。一些国际社会公认的现代司法的基本原则和制度虽已确立,但是现代司法权威和公信力仍未达到预期。例如,尽管司法改革建立了法院独立审判制度,但是在实际上,真正意义上的司法独立并未实现,独立审判仍存在一定障碍。由于司法腐败现象在一定程度存在,虽然国家监察体制改革从制度上实现权力监督全覆盖,但是,司法腐败仍然以变化或者更为隐蔽的方式存在延续,司法体制的权威尚未得到社会的认可。虽然地方法院的人、财、物权划归省级人民政府统管,但是悖论仍然存在。审理者裁判,裁判者负责,取消人大、政法委个案监督的权力,但是缺乏监督制约的法院独立、法官独立又走向了另一个极端。让人民群众感受到每一个司法案件的公平正义成为现代司法的理想追求。

(2)必要的司法程序虽然已经基本确立,但距离与世界接轨的现代化司法程序仍然存在一定距离,面临着改革完善的需要。目前,虽然确立了规范性文件合法性审查的制度,但是没有赋予公民对于规范性文件审查的独立请求权。只是在《行政诉讼法》第五十三条规定:公民、法人或者其他组织认为行政行为所依据的国务院部门和地方人民政府及其部门制定的规范性文件不合法,在对行政行为提起诉讼时,可以一并请求对该规范性文件进行审查。但是不能审查作为规范性文件的规章。重要的违宪审查制度尚未真正建立,现有的司法程序亦尚未达到国际通行的现代司法程序公正的标准,仍需要通过立法和司法改革不断完善各种司法程序,形成当事人公平对抗和法院中立裁判的现代化诉讼格局。

(3)法官、检察官员额制度与案多人少的矛盾客观存在,导致与法官、检察官精英化目标的偏离。司法队伍的建设、司法官的职业化和身份保障制度将成为今后需要解决的重点问题。与之相关的法律教育与培训、司法官的选任制度、员额制度、司法考试制度等都需要进一步完善。

(4)司法公信力较低,司法权威尚未确立。虽经多年司法改革,成果丰硕,司法环境有较大改善,但是仍然不容乐观。司法的功能在现实的社会环境中未能充分发挥,与人民群众期盼的司法公正目标仍存在一定距离。客观上,司法公正的实现困难重重,包括证据制度、执行制度、独立审判制度在内的各种司法制度的改革与完善需要通过政治体制改革和监督制度的完善加以推进和保障。

(5)现代程序公正理念与传统司法理念的矛盾存在。司法程序的正规化与司法改革所追求的程序公正目标,与传统司法观念和当事人的能力形成一定程度的矛盾,司法现代化及司法改革面临着与本土社会如何适应的现实课题,社会公众对司法的支持也有待更好地解决司法民主与司法监督的问题。

(6)一国四法域的区域法律体制。自从1997年、1999年香港和澳门先后回归祖国怀抱之后,根据我国宪法“一国两制”原则,香港地区实行英美法系司法制度,澳门地区实行以葡萄牙司法制度为蓝本的大陆法系司法制度,台湾地区实行以德国和法国司法制度为蓝本的大陆法系的司法制度。这些区域各有特色的司法制度自成体系,与我国内地(大陆)具有中国特色社会主义的司法制度同时存在,形成一国主权范围内存在四个不同法域的格局。

第二章

司法体制

第一节　现代司法体制及其基本理念

一、司法体制的概念与现代司法体制的特征

（一）司法体制的概念

1. 司法体制

司法体制，是一个国家有关司法机关的设置、各司法机关之间的职权划分和相互关系的体系、制度、形式和活动原则的总称。司法体制涉及司法机关在国家权力体系中的地位、构成方式，即国家司法权力配置、权限划分和司法权行使的方式等问题，集中体现为宪政体制中规定的司法组织体系及其与立法、行政及其他权力之间的关系。司法体制中涉及的另一个重要问题是审判权与其他司法权之间的关系，如与公诉权、侦查权和司法行政权之间的关系等。由于对司法概念有狭义与广义的理解之分，对司法体制概念的界定及其构成也可以有狭义与广义的理解。狭义的司法体制相当于审判制度，而广义的司法体制则将各种广义的司法制度整合为一个总括性的概念，即"参与司法活动的国家专门机关在机构设置、组织隶属关系和管理权限划分等方面的体系、制度、方法、形式等的总称"。

司法体制的具体内容或构成要素主要包括司法权的设置和权限划分、司法组织机构、司法人员、司法理念等。然而司法的实质并不在于司法范围的深广，而在于"司法"之所以成为"司法"的底线。我国司法体制乃是新中国成立初期移植借鉴苏联的模式而设置，随着苏联的解体，其原有的司法体制亦分崩离析。现今的俄罗斯和独联体、东欧各国在司法体制上也业已全盘接收西方的"三权分立"学

说,并已完成相应改制。在此境遇下的中国司法体制面临与苏联旧司法体制的决裂,鉴于政治和稳定等因素及本土国情并不能盲目像俄罗斯等国一样对司法制度进行彻底改造,而是要在吸纳传统法治文化和西方优秀法治文化的基础上坚持中国实践和中国特色。而且,现实法治实践也已证明,中国特色的社会主义司法体制是建立在人民代表大会制度这一根本政治制度之上适应中国国情的有效制度体系。

2. 司法制度

司法制度的概念与司法体制既有相同之处,又有区别。司法制度一般是指司法体制在宪法和法律中的具体化和制度化。狭义上的司法制度,即法院制度、审判制度和法官制度。广义上的司法制度(judicial system)与广义司法体制概念重合,二者经常在同一意义上使用。但是,微观意义上的司法制度(judicial institute)和司法体制有明显区别,往往体现为一系列具体的法律制度,例如审判制度、法官制度、检察制度、警察制度和律师制度等。为了理解的方便,可以把包括各种微观司法制度在内的宏观或广义的司法制度界定为司法体制,以便与各种具体司法制度加以区分。

(二)现代司法体制的特征

现代司法体制是指世界各国在近现代完成一系列社会变革后建立起来的司法体制,虽然各国的司法体制建立在不同的经济基础、社会体制及文化传统之上,存在不同模式和形式上的显著差异,但仍然可以看到如下一些共性的基本特征:

(1)宪政体制下司法权独立行使。现代司法体制建立在现代立宪民主政治体制之上,由司法机关独立行使司法权。"宪政"是指以民主事实为政治内容的宪法事实。宪政是近现代资产阶级革命的产物,以国家制定的宪法或宪法性法律为基本前提。宪政是专制制度的对立物,其基本内容是民主事实的制度化,即民主制度。现代世界各国的政治体制存在着明显的不同,例如:自由民主国家、专制国家、君主立宪制国家、社会主义国家等。其中每一种政治体制都直接决定了司法体制的不同。但是,一般而言,这些政治体制基本都可以被纳入现代立宪民主政治体制的大范畴。在这个基本前提下,国家权力都是根据宪法进行配置,并以权力机关(司法、立法、行政)之间的分立与制衡为基本原则的。现代司法体制最重要的标志,是存在独立的司法机关,司法与行政权和立法权之间存在着相互制约的关系。在这个问题上,法学界和政治学界存在一定的意见分歧。一部分人认为,只有严格实行"三权分立"的民主国家才能够建立真正意义上的法治,即实质意义上的法治。但也有很多人认为,法治可以是形式上的更重要的是功能上的;法治也可以有各种不同的模式和样式,即使一个国家的政治体制并不是严格地遵循"三权分立"的理念和制度建构的,司法体制仍然能够相对独立存在并发挥其基本功能。例如,我国的人民代表大会制度,尽管司法机关需要对人民代表大会负责,但是仍然可能通过制度的改革实现最低限度的司法独立。实际上,现代西方法治国家在发展中，也不再严格恪守早期“三权分立”的模式，权力机关之间的分工与制约出现了新的格局。在我国，经过宪法修正确认司法体制改革的成果就是监察权成为一种独立的国家权力而汇入广义的司法权。

（2）司法职能分化。现代司法体制内部实现以法院为核心的权限与职能的分工。无论采用狭义还是广义的司法概念，世界各国的现代司法体制事实上都是由以审判权为核心的多种司法或准司法组织、人员、制度和程序共同构成的。现代司法体制通过司法权限与职能的分化，限制了司法的集权和垄断，形成内部的制约与协作关系。通常体现为：①法院独立行使审判权，通过建立法院组织体系和审级制度在各法院之间明确划分管辖权；②检察机关独立行使公诉权和监督权；③侦查机关行使侦查权；④监察机关行使调查、监督、处置的监察权能。⑤司法行政机关承担法律教育、法律职业管理、法官提名任命以及司法机关的财政管理（西方国家实行这种制度，在中国法官提名任命以及司法机关的财政管理分别由人大和同级财政部门管理）等多方面的司法行政职能；⑥部分司法职能向社会团体和组织扩展，司法与民间社会机构之间在纠纷解决方面的合作不断扩大。

（3）司法职业化。司法独立和司法活动的专门化、技术化需要由专门的法律职业者进行操作，独立的法律职业集团成为现代司法运作的基本条件，法律职业者的素质直接决定着司法的公正与效率。同时，由特定的教育培训途径培养出来的法律职业者是保证法律的统一适用，保证法律的确定性、法律的连续性和稳定性的基础。法律职业者的培养和司法官的任命成为司法制度中重要的一环，司法官的身份保障和法律职业者的自律成为现代司法制度的核心，高素质的法律职业者成为法治化程度和水准的标志。

（4）司法权接受民主监督。现代司法独立并不意味着司法权不受限制，司法独立是建立在对人民主权的依存基础上的。人民的授权范围是司法的界限，人民的信任和参与是司法合理性和公正性的保证。在以司法独立为基本原则的同时，现代司法体制还必须坚持司法民主原则，通过各种监督和司法民主机制，加强对司法活动的制约、增强司法的民主性。

二、现代司法体制的基本理念

世界各国的司法理念及其侧重点往往各有不同，但作为现代司法体制，以下一些共同的基本理念是被普遍认同和遵循的，这些理念也可以被视为现代司法体制的基本原则。

（一）司法独立

近代成熟的司法独立思想源于孟德斯鸠的“三权分立”制衡思想。只有在权力分立、司法独立的情况下才能够实现司法、社会的公正，保障人权，抑制腐败，更好地实现程序正义。

1. 司法独立的基本内涵

说起司法独立,人们往往认为它意味着法院依法审判,不受行政机关、社会团体和个人的干涉。这固然不错,但是司法的独立性还应当包括更多的内涵。把事物认定为独立,至少应从两个方面来考察:一是该事物与其他事物之间存在明显的界限;二是该事物具有与众不同的运作方式和规律。对司法而言,前者主要是指机构与权限的独立;后者则意味着推理模式与程序的独特。机构与权限上的分立构成了司法独立的物质基础,而司法推理模式与诉讼程序显示的则是司法活动的独立个性,这对于司法独立的真正实现同样具有实质性的意义。

首先,独特的法律推理模式正是现代法治条件下司法运行的一个重要特征。法律推理具有使自己区别于科学解释以及政治、伦理、经济论证的方法与风格。这种独特的法律推理模式不仅确保法律共同体所独有的职业特色,而且使法官在司法实践中能够有效抵御政治、道德等因素的不恰当渗入,进而维护司法的独立性和依法而治的法治精神。司法中的法律推理是法官按照一定的程序和原则把待决案件事实置于法律规范构成要件之下的活动,它具有多方面的特质:首先是以严谨的逻辑性体现形式正义的要求。作为一种思维形式,法律推理与普通的逻辑推理并无二致。逻辑规律表明,凡带有必然性的推理,其结论必定以某种方式包含于前提之中;凡前提中根本不存在的东西,就不可能出现在结论中。在这个意义上,司法判决本身就存在于法律规范之中,而不是立法者未曾意料的新结论。因此,法律推理的逻辑性质使得法官的司法活动与国家的整个法律体系取得了一致性,同时,法律推理的逻辑性质还意味着平等而无偏见地实施公开规则,而这正是形式正义的基本要求。

其次,以严格的程序性来保障当事人的各项诉讼权利。司法过程中的法律推理是在特定的诉讼程序中展开的。诉讼程序的意义在于:当事人按照法定的顺序、方式充分陈述自己的权利主张和事实主张,展开辩论,并对各项诉讼权利的行使做出理性选择。法官则在这些程序中公平地听取各方的意见,归纳整理争论点,在当事人参与、理解或认可的情况下形成判决。严格的程序通过保障公民的程序性权利达到对实质性权利的享有和运用,同时也保障了法律推理的合理性与司法过程的民主性。

再次,以价值的中立性抵御各种非法律因素的侵扰。一般而言,法律规范总是要负载一定的价值,而在多元价值的社会中,立法活动常常要以价值的权衡、价值的估量为基础。但是,法官对法律规范的解释与适用却不能与立法活动相雷同,而应当独立于社会上各种关于价值观念的争议和评价;在法律推理过程中,他必须以实现法律规范及内含价值为最高宗旨,排除各种非法律的价值因素,如政治争议、道德评价等对司法过程的干扰。尽管有人对完全意义上的价值中立持怀疑态度,但是可以确信的一点是,法律推理如果失去了应有的中立性,不仅司法独立会成为一句空话,甚至会重蹈人治的老路。

2. 司法独立的实质内容

各国司法独立的内容存在很大差异，不过，作为共同的司法原则，它还是存在基本的要求，否则就不是司法独立。司法独立是衡量社会制度化程度的重要指标。司法不独立的社会其制度化程度必然低，因为制度得以存在的基础——程式化的运行容易被任意所打乱。亨廷顿对司法独立的表述是很有见地的，司法机关的独立表现在它只遵守自己特有的司法规则，表现在它的观念和行为不被其他政治机构和社会团体的观念和行为所左右。

司法独立包括两个层面：一是观念层面，二是制度层面。就观念层面而言，司法机关应当形成自己的职业化的观念，即形成司法职业所共有的某些理念，这些理念保证法官在类似的案件中有可能作出类似的客观的而非纯个人的判断。制度层面的内容要求司法人员能按自己的观念和规则办事。两者缺一不可，相互促进。

就制度层面而言，司法独立要求做到以下几点：①司法权由司法机关（法院）统一行使，不受行政机关和立法机关干预，公民个人或非国家机关的社会团体更不能干预。当然，立法机关可以对司法机关予以监督，但主要是通过立法手段及对法官的弹劾权进行监督，不得干预个案的审判。②司法系统内部相互独立，即一个司法机关的司法活动不受另一个司法机关的干预。法院上下级关系只是审级关系，上级法院除依上诉程序、调卷令等有关程序对下级法院的审判行为予以监督外，不得干预下级法院的审判。③法官独立审判，只服从法律。这是指一个法院内部不存在上下级服从关系。法院是法官办案的地方，用一句通俗的话来讲，法院里法官最大，用德沃金的话来说就是：法官是法律帝国的王侯，除了法律以外法官不服从任何别的权威。④法官保障制度。这是从社会地位、经济收入方面保障法官无所顾忌地捍卫法律。法官的地位及待遇来自法律，不是他的上级。这就包括由法律规定法官的职权、不可削减的待遇及其职位保障。对职位通常采用两种办法：一是终身制（英美法的主要做法）；二是文官制度的保障。法官的高薪制也是法官保障制度的内容之一。

西方的法官独立还有一个不可忽略但是难以达到的目标就是法官的非政治化、非政党化。法官非政治化是法官进行司法审查特别是针对高官的司法审查的重要制度基础。因为如果不独立于一定的政治集团，法官在碰到与政治相关的案件的时候，就会产生“自己人审自己人的问题”或者反过来产生“自己人审判外人”的情况。第一种情况使司法失去社会信任，使社会产生“审判是演戏”的感觉。第二种情况使法官失去当事人的信任，因为当事人确信法官有政治偏见（法官与他不属一个政党）。这两种情况都有违法官中立的原则，它会将中立的审判变成“政治的审判”。这一点在西方经历了相当长的时期才得以纠正。美国经典的宪法案件——1803 年“午夜派职案”的起因就是当时的美国司法不独立于政治，两大政党都要利用司法达到政治目的。当时的联邦党人对付民主党人的办法之一是判处民主党人以“叛国罪”。因为他们同情法国革命，而当时法国是美国的敌人。正是因为司法可以为政党的政治目的所用,才有联邦党人和总统亚当斯在下台前一天夜里还在忙于任命自己的党员做法官,因而引发了这场有关宪法危机的讼案。

(二)司法公正

1.司法公正的含义

司法公正,一般是指执法者公平无私。现代意义上的司法公正,不仅是指实体公正,还包括程序公正以及执法者在执法过程中的情感公正。司法公正的基本要求是:实体处理正确,程序合法,社会效果良好。通常,司法公正的实现是通过实体和程序两种途径来实现的,即实体公正和程序公正。实体公正是司法活动的出发点和归属,它是诉讼参与人追求的直接结果和最终目的,关系到当事人的切身利益。实体公正通过配置权利、义务的内容来实现。程序公正是通过正确执行法律设计获得正当性结果的步骤与方式来实现的。马克思在论述程序法和实体法的关系时指出:"程序是生命的形式,植物的外形。"只有实现程序公正,才能确保实体公正的实现。司法公正还应当包括司法人员对当事人情感上的公正,即司法人员在办案过程中对当事人的感情、态度问题。情感上的公正,是实体公正和程序公正的前提和基础,它将直接或间接影响到当事人实体权利或诉权的实现和执法的社会效果。因此对当事人情感上的公正也应当属于司法公正的范畴。

司法公正涵盖整个司法行为和司法过程,其含义有三:①适用法律平等;②诉讼程序规范;③判决结果公平。这三者是有机的整体。民众的常识往往将诉讼结果的公平作为衡量司法是否公正的主要依据,然而在这三要素中恰恰是结果公平最难以被测定。由于人们受法律认知能力上的差异、主观期望与司法结果之间的反差程度的影响,对司法结果的评价常常是不同的,甚至截然相反。这样,适用平等和程序规范对司法公正的界定便具有重要意义。司法公正,首先要求具有公正的法律。如果法律本身不具有公平性,执法者无论如何也追求不到公正的终极目的。法律不公正,则会给执法者留下弄权的空间。但有了公正的法律,并非必然就有公正的结果。而可以肯定的是,执法人员的执法活动公正与否,将直接导致司法结果是否公正。

司法公正是法治的组成部分和基本条件,因为司法公正与公民的权利和政府权力的法律机制紧密联系。权利和权力的合理运行都有赖于法律,而只有当人们相信法律是为了限制、约束权力,从而保护权利和无辜者的公正时,人们才会尊敬和拥护法律。否则,就使社会公众丧失对法治的信心,依法治国失去最广泛的社会基础。这样,法治也就无从谈起。可见,司法不公是最大的不公,正像英国文艺复兴时期著名学者培根所说:"一次不公正的判决比多次不法的行为为祸尤烈,因为这些不法的行为不过弄脏了水流,而不公正的判决则把水源给污染了。"

2.司法公正的标准

司法机关的活动一定要符合法律规定,违法的司法活动一定是司法不公正的活动。司法公正的法律标准以司法活动适用的法律分为实体法和程序法两类规范，自然派生出实体法律标准与程序法律标准。两个标准既相互依存，又彼此可分，具有各自独立判断价值尺度。适用实体法律是否公正，必须并且只能根据裁判结果做出判断，司法机关只要是在法律规定的范围、幅度内做出的决定就是公正的。适用程序法律是否公正，则只能以适用程序法是否严格和正当作为标准，根据案件处理的过程和方式做出判断。只要没有违反程序法，而且程序正当，就是司法公正。司法公正的实现是司法机关严格依照法定程序和依据法律规定活动的过程，严格执法是司法机关的基本职责，忠诚于法律是法官的唯一选择，追求的司法公正是一种法律公正，而不是所谓的“客观公正”。

司法实体公正是指司法机关的司法行为所产生的结果，符合实体公正（正义）和形式公正（正义）的要求。结果公正是司法机关的司法行为所追求的一种崇高理想，它主要体现在司法机关所作出的实体裁判上面。一项公正的裁判，至少应该同时符合以下几个条件：①严格适用实体法，办理案件必须有法可依，任何决定必须依据实体法做出，结果要符合形式正义。②准确地认定证据、努力发现客观事实。“以事实为根据”是司法工作的基本要求，发现客观事实是正确决策的前提。但是，司法决定具有滞后性，事件往往是在发生以后才进入司法程序的，司法机关只能凭借事件发生时留下的“痕迹”（即证据）来推断或发现事件的真实情况，并以自己认定的“真实情况”（即事实）为依据做出判断。因此，进入司法程序的事件有两种事实：一是司法机关认定的事实，即法律真实；二是事件发生的本来面目或者本来事实，即客观真实。司法机关认定的事实（法律真实）应尽可能与案件的真实情况（客观真实）相近似，最理想的情况是二者完全相符。③司法决定能够适当平衡各种权益。司法制度的一个重要目的在于平衡各种权益：个人权益与社会权益、集体权益与国家权益、当事人之间的权益等。如刑事诉讼的直接目的是控制犯罪与保障人权，“追求正确控制犯罪就不能忽视保障人权；另一方面，保障人权也不能脱离正确控制犯罪”。控制犯罪实现的是刑事诉讼的社会目标，体现了刑事诉讼对国家权力和利益的维护；保障人权实现的是刑事诉讼的个人正义目标，体现的是对公民个人权益的保护。控制犯罪与保障人权的统一，体现了个人权益与国家权力和利益的平衡。由此可见，司法工作只有适当平衡各种权益，其结果才称得上是公正的。

司法程序公正也称程序正义，在司法过程中，程序规范与实体规范是分不开的。正像英国丹宁法官所指出的：“我所说的‘正当程序’指的不是枯燥的诉讼程序条例，它在这里——和麦迪逊提出美国宪法修改案时所说的非常相似——即未经法律的正当程序，不得剥夺任何人的生命、自由和财产。”[①]司法过程中采取的由

① ［英］丹宁勋爵：《法律的正当程序》，李克强等译，法律出版社1999年版，第1页。

法律所确认的各种公正的诉讼方法和制度，如无罪推定原则、逮捕和搜查等强制措施的合法性、公正的调查程序、辩护制度、陪审制度等都属于正当程序的范畴，但它们不仅仅具有程序法的意义，在某些情况下，也可以理解为实体法的规则。另一方面，在程序制度与其外部法律构架的关系中，程序不仅是实现实体法规定的过程，而且也是实体法产生和发展的过程，甚至可以说“程序是实体之母，或程序法是实体法之母”。司法公正实质上是一种社会公正，司法的使命是在全社会实现公平与正义。法官的职责是适用既定的法律规范处理个别案件，解决各类社会纷争，维系社会和谐与秩序稳定，促进社会发展与进步。因此，司法公正不仅要实现，而且要以看得见的形式实现。更为重要的是，司法公正最终要以社会公众感受得到的方式实现，得到社会公众的认可。

3. 公正与效率和效益的关系

效益主要是指经济效益，即投入和产出、成本和收益的比例关系。效益原则，就是要求以最低的成本获得最大的收益。效率则主要是针对诉讼的延迟而提出的迅速裁判的目标。公正与效率和效益是司法的基本价值目标。一方面，公正性是司法的基础和实质目标，司法活动对效率和效益的追求也同样必须以公正为前提。没有公正，效益和效率就没有任何意义。另一方面，由于诉讼的公正性必须体现在诉讼程序的有效运作及其结果上，因此，诉讼的效益在一定程度上也与公正的实现息息相关。诉讼延迟实际上妨碍了当事人权利的实现，昂贵、烦琐的诉讼程序也必然造成当事人在司法资源利用上的不平等，直接影响到司法的公正性和平等性。如果司法资源不能得到合理有效的利用，诉讼案件积压，大量纠纷得不到及时妥善处理，不仅会使当事人求助司法救济的期待受到打击，还可能影响社会秩序的稳定，引发社会动乱和激化社会矛盾，危及社会正义的实现。在这个意义上，诉讼效益和效率的提高，本身就有助于司法公正的实现，也符合绝大多数当事人的利益。在司法程序的设计和运作中，始终需要平衡协调好公正与效益这一对基本价值，以效益促进、体现和保证公正。同时，在具体的诉讼程序中，公正往往是需要以一定代价来保证或换取的，如果为追求公正必须付出过高的代价，就不得不加以适当限制。

现代司法在追求司法公正的同时，也需要重视和强调司法的效率与效益。具体而言，应注意以下三点：①协调司法资源短缺与司法需求不断增长之间的矛盾，合理配置司法资源。对案件进行繁简分流，同时通过非诉讼程序（ADR）的辅助作用，分担司法的压力。②应努力提高司法的效率和效益，在法官素质不断提高的前提下，适当简化诉讼程序，增强法官的职权管理力度，加快诉讼程序运行的速度，缩短诉讼周期。降低诉讼的公共成本（包括在法院和法官等人力物力方面的经费）和私人成本（包括诉讼费和律师费）。③不能以牺牲公正为代价追求效率。

（三）司法民主

1. 司法民主的概念

“民主”一词可以在多种意义上使用，在国家制度层面主要体现为公共权力与市民社会进行理性互动的价值理念和制度安排。现代司法制度是在民主政治基础上建立和运作的，本质上也必须符合政治民主的基本原理，受到民主的制约。司法民主理念，是现代法治社会对司法制度建构和运作的一种正当性要求和原则，即：司法权的行使应该受到人民的制约，司法活动应该有民众的参与，司法的运作应该受到人民的评价，司法人员应该受到人民的监督。

司法民主原则来源于人民主权学说，具体体现在以下几个方面：①在司法权的归属上，明确司法权来源于人民。司法权作为国家主权的组成部分，来源于人民。人民有权对司法活动和司法人员进行民主监督。②在司法权的功能上，强调设立司法机关的目的，是为了维护人民的权利，制约国家权力对公民权利的侵害，维护社会主体在法律上的平等。司法机关必须服务于社会、服务于民众，最大限度地保证公民利用司法的基本权利（诉权）。③从司法权限上，要求司法机关尊重国家权力机关之间的权限划分，尊重立法及行政机关的权限及其行使。法院不能主动行使审判权，不能主动对社会生活进行干预，也不能任意地扩张自己的权力和主管、管辖范围，尤其是必须最大限度地遵循立法中所体现的法律精神。④在审判权的启动上，应严格遵守“不告不理”的原则，只有在接到起诉人、公诉人等提出的诉讼请求时，才可以受理案件；只有在自己的主管和管辖范围内，才能对案件依法作出裁判。在诉讼程序中，法院的职权受到当事人权利的制约，必须严格在程序的框架内行使其权力，应是有限度和有节制的，司法职权应在当事人的处分权面前适当止步。⑤在司法官的选任和罢免上，应通过民主程序和公开的方式，以保证司法官选任的公正、身份的独立、行为的正当。⑥民众有权参与和监督司法，以保证司法与社会和民众的交流与互动。

2. 司法民主与司法独立的关系

必须强调的是，由于司法权行使方式的特殊性，司法民主在制度安排方面和立法权与行政权的民主制度存在明显的差异。一方面，司法民主是以司法独立为前提的，通过这种制度设计保证司法公正的原则不会由于简单的民主行为（如表决）而改变，从根本上实现司法的民主保障功能。另一方面，司法独立又能够有效地对民主本身进行补偏救弊，通过个案的审理实现对恶法的纠正，对弱势群体或当事人加以特殊救济，从而防止以民主的方式导致人权的侵害和非正义结果的出现。现代司法制度首先应该通过一系列制度保证司法独立。但是，现代法治社会同样是建立在对司法民主的要求之上的。司法民主又是对司法独立的一种制约，司法独立不能脱离司法民主的制约而存在。

（1）现代司法制度的本质决定了其是现代民主政治的组成部分，国家的一切权力属于人民，司法权也不例外。人民将司法权委托给司法机关及司法官独立行使，但司法独立并不能脱离人民主权而超然或任意地行使，因此，在现代司法制度的建构和运作中自始至终地存在着对司法民主的要求，并通过司法消极主义、司法中立原则和一系列制度得以实现。

（2）从法与社会的关系而言，一方面，法是由社会决定的，必须服从于社会需求；另一方面，在现代西方法的发展中，法又保持着一定程度的自治。通过法律家的职业化、行会式共同体的存在，以及独立的法律思维方式、法律技术和独立的培训机制和对司法活动的垄断，形成了与社会的一定程度的隔离。这种自治有利于保证司法的独立和法制传统的延续，有利于保证法律职业者的素质，但同时也存在着司法活动脱离于社会发展，司法活动与社会公众的价值观、常识和情理背离的可能。由于司法公正的标准最终取决于社会公众而不是取决于法律职业集团自身，因此，就必须通过司法民主保持社会对法律职业集团的最终制约和监督，以保证司法活动及其价值取向不会脱离社会发展的需要，并避免司法腐败的发生。

（3）司法民主同时还是增强民众参与意识，增加司法的透明度、公信度、权威性和正当性的重要保障。现代法治社会司法的权威并不仅仅取决于制度的健全和法官个人的素质，还取决于整个社会对司法的认同和支持，因此，司法必须是公开的。同时司法还承担着教育民众、传播法律信息、提高社会主体意识的义务。司法民主在司法的公信度尚未建立之时，起着重要的监督和保障作用，可以分担法官的责任，确立司法活动的正当性，维护司法的正常运作。在民众法律意识形成过程中，通过民主的参与增加其主体意识和对法律的理解与信任，从而形成守法和尊重司法权威的意识。在司法运作中，司法民主可以及时把民众的常识、价值观与社会观念的变化传递到司法实践之中，使职业法官可以紧跟时代的发展，适应社会的需求，做出合法合理的裁判。尤其是随着当代司法活动中的司法职权和法官的自由裁量权不断扩大，司法民主的意义又显得非常重要。

现代司法体制中司法民主的实现方式，主要包括法官选任方式、民众参与司法（陪审制）、司法监督等。

第二节　司法权限

一、司法权限的概念及功能

司法权限，是指司法权的限度和范围。司法机关只能在其权限之内才能合法有效地行使司法权，超越或滥用司法权的行为及其结果是违法和无效的。根据现代宪政制度分权与制衡的原理，任何国家权力都不是无限的，应当受到其他国家权力机关的制约和社会权利的监督。司法权也是同样,其权力的行使本身应该是有节制和有限度的,并受到监督与制约。

现代法治国家的司法权限通常是由一个国家的宪法、司法组织法等法律确定和保障的,司法权限问题主要涉及以下各种关系:①司法机关与立法机关的关系;②司法机关与行政机关的关系;③司法机关与社会团体组织,包括公益性组织、自治性组织、宗教团体、政党等的关系;④司法机关与公民个人私权的关系;⑤不同的司法机关之间的关系;⑥与国家主权有关的涉外司法主权关系。

司法权限的行使通常会涉及的程序问题主要是法院的管辖权和主管问题。随着社会的发展和时代理念的变化,司法权限的边界和行使方式也在不断发生变化,现代司法改革不仅要在一定程度上调整和重构司法权限,而且必须面对经济全球化和法律事务国际化的挑战。在纠纷解决的程序、方式和权限方面,都显示出司法的社会化和国际化的趋势。

二、司法机关与立法机关的关系

现代司法体制是建立在司法独立原则基础上的,根据权力制衡的原理,司法机关与立法机关之间存在一种既相互独立又相互制约的关系。在现代社会,立法机关主要是各国的议会或国会,在我国则是指全国人民代表大会及其常务委员会;司法机关则主要是指法院和检察院,司法体制与监察体制改革后,监察权也具有一定的司法属性。立法机关与司法机关之间的关系在各国都是一个重要而复杂的问题。如果司法权过度扩张,可能构成对议会民主的威胁;而如果议会对法院过多控制,则可能破坏司法独立、违反法治原则。因此,必须正确处理立法机关与司法机关、特别是法院之间的关系,以维护民主和法治的正常实现。

现代法治国家立法机关与法院之间的关系一般遵循以下基本原则:

(1)司法活动必须依法进行。原则上,只有立法机关能够制定、修改和废止法律,而司法机关的主要工作方式就是在审理具体案件时解释和适用法律。司法机关应准确理解法律中体现的立法者的原意,以严格适用法律为基本宗旨。司法机关经国家授权,可以制定程序规则、法院规则等规范,并可以制定和发布规范性的司法解释。但这些活动及其内容以不超越权限、不与立法抵触为原则,立法机关的立法可以推翻司法机关以前的判例和司法解释。

(2)立法机关产生或撤销司法机关,任免司法官。尽管各国政体不尽相同,但一般立法机关对司法机关的产生、撤销、法官任免等方面都拥有特定的权力。有的国家由议会批准(同意)对司法官的任命,有的由议会参与遴选(通过司法委员会),有的则直接由议会任命司法官。法院的权限、运作程序等也都由议会通过法律形式决定,目的在于保证司法官的素质,并避免司法机关内部人事管理的行政化。

(3)司法机关依法独立行使司法权。法院独立审判,排除立法机关对个案审理裁判过程的干预。议会对于法院所主管的事务即法院的审判活动不得干预和介入。

(4)立法机关对司法行政事务进行管理和控制。各国司法行政权力的核心部分往往掌握在议会手中,如预算批准、司法官定员及增员、工资制度等。但这种设置并非为了让议会随意干预或操纵司法机关,而是为了使司法机关的经费在国家整体规划下得以保证,并使司法机关摆脱过多的司法行政职能。

(5)法院通过违宪审查权对立法权进行监督和制约。当代世界各国违宪审查权归属于不同的权力机关,其中一部分国家由普通法院(最高法院)即司法机关行使,由此构成了司法机关对立法机关的特殊制约,但司法机关又最终受宪法本身的制约。

(6)相互尊重与礼让。现代各国司法机关都遵循"司法尊重"的理念,特别强调司法机关对立法机关和行政机关的尊重,法院在功能扩大的同时,仍然必须注意以司法消极主义约束自身权力。司法机关、政府、议会都自觉地恪守自己的权限和职能,避免发生冲突。

我国实行人民代表大会制度,司法机关与立法机关的关系与西方国家不同,司法机关对人大负责,接受人大监督,并通过工作报告、人事任免等制度实行人大对司法机关较紧密的控制。尽管如此,现代司法体制关于议会与司法关系的原理和原则对我国仍有重要的借鉴意义。今后在司法改革中,将会进一步在保证司法独立的前提下合理协调二者的关系。

三、司法机关与行政机关的关系

司法机关与行政机关(政府)之间的关系在各国体制上的差异较大,其中部分国家司法(法院)相对于行政权具有更高的地位(司法权优越);而在另一些国家,二者则完全平等,互不干预,由专门机构负责平衡协调二者之间的关系。在实践中,各国主要依据以下基本原则来调节二者的关系:

(1)司法机关与行政机关依法独立行使职权。二者分别在各自的职权范围内,依照法律的规定行使司法权和行政管理权,各自拥有相应的自由裁量权。行政机关的执法活动与司法机关最大的不同在于,前者具有主动性和积极性特征,而司法则应以消极被动为准则。司法机关应尊重行政机关依法行使权力,维护行政机关依法行政;尊重行政立法权,承认行政法规的法律渊源地位。

(2)法院拥有对纠纷的最终裁判权。在纠纷解决方面,司法机关与行政机关一般有明确分工,各自以自己的管辖权为界限。当代司法机关的准司法权限在不断扩大,行政机关与司法职能在一定程度上发生交叉,但是原则上法院仍拥有对纠纷的最终裁判权,经行政机关处理的纠纷或案件,一般仍通过行政诉讼赋予当事人诉诸司法审查的权利。

(3)法院通过行政诉讼实现司法权对行政权的制约。在行政诉讼中,法院审理原则上仅限于对具体行政行为合法性的审查,由此,一方面可以纠正行政违法,给予行政相对人以救济;另一方面可以维护合法的行政行为和行政秩序。

(4)司法审查制度确立了司法机关对行政立法权的审查权,通过对行政法规的司法审查,可以将与宪法和法律相抵触的行政法规和文件清除出去,保证法律的统一。

四、司法机关之间的分工与协作

1. 司法机关之间分工与协作的必要性

司法权的核心是审判权,现代司法体制是以法院为中心建立的,司法活动是以法院的审判活动为核心展开的。但是,除审判权和法院之外,还有大量司法活动,需要一些拥有特定司法权限的专门机关通过特定的司法程序完成。随着社会的发展和司法活动的复杂化和技术化,这些司法职能和权限的分化更加明确,主要包括公诉权、侦查权、司法行政权、执行权、监管权、非诉讼事务处理权、司法援助等。因此,司法体制中的一个重要问题,就是根据司法职能对司法权进行合理划分,并形成司法机关之间的分工与协作。世界各国在处理这些权限划分问题上采用了不同的司法制度。例如,在检察制度方面,既有审检合署制,也有分立制。在强制执行方面,既有由法院负责执行的,也有设立专门的行政性执行机构,法院不负责执行的模式。

2. 我国公、检、法、监机关的分工与协作

2018 年 3 月 11 日,第十三届全国人民代表大会第一次会议通过的宪法修正案,将《宪法》第三条第三款"国家行政机关、审判机关、检察机关都由人民代表大会产生,对它负责,受它监督。"修改为:"国家行政机关、监察机关、审判机关、检察机关都由人民代表大会产生,对它负责,受它监督。"《宪法》明确对各司法机关之间的分工与协作问题做出了规定,要求法院、检察院、公安机关、监察机关办理刑事案件过程中分工负责、互相配合、互相监督。人民法院依法独立行使审判权,其他国家机关不能分享。《宪法》第一百二十八条规定中华人民共和国人民法院是国家审判机关,依法确立了人民法院作为审判机关履行国家审判职能的性质。人民检察院依法独立行使检察权,有权对国家公务人员履行职务进行监督,对公安机关的侦查、人民法院的审判工作、司法行政机关的监狱工作进行监督。《宪法》第一百三十四条规定中华人民共和国人民检察院是国家的法律监督机关,依法确立了人民检察院作为国家检察机关代表国家行使检察权的法律监督机关性质。公安机关依法行使侦查权,具有司法的性质。公安机关除具有司法的属性外,归属国家行

政机关的组成部分；公安机关的主要任务是维护国家安全，维护社会治安秩序，保护公民的人身安全、人身自由和合法财产，预防、制止和惩治违法犯罪活动。监察机关是行使国家监察职能的专责机关，对所有行使公共权力的公职人员进行监察，调查职务违法和职务犯罪，开展廉政建设和反腐败工作。《宪法》第一百二十三条规定，中华人民共和国各级监察委员会是国家的监察机关。第一百二十七条规定，监察委员会依照法律规定独立行使监察权，不受行政机关、社会团体和个人的干涉。监察机关办理职务违法和职务犯罪案件，应当与审判机关、检察机关、执法部门互相配合，互相制约。

3. 司法机关与司法行政机关的分工与协作

当代世界各国法院的财政、人事任免、法院设施的建设、法律职业资格考试和法律教育培训等方面的司法行政事务，以及司法判决和刑罚的执行等方面，相当多是由司法行政机关（司法部）分管的，一些国家采用检察机关隶属于行政机关的体制。同时，司法行政机关还对法律职业、非诉讼纠纷解决机构等进行管理和监督，这一部分权限有时分散在若干行政部门中，各自与司法机关发生职能上的衔接关系，这就需要承担各种相关职能的部门或机关之间相互协调、互相配合。例如，我国于 2002 年开始实行统一法律职业资格考试，法院、检察院的在职人员也参加与律师同样的法律职业资格考试，这一考试由司法部统一负责，就涉及多个机关之间的协调。在欧盟国家，为了加强对各司法机关权限的协调，加强对司法机关人、财、物方面的管理与保障，在当代进行的司法改革中普遍建立了国家司法委员会，反映了这方面的发展趋势。

五、司法的主管与管辖权范围

在现代法治社会，法院的审判在纠纷解决中具有最高的权威性和终局性。但是，法院的审判权也是有限的，受到分权原理和体制的制约，必须与其他国家机关和社会团体的权限相互协调。特别是由于民事纠纷数量类型多、涉及多种权利、利益和复杂多样的社会关系，因此，在纠纷解决的方式和程序设计上，需要建立一种多元化的机制，法院在其中占据最重要的地位。审判权在主管和管辖方面主要受到以下因素的制约：

（1）基于权力分立原理上的界限。①除违宪审查程序外，司法权一般无权单独受理请求撤销规范性法律文件和法院规则等诉讼。②立法机关和行政机关具有高度的政治意义的所谓统治行为或政治问题，不属于司法审查的对象。除非得到授权，行政裁量的合理性和立法的合理性等一般不能成为法院审理的对象。③法院也不能受理涉及判断学术或技术上优劣和正确与否的争议。

（2）现代司法应尊重社会团体和地方的自治权，尽量不介入社会团体内部纠纷的自律性处分。一般对以下各类纠纷采取谨慎行使审判权的政策：①地方自治团体或其他社会团体内部的纠纷;②实行自治公立大学或其他学校内部的纠纷;③政党内部的纠纷;④宗教团体等内部纠纷。但是,司法并非绝对不能处理这些内部纠纷,在涉及人权等特殊情况下,司法可以个别处理此类案件。但原则上,不应将其扩大为一般性、日常性的干预。

(3)由于国际性(涉外)因素的制约。例如,地域管辖、属人管辖等对司法管辖权在空间和主体国籍等方面的限制,等等。

六、司法的社会化

随着当代社会纠纷解决的需求和司法功能的变化,原来由国家司法机关高度垄断的司法活动开始出现社会化的趋势。主要表现在以下几个方面:

(1)法院的纠纷解决功能向社会、民间机构和非诉讼程序分流。

(2)部分司法机构出现私有化现象,即将一部分传统上由国家严格控制管理的司法机构向社会开放,允许私人经营管理,如私营监狱。西方国家的私营监狱是为了减轻国库开支,应对监狱设施不足、人满为患的问题而出现的,已经成为一种新型企业。美国和英国采取把监狱出租给私人公司的办法,由该公司集资、建造和管理监狱。法国的私营监狱由私人企业出资建造、负责守卫、支付囚犯的生活费用,但由政府进行监督。德国则是把由私人出资修建的监狱出租给政府,以节约开支。

(3)私营警察和私人侦探机构等新的服务业出现,这些行业适应社会主体的需要,填补法律服务市场的短缺,为当事人提供安全保障、证据收集调查,等等。这些中介或服务机构尽管与司法机关不同,不拥有司法权,但实际上却分流或承担了以往由司法机关承担的部分职能。例如,保险公司设立的专门针对保险欺诈的调查机构,等等。

司法的社会化是司法供应不能满足社会需求的结果,其出现虽然具有积极意义,但是也不可避免地出现一些难以克服的问题,这些都需要在社会的发展中不断加以规范和调节。

第三节　当代世界主要司法体制类型

一、司法体制分类及其模式

世界各国的现代司法体制尽管在性质、职权、基本原则和运作方式上存在着共同性，但是在体制的设计和基本理念上也存在着诸多的不同。根据不同的标准，可以对世界各国的司法体制进行一些分类。

（1）司法体制取决于一个国家的政治体制，根据政治体制的不同，可以将世界各国的司法体制分为三权分立体制下的司法体制、议行合一体制下的司法体制、政教合一体制下的司法体制等。

（2）司法体制与国家结构直接相关，根据国家结构的不同，可以分为单一制国家的司法体制和复合制国家的司法体制等。

（3）现代世界各国的司法体制在司法机关的设置、权限和司法权的行使方式上也存在很大的差异。有些国家采用大司法体制，将具有司法功能的各种制度、机构都涵盖于司法体制范围内；而一些国家则采用小司法体制，将事实上具有司法功能的行政性机关或准司法机关与正式的司法机关（普通法院）严格区别开来，只有后者才属于司法机关。例如检察机关和行政法院分属于司法系统或行政系统；违宪审查权的归属更是完全不同。每一种司法体制，往往都体现出不同的政治和司法理念。

需要说明的是，传统的比较法研究将西方现代法律制度划分为大陆法系和英美法系两大类型，这种划分揭示了两大法系在法的渊源、历史传统、司法活动、法律职业和教育、法律思维以及司法程序等方面的差异，对于理解各法系国家之间的相同性与差异性具有重要的方法意义。然而，这种划分主要是以“私法”为出发点和标准的，并且着重揭示的是两大法系在形式上和法律技术上的差异。社会主义法系的划分把政治体制、经济体制和意识形态的因素引进了比较法，揭示了社会主义国家法与西方资本主义国家法的差异，但与原有的形式标准产生了一定的矛盾和交叉。然而，在研究司法体制问题时，由于世界各国的司法体制都是出于各自的政治理念，根据本国国家权力配置的实际需要而建立的，因此各国的司法体制之间存在着较大的差异，对此很难简单地以两大法系的标准分类方法加以区别和把握。一方面，在具体的司法制度设置上，属于同一法系的各个国家之间的差异非常明显，如美国与英国、法国与德国等。另一方面，在涉及司法审查等权力配置的政治性问题上，各国之间的相互借鉴和融合已经超越了传统的法系的界限。例如，在违宪审查程序上，许多大陆法系国家都曾尝试借鉴美国的制度。因此，在研究世界各国司法体制时，不宜简单地采用两大法系的标准，而更应该具体分析每一个国家司法体制产生的特定历史背景、社会原因，以及其中体现的具体政治理念和价值取向。

所以，在分析司法体制时，应以几个重要的西方法治国家为例，说明当代世界各国的司法体制具有鲜明的本土特色和时代印记，在保持着共同的基本原理的同时，更多地体现多样化的特点。

二、英国司法体制

(一)法院组织系统

英国的法院组织系统非常复杂，法院一般指普通法院系统。从法院组织的上下级关系来看，可分为中央法院和地方法院两级；从审理案件的性质来看，可分为民事和刑事两大系统；从地区来看，可分为英格兰、威尔士、北爱尔兰和苏格兰等不同系统。英国民事法院系统由郡法院、高等法院、民事上诉法院和上议院四个审级组成。刑事法院系统由治安法院、皇家刑事法院、上诉法院和上议院组成。在英国，与普通法院组织系统同时存在的，是庞大的行政法院（法庭）系统。凡属基于行政法规而发生的案件，都由属于行政机关的行政法庭审理。

(二)检察机关组织系统

英国检察机关具有相对独立性，较早地采取了审判权和检察权的分署行使。1986年英国对检察制度进行了重大改革，在中央设置皇家检察院作为全国的最高检察机关，领导全国的检察机关，在全国分为若干区分别设置区检察院，在每个区又设置若干检察分院，作为检察机关的最基层机构。实行全国一体化且分层管理的原则，上下级之间有明确的监管和被监管的关系。

(三)司法行政机关

英国没有设立专门的司法部，司法行政职权在英格兰和威尔士由大法官和内务部共同行使，在苏格兰则由苏格兰事务大臣等行使。

(四)英国司法体制的特点

(1)上议院（贵族院）作为司法机关，立法与司法权合一；没有设立专门的违宪审查制度。司法权与立法权在最高层次上的合一，使司法的权威得到了最大程度的保障。英国历史上有法律至上的法治传统，作为上议院议员的大法官拥有极高的社会地位、声望和权威。但同时，英国又奉行议会至上的原则，保证议会立法对司法的制约。这种体制虽减少了立法与司法之间的冲突，但是，上议院并不承担违宪审查的职能。

(2)法院系统比较复杂，除普通法院外，行政法院分担了大量纠纷处理任务，并与普通法院进行审级上的衔接；由此合理地解决了二者之间的关系，保障了司法权的最终权威。普通法院承担司法审查职能,数量保持稳定。在20世纪90年代末的司法改革之后,通过各种非诉讼机制分流诉讼,法院处理的案件相对减少。

(3)普通法院的职业法官数量少,法官地位高、具有精英化特征。法官从律师中产生,律师分为出庭律师(大律师)和诉状律师(小律师)。法律职业的自治程度高,对法的形成和运作影响至深。

(4)检察机关具有相对独立性,机构健全,并通过刑事司法改革,加强了对刑事犯罪的打击力度。

(5)没有设立独立的司法行政机关(司法部)。

三、美国司法体制

(一)法院组织系统

美国是一个由50个州组成的联邦制国家。其法院系统首先分为联邦法院和各州法院系统,二者是平行、独立的,没有隶属关系。联邦法院系统由地区法院、上诉法院和最高法院组成。各州法院的设置是由各州法律自行规定的,因而各州各级法院的名称、组成、管辖权等都不一样。州一级法院一般分为三个审级:州初审法院、州上诉法院、州最高法院。

(二)检察机关组织系统

美国的检察机关分为联邦检察机关和州检察机关两个系统,二者之间没有隶属关系。

美国联邦检察机关设有联邦总检察长、联邦副总检察长和助理检察长。联邦检察机关和联邦司法部合一,联邦总检察长就是联邦司法部部长,联邦副总检察长就是司法部副部长。联邦检察官在联邦各级法院内执行职务,在法院内设有办公机构,开庭时代表国家出席。各州的检察机构与司法部合在一起,各州设有州总检察长,州总检察长是州长的法律顾问,也兼任司法部门的首领,由选举产生。美国的检察机关隶属于国家行政长官,联邦检察机关和州检察机关分别隶属于总统和州长,但它们之间没有领导与被领导、监督与被监督、管理与被管理的关系。联邦总检察长和州总检察长分别依据联邦宪法和州宪法行使职权。

(三)司法部

司法部是美国最高检察机关和最高执法机关,承担司法行政管理职能。其职能包括:指导和监督联邦检察系统和警察系统,以及美国地区检察官的工作;管理和监督联邦所属的全国监狱以及其他惩罚机构;对违反联邦法律的各种犯罪活动包括颠覆活动等案件进行调查和起诉;负责调查并向总统汇报有关假释、缓刑、赦免的请求;执行移民法、国籍法和有关麻醉品管理的法律;协助起草联邦法律规程,应总统或政府首脑的请求,提供有关法律问题的意见;依法对公民予以保护和甄别;保护商业正常竞争,等等。在体制上,司法部与检察机关是合一的。

(四)美国司法体制的特点

(1)存在联邦和各州两套法院系统,二者之间无隶属关系和审级关系,实行双轨制。美国两套法院系统之间是平行的。联邦法院受理一切与联邦法律有关的案件,包括联邦宪法、法律规定的国际性条约、涉及跨越州界的案件及联邦政府涉外案件;各州法院受理一切与州法律有关的案件。但这两个法院系统之间并非毫无关联。美国联邦最高法院作为全国的最高法院,它的判例对全国各级法院都具有指导意义,其判例所确定的原则与规则对各级法院都具有约束力。

(2)联邦最高法院拥有司法审查权,司法权限大,在通过重大案件参与国家决策方面具有重要的作用。美国的违宪审查制度具有典范意义,曾是许多国家仿效和借鉴的模式。

(3)检察机关与司法行政机关合一,检察机关的作用在不断加强。为了加强对高官的调查,设立了独立检察官制度,但这一制度目前已经终止。

(4)法官选任有任命制和公选制等基本方式,法官从律师中产生。律师没有出庭律师与诉状律师之分,通常分为公职律师和私人律师两部分。法学院教育在世界上独树一帜,卓有成效。

(5)法院的纠纷解决功能向非诉讼程序分流,司法的社会化趋势明显。法院功能向确立规则方向转化。

四、德国司法体制

德国也是一个联邦制国家,但与美国不同,其法院体系实行一体化。德国基本法将其司法权委托给法官行使,同时设立了一系列的司法部门配合法官行使司法权,共同构成其司法体制。

(一)法院组织系统

德国的州法院是联邦法院的下属法院。德国共设六种法院,即宪法法院、普通法院、劳动法院、行政法院、社会法院和财经法院,每个专门法院都有明确的司法管辖权,都各成体系,有自己的最高法院。

(二)检察机关

德国的检察机关隶属于司法部。采取审检合署制,检察机关与各级普通法院相对应地设置,每个法院都附设一个相应级别的检察机关。德国检察机关的领导体制,主要分为联邦体系和州体系。联邦总检察院与各州的检察机构之间没有领导与隶属关系,联邦总检察长并非检察机关的最高首长,两个系统之间只是诉讼程序上的关系。

检察院的主要职权有:与警察机关共同行使侦查权,对警察机关侦查刑事犯罪行为和违法行为的活动进行监督;提起和支持公诉;对刑事审判和判决执行进行监督;等等。

(三)司法部

德国司法部属于政府司法行政机构,其主要职能有:①制定法律草案,包括法官法、程序法等;②遴选法官;③审查其他部所制定的法律草案的合法性;④监督各法院,向法院推荐候选法官。各州也设立司法部。律师的管理和培训等由司法部负责。

(四)德国司法体制的特点

(1)宪法法院不属于司法系统和普通法院,具有高于各个权力机关的地位,独立行使司法审查权。联邦宪法法院是根据基本法的规定作为国家的一个宪法机构建立的,独立于其他机关和法院,可以审理国内所有关于宪法法律问题的争议。宪法法院既是立宪机构,可以部分行使国家最高权力,有权对其他立宪机构进行限制;又是具有最高裁判权的法院,有权对其他法院作出违宪判决和裁定。宪法法院有权经审理宣布法律违宪,公民亦可直接到宪法法院提起诉讼。

(2)建立专门法院(行政法院、劳动法院等),使诉讼程序和纠纷解决效果更加合理,分担普通法院的压力。法院之间分工合理,诉讼程序设计高度理性化,繁简分流,效率高,能够有效地完成解决纠纷任务。法院功能仍以解决纠纷为主。受理除纯粹宪法性和其他专门法院管辖权限内的法律事务以外的与公法有关的所有纠纷。

(3)检察机关隶属于司法部。由司法行政机关(司法部)负责法官的遴选和培训工作。

(4)法律职业包括法官、检察官、律师、公证人等。各种法律职业之间基本上分业,任职资格标准大致相同。法律教育分为两个阶段:大学法学教育后参加第一次国家考试;经过专门培训、实习后参加第二次国家考试。

五、法国司法体制

法国现行司法体制是在18世纪末的资产阶级大革命之后建立的,具有一些独特的理念,成为一种特殊的司法体制类型。法国在大革命前,巴黎最高法院对政府的命令拥有司法审查权,并经常借此干预行政。法国大革命彻底废除了封建旧司法体制,在重建司法体制时,强调立法机关和行政机关对司法机关的独立,为了避免司法权对行政权的干涉和侵犯,严禁普通法院过问行政事务、审理行政案件。为此,专门建立了独立的行政法院系统。并在1789年的一项法律中明确规定:“司法职权,应与行政职权截然并永久划分之;法官不得以任何方式干涉行政机关职权之行使，否则予以撤职处分。”法国宪法也规定法院不得侵犯行政职权，亦不得审理行政案件。

（一）法院组织系统

法国奉行普通司法权和行政裁判权分离的原则，将法院组织分为普通法院和行政法院两大系统。普通法院审理民事和刑事案件，属于司法机关；行政法院审理公法、行政案件，属于行政机关。行政法院本身是独立的，其所属法官属于行政官员，多为各个领域的专家，在审判中适用法律法规和判例等多种渊源。

（二）检察机关

法国检察机关隶属于司法部系统，按照等级服从的原则，实行严格的中央集中领导。司法部长直接领导检察机关，总检察长直接对共和国司法部长负责。检察院附设在法院内，与法院的级别分类相对应，分为最高法院检察院、上诉法院检察院、大审法院检察院、军事法庭检察院、国家安全法院检察院等。在初级法院设1名检察官，上诉法院设1名首席检察官和数名检察官，最高法院设1名总检察长和数名检察官。

法国检察院具有广泛的权力：①侦查权和侦查监督权；②提起和支持公诉权；③对刑事审判和判决执行的监督权；④参加民事诉讼的权力；⑤对经纪人、公证人、律师等职业人员以及户籍管理等人员的活动给予法律监督的权力。

（三）司法部

法国司法部是法国的司法行政机构，负责掌管法院系统的行政组织、人事调动和活动经费等方面的事务。目前下设部长办公厅、司法事务厅、民事司法司、刑事与特赦司、监狱行政司、总务与装备司、监督教育司等业务机构。

（四）法国司法体制的特点

（1）实行司法双轨制，即在普通法院之外有一套独立的行政法院系统，两个系统的法院各自独立行使审判权，互不隶属。二者发生管辖权冲突时，由专门设立的权限争议法庭处理，该法庭的法官由来自两个系统的法官组成，司法部长任主席。权限争议法庭不仅可以处理管辖权争议，而且可以撤销法院已作出的相互矛盾的判决，并直接对案件作出判决。

（2）违宪审查权由专门设立的宪法委员会行使。宪法委员会并非普通法院，而是专门设立的违宪审查机构。各项法律在颁布之前可以由总统、议会两院议长或60名议员提交宪法委员会进行违宪审查。宪法委员会作出的裁决具有强制力，不得上告。

（3）检察机关与司法行政机关合一，具有广泛的权力。法国的检察院不仅提起公诉，对刑事诉讼活动进行监督，而且参与民事诉讼，并承担对公证人、律师等职业的管理，行使较多的司法行政权。

（4）由司法部负责管理法院系统的行政组织、人事调动和活动经费等方面的司法行政事务。法官的任命、指派、调动，司法辅助人员的招聘、任用、管理等均由司法部负责。

(5)法律职业实行分业模式，法律教育和培训由司法部统一负责。设有分立的法官学院、律师培训中心、国家行政学院(行政法院法官来源)等，并对公证员、清算员等职业人员分别进行培训。

六、日本司法体制

日本在明治维新时期，仿效以法、德为代表的大陆法系建立了其司法体制。第二次世界大战以后，日本参照美国的模式进行了一系列司法体制改革，逐步形成了一种独特的混合型司法体制。

(一)法院组织系统

日本的法院系统分为四个审级：简易法院、家庭法院和地区法院、高等法院和最高法院。最高法院拥有违宪审查权。

(二)检察机关

日本检察机关隶属于法务部，法务部有权监督和指导检察机关的工作，但不干涉对具体案件的处理。检察机关的组织系统与法院的组织系统相对应，由区检察厅、地方检察厅、高等检察厅和最高检察厅组成。这四级检察厅之间是隶属的上下级关系，即下级检察厅隶属于上级检察厅。

检察厅的职权主要包括：①刑事案件的公诉和求刑(即请求法院对犯罪嫌疑人依法定罪量刑)；②监督刑事裁判的执行；③在认为必要时，对属于法院的事项向法院作出通知或陈述意见(对法院的监督)；④刑事侦查；⑤作为公共利益的代表行使其他法律规定的权限。

(三)法务省

法务省是日本负责司法行政事务的国家行政机关。其职权范围包括：检察；管理矫正(监狱等)、赦免等事务；参与涉及公共或国家利益的诉讼；负责国籍、户籍管理；制定有关司法制度及司法行政事务的法律案；其他司法行政事务。检察机关与法务省在机构上合一。

(四)日本司法体制的特点

(1)法院的设置受美国体制的影响，最高法院拥有违宪审查权。但日本最高法院严格恪守司法消极主义，最高法院的作用和影响远没有美国最高法院那样大。

(2)法律职业的设置和培养途径与大陆法国家大致相同，采取分业制，各法律职业任职标准大致相同。但培训制度是一体化的，由法务省主持统一法律职业资格考试，合格的律师、法官、检察官统一在最高法院设立的司法研修所接受专门培训。目前，日本正在进行司法改革，尝试建立美国式的法学院，并逐步实现从律师中选任法官。除基本的三种法律职业(法曹)外,还有大量的司法书士、税理士、土地房屋调查士、企业法务部等专门职务。

(3)法院、法务省和律师协会三机构(所谓法曹三者)分工协作,共同推动法律职业的培训、司法改革和有关问题的解决。

(4)刑事侦查权分别由警察机关、公安调查厅和检察厅行使,并相互配合。

七、俄罗斯司法体制

俄罗斯全称俄罗斯联邦,它是1991年12月以后由原来的苏维埃社会主义国家联盟中"俄罗斯苏维埃社会主义联邦共和国"更名而来。俄罗斯实行三权分立,司法权由法院行使,其他参与司法活动的机关,如司法部、内务部、检察院、联邦安全局、联邦保卫局、联邦边防局、对外情报局、国家海关委员会、联邦税务警察局以及律师组织等统称为"护法机关"。检察机关作为一种特殊的国家机关,与法院的关系密切。

(一)法院组织系统

俄罗斯联邦的司法体系由联邦法院和联邦主体法院两部分组成。仲裁法院、普通法院和军事法院在全联邦境内都实行统一的等级体系。宪法法院只在联邦一级设立,分别由联邦宪法法院和联邦主体宪法法院组成,两者互为独立。俄罗斯联邦普通法院由联邦最高法院,各联邦主体、区(市)法院,治安法院以及军事法院组成。联邦最高法院是普通法院体系中的最高审判机关。上级法院对下级法院有司法监督权。联邦军事法院由各军兵种、军区、集团军、舰队军事法院和各军、卫戍区、兵团、分舰队军事法庭组成,不仅接受军事法院的垂直的司法监督外,还要接受联邦最高法院的司法监督。仲裁法院分为高等仲裁法院、上诉审法院、二审法院、一审法院等四级法院。各级仲裁法院是审理经济争议和行政处罚争议等纠纷的司法机关,按仲裁程序行使审判权。必须接受联邦最高仲裁法院的监督。各级仲裁法院法官由联邦总统按照联邦法律规定的程序任命。

(二)检察机关

俄罗斯联邦检察体系由联邦最高检察院,各共和国、边疆区、州、联邦直辖市、自治州、自治专区以及相当于该级别的军事检察院和其他专门检察院,以及区(市)检察院和其他的区域性检察院、军事检察院和专门检察院构成。各级检察院独立行使司法权,不受其他国家机关、社会团体和公职人员的干涉。各级检察机关都由检察长负责,上下级检察院之间实行垂直领导,下级服从上级,最终受总检察长监督。下级检察院的检察长隶属于上级检察院的检察长。

(三)司法机构

俄罗斯的司法机构设置有:俄罗斯司法部、各共和国司法部,边疆区、州、联邦直辖市、自治州、自治专区司法局。司法部内设机构有:政策法律局、经济立法局、宪法立法局、司法登记局、法律教育局、民事立法局、刑罚执行总局、司法警察司等。

第四节　中国司法体制

一、中国内地(大陆)的司法体制

(一)人民司法体制

我国实行人民代表大会制度,与西方"三权分立"的体制不同。宪法规定,国家的一切权力属于人民,最高权力机关是全国人民代表大会及其常务委员会。国家行政机关(政府)、审判机关和检察机关都由人民代表大会选举产生,对它负责,受它监督。在国家机关中,国务院即中央人民政府,是最高国家权力机关的执行机关,即最高行政机关;最高人民法院是最高审判机关;最高人民检察院是最高检察机关。三机关称为一府两院,与中央军事委员会并列。

我国司法体制被称为人民司法体制,除了最高人民法院和最高人民检察院两个最高司法机关外,在国务院设立了公安部、国家安全部、司法部等职能部门,它们虽然属于行政机关,但也承担着重要的司法职能。同时,还有若干行政部门也在不同程度上承担或分担着司法职能或与司法有关的职能。并通过从中央到地方各级行政机关和地方政府的职能部门,形成了一个人民司法体制的网络,与司法机关的工作相互协调配合。此外,我国历来把仲裁、人民调解、公证等具有民间性的机构组织也涵盖在广义的人民司法体制之中,构成了从国家机关到社会团体,从司法诉讼到行政及各种法院外的机制和程序,从正式的司法制度到基层自治性的纠纷解决活动,从事后救济到预防与综合治理等,主体、职能、形式多样而广泛的司法体制和司法活动,我们把这些活动统称为司法制度与纠纷解决机制。

(二)人民司法的组织体系

我国人民司法的组织体系由国家审判机关(法院)、国家检察机关(检察院)、行使司法职能的行政机关及社会团体构成。

1. 审判机关

审判机关就是依照法律规定代表国家独立行使审判权的国家机关,是狭义的司法机关。我国宪法规定,中华人民共和国人民法院是国家的审判机关,代表国家行使审判权。我国的审判机关是最高人民法院、地方各级人民法院和军事法院等专门人民法院,其中最高人民法院是最高审判机关。人民法院依照法律独立行使审判权,不受行政机关、社会团体和个人的非法干涉。人民法院的任务是审理刑事案件、民事案件和行政案件，通过审判活动，惩办犯罪分子、解决民间纠纷、维护社会主义法制和社会主义秩序、保证公民权利、保障社会主义建设事业顺利进行。我国的人民法院组织体制分为四级：基层、中级、高级和最高人民法院，并设军事、铁路、水运等专门人民法院。法院上下级之间是监督与被监督的关系。最高人民法院监督地方各级人民法院和专门人民法院的审判工作，上级人民法院监督下级人民法院的审判工作。最高人民法院对全国人民代表大会和全国人民代表大会常务委员会负责。地方各级人民法院对产生它的国家权力机关负责。

2. 检察机关

根据宪法和人民检察院组织法的规定，人民检察院是国家法律监督机关，国家设立最高人民检察院、地方各级人民检察院和军事检察院等专门人民检察院。地方各级人民检察院分为：省、自治区、直辖市人民检察院；省、自治区、直辖市人民检察分院，自治州和省辖市人民检察院；县、市、自治区和市辖区人民检察院。最高人民检察院是国家的最高检察机关，领导全国各级人民检察院和专门人民检察院的工作，对全国人民代表大会及其常委会负责。

3. 监察机关

2018 年 3 月 11 日，第十三届全国人民代表大会第一次会议通过宪法修正案。修正后的《宪法》第一百二十五条规定：中华人民共和国国家监察委员会是最高监察机关。监察委员会既不是行政机关，也不是司法机关，是行使国家监察职能的专责机关，依照法律规定，独立行使监察权。监察委员会和检察院作为我国现行体制中“一府一委两院”的机构，两者关系首先是独立的。监察委员会设立的初衷是为了整合反腐败的力量，监察法上也明确规定了监察委员会是对所有行使公权力的公职人员进行监督，因此监察委员会履行的是国家监察职责，其主要工作内容是对违法犯罪的公职人员进行监督调查处理，并且对认为有可能违法的人员也可以谈话，抓早抓小，防微杜渐。《中华人民共和国监察法》第十条规定：“国家监察委员会领导地方各级监察委员会的工作，上级监察委员会领导下级监察委员会的工作。”中华人民共和国国家监察委员会是最高监察机关，领导地方各级监察委员会的工作。中华人民共和国国家监察委员会由全国人民代表大会产生，负责全国监察工作。对全国人民代表大会及其常务委员会负责，并接受监督。

4. 公安机关和国家安全机关

公安（警察）机关是国家的侦查机关，同时承担着维护社会治安、解决纠纷等多种司法职能。公安机关的机构设置是，在国务院设公安部，各省、自治区、直辖市设公安厅（局），各省、自治区的地区、自治州，以及省和自治区辖市设公安局，县、自治县设公安局，城市区设公安分局。在城市街道和县属区、乡镇设公安派出所或公安特派员，公安派出所是县、自治县公安局或城市区公安分局的派出机构，不是一级公安机关。公安机关在军队系统设保卫机构，在铁路、交通、民航系统设有公安局(处)。

国家安全机关的设置,是在国务院设国家安全部,各省、自治区、直辖市设国家安全局,其下则各根据需要设置国家安全机构或人员。国家安全机关依法行使侦查权。

5. 司法行政机关

国务院设立司法部,主管国家的司法行政工作,包括全国的监狱、律师、基层法律服务、公证、人民调解、普法、法律培训与法律职业资格考试等工作,但法院和检察院系统的司法行政工作不属于司法部主管。各省、自治区、直辖市以及县级行政单位均设立了司法厅(局),并在乡、镇和大城市的街道办事处设司法助理员或司法组,指导基层的司法行政工作。

6. 其他行政机关

目前许多司法职能是由多个主管机关分工协作、共同完成的,其他行政机关往往也承担着纠纷解决或与司法相关的职能。例如,劳动部门负责劳动争议仲裁机构的组建和管理;教育部门承担着法学教育与培训工作;民政部门负责婚姻登记等事务,参与基层社区和纠纷解决机制的创建,并与劳动部门和公安机关共同组成劳动教养委员会;卫生部门承担着对医疗纠纷和医疗事故的处理和调解职能;工商管理部门和其他行政机关都负有受理消费者投诉、进行行政调处等职能,如此等等。

7. 地方政府及基层自治组织

地方政府承担着民间纠纷的调处、指导人民调解委员会工作,并可以通过信访等渠道与司法程序形成衔接和互动。基层自治组织内部都设有负责治安、调解的专门人员,这些基层司法人员承担着地方社会治安和纠纷解决的任务,并且能够防患于未然,进行社会治安的综合治理,与正式的司法制度和司法程序形成了一个有机的整体。

8. 各种社会团体或民间机构

律师协会、仲裁机构、消费者协会和各种行业协会、人民团体都在不同程度上参与了司法活动,建立了纠纷解决和法律援助机制,其作用对我国司法体制和司法活动都起到了不可或缺的作用。

(三)中国内地(大陆)司法体制的基本原则

司法体制的基本原则即体现在我国司法体制的建构和司法活动中的根本准则,反映了我国的政治体制和基本理念,具有高度概括性和普遍指导性,并为我国宪法和各种相关组织法、程序法等所确认。我国法学界把人民司法制度的基本原则概括为以下几点:

1. 司法主权原则

司法主权是国家主权的重要组成部分,司法主权原则指司法管辖权,包括属地优越权和属人优越权,即在中国主权范围内,任何人都应接受遵守中国的法律,一切诉讼案件都应受中国法院管辖。司法主权是不可侵犯、不可让渡的,也不能屈从于外来的压力。

2. 司法统一原则

除了实行"一国两制"的地区外,国家必须实现司法的统一。具体体现为:司法体制统一;司法权由各司法机关根据法定职权统一行使;法律适用统一。

3. 司法独立原则

我国各司法机关依法独立行使职权,不受行政机关、社会团体和个人的干涉,司法独立制度体现了自身鲜明的特色,具体如下:

(1)司法权有限独立。西方司法独立是建立在司法权与立法权、行政权鼎足而立基础上的,因而其司法权完全独立于其他两权。中国实行人民代表大会制度,人大是国家权力机关而并非单纯的立法机关,它与行政机关、司法机关存在着权力的上位与下位、授予与承受、监督与被监督的关系,因而司法从根本上说不能独立于人大,只能独立于行政,当然这并不等于说人大可以随意介入司法程序,干涉已经授受出去的司法权的具体行使。

(2)司法要接受中国共产党领导。党对国家事务的领导是中国的一项政治原则,也是一项宪法原则,所以司法机关不能脱离党的领导,但党的领导主要是政治、思想和组织领导,而非党组织或党员可以在法律程序之外干涉司法机关独立行使职权。

(3)我国尚未实现司法官的独立。在多年的法治建设中,由于考虑到法官的素质较低,我国始终没有承认法官的独立,仅建立了有限的身份保障制度,但同时设立了诸如院长审批、审判委员会等制度,加强对审判的集体领导;并实行错案追究、竞争上岗等措施,这些制度都不符合法官独立的要求,但均属于一种过渡性措施。随着法官素质的提高,独任制法官日益增加,法官独立审判和司法官的身份保障制度最终将会实现。

(4)由于存在审判委员会等制度并实行行政化管理,法院内部的独立和法院之间的相互独立尚未完全实现,但是在司法改革中,已经逐步向"还权于法官"的目标进展。

由此可见,司法独立与中国国情是可兼容的,而中国司法独立的特色之处就在于体现了党的领导、人民当家作主与依法治国的有机统一。

4. 司法制约原则

这一原则包括:①司法机关内部的相互制约,指在行使司法职能时,各司法机关之间形成分工负责、互相配合、互相制约的关系。例如,在办理刑事案件中,公安机关负责侦查,检察机关负责提起公诉,法院负责审判。②司法机关与其他部门和辅助机构之间的相互配合与制约。在司法活动中,司法机关与行政机关以及其他社会团体、组织和行业之间也存在着分工负责、互相配合、互相制约的关系，例如律师、司法行政、民政部门、人民调解组织等。

5. 司法民主原则

具体体现在：①在司法组织上，法院院长、检察院检察长由人民代表大会选举产生，法官、检察官由人大任免，但是目前这一制度仍停留在形式上，司法机关实际上拥有对司法官人事的任免权和纪律处罚权。宪法规定的司法官任免制度仍有待于真正落实。②司法活动及程序的民主化，主要通过人民陪审员制度、专门机关与人民群众结合制度等得以体现。③民主监督司法，宪法规定了社会主体享有广泛的监督权。

6. 司法平等原则

宪法保证公民在法律面前一律平等，不仅在适用法律上而且在司法程序上都必须保证每一个社会主体和诉讼参与人享有平等的权利。通过使用本民族语言文字诉讼的权利和法律援助，切实保证少数民族、弱势群体等在诉讼中的平等权。

7. 实事求是原则

强调司法活动和审判必须以事实为根据、以法律为准绳，在查明案件事实、进行证据调查时必须实事求是；发现错误时必须"有错必纠"。这一原则在当前的司法改革中受到了挑战。法学界主张以程序公正原则取代以追求实质公正为目标的实事求是原则，建立以法律事实、判决的既判力为核心的程序公正理念和标准。但是，实事求是原则与程序公正原则并非根本对立的，通过合理的制度和程序的设计，有可能最大限度地达到程序公正与实质公正、法律真实与客观事实的统一或接近。

8. 司法便民原则

便民是我国司法制度的传统，也是我国诉讼程序的特征。但随着司法逐步走向正规化、程序化，便民并不意味完全由司法机关通过简化诉讼程序来实现，而是更多地需要借助社会力量和各种纠纷解决机制，特别是基层社区、自治组织和民间性纠纷解决机制的力量。

二、香港特别行政区司法体制

《香港特别行政区基本法》规定了香港特别行政区司法体制的基本原则和重要内容，是香港司法体制赖以建立的主要依据。香港地区的司法体制既保留了一部分英国普通法的传统，同时根据"一国两制"的原则进行了创新。其基本构成如下：

（一）审判机关

香港特别行政区的法院包括终审法院、高等法院、区域法院、裁判署法庭和其他专门法庭。审判机关的基本原则包括:独立审判的原则;遵循先例原则;陪审原则。刑事诉讼的原则主要有合法公平原则和无罪推定原则。民事诉讼的原则主要有:平等原则、处分原则、和解原则。法院的程序和审判方式基本延续了普通法的传统,但在民事诉讼中已很少使用陪审团。

(二)检察机关

香港没有设立专门的检察机关,《香港特别行政区基本法》第六十三条规定:"香港特别行政区律政司主管刑事检察工作,不受任何干涉。"香港律政司具有检察机关的地位与性质,但它既不是专门从事检控的机构,也不是唯一可实行检控职能的机构,除律政司外,警务总署和廉政公署在特定方面和特定情况下,也承担部分检控职能。

(三)律政司

香港律政司是一个隶属于香港特别行政区行政机关的法律部门。对刑事被告提起诉讼、为政府提供法律服务、代表政府草拟法律是它的三大主要职能。律政司下辖五个科,各有一名律政专员负责。刑事检察科,负责对刑事被告人提起诉讼;民事检察科,负责对民事事宜提供法律指导,并且处理一切有关涉及政府的民事诉讼,代表政府出席法庭;法律草拟科,负责草拟法律议案提交立法会通过;政策及行政科主要负责律政司内部的行政事务工作;国际法律科,研究国际交往方面的法律事宜。

(四)犯罪侦查机关

香港的犯罪侦查机关如下:

1. 警察机构

警察机构的设置分四个等级:警察总部、区警察总部、警察分局和警署。警察总部又称警务处,兼有行政机关和司法机关的职能,负责管理全港的警察,维护香港的治安,其负责侦缉犯罪的部门有:有组织及严重罪案调查科;防止劫机组;反黑组;商业罪案调查科;侦查部、重案组、区罪案调查科;扫毒组、反黄组;非法入境情报科;防止罪案科;国际刑警科;刑事记录科。

2. 廉政公署

对政府人员的贪污、贿赂、滥用职权敲诈勒索、巨额财产来源不明案件进行侦缉。

3. 香港海关

负责毒品、应课税品、侵犯版权、假冒商标等案件的调查、处罚和侦缉工作。

三、澳门特别行政区司法体制

《澳门特别行政区基本法》规定了澳门地区司法体制的基本原则和重要内容,是澳门司法体制赖以建立的主要依据。澳门地区的司法体制保留了以葡萄牙为样板的大陆法系的传统,同时根据“一国两制”的原则进行了创新。其基本构成如下:

(一)法院体系

《澳门特别行政区基本法》规定了澳门回归后的法院体系。因澳门地域狭小,没有必要按地域分设不同的地区法院。普通法院共分三级:①初级法院,为初审法院,可根据需要设若干专门法庭,如刑事、民事、经济审判庭等。②中级法院,中级法院行使初审管辖权和上诉管辖权。③终审法院,行使特别行政区的终审权。

专门法院只设立了行政法院。行政法院是澳门特别行政区受理行政诉讼、税务诉讼和海关诉讼的专门法院。行政法院在审级上属初审法院,如不服其判决,可上诉到中级法院。

(二)检察机关

《澳门特别行政区基本法》规定,澳门特别行政区设立检察院,它是行使澳门特别行政区检察权的法律监督机关,是特别行政区的司法机关。在设置上,检察院与立法会、政府并列。在行使职权上,检察院独立行使检察权,不受任何干涉。检察长与特别行政区的行政长官一样,由中央政府任命。

(三)刑事侦查机关

《澳门特别行政区基本法》规定,特别行政区检察院领导刑事侦查工作,对警察机关工作进行监督。警察行使监视和检察权、调查权、侦查权。

四、台湾地区司法体制

台湾是我国的一个特殊行政区域和具有相对独立性的法域。台湾当局由“立法院”“司法院”“行政院”“监察院”“考试院”五院组成,分别行使立法权、司法权、行政权、监察权和考试权。台湾地区的司法体制主要由“司法院”及所属机构、“行政院法务部”所属的各级检察机构以及各级军事审判机构组成。

(一)“司法院”

“司法院”是台湾的最高司法机关,拥有下列职权:民事审判权,刑事审判权,选举诉讼审判权,行政诉讼审判权,公务员惩戒权,“宪法”及法律命令解释权,宣布“违宪权”。在实际运作中,民事诉讼和刑事诉讼审判权由“司法院”所属的各级普通法院行使；行政诉讼审判权由其所属的“行政法院”行使；公务惩戒权由其所属的“公务员惩戒委员会”行使；司法解释权则由其本部的“大法官会议”行使。台湾地区的各类法院均隶属于“司法院”，在类型上分为普通法院和行政法院。

普通法院是审理民事、刑事诉讼案件的法院，由地方法院、高等法院和“最高法院”三级法院组成。诉讼一般实行三审终审制。

行政法院是负责审理行政诉讼案件的特设专门法院。行政法院的判决具有终局性，一经作出就对当事人发生拘束力、确定力和执行力，不得上诉或抗告。

（二）检察机关

台湾地区的检察机构是行使检察权、与审判机关相制衡的司法机关，在组织系统上隶属于“法务部”，在机构设置上按照“审检合一”的原则设于各级法院之中。台湾“最高法院”设“检察署”，地方各级法院设检察处，检察机构独立行使检察权，不受审判机关的影响。

检察官的职权主要是在刑事诉讼活动中对犯罪的追诉权，具体包括：实施侦查权、提起公诉权、实行公诉权、协助自诉权、担当自诉权、指挥刑事裁判执行权以及法律所规定的其他职权。

第三章

法律职业与法律教育

第一节　法律职业

一、法律职业的概念及意义

（一）法律职业的概念

法律职业，亦可统称为法律家，指专门从事司法及其他法律活动、具有国家授予的特定专业资格的职业法律工作者。狭义的法律职业，特指从事法律实务工作的法律家，包括法官、检察官和律师。广义的法律职业，还包括其他法律职业（如监察官、行政裁决与复议官员、仲裁员、调解员、公证员等）以及立法者、法学家。在研究法律职业时，一般把法官作为其核心，重点是从事法律实务的职业法律家，但是从法律调整的系统性和法律发展规律的角度看，也应将监察官、法学家和立法者纳入法律职业研究的视野。

（二）法律职业的形成及历史作用

法律职业与国家、法律和司法活动几乎同时产生，除了行使司法权的法官外，适应民间法律服务需求，还产生了提供私人法律服务的职业人员，即早期的法律家。古罗马社会存在的法律职业主要有：法律顾问、辩护人、诉讼代理人等，同时法学家的研究及其学说对于法的发展起到了重要的作用。我国历史上也存在注释法学家、司法官吏以及刑名幕府（所谓幕友或师爷）和民间讼师等法律职业。在法的发展中，法律职业作为法律体系的缔造者、操作者和发展的推动者发挥着重要作用。

法律职业的形成，一方面是法律自治的需要，另一方面则是由于法律适用活动的专业化和复杂性的客观要求。在法律的运作过程和历史发展中，法律职业逐渐发展壮大,并成为现代法制的标志和不可或缺的组成部分。在现代法律体系中,受过专门的职业培训或教育、具有特殊的法律职业思维和技能的法律职业,被视为司法活动的主体要素或司法的软件系统,作为与法律规范本身同等重要的要素。司法活动的独立性、专属性和技术性使法律职业逐步成为一个与其他行业有明显区别的专门职业。独立的法律职业集团或共同体的存在,是西方法律传统的重要标志之一,并成为现代法治社会的基石。法律职业素质的高低与执法水平及法律机制运作的公平与效率直接相关。因此,现代司法的最重要的制度就是通过司法官的身份保障制度和选任制度维护司法的独立和公正,并普遍建立了专门的法律教育和培训制度作为保证法律职业素质的基本途径。

(三)法律职业在现代法治社会中的意义

现代法治是建立在民主政治基础上的一种治理国家的基本方略,它要求确认法律在实现社会治理和国家管理中的权威性,即把法律作为社会调整的最基本方式。同时,法治也是指通过法律调整而形成的社会秩序,这种秩序是以完善和良好的法律规则体系和正常运作的司法制度及实践为保证的。以司法独立为基本原则的现代司法制度,是现代法治的基石。

"徒法不足以自行。"法律的实施与实现需要一定的社会环境和政治、经济、文化等方面的客观条件。作为法律实施的主观要素和法律机制软件部分的法律职业集团,无论是在法律适用的技术上还是在其质量保障方面,都是至关重要、不可或缺的。

在现代法治中,法律职业的重要性和意义主要体现在以下几个方面:

1. 法律职业是法律自治的需要

法律职业问题的重要性首先是由法律机制自身的特点和运作规律所决定的。现代法治的一个基本要求就是法律的独立与自治,这种要求除了需要在权力配置方面最大限度地保障立法的民主与司法独立,维护法律规范在社会调整中的普遍性与至上性,在执法与法律适用中保障程序的正当性等条件之外,还应当保证由一个专门的职业集团负责法律的运作,他们的理念、法律意识、技能和职业道德是保证法律的独立性、统一性与连续性的基本条件。在法的发展史上,法律家的出现曾经促成了法的科学化、制度化和体系化;在现代社会,法律家的存在则是法制运作的基础。法律职业的自治,要求通过特定的教育培训途径形成该共同体特有的共同思维方式、共同的职业道德规范、共同的法律技能和经验,以及专门的知识体系和理念,由此保证法律适用和司法运作中的统一性、稳定性和公正性,并成功地捍卫了现代法律的自治。

2. 高素质的法律职业是司法公正的保证

法律职业的素质决定着法律适用乃至法制运作的质量和效率。无论是"科学立法",还是"严格执法"、"公正司法"和"全民守法",无一不与法律家的活动及其素质息息相关。实际上,对于一个社会法治状况的评价往往是通过法律家的行为及其权威反映出来的。当前,我国法治建设中备受关注的问题,一个是"司法腐败",另一个则是"执法水平低",二者都可以直接归结为法律家的素质问题。如果说前者直接关系到执法的质量即公正与否,后者还同时关系到法律运作的效率和效益。在多数情况下,这两个方面并非泾渭分明,可能相互转化,然而其结果都同样会危及司法及整个法制的权威。优良的法制应该由"书本上的法"转化为"行动中的法",这种状态乃是优秀的法律家的优良产品,在这个意义上,法律职业的素质甚至是比"制度"更为重要的要素。

3. 法律职业是发挥司法功能、建立司法权威的主体要素

法律职业是连接法律规范与社会生活的纽带和桥梁,影响着法在社会生活中的权威和作用。任何国家的法律家都不可能脱离其特定的社会环境,而法律家与社会及民众的联结方式及程度,作为法与社会的一个连接方面始终是法治社会的一个重要课题。一方面,法律家应该受社会所决定,真实反映并回应社会及民众的法律需求;另一方面,法律家又以其积极活动塑造和决定法律运作的样式。一方面,法律的自治要求法律家与普通民众保持身份上的差别与距离;另一方面,法的运作又要求司法的民主化,司法活动应有民众的参与和监督。法律家的行为直接决定着司法效果。在法的发展史中,法律家集团既可能在社会发展中与社会相对脱节、成为司法腐败甚至国家全面腐败的象征,也可能通过自身的作用对法治建设发挥积极的影响。由于法律家的活动直接决定着法与社会的适应程度,决定着法的权威和法律的价值取向,因此,法律家既是法制发展和改革的主观条件和动力,也是法制发展和改革的重要内容。同时,法律家的素质也影响着社会主体和当事人的法律意识和行为方式。

二、法律职业的构成与法律职业共同体

(一)法律职业的构成及特征

1. 法律职业的构成

当代世界各国法律职业的划分和构成各有不同,一般而言,法律职业主要包括:

(1)法官:行使国家审判权的裁判者。狭义指普通法院的职业法官,广义则包括行政法院和特别法院的法官,但一般不包括非职业法官和治安法官。

(2)检察官:行使国家公诉权、侦查权、监督权的国家官员,代表公共利益参与司法活动的代表人。其身份在有些国家属于司法官,在有些国家则属于行政官员。

(3)律师:具有专门执业资格、为当事人和社会提供法律服务的专业人士。

(4)法学家:从事法学研究和法学教育的法律学者、法学教授等。

(5)监察官:监察官是依法行使监察权的监察人员,国家实行监察官等级制度,制定监察官等级设置、评定和晋升办法。

(6)其他法律职业:具有专门资格或受当事人委托提供特定法律服务的专业人士。如:公证人,仲裁员,调解员,公司法律顾问,处理非诉讼纠纷的司法行政人员,日本的司法书士、税理士等,我国的法律工作者如基层司法所工作人员等。

(6)立法者。立法者有两种含义:一种是指在民主宪政下的专门立法机关的议员;另一种则是专门为议会或政府制定立法草案或议案的职业法律家。作为法律职业的立法者主要指后者,当代许多国家都在司法部或有关机构设立专门的法律草案起草部门,这些立法者往往都是具有法律职业背景的法律专家。

2. 法律职业的不同历史作用和社会地位

由于世界各国法律发展的历史传统不同,各种不同法律职业在本国法律的发展中的作用不同,社会地位也各有不同。例如,英美法被称为法官法,英国的普通法院的法官在普通法的形成中具有特别重要的作用,并且曾经是对抗王权、形成英国法治秩序的重要力量;美国的法官则在国家的政治生活中发挥着重要的社会功能。德国的法学家主要是大学的法学教授,则在法典的编纂和指导法律实务中发挥了特殊的作用,被视为法律职业中的佼佼者。法国的律师在历史上则被视为社会革命的先锋,与保守的法官形成鲜明对照。在苏联社会主义国家,检察院的地位极其重要,检察官对全社会行使广泛的监督权,因此在法律职业中素质最高;同时,法学研究所的研究人员在国家政策和立法中发挥着重要作用。由于传统和社会需求不同,世界各国的法律职业也各自形成了不同的教育和培训模式。

3. 法律职业的共同特征

尽管存在种种差异,但现代世界各国的法律职业仍具有一些共同特征,主要包括以下三个方面:

(1)法律职业相对独立,形成了一个法律职业共同体。这个共同体遵循同样的法律精神,使用统一的法律规范和法律程序,在相同的社会经济条件和法治环境下共同为法律的实施和实现而努力。法律职业集团有着共同的职业伦理原则,即忠实于法律、追求社会正义。世界各国的法律职业通过共同体内部统一和协调,保证着法律的统一和稳定,也共同推动着法律的发展。

(2)法律职业集团内部形成分工与协作的关系。随着法制的日益完善,法律职业的专门化日益明确、分工也越来越细,法律职业内部也根据分工形成了各自独立的职业共同体,法官、检察官和律师各司其职,实行行业自治和自律。每个职业各自拥有独立的自治性协会、制定了自己的职业道德规范,并建立了自治性的职业惩戒机制,从而形成了法律职业之间的分工与协作,并保证了法律可以发挥多方面的功能。例如,律师职业以忠实于当事人为职业道德的核心,而法官则必须严格恪守中立与公正的立场,遵守回避原则;律师属于自由职业者,而法官则代表国家行使审判权;公诉人以追究犯罪为己任,而律师的辩护责任则在于保护刑事被告人的合法权益等。同时各职业内部专业分工也愈加细化,如法官有了刑事、民事、家事、破产法官的分工,律师业则出现了许多专业律师事务所,等等。同时,法学研究及其他法律职业的分工和专业化也愈加明显。

(3)法律教育与培训的专业化。由于法律专业化的需要,人类社会很早就出现了专门化教育培训的需要,西方社会的法律教育和法律家的成长为现代法治的建立创造了条件,并在此基础上逐步发展完善为现代法学教育与职业培训制度。

(二)法律职业共同体及其不同模式

一般而言,世界各国的法律职业本身都构成了特定的共同体,他们奉行同样的法律精神和职业道德规范,具有相同的价值观和法律思维,并遵循同样的法律规则和程序。但实际上,世界各国法律职业共同体的构成模式又各不相同。我们可以将法律职业共同体的构成模式大致分为以下两大类:

1. 一元化的模式

即各种法律职业尽管存在内部的分工,但相互之间联系比较紧密,并存在相互转化的可能和途径。多数英美法系国家的法律职业都属于这一模式,即都属于法律家(lawyer)的范畴。这一概念狭义指律师,广义则是各种法律家的统称,包括律师(attorney)、法官(judge)、检察官(prosecutor)、法学教授(law professor)等。法官和检察官通常从资深律师中产生,因而具有年龄较高、经验丰富、职业评价较高的特点,有利于保证司法官的素质和权威性。同时,法学家和实务法律界保持密切的关系,部分法学教授也可能成为法官。这种一元化法律职业集团的优势被认为有利于形成法律共同体的统一的法律思维。但是,即使在英美法系国家,这一共同体的实际情况和内部联系也有很大不同。例如,英国律师分为出庭律师(大律师)和诉状律师(小律师),二者之间不能随便转换,地位也不同;而美国则没有这样的区分,而是分为私人律师和公职律师。两国的法律职业教育方式也完全不同。

2. 分业模式

即各种法律职业从就职开始就有明确的分工,各种职业之间联系较松散,原则上不存在升任或转化的关系。大陆法系国家一般采用这种模式,法律家(jurist)的范围比英美更广,其中包括司法官(magistracy),即法官和检察官、律师、公司法律顾问及其他法律工作者。法律家基本上是采用分业模式,法官、检察官和律师分别通过职业选择和特定途径产生,并通过特定途径升迁,终身任职。各职业之间联系相对较少,如果中途转任其他职业,一般需要从最初的途径(如考试和专业培训等)重新开始。这种模式中即使在教育中采取一元化体制,一旦分别选择就业之后,各种职业之间很少发生转换。由于直接就任,法官最初就职时年龄较低,通常是从基层法官逐级向上级法院法官升迁,由此积累职业经验,并保证上级法院法官与下级法院法官在素质上的区别,以保证法律的统一。

近年来，一些国家在传统的模式上，也开始出现了相互借鉴的趋势。最典型的是日本，其司法改革结合了两大法系的特点，在传统的分业模式的基础上，开始尝试从律师中选任部分法官的做法。但总体而言，上述两大基本模式之间依然保持着各自的特点。

三、法律家的基本素质、法律家与法学家的区别和联系

（一）法律家的基本素质

法律家的素质，即特定社会对从事法律职业的专业人员（主要是指法律家）的基本要求。这种要求的内容和标准基于不同时代和社会的具体法律需求、价值取向和社会经济条件而迥然各异，因此具有一定的多元性和地域性特征。然而，一般而言，在现代法治社会，法律家所应具备的素质至少应包括以下三个方面：

1. 职业道德

对于法律家而言，最重要的要求是公正和公平，这既是执法的技术问题，又是一种道德要求。鉴于司法腐败对法制权威的损害远远大于执法技术上的失误，因此，维护公正首先应被视为一种对法律家职业道德品质方面的要求。同时，由于法律家的活动具有较大的独立性和自治性，其中司法官还拥有身份保障权，执法的公正与否很大程度上是依靠他们的良心保证的。因此，相对于外在的监督和制约，职业道德和行业自律是更为重要和有效的保证机制。在这方面最基本的要求是对当事人的公正和严格依法，即对实体和程序法的严格遵守。

但是，职业道德不能仅仅停留在观念的层次或沦为空洞的口号，而必须形成具体的标准和可操作的规范，建立起内部的监督和自律机制，并能够在法律家违反了这些道德规范时，启动共同体或行业内部的责任追究和制裁措施；在法律家行为招致异议时，能够通过弹劾、听证、评价等措施做出反应和决定。

法律职业道德规范，又称法律职业伦理，是指对法律职业的道德要求和行业自律规范。法律职业道德规范一方面必须符合社会的一般公共道德标准，另一方面又反映了对法律职业的特殊道德要求。法律职业，特别是司法官，为了保持其在社会中的威望，不仅应遵守一般的公共道德典范，还应恪守特定的职业规范。法律职业共同遵守的职业伦理包括：忠于法律，忠于职守，廉洁公正，行为端正、自重，等等。同时，不同的职业身份，如法官、检察官和律师，对职业道德的要求又各有不同。当今世界许多国家都建立了法律家自治组织和行业道德规范，这种机制的完善与否决定着法律家集团的成熟程度和社会威望，它也是从内部控制“司法腐败”的最重要的防线。自律机制是由本行业及共同体内部操作的，较之外在监督机制而言，它更客观，也不易损害到司法独立和整体形象，同时，又与法定的监督机制形成衔接和互动。

2. 职业技能

职业技能包括法律思维与推理能力、对法律规范的理解与解释技能、法律意识、掌握证据和事实的能力、思辨、辩论和撰写法律文书的能力,等等。这方面的技能决定着法律运作过程及其结果的质量与效率,也就是所谓“执法水平”的问题。这些技能不同于文化素养,并非能够通过书本和一朝一夕即可掌握的,它的掌握和提高主要依赖于实践经验的积累,因此,法律家资历的长短和年龄本身就成为其素质的一个显著标志。对于一个法官来说,从学校学到的基础法律知识不过是进入其实践生涯的钥匙,资历年龄的增长本身也是经验的积累,而岁月的沉积会增加对现实生活和人性的感悟,减少激进和浮躁,避免掌握司法权的人因自己的任性影响司法的结果。因此,保持法律职业的稳定性是极其重要的。世界各国的法官选任之所以或者从资深律师中选任,或采用自下而上的逐级升任制度,都是基于对经验的重视。这也正是法律家集团的形成和成熟之所以需要较长时日的原因所在。同时,因为基层法院和上级法院承担着不同的社会职能,解决性质不同的纠纷,往往也适用不同的程序,因此他们的能力要求和标准也应有所不同。

3. 学识

法律家的学识不仅包括法律方面素养,即对法律规范的理解和法律意识,更重要的是指他们在处理法律事务中所必需的社会常识,即对社会生活、人性、价值和利益等的深刻理解和感悟。美国司法协会为法官拟定的《司法行为守则》,不仅明确系统地规定了法官的各种行为准则,对每一个概念、原则和规则作了详细的阐释说明,并对程序性、操作性和司法道德委员会的组成、权利义务等作了详尽的规定。我国《法官法》《检察官法》也对法官和检察官的选任予以了明确规定。特别是基层或初审法院的法官而言,一定的社会经验和人生经历还意味着对当地社会及其一般行为规范和价值观的了解,这些都是处理法律事务所必需的。法律家的学识还要求他们具有高度的社会责任感,在社会的发展中保持适度的稳健而非激进的立场和态度,才能担负起化解社会矛盾、维护社会稳定的使命。最高法院法官和其他从事司法审查乃至参与重大决策性案件审理的法官,其知识范围还应该广及哲学、社会学、伦理学、宗教学及其他人文社会科学领域,才能准确把握重大利益平衡和价值抉择的精髓,担负起指引社会的重任。

(二)法律家与法学家的区别和联系

1. 法律家与法学家的区别

在法律职业中,法学家处于边缘地位,与法律家存在着明显的差别。尽管学者型法官和律师确实大有人在,世界各国也都有法学教授直接被选任为法官的制度,但在法律实践中,区别两种不同身份和角色是非常重要的。法律家与从事法学研究的法学家在素质的要求上也是存在区别的。这种区别首先是来自现代法治本身的特征及其所应有的逻辑,同时也取决于法律职业集团内部分工的需要。在西方法律传统中有四个重要的基本特征:法律的相对自治;法律职业集团的存在及作用;法律家的职业培训;以及一种用以评估和解释法律制度和规则、并超然于法律制度之上的法律科学。其中法学的存在及其所具有的超法律的特性非常重要。作为一门科学,法学应具有体系性、原理性和批判性的特征,以理性思辨和逻辑自足为基本要求;而且,法学不仅能够建构系统的理论体系来阐明法的本质和价值,并且能够通过对现行法的评价、批判和重构,成为推动法律发展的动力。相比之下,法律实务则以现行法为基础展开,其基本要求是严格性、统一性、操作性和保守性,执法者应尽量避免对现行法进行道德评价。这样才有助于培养法律家对现行法的信念与忠诚,保证法律适用中的统一性、连续性和稳定性。

法学与法律实践,学者与实务工作者始终存在客观的区别,不仅在法律的运作和发展中分别扮演不同的角色,而且在法的发展史上也发挥了不同的作用。在现代法治国家,二者在教育途径、职业道德、知识结构、评价标准、行为规范和思维方式等方面都保持着相对的独立,分别发挥着各自不可替代的作用。

2. 法律家与法学家的联系

法学和法律实务之间又存在着内在的不可分割的联系,并始终保持着密切的关系。法学作为一门实用的社会科学,历来以法律实践为研究对象,并从实践中获取素材;法学的研究成果往往能够直接应用于法律实践。理论与实践的结合是世界各国法学研究和法律实践发展的共同动力和基本方法。同时,在现代司法活动中,法律家与法学家两种职业经常通过相互兼职、有条件的角色转换以及法律教育,包括师生之间的关系和教育的内容和方法等,在二者之间产生深刻的联系和相互影响。

四、司法责任

(一)司法责任的概念与特征

1. 司法责任的概念

司法责任,是司法机关、司法辅助机构及司法官和其他法律工作者,因职务上的行为不当而引起的依法应当承担的不利的法律后果。

司法责任是一种法律责任,是由于司法活动的特殊性而设定的,其目的是保障司法的公正。司法活动以追求正义和公平为终极目标。一方面,需要通过一定的监督机制防止司法权的滥用,保证司法活动的公正;另一方面,也需要通过严格的司法责任对司法机关、司法官和其他法律职业的行为加以约束。

2. 司法责任的特征

法律责任相对于其他法律责任具有以下特征:

(1)责任具有复合性。司法责任不是一种特定的责任形式,而是对司法领域中的各种法律责任的统称。就责任性质而言，包括刑事责任、民事责任、行政责任（纪律责任）、诉讼责任和国家赔偿责任等多种责任形式，但具体的行为可能只会导致其中的一种或几种责任的产生。

（2）责任主体的特定性。司法责任的主体只限于司法机关、参与司法活动的其他职业机构（如仲裁机构、鉴定机构、公证机关、律师事务所等）和职业法律家（法官、检察官、律师和其他法律职业），而每一种特定的主体又因其法定或约定义务的不同，承担的责任及方式各有不同。

（3）承担责任的行为具有职务性。司法责任是一种职务责任，其前提是依照法律或根据委托，司法机关及司法辅助机构和职业法律家在履行其特定职业义务过程中，职务行为不当或未履行职务义务的情况。对行为主体这种职务责任的认定和追究是以法律规定的职务责任和法律后果为依据的。司法人员个人的不当行为（如在职务活动之外的违法犯罪或民事侵权）如与其职务无关，则不属于司法责任。

（二）司法责任的分类

根据不同的标准，可以将司法责任作以下各种分类：

（1）根据责任主体的不同，可将司法责任分为个人责任、单位责任和共同责任。个人责任与法官、检察官、司法警察、监察官、律师、鉴定人、仲裁员、公证员、法医、翻译人员等特定的职务身份相联系，主要是因渎职、失职、滥用职权等不当行为应由行为人承担的不利后果。单位责任则与法院、检察院、侦查机关、裁判执行机关、监察委、律师事务所、仲裁机构、鉴定机构、公证机构等机关的职责相关。单位责任是一种集体责任，在以集体名义履行职务义务的情况下，应以集体名义承担司法责任。共同责任则是不能由某个单位或个人单独承担，而必须由整个司法共同体一同承担或由国家承担的责任。例如冤假错案应由国家承担纠正和赔偿的义务和不利后果。

（2）根据责任主体违反义务时有无过错，可将司法责任分为过错责任和无过错责任。一般而言，司法责任主体只有在主观上具有故意或过失时，才应对其违反义务的行为承担司法责任。但是，由于司法活动是以程序公正为基准的，有时难免出现司法人员并无过错但确实出现了结果的错误或瑕疵的情况。在这种情况下，当代法治社会，本着对受害当事人负责的人道主义精神，在确实出现司法失误而司法人员并无过错的情况下，可以根据无过错原则，由国家对受害人承担赔偿责任。但在这种情况下，一般不应追究司法主体的个人责任。

（3）根据责任发生的不同阶段，可将司法责任分为过程责任（程序责任）和结果责任（实体责任）。过程责任指司法活动中法律职业或机构的行为违反了法律、职业道德或约定的义务，应当承担的不利后果。结果责任，则是指特定的司法活动的结果（裁判、仲裁裁定、公证文书等）出现了实质性的错误，承办的主体（个人或单位）应该承担的不利后果。司法活动以程序性为特征，特别强调司法主体的程序正当性与合法性。因此，一方面，对于司法主体通常应该更重程序和过程上的责任，强调法律职业只要发生了职务上的不当行为，如渎职、律师向法官行贿、未严格按照程序办事等，无论是否出现了不公正或错误的结果，都必须追究该法律职业的责任；另一方面，如果严格按照程序办事，但最终仍然出现了错误，就需要对结果承担相应的责任。一般而言，尽管这两种责任有时是合一的，但仍然是可以分离的。对于法律职业更强调司法活动的过程中行为的合法、正确，不应过分强调错案追究之类的结果责任；而对于国家和司法机关而言，则应当同样重视并承担过程责任和结果责任。

(4)按照责任性质，可将司法责任分为刑事责任、民事责任、行政责任(纪律责任)、诉讼责任和国家赔偿责任。一种违法行为可能同时引起两个以上的责任。

(三)司法官责任与司法豁免权

司法责任是为了保证司法的公正。其中司法机关与司法官的责任与一般法律职业及其机构的责任又存在本质的区别。一般法律职业或司法辅助性工作，通常是接受当事人或司法机关委托而进行的，如果出现错误，应根据行为人的过错和损害结果承担相应的法律责任。而司法官独立行使职权是受到法律保护的，其中最重要的就是司法官的身份保障制度，它包含一个重要的原则，就是司法官的职务行为拥有豁免权，即履行职务行为免受法律追诉的特权。例如，法官在履行职务时拥有较大的自由裁量权，需要有独立形成自由心证或内心确信、进行法律解释、作出裁判的自由空间，其裁判结果可能因对法律的认识不同而被上诉法院否定或改判，但这并不意味着其行为存在过错而应承担司法责任。只有这样，法官才能真正做到依据法律和良知独立办案，从而最终保证司法的公正。因此，现代法治国家更强调法官职务行为本身的合法性和正当性，而不计较其结果的正确性，而司法适用结果的统一和纠错功能则完全可以通过上诉制度实现。如果法官确有渎职等犯罪行为，将遭到弹劾或惩戒处分；但其裁判即使出现了错误和瑕疵，只要没有证据说明其行为存在渎职的要件，就不应追究其责任。同时，法官内部的纪律惩戒处分也受到司法豁免权的制约，只能严格遵循法定要件和法定程序进行，并必须给当事人充分的说明和辩护的机会。

五、法律思维、法律解释与法律推理

法律家的职业技能，包括法律思维与推理能力、对法律规范的理解与解释技能、法律意识、掌握证据和事实的能力、思辨、辩论和撰写法律文书的能力，等等，其中对于司法活动而言最基本的，就是在法律适用中运用法律思维和法律推理的方法。

(一)法律思维

法律思维也被称为法律思维方式，即法律家(主要是指法律家)在具体的司法或法律适用活动中依据法律解决问题的思维方式。这种思维方式既是一种传统的职业化的思维定式，又是一种具有鲜明价值取向和职业定位的理念。对于法律家而言，首先，法律思维是指他们的法律信念和法律逻辑起点，即对法治的信念和对现行法精神的准确把握和理解，也就是法律家的法律意识。其次，法律思维又是一种具体运用法律解决纠纷或处理问题的技能，在这个意义上，法律思维本身也可以涵盖法律推理方法，并包括其他法律技巧和技能，包括事实认定、证据收集和分析、法律解释、思辨、辩论和撰写法律文书的能力，等等。

法律思维是与法律家的职业精神和职务要求直接相关的。日本学者田中成明将法律思维方式的特点概括为：教义学的性质、过去导向性、个别性、结论的一刀两断性及推论的原理性、统一性、类型性和一般性。我国学者季卫东把法律思维方式的特点概括为三个方面：一切依法办事的卫道精神，兼听则明的长处和以三段论为基础。[①] 总之，法律思维是以维护法律秩序和法律规则的稳定为基本定位的职业法律家的基本思维方式，是凝聚法律职业的精神基础和指导法律职业的基本方法论。同时，不同的法律职业，在思维方式上又可能存在着某些不同特征。

（二）法律解释

法律解释是司法活动的基础，本身也是法律思维的重要组成部分。但是，由于法律解释有其独立的方法论特征，并与特定的解释主体和制度相互联系。因此，在研究法律方法时也可以将其同广义的法律思维加以区分。法律解释问题是法学界的一个重要的研究领域，也是司法实践中最重要的实务和方法问题。广义的法律解释可以根据不同的标准进行分类。例如，可以根据解释主体和法律效力分为正式解释（包括立法解释、司法解释和行政解释）和非正式解释（主要有学理解释、律师解释等）；根据法律解释所采取的方式和效力范围分为规范性解释和个别性解释，等等。法律解释的方法也可以根据尺度和方法的不同做多种分类，常见的主要分类如下：

1. 语义解释

语义解释又称文理解释，是严格遵循法律规范的字面含义的一种以尊重立法者意志为特征的解释。这种解释按照法律条文的语言表述的字义、语法和通用的表达方式，以及逻辑规律进行解释，目的在于使人们正确理解法律规范的含义和立法者的意志。它包括：①字义解释，根据解释的尺度的不同，可分为字面解释、限制解释和扩充解释。②语法解释，又称文法解释，是指对法律条文的语法结构、文字排列和标点符号等进行分析，以便理解和阐明法律规范的内容和含义。

2. 论理解释

论理解释是指斟酌法律理由，以一定的方法或标准进行推理论证来确定和阐

---

① 参见季卫东：《法律职业的定位》，载《中国社会科学》1994 年第 3 期，第 63-86 页。

明法律本义的解释方法。其特点是不拘泥于法律条文的字面含义,联系法律的整体结构、效力等级、历史渊源、法律的目的以及社会效果和发展等因素作为法律解释的依据,不仅能够更深刻地解释立法者的原意,而且可以适应社会发展的需要建立甚至创制新的法律规范。论理解释按照解释的方法的不同,可分为以下五种:

(1)系统解释,又称体系解释,是指分析某一法律规范与其他法律规范的联系,以及它所属的法律制度、部门和体系中的地位和作用,以便系统地理解和阐明法律规范的内容和含义,确定法律规范的效力等级和法律规范之间的逻辑联系,保证法律体系内在的统一性、把握法律原则的精神所在。

(2)历史解释,是通过对法律制定时的历史背景材料的研究,或者通过将某一法律规范与历史上同类法律规范进行比较,以便理解和阐明法律规范的内容和含义,更准确、更深刻地把握立法者所制定的法律规范的精神实质,同时也能够更好地理解法律的情势、文化内涵以及价值取向的发展变迁。

(3)目的解释,是指从制定某一法律规范法律的目的来解释法律。法律的目的通常是指在特定的社会经济、政治、文化背景下,立法者在制定法律时试图达到的目标,以及法律的精神和指导思想等。在司法实践中,一般仅限于考虑制定法律时的最初目的,只有在社会发生重大变动才需要确定原来的法律目的是否符合当前的需要,并作出相应的解释。

(4)社会学解释,是指着重于社会效果的预测和社会利益的衡量,根据各种社会因素对法律规范的社会目的和社会效益进行解释。社会学解释不仅有利于更深刻地理解法律的社会内容和利益所在,更好地发挥法律的社会功能,而且可以适应社会的发展变化,在法的实施中做出符合社会要求的政策性调整。

(5)比较法解释,是指通过比较外国的立法和判例及其原则、经验和效果对本国法律进行解释。有助于在法的适用中准确理解立法原意,并可以为弥补法律漏洞提供一定的帮助。

(三)法律推理

1. 法律推理的概念

推理通常是指人们逻辑思维的一种活动,即从一个或几个已知的判断(前提)得出另一个未知的判断(结论)。这种思维活动在法律领域中的运用就泛称法律推理。在具体的法律适用中的法律推理,特指以法律和事实两个已知的判断为前提,运用科学的方法和规则为法律适用提供正当理由的一种逻辑思维活动。法律推理是法律职业在司法活动中共同遵循的基本法律方法,其中法官的裁判是典型的法律推理过程。

2. 法律推理的特征

(1)法律推理是法律适用中的一种思维活动。不仅需要对抽象的法律规范进行理解和选择,而且还需要将法律规范应用于具体案件之中,往往是一系列复杂的法律推理和论证活动的总和。

(2)法律推理以法律和事实两个已知的判断作为推理的前提。在法律规范所作出的规定和已判明的法律事实之间建立合理的联系,以此为前提推理论证出适用结果,也就是"以事实为根据,以法律为准绳"。

(3)法律推理是运用多种科学的方法和规则进行的。除最基本的逻辑推理方法(包括形式逻辑方法和辩证逻辑方法)外,还需要应用一些非逻辑的分析和论证,如价值分析判断等。

(4)法律推理的目的是为法律适用结论提供正当理由。法律推理与法律适用结果的理由相关,法律推理为适用结论提供正当理由,故具有"说理"的成分。

3. 法律推理的方法

法律推理的方法有两大类:一是形式逻辑方法,一是辩证逻辑方法。法律推理按照这两种方法可以分为形式推理和实质推理(或辩证推理)两大类。

1)形式推理。形式推理,也称分析推理、先例推理或形式逻辑,是指司法者解决法律问题时所运用的演绎方法、归纳方法和类推方法。形式推理在法律适用中具有重要作用,也是经常使用的推理方式。但由于它依赖于推理前提的真实确定,并只追求形式的正确,因此一般仅适用于较简单的案件。它一般有三种形式,即:

(1)演绎推理,是从一般到特殊的推理,即根据一般性的知识推出关于特殊性的知识。在适用法律过程中运用的形式推理主要是指演绎推理,或者说,主要是指通常讲的三段论的推理方式,即从一个共同概念联系着的两个直言判断(大、小前提)出发,推论出另一个直言判断(结论)。具体到法律适用过程中,一般而言,法律规定是大前提,案件事实是小前提,结论就是裁判。

(2)归纳推理,是从特殊到一般的推理,即从个别事物或现象的知识推出该类事物或现象的一般原则的推理。在法律适用过程中运用归纳推理的典型是判例法制度。在这种制度下,法官受理案件,要将本案事实与以前类似案件的事实加以比较(区别),从这些事实中归纳出一个比较抽象的法律原则或法律规则。

(3)类比推理,是形式推理在法律适用中运用的另一种形式,即根据两个或两类对象某些属性相同从而推出它们在另一些属性方面也可能存在相同点的一种推理。类比推理在法律适用中的运用就是类推适用或比照适用。在刑事司法中,由于采用罪刑法定原则,类推被严格限制或禁止;而在民事司法活动中,类推则是一种重要和使用广泛的法律方法。

2)实质推理。法律适用中的实质推理又称辩证推理,是指当作为推理的前提包含两个或两个以上的相互矛盾的命题,借助于辩证思维从中选择出最佳的命题以解决法律问题的方法。

在司法活动中,当处理存在以下几种情况的疑难案件时,可能需要进行实质推理。

(1)法律规定本身意义模糊不清,不仅是文字或语义上的而且是实质内容上的模糊不清。例如,法律中的“公平责任”“正当”“公共利益”等概念就属于此类。

(2)法律对有关问题本身并无明文规定,即出现了“法律漏洞”,需要通过实质推理填补法律漏洞。

(3)法律中可能规定了两种或两种以上可供法律适用者选择适用的条款,例如法律规范竞合,或者法律规范本身可能有抵触或矛盾之处。这就需要通过实质推理衡量各种利益的重要性、正当性,确定法律规范的效力等级和优先适用的条件。

(4)在法律适用过程中出现通常所说的“合法”与“合理”之间的矛盾。即法律规范与现实生活中的社会规范,如道德、习俗、人们的价值观,甚至国家政策等发生了冲突,需要通过实质推理解决法律与现实的矛盾,使“合法”与“合理”得到适度协调。

上述情况或属于大前提模糊不清,或属于缺乏大前提,或是有几个大前提同时存在,或是原有大前提已不适当。在这些情况下,适用法律时已不可能单纯依靠形式推理,而必须根据或参考某些法律规范以外的因素和一定的价值观作出判断,即作出实质推理。从根本上,这些问题应该通过法律规范的创制来解决,但由于在实践中,法律适用不能因这些法律漏洞的存在而拒不作出结论,所以实质推理是必不可少的。

法律适用中的实质推理具有以下特点:①实质推理是在法律适用中面临两个或两个以上相互矛盾的命题时所进行的选择过程。这些可供选择的命题都存在其必要的理由或合理性,只不过是确定哪一个命题更合理的问题,因为法律适用只能得出一个确定的结论。②实质推理的作用主要是为了解决因法律规定的复杂性所引起的疑难问题,包括法律漏洞等情况。在这个意义上,实质推理与法律的论理解释有着相同的功能。法律适用中的实质推理可以成为推动法律发展的重要形式,但由于它在很大程度上依赖于个别法律适用者的自由裁量权,因此必须受到必要的限制或制约。否则,就可能导致法律的不确定性。③实质推理是对法律或案件客观事实的认识的推出过程,它必须建立在事物的辩证法的客观基础上。法官进行的实质推理应该是从对事物的客观分析中得出来的,而不应该仅从主观想象中得出结论。法官的法律推理按照这两种方法可以分为形式推理和实质推理(或辩证推理)两大类。

根据各国的法制实践,在法律适用中,进行实质推理的主要形式有:①通过司法机关对法律的精神进行解释;②由法院作出新的判例,修改或推翻以前的判例,确立新的原则;③通过衡平法来补充普通法,发展具体规则以填补漏洞;④根据正义、公平等法律、伦理意识乃至习惯或法理(权威性法律学说)作出判断,平衡规则之间的冲突,解决法律规范与社会发展之间的矛盾;⑤根据国家的政策或法律的一般原则作出决定。由于实质推理与各国的司法制度、司法权限、法律职业的行为方式和社会机制密切相关，因此在各国司法实践中的表现和运作方式也存在很大的差异。

第二节　法律教育与培训制度

一、法律教育的功能

（一）法律教育的分类及功能

法律教育，是指以传授法律知识及法学知识体系和培养法律职业为目的的教育制度和途径。现代法律教育根据其目的、方法的不同，一般分为法学教育（学历学位教育）和法律职业培训两个基本部分。

1. 法学教育

法学教育，是以法学研究和法学知识体系的存在为前提和基础，以传授法学知识体系为目的和基本内容，属于社会科学和人文科学教育的组成部分。近代西方的法学教育通常是在大学的专业部门（法律系或法学院）进行，在方法上注重系统的知识传授和学术规范，目的是传授法律基础知识和素养，主要包括理论法学和对本国法的规范分析（注释法学）等分支，当代世界上绝大多数国家的法律院校都属于法学教育范畴。

欧洲最早的大学建于12世纪，如意大利的波伦亚大学和罗马大学。早期的大学一般只分为法学院、神学院和医学院。因此，“法学”是一个相当广义的领域，很多社会科学学科都可以授予法学学位，并曾流传着“法科万能”的说法。大学法学教育主要是一种人文素质教育，并不等同于法律家的培养；法学也始终保持着与法律实践相对独立的地位。法学教育是以法学家和法学教授为中心而展开的。当代大学法学教育已经成为一种普通学历教育，并在此基础上形成由硕士、博士研究生培养高校和研究所等构成的法学学术研究和教育体系。即使是以大学法学院作为职业培训机构的美国，也存在着独立的法学研究和教育体系，即学术性的法学教育和研究机构，例如研究所、研究中心或其他学位教育。

2. 法律职业培训

法律职业培训，是以法律规范、法律技术和法律操作程序作为传授的主要内容，以培养法律家（如法官、检察官和律师等）为目的，在方法上主要是通过实习和应用技能的训练进行的。法律职业培训，在法律职业的培养中具有重要的意义，在现代法治国家通常是必不可少的，目前大致有两种模式：

（1）在绝大多数国家和地区，法律职业培训是在大学法学教育之外或之后单独进行的。大陆法系国家和地区一般是通过专门的培训机构或专门途径进行。例如,法国法律家的培养根据职务种类的不同,分由各种专门培训学校如法官学院、律师培训中心等分别进行。德国则是通过两次国家考试和司法研修(为期两年)完成的。而日本、韩国和我国台湾地区的法律职业(法官、检察官和律师),则是在经过法律职业资格考试录取后在司法培训所进行职业培训。在普通法系国家和地区,一般是通过律师资格考试之后,作为见习律师在律师事务所接受师徒传承式的培养,经过长期的律师实践生涯从资深律师中产生法官,这样,律师实践就成为法官的培训途径。除了任职前的职业培训外,继续教育和终身教育也逐渐成为法律职业的一种新的理念。

(2)通过法学院承担法律职业培训。当今世界上完全由大学法学院承担法律职业教育的主要是美国,美国的法学院为此设立了专门的目标(培养律师)、教育方法(案例教学、诊所教育等)和教师(多具有实务经验和律师资格),构成一整套针对性极强的职业教育体系,并与律师资格考试和律师市场形成互动关系。美国的法律教育模式产生于其特定历史传统和社会需求,并对当代世界产生了一定影响,与美国法学院定位相近的还有澳大利亚等国家。

(二)法学教育与法律职业培训的关系

1. 法学教育的产生与发展

在西方法制史中,法学研究和教育与法律职业培训既有联系又并非完全统一,二者分别在法的发展中起到了重要作用。古罗马是西方古代法学教育的发源地,法学家的学说曾作为法的渊源之一对司法实践产生了重大的作用。公元4世纪之前,罗马社会一直没有公立法律学校,私立机构在法学教育中长期占统治地位。欧洲中世纪的法律教育和法学研究曾处于长期的低迷状态。欧洲文艺复兴时期,从意大利的波伦亚大学(建于12世纪)开始,大学法学教育开始出现,继而通过罗马法复兴运动将法学研究推向了一个新的历史发展时期,并由此促进了法律职业向学识化方向发展,加强了法学研究与法律实务教育的联系。大学法律专业对本国法律的讲授,是17世纪至18世纪才开始的,此后大学也始终保持着其学术性定位。同时,在法律职业专业化过程中,各种专门教育培训机构或方式则在大学之外发挥了更为重要的作用。

2. 现代法学教育与法律职业培训的关系

在现代法治社会,法律家的教育和职业培训与法学研究本身既有区别又有联系。这种关系构成了现代国家法律教育与法律职业培训制度的特点。主要包括以下两点:

(1)法学教育与法律职业教育培训存在严格区别,二者不能相互取代。一般而言,大学法学教育作为国民教育的组成部分,以学理的系统性、原理性为特征,而法律职业培训则以实用性、操作性、技能和职业道德培养为要义。在当代世界各国，二者都有明确分工。德国的法学家尽管有与法律实务界保持密切联系的传统，但是大学的授课和研讨，仍具有极高的学术性和鲜明的偏重理论的特征，并具有明显的确保纯学术性研究的意图。由于目前在大多数发达国家大学教育已经普及，因此，在进入法律职业之前，普通大学学历（一般是法学本科学历）都是必需的。法学本科教育作为基础教育，已成为进入法律职业的前期准备阶段。同时，在就任实务法律职业之前，通常必须经过特定的职业培训，职业培训获得的是任职资格而不是学历。法律家的培养、任职资格及其能力并不能仅仅以学历的高低为标准。

（2）法学教育与法律职业培训之间存在深刻的联系，二者不能完全脱离。首先，法学作为一种实用性很强的社会科学，是建立在对现实的法律现象的研究之上的。法学必须及时将实务中的问题转换为法学的研究对象，使法学研究能够与时俱进。而这些研究成果又必须及时转化为法律教育的内容，直接对司法实践产生作用。其次，法学对于法律的规律性的研究、对于法律精神的阐释是对现实法律实务活动的总结和提升，对法律实务具有重要的指导作用，法学家的规范分析和实证研究与法律实务往往能形成互动。最后，法学教育所提供的人文素质教育也是成为法律家所必需的基础，是成就法律家的高度社会责任感和人文关怀，形成良好的学识、知识结构和职业道德的条件；法学作为法律意识形态，对于法律家的法律意识、司法理念的形成和发展具有重要影响，也是法律职业应具备的基本素养之一。长期以来，世界各国的大学法律教育都在努力追求接近司法实务和实践的改革方向；而以法律家为培养目标的美国法学院，则同时追求着法学的科学性和学理性。这种联系与区别，构成了法律教育中永无止境的追求和改革主题。①

二、法律职业资格与法律职业资格考试

（一）法律职业资格的取得

法律职业的独立性、自治性以及社会对其素质的特殊要求，决定了进入这一职业必须具备一定的条件、资格和特殊途径。一般而言，由于法律职业模式和教育模式的不同以及对不同的法律职业的要求不同，世界各国的法律职业资格和准入条件也各有不同。

在法律职业资格的取得上，现代世界各国大致有以下共同特点：

1. 专业性或垄断性

在西方法律传统中，法律职业始终是一个行会性自治共同体，与其他职业一样，法律职业的资格也是一种行会规则，建立行会规则不仅是为了整个行业保持持

① 王晨光：《法学教育的宗旨》，载《法制与社会发展》，2002 年第 6 期，第 33-44 页。

续吸引客户的声誉，还是使已经进入该行业的人保持既有利益。英文中，法律职业源于“关卡”、“障碍”和“栅栏”等意思的一个引申词“Bar”，表明这一行业本身的封闭性、垄断性。设立于14世纪之初的伦敦律师协会或公会（Inn）即反映了当时法律职业教育机构的行会性质，它既有权授予律师资格，又垄断了律师的培训。只有经过律师协会或公会培训的人，才有可能取得律师资格。如今，伦敦律师公会仍设有“法律教育评议会”，主管律师资格考试。现代法律职业及教育培训的独立既延续了这一行业自治的传统，同时也反映了现代司法独立和司法权威的理念。作为司法活动的重要组成部分，现代法律职业特别是司法官，通常是由国家的议会或司法行政部门根据宪法和法律的规定进行选任，授予其任职资格的。

2. 严格资格要求

法律职业的专业性是通过严格的资格准入制度实现的。当代世界各国和地区，在进入法律职业时几乎都必须以通过专门设置的法律职业资格考试为前提条件。但是，法律职业资格考试在不同的法律职业模式下作用各有不同：①在英美等普通法系国家，法律职业资格考试即律师资格考试，考试合格获得律师（或见习律师）资格，但不可能直接成为法官。②在大陆法系国家，法律职业资格考试一般是为了取得进入法律职业的入门资格（在德国考试分为两次，第一次为入门考试，经培训后的第二次考试则是任职资格考试）。不论从事何种法律职业，都需要在大学毕业后参加统一资格考试（也称为法律职业资格考试或司法实习生考试）。在日本和韩国以及我国台湾地区，进入法律职业的门槛极高，法律职业资格考试合格及录取率极低。但近年来为了适当增加法律职业，资格考试已有所放宽。

3. 法律职业资格考试与职业培训相结合

法律职业的专业技能是通过职业培训养成的。当代世界各国的法律职业资格考试通常与职业培训相结合，法律职业培训适应各国法律职业的构成、行业特点和历史传统，存在不同的模式。

4. 职业的稳定性

当代世界各国无论是采用哪一种培养模式，都非常注重法律职业特别是司法官职业的稳定性。随着法官素质的不断提高和对司法效率的重视，法官终身制越来越普遍。一旦获得法官资格，一般都采用终身制或连续任命制，职业法官的作用日益提高。

（二）法律职业培训的途径和模式

当代世界各国的司法官和律师的培训模式基本上分为以下两类：

（1）在英美等普通法系国家，法律职业构成为一元化模式，法官在律师中产生。只有在取得律师资格后从业多年，才有可能成为法官。法律教育的目标是培养律师（法律家），因此，法官培养实际上分为两个阶段。第一阶段是法学院教育，通过法律职业资格考试获得律师资格后，通过律师实践与继续教育结合的方式逐步成长为资深律师;第二阶段是再通过选举或任命的方式成为职业法官。英国传统的普通法职业教育以英国律师学院师徒传授的方式为代表,新律师入行后也是由资深律师以这种师徒传授方式进行培养的。

(2)大陆法系国家法律职业采用分业模式,法律职业执业前的教育也分为两个阶段,即大学本科法律教育和本科之后的职业培训两部分,法律培训则又可分为一元化模式和多元化模式。

一元化模式(如日本和德国),即法官、律师和检察官参加同一个法律职业资格考试,合格者在同一个专门的司法培训所根据相同的标准、要求进行培训,并分别在法院、检察院、律师所接受培训或实习,在培训结束后再分别选择具体的法律职业就业。在德国,司法培训结束后,还要参加第二次法律职业资格考试,也称为候补文官考试,这种考试合格的人可以按照本人的意愿选择法律职业。

多元化模式(如法国),对于不同的法律职业分设不同的资格考试,在专门设立的培训机构(如法官学院)进行培训,合格者直接获得相应的职业资格。实际上,大陆法系国家在职业培训阶段也是通过师徒传授的方式,使新手熟悉行业规则和职业技能,以达到职业培训的目的。

总之,现代法治国家为了保证法律职业的素质,都确立了严格的资格标准和准入条件,以及法律职业资格考试、法律家的培训和教育制度,注意科学规划法律家人数和法律职业集团的组织模式,并通过司法官的身份保障制度和选任制度使法律职业保持稳定。同时,世界各国的法律职业共同体也形成了高度的自律和自治,严格恪守自身的职业道德规范。

三、当代世界各国法律教育概况

由于历史传统和法律制度的不同,当代世界各国的法律职业在共同体样式、任职资格和方式、教育培训途径等方面也都存在着显著的差异,形成了两大法系的不同模式。同时,每个国家又存在自身鲜明的特色,并随时代的发展不断进行着改革。本章仅以几个主要国家的基本情况为例,说明当代世界各国法律教育的概况。

(一)法国

1. 法学教育

法国的大学法律教育传统上属于一种历史悠久的人文社会科学教育,法学本科生毕业后并不一定选择法律职业,大学教授在法律职业中的地位不高。现代法国法学教育中已经越来越多地引进了一些实务课程,在行政法、比较法、非洲法、社会法等方面,都有一些特殊的研究成果。同时,法学家的学说对于司法实践的意义也在不断提高。但大学法学教育与法律职业培训之间仍然存在着明确的分工。

2. 法律职业培训

法国的法律职业教育采取多元化模式,分别由法官学院、律师学院等专门培训机构承担,但统一由司法部负责。

国立法官学院是一所由司法部监督领导、由财政部提供资金的公立学校,位于波尔多,开办于1959年,另在巴黎设一分校。法官学院的主要任务是为法国司法系统培训法官,教学上特别重视实践。目前学制分四种:

(1)2年制,对象为大学法律系毕业生,以及曾从事法律工作、年龄在27岁以上的人员。经考试合格后被录取入学学习,毕业后可正式取得法官资格。在学期间除在校学习以外,还要到公司、国家机关等国内相关机构中了解社会现实,之后需在巴黎和波尔多的法院实习1年。

(2)10月制,对象为40岁至45岁的公务员、拟转行当法官并经考试合格的人员,同样必须进行几个月的实习。

(3)继续教育,一般为期半月至2月制,有的短至8天,对象是在职法官。凡任职未满8年的法官均须轮流到法官学院进修,以更新知识和研究实践中的新问题。任职8年以上的,可自愿到校进修。

(4)外国法官培训班,学制为1个月至4个月,也可延长。每期由政府分送名额给外国政府,主要是非洲法语区的国家,在巴黎上学。法官学院的教学注重培养司法实务能力,目的在于使学生学会各种司法业务,成为能应付各种专业的法官。学生被分成十三四个人的小组,由一名讲师级别的法官领导学习,教学与司法实践紧密配合。教师主体由法官组成,任教三四年后再回到法院去担任法官。法官学院的院长由司法部长提名,由内阁会议发布法令任命。

法国的律师培训传统上是由律师培训中心承担的,这种机构通常设立在各上诉法院附近。在国立大学内部设立司法研究所举办律师考试培训课程,由教授、司法官、律师担任讲师。凡大学法律系四年级学生、获得法律学士或法学博士学位者,可在此接受为期一年的培训课程;在培训后参加笔试和口试两次考试向大学的专门机构(职业培训中心)申请律师执业资格合格证。传统的方式是经审查合格即可在上诉法院进行宣誓,进入律师培训中心学习。研修持续3年,接受律师实务、职业道德、法律程序等方面的培训,并特别注重以讨论会的方式训练辩论能力。目前通常的途径是在考试合格获得律师职务资格合格证后,首先成为见习律师,在律师事务所见习3年至5年,律师协会根据其表现决定是否授予其律师资格。

此外,法国还有狱政管理干部学院等专门培训机构,分别对不同的法律职业人员进行任职前的培训。行政法院法官则由国家行政学院培养。同时,法国的公证人是由总统任命的国家官吏,拥有自己的机构和全国自治性组织,也是一种独立的法律职业。

(二)德国

1. 法学教育

德国法律教育本身是一元化的,法官与律师接受同样的教育和培训。德国的大学教授在法律职业中地位最高,大学法学教育具有高度理性化和系统性的特征。但同时,法学研究与法律实践有着密切的关联,对法律实务有重要的影响。尽管如此,大学法律教育与职业培训仍然有明确的分工。在德国,成为法律家必须先经过大学法律教育阶段,同时必须通过两次国家考试,国家考试合格率较高,一般进入大学法律系学习的学生都是自始选择准备以法律为职业的。

大学法学教育有着浓厚的职业色彩,注重理论与实际结合,同时也融入了浓厚的学术自由精神,并重视培养法律专业学生的职业忠诚感和职业道德。大学法学教育的核心课程是民法、刑法、公法及程序法,另外还学习法学方法论方面的知识,内容分为必考科目及选修科目,法学教育的内容同时考虑到司法行政及法律咨询实务的需要。大学法学教育的主要形式是课程讲授,以系统讲解基本原理为主,辅之以背景知识和现实情况的介绍,目的在于使学生对某门课程有一个系统的了解。担任课程讲授的主要是大学教授,还有已取得教授资格但未获教授位置的高级讲师和高级助教。为了使学生能更好地理解讲授课中教师讲述的抽象的基本原理(主要在民法、刑法方面),学生被划分为若干学习小组,以开展自由讨论。学习小组由实践经验丰富的法官、检察官或教授的助手来指导,其任务是具体解释所学基本理论并组织学生讨论。此外还有练习课和学术讨论课。多数学生需要 4 年以上的时间完成第一阶段的学习,之后便可参加第一次国家考试。

2. 法律职业培训

在通过第一次国家考试之后,学生即成为候补文官,表明他具备了作为一个准法律工作者的资格和基础条件。要想成为法律家,还需进入第二阶段的学习,这一阶段也称职业预备期,为时两年,由州高等法院院长负责管理。学生将至少在五六个部门进行实习,在专业人员,如法官、检察员、行政官员的指导下,具体参与司法和行政工作。在实习的第 20 个月,即实习阶段结束之时,学生应参加第二次国家考试。第二次国家考试旨在考核学生是否具备作为法官、检察官、律师或高级公务员所要求的综合知识水准、综合能力和个人品行。第二次国家考试同样以笔试和口试的方式进行,所不同的是,笔试内容更加专门化,并加大了关于州法内容的比例。考试合格者,可被任命为实习法官或实习检察官,实习期限为 1 年,期满后由州司法行政长官审查决定是否授予候补法官或候补检察官资格。

德国法律教育管理体制存在着合理的分工和衔接:大学的主要任务是培养学生的理论素养;州高等法院(通过其院长和有关司法、行政部门)负责训练学生的实际工作能力;州司法部(通过州法律考试局)执掌国家考试大权。

(三)美国

1. 法学教育

由于法学院的职业教育特点,美国的法学研究,即作为学术性的法学教育和研究并不仅仅甚至主要不是在法学院中进行,而是在其他系、科或法学院附属的研究所、中心进行的。美国的法学院除了职业培训外,也承担部分法学研究和法学教育职能,设有法学硕士和法学博士学位。攻读法学博士学位的人一般须先获得法学硕士学位;学制一般为3年至5年。大多数研究生特别是博士生同时担任一位教授的助教或助研,要给本科生上一门课,或改卷、答疑或查找资料,辅助导师研究,可以从学校获得一定数额的奖学金。研究生入学后或一年以后要为自己选择导师和指导委员会(一般5人)。研究生特别是博士生修完课程后,要进行综合考试,包括与专业有关的理论、方法论和专业。博士生通过资格考试后,成为博士候选人,可以开始写作论文。这些学术学位或者是为了培养法学研究或教学人才,或是为外国研究者所设,在美国法学院中仅占较小的比例。

2. 法律职业培训

美国的法学院教育模式不同于其他国家,本身属于一种职业教育,而并非传统的大学法学教育。其特点是没有一般意义上的法学本科生,法学院学生都是已获得其他领域学士学位的人。任何专业领域内获得学士学位的人都可以报考法学院。但实际上,法学院学生多来自各类社会科学和人文科学专业毕业生。这些学生把各自学科的知识背景带进法学院,彼此之间相互交流和影响,对于法学与社会发展及其他学科之间的相互融合以及法学自身的发展创造了极有利的条件。

美国目前大约有203所法学院,其中178所是经美国律师协会批准的。法学院的职能定位于职业法律家的培养,正式的学位是JD(即所谓法律博士,相当于双学士学位),属于法学院的基本教育课程,学制一般为3年。第一年以必修课为主,包括合同法、侵权法、财产法、刑法、民事诉讼法和法律文书写作等;第二年和第三年则以选修课为主,学生可以根据自己的兴趣和意愿从几十门法律课程中选修若干门,但要达到学校规定的学分标准。法学院主要采用案例教学法,学生学习主要通过阅读已经由上诉法院判决并收集供学生使用的案例汇编,组织学生参加相互直接交流式的学习。法学院教授不仅教学经验丰富,而且积极参与法律实践,都具有较强的实务经验。近年来,诊所教育在美国法学院中发展很快,受到重视。这些具有特色的教学方法都服务于法学院的宗旨,教会学生像法律家(律师)那样思维,并学会如何具体办理案件。

美国法学院教育直接接受律师协会和法学院协会的指导,与市场经济和律师就业市场构成一个整体。法学院学生毕业后需要通过各州的律师资格考试,进入各律师事务所,在资深律师的带领下逐步积累职业经验。因此,法学院学习、在校社会工作经验、毕业实习、就业与律师考试之间形成了一套相互联系的机制。这种教育培训制度的优越性在于,学生在任职时年龄相对较大,已具有较丰富的社会经验和复合的知识结构,并具有较强的实务能力,能保证法律职业来源广泛、与社会保持良好的联系,实用性强,这也是美国律师的竞争力强的原因之一。其缺点是:由于法学研究与法律职业培训之间缺乏联系,学生的法学理论基础相对较低,缺乏系统性。近年来,美国法学院也在努力通过教学改革提高学生的理论素养。

(四)英国

1. 法学教育

英国传统的法律职业教育不是在大学完成的。在当代英国大学教育已经成为一种普及性国民教育,因此,法学家一般都有良好的大学法律教育背景。但是,英国的大学法律教育与美国的法学院完全不同,本质上仍属于一种体系性的大学法学教育。近现代的英国大学法律教育尽管增加了许多实务色彩,但仍然与律师培养存在严格的区别。英国参加律师考试一般没有严格的学历要求,并不必须拥有大学法律教育背景。

2. 法律职业培训

目前在英国,成为初级律师的途径是:首先必须通过律师资格考试,之后应在初级律师协会登记为实习生,实习期为 4 年至 5 年。高级律师的培养途径大致相同,但考试与实习内容和管理不同。英国的律师行业有着悠久的以师徒传承方式培养法律家的传统,目前的实习方式仍然延续了这一历史传统,法官、检察官通常是从资深律师中产生的。

(五)日本

1. 法学教育

截至目前,日本法律职业与法律教育的特点是,大学法学教育与职业培训两个阶段没有直接的联系,保持着大陆法系国家的基本模式。大学法学教育主要是一种人文素质教育,并具有法学研究的功能,从事法律职业一般都经过大学本科法学教育。

2004 年以来,日本进行了法学教育改革,逐步在部分大学建立新的美式法学院。法学院需要经过国家评定,学历相当于硕士研究生,法律专业学生学制为 2 年,非法律专业学生学制为 3 年,目的是培养法律职业(法官、检察官、律师)。为此,教育形式不再以大教室讲义为中心,而广泛采取研习班讨论的方法,并将聘任具有实务经验的法官、检察官、律师到法学院任教。以后,将逐步实现只有从法学院毕业的人,才能参加法律职业资格考试、进入法律职业。

2. 法律职业培训

(1)日本实行全国统一法律职业资格考试,主要任务是选拔精英。国家成立了专门的法律职业资格考试委员会对法律职业资格考试进行宏观管理,而法律职业资格考试的具体运作由法律职业资格考试考查委员会进行。法律职业资格考试分两个阶段,最后还有口试环节,覆盖科目多、难度大,考试周期长、环节多,合格率极低。这样就可以使法律职业的规模保持缓慢的发展,不致因发展过快导致素质的降低,有利于培养精英化的法律职业。但是,根据目前日本正在实施的司法改革方案,准备逐步扩大法律职业的人数。根据日本《法院数据统计 2019》的统计,截至 2018 年 12 月 1 日,日本法官总数为 3 881 人,书记官 9 868 人,速记官 211 人,家庭法院调查官 1 596 人,事务官 9 370 人,其他人员 21 835 人。到 2020 年,法律职业资格考试以 3 次报考为限,但合格率从 2000 年的占应考人数的 3% 左右提高到 70% ~80% 。在 2001 年实施的法律职业资格考试制度在经过一定期间的过渡之后,已于 2010 年废止,改由法学院毕业的学生才能参加的新的法律职业资格考试制度来替代。

(2)实行法律家的统一职业培训,法律职业资格考试合格者必须在由最高法院主办的司法研修所进行为期两年的职业培训。研修期间带薪学习,培训采取集中授课教育和实务研修相结合的方式,特别强调司法实务教育。研修期间分三个阶段,最初 4 个月是学习裁判、检察、辩护的理论和实务,主要是上课和编写一些诸如起诉书、辩护词、判决书等法律实务文书。接着是 1 年 4 个月的实习,其间有 8 个月在裁判所从事民事裁判、刑事裁判实习,或者到家庭裁判所实习;4 个月从事检察实务;还有 4 个月从事律师实务的实习。最后 4 个月,从全国各地的实习场所再回到司法研修所进行后期实习。还要参加包括裁判、检察、辩护实务内容和一般教养科目内容的毕业考试,合格者准予毕业。根据成绩、员额和个人选择分别担任法官、检察官或律师工作。由于法律家统一培训受到社会和法律界的高度评价,目前实施的司法改革方案仍将保留这一研修制度。

日本的司法改革尽管吸收了美国法学院和从律师中选任法官的思路,但是在制度上却充分注意到两种模式的不同及其衔接,避免了两种模式并存的混乱。一方面努力增加法律职业的人数,增加法官选任的民主化;另一方面则注意保持法律职业的素质,避免过快增长,防止无序发展。在法学院的设置中,也实现了法学教育与法律职业培训的分工与合作。一旦改革完成,日本将形成一种全新的法律教育培训模式。

除法官、检察官和律师所谓"法曹三者"之外,日本还拥有大量其他名目的法律职业,包括公证人、司法书士,前者属于司法工作者,后者的工作主要是从事法律文书起草等非诉讼业务。此外,还有与法律工作有关的税理士、专利事务办理士等职业。这些法律职业也都必须通过相应的国家考试,获得专业资格后才能任职。

(六)俄罗斯

1. 法学教育

苏联解体以后,俄罗斯联邦进行了大规模的宪政改革和司法改革。与苏联时期相比,在当今的俄罗斯,无论是法律高等学校的数量,还是法律从业人员的专业素质都有了很大提高。目前俄罗斯的法学教育体系主要集中在高等院校,国家的法学教育目标也是以培养法律专门人才为主。从事法学教育的部门主要分为三个层次:①国立高等院校。目前,在全俄罗斯近三百所国立高等院校中设有法律专业,其中有一部分属专门的法律院校。在这些院校中,有近一半院校的法律专业是为了适应国家法治建设的需要而新近设立的,如在一些理工科大学以及某些师范院校都新设了法律教研室、法律系;②非国立高等院校。在成立于 1999 年前后的私立大学中,绝大部分都设有法学院,而且在这些私立大学学习的 25 万多名学生中,有 10 多万人是法学专业的学生;③一些隶属于国家机关、研究院所、大公司或大企业的专门法律教育机构、法律短训班等。据统计,这些法律教育机构的数量也非常可观。这些法学教育机构培养的从事法律职业及相关职业的人员可以分为三大类:一是应用类法律人才,又称为法律实践者,主要指法官、律师、检察官以及立法人员、公证员等;二是学术类法律人才,又称法律研究者,主要指法学教授、法学研究人员等;三是法律辅助类技术应用型人才,如书记官、法律助理、司法秘书、司法执行人员、司法警察等人员,他们的主要任务是辅助法官、律师和检察官履行工作职责和从事专业活动。

2. 法律职业培训

目前,俄罗斯法学教育层次多样,国立院校与私立院校以及其他法律教育机构和法律短训班的师资力量悬殊,这不可避免地造成了法律人才素质的参差不齐。现阶段,在俄罗斯的法律工作者中,受过高等教育的约有 20 万人,受过中等法律教育的有 5 万人左右。但是,如果与西方国家相比,俄罗斯法律工作者的数量与实际需求量相比还差很远。在西方国家,平均每 1 万个居民中就有 1 名律师,而每 2 万个居民中有 1 名法官。在俄罗斯,每 4 ~ 6 万个居民中才有 1 名法官;每 3 万个居民中只有 1 名律师。在俄罗斯的地方机关中,法律工作者的人数则更少,大约有 3 000 个法律职位空缺。而在法律行业的从业者中,只有大约 13% 的人受过专门的法学教育。俄罗斯法律专家们认为,俄罗斯法学教育需要进一步的改革与发展,法学教育所培养出来的专业人才应该既具有对多变的政治、经济、文化乃至法律自身的适应性,又具有符合社会发展方向的创新品质,以确保法律思想、法律理论和法律观念在创新中不断完善。2007 年俄罗斯法律专家估计,如果按照当时俄罗斯培养法律专门人才的方法和规模,俄罗斯至少还需要 10 年的时间才能赶上西方发达国家的水平。[①] 但是,时至今日,俄罗斯的法学教育与西方国家,乃至于与同是师承苏联法学教育模式、经历改革开放发展变革的当代中国法学教育拉开了

---

① 苑远:《浅谈当代俄罗斯的法学教育》,载《俄语学习》2007 年第 3 期。

一定的距离。[1]

第三节 我国法律职业与法律教育制度

一、我国法律职业的构成与特点

(一)我国法律职业的构成

我国法律职业的构成主要包括以下几种:

(1)法官,即各级人民法院的审判人员。根据《法官法》规定,法官是依法行使国家审判权的审判人员,包括最高人民法院、地方各级人民法院和军事法院等专门人民法院的院长、副院长、审判委员会委员、庭长、副庭长、审判员和助理审判员。《法官法》对法官的任职条件和选任制度做出了原则的规定。目前我国法官人数众多,2013 年有 25 万多人,其中 19.6 万人为审判人员。2014 年,法官员额制改革首先在上海启动,于 2017 年在全国法院全面落实,全国法院共遴选产生 12 万余名员额法官。

(2)检察官,即依法行使国家检察权的检察人员,包括最高人民检察院、地方各级人民检察院和军事检察院等专门人民检察院的检察长、副检察长、检察委员会委员、检察员和助理检察员。我国各级检察院 2013 年共有 18 万多名检察官。2017 年,全国检察机关遴选出员额检察官 8.4 万余名。

(3)律师,即依法取得律师执业证书,为社会提供法律服务的执业人员。截至 2022 年,全国律师总人数已达到 57.6 万余人,律师事务所超过 3.6 万家。根据司法部印发的《全国公共法律服务体系建设规划(2021—2025 年)》,到 2025 年,全国执业律师将达到 75 万名。

(4)其他法律工作者,如仲裁员、公证人员、法律工作者、调解员、企业单位法律顾问等。司法部规划,扩大公证服务供给,大力发展公证员队伍,到 2025 年将达到 2 万名公证人员。

(5)法学家,包括法律院校的法学教师、法学研究机构的研究人员,以及立法机关、各政府机构、人民团体的法律与政策研究人员等。

监察体制改革后,宪法确认了监察委员会在国家权力机关结构中享有监察权。对于履行监察职权的监察官,是否属于法律职业,理论界存在争议。监察官的任命

---

① 於海梅:《俄罗斯联邦高等法学教育改革》,载《哈尔滨工业大学学报(社会科学版)》2018 年第 4 期,第 28-35 页。

需要遵循《监察官法》，从颁行的国家《监察法》来看，并没有要求监察人员要求一定的法律职业资格。另外，根据此前中央出台的《关于完善国家统一法律职业资格制度的意见》也只规定了担任法官、检察官、律师、公证员、法律顾问、仲裁员（法律类）及政府部门中从事行政处罚决定审核、行政复议、行政裁决的人员，应当取得国家统一法律职业资格。所以从立法层面看，监察官的任命只需要符合《监察官法》第十二条的规定：①具有中华人民共和国国籍；②忠于宪法，坚持中国共产党领导和社会主义制度；③具有良好的政治素质、道德品行和廉洁作风；④熟悉法律、法规、政策，具有履行监督、调查、处置等职责的专业知识和能力；⑤具有正常履行职责的身体条件和心理素质；⑥具备高等学校本科及以上学历；⑦法律规定的其他条件。尽管《监察官法》没有规定监察官必须通过国家统一法律职业资格考试，但是，基于对于国家法治建设高质量发展要求，理论界对于监察官的法律职业资格问题仍然存在有几种观点：第一种观点认为，监察官应该全部通过法律职业资格考试，认为监察官承担着国家反腐败的重任，应该与检察官、法官一样具备高素质法律素养。第二种观点认为，监察官全部不用具备法律职业资格，认为从事的大部分工作与职务犯罪没有关系，即便承担了职务犯罪的调查工作，但与公安机关侦查相比，同样也不需要具备法律职业资格。第三种观点认为，从事职务犯罪调查工作、案件审理工作的监察官需要具备法律职业资格，其他人不用具备。本书观点是，从实际工作角度出发，只需要负责案件审理工作的监察官需要具备法律职业资格，其他的监察委员会公务人员是否具备法律职业资格对于纪检监察工作影响不大，可以不具备。

（二）我国法律职业的特点

（1）法律职业的职业化程度相对较低。我国法律职业是随着法治建设的发展逐步发展起来的，但目前，法律家职业化的过程仍未完成。当前，仍然存在法律职业的选任、教育培训等问题制约司法的现代化问题。经过司法改革实现法官、检察官遴选的员额制，推进了法院、检察院人财物的省级统管，司法精英化、现代化、职业化有了重大进步。但改革带来的案多人少矛盾客观存在，基层法院尤为显著。传统的科层式的法官、检察官逐步晋升的渠道被摒弃，由于员额制的限制，法科学生精英人才不再把进入法官、检察官体制作为首选，而且现有队伍还存在骨干精英流失的问题，均需要进一步推进制度完善和深化改革予以解决。

（2）在法律职业共同体的模式上，一方面，在传统上继承了大陆法系和社会主义国家法制的特点，实行分业模式；另一方面，由于每一种职业都没有形成完整的资格获得、职业培训和统一的任免制度，亦未形成良好有效的自治自律传统。由于司法官身份保障制度尚未真正建立，司法官与律师相比待遇过低，造成司法官人事极不稳定。法律职业之间的相互转化也与西方从高级律师中选任法官的模式反向而行，我国当下的法律职业流动去向更多的是从精英法官检察官流向律师队伍。

二、我国法律教育制度

(一)我国法律教育制度的发展及特点

在我国传统上,由于法律职业本身未受到充分重视,因而法律教育很不发达,但是,这种法律教育仍然存在并具有自身的特点。我国近现代法律教育发端于清末法制改革,实际发展于民国时期,曾对我国近代的法学研究和法律人才培养发挥了重要的作用。新中国成立后,我国初步建立了社会主义的法律教育体系,然而,直到20世纪80年代,我国法律教育才开始真正进入发展时期。

从20世纪80年代以来,我国法律教育有了快速的发展,建立了各种本、专科的学校,形成了以普通高等法学教育为主,成人教育、职业法律教育、自学考试等与之相适应的多层次、多渠道、多形式法学教育体系,不仅为我国司法实务输入了大量法律人才,还承担了对在职司法官和各种法律职业的培训和继续教育的任务。然而,直至目前,这一体系仍然处在改革和发展中,存在着许多问题,主要表现如下:

(1)发展过快,缺乏统一的规划。各种法律学位的设置缺少科学的规划,目标定位不准确。大量设置的法律院校和专业缺少多学科齐备的高质量师资队伍,无法保证教育的质量。考察全国的法学院,大部分法学院只有几个学科支撑,学科齐全而且师资力量全部一流的法学院很难见到。

(2)法学教育内容和方法相对陈旧。过于注重学历教育,理论与实践联系不够紧密,缺乏实务教育的内容,学生很难从大学法律教育中获得实务操作的能力和知识。

(3)没有形成严格的职业教育体系,法学教育与法律职业教育没有区分。最欠缺的司法官任职前的专门培训制度尚未成熟,已建立的法官学院和检察官学院等机构没有发挥任职前职业培训的功能,法官、检察官培训学院甚至被改造成一种学历教育。

(4)法律教育与法律职业的就业和规模之间没有形成有机联系。很多法学毕业生并不能从事法律实务工作,法学教育与法律职业特别是司法机关后备人才补充相互脱节。

(5)法律教育中缺少职业道德教育和法律应用技术方面的内容,法律职业的行业自律较差,缺少职业道德与经验传承。由此导致法律职业的道德素质普遍较低,经验与资历不足,而法律职业的年轻化趋势使这一问题更趋突出。

(二)大学法律教育

新中国的法学教育是在全面废除旧法的背景之下形成全面移植借鉴苏联法学教育模式的基本格局。1950—1953年,中国的法学教育基本上是仿照苏联的教学模式。1953 年“院系调整”之后，全国仅有六所院校设立有法律系。1978—2007 年，法律教育的规模不断扩大。在普通高等法学教育中设立了从专科、学士、硕士到博士各层次的专业学位。截至 2022 年，全国开设法学本科专业的高校有 654 所，约占全国高校的 50%；在校法学本科生 31 万余人；全国法学一级学科硕士点 140 多个，法律硕士点 200 多个，在校法学硕士研究生 6 万人左右（含法学硕士与法律硕士）；法学一级学科博士点 60 个，在校法学博士研究生约 1 万人。

1. 法学本科教育

学生从应届高中毕业生中招收，由国家统一命题、统一考试、统一录取。学校根据国家计划按照考生的志愿和成绩以及学校级别从重点到普通顺序录取。法学本科学制 4 年。20 世纪 80 年代，本科法学教育被分为不同的“专业”，本科法学在一些院校细分为法学、经济法学、国际经济法学等不同的专业。1999 年，法学本科统称为法学，不再分为不同的专业。法学本科的学生，在大学 4 年期间（有的学校规定弹性学制 4 年至 7 年）修完全部必修及选修课程并考试合格，毕业论文成绩合格后即可获得法学学士学位。

2. 法学硕士研究生教育

实行国家统一考试与学校命题相结合的招生制度，即外语、政治理论由全国统一命题，法学专业课则由考生所报考的学校自行命题。统考科目及总分由国家划定分数线，学校根据国家招生计划择优录取，学制 2 年至 3 年。但是自 2003 年开始部分院校可以自行划定分数线规定本校研究生的录取分数，但是录取人数仍由国家规定。

3. 法学博士研究生教育

由国家授权的招生专业点根据自己的研究方向自行命题招生，绝大多数高校法学博士标准的培养年限大体上有三类：第一类硕博连读研究生，以五年制居多；第二类是三年制，目前趋势正在逐步减少；第三类是四年制，目前正在逐步增多。最长的博士培养学制，大体上都是七年或八年。近年来许多学校探索本科、硕士、博士三阶段连读的高端法学人才培养模式，这一模式意在保障生源优质前提下以提升法学博士生研究的培养质量。

4. 法律硕士研究生教育

1996 年，全国 8 所高等学校首期招收法律专业硕士，截至 2022 年，具有招收法律硕士权限的高校已经达到约 280 所。法律硕士教育具有显著的法律实务教育指向，具有以下特点：①入学者均要求具有大学本科学历；②统称为法律专业，不分具体专业；③区别法学与非法学生源的入学考试标准，由此形成了法律硕士教育的二元结构。非法律专业的法律硕士需要补修法学本科的一些课程，用于课堂教学的时间占其学习期限的大部分。法律理论部分的教学在教学全过程中占有核心地位，整个教学期间并不安排实习或实务课程。法律硕士在学完规定的课程，考试合格,修满规定的学分后,可以开始写毕业论文。学位论文送交校外专家进行盲评,合格后提交答辩委员会进行答辩,经过答辩,合格者即可授予法律硕士学位。法律硕士学位是仿照美国法学院的模式而设立的,但由于无法解决原有的法学教育体系与这一模式之间的冲突与兼容问题,大学也并没有适应其宗旨设立专门的师资、教学方式和相应的设施。因此,这一学位的设立并未实现其最初的设立目标。但是,法律硕士学位在短期内极大地扩大了法律教育的规模和硕士毕业生的数量,并促进了法律教育的市场化。

(三)成人法律教育及中等法律教育

自20世纪80年代起,由于普通高等教育不能满足社会的需求,我国成人教育得到迅速发展。而法律职业需求的飞速增长,使得进入法律职业的人员绝大多数并未受过正规法律教育和培训。为了弥补这一缺陷,在各种教育机构中普遍设立了面向在职司法人员的成人法律教育。

近年来,随着司法机关人员职业化水平的提高,司法机关内的部分成人教育已经完成了其历史使命,转化为一种继续教育。现有的成人法律教育已经主要由社会的各种教育机构承担,目标不再是主要针对在职司法人员的学历教育,而更多的是针对社会需求。目前的成人法学教育主要表现在以下两个方面:

(1)以知识更新和补充为主的干部培训。这种教育以单独设置的政法管理干部学院、法院、检察院的培训中心等为主,实际上属于继续教育性质。

(2)以攻读高等学位为主的学历教育。这种是以普通高等院校为主体、高等教育自学考试等形式为辅进行。高等教育自学考试简称自考。高等教育自学考试是对自学者进行的以学历考试为主的高等教育国家考试,是个人自学、社会助学和国家考试相结合的高等教育形式,是我国社会主义高等教育体系的重要组成部分。其任务是通过国家考试促进广泛的个人自学和社会助学活动,推进在职专业教育和大学后继续教育,造就和选拔德才兼备的专门人才,提高全民族的思想道德、科学文化素质,适应社会主义现代化建设的需要。自学考试以取得专科学历为起点,进而实现专升本。目前我国有各种层次的成人法学教育,包括大专和本科等,方式有远程教育和在校教育等。成人法学专业招生也由国家承认的教育管理系统统一组织考试,统一确定录取标准,脱产专科一般为2年、本科为4年,不脱产、不离岗的大多为3年至5年不等。参加全国统一自学考试的,合格后可获得相应的学历,并得到国家的承认。同时,成人教育也承担着对在职司法人员的学历教育。

目前,我国成人高等法学教育正面临着转型,将逐步转变为一种大众教育模式。不仅面对法律职业,也应当面对非法律职业,包括公务员、企业管理人员、教师等,以满足大众提高法律知识和法律意识,成为复合型人才的需要。

此外,我国还有中等职业法律学校,多为大学的成教学院、地方的政法管理干部学院、中等司法学校所属。但这一类学校的法学教育随着高等教育本科扩招而逐渐萎缩,即将退出历史舞台。

（四）法律职业培训与继续教育

法律职业培训是连接法学教育与法律职业的桥梁，是法律职业任职前的必经阶段。我国尽管已经建立了各类司法培训机构，如法官学院、检察官学院等，但是并未真正形成专门的法律职业、培训制度，特别是任职前的培训。部分职业培训甚至混同于学历教育，方式也主要局限于一般培训班和课堂讲授。

司法改革之前，我国法官选拔是从进入法院工作担任书记员一定年限的人员中选任助理审判员，在经过一定年限从优秀的助理审判员中选任法官。这种制度，可以保证后备法官在一定年限的实务工作中，通过资深法官的传授获得经验，实际上也起到了培训的作用。但是，这种制度已经为司法改革政策以及法律确认予以废除，代之以法官遴选制度。法官遴选从法官助理人员中择优选拔，法官助理是专职审判辅助工作的司法人员。他们在法官的督导下工作，协助法官进行法律研究，起草法律文书以及其他与案件准备和案件管理有关的工作法律继续教育。这样一种法官选任方式实际上也是一种师徒制的培养模式，从实践经验丰富、司法能力强的法官助理人员选任法官，既有助于法官选拔的精英化，也保障了入额法官的实践培训。

严格意义上的法律继续教育，是指对在职法律职业在任职期间进行的一种教育，目的在于获得专业知识的更新和提高。法律继续教育的对象是在职的法律工作者，如法官、检察官、律师等。我国的继续教育的机构主要包括法官学院、检察官学院以及律师协会的培训机构，目前体制比较混乱，有时与任职前的专业培训相互混同。在职司法官和律师有义务和权利定期接受继续教育性质的培训，每当国家有新的法律法规和司法解释公布实施时，法律部门往往会组织进行相关培训，并将每年接受最低限度的继续教育作为司法官和律师继续任职的考核指标之一。但是，继续教育的方式和效果仍有待改进。

三、统一法律职业资格考试

（一）统一法律职业资格考试的设立

法律职业资格考试，是国家主办的以选拔法律职业人才、保证法律职业素质为目的的考试，是获得法律职业资格的必经程序和准入条件。当代世界各国的法律职业资格考试根据功能的不同可分为：律师资格考试和法律职业统一考试；培训资格（入门资格）考试和任职资格考试等，并与考试合格后的录用、培训、实习、任用等制度相互衔接。

我国的国家司法考试是在律师资格考试的基础之上设立的。律师资格考试是由司法部主持，从 1986 年组织第一次全国律师资格考试（1986 年 10 月正式在全国统一进行），到 2000 年为止，进行了 12 次全国统考，共有 150 万人次参加了考试。2001年6月30日,第九届全国人大常委会第二十二次会议审议通过了关于修改《法官法》和《检察官法》的决定。这两个决定,以法律修正案的形式首次确立了我国司法考试制度,明确规定:国家对初任法官、检察官和取得律师资格实行统一的司法考试制度。2001年10月31日,最高人民法院、最高人民检察院和司法部联合发布了《国家法律职业资格考试实施办法(试行)》。2002年,我国进行了第一次国家司法考试,标志着这一制度已经正式建立并成为常规化的法律职业考试制度。从2018年开始,国家司法考试改为国家统一法律职业资格考试。不只是律师、法官、检察官、公证员需要通过该考试,从事行政处罚决定审核、行政复议、行政裁决的工作人员,以及法律顾问、法律类仲裁员也需要参加并通过考试。2018年9月22日上午,47万余人走进考场参加首次国家统一法律职业资格考试。存在了16年的司法考试正式被法律职业资格考试取代。自法律职业资格考试制度改革以来,每年通过率保持在10% ~15%。

(二)实行统一法律职业资格考试的预期目的

根据统一法律职业资格考试设计者的解释,确立法律职业资格考试制度的目的,在于实现职业法律者选拔的精英化和统一化。职业法律者选拔的精英化就是要提高法律职业的门槛,建立职业法律者的准入制度。以前律师考试、法官考试和检察官考试由司法部、最高人民法院和最高人民检察院各自命题、各自录取,没有统一的标准,建立统一法律职业资格考试制度旨在打破部门、行业界限,在全社会范围内选拔优秀法律人才,实现职业法律者选拔的统一化。这种统一主要表现为统一命题、统一考试、统一录取标准进而形成统一的法律职业共同体,有利于职业法律者形成统一的法律职业语言,形成统一的司法伦理体系,相互监督和专业竞争,促进法律专业人士司法伦理体系的形成。有利于推动中国法律职业的统一化,使律师、法官、检察官有可能在同一业务层面上展开工作,相互监督和专业竞争,并实现法律职业之间的合理流动。

统一法律职业资格考试制度是对过去各种法律职业资格考试制度的一次整合,被称为在中国法治建设和司法官管理制度的历史上具有里程碑意义的事件,是我国司法改革的一个重要步骤。它的主要功能是:①连接功能,即连接法学教育和法律职业;②导向功能,即引导法学教育向职业教育发展的方向;③规范功能,即规范法律职业准入的方式和标准;④检验功能,即检验应试人员的真正水平及其所受教育的水平;⑤选拔功能,选拔优秀人才,将不符合要求的人员挡在职业之外。

(三)统一法律职业资格考试的完善

尽管统一法律职业资格考试对法律职业的素质提高具有重要的意义,但目前这一制度在实施中仍存在许多亟待解决的问题,主要如下:

(1)统一法律职业资格考试尚未解决法律职业资格与准入的关系,即考试合格后怎样成为一个司法官。目前已经进入司法机关工作的在职人员与准入条件的矛盾如何解决也是一个悬而未决的问题。由于目前一些欠发达地区(西部地区)法律人才短缺,在职司法官参加法律职业资格考试通过率过低,司法部不得不做出变通。2003 年司法部决定在法律职业资格考试中放宽部分西部地区人员报名参加法律职业资格考试的条件,即允许这些地区司法机关在职人员中的法律专科毕业生报考。

(2)职业培训制度的空缺。统一法律职业资格考试并没有解决我国法律职业特别是司法官的教育培训中最大的问题,即职业培训制度的空缺问题。因此,实际上还没有起到连接法学教育与法律实务工作的作用。

(3)相关配套制度尚未建立。仅有法律职业资格考试并不能解决法律职业素质提高的问题,更重要的是需要建立一系列相关配套的制度。除了职业培训制度外,至少还需要在司法官的录取、准入、统一配置等方面建立相应的制度。此外,对于某些不发达地区法律职业严重短缺、司法官后备力量匮乏的情况,尤其需要做出相应对策。

四、港澳台地区法律职业与法律教育制度

(一)香港特别行政区

香港地区的法律职业秉承英国普通法传统,法律家属于同一个职业集团,但由于律师有大律师和小律师之分,法律职业内部仍保持着传统的分工。法官和检察官一般出身于资深律师(主要是大律师)。成为法律家必须经过专门的法律教育和培训。

香港的高等法律教育制度是在继承英国法律教育制度基础上发展而来的。香港的高等法律教育分为以下两个阶段:

1. 法律基础教育

即在大学对学生进行法律理论知识教育的法律学士教育,为期 3 年,学生只需要完成规定科目的学习,考试合格即可获得学士学位。在香港大学开设的法学本科课程主要包括:第一学年有合同法、民事侵权法、法律与社会、法律制度、法律写作及研究;第二学年有宪法及行政法、刑法、财产法;第三学年有法律哲学、人权法学、国际法、商业法、公司法、银行法、信托法、证据法、家庭法。在这一阶段的法学教育中,第一学年的课程全部为必修课程;第二学年除上面所列的为必修课外,学生可以任意选修其他课程;第三学年除法律哲学为必修课程之外,其他的均为选修课。另外,为适应香港地区的政治、经济的发展,学校还开有香港特别行政区法、中文在法律上的使用等。

2. 法律深造教育

即职业培训阶段,这一阶段主要对学生进行专门的法律实践教育训练。如果

想从事律师职业，并想通过律师晋升为法官，必须继续第二阶段的学习，所以第二阶段的学习又被称为“晋升法律界的踏脚石”。这一阶段为期一年，主要对学生进行专业知识及技能的训练。这一阶段的主要课程有房地产买卖及遗产承办、商业法及商用法律文件、刑事及民事诉讼程序、税务法、律师事务所会计及财务管理、法律职业操守、法律辩护技巧等。

香港法律教育的两个阶段实际上是独立的，学生可以在完成第一阶段的学习之后，自由选择是否继续深造。香港的学校在教学机构的设置上分为两个教学系，分别负责两个阶段的法律教育。这种区别与世界各国区分普通法学教育与职业培训的原理完全相同，可以最大限度地节约法律教育成本和资源。在香港，没有受过法律职业教育训练的人永远都没有机会从事法律职业、成为法律工作人员。

（二）澳门特别行政区

1. 法律职业

澳门的法律职业具有鲜明的大陆法系国家的传统特征，法律职业原则上采取分业模式。除了司法官和律师外，法律职业还包括司法辅助人员，即法院秘书、书记官、助理书记等。律师助理相当于我国的法律工作者。

2. 法律教育

澳门的法律教育制度与一般大陆法系国家大致相同，包括大学法学教育和专门的职业培训两个阶段。

根据澳门 1994 年的有关法令，凡具有澳门大学法律学士或澳门法律上认可的法律学士文凭，公认具有公民品德，在澳门居住 3 年以上，懂葡萄牙文和中文的澳门居民，可以报考澳门司法官培训课程，经培训和实习 18 个月，合格者可以被委任为澳门法院的法官。担任院长则需要 10 年以上工作资历及其他资质条件。检察官条件基本相同。特别行政区延续了这一制度。

澳门律师属于自由职业者，分为大律师和助理律师或律师助理。律师应具有法学学士学位，完成 18 个月的律师实习，通过律师资格考试。律师必须在澳门律师公会进行注册。

（三）台湾地区

我国台湾地区的法律职业构成基本与日本及大陆法系国家相同，采用分业模式。法律教育也分为以下两个阶段：

1. 法学教育

台湾地区的法律教育体制与日本相似。1945 年台湾光复，回归祖国，原来日本所设的“帝国大学”改称为“国立台湾大学”，其所属的文政学部分为文学院和法学院两部分，其中法科亦同时更名为法律学系，这是推动战后台湾地区法律教育的先驱。1949 年之后，台湾地区各大学相继成立法律系，既有原来祖国大陆名校在台复校的，如东吴大学、辅仁大学等；也有本土新成立的，如私立东海大学等。此外，军事院校和"中央"警察大学也设有法律系，专门为军队和警界培养高级法律人才。目前，台湾150所大学中，有22所大学中设有法律系招收学生，其中真正可称为具有历史及传统者不外五所大学的法律系，即台湾大学法学院、台北大学法学院（前身为中兴大学法学院）、政治大学法学院、辅仁大学法学院及东吴大学法学院。每年约招收2 000人，而每年毕业之法科学生也约2 000人。

台湾目前除了东吴大学法律系和中原大学财经法律系规定学业为5年制之外，其余各学校均为4年制，如果成绩优异，还可以提前一学期或一学年毕业。法律学专业的本科毕业生在毕业后可以参加由各校自己组织的硕士入学考试进入研究所硕士班继续学习。

硕士毕业后如果想继续攻读，可以再经考试修读法学博士学位。法学硕士的学制为1年至4年，博士为2年至7年。除要修完所需课程之外，还要在毕业时提交论文，经3人或5人以上组成的学位考试委员会通过，才能取得学位。台湾地区的法学教育原来不允许非法律专业学士攻读法学硕士学位，但近年来实行了一项变革，允许法律学研究所招收非法律学系毕业生，在修完所有法律课程，通过论文答辩后将授予法学硕士学位，即通常所称的法学硕士乙组。

2. 法律职业资格考试与司法培训

台湾地区实行统一法律职业资格考试，录取率很低，因此法律职业资格考试合格率成为判断大学法律系水准的基本标准。法律职业资格考试合格后，即可进入司法官训练所进修，分别成为律师、法官或检察官，但司法官和律师的培训并未采用一元化模式。

"行政院"和"司法院"共同负责司法培训事宜，成立"司法官训练委员会"，除司法官训练所所长为当然委员外，由"行政院"及"司法院"各指派4人组成，并互推1人为召集人。"司法官训练委员会"决定司法官及其他司法人员的训练方针、计划及与训练有关的重要事项，由司法官训练所执行。

司法官训练所每期接受学员90名，必要时可报"法务部"核定增减。学员来源如下：①经高等考试录取，奉"法务部"发交司法官训练所训练学习；②具有法定司法官任用资格，由"法务部"发交司法官训练所训练学习；③"法务部"为提高调查局办案人员的学识及奖助其他优秀司法行政人员的进修，指派他们到所受训。

司法官培训期间一般是18个月，经过改革目前缩短为14个月。培训方式系所谓"博学、慎思、明辨、笃行"，以达到学业与品德均衡发展的目标。司法官训练所除办理长期的司法官培训外，也适时举办各项在职司法人员的短期培训。

律师原来可以再通过法律职业资格考试后直接执业，但1987年以后开始要求须经过任职前的培训。1992年台湾地区修改"律师法"明确规定考试及格的律师须经职前训练始得充任律师，职前培训为期6个月，分别在司法官训练所和律师事务所进行培训和实习。

第四章

公安侦查制度

第一节　警察制度概述

一、警察的概念、性质和职能

（一）警察的概念

“警察”一词在英语、法语中为 police，在德语中为 polizei。关于其词源有两种说法：一种来源于希腊语 polis，一种来源于拉丁文 politia。在欧洲，还有一些与 police 同义的词，如 constable（公安员）、gendarme（宪兵）等。当代世界各国都承认警察是具有强制力的武装力量，是维护社会秩序和公共安全的政务机关及其人员。“警察”一词在生活中有多种含义，可以指政治制度，也可以指执法人员。在牛津英语字典中，警察机关（police organization）有两种含义：①警察机关是负责维持社会治安与安全的政府执法部门，在不同的国度和不同的时期，其职权范围极不相同。②警察机关是维持社会治安、执行防止和惩治违法行为及侦查犯罪行为的行政力量；也指警察部门的所有成员，或某一地区的全部警察或保安力量。

1. 警察与公安

我国警察称为人民警察，是国家机器的组成部分，是具有武装性质的维护社会秩序、保卫国家安全的国家行政力量，也指以国家名义行使警察职能的专门人员。根据新修订的《中华人民共和国人民警察法》（2013 年 1 月 1 日正式实施，以下简称《警察法》），我国的人民警察包括公安机关、国家安全机关、监狱、劳动教养管理机关的人民警察和人民法院、人民检察院的司法警察。

我国人民警察的主要构成是公安机关的工作人员。在我国，“公安”一词包括几层含义:既是指社会生活中的公共安全,它是人们为了求得公共的安全而实施的社会行为;同时也是我国公安机关即警察机关的简称。

警察与公安两个概念既有区别又有联系。区别在于:①警察是人民警察的简称,而公安主要是公安机关这一专门机关的简称。②"警察"的外延相较于公安的外延更广,公安人员是警察的一个组成部分。但是,由于警察的主要构成是公安机关的工作人员,因此,二者在我国传统上属于同一概念。公安人员即警察或警察的一个组成部分;维护公共安全的公安工作是警察工作的目标或内容。在一般公众的理解中,警察机关即公安机关,警察即公安人员。

2. 警察的定义

汉语的"警"和"察"在我国古籍中出现很早,但古籍中的这些词与近现代警察的概念相差甚远。近现代意义上的警察概念出现在20世纪初,当时清朝统治者为了引入外国警察制度而使用了现代意义上的警察概念。

我国警察的定义是:警察是国家机器的组成部分,是具有武装性质的维护社会秩序、保卫国家安全的国家行政力量,也指以国家名义行使警察职能的公职人员。

目前,我国各类法学文献中关于警察的概念表述不尽一致。如《汉语大词典》中,警察是指为维护社会秩序而设立的武装性质的治安力量,亦指构成这种力量的成员。《中国警察辞典》中,警察是指根据国家统治阶级的意志,依靠国家暴力强制手段,并运用公开的和某些特殊的秘密手段,维护国家安全和社会秩序的武装性质的国家治安行政力量,是实现其阶级专政的重要工具。《简明公安词典》中指出,警察是阶级统治的工具,是指依照法律规定设置的专职的警察人员,用以维护社会治安、调查违法犯罪行为。《公安学概论》一书中指出,警察是国家政权中按照统治阶级意志,依靠暴力的强制的特殊的手段维护国家安全与社会秩序的武装行政力量。但各种概念对警察的基本性质和职能,以及内涵和外延的界定大致相同。

(二)警察的性质

警察的性质,是指根据警察的本质功能和权力属性对其本质所进行的界定。西方国家对警察性质的理解不尽相同,比较有代表性的如下:

(1)福利警察论。强调警察是保护"公益""社会安宁"和"公共福利"的武装力量。

(2)警察中立论。强调警察的武装力量属于国家,其立场应是中立的,决不可受党派的威胁和利诱而卷入政治斗争。

(3)增进公共利益论。认为警察是为了增进公共利益及预防突发危害的目的而设立的政务。其代表人物是德国学者苏顿(Soden)。

(4)强制力论。认为警察是为保护公益的目的,代表国家以强制力限制人民的自由而行使的行政权力,其本质在于代表了国家的强制力;没有强制力限制的必要，便无须警察。其代表人物是生于瑞士苏黎世的欧洲知名学者、政治家伯伦知理（Bluntchli）。

（5）防止危害论。认为警察是为了防止国家及人民的安全幸福受到危害，而对人民的人身和财产进行限制的人。其代表人物是的欧美学者史典格尔（Stehgel）。

上述关于警察性质的理解各有合理之处，但都没有全面把握警察的本质属性。实际上，警察作为国家机器的组成部分，同国家与法一样具有阶级性与社会性双重属性，同时兼具阶级统治、镇压的专政功能和维护公共秩序、执行公共管理和服务的职能。这些性质统一地体现在警察的职权和执法活动之中。具体而言，表现为以下几个方面：

第一，政治性或工具性。警察同军队、法庭、监狱等国家强制机构同为国家机器的重要组成部分。警察是代表国家行使权力的一种重要政治工具，是国家意志的忠实执行者，并具体承担着镇压敌对势力、保护国家和公共安全的任务。

第二，行政性。警察机关是国家的行政机关，属于受中央政府或地方政府领导下的行政职能部门。警察属于国家的行政人员。

第三，司法性。警察机关虽然是国家的行政机关，但又不同于其他的行政机关，它参与司法活动并拥有侦查、拘捕、审讯、关押、看守等法律规定的强制手段，具有一定的司法性。在很多国家，警察机关亦属于广义上的司法机关。

第四，武装强制性。警察机关是具有武装性质的行政力量，可以配备武器装备，执行武装性质的任务。国家赋予警察以暴力战胜暴力的特权，并以准军事化的方式加以管理。但与军队不同，警察的武装强制性主要是针对国内甚至主要是针对国内普通民众的，因此其武力的行使必须受到极严格的限制。

第五，公共服务性。警察作为纳税人的服务机关和管理机构，其公共性非常明显，并为各国所承认。警察的职能以保护和服务于公共利益为宗旨，包括大量社会生活秩序管理工作和服务工作，如户籍、交通、消防、民事调解、救死扶伤、安全知识教育、积极救灾抢险等。

我国警察是人民民主专政的工具之一，是具有武装性质的国家行政机关及其工作人员。其性质可以从以下几个方面理解：

（1）我国警察是人民民主专政的重要工具。这是由我国警察的阶级性质决定的。我国警察的任务是保护广大人民群众的利益，惩罚和制裁少数敌对分子和罪犯。

（2）我国警察机关属于国家行政机关。警察机关是分别在中央人民政府和地方各级人民政府领导下的行政职能部门，是国家行政机关的重要组成部分。

（3）我国警察机关不同于一般行政机关，它具有武装性质。警察机关的武装性质表现在它执行武装性质的任务，配备武器装备。

（4）我国公安机关属于广义的司法机关，警察的某些职权活动具有准司法性质。警察可以在其权限之内行使自由裁量权，作出适用法律限制人身自由的决定，如治安处罚等。

（三）警察的职能

警察的性质具体体现在其职能活动中，由于各国警察体制和基本职能定位各有不同，所承载的具体功能也存在一定差异。但是一般而言，任何一个国家的警察都具有两方面的职能：一方面，警察具有政治统治职能，是国家强制力的具体体现。主要表现在镇压威胁统治阶级与国家安全的敌对势力。另一方面，警察具有社会管理职能，承担着治安管理等多项国家或政府的职能。主要表现在惩罚与制裁危害国家、危害社会、危害广大社会成员的刑事犯罪分子，管理各种社会公共事务，以及为社会成员提供多方面的服务。

我国警察的基本职能是专政职能和社会管理职能。其中，专政职能是指对危害国家安全的敌对势力、敌对分子和严重危害社会治安秩序的犯罪分子进行镇压、制裁、改造和监督；社会管理职能是指依法保护人民的民主权利和其他合法权益，维护正常的社会生活秩序、生产秩序。

我国《警察法》规定，人民警察的任务是维护国家安全，维护社会治安秩序，保护公民的人身安全、人身自由和合法财产，保护公共财产，预防、制止和惩治违法犯罪活动。

二、警察制度的历史发展

（一）古代警察制度

在原始社会末期，警察随着国家的产生而产生。国家是作为公共权力而出现的，构成这种权力的不仅有武装的人，还包括警察、军队，而且还有物质的附属物，如监狱和各种强制机关，同时为了维持这种公共权力，就需要向公民征税，各种阶级统治和公共管理的职能都需要通过作为国家官吏之一的警察完成，这就是警察的起源。恩格斯在《家庭、私有制和国家的起源》一书中描述了这一过程。早期的古代西方国家一般没有专职警察，据说当时警察一词的意义是"都市统治的方法与都市行政"。早期的警察是指受都市或地方行政机构委任或指派维护治安或进行都市管理的人员，后逐渐被承认为国家官吏。

在古罗马早期的欧洲，警务活动主要以军队和公众自我警务两种形式组成。公元前27年，古罗马皇帝奥古斯都（Ausustus）建立了承担大量政府行政工作的警察制度和制服宪兵。公元6年古罗马建立了威季来斯特种警察（Vles）。公元7世纪，建立了古罗马的第一个刑事侦查局——福曼托雷（Frumentarii）。

与古罗马警察制度相反，大不列颠地区实行的是自治警务模式。在诺曼人入主大不列颠之前，当地一直实行"太兴连坐制"和"擂鼓鸣金捕盗制"并有审理一般轻微的刑事犯罪的村民法庭。1006 年以后建立了公安员制,帮助地方诸侯维护国王的统治。

我国具有警察职能的机构最早产生于夏朝。夏朝的“司徒”和“士”是兼有警察职能的官职。春秋战国时期,执掌警察职能的机构和官职有了较细的分工。至秦朝时,警察制度已经形成体系。从朝廷、郡、县到亭等基层机构都设置了相应的警卫、治安机构,并建立户籍制度、什伍联防连坐制度、通行凭证制度、防火和追究肇事责任制度等。明朝的厂卫制度把警察的强制职能推到了极端。

(二)近现代警察制度

进入 14 世纪,警察开始成为近代国家权力的象征,一些西方国家把“警察”作为国家政务的统称。这一阶段,警察是一种军事化、强制化的镇压力量。1786 年,德国学者玛耳的《警察学》一书,第一次以理论形式对警察问题加以阐释。1829 年英国《大伦敦警察法》的颁布标志着近现代警察制度的正式确立。

随着近代民族国家的形成、资产阶级革命的完成及现代民主制度的建立,以及“自由、平等、博爱、天赋人权、三权分立”等思想的影响,西方国家警察制度发生了许多新的变化,完成了向近现代警察制度的转变。在这一历史过程中,各国普遍根据本国的政治体制、传统和理念,建立了不同类型的现代警察制度。主要类型如下:

1. 大陆法系国家警察制度

法国继承了古罗马警察制度。1799 年拿破仑第一执政时期建立起统一的资产阶级国家。1800 年创建巴黎警察厅,这是近代第一个专门的警察机构。1801 年法国在全国各市县建立起专门的警察机构。1829 年,巴黎警察厅厅长德伯雷姆创建了一支百余人的现代制服警察队伍,这是世界上最早的文职警察。法国的警察体制后来为欧洲大陆国家所采用,是大陆派警察体制的代表。

2. 英美法系国家警察制度

现代英国警察制度最初起源于小地方或郊区的警察。他们被委任保护其辖区内的治安并执行治安官的命令和授权令。1663 年,伦敦开始雇佣夜间巡逻的更夫。1740 年,托尼斯·戴维法官在考文特花园的舰队街建立镇压犯罪和违反治安行为的法院。1763 年亨利·菲尔丁兄弟组建新的公安员队伍和夜间骑兵巡逻队,这些全脱产职业警察被称为“舰队街巡捕”。18 世纪工业革命后,英国的治安急剧恶化,警察制度出现了很大的混乱。1825 年爆发第一次经济危机,工人运动也不断发展。资产阶级国家不得不设法扩大和完善警察系统。罗伯特·皮尔任英国内政大臣,认为抑制犯罪的最好方法是预防犯罪而不是打击犯罪。在首相威灵顿公爵的支持下,1829 年在内政大臣罗伯特·皮尔的主导下,国会通过了创建新警察制度的议案——《大伦敦警察法》,建立起享受国家警俸的正规职业警察,这是西方近代警察制度建立的标志。至 1939 年,英国各郡普遍建立正规职业警察。

英国实行的是地方自治的警察体制,这一体制为当时的英属殖民地和北美国家所接受,是海洋派警察体制的代表。

美国受英国影响,于1838年在波士顿市建立警察局,1844年建立纽约市警察局,1908年在联邦政府司法部设调查组,次年改为调查局,逐步建立起庞大而有效的警察体系。

3. 社会主义国家警察制度教育

俄国十月革命后缔造了新型的人民警察制度。1917年11月10日,内务人民委员部作出在地方苏维埃建立工人民警的决议。1918年10月13日,颁布内务人民委员部和司法人民委员部关于建立苏维埃工农民警的决议。1920年,将边防部队移交给肃反委员会统管和指挥。1922年2月6日,全俄肃反委员会撤销,改为内务人民委员部下的国家政治保卫局(格伯乌)。1954年苏联把国家政治保卫局从内务部划出,改组为"国家安全委员会"(克格勃)。许多社会主义国家后来基本上都以苏联的模式建立了警察制度。

我国近代意义上的警察出现在清末的戊戌变法时期。当时的湖南按察使黄遵宪参照日本警视厅和上海等地租界巡捕制度,在长沙创设了湖南保卫局,其职责是"去民害、卫民生、检非违、索罪犯"。后随着"百日维新"的失败而被裁撤。1900年八国联军攻陷北京后建立"安民公所"。1901年《辛丑条约》签订后,撤销了"安民公所"。清政府在此基础上建立"善后协巡营",执行警察职能,不久改名为"工巡总局",由工巡事务大臣统辖,直接隶属于皇帝。1902年,清政府接受日本人川岛的意见,设立警务学堂,由川岛任总监,训练巡警。这是我国第一次使用"警察"一词,警察教育也从此时开始。

中华民国成立后,在内政部下设警政司,把京师内外城巡警总厅合并为京师警察厅。北洋政府时期,军阀混战,警政未能得到统一。1927年后的国民党政府的警察制度是警、宪、特一体的特务警察统治制度。

我国人民公安机关最早是产生于1927年党中央直接领导的中央特科,它所形成的隐蔽斗争原则和出色的情报工作等对后来的公安工作具有开创性的意义。人民政府的公安机关最早出现在1931年,为中华苏维埃共和国临时中央政府建立的国家政治保卫局,临时政府还在内务部下设立了民警局和刑事侦查局。在抗日战争时期,厉行锄奸运动,先后建立保安处、中央和地方的社会部、根据地的公安局等抗日性质的公安保卫组织。

4. 新中国警察制度的建立和发展

解放战争时期,革命政权进一步巩固和扩大根据地的公安保卫工作,并随着大城市的逐步解放开始接管和改造旧的警察机构和人员。新中国成立后,于1949年10月15日在北京召开第一次全国公安会议,解决了组建公安机关的基本问题。1949年10月19日中央人民政府任命罗瑞卿为公安部部长,同年11月5日举行公安部成立大会，之后逐步建立起从中央到地方的公安系统。1950 年 6 月召开第一次全国公安人事工作会议，专门研究了民警队伍建设问题。1957 年 6 月 25 日第一次全国人民代表大会常委会第 76 次会议通过《中华人民共和国人民警察条例》。该条例一直沿用到 1995 年《中华人民共和国人民警察法》实施。“文化大革命”时期，出现对公安工作的“两个否定和一个砸烂”，公安系统的正常工作遭到极大破坏。1971 年“9·13”事件后，周恩来总理主持中央日常工作，公安工作得到恢复。

党的十一届三中全会以后至今，我国警察制度得到了很大的发展。1995 年 2 月 28 日，第八届全国人大常委会第 12 次会议通过了《中华人民共和国人民警察法》（简称《警察法》）。2012 年 10 月 26 日第十一届全国人民代表大会常务委员会第 29 次会议通过《全国人民代表大会常务委员会关于修改〈中华人民共和国人民警察法〉的决定》，自 2013 年 1 月 1 日起施行，我国警察制度的发展达到了一个新的历史阶段。

（三）警察制度的发展趋势

20 世纪前期，世界各国警察出现专业化趋势，由此曾一度使警察概念的含义狭义化，如将其定义为快速反应和打击罪犯的战士等。60 年代以后，警察哲学、社区警务、主动警务论等的兴起，使得广义的警察概念再度受到重视。此后，现代警务改革的趋势表现为警察功能的扩大，从狭义警察走向广义警察。当代世界各国警察制度有了不同的发展变化。其中最显著的特点是：

（1）警察体制出现了进一步的分工，开始设立若干机构共同行使警察的职能。例如，由普通警察和国家公共安全机关分别行使侦查权等。

（2）根据现代国家权力设置和相互制约的原理，对警察职能进行调整，减少其司法裁判的职权。例如，原有的治安处罚等权限受到限制或削弱，由行政法院或普通法院接管。

（3）各种警察体制之间出现相互借鉴和趋同迹象，同时国际司法协作开始加强，出现警察活动和职能国际化的趋向。

（4）随着各国加强打击犯罪、保护人权和受害者权益，保护公共安全和社会秩序的需要，不断改革警察的管理体制，重视规范警察的行为，使其更能有效地适应社会的要求。

在大陆法系国家警察体制中，有些国家的警察体制发生了整体变化，丧失了大部分原有的大陆派特征，如日本和德国；有些国家的警察体制发生了局部变化，警察的职责和权力受到很大程度上的削弱，原大陆派特有的警察规则制定权相继移交给议会或政府，违警处罚权也大多交给了法院，如法国和意大利。

英美法系国家警察体制的变化主要表现在改革警察管理体制，调整中央和地方对警察的管理权限，逐步扩大中央管理警察的权力，并出现建立全国或全州统一的警察组织的呼声。

这些都说明了现代各国警察制度在互相靠近、互相融合,但这种靠近和融合并不是绝对的,其中仍保持着一些基本的区别和特征。

三、警察的职权

(一)警察职权概述

警察职权是政府权力的一部分,是国家为了维护社会秩序,以宪法、法律、法规等形式规定的警察的职责以及在职责范围内实施各种警察行为时拥有的权力,警察的职能是通过行使具体的职权实现的。

现代世界各国都通过各种法律法规严格规定和完善警察职权,其目的是明确划分警察的权限、具体职责和行为规范,以保证警察正确实施各项警察行为,自觉约束自己的行为,避免滥用权力和不当使用权力,维护警察在履行职务中的权力,同时有效地保护公民的合法权益,以实现有效保护国家的安全、有效地维护良好的社会秩序的目的。

(二)警察职权的一般规定

当代世界各国一般将警察的职权分为职责和权力两个方面,二者是不可分割的。

1. 警察的职责

警察的职责,是法律规定的警察在其职务范围内的法定义务及其相应的责任,这种义务是不可推卸和放弃的,如果拒不履行或未依法履行(包括不作为)都可能构成行政违法,应受到追究,并承担相应的责任;情节严重的可能构成犯罪,应当追究刑事责任。世界各国根据需要和传统,赋予警察以不同的具体职责,各国警察共同的职责主要如下:

(1)犯罪侦查。侦查工作是警察最重要的职责之一,包括:受案立案,调查、侦查犯罪嫌疑人和犯罪行为,逮捕拘留犯罪嫌疑人,移送起诉,法庭作证,参与后来的法庭诉讼活动等等。警察这方面的职责实际上是一种司法活动。

(2)治安行政管理。警察是当代世界各国治安管理中的主要力量,又称之为治安警察体制。警察的治安行政管理职权包括:通过预防性的巡逻和其他措施以减少犯罪的机会;救助生命处于危险境地的人;帮助受到侵害和忽视自己生命和财产的人;处理突发事件,解决纠纷和冲突;行使治安处罚权,对违法者进行行政处罚;等等。同时,警察对地方的社会治安综合治理和预防犯罪往往负有领导和统合职责,例如指导和培训地方的保安、民间自治治安组织,对基层民众进行法制宣传教育,等等。

(3)公共事务管理。公共事务包括:交通管理,处理交通事故;户籍管理;消防管理;特种行业管理(如服务业或风俗行业等);危险物品管理;内部保卫管理;出入境、边防管理；市政管理；促进和维护社会秩序；为社区居民提供力所能及和必需的服务；等等。

2. 警察的权力

警察在履行职责时需要拥有一定权力，主要包括刑事侦查权、采取强制措施权、执行刑罚权、治安行政管理权、警械武器使用权等。这些权力具有专属性，并受到法律的严格制约，不得滥用及超越权限行使，否则就可能构成渎职等违法行为，并应承担相应的责任。警察的权力与职责实际上往往是一体的。由于警察权力的行使直接关系到国家的安全、社会的稳定和公民的切身利益，所以在行使警察权力时要注意坚持符合法定程序、符合法定事实、权力与职责相适应、公正公平公开等原则。

3. 警察的职务责任

作为行使国家职权管理权的国家行政人员，警察的职务行为具有两个显著特征：①行政强制性，警察可以使用暴力制止非法暴力。②干预社会生活的主动性。警察的职务行为经常会涉及限制公民的人身自由以及其他权利。所以，对于警察的行为必须有特别严格的规范和制约，以避免出现滥用权力侵犯人权的行为，例如非法拘禁、搜查，刑讯逼供，徇私枉法等；一旦警察在执行公务中对公民的合法权益和人身造成了伤害，就应该根据具体情况承担相应的责任，既包括民事赔偿，也包括对执法中的违法犯罪或违纪人员追究个人责任。在这方面，现代国家一方面通过行政复议、行政诉讼、国家赔偿等法律程序对受到侵害的行政相对人进行救济；另一方面，当代世界各国都建立了相关的法律制度和法律程序，加强对违法行使职权的警察进行责任追究，包括刑事责任、行政责任、纪律和职业道德责任等。

（三）我国警察的职权划分

1. 刑事方面的职权

（1）立案权。按照《刑事诉讼法》的规定，任何单位和个人发现犯罪嫌疑人或者犯罪事实，可以向公安机关报案或者举报。公安机关在接到报案、控告、举报后，都应该接受，问明情况，制作笔录。经过审查后认为有犯罪事实需要追究刑事责任的应当立案；认为没有犯罪事实或犯罪事实显著轻微、不需要追究刑事责任的，不予立案。对于不属于自己管辖的，应移送主管机关处理。

（2）侦查权。根据《刑事诉讼法》的规定，公安机关是主要的刑事案件侦查机关。除法律中规定的 14 种应由人民检察院侦查的案件外，其他刑事案件均由公安机关负责侦查，公安机关侦查权的具体内容包括调查取证权、预审权等。①调查取证权，其权力具体包括勘验检查犯罪现场，组织辨认现场遗留物、无名尸体或赃物，提取与案情有关的痕迹和物证，检查与犯罪有关的物品和人身，询问和调查现场周围的群众，询问证人和被害人，搜查罪犯或重大嫌疑分子的人身和住所，扣押书证和物证，依照法定程序对刑事侦查对象的通信进行检查，自己或聘请专门人员对疑难性的专门问题进行科学鉴定，通报其他公安机关和有关单位协助查明无名尸体或查获赃物等。②预审权，是指公安机关对已逮捕、拘留的犯罪嫌疑人依法进行询问和调查的职权。预审的目的是查明案情，揭露和证实犯罪，保证无罪之人不受刑事追究。预审工作要注意实事求是，重视证据，重视调查，切不可轻信口供和刑讯逼供。

(3)侦察权。侦察权是国家赋予公安机关和国家安全机关的一项特殊权力，主要是指采取秘密的调查手段、秘密的力量、特殊的技术预防和揭露危害国家安全的活动和重要的刑事犯罪活动。《警察法》第十六条规定，公安机关因侦查犯罪的需要，根据国家有关规定，经过严格的批准手续，可以采取技术侦察措施。

(4)刑事强制权。刑事强制权是为了保证刑事诉讼的顺利进行，由警察对犯罪嫌疑人、被告人行使的强制权。具体包括拘传、取保候审、监视居住、拘留和执行逮捕。①拘传，指强制未被羁押的犯罪嫌疑人、被告人到指定地点接受讯问的强制措施。②取保候审，指责令犯罪嫌疑人、被告人提出保证人或交纳保证金，以保证其在取保候审期间不逃避侦查和审判并随传随到的强制措施。③监视居住，指责令犯罪嫌疑人、被告人在诉讼过程中未经批准不得离开住处或指定的居所，并对其行动加以监视的强制措施。④拘留，指在法定的紧急情况下，暂时剥夺现行犯或重大嫌疑分子的人身自由，予以羁押，并进行审查的强制措施。⑤逮捕，指依法剥夺犯罪嫌疑人、被告人的人身自由，予以羁押，并进行审查的强制措施。逮捕是由人民检察院批准或决定或人民法院决定，由公安机关执行。

(5)刑罚执行权。根据《刑法》和《刑事诉讼法》的规定，我国警察具有刑罚执行权。具体包括管制执行权、拘役执行权、死刑执行权、监外执行权、假释执行权、缓刑执行权、没收财产执行权、剥夺政治权利执行权等。

2. 治安行政方面的职权

(1)治安行政处置权。治安行政处置权是人民警察在公共场所管理、道路交通管理、消防管理、危险物品管理、特种行业管理和出入境管理、处理纠纷案件等活动中，对特定的人、物、事、场所采取的处置措施，具体包括命令、指挥、禁止与取缔、许可、调解等措施。①命令和指挥，指人民警察为了维护社会治安秩序和公共安全，依法向负有特定义务的人作出的、要求该人无条件地接受约束的处置措施，如在特定情况下，要求公民不得接近某一场所或离开某一场所。②禁止和取缔，指人民警察依法对某些违反治安管理、扰乱社会秩序、危害公共安全的行为宣布禁止或予以取缔，如禁止携带武器、管制刀具和爆炸物品。③许可，指人民警察对公民、法人或其他组织的请求依法允许或否定，如公安机关许可经指定或批准的工厂制造枪支。④治安调解，指对于民间纠纷引起的违反治安管理行为，情节轻微的，可以在警察的主持下由当事人双方互相协商，并以书面形式达成解决争议的协议的处理措施。治安调解必须遵循自愿、合法的原则。

(2)治安行政处罚权。根据法律规定，人民警察对不履行治安法规规定的义务或者违反治安法规，情节轻微，尚不构成刑事处罚的行为，可以根据《中华人民共和国治安管理处罚法》进行治安行政处罚。警察刑事治安处罚权必须严格遵守法定程序，行政相对人对于行政处罚决定不服的，有权提起行政复议和行政诉讼。治安管理处罚具体包括警告、罚款、行政拘留、强制出境、没收等。①警告。警告是对违反治安管理的人予以谴责和告诫的处罚方法。一般适用于初犯、偶犯，且情节轻微、认识态度较好的人。通常情况下，警告应单独适用。②罚款。罚款是依法强制违反治安管理的人向国家缴纳一定数量金钱的处罚方法。对一般违反治安管理行为罚款为 1 元以上、200 元以下。通常情况下，罚款应单独适用。③拘留。拘留是在一定期限内限制违反治安管理行为人的人身自由的处罚方法。拘留的期限为 1 日以上、15 日以下。在对县级以上人大代表执行拘留之前应报其本级人大常委会同意。对孕妇和正在哺乳自己婴儿的妇女不能拘留。一般对未成年人不能拘留。④强制出境。强制出境是指公安机关对有违法行为或被认为不适宜在境内居留、停留的境外人员，终止其居留、停留，采取强制手段迫使他们离境的强制措施。强制出境的方式有遣送、限期出境和驱逐出境三种。遣送由省级公安机关决定，限期出境和驱逐出境由公安部和国家安全部决定。⑤没收。没收是将行为人违法所得财物、使用的本人所有的工具及查获的违禁品无偿收归国家处置的强制措施。

(3)治安行政强制权。人民警察在进行治安行政管理和实施治安行政处罚权时，可以依法对不履行法定义务或不服从治安行政处罚的行为人采取一定强制措施。具体包括有：①强行带离现场权。《警察法》第八条规定：公安机关的人民警察对严重危害社会治安秩序或威胁公共安全的人员，可以强行带离现场、依法予以拘留或采取法律规定的其他措施。②盘问检查权包括当场盘问检查和留置盘问检查。《警察法》第九条规定：为维护社会治安秩序，公安机关的人民警察对有违法犯罪嫌疑的人员，经出示相应证件，可以当场盘问、检查；经盘问、检查，有下列情形之一的，可以将其带至公安机关，经该公安机关批准，对其继续盘问：被指控有犯罪行为的；有现场作案嫌疑的；有作案嫌疑身份不明的；携带的物品有可能是赃物的。对被盘问人的留置时间自带至公安机关之时起不超过二十四小时，在特殊情况下，经县级以上公安机关批准，可以延长至四十八小时，并应当留有盘问记录。对于批准继续盘问的，应当立即通知其家属或者其所在单位。对于不批准继续盘问的，应当立即释放被盘问人。③保护性人身约束。《警察法》第十四条规定：公安机关的人民警察对严重危害公共安全或者他人人身安全的精神病人，可以采取保护性约束措施。需要送往指定的单位、场所加以监护的，应当报请县级以上人民政府公安机关批准，并及时通知其监护人。④强制戒毒。公安机关对于吸食、注射毒品成瘾的人员，可以决定送戒毒所强制集中戒毒。

(4)治安监督检查权。治安监督检查权是人民警察依法对应负相应治安责任的社会团体、组织及个人履行该责任的情况进行检查、监督的权力。通过治安监督检查，发现违章违法行为，依法予以处置或制裁；发现治安隐患，要求监督对象限期整顿改正。

3. 安全保卫方面的职权

(1)经济文化保卫权。经济文化保卫是人民警察中负责经济文化保卫的部门和机关、团体、企业、事业单位的保卫组织共同负担的一项专门业务工作,主要目的在于保卫生产和科研的正常进行、保卫国家财产、国家机密和要害部门的安全。

(2)警卫权。警卫权是指人民警察依照法律法规警戒敌人的阴谋暗害和自然、责任事故等的侵害,保卫重要机关和重要人物的安全的权力。

(3)边防保卫权。边防保卫权包括在沿海、沿边和开放口岸严密布防治安管理和检查、防范和打击潜入潜出的特务间谍、危害国家安全犯罪分子、刑事犯罪分子、走私贩毒分子和偷渡外逃分子的破坏活动等。

4. 警械、武器使用权

警械、武器使用权,是指警察在制止违法犯罪行为时,根据需要,可以依照相关法律法规使用警械;使用警械不能制止,或不使用武器制止,可能发生严重危害后果的,可以依照规定使用武器。

(1)警械使用权。警察在具有以下情形时,经警告无效,可以使用警棍、催泪弹、高压水枪、特种防暴枪等驱逐性、制服性警械:①结伙斗殴、殴打他人、寻衅滋事、侮辱妇女或进行其他流氓活动的;②聚众扰乱车站、码头、民用航空站、运动场所秩序的;③非法举行集会、游行、示威的;④强行冲越人民警察为履行职责设置的警戒线的;⑤以暴力方法抗拒或阻碍人民警察依法履行职责的;⑥袭击人民警察的;⑦危害公共安全、社会秩序和公民人身安全的其他行为,需要当场制止的;⑧法律、行政法规规定可以使用警械的其他情形。在以上情形下,警察使用警械以制止违法犯罪行为为限。另外,警察在抓获违法犯罪分子或重大嫌疑人员,执行逮捕、拘留、看押、押解、审讯、拘传、强制传唤以及法律法规规定可以使用警械的其他情形下,遇有违法犯罪分子可能逃脱、行凶、自杀、自伤或有其他危险行为的,可以使用手铐、脚镣、警绳等约束性警械。警械的使用以不故意造成人身伤害为限度。

(2)武器使用权。警察判明有下列暴力犯罪行为的紧急情形之一,经警告无效,可以使用武器:①放火、决水、爆炸等严重危害公共安全的;②劫持航空器、船舰、火车、机动车或者驾驶车、船等交通工具,故意危害安全的;③抢夺、抢劫枪支弹药、爆炸、剧毒等危险物品,严重危害公共安全的;④使用枪支、爆炸、剧毒等危险物品实施犯罪或以此相威胁实施犯罪的;⑤破坏军事、通信、交通、能源、防险等重要设施,足以对公共安全造成严重、紧急危险的;⑥实施凶杀、劫持人质等暴力行为,危及公民生命安全的;⑦国家规定的警卫、守卫、警戒的对象和目标受到暴力袭击、破坏的紧迫危险的;⑧结伙抢劫或持械抢劫公共财物的;⑨聚众械斗、暴乱等严重破坏社会治安秩序,用其他方法不能制止的;⑩以暴力方法抗拒或阻碍人民警察依法履行职责或暴力袭击人民警察,危及人民警察生命安全的;⑪在押人犯、罪犯聚众骚乱、暴乱、行凶或逃脱的;⑫劫夺在押人犯、罪犯的;⑬实施放火、决水、爆炸、凶杀、抢劫或其他严重暴力犯罪行为后拒捕、逃跑的;⑭犯罪分子携带枪支、爆炸、剧毒等危险物品拒捕、逃跑的;⑮法律、行政法规规定可以使用武器的其他情形。当犯罪分子停止实施犯罪,服从人民警察命令或犯罪分子失去继续实施犯罪能力时,应停止使用武器。

5. 紧急情况特殊处置权

为了维护国家安全和社会秩序,我国法律赋予警察在一定紧急情况下的特殊处置权。具体包括紧急优先权、紧急征用权、紧急排险权、管制权、戒严执行权等。

(1)紧急优先权和紧急征用权。《警察法》第十三条规定:公安机关的人民警察因履行职责的紧急需要,经出示相应证件,可以优先乘坐公共交通工具,遇交通阻碍时,优先通行;公安机关因侦查犯罪的需要,必要时,按照国家有关规定,可以优先使用机关、团体、企业事业组织和个人的交通工具、通信工具、场地和建筑物,用后应及时归还,并支付适当费用,造成损失的,应当赔偿。另外,根据紧急处理暴力犯罪或重大治安灾害事故、追捕逃犯、抢险救灾的需要,人民警察可以征用急需的人员、物资和场所。

(2)紧急排险权。紧急排险权是指人民警察在紧急处置重大灾害事故或平息叛乱时,在不得已的情况下采取的非常措施。如在扑救重大火灾时,为防止火势蔓延而拆除与火灾现场毗邻的建筑物。

(3)管制权。《警察法》第十五条规定:县级以上人民政府公安机关,为预防和制止严重危害社会治安秩序的行为,可以在一定的区域和时间,限制人员、车辆的通行或停留,必要时可以实行交通管制。《警察法》第十七条规定:县级以上人民政府公安机关,经上级公安机关和同级人民政府批准,对严重危害社会治安秩序的突发事件,可以根据情况实行现场管制。

(4)戒严执行权。戒严根据涉及地区大小,分别由全国人大常委会或国务院作出决定,由人民警察执行,必要时由中央军委决定派出人民解放军协助执行。人民警察负责对戒严地区实行治安控制。戒严期间,可以在戒严地区采取交通管制、宵禁等特别管理措施。

第二节　警察体制

一、警察体制的概念与类型

(一)警察体制的概念

警察体制,是一国司法体制的重要组成部分,是指警察在法律上及在国家机构中的地位和管理体制,包括警察机关的组织机构设置和领导体制,警察在社会治安机制中的地位和作用,警察的类型(警种)和属性,以及警察管理体制等相关制度的总和。简言之,警察体制是指警察机构的设置及管理体制。在我国,警察包括公安机关、国家安全机关、司法机关中履行监狱管理和法庭秩序的(司法)警察等不同类型,分别受所属的不同主管机关的管理,因此,警察体制具有多元化的特征。但是警察体制的主体是公安机关,因此,可以将公安机关的设置视为我国警察体制的主体进行研究,本书将以公安机关的体制为主对我国警察体制进行介绍。

根据宪法和法律,我国公安机关由中华人民共和国公安部、地方各级公安机关、专门公安机关和中国人民武装警察组成。

(1)中华人民共和国公安部。公安部是我国最高的公安行政机关,隶属于国务院,接受国务院的领导。

(2)地方各级公安机关。地方各级公安机关是本级人民政府的组成部分,接受本级人民政府的领导,同时也接受上级公安机关的领导。地方各级公安机关具体包括公安厅、公安局、公安处、公安分局、公安派出所。

(3)专门公安机关。各专门公安机关是本部门的组成机构,接受本部门的领导,同时也是公安机关的组成部分,接受公安部的领导。专门公安机关包括铁路公安机关、民航公安机关、林业公安机关、交通运输公安机关、海关缉私公安机关等。

(4)中国人民武装警察。武装警察是人民警察的一个警种,中国人民武装警察总部曾经实行接受中央军委和公安部的双重领导,各级武装警察受地方公安机关和上级武装警察部队的双重领导体制。2017 年 12 月 27 日,中共中央印发《中共中央关于调整中国人民武装警察部队领导指挥体制的决定》,自 2018 年 1 月 1 日零时起,武警部队由党中央、中央军委集中统一领导,实行中央军委—武警部队—部队领导指挥体制,武警部队归中央军委建制,不再列为国务院序列。武警部队建设,按照中央军委规定的建制关系组织领导。中央和国家机关有关部门、地方各级党委和政府与武警部队各级相应建立任务需求和工作协调机制。

(二)警察体制的类型

世界各国警察体制不尽相同,按照不同的标准可以划分为不同的类型。各国学者们在对世界各国警察体制进行比较研究时,曾提出以下几种分类方式:

1. 四种类型说

英国人梅拜在《比较警务问题》一书中,将世界各国警察体制分为四种类型:

(1)盎格鲁模式(英国模式)。警察机关依照法律由地方政府建立,管理体制以地方管理为主。警察的性质为非武装平民化组织,警察的作用主要是承担社会服务与行政职能。以英国的警察体制为代表。

(2)美国模式。与英国模式基本相同,各州拥有独立的警察组织系统,但警察的性质属于武装性力量。以美国警察体制为代表。

(3)大陆模式。依照国家统治者的命令建立,警察管理体制采用中央集权领导体制。警察的性质属于武装的军事力量。警察的作用主要是承担政府和行政职能。以法国警察体制为代表。

(4)殖民地模式。即警察机关由殖民当局建立,受宗主国的统一领导和指挥,但管理体制实际上仅是部分性的中央领导,本地政府仍拥有对警察机关的指挥和管理权。

2. 三种类型说

美国的 R. D. 亨特把西方国家警察体制分为三种类型:

(1)地方自治型(分散型)。即把管理警察的权限交给不同的行政当局分管,建立地方自治的警察,并对警察的权力进行限制。以英国和美国为典型。在英国,警察体制按照行政区划分可以分为五种类型:郡警察、郡级市警察、联合体警察、伦敦市警察和首都警察。英国各郡均设有郡警察,郡警察的管辖机关是由郡议会议员和郡治安法官组成的常设联合委员会。郡级市警察的管辖机关是郡级市议会的委员会。联合体警察是英国特有的自治体警察组织形式,是由郡和郡、郡和郡级市之间互相配合而组成的,其管辖机关由郡和郡级市的有关当局共同协商决定。伦敦市警察除接受警察局长的直接管辖外,还服从其他一些负有警察和检察职能的行政当局的管理。首都警察由警察总监直接管理,并接受内务大臣的管辖。在美国,按照行政区划可以将警察分为联邦警察、州警察、县(郡)警察、城市警察和村镇警察五种。除联邦警察直接接受联邦政府统一领导外,其他各种警察均直接受地方政府的领导,与联邦政府并无直接的上下级关系。

(2)中央集权型。由国家对警察实行集中统一管理,警察机构直接接受中央政府的领导。以法国为典型。在法国,内务部负责掌管全国警政和治安防范工作。该部下设国家警察总局和警察总监室,国家警察总局是国家警察的最高管理机构,国家警察总局办公厅直辖的单位有:警察体育管理部、内务部警备部和车辆管理部。总局的职能管理机构有:人事培训局和警察技术局。总局的业务执行机构有:警察监察总监室、刑事局、城市警察局、综合情报局、领土监视局、国家机动部队总部、国际技术协作部、空防与国境警察部和警卫部。国家警察总局形成了一个比较完备的有机整体。法国还设有军事警察,由国防部统辖。

(3)集中与分散结合型。又叫结合体制,采取的是国家和地方共管的方法。地方按照国家统一标准进行警察管理。这样既可以消除公民对警察机构滥用权力的担心,还可以为国家提供有效率的警察组织。如澳大利亚、巴西。

3. 两种类型说

一些日本学者和我国台湾学者邱华君等认为,现代警察体制可分为两种类型:

(1)大陆派警察体制。采取集中形式,全国有统一的警察组织,中央可以指挥和监督地方警察机构,警察的权力范围较大,以执行法令为主,经费由中央统一编列预算。如法国。

(2)海洋派警察体制。采用分权式,全国没有统一的警察组织系统,中央对地方警察机构进行协调、合作,警察的权力受到一些限制,重视为民服务,中央警察经费由中央负担,地方警察经费由地方负担。如英国。

4. 两大模式及其融合

实际上,上述三种分类学说本质上并无不同。我国学者通常将大陆法系国家与英美法系国家的警察体制分为两大模式。本书从警察机关设置及管理体制的角度,在两大模式的基础上将世界各国的警察制度分为下列三种类型:

(1)以大陆法系国家为代表的中央集权式警察体制,亦称大陆模式或大陆派警察体制。其特点是:强调中央政府对警察的统一领导、统一指挥和统一标准。典型的中央集权式警察体制包括法国、意大利、芬兰等欧洲国家,警察受中央政府统一领导,不受地方政权的控制,有利于警察的整体指挥和调动,效率高、行动迅速,可以有效地发挥打击犯罪的作用并节约国家资源;全国的警察标准统一,工资待遇、警衔、招聘标准、晋升条件、警察的权限、服装和装备等均采取统一标准。不足之处在于警察与地方政府和民众的关系不够紧密,容易产生官僚作风,在灵活性方面存在一定问题。

(2)以英美即普通法系国家为代表的分权式警察体制,亦称英国模式、地方自治型或海洋派警察体制。其特点是:强调警察的地方性,不设立国家统一的警察组织系统,或者分别设立中央政府的警察组织和地方政府的警察组织(如美国的联邦和各州警察组织),二者各司其职,互相独立。其中又可以根据警察是否具有武装属性,进一步分为英国模式和美国模式。它以限制警察机构滥用权力为基本理念,强调保护个人自由和地方权力。警察的职能以服务地方为宗旨,实行领导体制、人员和财政等方面的地方自治。其优势是:能够保持警察与地方社会的紧密联系,服务于民众,有利于保护民众的自由和权力,防止集权和官僚作风。不足是:缺乏统一领导,无法组织全国性的统一行动,在打击大规模和严重犯罪方面效率低,管理混乱,缺乏整体协调的能力。

(3)融合以上两种体制而形成的混合类型的警察体制,即集中与分散结合型或结合体制,采取中央和地方共管的警察体制,我国实际上就属于这一类型。这种混合型,既保证了警察在地方治安行政管理中的作用和地方政府对警察的管理,又能够保证国家对警察的统一调度和指挥权。这种体制力求吸纳两大模式之长,避其所短,但是在设计和运作中,也存在一定的困难。当代世界各国面临着打击犯罪、加强合作的总体需要,因此,相互借鉴和适度融合将成为当代警察及治安体制的改革方向和大趋势。

(三)我国警察体制

我国近现代警察制度的建立,是以大陆派警察体制为基本模式的,后来又烙上了苏联社会主义警察制度的特征。我国目前已经形成了全国统一的具有中国特色的自上而下的警察系统,下级警察机构接受上级警察机构的领导,中央可以领导和监督地方警察机构。警察所辖业务既包括刑事方面的工作,也包括一般行政工作和社会服务工作,范围比较广泛,这些都是大陆派警察体制的突出特征。同时,我国警察制度也具有海洋派的特征,表现在警察机关同时受地方政府领导。国家保障人民警察的经费,但人民警察的经费不是由中央统一列入预算,而是按照人事权划分的原则分别列入中央和地方的财政预算。

目前我国公安机关实行统一领导、分级管理、条块结合、以块为主的领导体制。

(1)统一领导。全国公安机关必须接受党和政府的领导,在党委和政府的统一领导下履行职责。地方公安机关必须接受公安部的统一领导。公安部在党中央和国务院的领导下,负责全国公安工作和公安队伍建设,并对全国各级公安机关实行统一的公安业务领导。

(2)分级管理。中央和地方公安机关分别接受中央和地方人民政府以及同级党委的领导。专门公安机关分别接受本部门的行政领导和公安部的业务领导。具体说就是,公安部在党中央和国务院的领导下,领导和管理全国公安工作;地方各级公安机关在本级人民政府、党委和上级公安机关的领导下,负责所辖区的公安工作;铁路等专门公安机关接受本部门的行政领导和公安部的业务领导,并领导所辖公安机关的工作。

(3)条块结合。“条”是指全国公安系统内部从上到下的领导关系;“块”是指县以上各级党委、政府对公安机关的领导关系。“条块结合”是指实行公安机关内部上级对下级的领导与党委和政府对同级公安机关的领导相结合。

(4)以块为主。在双重领导中,以同级党委和政府对公安机关的领导为主。

二、警种

(一)警种的概念

警种,是指根据警察事务的不同,依法建立的各种警察体系。警种设置属于警察体制的基本制度,通常是根据国家职能的分工和实际需要,通过宪法、警察法、公共安全法等各种相关法律法规设置的。警种设置反映了警察职能的多样性,也是根据警察职能分类对不同警种的警察分类进行管理的需要。

(二)警种的设置

1. 世界各国常见的警种

(1)刑事警察。简称刑警,主要负责侦破刑事案件、逮捕犯罪嫌疑人,打击各种犯罪活动。

(2)治安警察。主要负责维护管理公共场所和社区的治安秩序,管理特种行业、违禁物品，预防犯罪等。

(3)国家安全警察。主要负责国家安全事务，具体包括监视敌对分子的活动，侦查暴动、间谍等危害国家安全的犯罪等。

(4)防空警察。主要负责设计防止空袭的计划、对公民的日常防空训练、在空袭时引导公民进入防空设施及救护等。

(5)交通警察。主要负责管理交通秩序，指挥车辆的行驶、处理交通事故以及制裁各种违反交通规则的行为等。

(6)消防警察。主要负责居民住宅、公共场所以及重要设施等的防火、扑救火灾工作。

(7)水上警察。主要负责各国领海内海上交通、海上安全、打击海上犯罪等。

除此之外，有的国家根据其国情还设置了一些特殊的警种。如新加坡的特殊警察和辅助警察，我国的边防警察、户籍警等。随着当代警察职能的不断扩大，很多国家仍在不断增加新的警种，英美国家的警种多达三四十种。

2. 我国的警种

我国根据公安、检察、法院、司法、国安警察组织担负的不同任务、职能、领域等，又划分了多个不同的警种。这些警种在各自的领域内发挥着关键作用，共同构建了我国强大的治安体系。

公安警察是我国人民警察组织中最为基础和常见的一类，担负着各种刑事犯罪侦查、治安、交通管理、户籍管理等任务。公安警察可以进一步细分为刑侦、治安、交通、户政、外事、巡警、经侦、禁毒、督察、监所、特警等不同的警种。

刑事犯罪侦查警察的主要任务是侦查刑事案件，努力将犯罪嫌疑人绳之以法。

治安警察负责预防、发现和制止违法犯罪，维护公共场所的治安秩序，管理特种行业和危险物品等。

交通警察是道路交通的管理者，负责指挥交通、预防和处理交通违法和事故，确保道路交通安全。

户籍警察管理户口，包括户口登记、迁移和身份证管理等。

外事警察负责出入境事务的管理，例如办理出境通行证和因私护照等。

巡逻警察有的地方与交通警察合并，被称为交巡警。他们的任务是“一警多能，一警多用”，主要进行巡逻和防暴警务。

经济犯罪侦查警察主要任务是侦查经济案件，打击经济犯罪行为。

禁毒警察专门负责涉毒犯罪的侦查，打击毒品犯罪。

警务督察是公安机关内部纪律的监督警察，负责监督警察的行为和纪律。

监所警察是看守所的管理警察，负责看管在押人员。

特种警察是我国警务体系中高度专业化、装备精良的特殊警种。特种警察主要包括反恐怖特警、海警、消防特警和边海防特警等。他们具备特殊的作战能力和技能，是打击恐怖活动、维护海上安全和执行灭火救援任务的精英部队。反恐怖特警是对抗恐怖主义和处理恐怖袭击事件的专业部队。海警主要负责海上执法和维护我国海洋权益。消防特警在火灾和突发灾害中执行灭火救援任务。边海防特警负责边境地区和海岸线的安全防卫。

在警察分类中,还有一些根据所属行业的特点进行划分的警种,如铁路警察、森林警察、民航警察、航运警察、海关缉私警察等。铁路警察负责维护铁路运输安全和治安秩序,而森林警察则致力于森林资源的保护和防范破坏森林的犯罪活动。

除了公安警察外,我国还有检察院和法院的司法警察、狱警、戒毒警察、国安警察等。司法警察隶属于最高人民法院和最高人民检察院领导,主要负责执行逮捕、押解犯人、警卫法庭、协助执行判决等法律事务。狱警、戒毒警察则隶属于司法行政机关。国安警察也是比较特殊和神秘的一类警察,主要负责情报和反间谍工作。

需要注意的是,武装警察曾经是我国公安警察体系中的重要组成部分。历史上,军警不分一直存在,直到近现代才逐渐分化。新中国成立后,武装警察被组建为国家武装力量的一部分,承担着安全保卫、防卫作战、抢险救灾和参与国家经济建设等多项重要任务。为解决警察权与军事权交叉问题,我国对警察体制进行了改革。2018 年发布的《深化党和国家机构改革方案》将武装警察划归部队领导指挥体制,不再归公安机关,进一步分离了警察权和军事权。

我国的警察分类相当多元,每个警种在不同领域都发挥着关键的作用。他们通过协作、联动,共同维护着社会的稳定和安宁。

三、警察的选任和管理

(一)警察的选任

1. 警察的身份和任职条件

警察是国家公务员,警察无论在执行公务和非公务时都具有公务员身份,但只有在执行公务时才具有国家行政机关代表的身份。警察在依法执行公务时产生的法律后果归于行政机关。

由于警察的特定身份和职权,各国对警察的素质要求都是十分严格的。成为警察的具体条件一般包括:①政治素质。要求警察应忠于祖国,效忠政府,遵守法律。②道德素质。警察在应具有高尚的道德品质,如富有正义感,公正不阿,廉洁奉公,忠于职守,勇于献身,谦虚谨慎等。③业务素质。警察应牢固掌握本职工作所涉及的基本理论和操作技能。④文化素质。警察应具有与职业要求相应的文化程度和良好的文化修养,以保证其文明执法。⑤法律素质。警察机关是执法机关之一,警察应具有较高的法律意识和法律专业水平。⑥心理素质。警察在执行任务时常常要承受很大的心理压力,因此警察应具有健康的心理、稳定的情绪、顽强的意志和宽大的胸怀等心理素质。⑦身体素质。良好的身体素质是警察完成各项任务的基本保证。

2. 警察的招募和录用

为了保证警察的素质，当今世界大多国家都建立了有关警察招募和录用的制度。部分国家在《警察法》中对此作了原则性的规定，多数国家则通过相关的法规和条例建立和规范警察招募和录用制度。

从招募过程来看，各国都设定了比较严格的条件。如《泰国警察公务员法》（1978 年）规定，被推荐或应试为警察公务员的人必须具备以下条件：①具有当地出生的泰国国籍。②年龄不低于 18 周岁。③真诚拥护依照宪法实行的民主统治制度。④非政务官。⑤非身残以致不能执行公务者，非丧失工作能力者，或非精神病患者，或非法规规定的病患者。⑥不是被责令停止公务者，或非依照本法或其他法律正处于被责令退出公职者。⑦非缺乏优良品德者。⑧非负债累累者。⑨非破产者。⑩非法庭终审判决被监禁者，过失犯罪或轻微犯罪者除外。⑪不是曾为政府机构或其他单位解退、解雇和开除处分者。⑫非因违纪依照本法或其他法律开除公职者。⑬非因违纪依照本法或其他法律受到处罚，被辞退、解雇、开除者。⑭非在招考公务员中作弊者。⑮被推荐者或应试者为男性时，身高不少于 158 厘米，胸围不少于 77 厘米。如被推荐者或应试者的原籍在征兵法适用的区域内，应依兵役法在预备队登记注册。被推荐者或应试者为女性时，身高不少于 150 厘米。

在录用问题上，大多国家规定了一些具体程序和规则。很多国家规定，警察一经录用，应在任职前举行宣誓或誓愿仪式，由国家法定机构或官员监督宣誓。

我国警察属于国家机构工作人员即国家公务员。根据法律规定，我国的国家公务员是指各级国家行政机关中依法行使国家行政权，执行国家公务，除工勤人员以外的工作人员。

我国对担任人民警察应具备的条件作出了较为严格的规定。《警察法》第二十六条第一款规定，担任人民警察应具备以下条件：①年满 18 岁的公民；②拥护中华人民共和国宪法；③有良好的政治、业务素质和良好的品行；④身体健康；⑤具有高中毕业以上文化程度；⑥自愿从事人民警察工作。《警察法》第 26 条第二款同时规定了不得担任人民警察的情形：①曾因犯罪受过刑事处罚的；②曾被开除公职。此外，人力资源和社会保障部、公安部在《公安机关人民警察录用办法》中对警察的录用作了更具体的规定。录用人民警察应遵循公开、平等、竞争、择优等原则。人民警察的录用采取公开考试、严格考核的方法。具体的人民警察录用程序包括发布报考公告、进行资格审查、考试、考核和审批。对新录用的人民警察实行试用制度，试用期为 1 年。试用期合格者，正式任职；不合格者，取消录用资格。

（二）警察的管理

1. 警察的编制

警察编制，是指警察机构的设置和人员定额及职务的分配。警察的配备额一般是根据本国或本地区的经济发展水平、人口数量、社会治安状况等按一定比例确定的。确定警察编制是国家统一进行的,一般属于议会或政府的权限。目前一些国家在警察法中对警察编制作了原则性规定。如《日本警察法》(1972 年)规定:①地方警务官的定额和都、道、府、县的警察总数,由政令规定。该都、道、府、县警察按等级区别的定额,由总理府令规定。②地方警察职员的定额,由条例规定。在这种场合,关于警察官的定额,必须符合政令规定的标准。

我国《警察法》中没有关于警察编制的明确规定。警察编制的产生一般是按照人口的比例确定,各地区警力的分布很不均衡。从世界范围来看,我国警察编制比例是很低的。影响警察编制的重要因素是经费,因为警察机关的经费并非全部由中央承担,许多地方的警察机关在人手不够的情况下仍继续缩编,其原因就在于,地方政府没有足够的经费来维持警察机关的运转。目前而言,地方公安机关在警力缺乏情况下,主要依靠辅警补充警力。辅警,又称公安机关警务辅助人员,是根据社会治安形势发展和公安工作实际需要,面向社会招聘,为公安机关日常运转和警务活动提供辅助支持的非人民警察身份人员,是依照《关于规范公安机关警务辅助人员管理工作的意见》设立的、参照《公安机关人民警察纪律条令》由公安机关直接指挥和管理,主要用于社会联防巡逻,功能与配备介于现在的保安与正规警察之间,赋予基本的执法权,辅警会配备基本的警械如警棍等。辅警主要来源于县级以上公安机关面向社会公开招聘;另一种是本地市民利用业余时间参与社会治安防控工作。今后,增加编制和财政经费的投入,激励工作成绩优秀的辅警晋升正式警察将成为完善我国警察制度的关键所在。

2. 警衔制度

现代警衔制度起源于西欧,体现了警察管理的准军事化特征。法国和英国相继创建现代警察组织时,都对警察人员实行了警衔制度。目前世界各国警衔制度大体可以分为两种类型。一为类似军衔制。这种制度下的警衔使用的将、校、尉、士等类似军衔的称呼,如意大利、比利时、西班牙等。另一类为警级制。大多国家使用的是警级制。如日本的警衔分为警视总监、警视监、警视长、警视正、警视、警部、警部补、巡查部长和巡查。

1992 年 7 月 1 日我国第七届全国人大常委会第 26 次会议通过《人民警察警衔条例》。1992 年 9 月国务院转批了《公安部评定授予人民警察警衔实施办法》,并发布《人民警察警衔标志式样和佩戴办法》。按照这些规定,评定授予警衔的人员必须是属于人民警察建制的在编在职人员。警衔共分为五等十三级,分别是:①总警监、副总警监;②一级警监、二级警监、三级警监;③一级警督、二级警督、三级警督;④一级警司、二级警司、三级警司;⑤一级警员、二级警员。人民警察离休、退休的,其警衔予以保留,但不得佩戴。人民警察被开除公职的,其警衔相应取消。

3. 警察的待遇

世界各国为了稳定警察队伍,鼓励警察更好地履行其职责,在警察法规中对警察的待遇作出具体规定。一般采用警衔、职务与待遇挂钩的办法。鉴于警察属于高危险的职业,警察的待遇一般应较高于其他部门工作人员的待遇。同时,对于警察的人身保险和健康保险、医疗条件等方面需要更为诱人的保证。例如,《秘鲁国民警察基本法》(1986 年)规定:根据宪法规定,警察人员享受休假、补贴、抚恤金和其他经济收入等。根据国家规定,警察人员的子女、父母、配偶有权享受公费医疗。

我国采用警衔、职务与待遇挂钩的办法,警察的待遇较高于其他部门工作人员的待遇。《警察法》第四十条规定,人民警察实行国家公务员的工资制度并享受国家规定的警衔津贴和其他津贴、补贴以及保险福利待遇。

4. 警察的考核和奖惩

由于警察的执法活动直接关系到公民权利和公共利益,因此世界各国都很重视对警察行为的考核,以保证和提高警察队伍的素质。考核的内容一般包括:警察职业道德考核、警察基本知识考核、警察专业能力考核等。

为了保证警察队伍的高效和廉洁,世界各国都在警察法规中规定了对警察的奖惩,一些国家还以条例的形式进行了详细而具体的补充。一般规定,警察忠于职守、有突出贡献时应该给予奖励;警察有玩忽职守等违法违纪行为时应该给予相应的惩罚。

在我国,对人民警察的考核是有效管理人民警察队伍的一项措施。各级领导机关,尤其是政治部门根据人民警察的不同专业和不同岗位设置相应的考核内容,对人民警察一定时期内的工作、学习、专业能力等加以全面考查。考核办法一般是平时考核与定期考核相结合、领导考核与个人总结及群众评议相结合。

按照法律规定,人民警察在工作中表现突出者应给予奖励;违反纪律并造成损失的应给予惩处。奖励可以分为个人奖励和集体奖励。个人奖励包括授予荣誉称号(一级英模、二级英模)、一等功、二等功、三等功、嘉奖。集体奖励包括一等功、二等功、三等功、嘉奖。人民警察故意或过失实施了违纪行为,尚未构成犯罪的,应按照纪律规定接受行政处分和警纪处分;构成犯罪的,应追究其刑事责任。

5. 警察的教育与培训

为了保障警察的教育与训练正规化、科学化、制度化,许多国家设立了不同类型、不同层次的警察院校、教育培训中心或基地,将教育、培训与实际工作的需要紧密结合起来。一般来说,教育与培训制度包括岗前培训、在职培训、专业深造等多种形式。

我国警察的教育与培训包括人民警察院校教育培训和在职民警教育培训。我国人民警察院校是国家教育体系的组成部分,也是国家警察系统的构成部分,它同时接受国家教育机关的领导和国家警察机关的领导。我国目前的警察院校可以分为三个层次:公安部管理的高等警察院校和公安部管理干部学院;省、自治区、直辖市公安厅(局)管理的大专、中专警察院校和公安管理干部学院;部分城市公安局管理的人民警察学校或公安学校。

在职民警的教育与培训方法有正规培训、业余学习、短期专业培训班、辅导讲座、自学小组、业务测验、现场观摩等。教育培训干警应注意针对不同业务、不同级别的干部提出不同的要求和不同的内容。

6. 警察的装备

为了提高打击犯罪和维护社会治安的水准,在经济和科技不断发展的前提下,现代各国警察的装备也在不断改善。警察的装备包括警察机关的大型装备和警察的个人装备。其中,警察机关的大型装备包括车辆、警艇、直升机等;警察的个人装备包括警服、手枪、警棍、警绳。随着犯罪的日益技术化、集团化,世界各国都意识到改进警察装备的迫切性。现代警察的枪支、交通工具等装备已经发生了巨大变化,一些发达国家在警察装备中还增加了计算机等先进技术。

我国警察的警用武器可以分为致命性和非致命性两类。致命性武器是指具有杀伤力的武器,如枪支、弹药。非致命性武器是指各种不具有杀伤力的防暴、自卫武器,如电警棍、手套电击器、催泪枪、强光电筒等。

7. 警察的经费

为了保证警察功能的正常实现,必须保证警察的经费预算和支出,是国家正常管理所必不可少的组成部分。世界各国警察的经费的负担体可以分为三种体制:

(1)中央负担的体制。即由中央财政负担全国警察的经费,如法国、新加坡等。

(2)中央和地方分担的体制。即以法律规定由中央财政负担的全国警察经费,其余的警察经费由地方财政负担。有些国家还规定各地方的警察经费在预算范围内可以由中央财政补助一部分,如日本。

(3)中央和地方各自负担的体制。即中央财政只负担中央警察机关的经费,不负担地方警察机关的费用,各地方警察机关的经费由各地方负担,如英国。

我国《警察法》第三十七条规定,国家保障人民警察的经费。人民警察的经费按照事权划分原则分别列入中央和地方财政预算。第三十八条规定,人民警察工作所必需的通讯、训练设施和交通、消防以及派出所、监管场所等基础设施建设,各级人民政府应当列入基本建设规划和城乡建设总体规划。

四、国际刑事司法协助

国际刑事司法协助是主权国家之间为制裁跨国犯罪,根据两国缔结的双边条约或参加的国际公约或互惠原则,通过代为对方进行一定的刑事诉讼行为,而相互给予便利与援助的一种活动。主要内容包括:送达文书、调查取证、引渡、刑事诉讼移送管辖、外国法院刑事判决的承认与执行等。目前,国际刑事司法协助主要表现为国际刑事警察组织的活动。

国际刑事警察组织(International Criminal Police Organization),简称国际刑警组织(ICPO),成立于1923年,最初名为国际刑警委员会,总部设在奥地利首都维也纳。二战期间,该组织迁到德国首都柏林,一度受纳粹组织控制。二战后,英国、法国、比利时和斯堪的纳维亚国家的刑事警察成立了新的组织沿用"国际刑警委员会"的原名。1956年,该组织更名为国际刑事警察组织,1989年,该组织总部迁到法国里昂。由于国际刑警组织需保持政治中立,它并不会介入任何政治、军事、宗教或种族罪行,也不会介入非跨国罪案。它的目标是以民众安全为先,主要调查恐怖活动、有组织罪案、毒品、走私军火、偷运人蛇、清洗黑钱、儿童色情、高科技罪案及贪污等罪案。国际刑警组织每年召开一次全体大会,并经常举行各种国际性或地区性研讨会。该组织日常与各国国家中心局保持密切关系,组织国际追捕。"红色通缉令"是国际刑事警察组织在打击国际犯罪活动中使用的一种紧急快速通缉令。到2000年3月22日已经有178个成员国(地区),我国于1984年9月加入国际刑警组织。2021年11月25日,国际刑警组织伊斯坦布尔大会选出13名执行委员会成员,来自阿联酋的竞选人——阿联酋内政部检察长阿尔·赖西当选为国际刑警组织新任主席。

按照1956年生效的《国际刑警组织章程》的规定,国际刑警组织的主要机构有:

(1)全体成员国代表大会,简称全体大会,是最高权力机构。全体大会每年召开一次,由各成员国派代表参加,讨论和表决该组织的一系列重大问题,如方针政策、人事任免等。

(2)执行委员会,是全体大会的常务机关,由主席1名和副主席3名、委员9名组成,负责监督大会决议的实施和向大会提交工作计划或有价值的方案等。

(3)总秘书处,是国际刑警组织的执行机构,同时也是与犯罪作斗争的情报与技术中心。总秘书处由秘书长负责,下设行政管理部、警察事务国际协调部、研究部和《国际刑事警察评论》部。

(4)国家中心局,是国际刑警组织的外部机构,在国际警察合作过程中起到关键作用。

国际刑事警察合作的基本原则是在充分尊重国家主权的前提下进行广泛而灵活的合作。随着警察地区合作组织的建立,国际刑警合作的途径也越来越多样化。国际刑警组织的地区合作组织有"亚洲合作工作组""欧洲联络处"等。洲际的犯罪事务处置主要通过国际刑警总部或直接与犯罪的涉及国联系。各大洲内部的跨国犯罪事务处置则直接通过地区合作组织解决。相邻国家的犯罪事务处置通过联络官进行协作。国际警察在请求协查犯罪嫌疑人或其他事项时可以向成员发出

“国际通告”。国际通告可以分为红色通告、绿色通告、蓝色通告、黄色通告和黑色通告五类。

我国现在北京设有国际刑警组织中国国家中心局,在广东等省公安厅内设有联络处,与国际刑警组织会员国在打击国际性刑事犯罪活动方面开展合作,取得很大成效。

五、我国港澳台地区警察制度

(一)香港特别行政区警察制度

1. 警察体制

香港特别行政区警察署隶属于政务司,实行“四区一处”建制。从纵向上看,香港警察可以分为五个层次。最高层组织是警察总部,即警务处。第二层次是总区,第三层次是警区,第四层次是分区,第五层次是警署。其中警务处处长下辖刑事侦缉处、特别行动组、商业罪案调查科、毒品调查科、刑事记录科、监证科、军火军械法证科、国际刑警科、防止罪案科、化验室、警犬队、警察机动队、辅警队、警察训练学校、侦缉训练学校、水警训练学校、警察训练科。从横向上看,警察队下分四大总区,分别为水警及离岛总区(含东、南、西、北四区及维多利亚港口区)、新界总区(边境分局、荃湾分局、葵涌分局、元郎分局及沙田分局)、港岛总区(东区分局、湾仔分局、中区分局、西区分局)、九龙总区(油麻地分局、旺角分局、深水涉分局、九龙城分局、黄大仙分局、观塘分局、机场及地下铁分局)。每个总区还设有自己的交通总部、冲锋队。

2. 警种

香港警种大体有制服警察(着装治安警察)、刑事警察、水上警察、交通警察、机动部队(蓝帽子)、机场特警队等。

除了专职警察外,香港地区还有一部分辅助警察和一定数量的文职人员。按照有关规定,在市民中物色一些人选,并任命其为辅助警察,一旦遇有抢险救灾、制止骚乱等特殊事宜,这些辅助警察可以穿上制服、执行警察的职权。除此之外,辅助警察还可以在公众节假日参加巡逻。

3. 警衔

香港警衔分为 4 类 14 等。具体为:①员佐,分为警员、警长、警署警长。②督察,分为见习督察、督察、高级督察、总督察。③警司,分为警司、高级警司。④处长,分为助理警务处长、高级助理处长、副警务处长、警务处长。

4. 警察的待遇

香港警察的薪水比较高,并十分关注警员的后勤工作。警察分区以上的机关都设有福利(警佐)协会,负责安排警员解决休养治病、协助警员的妻子儿女就业学习等。警署以上的机构还有洗衣房等,警察俱乐部的活动也十分活跃。

5. 警察培训

香港采取警衔晋升与培训相结合的方法。警员提升为警长或警署警长前要参加晋升课程训练,此后在其职级服务满3年、6年、11年时都要接受专门训练。在升任督察之前,要经过36周的见习督察训练,内容除了业务、文书写作外还有领导技巧等。任督察后还可借警察奖学金到大学接受教育。香港警察队伍每年都要进行各项专业训练,且实行电化教学。

6. 警察装备

香港地区对警察的装备非常重视。警察的主要装备有手枪、步枪、催泪弹、无线电台、舰艇、直升机、电脑、车辆等。警察队常用的枪支有雷明登霰弹枪、雷明登长程狙击来复枪、来复枪、斯特林冲锋枪、史密夫威信军警十型重枪管手枪、长短管催泪弹枪等。

(二)澳门特别行政区警察制度

1. 警察的体制

早在1691年3月14日,澳门就成立了巡城警队。1937年正式成立澳门治安警察。1976年成立女警和保安部队。1980年成立特警。澳门特别行政区的警察基本上分属两个部门:一是治安警察厅,二是司法警察厅。司法警察厅下设刑事调查厅、国际刑警分署、司法鉴定化验所、管理及计划厅、司法警察学校和情报处。《中华人民共和国澳门特别行政区基本法》规定,特别行政区检察院领导刑事侦查工作,对警察机关的工作进行监督。

1990年7月制定的《澳门司法警察组织法》规定,澳门司法警察是在行政长官直接领导下,行使预防和调查犯罪、协助有关司法机关行使职权的机关。其主要职权是:

(1)监视和检查权。司法警察有权监视和检查金铺等从事买卖和租赁的场所、酒店等旅游娱乐场所、公园等公共场所。

(2)调查权。司法警察有权采取一切必要的方法和手段进行与案件有关的调查活动,有权要求当事人提供情况,有权要求有关的组织和机关给予协助。

(3)侦查权。司法警察有权代表国家行使侦查权,但不得为私人机构和个人进行侦查。

《澳门司法警察组织法》还明确规定了司法警察应履行的义务和纪律。如规定司法警察在任职期间取得的财产和收益予以管制,每人每年要交递一份财产及收益报告,详细注明本人在澳门和海外拥有的不动产、股份、证券、银行账目和负债资料。

2. 警察的奖惩

对于工作有突出表现的警察人员可以破格升级或给予优厚奖励。对没有担任领导或主管职务的刑事侦查员或助理刑事侦查员,年满60岁退休。非因受纪律处分而离职退休者,不论是否有机械执照,均保留使用携带自己的机械的权利。

(三)台湾警察制度

1. 警察的体制

台湾地区实行检警一体制,即检察机关和警察机关在侦查犯罪方面担负的任务完全相同,警察机关应接受检察官的指挥和调度。

台湾的司法警察分为两类:一类为警察厅厅长、警保处处长、警察局局长、警察大队队长以上的长官,协助检察官执行侦查犯罪职务;另一类为警分局局长或警察队队长以下的长官及铁路、森林、矿业或其他各种专门机关的警察官长,均听从检察官的指挥,执行侦查犯罪职务。其他所警长、警士应接受检察官的命令,执行侦查犯罪的职责。检察官和司法警察在办理刑事案件过程中应随时交换意见,必要时召开联席会议或相互列席业务检讨会议。司法警察在执行职务时产生法律上的异议,应向检察官请示解答。司法警察解送的刑事案犯,法院检察处应随时接受,不受办公时间限制。检察官认为必要的,应将传票、拘票、搜索票或其他文书交司法警察机关代为执行。

除警察机关外,台湾地区还设立了相当于美国联邦调查局的属于政府的调查机构"法务部调查局"。"调查局"设局长1人、副局长2人,设有第一处、第二处、第三处、第四处、第五处、第六处、第七处,以及干部训练所、秘书室、人事室、主任室、机要室、设计委员会、研究委员会、训练委员会等职能机构。各地分别设有调查处、调查站。

"法务部调查局"除调查职能外,也具有执行特定刑事案件调查的职权,以及一般犯罪的刑事侦查职能,同时还是行使司法权的特定刑事机构,有专门人员负责技术鉴定工作,主要业务范围有:化学检验鉴定、文书及痕迹鉴定、电机机械及录音鉴定、法医检验鉴定。

2. 警察的奖惩

首席检察官根据司法警察的执行职务情况决定给予奖惩,并将奖惩事实通知受奖惩人的主管长官,保送"法务部"及主管机关登记。

第三节 侦查制度

一、侦查制度的建立与发展

侦查制度是指规定国家侦查机关的性质、任务、组织体系以及工作原则和制度的法律规范的总称。侦查制度的产生,可以说与阶级社会和国家的产生同步。阶级社会产生以后,统治阶级为了维护其统治,建立了一整套的国家机器。对于危害统治阶级和社会秩序的犯罪行为,有关国家机构就要设法揭露和惩罚。揭露和惩罚犯罪必须进行专门的调查工作,因而一支负责侦查的专业国家机构便应运而生。马克思对此有非常精辟的论述:"罪犯生产全体警察和全部刑事司法、侦探、法官、刽子手、陪审官等。"①

据史料记载,我国早在夏朝时,就有了担任类似今天警察职能的官吏。当时,"六卿"中的"士",其职权就包含有侦查和狱警的职能。自周朝时期,勘验制度就已初具雏形,秦代在此基础上有了进一步的发展。如1957年湖北云梦睡虎地出土了大量秦代竹简,其中的《封诊式》详细记录了官方对办理案件的程式、方法等方面的规定以及有关案例。

世界各国都有侦查制度,但关于侦查权力的行使,大陆法系国家和英美法系国家存在着一定的差异。如法国,主要由检察官、司法警察官和预审法官(又称为侦查法官)行使侦查权。在德国,主要由警察机关和检察机关行使侦查权。日本的侦查机关主要是检察机关,拥有单独的侦查权,司法警察受检察官的指挥。而在英国,其主要侦查机关是警察机关,警察拥有某些特殊权力。美国的侦查权也主要由警察机关行使,但检察机关在侦查中有较大的作用,联邦中央的侦查工作就是由司法部长兼总检察长领导的。

中国近代侦查制度是从日本引进来的。新中国的人民公安机关及其侦查制度,是随着人民革命政权的逐渐建立,在彻底打碎国民党政府旧的国家机器和法律制度、继承和发扬革命根据地和解放区公安侦查工作优良传统的基础上建立和发展起来的。早在新民主主义革命时期,从中国共产党成立之初起,党组织及其领导下的革命组织就面临着在国民党反动政权的统治下如何战胜敌人、保卫自己的问题。在整个新民主主义革命的过程中,随着党组织及其领导下的革命组织、人民军队和人民政权的建立、发展,人民公安保卫机关就同时创建了,并在与敌人进行斗

---

① 《马克思恩格斯全集》(第26卷),人民出版社2014年版,第415页。

争的过程中不断发展壮大。人民公安保卫机关在长期的革命斗争中逐渐积累了丰富的侦查工作经验。

中华人民共和国成立以后,在中央人民政府设公安部,主管全国的公安工作,改称“警察”为“人民警察”,在地方设各级公安机关。人民公安机关在全国范围内普遍建立起来,刑事侦查工作也在新的基础上得到了进一步的发展,保证了社会主义革命和建设顺利进行,维护了国家安全和社会秩序。

根据形势发展的需要,1983 年 6 月第六届全国人民代表大会第一次会议对公安机关的侦查体制进行了改革,设立国家安全机关。国家安全机关在性质上属于公安机关,承担原来由公安机关主管的间谍、特务案件的侦查工作。国家安全机关在刑事诉讼中,可以行使宪法和法律规定的属于公安机关的侦查、拘留、预审和执行逮捕的职权。

随着对外开放和国际交往的日益发展,国外和境外的犯罪分子和黑社会组织逐渐渗入中国大陆,一些现代化的犯罪手段也通过各种渠道渗透进来。走私、贩毒、盗运珍贵文物、伪造货币、国际诈骗等国际犯罪活动日益猖獗,同刑事犯罪的斗争出现了前所未有的复杂情况。为了有效地应对日趋复杂的国际犯罪活动,加强国际联系与合作,1984 年 9 月 5 日,我国正式加入了国际刑警组织,随即相应地建立了国际刑警中国国家中心局,积极开展了业务工作。从此我国的刑事侦查活动登上了同国际刑事犯罪作斗争的舞台,并且在协查案件中取得了明显的成效。1995 年,国际刑警组织第 64 届大会在北京成功举行。近年来,中国一直与国际刑警组织保持着良好的合作关系,积极参与国际刑警组织的各项活动,保持高层接触与沟通,加强情报信息交流,在众多国际执法合作领域开展合作。2017 年 5 月 13 日,时任国务委员、公安部部长郭声琨代表中国政府与国际刑警组织在京签署《中华人民共和国政府和国际刑警组织战略合作的意向宣言》。2017 年 9 月 26 日至 29 日,国际刑警组织第 86 届全体大会在北京举行。习近平主席出席开幕式并发表题为《坚持合作创新法治共赢 携手开展全球安全治理》的主旨演讲,强调中国愿同各国政府及其执法机构、各国际组织一道,高举合作、创新、法治、共赢的旗帜,共同构建普遍安全的人类命运共同体。

二、侦查的性质与任务

(一)侦查的概念

侦查,又称刑事侦查或犯罪侦查,是指由特定的司法机关为收集、查明、证实犯罪和缉获犯罪嫌疑人而依法采取的专门调查工作和有关的强制性措施。对此,我国《刑事诉讼法》[①]第一百零八条第一项规定："侦查是指公安机关、人民检察院对于刑事案件，依照法律进行的收集证据、查明案情的工作和有关的强制性措施。"

侦查的含义和内容可以从以下三个方面来理解：

（1）侦查是公安机关（包括国家安全机关）、人民检察院等国家机关的专门工作。在我国，侦查权专属于公安机关和人民检察院，只有公安机关和人民检察院以及其他由法律特别授予侦查权的机关（包括军队保卫部门和监狱等），才有权对刑事犯罪案件进行侦查，其他任何机关、团体和个人都无权实施侦查。如果其他机关、团体或者个人私设公堂，进行捕人、拘留、搜查等，就是违法行为，应当追究其法律责任。

（2）侦查的内容既包括各种专门调查工作，也包括有关的强制性措施。所谓"专门调查工作"，是指刑事诉讼法规定的讯问被告人，询问证人，勘验，检查，搜查，扣押书证、物证，鉴定，通缉等侦查行为。所谓"有关的强制性措施"，是指刑事诉讼法规定的拘传、取保候审、监视居住、逮捕和拘留等限制人身自由的强制方法。

（3）侦查必须严格依照刑事诉讼法的规定进行。侦查工作是一项法律性、政策性极强的专门性工作，稍有偏差就可能侵犯公民的人身权利和民主自由。因此，为了保证及时、准确地查明案情，使犯罪分子难逃法网，同时又不伤害无辜，保障无罪的人不受刑事追究，我国刑事诉讼法对各种专门调查工作和强制性措施都规定了明确而具体的条件、程序和要求。侦查机关进行侦查时，必须牢固树立法治意识，严格遵守法律规定的制度和程序。任何滥用侦查手段的行为都是违法行为，应当坚决纠正。

（二）侦查的性质

侦查的性质是刑事诉讼行为。侦查是刑事诉讼法规定的一种诉讼行为，其主体、对象、客体都是特定的。侦查的主体只能是参与刑事诉讼活动的公安机关和人民检察院等侦查机关，侦查的对象只能是犯罪事实，侦查的客体一般是刑事案件中的公诉案件，侦查手段通常用于办理刑事公诉案件，不能用于其他方面。侦查程序是刑事诉讼程序中的一个独立的诉讼阶段。

侦查是一个法律概念，是由刑事诉讼法所明确规定的。"侦查"与"侦察"是两个不同的概念。侦查，是作为刑事诉讼活动的一种专门调查的法律用语，它与通常作为军事上用语的"侦察"以及专门机关在进行隐蔽斗争中所采用的"秘密侦察"性质不同，方法和效果也不同。军事上的"侦察"是以查清敌情、地形及有关作战情况为目的而进行的一切活动，不要求依照什么法定程序和方式进行。"秘密侦察"则是通过秘密调查和各种侦察技术手段进行的侦察活动，虽然它也可以说是

---

① 根据2018年10月26日第十三届全国人民代表大会常务委员会第六次会议《关于修改〈中华人民共和国刑事诉讼法〉的决定》第三次修正。

一种专门调查工作,但它不属于刑事诉讼法调整的范畴,不具有刑事诉讼行为的性质,通过秘密侦察所获取的材料,也不具有诉讼证据的性质。

(三)侦查的任务

侦查作为刑事诉讼中一个独立的诉讼阶段,是公诉案件的必经程序。可以说,没有公安机关或者人民检察院的侦查,就没有人民检察院的提起公诉和人民法院的审判。侦查在刑事诉讼中具有非常重要的地位,其主要任务是依照法定程序收集、审查各种证据材料,查明犯罪事实,查获犯罪嫌疑人,并且通过采取强制性措施,防止犯罪嫌疑人逃避刑事追究,预防和减少犯罪案件的发生,维护社会秩序,保护国家、集体利益和公民的合法权益。具体说来,侦查的任务体现在以下几个方面:

(1)收集证据。证据是查明案件事实,揭露、证实犯罪,保障无辜的依据。司法机关从立案侦查、批捕起诉,到最后定罪量刑都要有相应的证据。只有证据确实充分,案件事实才能建立在牢固可靠的基础上,才能对被告人作出有罪或者无罪以及罪轻罪重的正确结论。因此收集证据是侦查工作的首要任务。在刑事诉讼中,收集证据包括三个方面的内容:①发现证据。所谓发现证据,是指侦查人员在侦查破案的过程中,采取有效的策略、方法和技术手段,及时、准确地找到能够证明案件真实情况的事实。②固定和提取证据。所谓固定和提取证据,是指将已经发现的事实材料,通过照相、绘图、制作模型、制作笔录以及录音、录像等方法,加以固定和提取下来,使它们在刑事诉讼中能够起到证据的作用。③检验证据。所谓检验证据,是指对已经提取到的各种证据材料进行审查判断,鉴别其真伪,确定其可靠程度,查明它们之间的相互关系。侦查机关收集的所有证据,只有经查证属实后,才能够作为定案的根据。

(2)查明案情。查明案情是处理刑事案件的基础。刑事侦查最基本的工作就是全面地查明犯罪事实,弄清案件事实的来龙去脉,准确地确定犯罪嫌疑人。整个侦查过程,从立案侦查到侦查终结,都要围绕查明案情进行。一般说来,查明案情主要包括两方面的内容:首先要查明是否有犯罪事实发生;其次,如果确实有犯罪事实发生,必须查明犯罪嫌疑人的身份,实施犯罪行为的时间、地点、手段、动机、目的、侵害的对象和所造成的危害后果,以及犯罪嫌疑人实施犯罪时的年龄、精神状态、有没有刑事责任能力等。

(3)查获犯罪嫌疑人。犯罪嫌疑人的犯罪活动大多数都是在秘密情况下进行的,实施犯罪后又往往千方百计逃避法律制裁。如毁灭罪证、伪造证据、制造假象,或者逃跑、躲藏、串供,甚至栽赃陷害、嫁祸于人,有的还可能继续犯罪,知悉检举人的犯罪嫌疑人可能会对检举人行凶报复,或者杀人灭口等。因此,为了取得口供,或者防止犯罪嫌疑人逃避侦查、审判或继续进行破坏活动,侦查机关在取得有关证据的情况下,根据案情需要,对犯罪嫌疑人应当采取必要的强制措施,限制其人身自由。

(4)进行法制宣传教育,预防和减少犯罪。进行法制宣传、教育公民自觉遵守法律、积极同犯罪行为作斗争是我国刑事诉讼法的任务之一。侦查活动作为一项刑事诉讼活动,其任务不仅要及时准确地查明案情,查获犯罪嫌疑人,而且要通过侦查活动,进行法制宣传教育。侦查机关通过揭露犯罪事实和犯罪分子的丑恶面目,教育公民充分认识犯罪的危害性,就能激起群众对罪犯的义愤,从而动员和鼓舞群众的斗志,积极起来同犯罪分子作斗争。通过办理具体案件,宣传党同犯罪作斗争的方针政策和国家法律,宣传对各种犯罪分子从严从宽处理的界限,就会使党的方针政策和国家法律变成同犯罪作斗争的强大武器。通过法制宣传,促使未归案的犯罪嫌疑人投案自首,警戒某些图谋不轨的分子悬崖勒马,从而达到预防和减少犯罪的目的。同时还要结合破案总结犯罪活动的规律,发现有关部门工作中的漏洞,建议并协助整顿秩序,健全制度,加强防范,消除隐患,提高警惕性,做好犯罪预防工作,减少犯罪案件的发生。

(5)追缴赃款、赃物。有些案件,犯罪嫌疑人在犯罪活动中获取了大量非法所得。侦查机关在侦查过程中,特别是在破案以后,应当采取搜查、扣押等措施,追缴赃款、赃物,尽量减少国家和人民的损失。

三、侦查的基本原则

侦查的基本原则是侦查人员在刑事侦查活动中必须遵循的基本准则。为了保证侦查工作的顺利进行,圆满完成侦查任务,正确、及时处理案件,根据法律规定和侦查工作的特点,侦查工作有以下几项原则:

(一)合法原则

侦查作为一项刑事诉讼行为,必须坚持合法原则。侦查人员只有严格依法办案,正确执行法律,才能查清犯罪事实,查明犯罪分子。反之,对侦查权行使不当或者滥用侦查权,就可能放纵犯罪分子,或者侵犯公民的人身权利、民主权利和其他合法利益,甚至会造成冤假错案。因此,侦查活动必须严格遵守刑事诉讼法的规定,特别是关于侦查程序制度的规定。无论是进行专门调查工作,还是采取强制性措施,都必须遵守法定的条件和程序,做到有法必依、执法必严、违法必究。我国刑事诉讼法对侦查的各种措施,如讯问犯罪嫌疑人,询问证人、被害人,勘验,检查,搜查,扣押物证、书证,鉴定,通缉等,以及拘传、监视居住、取保候审、拘留、逮捕等强制措施等,都规定了非常严格的条件和具体的程序,侦查机关进行侦查活动时,必须严格依法,注意保护当事人的诉讼权利,反对乱捕乱押,不得非法搜查和拘禁,严禁刑讯逼供和以威胁、利诱、欺骗以及其他非法手段收集证据。

(二)迅速及时原则

侦查必须坚持迅速及时的原则,这是由刑事案件本身的特点决定的。刑事案件现场多被破坏,一般没有特定的时间和地区,危害的对象广泛,而且大多具有预谋性,所需时间短、作案快,毁灭罪证和销赃快、逃跑快、流窜性大等。这就决定了侦查是时间性很强的工作。案件发生后,必须抓住时机,迅速开展侦查活动,趁现场还没有遭到破坏、罪犯还没有远逃、物证尚未毁灭、赃物尚未转移、证人记忆犹新等有利时机,及时发现和收集证据,揭露犯罪,证实犯罪,查获犯罪嫌疑人。侦查工作如果行动迟缓,将会贻误战机,使案件因时过境迁而难以取证,以致造成不良影响。

我国的刑事侦查工作在总结长期经验的基础上,形成了"抓住战机,积极侦查,依靠群众,及时破案"的"十六字"方针。迅速及时原则,是我国刑事侦查工作一贯坚持的原则。实践表明,只要全面贯彻这一原则,就能取得斗争的主动权,保证侦查工作的顺利进行。当然,我们强调侦查要迅速及时,并不是只求速度,不求质量,盲目求快。恰恰相反,侦查工作的"快",必须是在保证办案质量前提之下的快,必须符合法律的严格规定。

(三)客观全面原则

客观全面是保证侦查工作质量的一项最基本的要求。案件情况是不以人的主观意志为转移的客观存在。为了准确查明案情,侦查人员不仅要迅速及时地进行侦查,还要实事求是、客观全面,忠实于事实真相。要重证据,重调查研究,切忌先入为主,主观片面。必须全面收集证据,凡是能够证明犯罪嫌疑人有罪或无罪、罪重或罪轻的各种证据都要收集。不能只收集有罪证据,不收集无罪证据;只收集罪重的证据,不收集罪轻的证据。或者相反,尤其不能伪造证据。对所有证据,都必须经过查证核实,辨别真伪,并且记录在卷。在讯问犯罪嫌疑人时,对他们的有罪供述和无罪辩解都要认真听取,不能偏听偏信,更不能在没有罪证的情况下,只凭检举、控告或主观推理就认定其有罪。在侦查过程中发现案情分析错误或者犯罪嫌疑人确定错误,应当实事求是地予以纠正。只有这样,才能做到不错不漏,不枉不纵,准确查明案情,正确处理案件。

(四)依靠群众与科技相结合原则

在侦查工作中实行群众路线,这是我国刑事侦查工作的优良传统。任何犯罪分子都生活在群众之中,其犯罪活动必不可免地要留下蛛丝马迹,为群众所察觉。即使是作案手段十分狡猾、隐蔽的犯罪分子,也不可能完全避开人民群众的耳目。侦查人员只有深入群众,调查研究,才能发现犯罪线索,收集有关证据,查明案情,并在人民群众的协助下捕获犯罪嫌疑人,及时破案。侦查工作走群众路线,还可以使侦查工作置于群众的监督之下,使侦查工作不犯错误或者少犯错误,即使犯了错误,也容易尽早发现和纠正。需要注意的是,在侦查工作中要正确处理专门工作和群众路线的关系。我们强调走群众路线,并不意味着可以削弱刑事侦查机关的专门工作,更不是可以用群众斗争来代替侦查工作。而是应当以侦查机关的专门工作为主,一方面加强专门工作,一方面紧紧依靠群众,在群众的支持和协助下侦破案件,打击犯罪。

侦查机关的侦查工作还必须运用高科技手段。科学技术日新月异的发展首先带来了侦查理念的变化,其次是侦查方式方法的变革。高科技的应用使侦查机关在侦查传统的犯罪活动时如虎添翼,也可以对付利用高科技手段的犯罪活动。科学技术的应用可以使案件在最短时间内破获,有效地提高破案率。

四、侦查主体

(一)侦查机关

侦查机关是指在刑事诉讼活动中,享有国家赋予的侦查权,并对犯罪案件依法进行侦查的专门机关。侦查权是一种重要的国家权力,是国家揭露和证实犯罪,查获犯罪嫌疑人的特定权能,具有相当的强制性,必须由专门的国家机关行使。在刑事诉讼中,依法享有侦查权的主体是侦查机关。在我国,侦查机关主要有公安机关、国家安全机关、人民检察院、军队保卫部门和监狱以及走私犯罪侦查机关等。侦查机关作为行使国家侦查权的专门机构具有以下特征:

(1)侦查机关是国家机关的组成部分,代表国家行使侦查权。侦查机关是适应打击犯罪、维护统治秩序的需要而产生的,是国家机关的重要组成部分。任何犯罪行为都是对国家和社会秩序的破坏,为了同犯罪行为作斗争,国家设立专门的侦查机关,代表国家进行侦查活动,及时揭露、制止、预防犯罪,维护国家利益、社会公共利益和公民的合法权益。

(2)侦查机关依法行使侦查权。侦查权是国家权力的一个重要组成部分,是由法律确定并赋予侦查机关行使犯罪侦查权的资格和权能,具有鲜明的主动性、强制性。侦查机关通过行使侦查权,履行其法定职责,追究犯罪嫌疑人的刑事责任,打击和预防犯罪。但侦查机关必须依法行使侦查权,严格依照法律规定的程序进行侦查活动,否则就有可能侵犯犯罪嫌疑人、被害人或者其他诉讼参与人的合法权益。

(3)侦查机关是享有侦查权的专门机关。侦查权是一种特定的国家权力,只能由专门的国家机关即侦查机关依法行使,以此来保证侦查工作的有效性。除了法律明确规定的侦查机关以外,其他任何机关、团体和个人都不享有侦查权,不得对犯罪案件私自展开侦查活动,更不能采取强制性的侦查措施。否则,即属违法甚至犯罪,应当承担相应的法律责任。

侦查机关作为依法行使国家侦查权的专门机关,其性质在不同国家却有所不同。绝大多数国家将侦查机关中的警察机关定位为行政机关,侦查权是一种专用于打击、揭露犯罪的行政权;而检察机关一般也是行政机关性质,也有的国家将检察机关视为准司法机关或者特殊的行政机关。但是在我国,无论是警察机关(公安机关)还是检察机关,都是国家广义的司法机关,与作为审判机关的法院分别行使不同的诉讼职能,分工负责,互相配合,互相制约。

在我国,侦查机关主要包括公安机关、国家安全机关、人民检察院、军队保卫部门和监狱。

1. 公安机关

公安机关是最主要的侦查机关,担负着刑事诉讼中绝大多数案件的侦查工作,除法律明确规定由其他机关立案侦查的案件以外,所有的公诉案件均由公安机关负责侦查。公安机关根据其行业隶属关系,可以进一步分为普通公安机关和专业公安机关。

普通公安机关的组织体系分为四级:国务院设公安部,领导全国公安侦查工作;省、自治区、直辖市设公安厅(局);省辖市、地区、自治州设公安局(处、分局);县、自治县、市、市辖区设公安局。市、县级公安机关在大中城市各街道办事处、各辖区内和县属的乡镇设立公安派出所,作为县级公安机关的派出机构,但不是一级公安机关。各级公安机关内部按照管辖分工,又设立有不同的职能部门,如国内安全保卫部门、经济犯罪侦查部门、刑事侦查部门、禁毒部门、治安管理部门、边防管理部门、交通管理部门等,分别对不同的刑事案件行使侦查权。专业公安机关分别对所辖特定区域或领域的犯罪案件进行侦查,各专业公安机关也分级设立。

2. 国家安全机关

国家安全机关主管国家安全工作,负责对危害国家安全的刑事案件进行侦查,在性质上属于公安机关,在侦查活动中行使与公安机关相同的职权。但在设置上却与公安机关不同,相互独立,互不隶属。国家安全机关在设置上分为三级:①国务院设国家安全部;②省、自治区、直辖市设国家安全厅(局);③省辖市、地区、自治州设国家国安局。

3. 人民检察院

依据宪法规定,人民检察院是国家的法律监督机关。人民检察院依法行使检察权,其法律监督涉及刑事诉讼的全部过程,从立案、侦查、起诉、审判到裁判的执行。此外,检察机关还负责对国家司法机关工作人员利用司法职权实施的各种职务犯罪案件直接立案侦查,以更好履行其法律监督职责。因此,检察机关也是一个重要的侦查机关。我国的检察机关分为最高人民检察院、地方各级检察院和专门检察院。

4. 军队保卫部门

军队保卫部门负责对军队内部发生的刑事案件进行侦查,主要包括军人违反职责和触犯刑法的犯罪案件,以及军队和地方互涉的犯罪案件。军队保卫部门内设有各级侦查部门,具体行使侦查权。具体情况为:中央军委政法委设保卫局,各战区、军兵种政治工作部设保卫局,各军级单位政治工作部设保卫处,师旅级单位政治工作部设保卫科，团以下单位只有宣传保卫干事。

5. 监狱

监狱是刑罚执行机关，主要负责对被判处有期徒刑、无期徒刑的已决犯予以关押，进行劳动改造。除此以外，监狱还负责罪犯在监狱内犯罪案件的侦查工作。因此，监狱也是行使国家侦查权的侦查机关。

（二）侦查官

所谓侦查官，是指在侦查机关中任职，由国家赋予权力并以侦查机关的名义依法行使侦查权的特定人员。侦查官隶属于侦查机关，与侦查机关一起成为侦查主体，是代表国家，以侦查机关的名义具体行使侦查权，采取具体侦查措施，同犯罪分子作斗争的重要力量，也是保护人民生命财产安全的坚强卫士。侦查官在行使侦查权和采取侦查措施时，必须以所属侦查机关的名义进行，而且必须严格遵守法定的条件和程序要求，不得违法越权或者滥用职权。侦查官依法行使侦查权，实施侦查行为的后果则由侦查机关承担。

正是由于侦查官直接肩负着打击犯罪、保护人民的重任，所以其素质如何将影响到侦查权的实施效果，决定着侦查的任务能否完成。因此，世界各国均对侦查官的资格条件做了明确的规定。侦查官绝大多数隶属于警察机关和检察机关，我国的侦查官也是如此。在我国，警察机关主要包括公安机关、国家安全机关和监狱；检察机关则是指各级人民检察院。规范警察机关和检察机关侦查官的法律主要是《警察法》和《检察官法》。根据《警察法》和《检察官法》的规定，担任人民警察或检察官应当具备以下条件：①具有中华人民共和国国籍。②达到一定年龄。担任警察应当年满 18 周岁；担任检察官应当年满 23 周岁。③拥护中华人民共和国宪法。④有良好的政治、业务素质和良好的品行。⑤身体健康。⑥具有一定文化知识水平。担任警察应当具有高中毕业以上文化程度，担任检察官则应当具有更高的学历。

《警察法》和《检察官法》还规定了担任侦查官的消极条件，即：曾因犯罪受过刑事处罚的，或者曾被开除公职的，不得录用为警察或检察官。

录用侦查官，应当按照国家规定，面向社会考试。警察机关中侦查官主要来源于人民警察院校的毕业生，不足部分从其他大中专院校毕业生、转业军官和社会上公开录用。非警察院校毕业的新录用人员，在上岗工作之前，应当接受 3 个月以上的培训，不合格者，取消录用资格。初任检察官则采用严格考核的办法，按照德才兼备的标准，从通过国家统一司法考试取得资格，并且具备检察官条件的人员中择优提出人选。担任领导职务的侦查官条件则更为严格。担任警察系统领导职务的侦查官从具备以下条件的侦查官中调任产生：具有法律专业知识；具有政法工作经验和一定的组织、管理、指挥能力；具有大学专科以上学历；经警察院校培训、考试合格；等等。担任检察系统领导职务的侦查官从检察官或者其他具备检察官条件的人员中择优提出人选，由同级人民代表大会或同级人民代表大会常务委员会任免。

1. 侦查官的职权

侦查官代表国家，以侦查机关的名义行使侦查权，实施侦查行为。根据法律规定，侦查官应当依法履行以下职责：①查明案件真实情况；②制止和预防犯罪；③依法保障国家、集体利益和公民的合法权益不受侵犯；④正确适用法律，严格依照法定程序办案；⑤教育公民自觉遵守法律，同犯罪行为作斗争。

为履行其法定职责，侦查官依法享有以下权力：立案权、现场勘查权、调查询问权、刑事鉴定权、采取强制措施权、讯问权、搜查权、扣押物品权、通缉权、组织辨认权、秘密侦查权、侦查实验权、决定移交案件权、撤销案件权、终止侦查权、合法使用警械和武器权等。

2. 侦查官的义务

侦查官在行使侦查权的时候，除了依法享有职权以外，还必须遵守法定的义务，否则应当承担相应的法律责任。根据《警察法》和《检察官法》的规定，侦查官应当遵守以下义务：①不得散布有损国家声誉的言论，不得参加非法组织及旨在反对国家的集会、游行、示威等活动，不得参加罢工；②不得弄虚作假、隐瞒案情、包庇和纵容违法犯罪活动；③严禁刑讯逼供或者体罚、虐待犯罪嫌疑人及其他诉讼参与人，不得殴打他人或者唆使他人打人；④不得非法剥夺、限制他人人身自由，不得非法搜查他人的身体、物品、住所或者场所；⑤不得滥用职权，侵犯自然人、法人和其他组织的合法权益；⑥不得玩忽职守，不履行法定义务，造成错案或者给当事人造成严重损失；⑦不得敲诈勒索或者索取、收受贿赂；⑧不得拖延办案，贻误工作；⑨不得私自会见当事人及其代理人，不得接受当事人及其代理人的请客送礼；⑩不得有其他违法、违纪行为。

五、侦查程序

（一）侦查立案

侦查立案是侦查工作的开始。立案工作完成得如何，会直接影响到此后的一系列侦查活动。为保证侦查工作的顺利进行，《刑事诉讼法》对侦查立案工作有明确规定。侦查立案实际上由两个阶段构成：受案和立案。

1. 受案

受案是立案的前提，是指侦查机关接受公民或单位的报案、控告、举报，公民扭送或者犯罪嫌疑人投案自首，并进行必要的审查，确定是否具备立案条件，以及案件是否属于本单位管辖，以便及时查处违法犯罪活动的一种职能活动。

我国《刑事诉讼法》规定，受案是司法机关的责任和义务。侦查机关对于任何单位和个人的报案、控告、举报,公民扭送和犯罪嫌疑人投案自首均应当接受。对于不属于自己管辖的,应当移送主管部门处理,并且通知报案人、控告人、举报人;对于不属于自己管辖但又必须采取紧急措施的,应当先采取紧急措施,然后移交主管部门处理。

实践中,公安机关接受案件主要来源于公民或者单位向110警务中心、基层派出所的报案、控告、举报、扭送等。而人民检察院则由举报中心统一受理单位和个人对国家工作人员利用职务实施的侵犯公民人身权利、民主权利等犯罪行为的举报。侦查部门不直接向社会受理案件,即实行案件线索的受理、管理、审查工作与侦查工作相分离的原则。

2. 立案

立案是指侦查机关接受有关单位或者个人的报案、控告、举报,公民扭送或者犯罪嫌疑人的自首后,经过初步审查,确认有犯罪事实、需要追究行为人刑事责任的,经县级以上侦查机关负责人或者相当于县级的主管部门负责人批准,决定列为犯罪案件并进行侦查。根据法律规定,刑事案件立案必须同时具备以下条件:①有犯罪事实发生;②需要追究行为人刑事责任;③属于受案单位管辖。根据规定,公安机关接受报案后,经审查符合立案条件的,制作《刑事案件立案报告表》,由本部门领导审批后,报县级以上公安机关负责人决定是否予以立案。

检察机关收到举报后,经举报线索协调小组研究,报检察长或者检察委员会作出是否立案的决定,侦查部门应当在1个月内将是否立案的决定回复举报中心。侦查机关经审查报案、举报线索后,认为符合立案条件,决定予以立案的,应当告知控告人、报案人。对不符合条件不予立案的,应当将不立案的理由通知控告人、举报人。控告人、举报人不服的,可以申请复议。

(二)侦查行为

人民检察院和公安机关对已经立案的刑事案件,应当进行侦查,以收集、调取犯罪嫌疑人有罪或者无罪、罪轻或者罪重的证据材料,并予以审查核实。人民检察院和公安机关根据需要可以采取各种侦查手段和措施,必要时还可以采取强制措施,限制或者剥夺犯罪嫌疑人的人身自由。但各种侦查措施和强制措施必须严格依照法定的条件和程序进行。

1. 侦查措施

根据我国《刑事诉讼法》的规定,侦查机关可以采取下列侦查措施:

(1)讯问犯罪嫌疑人。讯问犯罪嫌疑人是指侦查人员依照法定程序,就案件事实和其他与案件有关的问题以言词方式对犯罪嫌疑人进行审讯的一种侦查措施。讯问犯罪嫌疑人既是侦查人员取得证据、鉴别证据、查明案情的一种手段,也是为犯罪嫌疑人坦白认罪,争取从宽处理,或者依法对自己无罪、罪轻进行辩解而提供的一个机会。

(2)询问证人、被害人。询问证人、被害人是指侦查人员依照法定程序,通过言词方式向了解案件情况的证人或者被害人进行调查的一种侦查措施。证人是了解案件情况的第三人。由于犯罪案件总会或多或少地留下一些蛛丝马迹为周围群众所察觉,因此几乎所有案件都存在着证人。被害人则是犯罪行为的直接受害者,对于案件事实有切身的了解,因此,询问证人、被害人是查明案情,揭露犯罪行为的一个重要途径。

(3)勘验、检查。勘验、检查是侦查人员对于与犯罪有关的场所、物品、人身、尸体进行实地勘验或者检查的侦查措施。勘验、检查措施往往是侦破案件的基础。犯罪分子在实施犯罪活动时,必然要同一定的时间、空间,以及一定的人和物发生联系,从而留下各种犯罪痕迹和物证。对与犯罪有关的场所、物品、人身、尸体进行实地勘验或者检查,全面、客观地提取和利用所发现的各种痕迹、物证,对于分析研究犯罪实际情况、判定犯罪动机和手段、确定侦查方向和范围、揭露和证实犯罪,具有重要作用。

(4)搜查。搜查是指侦查人员对犯罪嫌疑人以及其他可能隐藏罪犯或者犯罪证据的人的身体、物品、住处和其他有关的地方进行搜索、检查的一种侦查措施。犯罪分子在实施犯罪后,往往会想方设法逃避侦查,隐匿罪证。通过搜查,可以发现、收集证据,查获犯罪嫌疑人,为进一步查明案情奠定基础。

(5)扣押物证、书证。扣押物证、书证是指侦查机关依法强行扣留与案件有关的物品、文件的一种侦查措施。其目的在于取得和保全能够证明犯罪嫌疑人有罪、无罪的证据,防止其被毁损或者隐匿,以正确认定案件事实。

(6)鉴定。鉴定是指侦查机关为了查明案情,指派或聘请具有专门知识的鉴定人,就案件中的专门性问题进行分析研究和科学鉴别并作出鉴定结论的一种侦查措施。鉴定的范围非常广泛,凡是与案件有关的各种物品、文件、痕迹、人身、尸体等都可以进行鉴定。鉴定与其他侦查措施不同,它是由被指派或者聘请的具有专门知识的鉴定人来进行的,其目的是解决案件中的某些专门性问题,从而确定和辨别有关案件事实。因此,鉴定对于认定案件的事实和性质,准确地揭露和证实犯罪,常常具有十分重要的作用。

(7)辨认。辨认是指侦查人员为了证实犯罪嫌疑人和有关犯罪情况,组织被害人、目睹人或知情人对犯罪嫌疑人或者与案件有关的物品、尸体加以辨认、识别的侦查措施。在侦查实践中,辨认是经常采用的一种侦查方法,具有非常重要的作用,辨认对于审查犯罪嫌疑人,确定案件物证,查明无名尸体身份等,是一种行之有效的侦查方法。辨认的结果,可以为确定侦查方向和犯罪嫌疑人以及认定犯罪事实和罪行轻重提供依据。

(8)通缉。通缉是指公安机关以发布通缉令的方式缉拿应当逮捕而在逃的犯罪嫌疑人的一种侦查措施。通缉是动员侦查机关内部通力合作、协同作战,并发动和组织群众共同查获犯罪嫌疑人的一种有效形式,对于制止犯罪嫌疑人继续犯罪,保障侦查和审判继续进行具有重要意义。

2. 鉴定程序

为了保证鉴定的科学性、准确性,鉴定时必须遵守下列程序:

(1)侦查机关要依法选择鉴定人。鉴定人必须是精通某种专门知识,而且与案件没有利害关系或其他可能影响公正鉴定的人。

(2)侦查机关要为鉴定人进行正确的鉴定提供必要的条件,提出明确的鉴定要求,提供鉴定所需的材料。

(3)鉴定人进行鉴定,应当实事求是,忠实于科学。故意弄虚作假的,应当承担法律责任。鉴定人进行鉴定后,应当写出鉴定结论,并且签名。

(4)对人身伤害的医学鉴定有争议需要重新鉴定或者对精神病的医学鉴定,由鉴定人签名,医院加盖公章。

(5)侦查机关应当将用作证据的鉴定结论告知犯罪嫌疑人、被害人。如果犯罪嫌疑人、被害人提出申请,可以补充鉴定或者重新鉴定。

3. 强制措施

在侦查活动中,为了有效地同犯罪作斗争,保证侦查活动的顺利进行,防止犯罪嫌疑人逃避侦查、毁灭罪证或者继续犯罪等,侦查机关有权对犯罪嫌疑人采取限制或剥夺其人身自由的各种方法,即刑事诉讼强制措施。根据《刑事诉讼法》的规定,强制措施包括以下几种:

(1)拘传。拘传是指侦查机关对未被羁押的犯罪嫌疑人强制其到指定地点接受讯问的一种强制措施。通常是对经合法传唤拒不到案的犯罪嫌疑人采用,特殊情况下,也可以不经传唤而直接拘传。如果犯罪嫌疑人抗拒拘传,侦查人员可以使用械具。

(2)取保候审。取保候审是指侦查机关责令犯罪嫌疑人提供担保人或者交纳保证金并出具保证书,保证其不逃避或妨碍侦查,并随传随到的一种强制措施。通常适用于罪行较轻,不需要拘留、逮捕,但需要对其行动自由采取一定限制的犯罪嫌疑人,或者情况特殊不能予以逮捕的犯罪嫌疑人。如果犯罪嫌疑人在取保候审期间有违反规定的行为的,应当区别情况,责令其悔过,重新交纳保证金、提出保证人或者监视居住,情节严重者予以逮捕。

(3)监视居住。监视居住是指侦查机关责令犯罪嫌疑人不得擅自离开住处或者指定的居所,并对其行动加以监视的一种强制措施。通常适用于符合取保候审的条件,但不能提供保证人或者交纳保证金的犯罪嫌疑人。

(4)拘留。拘留是指侦查机关在紧急情况下对现行犯或者重大嫌疑分子依法采取的暂时剥夺其人身自由的强制措施。

(5)逮捕。逮捕是指侦查机关为了防止犯罪嫌疑人逃避或妨碍侦查,防止其发生社会危险性,依法采取的暂时剥夺其人身自由,予以羁押的强制措施。逮捕是一种最严厉的强制措施，适用于有证据证明有犯罪事实，可能判处徒刑以上刑罚，采取取保候审、监视居住等方法尚不足以防止发生社会危险性的犯罪嫌疑人。

（三）侦查结案

侦查机关对案件经过依法侦查，认为案件事实清楚、证据确实充分、定性准确、法律手续完备的，可以终结案件的侦查。

公安机关侦查终结后，认为需要追究犯罪嫌疑人刑事责任的，应当制作起诉意见书，连同案卷材料、证据一并移送同级人民检察院审查起诉。对人民检察院的不起诉决定，公安机关可以要求复议、复核。公安机关发现不应当追究犯罪嫌疑人刑事责任的，应依法自行撤销案件；犯罪嫌疑人被逮捕的，应当立即释放，发给释放证明，并且通知原批准逮捕的人民检察院。

对于检察机关负责侦查的案件，《刑事诉讼法》规定实行侦查与审查起诉相分离的原则，侦查部门侦查终结后，应当提出起诉意见书，连同案卷材料、证据，移送审查起诉部门，决定是否起诉。对不应当追究犯罪嫌疑人刑事责任的，应当作出不起诉决定，或者撤销案件。随着国家司法体制改革的深化，检察机关以检察解释和规范性文件推进侦诉分离制度朝着侦诉一体方向发展。

第五章

检察制度

第一节　检察机关与检察权

一、检察机关

(一)检察机关的概念

检察机关,是行使检察权的国家机关。我国人民检察院是国家的法律监督机关。检察机关属于现代社会上层建筑的重要组成部分。在不同的国家、不同的社会发展阶段和历史时期,检察机关具有不同的属性和职能。由于世界各国的经济基础、社会条件、法律传统和司法理念不同,各国的检察机关又有着各自的特殊性。

现代检察机关是适应社会发展需要和司法功能分化的产物,其本质具有阶级性和社会性双重属性,并同时兼有阶级统治和社会公共职能。一方面,检察机关是维护统治阶级的政治秩序、经济秩序和社会秩序,镇压敌对势力颠覆国家政权、危害国家利益的重要专政工具;另一方面,检察机关又是现代社会打击犯罪、保护社会公共利益不可或缺的公共机关。检察机关的这两种性质同时存在,并具体体现在其日常工作和职能之中;同时二者又是统一的,因为维护社会的安定和秩序有利于最大多数人的根本利益。

(二)检察机关的类型

根据检察机关的属性、功能或组织形式等不同标准,可以对当代世界各国的检察机关进行不同的分类,主要如下:

1. 根据国家性质的不同，可分为社会主义国家的检察机关和资本主义国家的检察机关

（1）社会主义国家的检察机关，建立在社会主义公有制经济基础上，其政治基础是共产党领导下的人民民主专政和人民代表大会的基本政治制度。检察机关属于国家司法机关，主要功能之一是进行法律监督。在保护公有制和国有资产、维护社会公共利益、监督执法等方面承担着重要的政治和社会职能。例如，苏联的检察院具有高于一般行政机关和其他国家机关的监督权，总检察长具有极高的政治地位和极大的权力，检察院和检察官在法律体系中占据最重要的地位。但是，不同的社会主义国家，检察院的地位和功能又存在一定的区别，例如我国的检察制度与苏联就存在着明显的差异。检察机关一般与审判机关、行政机关、监察机关处在平行地位。在行使司法监督的意义上，其地位往往高于其他司法机关，但是，要接受监察机关的监督。

（2）资本主义国家多实行三权分立制度，强调权力之间的制衡，检察机关往往不属于司法机关，有的隶属于行政机关，有的与行政机关一体。检察机关的主要功能之一是代表国家提起公诉。但是，在当代西方国家，检察机关在保护社会公共利益方面、追究犯罪和民事公益诉讼方面的作用在不断扩大，检察机关或检察官的地位越来越受到重视。

2. 根据检察机关法律地位和主要职能的不同，可以分为作为国家公诉机关的检察机关和作为国家法律监督机关的检察机关

（1）作为国家公诉机关的检察机关，是指在国家司法实践中主要担负刑事追诉工作，并由法律明确规定为国家公诉机关的检察机关。世界各国的检察机关大都具有公诉职能，属于国家法定的公诉机关，同时兼有参与或提起民事和行政案件诉讼（公诉）的职能。西方国家的检察机关主要属于这一类型。

（2）作为国家法律监督机关的检察机关，是指检察机关虽具有公诉机关的性质，但其职责范围不限于公诉，还具有广泛的法律监督职责的检察机关，社会主义国家一般都赋予检察机关以法律监督机关的性质和职能。

需要指出的是，实际上，从功能的角度上看，上述区别并不是绝对的。当代检察机关的职权是多方面的，西方国家的检察机关也普遍承担着对国家权力和审判权的监督职能，而作为法律监督机关的社会主义国家检察院同样首先以提起公诉为基本职能。

3. 根据检察机关属性的不同，可分为司法机关性质的检察机关和行政机关性质的检察机关

（1）司法机关性质的检察机关，是指国家的宪法明确将检察机关规定为国家司法机关，与法院享有同样的法律地位，一般均设立专门和独立的组织机构。包括我国在内的社会主义国家和现在的俄罗斯、蒙古等国属于此类，一些大陆法系国家

也有这种趋势。

(2)行政机关性质的检察机关,是指检察机关属于行政机关。检察机关或者隶属于司法部,或者二者合一,由司法部长兼任检察长。多数西方国家的检察机关在形式上都属于行政机关,但亦有一些国家(主要是北欧国家)采取检察机关与警察机关合一的体制。

实际上,基于理念的不同,西方国家的检察机关被划分为三种基本模式:其一,行政官模式,即采取自上而下的行政式管理,其最大问题在于无法保证检察机关的独立,即不受行政机关的干预,目前完全采用此种模式的国家已经很少。其二,司法官模式(等同法官模式),缺陷在于检察机关过大的司法权限可能会导致一定程度的专断。其三,准司法官模式或行政司法机关模式,折中了前两种模式,可以根据不同价值取向调整检察权的功能和权限。目前大部分西方国家的检察机关实际上都属于此类,但又有各自的倾向性。

(三)检察机关的地位

检察机关的地位,是指宪法所确认的检察机关的法律地位,及其在国家机构中所处的位置。一个国家的国体、政体等因素都会影响到检察机关的地位。检察机关的地位最终取决于其性质和职能。由于西方国家的检察机关主要承担国家公诉的职能,因此大多隶属于政府的司法行政部门。而社会主义国家的检察机关均为独立的司法机关,并被赋予广泛的法律监督职能,法律地位一般都比较高。检察机关由国家权力机关产生,与法院、政府处于同一级别,甚至高于其他国家机关。随着当代世界各国司法改革的深化,检察机关的法律地位无论如何界定,其实质功能和权限事实上也都在与时俱进地发生不同程度的变革,在国家政治、经济和社会生活中的作用越来越重要。

二、检察权

(一)检察权的概念与性质

1. 检察权的概念

检察权是国家宪法赋予检察机关的特殊职权,是一种与审判权、行政权、监察权平行的国家权力。在我国,检察机关属于法定的司法机关,检察权是与审判权并列的一种司法权。然而,由于世界各国检察机关的性质、地位和职能不同,检察权的性质必然随之不同。一般而言,由于检察权既具有司法权的属性,又与狭义的司法权即审判权存在一定的差别,因此往往被视为一种“准司法权”[①]。

2. 关于检察权性质的不同观点

检察权在国家权力系统中的性质和地位,在世界各国历来存在争议。我国学者对检察权的概念亦有着不同观点,归纳起来大体上有四种观点:

(1)司法权说。认为检察权是司法权。因为检察权尤其是公诉权是一种具有司法性质的权力,检察机关是司法机关,其工作方式接近于法院的工作方式。

(2)行政权说。认为检察权是行政权。因为从组织体制上看,检察机关实行集权或一体制,实行上级对下级的领导体制。这是一种典型的行政组织体制,而且检察机关的追诉权的行使带有明显的积极主动性,符合行政权的基本特征。

(3)双重属性说。认为检察权是司法权与行政权的结合。因为检察权既具有司法的判断性、独立性、法律性,又在组织体制、行为方式等方面具有行政的特点。

(4)法律监督权说。认为检察权是法律监督权。如许多苏联学者和中国学者认为,检察权是法律监督权的集中反映,公诉权只是检察权的一种。这是因为在这些国家检察机关在体制上自成体系,其工作内容和工作方式的突出特点就是监督性。在我国司法和监察体制改革之前,大多学者都承认检察权是对审判权、行政权等国家权力进行专门监督制约,对人民团体、企事业单位、公民等是否遵守法律实行法律监督,并代表国家行使对犯罪控诉职能的权力。2018 年宪法修改之后,检察机关只保留了对司法领域职务犯罪的侦查权,大部分职务犯罪侦查权和相关人员转隶监察委员会,宪法仍然确认检察机关是国家的法律监督机关。但是,有一个问题要明晰:法律监督是检察权的法律功能,而不是法律属性。

3. 检察权的性质

(1)界定检察权性质的依据。世界各国检察权的性质主要是由国家赋予检察机关的权限和法律地位所决定的,检察机关如果被定位为司法机关,检察权的属性自然被认为是司法权;相反,如果检察机关被定位为行政机关,则检察权被视为行政权或司法行政权。但无论如何界定,检察权都与审判权和行政权存在一定联系与区别。

(2)检察权与审判权。传统意义上的司法权仅指审判权,在这个意义上,检察机关所行使的公诉权或法律监督权都不属于司法权。毫无疑问,检察权与审判权确实存在着某种本质的差异,例如,检察机关的主动追诉活动不具有中立性、消极(被动)性,其权力行使方式和组织体制也完全不同。但是,随着现代社会司法功能的扩大和分工的具体化,许多司法功能不断从法院向其他司法机关或准司法机关甚至行政机关分流进而向社会化方向发展。从实际功能的角度出发,检察机关

---

① 关于检察权的理论问题,目前仍存在诸多争论。参见孙谦主编:《检察理论研究综述(1999—2009)》,中国检察出版社 2009 年版。

的基本职能显然具有司法性质甚至具有一定的裁判功能。西方的检察机关最初也是从法院中分化出来的，检察官被称为“站着的法官”。在这个意义上，检察权也可以纳入广义的司法权。我国的检察机关是法定司法机关，因此，无论从狭义或广义的角度，检察权都属于司法权。但是，同时必须承认检察权具有与审判权不同的本质特征。

(3)检察权与行政权。由于检察权具有司法权的属性，因此与一般意义上的行政权存在不同；检察权也不应依附或从属于行政权，否则就难以实现对国家权力机关的监督职能。但是，另一方面，检察权的主动性、非中立性和集权性又符合行政权的基本属性和特征。如果把检察权和检察机关定位为行政权和行政机关，同时根据其功能特点赋予其相对独立性并在制度上加以保障，同样可以发挥其应有的积极功能。西方国家根据三权分立原则，大多将检察权定位于行政权，但实际上，检察权的职权范围和功能的广泛性与定位于司法机关的检察机关并无本质上的差异。

(4)检察权与监察权。检察权是国家赋予检察机关对国家的宪法和法制的统一、正确地执行进行监督的权力。人民检察院通过行使检察权，追诉犯罪，维护国家安全和社会秩序，维护个人和组织的合法权益，维护国家利益和社会公共利益，保障法律正确实施，维护社会公平正义，维护国家法制统一、尊严和权威，保障中国特色社会主义建设的顺利进行。监察权是监察委对国家公职人员进行监察、调查的权力。监察权是一种复合型的国家权力，同时作为宪制改革视域下一种新型的国家权力，具有复合性。监察权的复合性表现在两个方面：一方面，监察权的内容包括了原有的行政监督权，另一方面又包含了检察院的侦查权、调查权，是行政权和司法权的复合，体现中国特色。

(二)检察权的特征

检察权的特征包括以下几个方面：

(1)独立性。指检察机关独立行使检察权，不受任何其他机关、团体、党派、个人的干涉。检察机关是社会公共利益(public interest)和公共福利(public welfare)的代表，承担着保护公共秩序、公共道德、公共财产和公共安全的职责。为此，检察机关应独立于任何其他权力机关，尤其是行政机关，以便不受干扰地履行其职能并有效地行使对其他国家权力的监督权。检察机关独立也属于司法独立的范畴。但是，由于其内部体制及管理具有集权化和行政化的特征，因此并不特别强调检察官的个人独立。

(2)主动性。检察机关与审判机关不同，其行使检察权的活动具有主动性，即主动追诉犯罪，纠正违法。检察机关可以主动介入侦查活动，主动进行法律监督。同时，检察机关作为国家的追诉机关，主动性也是其职责所要求的，检察机关如果对应追诉的事项采取不作为的放任态度，将构成渎职。

(3)强制性。检察机关在行使检察权时可以主动追诉罪犯，拥有司法领域内职务犯罪的侦查权，同时可以依法采取强制性措施，任何组织和个人不得无理抗拒。

(4)专门性。检察机关的职能只能由其独立承担，包括国家公诉、作为公益代表参与民事诉讼和进行法律监督，等等，这些权力具有法定性，既是检察机关的权力，又是其不可推卸的职责。检察官职能的专门性要求其具有较高的素质(包括道德素质和业务能力)，并应享有司法官的身份保障。

(5)合法性与程序性。检察机关在行使其职能时必须严格依法办事，不得超越或滥用其权力，尤其是必须严格依照法律规定的各种程序进行，如果徇私枉法或渎职，必须承担相应的司法责任。

(三)检察权的范围

检察权的范围，即检察机关的职权，是指由宪法和法律所赋予的检察机关的权限和具体工作范围。各国检察机关的职权随着国家的政治、经济及社会的发展而不断变化和调整，通常是由宪法或法律所确认并保证的。由于世界各国赋予检察机关不同的法律地位和不同的职能，因此，各国检察机关的职权的内容和范围也必然不同。一般来说，检察权都包括侦查权、提起公诉权、支持公诉权、参加民事诉讼权、批准逮捕权等权限，我国检察机关的权限还包括法律监督权、法律解释权、立法提案权、司法行政权等。当代世界各国的检察机关一般都拥有的职权主要如下：

1. 提起刑事公诉

检察机关代表国家就犯罪提起公诉，并在审理刑事案件的程序中出庭支持公诉。这也是大多数国家的检察机关的基本职能。在起诉阶段，检察机关的具体权限包括：①起诉审查权和裁量权。检察机关的起诉原则上采用法定主义，但同时出于诉讼经济的要求，可以在有限的范围内裁量决定不提起公诉；近年来世界很多国家的检察机关在尝试采用“诉辩交易”的方式与刑事被告人(一般是通过其律师)达成定罪量刑方面的协议，以节约司法资源，加快司法处理的效率。②出庭起诉权，行使指控犯罪、参加法庭调查、进行法庭辩论等权力。③求刑权(量刑求告权)，即向法院提出量刑建议，包括罪名、罪的个数、刑罚种类和刑期等。一些国家(如德国、日本和法国)法律规定，检察官负有客观义务，对有利或不利于被告人的情形均须注意，在刑事追诉中既要收集不利于被告人的证据，也要收集有利于被告人的证据；可以向法院提出免予起诉、免予刑罚或推迟宣告等建议。④撤回或取消控诉权。多数国家允许检察机关依职权撤诉，但也有一些国家(如法国)规定，公诉一经启动，就必须作出判决，检察院不得撤诉。⑤适用简易程序建议权。检察院可以根据案件的情况建议法院采用简易程序，法院在征求被告人和辩护人同意后，可以采用简易程序进行审理。⑥上诉权。对于法院作出的初审或二审裁判，检察官要站在法律的立场上提出上诉，包括提出有利于被告人的上诉。⑦对刑事自诉案件的参与权，包括对被害人的帮助和支持等。

2. 进行法律监督,维护司法公正

一些国家宪法规定检察机关是国家的法律监督机关,其职能是依法对国家机关(包括法院、警察机关)、企业、社会团体与个人的活动进行法律监督,包括一般监督、侦查监督、审判监督、判决及裁定的执行监督等。社会主义国家一般均赋予检察机关这项职能。目前我国以及俄罗斯、保加利亚等国家的检察院均定位于法律监督机关。西方国家尽管未将检察机关定位为法律监督机关,但是检察机关在社会生活的各个方面也都在以社会公益代表的身份行使监督权,如法国检察机关对经纪人、公证人、律师等职业人员及户籍管理人员的活动进行法律监督。同时,各国检察机关都承担着对法院审判进行监督的职能,其责任不仅是公诉,还负有维护司法公正的义务。例如,德国与法国的检察机关在诉讼中都负有监督审判的职能,并承担着发现实体真实、维护司法公正的使命。世界各国检察机关对法院判决所拥有的上诉权和抗诉权(发动再审)本身也是一种审判监督职能,这种权限范围很广。例如,法国总检察长可以对已经具有既判力的所有裁判,以"为法律之利益"向最高法院提出抗诉(法国《刑事诉讼法》第六百二十一条)。此外,检察机关对刑罚执行也拥有监督权。

3. 侦查

检察机关不仅可以对警察机关的侦查活动直接介入、进行监督,并且可以根据法律的规定或授权直接对一定类型的犯罪行为和案件进行侦查。具体包括:①指挥和监督侦查机关的权力。世界各国检察机关与侦查机关的关系有两类:一种是警检分立式,即检察机关对侦查机关只进行监督而不拥有具体指挥权,英美和我国均属于此类;另一种是警检结合式,即侦查与起诉同时进行,检察机关拥有对侦查机关的具体指挥权、自行侦查权和终结侦查权,德国和法国属于此类。②自行侦查权。采取警检结合式的国家,检察机关的自行侦查权范围不受限制;而在警检分立式国家,检察机关自行侦查权主要是由法律规定的重要案件,如公职人员或经济犯罪等。③强制权。检察机关有权采取强制权,但在不同国家,其范围和限制各有不同,有些国家设立了专门的司法程序,由法院对检察机关决定采取强制措施进行审查,以避免该权力被滥用而危害公民的合法权利。

4. 参加和干预民事、行政案件

检察机关可以依据有关法律规定,作为社会公益代表人或国家利益代表人(政府律师)参加和干预民事、经济和行政等案件。西方国家检察机关参与民事诉讼的制度,是随着资本主义经济的发展而逐步建立和发展起来的,它以"个人不得以特别的约定违反公共秩序和善良风俗"的思想认识为前提,首创于18世纪资产阶级革命后的法国。法国和德国的检察机关在涉及亲子关系认定、无效婚姻等民事诉讼中,代表国家利益参与诉讼,作为一方当事人与提出申请的当事人进行对抗,以体现国家对此类涉及公益案件的重视。目前,规定检察机关这项职能的国家越来越多,如英国、美国、日本、德国、意大利、比利时、希腊、瑞典、澳大利亚、巴西、阿根廷、芬兰、委内瑞拉、哥斯达黎加、斯里兰卡等。当代检察机关参与民事诉讼的范围也越来越大,如美国的总检察长(即司法部长)下设民事诉讼部门,其中包括商务诉讼处、消费者诉讼办公室、民权庭、环境与自然资源庭等分支机构,各部门在其负责的案件中可以直接参与调查、介入和提起诉讼、参与和解和监督执行,体现了检察机关在民事诉讼中的积极作用。检察机关参与民事、行政诉讼的具体方式主要包括:①作为原告直接提起民事、行政公益诉讼(包括当事人恶意串通危害国家、社会和他人利益的,无效婚姻,无效合同,违反公序良俗的民事行为,环境污染等危害公共利益的案件,等等)。②在原告本身缺乏诉讼能力的情况下,对其提供支持,包括证据调查、提供法律意见、协助完成诉讼文书等方式,支持原告起诉。③作为第三人参加诉讼,代表国家或社会公共利益提出自己的主张和请求。④向利益关系人提出检察建议,促使其行使自己的权利。⑤对民事、行政案件的司法裁判提出抗诉。⑥刑事附带民事诉讼。

5. 提供法律咨询

检察机关向政府提供法律咨询是英美法系国家检察机关特有的职能,如美国总检察长同时是联邦政府的首席法律官员和顾问。在司法部长与总检察长一身兼二任的情况下,其权限和职能都得到了更大的扩张。当代世界各国的检察机关都拥有这项权限和职责。

6. 参与立法

在许多国家,法律都规定最高检察机关或总检察长有立法提案权,可以参与立法。我国最高人民检察院也有立法提案权,同时还可以制定规范性司法解释文件。

7. 国际司法协助

根据国际法、国际条约和协定的规定,检察机关负责促进国际条约和协定的执行并在必要时接受或提请国际法律援助。很多国家都赋予检察机关这项职能,如法国、西班牙等。

三、检察制度的历史发展

检察制度的起源相比法院审判制度较晚,这一制度是随着近现代社会发展和司法活动的变化,经历了一个逐步发展的过程,并在当代的司法改革中发挥了更大的作用。

(一)检察制度的起源

在国家建立初期,各种国家职能并无明确分工,往往是混为一体的,司法活动和司法机关本身也没有今天这样的功能和权限的分化。随着人类社会的发展,国家职能逐渐分化,审判机关逐步从行政机关分离出来形成与行政权不同的分工,出现了专门的法院。在我国近代以前只有中央一级的司法机关，地方司法机关与行政机关依然合体，法院是现代化的产物。社会发展促进法律的演化，司法机关和司法程序也出现了内在分工的需要，法院从主动追究犯罪、无告而理的纠问式，发展到弹劾式，即不告不理。后来又发展为三种形式：①个人弹劾，即由被害人或亲属起诉；②公共弹劾，即人人均可起诉；③国家弹劾，由专门设置的国家机关起诉，即公诉。由于前两种形式容易受到各种因素的阻碍，不足以保护受害人或社会公共利益，因此国家追诉的义务和职能不断增加，国家弹劾式逐渐成为刑事犯罪追诉的主要方式，这就是检察制度的起源。在西方国家和中国古代，都有这种检察制度的雏形。

（二）现代检察制度的建立

1. 西方国家现代检察制度

西方国家的检察制度发源于公元12世纪，大致产生于13世纪40年代至80年代，是适应加强王权和追诉严重犯罪的需要先后于法国与英国产生的。从最初的国王代理人，到公诉制度的建立，最终在资产阶级革命后发展为现代检察制度。

法国检察制度是在由封建割据时期向等级君主制时期转变的过程中产生和逐步发展起来的，据说脱胎于中世纪封建庄园的管家制度。公元11世纪至12世纪，法国正处于封建割据状态，各封建领主、教会领地和城市分别设有法院，对领地居民行使司法权，而国王法院只能管辖王室领地内的案件。13世纪，路易九世对司法制度进行了改革，将封建领主的司法权置于王室法院的管辖之下，并限制教会法院和城市法院的审判权。当时，为了镇压法国南部山区的异教徒，教皇设立了“异教邪恶侦查委员会”，从而改变了私人告诉的原则，出现了公诉制度。法王腓力四世时期（公元1285—1314年），王权战胜了教权，以当事人自诉为主的弹劾主义诉讼模式逐渐转变为以国家主动追究为主的职权主义诉讼模式。与此相应，原先代表国王处理财产、税务和领土纠纷的“国王的律师和代理人”转变为检察官，并作为国家的专职官员具有了以政府公诉人的身份听取私人控告、进行侦查、提起公诉、在法庭上支持公诉以及抗议法庭判决、代表国王监督地方行政当局等职能。15世纪，实行刑事追诉逐渐成为检察官的主要任务。17世纪，在路易十四统治时期，出现了“总检察官”的称谓，并在各级法院设立检察官。在司法实践中形成的由检察官行使追诉权的惯例，影响着法国资产阶级革命胜利后近代检察制度的建立。1790年8月法国国民议会通过法令规定，检察官是行政机关派驻在各级法院的代理人。1808年《法国刑事诉讼法典》具体规定了检察官的设置、职权等。1804年法国《拿破仑法典》中规定了检察官提起民事诉讼的制度。法国的检察组织系统为审检合署制。此后德国、意大利、荷兰等国家效仿法国建立起自己的检察制度。

英国检察制度的历史可追溯至13世纪,也是从中世纪为国王代理财产诉讼的国王律师发展而来的,检察官的前身就是国王律师,副检察长的前身是国王的法律顾问。公元1461年,国王律师更名为英国总检察长;1515年,国王的法律顾问更名为副总检察长。1827年增设追究侵犯王室利益以外的检察官。1878年颁布的《刑事起诉法》确立了现代意义上的检察制度。这种体制直接影响了其原属殖民地美国、加拿大等国家检察制度的建立。

2. 苏联社会主义检察制度的形成和影响

俄罗斯早在沙俄时期就已经建立检察制度。彼得一世登基后进行改革,设立行政监察官作为监督机构。检察机构的主要任务是提起公诉、对法律适用进行监督、保护国库的利益、监督租税的征收,检察官被赋予了极大的权力。1715年设立巡按大臣监督元老院的指令执行情况。1722年取消巡按大臣,设立总检察长作为国家君主的耳目和国家事务的代言人,并在中央政府各部(署)中设立检察官。女皇叶卡捷琳娜二世时期,总检察长兼有行政管理职能,并在地方设立检察官。1864年沙皇政府颁布《审判条例》,建立了现代检察制度。

十月革命后建立的苏维埃政权,一方面,继承了沙俄时代检察机关行使监督权的传统;另一方面,根据列宁的法律监督理论,建立了一种新型的社会主义性质的检察制度。1921年列宁的《论"双重"领导和法制》是苏维埃检察机关组织和活动的理论基础,阐述了成立检察机关并在检察机关实行单一垂直领导体制的必要性。在这一理论指导下,1922年制定了《检察监督条例》,建立起新型的社会主义检察机关。1933年6月成立新的检察院,代替了原来的最高法院检察署。1936年7月,各加盟共和国检察院从各自的共和国司法体系中分离出来,直属苏联检察长。1936年12月,苏联通过了宪法,进一步明确规定检察机关在国家体系中的地位、作用、职权和组织原则等。至此,苏联的高度垂直、统一的检察制度基本建立。作为国家法律监督机关的检察机关是苏联司法体制中权力最大的国家机关,检察官则是法律职业中素质和权威最高的专业人员。检察机关的职能不仅包括刑事公诉和民事公诉,还承担着保证法制统一的使命。苏联的检察制度对包括中国、南斯拉夫、匈牙利、罗马尼亚等在内的社会主义国家检察制度的建立和发展,有着巨大的影响。

(三)当代检察制度的新发展

20世纪50年代以后,世界各国的检察制度都相应地进行了改革和调整。当代检察制度的改革仍在继续中,其发展的主要趋势如下:

(1)扩大和强化检察机关的职能,不断完善检察制度的有关规定。随着当代社会对公益的关注和保障,以及人权保障、打击犯罪等方面的社会实际需要和理念变化,检察机关的职能在不断扩大,对其社会功能和价值的认识也在提高。一方面,针对当代世界各国打击犯罪、保护受害人和公共安全的需要,在当代世界各国的司法改革中，都通过加强检察机关的职能、权限，改革相关程序，加大对刑事的追究力度，提高效率。同时，很多国家特别强化了检察机关在反腐败、针对政府高官违法犯罪方面的作用。另一方面，作为国家和公共利益的代表，检察官参与民事诉讼的范围不断扩大，既包括传统上有检察官参与的民事诉讼，还包括新型的公益诉讼，范围涉及环境、消费者权益保护、人权保护等各个方面。

（2）不同类型和模式的检察制度之间逐步借鉴和融合。这种借鉴和融合具体表现在检察机关的组织系统设置、领导体制和职能等方面。自20世纪50年代以来，英美法系国家从打击犯罪、维护法治的需要出发，吸收和借鉴大陆法系检察制度的做法，建立体系独立、组织严密、职权明确的检察机关，逐步强化检察机关的职能，扩大检察机关在刑事侦查中的作用。如1998年英国议会决定改革检察制度，由检察官在警察局中派驻他们的律师，以加强检察院与警察局之间的联系，提高刑事司法效率，强化检察官在刑事侦查中的作用。而大陆法系国家也在不断完善自己的检察制度。一些国家原来只有与各级法院对应设立的检察官或检察官机构，而没有专门的中央最高检察机关，但近年来，一些大陆法系国家开始设立中央最高检察机关，进一步完整检察体系。如1997年12月1日芬兰设立国家最高检察院，并制定《国家检察机关法》。同时，各种类型和模式的检察制度在改革中，在功能、理念、职权以及具体制度上也在不断相互借鉴。

（3）通过检察机关的体制改革，不断增加检察机关和检察官的独立性，确认和保护检察机关的司法功能，建立检察官的身份保障制度，以更好地发挥检察权在法治社会中的作用。如法国在1998年司法改革中通过法律保证了检察机关的专有职权和独立性，并将最高司法委员会的职权扩展到检察官，即将检察机关和检察官纳入司法系统的范畴之内加以管理。

四、检察机关组织体系

（一）检察机关组织体系的概念

检察机关组织体系，指一个国家各级各类检察机关所构成的组织系统，是根据本国的宪法、检察院组织法或司法组织法等相关法律建立起来的国家政权组织系统的重要组成部分。

检察机关组织体系一般由中央检察机关（最高检察院或司法部）和地方检察机关构成，有些国家还根据需要设立专门检察机关，例如军事检察院等。中央检察机关和地方检察机关之间一般存在自上而下的领导关系，在这一点上，检察机关的组织体系具有行政化的特征。复合制国家的检察机关组织体系则可能分为中央与地方两个不同系统，其隶属关系各有不同。检察机关的内部机构设置一般包括领导机构、决策机构、咨议机构和检察职能机构、检察管理机构。检察机关的成员包括检察长和检察官。

(二)检察机关组织体系的不同类型

世界各国检察组织体系的设置有着很大区别,按照不同标准可以将其划分为不同类型:

1. 审检合署制和审检分立制

从检察机关和审判机关的关系角度出发,检察机关的设置可以分审检合署制和审检分立制两种类型。

(1)审检合署制,是指检察机关附设在法院内部,自己没有独立的组织系统,这种设置方式至今仍为许多大陆法系国家接受。实行审检合署制的国家,检察机关的设置与法院的级别和类型大致相同,即在所有需要设置检察官的法院内设立检察机关。但是必须注意,审检合署制的目的更多是出于工作便利的需要,检察机关本身是独立于法院的机构,不仅独立行使其职权,并且承担着对法院审判进行监督的职能。

(2)审检分立制,是指检察机关单独设置,与法院完全分离,如英国、美国。清末变法修律移植西方检察制度为北洋政府和国民政府继承,曾经实行审检合署制。新中国成立后,移植借鉴苏联检察制度实行审检分立制。实行审检分立制的国家,检察机关都根据国家的行政区划,从中央到地方设立不同等级的检察机关。

2. 检察机关和行政机关的平行制、合一制和隶属制

从检察机关和行政机关的关系角度出发,检察机关的设置可以分为检察机关和行政机关平行的体制、检察机关和行政机关一体的体制、检察机关从属于行政机关的体制三种类型。

(1)检察机关与行政机关平行的体制,是指在国家政权机构中,检察机关与行政机关具有同等的法律地位,检察组织系统与行政组织系统相互独立,不存在隶属关系,如中国、越南、蒙古。

(2)检察机关与司法行政机关一体的体制,是指检察机关的领导机构与作为行政机关的司法部合为一体。比较典型的是美国。这种体制兼有司法机关和行政机关的职能和特点,使检察机关的职能和权限更加扩展。

(3)检察机关隶属于行政机关的体制,是指检察机关属于政府系统,接受司法行政机关的领导、指导或监督,如法国。此外,北欧一些国家的检察机关设在警察局内,由副警察局长担任检察长。

3. 集中型和分散型

从检察机关内部的组织关系角度,可以将其组织体系分为集中型和分散型两种模式。

(1)集中型,是社会主义国家和大陆法系国家检察机关组织体系的特征,即具有高度的统一性,自上而下形成领导与被领导的关系,整个检察机关构成一个高效的整体。司法部长或总检察长拥有对各检察机关的命令权和指挥权。这种体制的

优势在于能够更好地实现检察机关高效追究犯罪和全面监督的职能。英国在1985年司法改革中也选择了集中型的体制。

(2)分散型,是美国检察机关组织体系的特征,主要与其联邦制国家的结构和历史传统有关,地方(州)检察机关与中央(联邦)检察机关之间没有领导关系。

(三)当代世界主要国家检察机关组织体系

1. 法国

法国实行审检合署制,检察机关附设在各级法院内部。根据法院级别的不同,检察机关分为最高法院检察院、上诉法院检察院、重罪法院检察院、轻罪法院检察院、军事法院检察院、国家安全法院检察院。

法国的检察机关隶属于司法行政机关,总检察长直接对司法部长负责。检察官实际上是作为政府律师和法律顾问的身份而设立并发挥其积极作用的。检察机关是由派驻在各级法院的检察官组成的,并没有自己的独立体系。除治安法院外,最高法院、上诉法院和初级法院均设有检察处。其中,最高法院设总检察长、首席副总检察长和副检察长助理;上诉法院设首席检察官一人,检察官若干人;初级法院设检察官一人。全国检察官实行一体化原则,自上而下形成一个统一的整体。但检察官在办案中拥有相对的独立性,有权向公众公开上级指令,表明个人态度,并有权拒绝上级(司法部长)停止追究的指令。

2. 德国

德国的检察机关分为联邦和州两个系统,实行审检合署制,检察机关的设置由《司法组织法》规定,规定每个法院都设置检察机关的办公室。联邦检察机关并不是州检察机关的上级领导机关,二者之间仅存在程序上的联系。州检察机关从属于州司法部。州高级检察院检察长有义务接受州司法部长的指令,但司法部长必须遵守合法性原则,不得干涉具体案件的处理,侵犯检察官的职权,否则检察官有权对司法部长提起诉讼。

3. 美国

美国的检察系统是由联邦检察机关和各州的地方检察机关组成,被称为“双轨三级”。双轨是指联邦检察机关和地方检察机关之间是平行的,无隶属关系;三级则是指检察机关分别设立于联邦、州和市镇三个行政级别上。联邦检察机关包括联邦司法部中具有检察职能的部门和设在95个联邦司法管辖区的联邦检察官办事处,均属于政府行政系统,总检察长和副总检察长分别由司法部长、副部长兼任。总检察长领导和监督联邦检察长和检察官。地方检察系统由州检察长和州检察官组成,大多数州规定,州检察官既是各州刑事案件的主要公诉人,又是其所在县区的司法行政长官。

独立检察官制度是美国的一项特殊的检察制度,在1973年尼克松“水门事件”后,公众对司法部任命的检察官在追究政府高官中的公正性普遍不信任,但是建立独立检察机关的主张又难以实现,在这种背景下,美国国会于1978年通过《政府道德法》,决定建立独立检察官制度,加大反腐败的力度。

独立检察官制度具体规定在美国联邦法典第28篇《司法官和司法程序》的第二部分《司法部》中第40章《独立检察官》中,称为《独立检察官法》,该法最后一条规定其有效期为5年,到期是否延续,由国会投票决定。独立检察官在职务上仍隶属于司法部,但他是在国会的要求下,由司法部下令,在联邦法庭的监督下,由一个三人以上委员会挑选和任命。在符合法定理由的情况下由司法部长罢免独立检察官,但须经过国会同意。独立检察官来自司法部的民间法律专家,非原有的司法部检察官。独立检察官按照司法部长指令的范围和对象进行调查,但司法部长无权推翻和干涉其调查和决定,也不需向任何人或团体负责,而且无时间和金钱的限制。独立检察官的任务是对总统及其他高级官员的指控进行全面的调查,将收集到的证据交给国会,由国会作出是否弹劾的裁决。也就是说其权限仅限于调查,不包括起诉和定罪。美国历史上共委任了20位独立检察官。

设置独立检察官制度的目的,是为了限制政府滥用权力的行为。独立检察官在克林顿总统的丑闻调查中发挥了极大的作用,但是也引起了极大的争议。例如,如何合理约束独立检察官的权限,如何确定独立检察官的调查范围与保护隐私权的界限,独立检察官的实际作用与所耗费的大量人力、物力等成本是否相称,怎样保证独立检察官不具有党派色彩,等等。在《独立检察官法》接近期满失效之前,最终由于反对者过多,国会在讨论时没有通过延长其期限。1999年6月30日《独立检察官法》期满失效。美国司法部长表示他将接任独立检察官的职能。

4. 英国

尽管英国检察机关历史悠久,但由于其"当事人主义"的诉讼传统,追诉犯罪的权力长期掌握在警察手中,直到1977年英国卡拉汉首相下令进行诉讼程序改革,才将公诉权转移到检察机关手中。1985年英国制定《罪行检察法》,仿效大陆法系国家,建立了统一的检察组织,扩大了检察机关的职能。1994年修订的《英国皇家检察准则》中将"公共利益检验"作为提起民事公诉的条件之一。英国检察组织系统实行的是审检分立制。1998年英国议会决定进一步改革检察制度,以加大打击犯罪的力度。

目前英国的检察机关由以总检察长为首长的中央法律事务部、地区刑事检察署和区检察署构成。中央法律事务部的总检察长不是内阁成员,但享有部长级职位,同时是政府的总法律顾问和英国律师协会会长,对检察署、检察长负有政治上的责任。检察机关分层管理,上下级之间存在监管与被监管的关系。

5. 日本

日本在第二次世界大战以前实行的是审检合署制,第二次世界大战后至今实行的是审检分立制,即检察机关与审判机关分别设置,检察院与法院的设置相对应，分为四级，即最高检察院、高等检察院、地方检察院和区检察院。最高检察院设在东京都。

最高检察院设总检察长一人，主持最高检察院工作，指挥、监督全国检察机关的人员；设副总检察长一人，协助总检察长工作。

高等检察院共有八个，跨行政区划设置，分别设在有高等法院的东京、大阪、名古屋、广岛、福冈、仙台、札幌、高松八个中心城市。高等检察院设检察长一人，主持高等检察院的工作，指挥、监督本院和所管辖区域内所有下级检察机关的人员。高等检察院另设分院，日本现有高等检察院分院 6 个。地方检察院共 50 个，分别与地方法院和家庭法院相对应。地方检察院另设分院，日本现有地方检察院分院 203 个。地方检察院设主管检察官一人，主持地方检察院的工作，指挥、监督、领导本院和所管辖区域内下级检察机关的人员。担任地方检察院主管检察官，应当是一级检察官。

日本共有区检察院 438 个，分别与简易法院相对应。区检察院分别设一名首席检察官或者指定一名检察官为首长，主持区检察院的工作，指挥、监督本院的人员。

日本检察机关拥有广泛的侦查权。《检察院法》规定，检察官可以侦查任何犯罪案件。由于实行国家追诉和起诉垄断原则，公诉只能由国家提起，检察院是国家唯一的公诉机关。同时，实行起诉便宜原则，检察官可以对达到起诉条件的案件予以不起诉。为了防止滥用不起诉权，日本对检察官的起诉权进行了制约：准予对国家工作人员和司法官员进行起诉；建立检察审查的制度，由民意机关对检察机关的不起诉决定进行审查。除侦查权和起诉权外，日本检察机关还有权对于刑事诉讼案件请求法院正当适用法律、指挥执行裁判和参与公益密切相关的民事诉讼等广泛的权力。在实践中，日本检察机关享有司法机关的地位，检察官与法官的地位完全相等。

6. 俄罗斯

根据 1995 年《俄罗斯联邦检察院法》，俄罗斯现行检察院组织体系包括三级：俄罗斯联邦总检察院，各联邦主体检察院以及同级军事检察院和其他专门检察院，区（市）检察院、其他区域检察院及同级军事检察院和专门检察院。联邦检察机关实行统一集中的领导体制，下级检察长服从上一级检察长和俄罗斯联邦总检察长，并对他们负责。各级检察机关独立行使权限，不受联邦国家权力机关、各联邦主体国家权力机关、地方自治机关和社会联合组织的干涉。截至 2011 年 11 月，俄罗斯联邦检察院法历经 12 次修改，体现了俄罗斯对改革完善检察监督制度的重视，对检察机关法律监职能的强化，但是检察体制一直延续至今。

第二节　检察官制度

一、检察官制度的概念和意义

（一）检察官制度的概念

1. 检察官的概念

检察官是检察机关的人格化，是具体行使国家检察权的司法官员。不同国家由于国情的不同，检察官的身份和地位也有很大不同。在多数大陆法系国家，检察官都是具有司法官身份的特殊公务员。当代世界各国无论其检察机关如何设置、属性如何，实际上，检察官都被视为国家的司法官，是法律职业的重要组成部分。同时，由于检察官的职权及行使职权的方式与法官不同，因而二者在地位和身份方面亦有所不同。

2. 检察官制度

检察官制度，是指国家为了保证检察权的公正行使，所建立的关于检察官的法律地位、检察官的来源和教育培训途径、选任方式，检察官的身份保障，以及检察官的管理，包括升任、考核、任期、弹劾、纪律惩戒等一系列制度的总和。检察官制度通常是由一个国家的宪法、检察官组织法和检察官法等基本法律等加以确立和保证的。同时，检察官还必须遵循严格的职业道德规范。现代检察官制度与法官制度具有相同或近似的理念，检察官的素质要求和身份保障制度也与法官基本相同。

（二）检察官制度的意义

现代检察官制度与法官制度同样，是现代法治社会司法独立的要求和制度保证。具体而言，其意义如下：

1. 保证司法独立

检察作为司法权的组成部分，以独立依法行使为基本原则。检察权既是国家追究犯罪、维护社会安全所必需，也是维护社会公共利益的重要保证，为了保证检察权的行使不受到来自其他国家权力、社会权力和其他法外因素的干扰（例如当事人的恐吓、威逼利诱），就需要保证检察机关的独立，通过建立检察官的身份保障，使其免除后顾之忧，以保证检察权的依法行使，实现司法的公正。但是检察机关的独立与法院的司法独立存在一定的区别，尽管检察官依法独立办案，但一般不强调检察官的内部独立。美国的独立检察官制度试图在检察官个人身份独立上进行突破，其作用尽管得到了肯定，但是由于成本代价过高，最终未能延续。

2. 保证检察官的素质和科学管理

检察官的素质直接关系到检察权的行使和国家司法功能及目标的实现，由于检察官职责的重要性，世界各国都将其作为与法官同等重要的司法官，对检察官的素质要求与法官基本相同。随着当代检察机关职能的扩大，检察官能否公正地代表公共利益行使权力，维护国家和社会的利益就成为公众普遍关心的问题，因此，世界各国都专门制定检察官法或司法官法，对检察官的资格、选任程序、任期等作出系统的规定。通过选任、奖惩、培训等制度，使检察官的管理科学化、合理化，以保证检察机关的工作效率和质量。

3. 更好地发挥检察机关的功能

随着当代社会对检察机关的期待不断提高，检察权的范围和功能不断扩大，对检察官的要求也日益提高。通过检察官制度达到检察官的职业化，保证检察官的素质和进行科学管理，目的最终在于提高检察官自身的能力，保证检察工作的公正与效率，从而更好地打击犯罪，维护社会公共利益，保护公民的合法权益和法治秩序。

二、检察官的任职资格与任免

（一）检察官的任职资格

1. 检察官的范围

检察官是行使检察权的国家官员，包括检察长、副检察长和检察官。其中检察长的身份具有两重性，既是一种专业职称，即属于检察官或公诉人中的一员，又是一种行政职务，具有国家政务官员的性质。

不同国家由于国情的不同，检察官的身份和地位也有很大不同。在多数大陆法系国家，检察官都是具有司法官身份的特殊公务员。在英国，总检察长被视为政府和公众利益的代表。除了总检察长的身份外，他还是英王的法律顾问、政府的法律官员和律师界的领袖。在美国，联邦总检察长既是联邦政府的首席检察官，同时也是联邦司法部部长，即最高司法行政长官。

2. 检察官任职资格

检察官的任职资格是指担任检察官并从事检察职能所应具备的素质和条件。不同国家的法律对检察官资格的规定各不相同。一般均在检察官法等法律法规中作出专门和具体的规定。为了保证检察官的素质，各国都从检察官的任职条件和选任程序两个方面作出明确具体的规定。

一般而言，世界各国检察官任职资格中必备的基本条件主要有：①国籍和行为能力方面的要求；②品行方面的要求，包括忠于祖国、品行良好，无犯罪违法记录,等等;③学历或教育方面的要求,随着当代世界教育水平的普遍提高,检察官任职前一般均需要具备大学法学专业基本学历;④通过司法考试或其他专门遴选程序;⑤经过任职前的职业培训或实习,包括职业道德和专业技能方面的训练,等等。

由于检察官属于司法官,其任职资格一般应与法官基本相同。例如,《德国法官法》第一百二十二条规定,只有能胜任法官职务的人才能成为检察官。苏联时期以及东欧社会主义国家强调检察官对社会实行全面的法律监督,因此对检察官的要求甚至高于法官,检察官任职资格更强调任职者的道德水准和全面的法律技能。

此外,各级各类检察院的检察官在任职资格上一般都有所不同,尤其是检察长的任职资格一般均须法律作出专门的规定。

(二)检察官的任免

1. 检察官的产生

检察官的产生与检察官教育培训是与检察官任职资格相联系的。由于检察官职业的特殊性,仅有一般的学历(即使是法学教育的学历)不足以满足其职务的需要,因此,设立专门的检察官任职前的培训制度就显得非常必要。当代世界各国检察官的产生大致有以下两种基本模式:

(1)英美普通法系国家检察官通常是从资深律师中产生,律师与检察官属于一个职业共同体,检察官拥有律师的经验。由此产生的检察官年龄一般比较大,社会经验和法律职业经验比较丰富,经过竞争选择,检察官素质较高。例如,美国的检察官和助理检察官都必须是其所在州的律师协会的成员,在当地取得律师资格是担任检察官的前提条件。

(2)大陆法系国家检察官属于一种独立的法律职业,检察官一般经过严格的遴选条件和司法考试获得培训资格,通过特定的职业培训途径获得任职资格,经法定程序任命后,一般终身担任检察官。其培训方式与法官培训一样,有一元化模式(如德国、日本),即与法官、律师相同,以及多元化模式(如法国),即采用与律师等不同的专门培训方式两类。

2. 检察官的选任方式

检察官的选任方式,是指关于检察官选任的具体程序、方法和形式的规定和相关制度。检察官的选任具有严格性和程序性的特点,其实质或核心是从程序上保证检察官选任的结果即保证检察官的素质。世界各国检察官的任职条件、培训和任命大都与法官一致,一般需要经过统一的司法考试,经过同样的任职前的培训,采用相同的方式得到国家的正式委任,任免程序亦完全相同。在很多国家,法官和检察官只是经过相同途径之后选择的不同职业。当代世界各国检察官的选任方式主要有三种:选举制、任命制、任命制与选举制相结合。具体方式与法官的选任方式基本相同。

三、检察官身份保障制度

(一)检察官身份保障制度的概念

检察官身份保障制度,即通过宪法、检察院组织法、检察官法等法律,给予检察官特殊的身份保障,一经任命便享有应有的待遇、地位和豁免权,非经法定程序不得被随意更换、免职、调任和降职,以免除检察官的后顾之忧,确保其依法行使职权。检察官身份保障制度与法官身份保障制度同样,都是为司法官提供的特殊保障制度,但二者不同的是,检察官个人的独立性受到检察机关行政性管理体制的限制。1990 年联合国大会批准的《关于检察官作用的准则》提出:各国应确保检察官能够在没有任何恐吓、阻碍、侵扰、不正当干预或不合理地承担民事、刑事或其他责任的情况下履行其专业职责;如果检察官及其家属的安全因其履行检察职能而受到威胁时,有关当局应向他们提供人身安全保护;各国应以法律、法规或条例形式对检察官的服务条件、报酬、任期、退休金及退休年龄作出规范。这一准则对检察官的身份保障作出了原则性的要求。当代各国都根据各自的不同情况建立了检察官身份保障制度。

(二)检察官身份保障制度的具体内容

1. 物质待遇

检察官的物质待遇反映了检察官在国家中的地位。许多国家分别在检察院组织法或司法组织法等中对检察官的待遇作出明确规定,一般都规定检察官的待遇较普通行政官优越,相当于法官。原则上实行高薪制、不得减薪和退休优惠制度。但由于国情、经济水平等的不同,各国规定的检察官待遇也有较大的差异。

2. 履行职务的身份保障

检察官履行职责必须受到法律保护。为了确保检察官依法行使职权,各国一般在宪法、检察院组织法或司法组织法以及各种程序法中规定,给予检察官任职期间的身份保护,检察官一经任命便享有应有的职权和工作条件,履行检察职责不受行政机关、社会团体和个人的干涉,非经法定程序不得被随意更换、免职、调任和降职,其人身、住宅、安全受法律保护。同时检察官的职务行为可以享受豁免权。

3. 检察官的奖惩

为了保证检察队伍的廉洁和高效,大多国家都在检察组织法、司法组织法等法律中明确规定了检察官奖惩制度。当检察官严格履行职责、忠于职守、表现突出时应予以奖励;当检察官玩忽职守、徇私枉法时应以惩罚。但就具体规定而言,各国又不完全相同。检察官的惩戒制度与法官的惩戒制度原则上相似。

第三节 我国检察制度

一、检察院的性质、地位、任务和职能

（一）检察院的性质

我国的检察机关即人民检察院。《宪法》和《人民检察院组织法》规定，人民检察院是国家的法律监督机关。这是检察机关区别于其他国家机关的本质特征。我国检察机关的法律监督机关的性质，也表明了其作为与法院并列的国家司法机关的地位及职权。

（二）检察院的地位

尽管宪法并未明确表述检察院是否属于司法机关，但是我国历来都将检察院视为与法院并行的、独立于行政机关（政府）的司法机关。我国宪法规定，各级人民检察院都由本级国家权力机关产生，并对本级国家权力机关负责，地方各级人民检察院同时对上级检察院负责。检察院单独设置，自成体系，从属于权力机关。这种体制被称为“双重负责制”，这说明，我国检察机关的地位是非常重要的，高于一般西方国家检察机关在国家机构中的地位。但是由于目前地方对检察机关的人、财、物等方面都拥有控制权，因此检察机关的统一中央集权的领导体制实际上受到了很大的限制。

（三）检察院的任务

我国《宪法》和《人民检察院组织法》规定，人民检察院的任务是追诉危害国家安全的犯罪，保卫国家安全；追诉危害公共安全的犯罪，维护社会秩序；保护国家、集体财产和公民私人所有的合法财产不受侵犯；保护公民的人身权利、民主权利和其他权利不受侵犯；教育公民忠于祖国，自觉遵守宪法和法律，预防和减少违法犯罪。

（四）检察院的职能

1. 行使法律监督权

（1）侦查监督制度。①审查逮捕。对于任何公民的逮捕，除人民法院决定的以外，必须经人民检察院批准。②审查起诉。人民检察院对于公安机关要求起诉的案件，应当进行审查，决定起诉、免予起诉或者不起诉。对于主要犯罪事实不清、证据不足的，可以退回公安机关补充侦查。③侦查监督。当人民检察院发现公安机关的侦查活动有违法情况时，应当通知公安机关予以纠正。

(2)审判监督。对人民法院的审判活动是否合法实行监督,分为刑事、民事、行政等审判监督,包括程序性监督和实体性监督,方式包括抗诉、向法庭提出纠正意见等。

(3)对法院刑事判决的执行和监所的监督制度。人民检察院发现刑事判决、裁定的执行有违法情况时,应当通知执行机关予以纠正。发现监狱、看守所、劳动改造机关的活动有违法情况时,应当通知主管机关予以纠正。

2. 对刑事案件提起和支持公诉

人民检察院对于公安机关侦查终结、移送起诉的刑事案件必须认真审查,包括犯罪事实是否清楚、证据是否确实充分、犯罪性质和罪名是否正确;有无遗漏罪行和其他应追究刑事责任的人;是否属于不应追究刑事责任的;有无附带民事诉讼;侦查活动是否合法。审查完毕后,应在一个月内作出是否起诉的决定,重大复杂的案件可以延长半个月。经过审查认为犯罪事实清楚,证据确实充分,依法应追究其刑事责任的,人民检察院应向有管辖权的人民法院提起公诉;经过审查,犯罪嫌疑人有下列情形之一的,人民检察院应作出不起诉决定:①情节显著轻微、危害不大,不认为是犯罪的;②犯罪已过追诉时效期限的;③经特赦令免除刑罚的;④依照刑法告诉才处理的犯罪,没有告诉或者撤回告诉的;⑤犯罪嫌疑人、被告人死亡的;⑥其他法律规定免予追究刑事责任的。《刑事诉讼法》第一百七十三条还规定:对于犯罪情节轻微,依照刑法规定不需要判处刑罚或者免除刑罚的,人民检察院可以作出不起诉决定。人民检察院提起公诉的案件,由检察长或者检察员以国家公诉人的身份出席法庭,支持公诉。

3. 刑事侦查

人民检察院可以依照法律规定直接受理刑事案件的侦查。《刑事诉讼法》第十九条规定:人民检察院在对诉讼活动实行法律监督中发现的司法工作人员利用职权实施的非法拘禁、刑讯逼供、非法搜查等侵犯公民权利、损害司法公正的犯罪,可以由人民检察院立案侦查。对于公安机关管辖的国家机关工作人员利用职权实施的重大犯罪案件,需要由人民检察院直接受理的时候,经省级以上人民检察院决定,可以由人民检察院立案侦查。

4. 民事行政检察权

检察机关可以参加一些涉及国家、集体和公民的重大利益的民事、经济和行政案件,并通过对已经生效的判决与裁定提出抗诉和检察建议的方式对法院的民事审判活动和行政审判活动以及执行活动实行法律监督。

5. 提起公益诉讼

检察公益诉讼是指人民检察院以公益诉讼起诉人身份提起公益诉讼,依照民事诉讼法、行政诉讼法享有相应的诉讼权利,履行相应的诉讼义务,但法律、司法解释另有规定的除外。

探索建立检察机关提起公益诉讼制度，是党的十八届四中全会作出的一项重大部署。在以习近平同志为核心的党中央领导下，检察公益诉讼制度从顶层设计到实践落地，从局部试点到全面推开、健康发展，形成了公益司法保护的“中国方案”，受到了广泛关注与大力认同。

人民检察院办理公益诉讼案件的任务，是通过依法独立行使检察权，督促行政机关依法履行监督管理职责，支持适格主体依法行使公益诉权，维护国家利益和社会公共利益，维护社会公平正义，维护宪法和法律权威，促进国家治理体系和治理能力现代化。

根据相关法律规定，生态环境和资源保护领域、食品药品安全领域、英烈权益保护领域、国有财产保护领域、国有土地使用权出让领域、个人信息保护领域，人民检察院认为存在危害公共利益的民事违法、行政违法和刑事犯罪行为时，可以依法提起民事公益诉讼、行政公益诉讼和刑事附带民事公益诉讼。

检察公益诉讼制度实际上是监察与司法体制改革检察侦查权的范围调整之后，检察机关积极作为探索回归检察机关一般监督职能的制度实践。检察机关认真贯彻落实党的十九届四中全会关于“拓展公益诉讼案件范围”的会议精神，指导各地加大新领域探索力度同时，加强对新领域案件办理的规范，制定下发《关于积极稳妥拓展公益诉讼案件范围的指导意见》，在安全生产、无障碍环境建设、扶贫赡养、国防军事、文物和文化遗产保护、网络空间治理等人民群众普遍关注领域进一步深化探索，办理了大量典型案件，取得显著成效。

此外，《国务院关于完善进出口商品质量安全风险预警和快速反应监管体系切实保护消费者权益的意见》提出的“加强重点领域质量安全公益诉讼工作”；最高检、全国妇联《关于建立共同推动保护妇女儿童权益工作合作机制的通知》提出的“针对国家机关、事业单位招聘工作中涉嫌就业性别歧视，相关组织、个人通过大众传播媒介或者其他方式贬低损害妇女人格等问题，检察机关可以发出检察建议，或者提起公益诉讼”；最高检、中央军委政法委员会《关于加强军地检察机关公益诉讼协作工作的意见》提出的“积极稳妥探索办理在国防动员、国防教育、国防资产、军事行动、军队形象声誉、军人地位和权益保护等方面的公益诉讼案件”；《2020 年推动长江经济带发展工作要点》提出的“探索开展危化、尾矿、交通等安全生产领域公益诉讼检察工作”。

6. 处理重大犯罪案件

对于叛国案、分裂国家案以及严重破坏国家的政策、法律、法令、政令统一实施的重大犯罪案件，行使检察权。

二、我国检察制度的历史发展

(一)新中国成立之前检察制度的历史发展

我国在周朝曾在大司寇之下设属官60人,其中“禁杀戮”一职,据说相当于古代的检察官。秦朝将“禁杀戮”与“御史”合而为一,演变为御史制度,是我国古代监察制度和检察制度的起源。御史制度贯穿了中国封建社会的始终,职责是“纠察百官、监督地方”,对维护封建法制的统一起了重要作用。

我国现代意义上的检察制度始建于清朝末年。1902年清政府修订法律,效仿日本、法国和德国建立起大陆法系模式的检察制度,即将大理寺改为大理院,专掌审判;将刑部改为法部,专掌司法行政和检察;将都察院改为都御史一人、副都御史二人。1907年制定的《高等以下各级审判厅试办章程》规定了检察机关的职能包括:①刑事提起公诉;②收受诉状,请求预审及公判;③指挥司法警察逮捕犯罪者;④调查事实,搜集证据;⑤民事保护公益,陈述意见;⑥监督审判,并纠正其违误;⑦监督判决之执行;⑧查核统计表。

民国时期基本延续了这一制度。南京国民政府时期还进一步明确规定实行“审检合署制”,即在最高法院内部设检察署,配备检察长一人和检察官若干人,在各级法院内部设检察处,配备首席检察官一人和检察官若干人。1932年南京国民政府《法院组织法》对检察官职权进行了扩张。

(二)新中国检察制度的建立和发展

新民主主义革命时期,限于当时的环境,检察制度比较简单。新中国成立后,逐步建立起具有中国特色的社会主义检察制度。1949年,按照《共同纲领》和《中央人民政府组织法》的规定成立了检察署,罗荣桓元帅被任命为中央人民政府最高检察署检察长。1954年9月第一届全国人民代表大会通过的新中国第一部《宪法》对检察制度作出了专门规定。1955年,全国各级人民检察院普遍建立。1956年,各级铁路检察院和军事检察院等专门检察院也基本建立。1957—1966年,受当时政治形势的影响,检察制度在一定程度上遭到破坏,到1968年12月各级检察院被逐步撤销,严重影响了检察制度的发展。1978年十一届三中全会之后,拨乱反正,共和国开始步入法制建设时期,重新设置检察机关。1978年的《宪法》第四十三条对检察机关的职权和领导关系作了原则性规定。1979年制定的《检察院组织法》总结了新中国成立30年来检察工作的经验教训,明确规定检察院是国家法律监督机关,恢复了新中国成立初期的双重领导体制,强化了检察机关的职权。该法1983年根据国家法制建设的实际予以了修订。1989年最高人民检察院制定了《检察人员纪律(试行)》,规定了检察人员的“八要八不准”,只是比较粗疏和简单。在规制检察官纪律的同时,检察机关也加强了自身的监察工作。

1994 年最高人民检察院颁行了《人民检察院监察工作暂行条例》和《人民检察院监察部门调查处理案件办法(试行)》,后来被 2000 年通过的《人民检察院监察工作条例》所取代。1995 年最高人民检察院通过《检察官纪律处分暂行规定》,非常详尽地规定了对检察官的纪律要求。至 2004 年,为适应具体情况的发展变化,又出台了《检察人员纪律处分条例(试行)》将上述规定取代。2000 年 2 月最高人民检察院颁布了《关于在审查起诉部门全面推行主诉检察官办案责任制的工作方案》,在起诉部门全面推行主诉检察官办案责任制,由最高人民检察院对主诉检察官的条件、选任、职责、管理、考核、奖惩、监督及工作机制等作出统一规定。不久后在 5 月,又接着颁布了《关于在检察机关侦查部门开展主办检察官办案责任制试点工作的意见》。2003 年 9 月最高人民检察院通过了《关于人民检察院直接受理侦查案件实行人民监督员制度的规定(试行)》,并明确规定在查办职务犯罪案件中,由人民监督员对检察机关拟作撤案、不起诉处理和犯罪嫌疑人不服逮捕决定的"三类案件"以及立案不当、超期羁押、违法搜查扣押、不依法给予刑事赔偿和检察人员违法违纪办案等"五种情形"进行监督。2004 年重新颁布《关于人民监督员制度的规定(试行)》。另外,还于 2006 年制定了《关于人民监督员监督"五种情形"的实施规则(试行)》。此外,统一司法资格考试的举办,《检察官法》《民事诉讼法》和《刑事诉讼法》的修改都为我国检察制度的发展提供了制度保障。

我国基本上是采取苏联社会主义检察制度的模式,但结合本国国情又有着自己的制度建设特点。我国检察机关是国家的法律监督机关,在组织上实行检察系统垂直并接受地方党委人大领导体制和检察长个人负责制。目前,随着我国法治建设的发展,社会对检察机关的工作提出了更高的要求。为了适应这一要求,检察机关从 20 世纪 80 年代以来一直在积极进行检察制度改革,这是我国全面进行的司法改革的重要组成部分。尤其是 2018 年的宪法修正,确认了国家监察体制和司法体制改革成果,检察机关职务犯罪侦查权大部分划归监察委员会行使,检察机关朝着纯粹的公诉机关和法律监督方向发展。我国检察制度改革主要包括改革检察机构设置、人事管理、内部监督和公诉权的行使、侦查权的行使、法律监督权的行使,以及提高检察官的素质及其职业化程度等方面。经过改革开放四十余年的发展,中国检察制度在宪政地位、权属性质、领导体制和监督职能方面已经形成中国特色。

三、检察体制

(一)人民检察院组织体系与工作机构

1. 人民检察院组织体系

根据《宪法》和《人民检察院组织法》规定,我国检察机关的组织体系形成一个自上而下的完整系统,分为四级:最高人民检察院;省、自治区、直辖市人民检察院;省、自治区、直辖市人民检察院分院,自治州、省辖市人民检察院;县、市、自治县和市辖区人民检察院。此外,还设立了军事检察院等专门人民检察院。检察院的组织机构系统与法院不同,反映了检察院上下级之间的领导与被领导的关系及其集中统一的特点。这是检察院的职能和性质所决定的,为了维护国家法制的统一、履行检察院法律监督的职能,检察机关必须实行一体化和中央集权领导体制。但是,由于我国的实际情况,目前检察院组织体系实际上仍实行双重领导体制。

最高人民检察院是国家最高检察机关,领导地方各级人民检察院和专门人民检察院的工作,上级检察院领导下级检察院的工作。

2. 人民检察院工作机构

根据《人民检察院组织法》规定,各级人民检察院内部的工作机构组成如下:

(1)检察长。各级人民检察院设检察长一人,检察长统一领导检察院的工作。

(2)检察委员会。各级人民检察院设立检察委员会。检察委员会实行民主集中制,在检察长的主持下,讨论决定重大案件和其他重大问题。如果检察长在重大问题上不同意多数人的决定,可以报请本级人民代表大会常务委员会决定。

(3)业务机构。各级人民检察院内一般设立了刑事检察、法纪检察、经济检察、监所检察、控告申诉检察厅(处、科)、民事行政检察等业务机构。各业务机构一般在最高人民检察院称为厅;在地方各级人民检察院分别称为处、科。

(二)检察工作的基本原则

检察工作的基本原则,是检察机关和检察官行使检察权时必须遵循的活动准则。除必须遵守人民司法制度共同的基本原则外,还必须特别遵守以下具体原则:

(1)检察权统一独立行使原则。检察权由人民检察院统一行使。人民检察院依照法律规定独立行使检察权,不受其他行政机关、团体和个人的干涉。

(2)司法机关分工制约的原则。检察机关与公安机关和法院实行分工负责、互相配合、互相制约的原则,承担着侦查监督和审判监督的任务。

(3)保障公民控告权和平等权原则。人民检察院依法保障公民对于违法的国家工作人员提出控告的权利,追究侵犯公民的人身权利、民主权利和其他权利的人的法律责任。各级人民检察院行使检察权,对于任何公民,在适用法律上一律平等,不允许有任何特权。

(4)严格程序原则。人民检察院在工作中必须坚持实事求是,贯彻执行群众路线,倾听群众意见,接受群众监督,调查研究,重证据不轻信口供,严禁逼供,正确区分和处理敌我矛盾和人民内部矛盾。各级人民检察院的工作人员,必须忠实于事实真相,忠实于法律,忠实于社会主义事业,全心全意地为人民服务。

四、检察官制度

1995 年 2 月 28 日第八届全国人民代表大会常务委员会第 12 次会议通过了《中华人民共和国检察官法》,共 7 章 52 条,就检察官的职责、权利义务、任免、等级、奖惩等作出明确规定,建立了检察官制度。根据 2001 年 6 月 30 日第九届全国人民代表大会常务委员会第二十二次会议《关于修改〈中华人民共和国检察官法〉的决定》第一次修正;根据 2017 年 9 月 1 日第十二届全国人民代表大会常务委员会第二十九次会议《关于修改〈中华人民共和国法官法〉等八部法律的决定》第二次修正;2019 年 4 月 23 日第十三届全国人民代表大会常务委员会第十次会议再次修订,共 8 章 70 条。

我国检察官制度主要包括以下内容:

(一)检察官的任职条件和禁止条件

1. 检察官的任职条件

《检察官法》第十二条规定,我国检察官的任职条件包括:①具有中华人民共和国国籍;②拥护中华人民共和国宪法,拥护中国共产党领导和社会主义制度;③具有良好的政治、业务素质和道德品行;④具有正常履行职责的身体条件;⑤具备普通高等学校法学类本科学历并获得学士及以上学位;或者普通高等学校非法学类本科及以上学历并获得法律硕士、法学硕士及以上学位;或者普通高等学校非法学类本科及以上学历,获得其他相应学位,并具有法律专业知识;⑥从事法律工作满五年,其中获得法律硕士、法学硕士学位,或者获得法学博士学位的,从事法律工作的年限可以分别放宽至四年、三年;⑦初任检察官应当通过国家统一法律职业资格考试取得法律职业资格。

2. 禁止条件

《检察官法》第十三条规定,下列人员不得担任检察官:①因犯罪受过刑事处罚的;②被开除公职的;③被吊销律师、公证员执业证书或者被仲裁委员会除名的;④有法律规定的其他情形的。

(二)检察官的任免

1. 检察官的选任

修改后的《检察官法》规定:初任检察官采用考试、考核的办法,按照德才兼备的标准,从具备检察官条件的人员中择优提出人选。人民检察院的检察长应当具有法学专业知识和法律职业经历。副检察长、检察委员会委员应当从检察官、法官或者其他具备检察官条件的人员中产生。人民检察院可以根据检察工作需要,从律师或者法学教学、研究人员等从事法律职业的人员中公开选拔检察官。除应当具备检察官任职条件外,参加公开选拔的律师应当实际执业不少于五年,执业经验丰富,从业声誉良好,参加公开选拔的法学教学、研究人员应当具有中级以上职称,从事教学、研究工作五年以上,有突出研究能力和相应研究成果。省、自治区、直辖市设立检察官遴选委员会,负责初任检察官人选专业能力的审核。省级检察官遴选委员会的组成人员应当包括地方各级人民检察院检察官代表、其他从事法律职业的人员和有关方面代表,其中检察官代表不少于三分之一。省级检察官遴选委员会的日常工作由省级人民检察院的内设职能部门承担。遴选最高人民检察院检察官应当设立最高人民检察院检察官遴选委员会,负责检察官人选专业能力的审核。初任检察官一般到基层人民检察院任职。上级人民检察院检察官一般逐级遴选;最高人民检察院和省级人民检察院检察官可以从下两级人民检察院遴选。参加上级人民检察院遴选的检察官应当在下级人民检察院担任检察官一定年限,并具有遴选职位相关工作经历。

2. 检察官任免程序

检察官的任免,依照宪法和法律规定的任免权限和程序办理。最高人民检察院检察长由全国人民代表大会选举和罢免,副检察长、检察委员会委员和检察员,由检察长提请全国人民代表大会常务委员会任免。地方各级人民检察院检察长由本级人民代表大会选举和罢免,副检察长、检察委员会委员和检察员,由检察长提请本级人民代表大会常务委员会任免。地方各级人民检察院检察长的任免,须报上一级人民检察院检察长提请本级人民代表大会常务委员会批准。省、自治区、直辖市人民检察院分院检察长、副检察长、检察委员会委员和检察员,由省、自治区、直辖市人民检察院检察长提请本级人民代表大会常务委员会任免。省级人民检察院和设区的市级人民检察院依法设立作为派出机构的人民检察院的检察长、副检察长、检察委员会委员和检察员,由派出的人民检察院检察长提请本级人民代表大会常务委员会任免。新疆生产建设兵团各级人民检察院、专门人民检察院的检察长、副检察长、检察委员会委员和检察员,依照全国人民代表大会常务委员会的有关规定任免。检察官在依照法定程序产生后,在就职时应当公开进行宪法宣誓。

3. 检察官的免职

《检察官法》第二十条规定,检察官有下列情形之一的,应当依法提请免除其检察官职务:①丧失中华人民共和国国籍的;②调出所任职人民检察院的;③职务变动不需要保留检察官职务的,或者本人申请免除检察官职务经批准的;④经考核不能胜任检察官职务的;⑤因健康原因长期不能履行职务的;⑥退休的;⑦辞职或者依法应当予以辞退的;⑧因违纪违法不宜继续任职的。

对于不具备《检察官法》规定条件或者违反法定程序被选举为检察长的,上一级人民检察院检察长有权提请该级人民代表大会常务委员会不批准。

对于违反《检察官法》规定的条件任命检察官的，一经发现，作出该项任命的机关应当撤销该项任命；上级人民检察院发现下级人民检察院检察官的任命有违反本法规定的条件的，应当责令下级人民检察院依法撤销该项任命，或者要求下级人民检察院依法提请同级人民代表大会常务委员会撤销该项任命。

最高人民检察院和省、自治区、直辖市人民检察院检察长可以建议本级人民代表大会常务委员会撤换下级人民检察院检察长、副检察长和检察委员会委员。

（三）检察官的义务和权利

1. 检察官的义务

检察官的义务包括：①严格遵守宪法和法律；②秉公办案，不得徇私枉法；③依法保障当事人和其他诉讼参与人的诉讼权利；④维护国家利益、社会公共利益，维护个人和组织的合法权益；⑤保守国家秘密和检察工作秘密，对履行职责中知悉的商业秘密和个人隐私予以保密；⑥依法接受法律监督和人民群众监督；⑦通过依法办理案件以案释法，增强全民法治观念，推进法治社会建设；⑧法律规定的其他义务。

2. 检察官的权利

检察官的权利包括：①履行检察官职责应当具有的职权和工作条件；②非因法定事由、非经法定程序，不被调离、免职、降职、辞退或者处分；③履行检察官职责应当享有的职业保障和福利待遇；④人身、财产和住所安全受法律保护；⑤提出申诉或者控告；⑥法律规定的其他权利。

（四）检察官的身份保障制度

我国检察官的身份保障制度与法官制度基本相同，主要体现在检察官的权利中。《检察官法》第五十三条规定，人民检察院设立检察官权益保障委员会，维护检察官合法权益，保障检察官依法履行职责。

除下列情形外，不得将检察官调离检察业务岗位：①按规定需要任职回避的；②按规定实行任职交流的；③因机构调整、撤销、合并或者缩减编制员额需要调整工作的；④因违纪违法不适合在检察业务岗位工作的；⑤法律规定的其他情形。

任何单位或者个人不得要求检察官从事超出法定职责范围的事务。对任何干涉检察官办理案件的行为，检察官有权拒绝并予以全面如实记录和报告；有违纪违法情形的，由有关机关根据情节轻重追究有关责任人员、行为人的责任。

检察官的职业尊严和人身安全受法律保护。任何单位和个人不得对检察官及其近亲属打击报复。对检察官及其近亲属实施报复陷害、侮辱诽谤、暴力侵害、威胁恐吓、滋事骚扰等违法犯罪行为的，应当依法从严惩治。检察官因依法履行职责遭受不实举报、诬告陷害、侮辱诽谤，致使名誉受到损害的，人民检察院应当会同有关部门及时澄清事实，消除不良影响，并依法追究相关单位或者个人的责任。检察官因依法履行职责，本人及其近亲属人身安全面临危险的，人民检察院、公安机关应当对检察官及其近亲属采取人身保护、禁止特定人员接触等必要保护措施。

检察官实行与其职责相适应的工资制度,按照检察官等级享有国家规定的工资待遇,并建立与公务员工资同步调整机制。检察官实行定期增资制度。经年度考核确定为优秀、称职的,可以按照规定晋升工资档次。检察官享受国家规定的津贴、补贴、奖金、保险和福利待遇。检察官因公致残的,享受国家规定的伤残待遇。检察官因公牺牲、因公死亡或者病故的,其亲属享受国家规定的抚恤和优待。检察官退休后,享受国家规定的养老金和其他待遇。对于国家机关及其工作人员侵犯本法第十一条规定的检察官权利的行为,检察官有权提出控告。对检察官处分或者人事处理错误的,应当及时予以纠正;造成名誉损害的,应当恢复名誉、消除影响、赔礼道歉;造成经济损失的,应当赔偿。对打击报复的直接责任人员,应当依法追究其责任。

(五)检察官管理制度

1. 检察官职务序列

检察官实行员额制管理。检察官员额根据案件数量、经济社会发展情况、人口数量和人民检察院层级等因素确定,在省、自治区、直辖市内实行总量控制、动态管理,优先考虑基层人民检察院和案件数量多的人民检察院办案需要。检察官员额出现空缺的,应当按照程序及时补充。最高人民检察院检察官员额由最高人民检察院与有关部门商定。

检察官实行单独职务序列管理。检察官等级分为十二级,依次为首席大检察官、一级大检察官、二级大检察官、一级高级检察官、二级高级检察官、三级高级检察官、四级高级检察官、一级检察官、二级检察官、三级检察官、四级检察官、五级检察官。最高人民检察院检察长为首席大检察官。检察官等级的确定,以检察官德才表现、业务水平、检察工作实绩和工作年限等为依据。检察官等级晋升采取按期晋升和择优选升相结合的方式,特别优秀或者工作特殊需要的一线办案岗位检察官可以特别选升。

2. 任职回避

检察官不得兼任人民代表大会常务委员会的组成人员,不得兼任行政机关、监察机关、审判机关的职务,不得兼任企业或者其他营利性组织、事业单位的职务,不得兼任律师、仲裁员和公证员。

检察官之间有夫妻关系、直系血亲关系、三代以内旁系血亲以及近姻亲关系的,不得同时担任下列职务:①同一人民检察院的检察长、副检察长、检察委员会委员;②同一人民检察院的检察长、副检察长和检察员;③同一业务部门的检察员;④上下相邻两级人民检察院的检察长、副检察长。

检察官的配偶、父母、子女有下列情形之一的,检察官应当实行任职回避:①担任该检察官所任职人民检察院辖区内律师事务所的合伙人或者设立人的;②在该检察官所任职人民检察院辖区内以律师身份担任诉讼代理人、辩护人,或者为诉讼案件当事人提供其他有偿法律服务的。

检察官从人民检察院离任后两年内,不得以律师身份担任诉讼代理人或者辩护人。检察官从人民检察院离任后,不得担任原任职检察院办理案件的诉讼代理人或者辩护人,但是作为当事人的监护人或者近亲属代理诉讼或者进行辩护的除外。检察官被开除后,不得担任诉讼代理人或者辩护人,但是作为当事人的监护人或者近亲属代理诉讼或者进行辩护的除外。

3. 考核

人民检察院设立检察官考评委员会,负责对本院检察官的考核工作。检察官考评委员会的组成人员为五至九人。检察官考评委员会主任由本院检察长担任。对检察官的考核,应当全面、客观、公正,实行平时考核和年度考核相结合。对检察官的考核内容包括:检察工作实绩、职业道德、专业水平、工作能力、工作作风。重点考核检察工作实绩。年度考核结果分为优秀、称职、基本称职和不称职四个等次。考核结果作为调整检察官等级、工资以及检察官奖惩、免职、降职、辞退的依据。考核结果以书面形式通知检察官本人。检察官对考核结果如果有异议,可以申请复核。

4. 培训

初任检察官实行统一职前培训制度。检察院对检察官应当有计划地进行政治、理论和业务培训。检察官的培训,贯彻理论联系实际、按需施教、讲求实效的原则。国家检察官院校和其他检察官培训机构按照有关规定承担培训检察官的任务。检察官在培训期间的学习成绩和鉴定,作为其任职、晋升的依据之一。

5. 奖惩

检察官在检察工作中有显著成绩和贡献的,或者有其他突出事迹的,应当给予奖励。检察官有下列表现之一的,应当给予奖励:①公正司法,成绩显著的;②总结检察实践经验成果突出,对检察工作有指导作用的;③在办理重大案件、处理突发事件和承担专项重要工作中,做出显著成绩和贡献的;④对检察工作提出改革建议被采纳,效果显著的;⑤提出检察建议被采纳或者开展法治宣传、解决各类纠纷,效果显著的;⑥有其他功绩的。我国实行精神奖励和物质奖励相结合的方法,奖励包括嘉奖,记三等功、二等功、一等功,授予荣誉称号。

检察官不得有下列行为:①贪污受贿、徇私枉法、刑讯逼供的;②隐瞒、伪造、变造、故意损毁证据、案件材料的;③泄露国家秘密、检察工作秘密、商业秘密或者个人隐私的;④故意违反法律法规办理案件的;⑤因重大过失导致案件错误并造成严重后果的;⑥拖延办案,贻误工作的;⑦利用职权为自己或者他人谋取私利的;⑧接受当事人及其代理人利益输送,或者违反有关规定会见当事人及其代理人的;⑨违反有关规定从事或者参与营利性活动,在企业或者其他营利性组织中兼任职务的;

⑩有其他违纪违法行为的。检察官的处分按照有关规定办理。检察官出现上述行为时，应给予处分，处分包括警告、记过、记大过、降级、撤职、开除；构成犯罪的，依法追究刑事责任。

检察官涉嫌违纪违法，已经被立案调查、侦查，不宜继续履行职责的，按照管理权限和规定的程序暂时停止其履行职务。最高人民检察院和省、自治区、直辖市设立检察官惩戒委员会，负责从专业角度审查认定检察官是否存在《检察官法》第四十七条第四项、第五项规定的违反检察职责的行为，提出构成故意违反职责、存在重大过失、存在一般过失或者没有违反职责等审查意见。检察官惩戒委员会提出审查意见后，人民检察院依照有关规定作出是否予以惩戒的决定，并给予相应处理。检察官惩戒委员会由检察官代表、其他从事法律职业的人员和有关方面代表组成，其中检察官代表不少于半数。最高人民检察院检察官惩戒委员会、省级检察官惩戒委员会的日常工作，由相关人民检察院的内设职能部门承担。检察官惩戒委员会审议惩戒事项时，当事检察官有权申请有关人员回避，有权进行陈述、举证、辩解。检察官惩戒委员会作出的审查意见应当送达当事检察官。当事检察官对审查意见有异议的，可以向惩戒委员会提出，惩戒委员会应当对异议及其理由进行审查，作出决定。

五、港澳台检察制度

（一）香港特别行政区检察制度

1. 检察机关

《香港特别行政区基本法》第六十三条规定："香港特别行政区律政司主管刑事检察工作，不受任何干涉。"香港律政司具有检察机关的地位与性质，但不是专门从事检控的机构，而是近似于美国司法部的司法行政机构。律政司作为检察机关除了负责香港刑事案件的检控外，还在一切起诉政府的民事诉讼（包括行政诉讼）中以被告身份参加诉讼，在法庭上代表政府和公众利益。同时，律政司作为公众利益的维护者，可以申请司法审查，以大律师的身份代表公众利益出庭参与涉及重大公益的案件。

律政司下设刑事检察科和民事检察科。刑事检察科，负责对刑事被告人提起诉讼；民事检察科，负责对民事事宜提供法律指导，并且处理一切有关涉及政府的民事诉讼，代表政府出席法庭。

此外，廉政公署和警务署经授权也负责一部分刑事检控工作。

2. 检察官制度

律政司的法律专业人员称为"检察官"，又统称"政府律师"，其中又分为首长级检察官和辅助人员等。检察官属于法官以外的其他司法人员，须依法任命。

(二)澳门特别行政区检察制度

1. 检察机关

《澳门特别行政区基本法》规定,澳门特别行政区设立检察院,它是行使澳门特别行政区检察权的法律监督机关,是特别行政区的司法机关。澳门检察院在澳门政治体制中占有重要的法律地位,在设置上,检察院与立法会、政府并列,性质属于法律监督机关。在行使职权上,检察院独立行使检察权,不受任何干涉。检察长与特别行政区的行政长官一样,由中央政府任命,比终审法院院长任命规格更高。

检察院的职权包括:①代表澳门地区、公钞局、市政府和无行为能力人参与诉讼;②提起刑事诉讼,支持公诉;③维护司法独立,监督法院审判,保证法院判决的执行;④依法为劳工及其家属担任诉讼代理;⑤领导监督刑事侦查和警察机关工作;⑥预防犯罪,参与破产及公益诉讼;⑦为行政长官提供法律咨询;⑧对法院不当判决提起抗诉;⑨法律赋予的其他职权。

2. 检察官制度

检察官与法官一样同属司法官,其任职资格和待遇以及任免方式都相同。

(三)台湾地区检察制度

1. 检察机关

台湾地区检察制度在 1980 年以前沿用民国时期国民党政府的体制,实行审检合署制度,检察系统隶属于“行政院”。1980 年 7 月实行审检分立制,其组织系统隶属于“行政院”的“法务部”,在机构设置上按照“审检合一的原则”设于各级法院之中。分别设立台湾“最高法院检察署”“高等法院检察署”“地方法院检察处”。“最高法院检察署”设“检察长”一人,各检察机构设首席检察官,检察官若干人及各种辅助人员,检察机关独立行使检察权,不受审判机关的影响。

检察官的职权,主要是在刑事诉讼活动中对犯罪的追诉权,具体包括:实施侦查权、提起公诉权、实行公诉权、协助自诉权、担当自诉权、指挥刑事裁判执行权以及法律所规定的其他职权。

2. 检察官制度

检察官和法官(推事)的任职资格条件,包括司法官考试的条件、培训等都是相同的。首席检察官和地方法院院长、高等法院院长的任职资格条件也相同。检察官的任免制度由“法务部”人事审议委员会负责,决定检察官的任免、迁调等。检察官与法官同属文官,享受同等的职务等级和相同的身份保障制度。

第六章

审判制度

第一节 法院组织体系

一、法院的性质和职权

（一）法院的概念和性质

1. 法院的概念

法院是国家的审判机关，它通过行使审判权，适用国家制定或认可的法律规范处理各类案件，解决社会争端，治理社会，维护社会秩序，维护国家统治的正当性和正统性。

法院是国家机器最重要的组成部分，是司法体制的核心。狭义的司法机关特指法院，司法权则特指由法院行使的审判权。法院的概念，亦可分为广义和狭义两种。广义的法院，指一切审判机关，包括宪法法院、行政法院和特别法院等；狭义的法院，则指普通法院。

2. 法院的性质

法院以追求正义和公正为目标。然而，法院的性质同法一样具有阶级性和社会性，并时刻发挥着阶级统治功能和公共社会服务功能。

一方面，法院与其他上层建筑一样，具有鲜明的阶级性和政治性，服从统治阶级的根本利益和意志，通过适用统治阶级制定的法律，对试图颠覆国家政权、破坏社会秩序、侵害国家利益的敌对阶级和势力实施镇压功能，维护有利于统治阶级整体的利益和秩序。但是，在法律调整的过程中，法的阶级性更多的是通过立法过程中利益的冲突、斗争、妥协和平衡完成的。法律一旦制定之后，法院就应该以严格依法办案为原则，以中立的态度和立场处理案件，在这个意义上，法院主要是以中立的态度参与阶级斗争和政治活动的。然而，随着当代违宪审查制度的确立和法院能动主义的出现，法院在参与社会资源和利益分配方面的积极主动性开始增强。这种时代性的变化，使得一些政治问题开始转化为法律技术问题和诉讼案件，通过法院的司法程序加以解决，从而以一种相对平和的方式解决重大社会问题，避免或减少大规模的社会冲突，从这个层面来讲，法院的社会政治功能是不可低估的。各种政治势力和利益集团也都试图通过各种司法制度、立法和法官的选任等环节对司法施加影响。

另一方面，法院本质上是一种社会公共机构，以解决社会上的各种纠纷为己任，属于国家向社会主体提供的一种司法服务。在现代法治社会，公民平等地利用法院、获得裁判的权利，已经逐步成为由宪法所确认和保护的基本权利，国家和法院有义务和责任使公民的这种权利得到实现。当代法院越来越重视与民众、社区和社会的关系，通过发挥纠纷解决的基本职能，保护社会主体的权利，维护正常的经济秩序和社会秩序，并与其他社会调整机制形成协调互动。法院的这种社会公共性质和职能，是通过法律面前人人平等的理念，以及各种以程序公正为价值取向的司法程序和制度加以保证的。

一般而言，在现代社会，法院的上述两方面的性质和职能应统一体现在法院的日常审判活动中。一个公正的法院，既符合社会绝大多数人民的根本利益，也符合统治阶级的根本利益；司法的权威，既是社会的需要，也是维护国家正当统治的需要。但是，原则上，法院只能居中裁判，而不能积极主动地参与政治斗争和利益分配，这是由法院的地位所决定的。法官只服从法律，而不受政治势力和偏见的左右，这一要求是通过司法独立原则和相关制度保障的。

（二）法院的职权

1. 法院职权的概念

法院的职权，是指法院根据国家宪法和法律的规定依法行使的权力及其范围。一个国家法院的职权通常是由宪法、法院组织法（或司法组织法）、各种诉讼程序法等规定的。

法院职权的核心是审判权，这是法院的专属职权；除此之外，根据各国法律授权的不同，还可能拥有规则创制权、司法审查权、裁判执行权及司法行政权等不同的特殊职权。

2. 法院职权的范围

（1）审判权。审判权是法院的专有职权，即法院依照法律规则和法定程序对案件进行审理并作出裁判的权力。法院作为国家的审判机关拥有审判权，法院的司法活动就是行使审判权，适用法律解决纠纷，作出司法裁判。

审判权是司法权的核心，具有被动性、中立性、程序性、专属性（职业化）等特征，相对于其他纠纷解决机关和程序，司法审判具有最高的权威性和终局性。审判权，从本质上来说是一种判断权。

根据一个国家法院体制的不同，各种法院所行使的审判权还可以进行具体的区分，将审判权分为初审案件审判权、上诉案件审判权、再审案件审判权、违宪审查案件审判权以及普通案件审判权和特别案件审判权等。

审判权是通过法院的审判组织具体行使的，包括独任法官及合议庭等。审判权的独立行使是现代司法和法治最重要的原则。

（2）司法行政权。司法行政权，也称为司法事务管理权，是指法院对其在司法活动中涉及的人事、财政和物质设施等方面的行政事务的管理权和处置权。具体包括：法官选任，法官考核，法官调任、升职，法官培训，法官惩戒等纪律处分，法院预算及日常财政支出，法院设施的购买，法院辅助人员录用以及人财物的管理，等等。世界各国法院承担的司法行政权限各有不同，有些国家设立司法委员会统筹国家的司法行政事务，有些国家则由司法行政机关（司法部）负责实施，也有些国家主要由法院内部的行政机构自行管理。但无论哪一种形式，法院本身都必然承担一定的司法行政事务，即使是由国家统一管理，法院也拥有对司法行政事务的发言权和参与管理权。

一方面，司法行政权的设置必须以保证司法审判活动的正常进行为原则，既要保证法院有充分的人才和物质基础，不致因此受到其他权力机关的干预和限制，保证司法的独立；同时也要保证法院的主要精力集中于审判工作，使法院不致被人、财、物的问题牵扯过多的精力，成为一个庞大臃肿的行政机关。此外，法院内部的司法政策、司法改革往往也可以通过其内部的行政管理权自上而下地贯彻施行。

另一方面，合理配置司法行政管理权，也可以适当限制法院的权限，实现立法机关和行政机关对司法的制约和监督。一般而言，作为审判机关，法院的内部管理不应过多采用行政管理的方式，因为这种管理权限一旦超过了合理和必要的界限，就可能造成对法官独立审判的影响和干扰。因此，应尽量避免法院的行政化管理趋向。

（3）裁判执行权。执行是指强制执行或实施法院的生效裁判以及其他生效法律文书的司法行为。裁判执行权，是指能够强制执行生效司法裁判的权力。裁判是法院行使审判权的结果，裁判作出之后，法院就已经完成了其基本使命。但是，实际上，裁判能否实际履行，关系到司法的权威和效果，因此，强制执行实际上是司法活动重要的最后环节。执行属于一种附属性的司法职能，世界各国的裁判的执行权归属各有不同，或由法院行使，或由专门的裁判执行机构负责。但是，即使是由法院行使裁判执行权，也并不意味着由案件的审判组织（独任法官或合议庭）自行执行，而是由专门设立的执行机构实施。

（4）规则制定权或规范性司法解释权。规则制定权，是指法院根据国家的授权，可以制定具有普遍约束力的规则，即规范性文件的权力。由于法院不是立法机关，本身不具有立法权，因此，只有通过专门的授权，才能拥有这种职权。例如，美国国会将联邦法院诉讼程序规则的制定权授予美国联邦最高法院，日本最高法院也依法享有规则制定权，但不包括程序法规则。我国最高人民法院根据全国人大常委会授权制定的规范性司法解释（各种规定、批复等），实际上也属于规则制定的范畴，对于全国的审判实践具有普遍的效力，并可以在诉讼中援引适用。这种司法解释与法官在案件中对法律规则作出的具体的、个别的解释是完全不同的。必须注意的是：首先，国家授予规则制定权的法院，一般仅限于最高法院或某些拥有特殊权力的法院，下级法院无权制定规则。其次，法院有权制定的规则，必须严格遵守授权范围的限制，通常是制定诉讼程序或法院行为方面的规则，但也有可能涉及实体法的适用。最后，法院制定的规则不能与立法机关制定的法律相抵触。通常法院制定的规范性文件或规则也是法律渊源之一，或实际上具有法律渊源的效力。

（5）其他特殊职权。除了上述各种特殊职权外，法院根据法律规定，还可能享有各种特殊职权。例如：立法草案制定和提出权，一般是最高法院的特殊职权；司法审查权，只有拥有此项权限的法院（如最高法院或宪法法院）可以行使；司法培训权；等等。

3. 调整法院及其职权的法律体系

现代司法体制对于法院的地位、性质和职权极其重视，法院的设立及其活动都是在法律的严格规范和调整下进行的。当代世界各国调整法院及其职权的法律体系主要如下：

（1）宪法，作为根本法，规定法院权力的来源，确定司法权的范围，保证司法活动的正当性和法律地位。各国的宪法通常都明确规定法院的地位、性质和基本职权，厘清法院与其他司法机关或国家机关之间的关系，设置法院组织体系，确立法官的地位、职权和身份保障，明确法院和法官独立行使职权的司法独立原则及司法活动的基本原则，等等。

（2）法院组织法，是宪法基本原则的具体化。其作用是：明确法院和审判组织的设立及其行使审判权的具体原则、职权范围和工作方式等。具体规定法院的设立及法院组织体系，法院内的审判组织，法院内部工作机构设置，法院的经费、人事、设施、设备等有关事项，法官的构成和选任方式，法院和法官的职权，法院工作分工以及审判的工作原则，等等。

（3）各种诉讼程序法，是司法活动、审判行为的依据和程序保障。不同的诉讼程序对法官和法院的职权行使方式作出不同的具体规定，通过规定各基本原则、制度、程序规则，对法院依法行使审判权作出保障、规范和制约，保证司法的公平与效率。

（4）法官法，规定法官的选任、法官身份保障、法官的管理与纪律等制度，从法官的来源和行为等方面实现宪法赋予法院的职权，保证司法的公正。

二、法院组织体系

(一)法院组织体系的概念与构成

1. 法院组织体系的概念

法院的组织体系,也可称之为法院体制,是指国家为保证审判权的有效行使,依据一定的原则所设置的各种法院共同构成的体系。世界各国法院组织体系都是根据其本国经济社会制度、政治体制、国家结构,以及历史传统、实际情况和政治理念、实际需要等因素设立,具有不同的特色和样式,一般都是根据其宪法、司法组织法和法院组织法建构的。

2. 法院组织体系的构成

法院组织体系的构成,是指一个国家所设立的各种法院,通过管辖范围、诉讼程序、功能、审级的分工和配合形成的法院组织体系(体制)。法院组织体系是由不同等级和功能的法院构成的,目的是通过这种制度设计,合理配置司法资源,形成法院之间的分工和配合,以充分发挥不同审级、不同性质的法院在纠纷解决和程序保障上的多元化功能,并以此保证法律适用的统一,实现司法公正与效率的价值。

当代世界各国法院系统的构成各有不同,其中体现了中央与地方、司法与行政、一般与特殊等各种关系和原则,并可按照不同标准将法院分为不同类型。例如,有些国家根据案件的类型和性质分设普通法院和特别法院,后者包括行政法院、军事法院、专门法院(例如商事法院、劳动法院、社会法院等)等。各国的特别法院又分别隶属于司法系统或行政系统。有些国家(特别是联邦制国家)根据中央与地方分权的原则,将法院分为地方法院和全国性(中央)法院,例如美国的州法院与联邦法院,等等。一般而言,司法制度研究和介绍的重点主要以普通法院即狭义的法院为中心,同时需要兼顾到广义的法院及法院之间的分工协作关系。

(二)法院的分类

法院的分类,是根据不同的标准对法院组织进行划分。世界各国的法院大致可以分为以下几类:

1. 普通法院、行政法院、特别法院、宪法法院

这是根据法院的性质和属性对法院进行的分类。

(1)普通法院,亦称一般法院,审理民事、刑事案件,有些国家还进一步将普通法院划分为刑事法院和民事法院等。有些国家的普通法院可以同时审理行政诉讼案件甚至违宪审查案件(如美国联邦法院)。

(2)行政法院,负责审理公法、行政法案件,即一般的行政诉讼案件,通常属于

行政机关。但并不隶属于政府部门,而是独立地行使审判职能。它与普通法院的司法审查程序可能形成衔接(如英国),也可能完全独立(如法国)。

(3)宪法法院,是根据宪法和法律专门设立的独立对违宪案件行使审理权的法院(如德国宪法法院)。有些国家的最高法院实际上即为宪法法院(如美国)。

(4)特别法院,是根据案件的类型和性质设置的,包括家事法院、劳工法院、社会法院、财政法院、军事法院、小额诉讼法院等,通常适用不同的诉讼程序,由专门的审判组织或法官进行审理。特别法院一般可根据需要,由非职业法官参与审判。

2. 中央法院、地方法院

这是按照国家体制和行政结构对法院体系进行的分类。

(1)在联邦制国家,中央法院与地方法院的区别是根据地方分权原则确定的。二者有的各成体系,如美国联邦法院系统与州法院系统;有的形成不同审级,如德国的地方法院与地区法院。

(2)在单一制国家,中央法院与地方法院的区别主要是根据法院属性、权限和审级确定的,中央法院一般指最高审级法院,即最高法院;地方法院指设在国内各地方的各级法院。

3. 第一审法院、第二审法院(上诉法院)、终审法院

这是按照审级进行的分类。通过审级制度,维护法律适用的统一性和终局性,保障司法的公正性与正当性。各国法院体系根据审级制度的不同,划分标准和结果也各有不同。

(1)第一审法院,又称初审法院,受理一审案件,侧重于解决个案纠纷,对案件进行实行全面审理,重点在于查明案件事实,正确适用法律。

(2)第二审法院,又称上诉法院,受理上诉案件,是第一次审判的继续,以保障事实认定正确并在此基础上正确适用法律。一般以审查法律适用的正确与否为重点。

(3)终审法院,是根据程序法的规定对案件进行最后审理的法院,重点是审查法律事项,行使最终撤销权,所作出的裁判为生效裁判。在实行两审终审的国家,第二审法院即为终审法院。在三审终审制情况下,通常排除对案件事实的调查,仅进行法律审。

(三)国际法院

国际法院,亦称“海牙国际法庭”,是根据《联合国宪章》设立的、旨在解决国家间争端、维护国际和平和安全的联合国的主要司法机关。1946 年 2 月在荷兰海牙建立。国际法院有诉讼管辖权和咨询管辖权,诉讼管辖权是受理和审理国际争端当事国提交的诉讼案,咨询管理权是应联合国或其他专门机构的请求对法律问题提出咨询意见。根据《国际法院规约》的规定,国际法院审理案件一般由全体法官出席开庭,但特殊情况可设立分庭审理案件。国际法院除解决争端外,还设有国际

军事法院,审理那些犯战争罪、种族灭绝罪的犯人。国际法院所作裁判通常由当事国负责执行。根据《联合国宪章》第九十四条,“联合国每一会员国为任何案件之当事国者,承诺遵守国际法院之判决”。任何国家,不论是否为联合国会员国,如果认为另一方不遵守法院的判决,都可以将这一问题提交联合国安全理事会,安理会如认为有必要,可以提出建议或决定应采取的措施,以执行判决。

国际法院不是主权国家的审判机关,也不具有国家强制力的保证,因此不同于严格意义的法院,一国司法制度对司法和法院的研究一般也不包括国际法院。但是另一方面,国际法院也具有一般法院的形式、权限和功能,随着当代经济全球化加速发展和联合国在处理国际事务方面能力的提高,国际法院以及其他国际组织的纠纷解决机构(如 WTO 的纠纷解决机制等)在国际事务处理、人权保护和纠纷解决方面将会发挥越来越重要的作用。

三、世界各主要国家法院组织体系

当代世界各国的法院组织体系主要取决于各国的政治体制、国家结构形式和国家权力机关之间相互制衡的模式,并受到特定的司法理念和传统的深刻影响。同时,法院的设置是合理配置司法资源的需要,特定的历史背景和社会需要对法院的设置也具有重要的意义。因此,尽管西方国家的经济基础基本相同,但是,在法院组织体系的设立上并没有普遍适用的模式。这一点,对理解法院组织体系及其功能分配具有重要的方法意义。下面,分别以西方几个主要国家的法院体制为例说明这一点。

(一)英国的法院组织体系

英国普通法院可分为地方法院、高等法院和终审法院,并可分为民事与刑事两个系统。

1. 民事法院系统

英国民事法院系统由郡法院、高等法院、民事上诉法院和上议院四级组成。

(1)郡法院是专门审理民事案件的基层法院。通常一个郡有若干所郡法院,若干所郡法院联合为一个巡回区,一般一名法官负责一个巡回区,在巡回区内轮流到各个郡法院办案。郡法院审理小额债务纠纷和侵权行为案件,小额信托、抵押和合伙的衡平案件,小额海事案件,小额房地产案件以及在伦敦以外的破产案件等。郡法院程序比较简单,诉讼费用较低,通常由一名职业法官审判,除海事、欺诈案外,没有陪审团参加。郡法院还设有记录员,负责保管、收发文件,审查诉状,安排开庭日期,以及受法官之命进行必要的调查等,在当事人的同意下,记录员也可以审理诉讼请求不超过 200 英镑的赔偿案件。

(2)高等法院,审理赔偿要求超过 2000 英镑重大民事案件的法院,由王座法庭、大法官庭和家事法庭组成。王座法庭初审契约和侵权等重大民事案件,组织海事合议庭和商事合议庭专门审理海事案件和商事案件。该法院还可以对某些治安法院或皇家刑事法院上诉案件进行审理。大法官庭只在伦敦开庭,不巡回审判,审理以前由衡平法院审理的案件,包括信托、抵押、合伙、转账、公司法、财产管理等方面的诉讼,还可以审理王座法庭管辖的案件,主要是关于破产、契约方面的案件。家事法庭主要审理婚姻财产、婚生子女、收养、监护和遗嘱等有关家庭纠纷的一审案件,对治安法院和郡法院关于监护、收养、婚姻财产、私生子女认领等案件的判决有有限的上诉管辖权。

(3)上诉法院,是英国最高法院的一部分,只行使上诉管辖权,它分为民事上诉庭和刑事上诉庭。民事上诉庭主要审理不服高等法院、郡法院以及某些属于行政部门的行政法庭判决的上诉案件。上诉法院的审判倾向于以口头形式进行,当事人和证人一般不出庭,通常只有律师参加。

(4)上议院,是英国的最高审判机关,它受理的案件包括:上诉法院的民刑事上诉案、高等法院的上诉案、苏格兰高等法院的上诉案以及军事法院的上诉案。凡上诉于上议院的案件,必须先得到上诉法院或上议院的批准,而且是涉及重大法律问题的案件,上议院才会审理。英国上议院法官包括首席大法官和上诉法院常任高级法官,称为上议院高级法官。上议院高级法官首先是上议院的成员、贵族,其次才是高级法官。上议院审判不阅案卷,主要听取双方律师的陈述、其裁决以上议院决议的形式作出。

2. 刑事法院系统

英国的刑事法院系统由治安法院、皇家刑事法院、上诉法院和上议院组成。

(1)治安法院,为基层刑事法院,审理轻微的刑事案件。治安法院的主要职责是:根据法律规定审理简易罪案件,其作出的判决不得超过6个月的监禁和2000英镑的罚金;负责批准逮捕和搜查;对未成年人犯罪案件进行审理。审理程序简单,快速,诉讼费用低。

(2)皇家刑事法院,是按正式程序进行刑事案件初审的法院。没有固定的法官,其审判权由高等法院法官、巡回法官和皇家法院兼职法官行使,在各个巡回审判区开庭审判,同时审理不服治安法院判决的上诉案件。皇家刑事法院在各个巡回审判区开庭审判,在伦敦开庭的皇家刑事法院又被称为中央刑事法院。目前英国划分为6个巡回区,每个巡回区设立三种不同的审判等级中心:第一等级中心设在全国24个较大的城市,审理叛国、谋杀、强奸等重大刑事案件,由高等法院法官主持,巡回法官协助;第二等级中心设在十几个较小的城市,审理除上述案件以外的其他可起诉案,由皇家刑事法院主持,由高等法院的法官或巡回法官审理;第三等级中心设在其他46个城镇,审理如伤害、盗窃等介于可起诉犯和即决犯之间的刑事案件,由巡回法官或皇家刑事法院的兼职法官审理。皇家刑事法院还审理不服治安法院判决的上诉案件,其审理案件一律实行陪审制。

(3)上诉法院,其刑事上诉庭审理不服皇家刑事法院判决的上诉案件。上诉案件分两种:一种是不服定罪的上诉,在这种情况下,只有对定罪的法律依据不服才能提出上诉。若对已定罪的事实上诉,则必须得到上诉法院的许可或得到审判法官的证明才能提出。另一种是不服判刑的上诉,在这种情况下,除了法定的判刑如终身监禁等外,其余的都必须取得上诉法院同意。上诉法院审理上诉案件,由3名上诉法官组成合议庭进行,上诉法刑事庭有权驳回上诉、维持原判、发回重审或撤销原判。

3. 行政法院(庭)系统

行政法院(庭)又称为特别法院(庭),凡属基于行政法规而发生的案件,都由属于行政系统的行政法庭审理。目前英国各类行政法庭有2000多个,大致分为以下几类:

(1)不动产方面,如土地法庭、农业土地法庭、租金裁定法庭等。

(2)公民福利方面,如国民保险法庭(National Insurance)、工伤事故法庭、国民卫生服务法庭、医疗上诉法庭等。

(3)运输方面,如交通管制委员会、运输法庭、铁路运河委员会等。

(4)工业与就业方面,如工业法庭、劳资法庭等。

(5)外国人入境事务,如入境申诉法庭。

(6)其他,如专利上诉法庭、商标上诉法庭、增值税裁判所、纪律处罚法庭等。

行政法庭的成员往往不是法律专家,未受过专门的法律训练,但要求他们是所处理案件方面的专家并由纠纷双方有关的代表参与纠纷的处理。行政法庭主要适用行政法规,并拥有较大的自由裁量权;它们与普通法院在管辖权上没有严格明确的划分。为了对这种行政性纠纷处理的裁量进行制约,允许当事人在不服行政法庭裁决时可以向高等法院上诉。

(二)美国的法院组织体系

美国是一个由50个州组成的联邦制国家。除联邦法律和联邦法院外,各州都有自己的法律和法院,被称为双轨制。联邦法院和各州法院是平行、独立的,二者之间并没有隶属关系,这是美国中央和地方、大州和小州之间利益冲突与斗争的结果。

1. 联邦法院系统

美国联邦法院系统由地区法院、上诉法院和最高法院组成。

(1)联邦地区法院是最低一级的初审法院,也是唯一实行陪审制的法院。美国共有94所联邦地区法院,受理普通民事、刑事案件的初审。

(2)联邦上诉法院又称为巡回法院,全国12个巡回区各设一个联邦上诉法院,另设一所联邦巡回上诉法院。联邦上诉法院没有初审权,只有上诉管辖权,即仅有权受理不服本辖区内的联邦地区法院裁决的上诉案件。它不进行事实审,只进行法律审。

(3)联邦最高法院设在首都华盛顿,是美国的终审法院,拥有违宪审查权和联邦法院规则制定权。联邦最高法院审理的案件包括:①初审案件,凡有关外国大使、公使的诉讼案,以及以某一州为当事人的诉讼案,由最高法院行使初审权;②上诉案件,即当事人不服联邦上诉法院或各州最高法院的判决而依法向联邦最高法院提出的上诉案件;③特许上诉案件,即当事人对联邦上诉法院或各州最高法院或其他联邦专门法院的终审判决不服,经特别申请获得联邦最高法院投票表决同意,通过调查令程序,由最高法院重新审查的案件。

2. 州法院系统

美国50个州法院的设置是由各州法律自行规定的,因而各级法院的名称、组成、管辖权等都不一样。各州法院一般分为三个审级:州初审法院、州上诉法院、州最高法院。

(1)州初审法院是受理其管辖区内初审案件的基层法院,各州名称不一,包括地区法院、巡回法院、郡法院、高级法院等。它对一般的民事和刑事案件有初审管辖权,对不服州之下的治安法院判决的上诉案件有上诉管辖权。

(2)州上诉法院是州法院系统的中级法院,美国23个州有上诉法院,其主要职权是受理不服初审法院的裁决而上诉的案件。

(3)州最高法院是各州的终审法院,有些州称为上诉法院或最高司法法院。它的主要职权是:对当事人一方为州政府的案件有初审权;对不服州初审法院或州上诉法院的裁决而提出上诉的案件有上诉管辖权;对涉及州宪法和法令的解释有争议的案件有最终裁决权。

3. 联邦法院和州法院之间的关系

美国两套法院系统之间是平行的。联邦法院受理一切与联邦法律有关的案件,包括联邦宪法、法律规定的国际性条约、涉及跨越州界的案件及联邦政府涉外案件;各州法院受理一切与州法律有关的案件。但这两个法院系统之间并非毫无关联。美国联邦最高法院作为全国的最高法院,它的判例对全国各级法院都具有指导意义,其判例所确定的原则与规则对各级法院都具有约束力。联邦最高法院可以通过"释放令"对州法院的判决进行改变,其判决为最终判决。

(三)德国的法院组织体系

德国也是一个联邦制国家,但与美国不同,德国法院体系实行一体化。德国的州法院是联邦法院的下属法院。共设六种法院,即宪法法院、普通法院、劳动法院、行政法院、社会法院和财经法院,每个专门法院都有明确的司法管辖权,都各成体系,有自己的最高法院。

1. 普通法院

普通法院负责审理其他专门法院管辖权限以外的所有民事案件、刑事案件及

非诉讼民事案件。普通法院分为以下四种:

(1)地方法院,是审理各种标的数额较小的民事案件和轻微刑事案件的基层法院。

(2)州法院,是地方法院的上诉法院,同时受理争议标的额较大的一审民事案件、商务案件和较严重的刑事案件。

(3)州高等法院,主要审理上诉和申请复议的案件,并对一些重大犯罪案件进行一审,设有民庭和刑庭。

(4)联邦法院,是普通法院的最高审级法院,受理不服州法院和州高等法院的上诉案件。

2. 专门法院

(1)行政法院,受理除纯粹宪法性和其他专门法院管辖权限内的法律事务以外的与公法有关的所有纠纷。共有三级:①地方初等行政法院,为一审法院;②州高等行政法院,负责受理不服一审判决的上诉案件,可以进行事实审和法律审,为二审法院;③联邦行政法院,只进行法律审,为终审法院。

(2)劳动法院,为处理劳动人事纠纷的专门法院。分为三级:基层劳动法院,为一审法院;州劳动法院,为二审法院;联邦劳动法院,为终审法院。

(3)社会法院,负责审理社会保险、健康保险和失业金的付款,疾病补贴,事故赔偿,退休金,儿童救济款及其他由政府和行政机构负责的赔偿等方面的争议。分为三个审级:一审社会法院,根据所受理的争议分为几个专门的法庭,每个专门法庭由 1 名职业法官和 2 名陪审员组成;二审是州社会法院,受理不服一审判决的上诉案件进行事实审和法律审,其审判组织由 3 名职业法官和 2 名陪审员组成;终审是联邦社会法院,设在卡塞尔,只审理对法律适用有争议的上诉案件。

(4)财税法院,负责审理由税务、继承和习惯法而引起争议的案件。实行两审终审制,因为当事人必须先向相应的行政机关提出申诉。一审由 3 名职业法官和 2 名陪审员主持;二审财税法院是联邦财税法院,设在慕尼黑,由 5 名职业法官主持,负责审理标的额在 1000 马克以上,对法律适用有争议的上诉案件。

3. 宪法法院

联邦宪法法院是根据基本法的规定作为国家的一个宪法机构建立的,独立于其他机关和法院,可以审理国内所有关于宪法法律问题的争议。宪法法院既是立宪机构,可以部分行使国家最高权力,有权对其他立宪机构进行限制;又是具有最高裁判权的法院,有权对其他法院作出违宪判决和裁定。宪法法院有权经审理宣布法律违宪,公民亦可直接到宪法法院提起诉讼。

(四)法国的法院组织系统

法国在世界上首先奉行普通司法权和行政裁判权分离的原则,将法院组织分为普通法院和行政法院两大系统。普通法院审理民事和刑事案件,属于司法机关;

行政法院审理公法、行政案件,属于行政机关。普通法院与行政法院两大系统各司其职,互不干预,亦无审级关系,它们之间的关于管辖权的争议,由争议法院处理。

1. 普通法院

(1)基层法院,可以分为民事法院和刑事法院。民事法院包括小审法庭和大审法庭。小审法庭调解和审理5000法郎以下的民事案件和其他民事纠纷;大审法庭是审理较大民事案件的基层法院,受理5000法郎以上的民事案件和初审法庭的上诉案件。此外,还包括具有专门管辖权的商务法庭、劳资仲裁法庭。

刑事法院包括:①预审法院(警察法庭),是审理轻微刑事犯罪案件的基层法庭,可以判处2个月以下的监禁和2000法郎以下的罚金。②轻罪法庭,负责审理法定刑为2个月至5年或2000法郎以上罚金的刑事案件。

(2)中级法院,包括上诉法院、重罪法院和国家安全法院。上诉法院是民事和刑事案件的上诉机构,但重罪案件除外,它可以就上诉案件中的事实进行复审,并可以推翻一审法院判决,作出新判决。重罪法院负责审理法定刑在5年以上、苦役或死刑等重罪案件,其特点是:第一,它不是常设的司法机构,每年定期开庭,每省设一个巡回法院,共99个;第二,它只受理经过上诉法院审查同意起诉的上诉案件;第三,对重罪法院作出的判决不许上诉,但可以就法律问题申请最高法院复议。

国家安全法院设在巴黎,但可以在法国领土内的任何地点开庭,专门审理违反军队纪律的轻罪和重罪案件,以及在和平时期进行颠覆活动叛逆、间谍、危害国防等案件。

(3)最高法院,是普通法院系统中的最高法院,即终审法院,设民事和刑事审判庭,分别受理民事、刑事的上诉案件。它只进行法律审,如经过审理发现原判决有重大法律错误,并不把案件交给原审法院重审,而是由与原审法院同级的其他法院重审,也可部分维持原判,只将其余部分发回重审。

2. 行政法院

专门审理国家之间、国家机关或行政官员在行使公务过程中由于越权、滥用权力而引起的与公民之间的行政纠纷。行政法院系统与普通法院各自独立行使审判权,互不隶属。行政法院法官属于行政官员,多为各个领域的专家,在审判中适用法律法规和判例等多种渊源。其体系包括:

(1)专门行政法院,包括审计法院、财政和预算纪律法院、战争损害赔偿委员会等。

(2)地方行政法院,对于初审行政案件有一般管辖权。审理案件原则上由3名法官合议审理,某些简单纠纷由1名法官独立审判。

(3)上诉行政法院,对不服普通地方行政法院判决的上诉案件有一般管辖权。法国共有5个上诉行政法院,如当事人不服上诉法院终审判决的,还可以向最高行政法院提起复核审程序。

(4)最高行政法院,为行政法院系统中最高审级法院,对复核案件进行法律审。内设内政组、财政组、公共工程组、社会组等4个行政组和1个诉讼组及1个报告和研究组。最高行政法院拥有初审管辖权、上诉审管辖权和复核审管辖权。初审管辖权仅以法律明文规定为限,包括审理撤销总统和部长会议的有关命令、撤销部长制定的行政条例等诉讼。上诉审是最高行政法院的主要工作。最高行政法院对报送它复核的案件仅进行法律审,不进行事实审。若发现终审判决在适用法律上有错误,一般宣布撤销原判,将案件发回原审法院重审或发回与原审法院同级的另一所法院重新审理,而并不自行作出新的判决。

(五)日本的法院组织系统

日本的法院系统分为四个审级:简易法院、家庭法院和地方法院、高等法院、最高法院。

1. 简易法院

作为基层法院主要审理诉讼金额在90万日元以下的民事案件和轻微刑事案件。诉讼金额在30万日元以下的民事案件,当事人可以申请小额诉讼程序。案件由独任法官审理。简易法院的法官不要求是职业法官。

2. 家庭法院和地方法院

家庭法院和地方法院属于同一审级,但在行政和管辖权上分立。

(1)家庭法院分为家事庭和青少年庭,主要审理有关家庭纠纷和青少年犯罪的案件。日本现有50个家庭法院和203个分院,它们分别设在地区法院及其分支机构中。家庭法院还有77个派出庭,设在农村地区的简易法院。

(2)地方法院对诉讼金额在90万日元以上的民事案件,可能判处罚金以上刑罚的刑事案件有一审管辖权;对不服简易法院判决的上诉案有上诉管辖权。地方法院的案件可以由一名法官独立审理,也可以由三名法官组成的合议庭审理。

3. 高等法院

8所高等法院分别设在东京、大阪、名古屋、广岛、嗝冈、仙台、札幌和高松。此外,在其他城市还有6所分院,分院的审判权与本院相同,主要审理简易法院、地区法院和家庭法院的上诉案件;对选举和暴乱案件有一审管辖权。上诉案件由3名法官组成的合议庭审理,初审案件由5名法官组成的法庭审理。

4. 最高法院

最高法院为最高审级,控制着整个法院系统。审理的大多数案件是高等法院的上诉案,偶尔也有地区法院、家庭法院和简易法院的上诉案。由首席大法官和14名大法官组成,内设有一个大法庭和两个小法庭。几乎所有的案件都先由小法庭审理,如果涉及宪法问题或创造新的先例,就需要转到大法庭审理。

（六）俄罗斯的法院组织系统

依照俄罗斯的法律规定，司法权完全由法院行使，司法机关指的是法院，包括俄罗斯联邦的所有法院。其他参与司法活动的机关，如司法部、内务部、检察院、联邦安全局、联邦保卫局、联邦边防局、对外情报局、国家海关委员会、联邦税务警察局以及律师组织等统称为“护法机关”。俄罗斯在建设法治国家与实现分权原则的基础上，进行了建立独立而有权威的司法体制改革。俄罗斯联邦的司法体系由联邦法院和联邦主体法院两部分组成。仲裁法院、普通法院和军事法院在全联邦境内都实行统一的等级体系；宪法法院系统则分别由联邦宪法法院和联邦主体宪法法院组成，两者相互独立。

1. 宪法法院

宪法法院只在联邦一级设立。内设两个分院，主要职权有：①审理法律文件是否符合宪法的案件；②解决职权纠纷案件；③根据俄联邦公民的投诉或法院的询问，对具体案件中适用或者应予适用的法律是否符合联邦宪法进行审查；④解决俄联邦宪法；⑤对指控俄罗斯联邦总统叛国或者犯有其他重大罪行是否符合法定程序作出结论；⑥立法提案权，即向联邦国家杜马提出立法动议；⑦行使联邦宪法、联邦条约、联邦宪法性法律、联邦国家权力机关与联邦主体所赋予的其他职权。担任法官的条件是：必须是年满 40 岁、未满 70 岁的公民；受过高等法学教育并具有 15 年以上的专业工龄；在法律界享有良好声誉。

2. 普通法院

俄罗斯联邦普通法院由联邦最高法院，各联邦主体、区（市）法院，治安法院以及军事法院组成。联邦最高法院是普通法院体系中的最高审判机关。上级法院对下级法院有司法监督权。联邦军事法院由各军兵种、军区、集团军、舰队军事法院和各军、卫戍区、兵团、分舰队军事法庭组成，不仅接受军事法院的垂直的司法监督，还要接受联邦最高法院的司法监督。俄罗斯审理民事、刑事和行政案件，实行三审终审。最高法院对普通法院体系的审判活动进行监督和指导，也可作为有关案件的一审法院。主体共和国最高法院和边疆州区等法院可作为一审和二审法院。区法院在自己辖区可作为一审法院，同时也是治安法院的上级审法院。

3. 仲裁法院

分为高等仲裁法院、上诉审法院、二审法院、一审法院等四级法院。各级仲裁法院是审理经济争议和行政处罚争议等纠纷的司法机关，按仲裁程序行使审判权。必须接受联邦最高仲裁法院的监督。各级仲裁法院法官由联邦总统按照联邦法律规定的程序任命。

第二节　法官制度

一、法官制度的概念和意义

（一）法官制度的概念

法官制度，是指国家为了保证司法权的公正行使，所建立的关于法官的法律地位，法官的来源和教育培训途径、选任方式，法官的身份保障，以及法官的管理，包括升任、考核、任期、弹劾、纪律惩戒等一系列制度的总和。法官制度通常是由一个国家的宪法、法院组织法和法官法等基本法律和法院规则等加以确立和保证的。同时，法官还必须遵循严格的职业道德规范。

法官制度与法官管理制度并不是同等的概念，法官制度是涉及国家司法权行使的基本法律制度，具有宪法意义，属于国家的根本政治制度之一，其核心是以司法独立为基本理念的法官身份保障制度。法官管理制度，则主要是指法官的人事管理制度，是法官制度的一部分。

（二）现代法官制度的意义

法官制度是现代法治的基本制度之一，也是现代司法制度的基础。其意义主要体现在以下三个方面：

1. 保证司法独立

现代司法的基本原则是通过司法独立保障司法的公正。司法独立最直接的体现就是法官独立审判。为了使法官能够真正做到仅仅依据法律和良心独立办案，不受来自外界（包括强权、社会舆论和人际关系等）和法院内部（包括通过行政管理和人事变动等）的干扰，不会被物质和环境的条件所迫，不致因办案的结果遭到不利后果，就需要通过一系列特设的身份保障制度免除他们的后顾之忧，使他们与社会其他职业和人群保持一定的区别和距离。同时，给予他们一定的特权，可对其职务行为中的过错适度豁免。这就是现代法官身份保障制度最重要的意义和价值。

2. 保证法官的素质

法官是司法的主体，高素质的法官既是司法公正的保障，也是司法独立获得社会认可的基本条件。在人类历史上，低素质的（包括世袭制的）法官曾经屡见不鲜，由此必然导致司法腐败和司法不公，影响社会公众对法院的信心，最终摧毁司法的威信。例如，法国大革命的对象就包括世袭的“长袍贵族”，尽管这些法官也身穿象征威严和公正的法官黑色长袍，但在民众的心目中他们却代表着反动和保守。如果法官素质得不到保证,赋予法官特殊的身份保障就可能招致社会的异议和反对,司法独立也就很难真正实现。为了实现司法独立和司法公正,就必须从法官的来源、选任和管理等各个方面保证法官的素质,并通过专门的培训和教育制度,使法官在任职前学习和养成必需的职业道德和专业技能。现代法官制度就是要通过公正的选任程序和标准保证法官的素质,通过身份保障制度确保法官独立行使审判权,从而实现司法公正,保证司法的公信度和权威。

3. 实现司法公正和效率

由于现代司法功能的扩大和民众获得裁判的权利日益受到重视,对于法官办案的公正与效率要求也在日益提高。只有在法官素质不断提高的前提下,当代司法改革中简化程序、追求实体公正的目标才可能获得社会的支持。高素质的职业法官特别是终身任职的职业法官是司法公正的基本保证,他们通过长期的职业生涯和经验积累,不仅能够保证法律适用的统一和程序公正,还能够适应社会发展的需要,通过自由裁量权来填补法律漏洞,发现和创制法律规则,实现具体和实质的正义。同时,法官的威信和能力也是提高司法效率的必要条件,并容易获得当事人双方的配合和认同。现代法官制度的功能在于适应社会发展的需要,逐步实现法官职业化和终身制,并通过科学的管理保证法官行为符合公正与效率的要求。

二、法官身份保障制度

(一)法官身份保障制度的概念

法官身份保障制度,即通过宪法、法院组织法、法官法等法律,给予法官特殊的身份保障,法官一经任命便享有应有的待遇、地位和豁免权,非经法定程序不得被随意更换、免职、调任和降职。法官身份保障制度是现代司法独立制度的基础,其目的是免除法官的后顾之忧,确保法官依法独立公正地行使审判权。当代各国都根据各自的不同情况建立了法官身份保障制度。

(二)法官身份保障制度的意义

现代司法的基本原则和理念,是通过保证司法独立实现司法公正。司法独立充分体现在法官独立审判上。而法官依法独立行使审判权必须受到法律的特殊保护,法官身份保障制度就是适应这一需要而建立的。

现代司法的基本理念之一是司法独立,而司法独立的核心就是法官独立。法官独立首先要求保证法官身份独立,即法官为正常履行审判职能所必备的任职条件,包括任职、升迁、调转、薪俸、退休、惩戒等应当得到充分保障,以防止法官受到来自其他权力机关、社会和法院内部的不当控制。只有当法官的身份独立真正确立了,法官才可以免除后顾之忧,抵御干扰,依照法律和良心办案。因此,法官身份保障制度的意义就在于保证法官独立,即从根本上保证司法独立的实现。

（三）法官身份保障制度的产生与发展

法官的身份保障制度始于英国。1688 年光荣革命后，英国规定法官只要行为良好即可继续担任法官而不必屈从于国王的意志。1760 年的《乔治三世法》重申法官在履行职责期间，只要行为良好，即应继续留任享有充分的职权，国王依据议会提出的合法理由可以解除法官的职务。英国至此一直实行法官身份保障制度。英国也实行法官高薪制、工资收入不得减少制、优厚的退休金制。英国无惩戒制度，法官弹劾的事由仅限于犯罪而不包括失职行为，并依照严格的程序进行。

近现代以后，随着司法独立成为现代司法的基本原则，世界各国也都普遍建立了法官身份保障制度。1985 年第七届联合国预防犯罪和罪犯待遇大会上通过的《关于司法独立的基本原则》和一些国际公约所规定的司法独立的最低标准中，都要求建立法官身份保障制度。因此，法官身份保障制度已经成为现代司法制度的基石。即使是一些发展中国家，在现代化的进程中，在建立现代司法制度时都在保证法官素质、完善法官选任、任期、惩戒等制度的同时，建立了法官身份保障制度。

（四）法官身份保障制度的内容

法官身份保障制度的内容，包括对法官职务行为、物质生活及社会地位的特殊保障，对法官职务行为的豁免权，以及对法官过错行为采取专门的弹劾及惩戒程序。具体而言，包括以下几个方面：

1. 法官职务行为的保障

法官依法独立行使审判权，不受任何机构和个人的干涉。法官依法履行职务所作的行为受法律保护，任何机构和个人负有协助法官履行职务的义务。法官任职期间，除因法定事由，不得将其免职、调任或以其他形式解除其职务；只有按照法定条件，才能予以弹劾、撤职、调离或令其提前退休。如《美国宪法》第三条规定："最高法院与下级法院的法官如行为端正，得继续任职，并应在规定期间得到他们的服务报酬。"《日本宪法》第七十八条规定："法官除依审判决定因身心故障不能执行职务外，非正式弹劾不得罢免。"但是，如果出现了法定事由，法官不能继续行使审判权时，任职期间的法官可以被免职，例如，丧失国籍和行为能力、达到退休年龄、被选为议员等。

2. 法官物质生活及社会地位的保障

为保障法官依法独立行使审判权、保障司法的廉洁公正，各国的法律普遍实行了法官的经济保障制，包括法官的高薪制、工资收入不得减少制、优厚的退休金制。

（1）法官高薪制。为了使法官生活安定富裕，保持应有的尊严，不致为物欲所动而贪赃枉法，现代国家一般都规定给予法官高薪待遇，法官的薪金一般高于普通公务员，并足以使他们的家庭达到中等以上的生活水平。如日本最高法院院长的薪金与内阁总理相同，最高法院的其他 14 名法官的薪金与国务大臣相同。法官高薪制是法官公正司法的物质保障，使法官免除了后顾之忧，为其在职时保持公正廉洁提供了可靠的保障。而且经济保障同时也是社会地位的保障,是维护法官尊严和体面所必需的。在实行经济保障的同时,各国法律一般都明确规定法官不得兼职,不得兼任议员,特别是不得兼任律师。

(2)工资收入不得减少制度。大多数国家规定法官在任职期间工薪不得减少。《美国宪法》第三条规定:"最高法院与下级法院的法官如行为端正,得继续任职,并应在规定期间得到他们的服务报酬,该项报酬在他们继续任职期间不得减少。"即使是国家遇到财政困难,也不得减少法官的工资。而且由于通货膨胀导致收入实际降低的情况下,法官的报酬通常会不断增加。在法官进行必要的转职时,其工资也不得降低。

(3)法官退休制。法官的资历是一种巨大的财富,实行任期终身制的国家,法官退休的年龄都较大,且退休后可以领到优厚的退休金。如美国规定联邦法院法官年满 70 岁可以退休,加州规定法官年满 70 岁且任职 10 年以上,或年满 65 岁且任职 20 年以上的法官可以退休并领取全薪。但法律不规定法定退休年龄,而是采取自愿退休制度,到退休年龄后由本人自行决定是否退休。退休法官也享有很高的社会地位,可以受法院或当事人聘请对案件进行审理裁判。德国法官的退休年龄是:终审法院法官 68 岁,其他法官 65 岁。世界各国的法律都规定,法官退休后都可以获得优厚的退休金,达到一定服务期的法官可以得到全薪。

3. 法官职务行为的豁免权

(1)法官职务行为的豁免权的概念和意义。法官职务行为的豁免权,是指法官在依法履行职务期间的职务行为免受法律追诉,可免除法律责任的特权。具体而言,法官在行使职权过程中,如果不是因个人主观原因而是因为存在法律漏洞等客观原因而发生错判等情况,不负法律责任。法官对于其在审判中的言行,享有不受民事起诉的豁免权。职务行为的豁免权是为了避免对法官职务行为的不当追究,进一步免除法官的后顾之忧,确保法官独立行使审判权。

从西方国家建立现代法律制度直到 20 世纪中叶,司法官员的豁免权几乎是绝对的和不容置疑的。1872 年美国最高法院在布雷德诉费希尔一案中认定,高级管辖法院或者一般管辖法院的审判官们,对于他们的司法行为,即使此项行为超出他们的管辖权范围之外,并且被指责为出于恶意或者贪财腐化从事的,在民事上是不负责任的。只是当审判官在"明显缺乏任何管辖权"的情况下行动时,豁免才不存在。司法豁免的法律依据是,"审判官应当独立地并且对后果无所畏惧地自由行使他们的职权"。为了维护司法独立,必须保护的不仅是那些在自己的权限内行使或者完成司法行为的审判官,而且对那些出于合理的信念,认为自己是根据其权限行事的法官,也应给予保护,不论他们是否确实享有从事此项行为的权限或者他们的行为是否确实是一种司法行为。只要授予他们这种保护措施,他们就能够不怕个人危险,有力地履行职责。在确定一位法官是否合理地行动时,一个主要的标准不是他当时的行动是否在他的权限之内,而是他是否能够合理地认为自己正在履行职责。

(2)法官职务行为的豁免权的界限。法官职务行为的豁免权并不是无限的,在法官行为不端可能影响司法公正时,法官必须承担相应的责任,其中包括各种犯罪和违法。由于司法功能的扩大,现代世界对法官的职务行为更加重视,近年来世界各国关于法官责任追究的法律制度越来越健全。1985 年联合国通过的《关于司法独立的基本原则》指出,法官因不称职或行为不端不适于继续任职时,可以通过指控、弹劾程序对其作出停职或撤职的处理。这就为法官职务行为的豁免权划定了必要的界限,并且更加强调对法官职务责任追究的法定性和程序性,以便更好地协调和平衡保护司法独立及自由裁量的必要性与严格司法责任之间的关系。

此外,大陆法系国家传统上有对法官的职务行为进行评价和督促的制度。例如,德国《基本法》第九十七条规定:"法官具有独立性,只服从法律。"但另一方面《法官法》第二十六条又规定,司法部长有权监督法官,"督促(法官)以合法的方式,毫不拖延地履行公务"。法院要根据法官的知识和业绩定期对法官进行评定,法官由此将获得一个"职务鉴定书"。当法官申请其他职位,包括申请更高一级法院的职位时,需要提供这一鉴定书,这也属于法官监督的一种方式。联邦最高法院设立了最高纪律法院,专门审理对于法官行为的处理及申诉,其基本原则是保证对法官行为的监督不致影响法官独立办案和自由审判。

针对法官的不当行为,主要通过法定的弹劾惩戒处理,并必须给予当事人充分的辩护权利和机会。惩戒主要针对包括渎职、枉法裁判、玩忽职守、违背职务上的义务、故意拖延等行为,以及违法犯罪行为,并不涉及对案件裁判错误的结果责任,即错案追究。

三、法官管理制度

(一)法官选任制度

1. 法官的任职资格

法官的任职资格,是指担任法官并从事审判职业所应具备的素质和条件。不同国家对法官的任职资格规定各不相同,一般均在法官法等法律法规中作出专门和具体的规定。为了保证法官的素质,各国都从法官的任职条件和选任程序两个方面作出明确具体的规定。

一般而言,世界各国法官任职资格中必备的基本条件主要有:①国籍和行为能力方面的要求;②品行方面的要求,包括忠于祖国、品行良好,无犯罪违法记录,等等;③学历或教育方面的要求,随着当代世界教育水平的普遍提高,法官任职前一般均需要具备大学法学专业基本学历;④通过司法考试或其他专门遴选程序;⑤经过任职前的职业培训或实习,包括职业道德和专业技能方面的训练等。

此外，各类各级法院的法官在任职资格上一般都有所不同，通常需要在宪法或法官法中分别对初任法官、高等法院和最高法院法官的任职资格加以特别规定。例如，日本法律规定，最高法院法官要从见识高、有法律素养、年龄在40岁以上并已担任高等法院院长、法官、检察官、律师、大学法律系教授共计20年以上的精英法律人才中任命。

2. 法官的产生与法官培训

法官的产生与法官培训是与法官任职资格相联系的。由于法官职业的特殊性，仅有一般的学历（即使是法学教育的学历）也不足以满足其职务的需要，因此，设立专门的法官任职前的培训制度就非常有必要。当代世界各国法官的产生与法官教育培训大致有以下两种基本模式：

（1）英美普通法系国家模式。普通法系国家法官一般从律师中产生，包括两个阶段：首先，法官须获得律师资格，从事律师实务；其次，法官从资深律师中选任。这种模式的特点是：律师与法官属于一个职业共同体，前者是后者的来源，二者之间联系紧密，可以相互转换。法官拥有律师的经验，二者具有共同的思维方式，交流比较容易。法官就任时年龄比较大，社会经验和法律职业经验比较丰富；经过竞争选择，法官素质较高，尤其是上级法院法官具有较高的社会地位和威望。在这种模式中，法官任职条件中对法官的道德素质、职业技能和经验等都有较高的要求。例如，英国职业法官的要求是：年长、经验、精英，担任地方法院的法官（不包括治安法官），必须有不少于7年的出庭律师经历；高等法院法官必须具有10年以上出庭律师的经历，或曾任2年以上高等法院法官的经历。这是由于普通法系国家法官实际上是法的创造者，通过判例指导整个法律实践，司法裁判对法官的经验和良知要求更高。

（2）大陆法系国家模式。法官与其他法律职业分别选任和管理。法官经过严格的遴选条件和司法考试获得培训资格，通过特定的职业培训途径获得任职资格，经法定程序任命后，一般终身担任法官。尽管大陆法系也有些国家规定律师或法学教授可转任法官，但实际上这种情况极少，并往往仅限于最高法院。这种模式的特点是：律师与法官属法律职业共同体中的不同部分，二者之间一般互不转化，法官通过长年经验的积累逐步从下级法院升为上级法院，从而保证高审级法院的法官具有更高的素质、更丰富的经验并更为年长。大陆法系更重视法官对法律的理解和适用能力，注重通过系统的法律培训获得对法律规则和程序的应用能力。在这种模式中，初任法官的条件主要是司法考试和职业培训；而上级法院法官的任职条件则对包括法官的道德素质、职业技能和经验等都有较高的要求。

3. 法官的选任方式

法官的选任方式，是指关于法官选任的具体程序、方法和形式的规定和相关制度。法官的选任制度具有严格性和程序性的特点，其实质或核心是：一方面，从程序上保证法官选任的结果，即保证法官的素质；另一方面，则是为了保证国家权力机关在法官选任中的相互制约，避免法官选任程序及选任结果出现政治上的偏向。当代世界各国法官的选任方式主要有三种：选举制、任命制、任命制与选举制相结合。

(1)选举制。选举制是法官选任方式的一种，即通过选举的方式产生法官人选，并加以任命的制度。法官选举制有实质选举和形式选举之分。

实质选举，是指由一定的机构或选民，从复数的法官候选人中通过无记名投票方式，根据多数决定选任法官的制度，候选人则需要通过竞选方式参与选举。具体方式主要有：

第一种，公选或选民选举，即通过选区的全体选民采用无记名投票的方式从参加竞选的复数法官候选人中选举产生法官的方式。美国的一些州采用这种方式选举产生州法院法官，许多国家的治安法官也多以这种方式产生，苏联时期的法官也是采用选举制。

第二种，组成专门遴选机构，即组成专门负责法官选举的机构负责法官选任工作。委员会通常由政府部门、立法部门、法院及其他司法机关、公众等各界代表组成，既可以是常设机构，也可以是专门组成的临时机构。委员会成员在被提名或报名参加竞选的复数候选人中，通过投票方式确定法官人选。

形式性选举是指法官的选举是法律规定的必经程序或形式，但其实质并非是从复数候选人中选举产生法官，而是一种法定的审核程序，即对等额候选人的任职条件进行审查，并以选举的形式加以承认。我国各级法院的院长由各级人民代表大会选举产生，实际上就是一种形式性选举，院长候选人的提名是等额和特定的。选举的结果是对该候选人的认可或否定，但并不是一种实质性的选择，具体方式通常是举手表决。

(2)任命制。任命制是法官选任方式的一种，是指法官不经选举，而直接由一定的机构或官员任命而获得法官资格的制度。任命制是世界各国采用较多的方式，英国的各级职业法官全部是以任命的方式产生的。

任命制大致有两种情况：

第一种情况，在多数大陆法系国家，由于法官的任职资格与司法考试和司法培训相互衔接，因此当法官后备人才完成了法定的培训或考试程序之后，便具备了法定任职条件和资格，根据法院员额和最终审查，具备资格的后备人才即可以直接被提名和任命为法官，根据法律规定，由国家元首或机构宣布任命。

第二种情况，当法院出现缺额时，由一定的机构或人如司法部长通过特定的遴选程序和法定标准，对拟任命的法官提名，由法定机构或人如国家元首加以任命。这样就使得提名机构与任命机构之间构成了一种相互制约的关系。一方面，提名机构必须依照法定标准遴选法官，只有精通法律、熟悉业务的人才能被提名；另一方面，法官由中央或国家元首任命，可以保证法官不受地方干涉和影响。高审级法院，如最高法院或上诉法院法官任命时，尤其经常采用这种方式。

无论上述哪一种情况，提名和任命都是非常注重程序的，这种程序体现了国家对法官职业的重视，也体现了法官职业的神圣性。例如，英国各级各类法官均由首相、政府法律顾问或最高法院大法官提名，英王委派或任命。美国联邦法院系统的法官包括最高法院、上诉法院、地区法院的联邦法官均由司法部长等提名，总统任命，参议院批准。日本简易法院、地方法院和高等法院的法官由最高法院提名，内阁任命；高等法院院长由最高法院提名，内阁任命，天皇认证；最高法院法官由内阁任命，天皇批准；最高法院院长由内阁提名，天皇任命。

(3)任命制与选举制相结合。在许多国家，法官的选任往往是采用任命制与选举制相结合的方式进行。例如，在提名时采用复数候选人竞选的方式，从中选出一名作为提名候选人；或者提名时采用不等额方式，由任命机构进行第二次遴选；或者对提名的等额候选人进行形式选举；或者在不同法院采用不同方式，如初审法院采用选举方式，上级法院采用提名任命制度；或者相反，初审法院采用任命制，上级法院法官则采用选举方式产生；等等。我国采用院长由人民代表大会选举产生，其他法官则由人大任命的方式，也属于一种形式上的任命制与选举制相结合的方式。

在当代世界各国，法官的选举制和任命制的实质与形式往往并不完全一致。例如，不仅有形式上的选举，实质上的任命；也有选举产生的法官必须经过任命程序的情况。现代社会多数国家的做法已经开始趋同，这种形式上的区别已经并不重要。在制度设计上，这两种基本方式所体现的理念和价值取向却是完全不同的。选举制最初是基于司法民主的理念和取向，期待人民的选举能够使法官所享有的独立性和特权有充分的正当性，并使审判权的行使受到民主的制约。而任命制的理念和价值取向，则是法官的精英化和权威性以及权力之间的制衡，期待由专门的机构在不受社会影响的情况下以更纯粹和更权威的方式选择任命法官，并有意识地使法院内部存在的代表不同政治势力和利益集团的法官之间保持相互制约和平衡，同时通过法官的身份保障制度避免政治对法官的直接影响。

(二)法官的地位

法官是行使国家审判权的主体，属于一种特殊公务人员，其地位受到国家的特殊保护，国家通常通过法律，如宪法、法官法、法院组织法对其地位和身份加以确认。法官是法律职业的重要组成部分，对其有特殊的任职资格和专门培训的要求，并享有特设的身份保障制度。世界各国的法官的地位也存在一些微妙的不同。

首先，大陆法系国家的法官被称为特殊公务员，与其他公务员既存在职权和身份上的区别，又存在一定的联系和共同点。在法律职业集团内部，法官固然具有最重要的地位和权威，其任职资格和条件与其他法律职业并无本质不同。普通法国家法官一般具有高于其他任何公务员的特殊地位，相当于政务官员。法官属于法律职业集团中地位和素质最高的精英阶层，其资历和在道德威望上明显高于律师。

其次,不同等级和类型法院的法官具有不同的地位或等级。一方面,职业法官不论高低,都具有相同的审判职权和身份保障。在这个意义上,基层或初审法院法官与最高法院法官具有同等的法律地位,受到同样的行为规范的要求。不同等级和类型的法院往往对法官的要求有很大不同,在素质上和案件审理中的思维方式、行为方式上都可能有不同的要求和规范。上级法院的法官行使着更重要的司法职权,需要具备更高的素质条件和经验,具有更高的地位。一些国家根据法官的职业特点确立了不同的法官级别序列,如首席法官、大法官、法官、助理法官等。表明不同等级法官的称谓,是法官所任职务、德才表现、业务水平、审判工作实绩和工作年限的表现。法官等级的设立,目的在于区别法官的不同资历等级,激发法官竞争向上的精神,但缺点是突出了法官身份等级上的差别。世界主要国家的法官等级制度在理念和设置上存在着很大的区别。法官的等级不能等同于行政官员的等级。由于任何等级的法官都同样承担着实现正义和公正的责任,不同等级的法官在身份保障上和基本素质上不应有显著的差别,不宜划分过多的等级。

(三)法官的职权与司法责任

法官职责,指法律规定的法官的职权和责任,二者是一体的、不可放弃和推卸的,同时是受到国家保障的。

1. 法官的职权

法官的职权包括依法行使审判权、参加合议庭或独立审判、履行法律规定的其他职责等。在案件的审理中,法官可以依法行使各种具体职权,如法庭调查、审理过程的指挥权、处理各种蔑视司法的行为、指导陪审团等。法官的职权具有以下特点和要求:

(1)合法性。法官行使职权首先是受到法律的严格制约的,既包括法院组织法和法官法对其行为的规范,也包括实体法和各种程序规则等。

(2)一定的自由裁量性。自由裁量权,原指行政执法和决定的变通权,即在法律规定范围内的一定灵活变通权限。在合理限度内的变通属于合法有效的,也是执法活动所必需的。法官的自由裁量权在现代初期并不被承认,但是当代已经获得广泛认可。司法活动是一种创造性的法律适用活动,法官在案件处理中,需要对法律规则进行解释,通过自身的经验和判断形成对事实的内心确信(自由心证);法官根据一定尺度对犯罪者定罪量刑,对当事人的不当行为拥有一定的处罚权,这些都需要在法律的框架内作出适度的自由裁量。随着社会的发展,法律适用中的空白填补、实质推理、发现规则等需要日益增加,法官的自由裁量权还在扩大。这就对法官的职业道德、专业技能、经验和社会理念等提出了更高的要求,同时需要从制度和程序上加强对自由裁量权的制约,并要求自由裁量权的行使及其结果必须符合法律的精神、原则和目的。

2. 法官的司法责任

法官的司法责任，即法官在履行职务时因行为违法或不当而需要承担的法律责任。包括违反法律、法官纪律和职业道德规范的行为。超越权限、滥用权力、不当行使裁量权、违反程序等都可能构成一定的司法责任。其中既包括行为责任，如失职，也包括结果责任，如错案的发生及追究，同时也可能是二者的混合，如枉法裁判。但是，出于保障司法独立的根本目的，对法官责任的追究必须同时注意司法豁免原则，注重责任追究的法定性、程序的严格性和自律性；通常应注重对法官过错行为和程序违法的追究，而不应对因法官认识不同或非过失导致的"错案"进行结果责任的追究。追究法官职务责任和其他不当行为是通过弹劾惩戒制度进行的。

法官的行为不仅受到法律的严格制约，同时也受到法官纪律和职业道德的约束，需要进行严格的行业自律。法官道德规范一般对法官提出具体的要求，包括强制性的禁止规范和提倡性的道德准则。例如，法官不应与当事人和律师有个人的交往；不得接受当事人和律师的馈赠；法官不得兼职和经商，甚至不得有政党身份或从事政治活动。一般而言，法官在个人生活中也应是道德的典范，应该廉洁公正，如果是出现了个人的生活丑闻，也可能遭到质询、惩戒甚至弹劾。

（四）法官的任期

法官的任期，指法官任命后在职的法定期限。各国对法官的任期有不同的规定。一般说来有三种情况：终身制、定期制、定期制与终身制相结合。法官的任期通常也是由宪法和相关法律加以确认和保证的。

1. 终身制

终身制是指规定法官只要在任职期间不遭弹劾，可继续担任法官至退休的制度。终身制并不意味着法官必须工作终身，而是指可以继续任职到退休。法官终身制的意义在于可以有效地保证法官独立审判、不受外界因素的干扰，并可以积累丰富的审判经验，稳定法官队伍，形成法律传统，保持法律的连续性和稳定性。当代世界各国采用职业法官终身制的已经越来越普遍。采用任命制的国家一般都采用法官终身制，政府和议会可以定期更替，但是法官却可以持续任职，这样，可以有效地使被任命的法官既不会受到提名任命者的控制，也不会受到新的政府或议会的干预。

2. 定期制

定期制是对法官的任期予以明文规定，到期之后应履行连任或解任程序的制度。根据法官是通过选举或任命产生的不同形式，法官任职期满后既可能经过再次任命或选举连任，也可能就此解任法官职务。采用形式选举制的制度，一般也相应地采用形式上的连任制度。我国最高人民法院院长与全国人大任期相同，连续任职不得超过两届。定期制有利于对法官的严格考核、监督和淘汰，但其缺点在于：法官的独立性有可能因任期届满后是否连任的问题受到干扰和影响；容易影响法律适用的连续性和稳定性;政府或议会的换届可能会直接影响到法官的任职,并容易导致议会或政府对法官的控制;更替任期届满后再次就任需要花费较高的成本;等等。鉴于这些问题,当代世界各国或改任期制为终身制,或采用较长的任期制,以克服这些弊端。

3. 定期制与终身制相结合

定期制与终身制相结合,是指法令未明确规定法官终身制,但在一般情况下实行法官终身任职,特殊情况下法官定期任职。我国法官法中没有规定法官终身制,但事实上一般法官也可以终身任职。

(五)法官的管理与惩戒制度

1. 法官的管理

法官的管理,即法院的人事管理,属于司法行政事务范畴,包括法官业绩的考核、法官继续教育培训、法官职业道德考查、法官升迁、法官奖惩等方面的管理。世界各国的法官法或法院规则一般对此都有具体的规定。大陆法系国家法院一般采用逐级升迁制度,上级法院法官通常是由下级法院法官择优升任的。法官的人事管理必须严格遵循法官独立的原则,不得以行政管理手段干预法官独立办案,不得以行政手段对法官随意免职、调任、降职等。

2. 法官惩戒制度

法官惩戒制度包括弹劾制度及对法官的纪律惩戒。出于身份保障的需要,法官的过错职务行为不受普通程序追究,而需要以特别程序并适用特殊的规则做出判断和处理。各国为此都建立了专门的法官弹劾程序或惩戒制度,专门用于处理法官的过错行为,并以此决定是否解除其身份保障。鉴于法官职务的重要性,现代世界各国法官制度除了从法官选任方面严格法官准入条件、保证其素质之外,还十分重视对法官职务行为的规范和对其司法责任的追究,对贪赃枉法、失职渎职的法官进行严惩,以促使法官廉洁自律,依法正确行使职权。

法官惩戒制度的目的和功能包括两个方面:其一是从身份保障制度的原则出发,避免用普通诉讼或行政程序追究法官责任,对法官身份及其独立加以特殊保护;其二是由于法官责任重大,国家需要对法官行为严加约束,对于违法裁判行为严格处理,以确保法官的职业道德和司法公正。法官惩戒制度必须根据法律明确规定的范围和程序进行。有些国家,例如日本,专门制定了《弹劾法》,以规范弹劾惩戒程序。

(1)法官弹劾制度,是一种对法官违法犯罪进行追究的特殊程序,一方面体现国家对法官过错行为的重视,另一方面体现了对法官的保护。弹劾程序非常严格,一般是由议会的专门委员会进行调查和处理,并给予受到弹劾者申辩的权利,并需要通过议会(众议院或参议院)的投票,由多数(有时需要2/3以上多数)通过决定是否需要和如何对法官进行惩戒和罢免。

英美法系国家一般规定，法官非经弹劾程序不被免职，也不受其他形式的惩戒。美国法官弹劾的事由仅限于法官的犯罪行为，不包括其失职行为。法官因过失发生裁判错误，不属于应受弹劾的事项。法官一旦遭到弹劾，即应免职。在美国，联邦法院法官基于“叛国、贿赂，以及其他严重罪行和轻罪”等可以被众议院弹劾，可以被参议院2/3投票通过定罪。不过，截至1999年，在美国200多年的历史中，只有13名法官被弹劾，并且其中只有7名被定罪。大陆法系国家弹劾事项的范围较英美法系国家更宽，例如，不仅包括其职务行为，也包括其职务外行为；不仅包括犯罪，也包括严重的失职和有损法官威信的行为；弹劾的结果不仅包括定罪和免职，还包括调职和命令退休等方式。例如，德国《基本法》规定，联邦法官在职务上或职务外违背基本法的基本原则或各邦的宪法秩序时，按弹劾程序，由议会提出指控，由宪法法院予以审理并以2/3多数表决同意，判令该法官调职或退休；如果是蓄意违反规定则可以判令罢免。日本《弹劾法》规定，法官弹劾事由包括“明显违背职务上的义务或严重怠于履行职务，及明显有失法官威信之行为”。日本法官弹劾由国会设立的弹劾法院审理。

(2)惩戒程序。广义的惩戒程序包括或等同于弹劾程序，狭义上的惩戒程序指区别于弹劾程序的纪律惩戒。在英美国家，传统上对弹劾和惩戒不作区分，仅有弹劾而无惩戒程序，只有经弹劾程序定罪后，才能对法官进行惩戒和罢免。但由于美国弹劾程序启动极其困难复杂，成本极高，因此各州法院都建立了各种其他惩戒程序，例如，州长根据议会的“劝退书”对法官免职；由州最高法院对法官进行训诫、停职、退休或免职等。根据1980年的议会立法，最高法院和联邦法院的法官还受制于一个由12个巡回上诉法院组成的司法理事会所规定的惩戒程序。大陆法系国家在法律上区分对法官的弹劾和一般的纪律惩戒，惩戒制度及程序属于一种针对法官的失职行为进行的纪律处分。例如，可以对失职的法官予以警告、罚款、减薪、停止甚至免职的处分。德国设有法官纪律法院，根据《法院组织法》和《法官法》的规定，对法官的违法行为，法院院长只有作出警告处分的权限，其他较重的纪律处分均由法官纪律法院决定。纪律法院受理法官违纪案件，法官只有通过审判程序才能被开除。

一般而言，对法官的惩戒制度都是针对法官行为而言的，即使是枉法裁判，也是追究法官的渎职行为，严格地说并不意味着对案件裁判错误的结果责任，即错案追究。错案的问题，一般是通过司法程序自身的纠错功能解决的，并且必须将法官无法避免的认识上的主观过失与严重的失职、渎职行为严格区别开来。如果以上诉改判、再审等原因追究法官的结果责任，客观上必然会影响法官独立办案，刺激下级法院与上级法院进行程序外的沟通，因此不符合法官惩戒制度设立的宗旨。

第三节　我国法院体系和法官制度

一、我国法院组织体系

（一）法院组织体系

我国法院组织体系是由《宪法》和《人民法院组织法》[①]所确立的，这种体制考虑到我国的实际情况，并借鉴了大陆法系国家的机构设置传统。我国法院组织结构由四级构成，并有普通法院和专门法院之分。普通法院包括基层人民法院、中级人民法院、高级人民法院和最高人民法院。专门人民法院包括军事法院和海事法院、知识产权法院、金融法院等。根据宪法和《人民法院组织法》，我国法院系统分为三类：

1. 地方各级人民法院

地方各级人民法院分为基层人民法院、中级人民法院和高级人民法院三级。

（1）基层人民法院包括：县人民法院和不设区的市人民法院；自治县人民法院；市辖区人民法院。基层人民法院审判一审案件，法律、法令另有规定的除外。基层人民法院根据地区、人口和案件情况可以设立若干人民法庭。人民法庭是基层人民法院的组成部分，其判决和裁定就是基层人民法院的判决和裁定。

（2）中级人民法院包括：在省、自治区内按地区设立的中级人民法院；在直辖市内设立的中级人民法院；省、自治区辖市的中级人民法院；自治州中级人民法院。中级人民法院审判法律、法令规定的由其管辖和基层人民法院移送的第一审案件；对基层人民法院判决和裁定的上诉案件和抗诉案件；以及由人民检察院按照审判监督程序提出的抗诉案件。

（3）高级人民法院包括：省、自治区和直辖市的高级人民法院。审判法律、法令规定的由其管辖和下级人民法院移送的第一审案件；对下级人民法院判决和裁

---

① 1979 年 7 月 1 日第五届全国人民代表大会第二次会议通过；根据 1983 年 9 月 2 日第六届全国人民代表大会常务委员会第二次会议《关于修改〈中华人民共和国人民法院组织法〉的决定》第一次修正；根据 1986 年 12 月 2 日第六届全国人民代表大会常务委员会第十八次会议《关于修改〈中华人民共和国地方各级人民代表大会和地方各级人民政府组织法〉的决定》第二次修正；根据 2006 年 10 月 31 日第十届全国人民代表大会常务委员会第二十四次会议《关于修改〈中华人民共和国人民法院组织法〉的决定》第三次修正；2018 年 10 月 26 日第十三届全国人民代表大会常务委员会第六次会议修订。

定的上诉案件和抗诉案件;以及由人民检察院按照审判监督程序提出的抗诉案件。

2. 军事法院等专门法院

我国设立军事法院和其它专门人民法院。根据实践需要,现已设立了铁路运输法院、海事法院、知识产权法院、金融法院等专门人民法院。各级专门人民法院按照本系统管理结构设立和划分管辖范围。不服下级专门人民法院的第一审判决和裁定,依专门人民法院的系统上诉。海事法院行使相等于中级人民法院的职权,不服海事法院一审裁判的当事人直接上诉于当地高级人民法院。铁路运输法院只有基层和中级法院二级,不服中级法院一审裁判的当事人,在法定上诉期内可直接向当地高级人民法院提起上诉。专门人民法院的组织和职权由全国人民代表大会常务委员会规定。

3. 最高人民法院

最高人民法院是国家最高审判机关,监督地方各级人民法院和专门人民法院的审判工作。最高人民法院审判法律、法令规定的由其管辖和它认为应当由自己审判的第一审案件;对高级人民法院、专门人民法院判决和裁定的上诉案件和抗诉案件;以及由最高人民检察院按照审判监督程序提出的抗诉案件。最高人民法院依法享有司法行政权、规范性司法解释制定权、法律草案提案权等。

(二)法院审判组织

根据《宪法》和《人民法院组织法》,我国法院内部设立以下审判组织:

1. 合议庭与独任法官

人民法院实行合议制,审判第一审案件,由法官或者由法官和人民陪审员组成合议庭进行(但是简单的民事案件、轻微的刑事案件和法律另有规定的案件除外);审判第二审案件和其他应当组成合议庭审判的案件,由法官组成合议庭进行。合议庭的审判长由符合审判长任职条件的法官担任。院长或者庭长参加合议庭审判案件时,自己担任审判长。合议庭的审判活动由审判长主持,全体成员平等参与案件的审理、评议、裁判,共同对案件认定事实和适用法律负责。合议庭承担下列职责:①根据当事人的申请或者案件的具体情况,可以作出财产保全、证据保全、先予执行等裁定;②确定案件委托评估、委托鉴定等事项;③依法开庭审理第一审、第二审和再审案件;④评议案件;⑤提请院长决定将案件提交审判委员会讨论决定;⑥按照权限对案件及其有关程序性事项作出裁判或者提出裁判意见;⑦制作裁判文书;⑧执行审判委员会决定;⑨办理有关审判的其他事项。

独任法官,即由一名法官组成的审判组织。适用简易程序审理的简单的民事案件、轻微的刑事案件和法律另有规定的案件由独任法官审理。独任法官的职责与合议庭基本相同。

2. 审判委员会

根据《人民法院组织法》规定,各级人民法院设立审判委员会。审判委员会委员,由院长提请本级人民代表大会常务委员会任免;最高人民法院审判委员会委员,由最高人民法院院长提请全国人民代表大会常务委员会任免。各级人民法院审判委员会会议由院长主持,本级人民检察院检察长可以列席。审判委员会实行民主集中制,其任务是:①总结审判经验;②讨论重大的或者疑难的案件:③讨论决定其他有关审判工作的问题。

(三)香港特别行政区法院组织体系

香港地区法院组织机构设置主要受普通法系的影响。回归前,香港地区法院由裁判司署、地方法院和最高法院构成;特别行政区成立后,根据《香港特别行政区基本法》第八十二条的规定,香港特别行政区设立终审法院、高等法院、区域法院、裁判署法庭和其他专门法庭。高等法院设上诉法庭和原诉法庭。原在香港实行的司法体制,除因设立香港特别行政区终审法院而产生变化外,予以保留。

1. 终审法院

终审法院是香港特别行政区的最高上诉法院,具有《香港终审法院条例》及其他法律所赋予的司法管辖权。终审法院聆讯高等法院的民事及刑事上诉案件。根据《香港终审法院条例》第十七条的规定,终审法院可确认、推翻或更改原审法院的决定,又可附上终审法院的指引而将有关事项发还原审法院处理,或对有关事项作出认为适当的其他命令。终审法院成员包括首席法官、3 位常任法官及 1 位非常任香港法官或 1 位其他普通法适用地区的法官。

2. 高等法院

高等法院设有上诉法庭和原诉法庭。其职能及结构如下:

(1)上诉法庭主要负责审理高等法院原诉法庭和区域法庭移送的所有民事和刑事上诉案件,以及土地审裁处移送的上诉案件,同时对其他较低审级的法庭提交的法律问题作出裁决。

(2)原诉法庭分为刑事、海事、贸易、婚姻等法庭,是香港重大民事、刑事案件的原审法庭。原诉法庭受理案件的范围极其广泛,对民事和刑事案件有无限管辖权。原诉法庭审理民事案件时,通常有 1 名法官独任审理,不设陪审团;审理刑事案件时,由 1 名法官会同 7 名陪审员组成的陪审团主持审判,对一般的刑事案件,法官可以根据陪审团 5 比 2 的多数意见对被告定罪量刑,但必须所有陪审员意见一致才能作出死刑判决。

3. 区域法院

根据香港地区有关法例规定,区域法院“拥有有限的民事和刑事审裁权”。在民事方面,有权审理涉及金额在 12 万港元以下的索赔案件,以及诉讼标的额在 10 万港元以下的土地纠纷案件。此外,还对管理遗产、信托抵押、欺诈误解等民事案件拥有衡平法上的管辖权,对侵权行为、印花税、差饷、劳工赔偿等上诉案件有管辖权。在刑事方面,区域法院有权审理那些性质并不十分严重的案件,包括廉政公署主控的在一定金额范围内的贪污案件,以及裁判署法庭根据律政司的要求移送来的案件。区域法院审理的案件由 1 名法官独任审判,不设陪审团。凡不符区域法院判决的,当事人可在判决后 14 天内向高等法院上诉庭上诉。

4. 裁判署法庭和其他专门法庭

(1)裁判署法庭,是香港的初级刑事法庭,主要审理轻微的刑事案件,共 10 所。

(2)儿童法庭,主要审理起诉对象是 14 岁以下和 14 岁至 16 岁少年的犯罪案件。儿童法庭附设在裁判署法庭内,不公开审判。

(3)死因裁判法庭,是一个特设的专门研究死者身份和死亡原因的非诉讼法庭。主要是对发生死亡的时间、地点、状况及死者身份和死因进行调查,并将调查结果向律政司报告。

(4)4 个审裁处:土地审裁处、劳资审裁处、小额钱债审裁处和色情物品审裁处。分别处理不同类型的纠纷案件,程序简便并具有针对性和灵活性。

(四)澳门特别行政区法院组织体系

《澳门特别行政区基本法》规定了澳门回归后的法院体系。因澳门地域狭小,没有必要按地域分设不同的地区法院,因此澳门的法院系统较为简单。

1. 普通法院

(1)初级法院,为初审法院,可根据需要设若干专门法庭,如刑事、民事、经济审判庭等。

(2)中级法院,中级法院行使初审管辖权和上诉管辖权。

(3)终审法院,行使特别行政区的终审权。

2. 专门法院

只设立了行政法院,是澳门特别行政区受理行政诉讼,税务诉讼和海关诉讼的专门法院。行政法院在审级上属初审法院,如不服其判决,可上诉到中级法院。

(五)台湾地区法院组织体系

台湾地区的权力机关由“立法院”“司法院”“行政院”“监察院”和“考试院”五个院组成,分别行使立法权、司法权、行政权、监察权和考试权。“司法院”是台湾最高司法机关,行使下列职权:民事审判权,刑事审判权,选举诉讼审判权,行政诉讼审判权,公务员惩戒权,“宪法”及法律命令解释权,宣布“违宪权”。在实际运作中,民事诉讼和刑事诉讼审判权由“司法院”所属的各级普通法院行使;行政诉讼审判权由其所属的“行政法院”行使;公务惩戒权由其所属的“公务员惩戒委员会”行使;司法解释权则由其本部的“大法官会议”行使。台湾地区的各类法院均隶属于“司法院”,在类型上分为普通法院和行政法院。

1. 普通法院

普通法院是审理民事、刑事诉讼案件的法院，由三级法院组成。

(1)地方法院，是台湾地区审级体系中最低一级审判机关，其管辖范围以县、市行政区划为原则进行划分。审理民事、刑事第一审案件和非诉讼案件。分设民事庭、刑事庭、各专业庭及公设辩护人室、民事执行处、登记处、提存处、公证处等机构。

(2)高等法院，是第二级法院，设于省或特别区域。管辖的案件有：关于"内乱"、"外患"、妨害"国交"以及残害人群等刑事第一审案件；不服地方法院及其分院第一审判决而上诉的案件；不服地方法院及其分院裁定而抗诉的案件；关于台湾"国民大会"代表、"立法委会"、"监察委会"的第一审民、刑事案件。台湾实行三级三审制，高等法院的判决并非终审判决，但对于某些轻微的民、刑事案件，高等法院可以作出终审。

(3)"最高法院"，是台湾地区的最高审判机关，主要管辖下列案件：不服高等法院及其分院第二审判决而上诉的民、刑事案件；不服高等法院及其分院第一审判决而上诉的刑事案件，此类案件主要指由高等法院进行第一审的"内乱"罪、"外患"罪及妨害"国交"罪等刑事案件；"最高法院检察署"检察长提起的非常上诉案件。"最高法院"设有民事庭、刑事庭、律师惩戒复审委员会、冤狱赔偿复议委员会、判例编辑委员会。它采用独任审判制和合议审判制两种方式，诉讼一般实行三审终审制。

2. 行政法院

行政法院是负责审理行政诉讼案件的特设专门法院，根据台湾"行政诉讼法"的规定，民众若认为各级机关的违法行政行为损害了自己的合法权利时，可以依法向行政法院提起行政诉讼。各级普通法院对行政案件没有管辖权。行政法院内设第一庭、第二庭、第三庭、书记厅、判例编辑委员会、考绩委员会、会计室、人事室、统计室。行政法院的审理是事实审兼法律审，采用一审终审制，判决具有终局性，一经作出就对当事人发生拘束力、确定力和执行力，不得上诉或抗告。

二、我国法官制度

我国法官制度是以《宪法》《人民法院组织法》和《法官法》为依据建立的。1995 年 2 月 28 日第八届全国人民代表大会常务委员会第十二次会议通过《中华人民共和国法官法》；2001 年、2017 年、2019 年三次修正。现行《法官法》于 2019 年 4 月 23 日第十三届全国人民代表大会常务委员会第十次会议修订通过，自 2019 年 10 月 1 日起施行，是规范我国法官制度的主要法律文件。近年来，最高人民法院先后制定颁布了许多与法官制度有关的规定和文件，例如：

2013 年 3 月 15 日最高人民法院印发的《关于加强司法建议工作的意见》;2019 年 2 月 27 日最高人民法院印发的《人民法院第五个五年改革纲要(2019—2023)》;2021 年 12 月 24 日,最高人民法院印发《法官惩戒工作程序规定(试行)》。这些规定都是我国法官制度的组成部分。当前,最高人民法院已经把优化人民法院职权配置、实现法官职业化(包括法官职业素质、职业道德建设)和经费保障、管理体制工作机制作为司法改革的重点。

(一)法官的范围及等级

1. 法官的范围

《法官法》第二条规定:法官是依法行使国家审判权的审判人员,包括最高人民法院、地方各级人民法院和军事法院等专门人民法院的院长、副院长、审判委员会委员、庭长、副庭长和审判员。

我国法官的专业职称是审判员。法院院长、副院长、审判委员会委员、庭长、副庭长则具有双重身份,他们首先是法官,即审判员,其次法院院长、副院长是法院的领导成员,担任法院领导职务的人首先也必须具有法官身份。

根据最高人民法院制定的《人民法院第五个五年改革纲要(2019—2023)》,各地法院先后开展了审判长选任的改革。审判长选任是从现有的法官中,根据法官的德、能、勤、绩等表现,通过考试、考核等方式,择优选拔法官担任审判长承办案件,并把此与工资、待遇挂钩。要求合议庭必须由审判长负责,独任法官也要求具有审判长资格。

2. 法官的等级

我国法官的级别分为 12 级。最高人民法院院长为首席大法官,2 至 12 级法官分为大法官、高级法官、法官。法官的等级的确定,以法官所任职务、德才表现、业务水平、审判工作实绩和工作年限为依据。

(二)法官的职责、义务与权利

1. 法官的职责

根据《法官法》第八条的规定,法官的职责是:①依法参加合议庭审判或者独任审判刑事、民事、行政诉讼以及国家赔偿等案件;②依法办理引渡、司法协助等案件;③法律规定的其他职责。法官在职权范围内对所办理的案件负责。第九条规定,人民法院院长、副院长、审判委员会委员、庭长、副庭长除履行审判职责外,还应当履行与其职务相适应的职责。法院院长、副院长、审判委员会委员、庭长、副庭长等身份本身又是一种行政职务,法院院长、副院长具有法院行政领导的身份,院长由人民代表大会选举产生。庭长、副庭长也是一种行政职务,他们都承担着一定的行政管理职能。由于我国的司法审判中存在着集体审判的制度,因此,在合议庭审判案件时,法院院长、副院长、审判委员会委员、庭长、副庭长对法院的整个审判活动承担着一定的责任。

2. 法官的义务

《法官法》第十条规定，法官在依法履行职务或从事与职务相关的活动时，应履行法定的义务。法官的义务，是指法官在履行职责时必须严格遵守、不得违背的行为要求，如果不履行或不当履行（包括不作为）就必须承担相应的法律责任。我国《法官法》规定的法官义务包括：①严格遵守宪法和法律；②秉公办案，不得徇私枉法；③依法保障当事人和其他诉讼参与人的诉讼权利；④维护国家利益、社会公共利益，维护个人和组织的合法权益；⑤保守国家秘密和审判工作秘密，对履行职责中知悉的商业秘密和个人隐私予以保密；⑥依法接受法律监督和人民群众监督；⑦通过依法办理案件以案释法，增强全民法治观念，推进法治社会建设；⑧法律规定的其他义务。

此外，《法官法》规定，法官不得兼任人民代表大会常务委员会的组成人员，不得兼任行政机关、检察机关以及企业、事业单位的职务，不得兼任律师。这些规定也属于法官义务范畴。

3. 法官的权利

法官的权利，是指法官在任职期间依法应该享有的各种利益、自由和保障。根据《法官法》第十一条的规定，法官权利包括：①履行法官职责应当具有的职权和工作条件；②非因法定事由、非经法定程序，不被调离、免职、降职、辞退或者处分；③履行法官职责应当享有的职业保障和福利待遇；④人身、财产和住所安全受法律保护；⑤提出申诉或者控告；⑥法律规定的其他权利。

（三）法官的任职条件和遴选

1. 法官的任职条件

《法官法》第十二条规定，担任法官必须具备下列条件：①具有中华人民共和国国籍；②拥护中华人民共和国宪法，拥护中国共产党领导和社会主义制度；③具有良好的政治、业务素质和道德品行；④具有正常履行职责的身体条件；⑤具备普通高等学校法学类本科学历并获得学士及以上学位；或者普通高等学校非法学类本科及以上学历并获得法律硕士、法学硕士及以上学位；或者普通高等学校非法学类本科及以上学历，获得其他相应学位，并具有法律专业知识；⑥从事法律工作满五年。其中获得法律硕士、法学硕士学位，或者获得法学博士学位的，从事法律工作的年限可以分别放宽至四年、三年；⑦初任法官应当通过国家统一法律职业资格考试取得法律职业资格。

同时，《法官法》规定了一些变通做法，包括：适用前款第五项规定的学历条件确有困难的地方，经最高人民法院审核确定，在一定期限内，可以将担任法官的学历条件放宽为高等学校本科毕业。

《法官法》第十三条规定了法官资格的禁止性条件。下列人员不得担任法官：

①因犯罪受过刑事处罚的;②被开除公职的;③被吊销律师、公证员执业证书或者被仲裁委员会除名的;④有法律规定的其他情形的。

2. 法官的遴选

初任法官采用考试、考核的办法,按照德才兼备的标准,从具备法官条件的人员中择优提出人选。人民法院的院长应当具有法学专业知识和法律职业经历。副院长、审判委员会委员应当从法官、检察官或者其他具备法官条件的人员中产生。人民法院可以根据审判工作需要,从律师或者法学教学、研究人员等从事法律职业的人员中公开选拔法官。除应当具备法官任职条件外,参加公开选拔的律师应当实际执业不少于五年,执业经验丰富,从业声誉良好,参加公开选拔的法学教学、研究人员应当具有中级以上职称,从事教学、研究工作五年以上,有突出研究能力和相应研究成果。

省、自治区、直辖市设立法官遴选委员会,负责初任法官人选专业能力的审核。省级法官遴选委员会的组成人员应当包括地方各级人民法院法官代表、其他从事法律职业的人员和有关方面代表,其中法官代表不少于三分之一。省级法官遴选委员会的日常工作由高级人民法院的内设职能部门承担。遴选最高人民法院法官应当设立最高人民法院法官遴选委员会,负责法官人选专业能力的审核。初任法官一般到基层人民法院任职。上级人民法院法官一般逐级遴选;最高人民法院和高级人民法院法官可以从下两级人民法院遴选。参加上级人民法院遴选的法官应当在下级人民法院担任法官一定年限,并具有与遴选职位相关的工作经历。

(四)法官的任免

1. 法官的选任

《法官法》规定,法官职务的任免,依照宪法和法律规定的任免权限和程序办理。最高人民法院院长由全国人民代表大会选举和罢免,副院长、审判委员会委员、庭长、副庭长和审判员,由院长提请全国人民代表大会常务委员会任免。最高人民法院巡回法庭庭长、副庭长,由院长提请全国人民代表大会常务委员会任免。地方各级人民法院院长由本级人民代表大会选举和罢免,副院长、审判委员会委员、庭长、副庭长和审判员,由院长提请本级人民代表大会常务委员会任免。在省、自治区内按地区设立的和在直辖市内设立的中级人民法院的院长,由省、自治区、直辖市人民代表大会常务委员会根据主任会议的提名决定任免,副院长、审判委员会委员、庭长、副庭长和审判员,由高级人民法院院长提请省、自治区、直辖市人民代表大会常务委员会任免。新疆生产建设兵团各级人民法院、专门人民法院的院长、副院长、审判委员会委员、庭长、副庭长和审判员,依照全国人民代表大会常务委员会的有关规定任免。法官在依照法定程序产生后,在就职时应当公开进行宪法宣誓。

根据《法官法》的规定,我国法官采用的是选举制与任命制结合的方式。法院院长由全国人民代表大会和地方各级人民代表大会选举,但实际上是一种等额的形式性选举;除法院院长以外,其他法官均是由本院院长提名由全国人民代表大会常务委员会和地方各级人民代表大会常务委员会任命的。经修订的现行《法官法》规定:初任法官采用严格考核的办法,按照德才兼备的标准,从通过国家法律职业资格考试取得资格,并且具备法官条件的人员中择优提出人选。

2. 法官的免职

《法官法》第二十条规定,法官有下列情形之一的,应当依法提请免除其职务:①丧失中华人民共和国国籍的;②调出所任职人民法院的;③职务变动不需要保留法官职务的,或者本人申请免除法官职务经批准的;④经考核不能胜任法官职务的;⑤因健康原因长期不能履行职务的;⑥退休的;⑦辞职或者依法应当予以辞退的;⑧因违纪违法不宜继续任职的。

法官免职的程序与任命方式基本相同。发现违反《法官法》规定的条件任命法官的,任命机关应当撤销该项任命;上级人民法院发现下级人民法院法官的任命违反该法规定的条件的,应当建议下级人民法院依法提请任命机关撤销该项任命。

3. 法官的禁业与任职回避

法官不得兼任人民代表大会常务委员会的组成人员,不得兼任行政机关、监察机关、检察机关的职务,不得兼任企业或者其他营利性组织、事业单位的职务,不得兼任律师、仲裁员和公证员。法官因工作需要,经单位选派或者批准,可以在高等学校、科研院所协助开展实践性教学、研究工作,并遵守国家有关规定。

法官之间有夫妻关系、直系血亲关系、三代以内旁系血亲以及近姻亲关系的,不得同时担任下列职务:①同一人民法院的院长、副院长、审判委员会委员、庭长、副庭长;②同一人民法院的院长、副院长和审判员;③同一审判庭的庭长、副庭长、审判员;④上下相邻两级人民法院的院长、副院长。

法官的配偶、父母、子女有下列情形之一的,法官应当实行任职回避:①担任该法官所任职人民法院辖区内律师事务所的合伙人或者设立人的;②在该法官所任职人民法院辖区内以律师身份担任诉讼代理人、辩护人,或者为诉讼案件当事人提供其他有偿法律服务的。

(五)法官的管理

1. 法官实行员额制管理

法官员额根据案件数量、经济社会发展情况、人口数量和人民法院审级等因素确定,在省、自治区、直辖市内实行总量控制、动态管理,优先考虑基层人民法院和案件数量多的人民法院办案的需要。法官员额出现空缺的,应当按照程序及时补充。最高人民法院法官员额由最高人民法院商有关部门确定。

2. 法官实行单独职务序列管理

法官等级分为十二级,依次为首席大法官、一级大法官、二级大法官、一级高级法官、二级高级法官、三级高级法官、四级高级法官、一级法官、二级法官、三级法官、四级法官、五级法官。最高人民法院院长为首席大法官。

3. 法官职级

法官等级的确定，以法官德才表现、业务水平、审判工作实绩和工作年限等为依据。法官等级晋升采取按期晋升和择优选升相结合的方式，特别优秀或者工作特殊需要的一线办案岗位法官可以特别选升。法官的等级设置、确定和晋升的具体办法，由国家另行规定。

4. 培训

初任法官实行统一职前培训制度。对法官应当有计划地进行政治、理论和业务培训。法官的培训应当理论联系实际、按需施教、讲求实效。法官培训情况，作为法官任职、等级晋升的依据之一。法官培训机构按照有关规定承担培训法官的任务。

5. 辞职

法官申请辞职，应当由本人书面提出，经批准后，依照法律规定的程序免除其职务。辞退法官应当依照法律规定的程序免除其职务。辞退法官应当按照管理权限决定，辞退决定应当以书面形式通知被辞退的法官，并列明做出决定的理由和依据。

法官从人民法院离任后两年内，不得以律师身份担任诉讼代理人或者辩护人。法官从人民法院离任后，不得担任原任职法院办理案件的诉讼代理人或者辩护人，但是作为当事人的监护人或者近亲属代理诉讼或者进行辩护的除外。法官被开除后，不得担任诉讼代理人或者辩护人，但是作为当事人的监护人或者近亲属代理诉讼或者进行辩护的除外。

(六)法官的考核、奖励和惩戒

1. 考核

人民法院设立法官考评委员会，负责对本院法官的考核工作。法官考评委员会的组成人员为五至九人。法官考评委员会主任由本院院长担任。对法官的考核，应当全面、客观、公正，实行平时考核和年度考核相结合。对法官的考核内容包括：审判工作实绩、职业道德、专业水平、工作能力、审判作风。重点考核审判工作实绩。年度考核结果分为优秀、称职、基本称职和不称职四个等次。考核结果作为调整法官等级、工资以及法官奖惩、免职、降职、辞退的依据。考核结果以书面形式通知法官本人。法官对考核结果如果有异议，可以申请复核。

2. 奖励

法官在审判工作中有显著成绩和贡献的，或者有其他突出事迹的，应当给予奖励。法官有下列表现之一的，应当给予奖励：①公正司法，成绩显著的；②总结审判实践经验成果突出,对审判工作有指导作用的;③在办理重大案件、处理突发事件和承担专项重要工作中,做出显著成绩和贡献的;④对审判工作提出改革建议被采纳,效果显著的;⑤提出司法建议被采纳或者开展法治宣传、指导调解组织调解各类纠纷,效果显著的;⑥有其他功绩的。奖励分为:嘉奖,记三等功、二等功、一等功,授予荣誉称号。

3. 惩戒

《法官法》第四十六条规定,法官有下列行为之一的,应当给予处分;构成犯罪的,依法追究刑事责任:①贪污受贿、徇私舞弊、枉法裁判的;②隐瞒、伪造、变造、故意损毁证据、案件材料的;③泄露国家秘密、审判工作秘密、商业秘密或者个人隐私的;④故意违反法律法规办理案件的;⑤因重大过失导致裁判结果错误并造成严重后果的;⑥拖延办案,贻误工作的;⑦利用职权为自己或者他人谋取私利的;⑧接受当事人及其代理人利益输送,或者违反有关规定会见当事人及其代理人的;⑨违反有关规定从事或者参与营利性活动,在企业或者其他营利性组织中兼任职务的;⑩有其他违纪违法行为的。

处分分为警告、记过、记大过、降级、撤职、开除。受撤职处分的,同时降低工资和等级。法官对人民法院关于本人的处分、处理不服的,自收到处分、处理决定之日起 30 日内可以向原处分、处理机关申请复议,并有权向原处分、处理机关的上级机关申诉。受理申诉的机关必须按照规定作出处理。复议和申诉期间,不停止对法官处分、处理决定的执行。

法官涉嫌违纪违法,已经被立案调查、侦查,不宜继续履行职责的,按照管理权限和规定的程序暂时停止其履行职务。

最高人民法院和省、自治区、直辖市设立法官惩戒委员会,负责从专业角度审查认定法官是否存在《法官法》第四十六条第四项、第五项规定的违反审判职责的行为,提出构成故意违反职责、存在重大过失、存在一般过失或者没有违反职责等审查意见。法官惩戒委员会提出审查意见后,人民法院依照有关规定做出是否予以惩戒的决定,并给予相应处理。

法官惩戒委员会由法官代表、其他从事法律职业的人员和有关方面代表组成,其中法官代表不少于半数。最高人民法院法官惩戒委员会、省级法官惩戒委员会的日常工作,由相关人民法院的内设职能部门承担。法官惩戒委员会审议惩戒事项时,当事法官有权申请有关人员回避,有权进行陈述、举证、辩解。法官惩戒委员会作出的审查意见应当送达当事法官。当事法官对审查意见有异议的,可以向惩戒委员会提出,惩戒委员会应当对异议及其理由进行审查并做出决定。

(七)法官的职业保障

1. 职位保障

人民法院设立法官权益保障委员会,维护法官合法权益,保障法官依法履行职责。除下列情形外，不得将法官调离审判岗位：①按规定需要任职回避的；②按规定实行任职交流的；③因机构调整、撤销、合并或者缩减编制员额需要调整工作的；④因违纪违法不适合在审判岗位工作的；⑤法律规定的其他情形。任何单位或者个人不得要求法官从事超出法定职责范围的事务。对任何干涉法官办理案件的行为，法官有权拒绝并予以全面如实记录和报告；有违纪违法情形的，由有关机关根据情节轻重追究有关责任人员、行为人的责任。

2. 人身尊严保障

法官的职业尊严和人身安全受法律保护。任何单位和个人不得对法官及其近亲属打击报复。对法官及其近亲属实施报复陷害、侮辱诽谤、暴力侵害、威胁恐吓、滋事骚扰等违法犯罪行为的，应当依法从严惩治。法官因依法履行职责遭受不实举报、诬告陷害、侮辱诽谤，致使名誉受到损害的，人民法院应当会同有关部门及时澄清事实，消除不良影响，并依法追究相关单位或者个人的责任。法官因依法履行职责，本人及其近亲属人身安全面临危险的，人民法院、公安机关应当对法官及其近亲属采取人身保护、禁止特定人员接触等必要保护措施。

3. 薪酬及退休保障

法官实行与其职责相适应的工资制度，按照法官等级享有国家规定的工资待遇，并建立与公务员工资同步调整机制。法官实行定期增资制度。经年度考核确定为优秀、称职的，可以按照规定晋升工资档次。法官享受国家规定的津贴、补贴、奖金、保险和福利待遇。法官因公致残的，享受国家规定的伤残待遇。法官因公牺牲、因公死亡或者病故的，其亲属享受国家规定的抚恤和优待。法官的退休制度，根据审判工作特点，由国家规定。法官退休后，享受国家规定的养老金和其他待遇。

4. 名誉权利保障

对于国家机关及其工作人员侵犯《法官法》第十一条规定的法官权利的行为，法官有权提出控告。对法官处分或者人事处理错误的，应当及时予以纠正；造成名誉损害的，应当恢复名誉、消除影响、赔礼道歉；造成经济损失的，应当赔偿。对打击报复的直接责任人员，应当依法追究其责任。

（八）香港特别行政区的法官制度

香港地区回归之前，法官的资格、产生、任命、待遇等制度与英国本土的制度基本一致。香港回归后，根据《香港特别行政区基本法》，法官制度基本沿袭了原有的制度，并根据需要有所变动，未作规定的仍保留原有的制度。

1. 法官资格条件

法官包括终审法院、高等法院和区域法院法官，其任职资格条件各有不同，由《香港特别行政区基本法》《最高法院条例》《地方法院条例》等具体规定。区域法官要求是本地居民，担任辩护律师或从事其他法律工作5年以上，年龄30岁以上。高等法院法官要求具备年满35岁，有10年以上律师资历，曾担任区域（地方）法院法官等条件。

2. 法官的任免

法官由专门的独立委员会推荐，由特区行政长官任命。香港终审法院和高等法院法官的任命或免职还须由特区行政长官征得立法会同意，并报全国人民代表大会备案。

3. 法官身份保障制度

具体包括：①法官享有职务豁免权；②实行法官终身制；③实行法官高薪制。

4. 惩戒制度

根据法律规定，对于法官非法索取费用等滥用职权的行为一旦定罪，可以处以罚款、监禁等处罚。

（九）澳门特别行政区的法官制度

澳门地区回归前的法官制度与葡萄牙一脉相承，属典型的大陆法系法官制度。回归后根据《澳门特别行政区基本法》和现实的需要有所变动。

1. 法官资格条件

根据1994年的法令规定，初审法官的资格是：具有澳门大学法律学士资格或澳门法律认可的法律学士文凭；公认具有公民品德，在澳门居住3年以上，懂葡萄牙文和中文的澳门居民，可以报考澳门司法官培训课程，经培训和实习18个月，合格者可以被委任为澳门法院的法官。担任院长则需要10年以上工作资历及其他资质条件。特别行政区延续了这一制度。

2. 法官任免制度

《澳门特别行政区基本法》规定，具备法官资格的人员，必须经过独立委员会的推荐，由特区行政长官任命。符合标准的外国法官也可聘用。终审法院院长和法官的任命与免职须报全国人民代表大会备案。

3. 法官身份保障制度

澳门地区的司法独立制度奉行法官无须对其裁判负责的豁免原则；法官职务行为仅在法律明文规定情况下才追究民事、刑事或纪律责任。罢免法官需要经过法定程序，具有法定事由。法定事由包括无力履行职务、行为与其职务不相称。法官实行终身制、高薪制。

（十）台湾地区的法官制度

1. 法官资格条件

台湾地区的法官称“推事”，其资格条件是：①经司法考试合格者；②曾在“教育部”认可的专科以上学校教授主要法律科目2年以上，并著有讲义，经审查合格者；③经律师考试及格，并执行律师职务1年以上，成绩优良者；④曾任县司法处审判官2年以上，成绩优良者；⑤在“教育部”认可的专科以上学校修习法律学科3年以上毕业，曾任荐任司法行政官等一定年限，成绩优良者；⑥在“教育部”认可的专科以上学校修习法律学科4年以上毕业，有法学专门著作，经审查合格者。

法院院长和大法官资格均有专门规定，对资历的要求更高。

2. 法官任免制度

“司法院”人事审议委员会负责审议各级法院推事、行政法院评事等的任免、转任、迁调、考核、奖惩等事项。法官终身任职，但大法官任期每届为9年，成绩卓著者可以提名连任。大法官由“总统”提名，经“监察院”同意任命。

3. 法官身份保障制度

法律规定法官须超出党派之外，依据法律，独立审判。法官非受刑刑事或惩戒处分，或禁治产之宣告，不得免职，不得停职、转任或减俸。

第七章

监察制度

第一节　监察法概述

一、监察的含义及沿革

在古汉语中，“监”“察”二字最早并非连在一起使用的。甲骨文的“(监)”字是左边一个人在睁大眼睛往下看，而在右边则是一个盛水的器皿。金文又在器皿上加一小横，表示器中有水()。古人以水为镜，“监”就是一个人弯着腰，睁大眼睛，从器皿的水中照看自己的面影。本义为监督，察看督促。在《方言十二》中对“监”的释义为:“监，察也。”“察”字在《说文》中解释为观察、仔细看。“察，复审也。”“监”“察”二字是自秦朝后才开始合并连用的，并逐渐演变为了朝中具有监督职能的官员的官职名称。在汉语词典中，“监察”一词解释为监督考察、监督检举之意，《诗经》中有“监察天下之众国”的表述。监察权，从语义层面分析，可以解释为“监察机构(监察官)的权力、权限或者职责”。

国外的“监察”与我国的“监察”都有“监督、检举”之意，只是在制度模式上存在差异。国外的“监察”有多种模式，主要包括代议机关内部的行政监察、行政机关内部的行政监察和监察与审计合一的行政监察等。如以瑞典为代表的代议机关内部的行政监察，其内部设立的监察机构称为议会行政监察专员。议会赋予行政监察专员以调查权、批评权和起诉权。监察专员在案件调查结束后可以对有关机关提出建议和批评，这是监察专员常用的权力。起诉权是监察专员对重大违法行为动用的权力。

在新中国成立前后，“监察”是指党和国家监督党员干部依法履职、秉公用权、廉洁从政的执纪执法活动。尽管“监督”这一基本形式未变，但监察的内涵和外延历经了从新中国成立前的党的监察，新中国成立后的行政监察、行政监察与党的纪律检查部门合署办公的纪检监察，到行政监察升格为国家监察、并与党的纪检合署办公的纪检监察的发展变化。

二、监察权的概念与特征

从权力角度分析，《监察法》是一部规范监察权的授予、行使和监督的法律，监察权是《监察法》的核心概念之一，是贯穿《监察法》的一条主线。因此，对监察权的分析和理解是正确把握监察法精神的一把钥匙。

根据2018年3月11日第十三届全国人民代表大会第一次会议通过的《中华人民共和国宪法修正案》（以下简称《2018宪法修正案》）和《中华人民共和国监察法》（以下简称《监察法》），可以对监察权作如下界定：监察权是指由监察委员会享有并行使，对掌握公权力的公职人员进行监督，并对职务违法和职务犯罪展开调查和予以处置的权力。监察权具有如下特征：

1. 监察权是一项独立的国家权力

监察体制改革之前，我国既有的国家权力体系中只是依据《行政监察法》存在隶属于行政权的行政监察权。改革开放之后，我国恢复重建行政监察制度[①]。在这一制度安排下，行政监察权虽有一定的独立性，但归属于行政权，其行使主体行政监察机关为政府内部的专门机关，因此本质上为行政权。经改革并由《2018宪法修正案》和《监察法》确认，我国目前形成了新的国家权力结构，即在一级人大之下形成“一府一委两院”的权力格局。作为新型国家权力的监察权，既非行政权也非审判权和检察权，而是与行政权、审判权、检察权相平行的独立的国家权力。

2. 主体是监察委员会

监察权的主体为各级监察委员会。在我国原有的国家机关体系中，政府下设监察部、厅、局，行使行政监察职权，不存在监察委员会。事实上，监察委员会是2018宪法修正案及《监察法》新设立专门作为监察权行使主体的一类国家机关。按照改革安排，监察委员会为“党统一领导下的国家反腐败工作机构”，是行使国家监察职能的专责机关。根据《2018宪法修正案》规定，各级监察委员会是国家的

---

① 1990年，国务院颁布《行政监察条例》，行政监察工作走向规范化；1993年，中央纪委与监察部合署办公，实行一套工作机构、两个机关名称的机制，监察部仍属于政府序列；1997年，全国人大常委会颁布《行政监察法》，对行政监察制度作出系统规定。2010年，全国人大常委会对该法进行修订。2018年3月20日，《监察法》通过后《行政监察法》废止。

监察机关。

3. 行使对象是所有行使公权力的公职人员

国家监察体制改革的重要任务是实现国家监察对所有行使公权力的国家公职人员的监督全覆盖。《监察法》第一条明确规定:“……加强对所有行使公权力的公职人员的监督,实现国家监察全面覆盖……”因此,监察权的行使对象是特定的,是所有行使公权力的公职人员,而非普通公众。行使公权力、履行公务是监察权行使对象的特征,也是判断的关键标准。

4. 权能包括监督、调查、处置三项职权

国家监察制度的主要目的是反腐败,推进国家治理体系和治理能力现代化。为此,《监察法》第十一条明确规定了监察权的职权范围,具体包括监督、调查、处置三项职权。

三、监察法的概念、特征和作用

1. 监察法的概念和特征

监察法从法律规范和文本意义上来看,其含义分为狭义和广义两种。狭义的监察法是指全国人大制定的《监察法》这部法律,广义上的监察法是指规范国家监察机关及其工作人员履行监察职责的监察法体系,包括法律、法规等。其具有以下突出特征:

(1)属于宪法性法律。为解决国家监察制度这一国家根本问题而制定了《监察法》,它通过对监察委员会的组织及其行为等规定,对宪法中有关国家监察安排加以具体化和程序化,从而直接落实宪法的规定,保障宪法的实施,因而属于宪法性法律。在这一点上,《监察法》与此前的《行政监察法》在性质上有根本的不同。

(2)具有综合性。《监察法》共九章,除总则和附则外,包括监察机关及其职责、监察范围和管辖、监察权限、监察程序、反腐败国际合作、对监察机关和监察人员的监督、法律责任七个方面内容,这些内容可以概括为对国家监察机关的设置及其运行、监督的规定。从这些规定可以看出,《监察法》所涉及的内容,既包含有监察机关的定位、组织、职权职责规定,也有监察机关行使监察权的权限和程序规定,还有对监察机关监督的安排,明显带有综合性。

(3)调整对象是监察行为和监察关系。《监察法》的调整对象是监察行为和监察关系。监察行为主要指监察机关在履行监察职责中实施的各种行为,如讯问、询问、留置、搜查、调取、扣押、勘验检查等各项调查措施,以及根据监督、调查结果依法作出的不同处置措施。监察关系主要指监察机关履行监察职责中实施的各种行为及接受监督时与相关主体形成的关系,主要包括:监察机关之间的关系;监察机关实施监察时,与监察对象之间形成的关系;办理职务违法和职务犯罪案件时,与审判机关、检察机关、执法部门之间形成的关系;接受监督时,与人大及其常委会之间形成的关系;等等。

2. 监察法的作用

《监察法》的通过和实施,既是我国国家监察制度改革成果的集中体现,也是反腐败工作法治化的重要里程碑,具有重要意义和作用。其作用体现在以下几方面:

(1)保障监察权的有效行使。监察法以法律形式确认了我国国家监察制度改革成果,把改革成果转化为具体的制度和规则,构成了有关国家监察工作基础性法律,为监察委员会行使监察权、开展监察工作提供了直接的法律依据和法治基础。

监察法为适应我国新形势发展的需要,构建了新的反腐体制机制,确认了监察委员会作为监察机关担负反腐败使命的法律地位。《监察法》第三条规定:“各级监察委员会是行使国家监察职能的专责机关,依照本法对所有行使公权力的公职人员(以下称公职人员)进行监察,调查职务违法和职务犯罪,开展廉政建设和反腐败工作,维护宪法和法律的尊严。”因此,监察法构成了监察委员会行使监察权、依法开展工作的法治基础,从而保障了监察权的有效行使。

(2)促进监察权的合法行使。任何权力在行使的过程中都需受到相应的监督与约束。监察权作为一项重要国家权力,自然也不例外。自党的十八大以来,针对纪检监察机关和人员,中央明确提出“执纪者必先守纪,律人者必先律己”“打铁必须自身硬”,防止出现“灯下黑”的重要判断。在经改革并由监察法确认的新监察体制中,监察委员会地位更高、监察范围更广、监察权力更大,因而也就需要对监察权的行使提出更高的要求。

《监察法》的制定充分考虑了监察权的特殊地位。在充分赋予监察委员会必要的监察权力的同时,也对监察权的行使作出规范。《监察法》在总则中即对监察权的行使提出要求:“国家监察工作严格遵照宪法和法律,以事实为根据,以法律为准绳;在适用法律上一律平等,保障当事人的合法权益;权责对等,严格监督;惩戒与教育相结合,宽严相济。”在具体权力规范上,不仅明确监察权的边界,确定其行使方式,严格规范监察程序,对监察权行使设置标准,而且专门设置“对监察机关和监察人员的监督”和“法律责任”两章,对监察权监督和行使后果提出要求。这些安排为促进监察权的合法行使,防止监察权滥用,具有积极作用。

(3)推动廉洁政治建设。党的十九大报告指出:“人民群众最痛恨腐败现象,腐败是我们党面临的最大威胁。只有以反腐败永远在路上的坚韧和执着,深化标本兼治,保证干部清正、政府清廉、政治清明,才能跳出历史周期率,确保党和国家长治久安。当前,反腐败斗争形势依然严峻复杂,巩固压倒性态势、夺取压倒性胜利的决心必须坚如磐石。”因而,明确要求“坚持无禁区、全覆盖、零容忍,坚持重遏制、强高压、长震慑,坚持受贿行贿一起查”。

《监察法》的制定和实施,正是要落实党的十九大精神。《监察法》第六条规定:“国家监察工作坚持标本兼治、综合治理,强化监督问责,严厉惩治腐败;深化改革、健全法治，有效制约和监督权力；加强法治教育和道德教育，弘扬中华优秀传统文化，构建不敢腐、不能腐、不想腐的长效机制。”因此，监察法实现对所有行使公权力的公职人员监察全覆盖，进而形成新的反腐倡廉体制机制，致力于廉洁政治建设。监察法的作用，通过促进监察权的依法、有效行使，规范一切公权力的行使，防止公权力的滥用和腐败，建立风清气正的政治生态。

第二节 监察机关及其职责

一、监察机关

（一）监察委员会的产生

《监察法》第八条和第九条分别规定了国家和地方监察委员会的产生、任职期限和与人大及其常委会的关系。

1. 国家监察委员会的产生

《宪法》规定，国家行政机关、监察机关、审判机关、检察机关都由人民代表大会产生，对它负责，受它监督。《监察法》第八条第一款规定，国家监察委员会由全国人民代表大会产生。国家监察机关由人民代表大会产生，对全国人民代表大会及其常务委员会负责，并受其监督。根据《监察法》第五十三条的规定，国家监察委员会向全国人大常委会作专项工作报告，接受执法检查，接受人大代表和常委会组成人员就监察工作中的有关问题提出的询问和质询。上述规定坚持和贯彻了人民代表大会制度这一根本政治制度，体现了人民当家作主的要求，有利于强化人大对监察委员会的监督。同时，规定了国家监察委员会作为最高监察机关，统一领导地方各级监察机关工作的地位。

国家监察委员会主任由全国人大选举产生。国家监察委员会主任每届任期同全国人民代表大会每届任期相同，连续任职不得超过两届，这与宪法关于国务院总理、最高人民法院院长、最高人民检察院检察长连续任职届数的规定相一致。全国人民代表大会有权罢免国家监察委员会主任。国家监察委员会副主任、委员由主任提请全国人大常委会任免。《监察法》未对监察委员会副主任、委员连续任职期限做出规定。

2. 地方各级监察委员会的产生

地方各级监察委员会由本级人民代表大会产生，负责本行政区域内的监察工作。地方各级监察委员会对本级人大及其常委会和上一级监察委员会负责，并接受其监督。

地方各级监察委员会主任的任期同本级人大每届任期相同。地方各级监察委员会由主任、副主任若干人、委员若干人组成,主任由本级人民代表大会选举,副主任、委员由监察委员会主任提请本级人民代表大会常务委员会任免。需要注意的是,对于地方各级监察委员会主任的连选连任没有限制性规定。

(二)监察委员会的组织形式

2018 年《宪法修正案》规定:"中华人民共和国国家监察委员会是最高监察机关。"《监察法》第七条规定:"中华人民共和国国家监察委员会是最高监察机关。省、自治区、直辖市、自治州、县、自治县、市、市辖区设立监察委员会。"

1. 国家监察委员会

国家监察委员会是最高国家监察机关。在我国四级监察机构中,国家监察委员会是中央一级的监察机关,作为最高监察机关,在我国监察体系中居于最高地位。其最高地位主要体现在:①国家监察委员会的组成人员由全国人民代表大会及其常务委员会选举或者任命产生。②国家监察委员会负责全国监察工作,领导地方各级监察委员会的工作。③国家监察委员会有权办理各级监察机关管辖范围内的监察事项。

2. 地方各级监察委员会

《监察法》明确了地方设省级(省、自治区、直辖市)监察委员会、市级(地级市、行政公署、自治州)监察委员会、县级(市辖区、县、自治县、县级市、旗、自治旗、林区)监察委员会。

(三)监察委员会的性质及职能

《监察法》第三条规定:"各级监察委员会是行使国家监察职能的专责机关,依照本法对所有行使公权力的公职人员(以下简称公职人员)进行监察,调查职务违法和职务犯罪,开展廉政建设和反腐败工作,维护宪法和法律的尊严。"该条明确了监察委员会在国家机构中的地位和作用,且对监察委员会的性质与职能也做出了规定。从《监察法》第三条的内容中可以看出其包含以下两部分:

(1)监察委员会的性质。监察法规定各级监察委员会是行使国家监察职能的专责机关。根据党中央关于深化国家监察体制改革的部署,监察机关与党的纪律检查机关合署办公。纪委是党内监督的专责机关,将监察委员会定位为行使国家监察职能的"专责机关"与纪委的定位相匹配。

监察委员会作为行使国家监察职能的专责机关,与党的纪律检查机关合署办公,从而实现党对国家监察工作的领导,是实现党和国家自我监督的政治机关,不是行政机关、司法机关。党的十八大后,党的纪律检查工作实现了纪严于法、纪在法前的转化,填补了"好同志"和"阶下囚"之间党内监督的空间。而国家监察体制改革,则是以法律为尺子,全面填补国家监督的空白。从前行政监察的对象主要是行政机关的工作人员,检察院主要是侦办国家工作人员职务犯罪,不管职务违法行为。改革后，监察委员会依法行使的监察权，不是行政监察、反贪反渎、预防腐败职能的简单叠加，而是在党直接领导下，代表党和国家对所有行使公权力的公职人员进行监督，既调查职务违法行为，又调查职务犯罪行为，依托纪检、拓展监察、衔接司法，实际上是新的拓展、新的开创，实现了“一加一大于二、等于三”，监督对象和内容多出了一块，有新内容，是新创举，与司法机关的职权、性质有着根本不同。

值得注意的是，“专责机关”与“专门机关”相比，不仅强调监察委员会的专业化特征、专门性职责，更加突出强调了监察委员会的责任，行使监察权不仅仅是监察委员会的职权，更重要的是职责和使命担当。

(2)监察委员会的职能。根据监察法的规定，监察委员会具有三项职能：①对所有行使公权力的公职人员进行监察；②调查职务违法和职务犯罪；③开展廉政建设和反腐败工作，维护宪法和法律的尊严。《监察法》对监察委员会职能的规定，与党章关于纪委主要任务的规定相匹配。

需要注意的是，监察机关行使的是调查权，不同于侦查权。《监察法》规定的执法主体是与党的纪律检查机关合署办公的国家监察机关；监督调查对象是行使公权力的公职人员，而不是普通的刑事犯罪嫌疑人；调查的内容是职务违法和职务犯罪，而不是一般刑事犯罪行为。在案件调查过程中，既要严格依法收集证据，也要用党章党规党纪、理想信念宗旨做被调查人的思想政治工作，靠组织的关怀感化被调查人，让他们真心认错悔过，深挖思想根源，而不仅仅是收集证据，查明犯罪事实。

《监察法》第十一条规定：“监察委员会依照本法和有关法律规定履行监督、调查、处置职责：(一)对公职人员开展廉政教育，对其依法履职、秉公用权、廉洁从政从业以及道德操守情况进行监督检查；(二)对涉嫌贪污贿赂、滥用职权、玩忽职守、权力寻租、利益输送、徇私舞弊以及浪费国家资财等职务违法和职务犯罪进行调查；(三)对违法的公职人员依法作出政务处分决定；对履行职责不力、失职失责的领导人员进行问责；对涉嫌职务犯罪的，将调查结果移送人民检察院依法审查、提起公诉；向监察对象所在单位提出监察建议。”从中可以了解其主要目的是为了聚焦反腐败职能，将监察委员会负责履行的监督、调查、处置的责任、任务以法律的形式予以明确，将党中央深化国家监察体制改革方案中关于监察委员会职责的改革部署转化为国家意志，使监察委员会履职尽责于法有据。

1. 监督职责

监督是监察委员会的首要职责。监察委员会代表党和国家，依照宪法、监察法和有关法律法规，监督所有公职人员行使公权力的行为是否正确，确保权力不被滥用、权力在阳光下运行，把权力关进制度的笼子。

党的十八大以来，面对严峻复杂的反腐败斗争形势，以习近平同志为核心的党中央带领全党进行了艰苦的探索。2016 年 10 月，党的十八届六中全会通过了《中国共产党党内监督条例》，明确规定了党内监督的原则、任务、主要内容和重点对象,针对不同主体,明确监督职责,规定具体监督措施,实现党内监督全覆盖。党内监督和国家监察都是中国特色治理体系的重要组成部分、一体两面,具有高度内在一致性。国家监察是对公权力最直接、最有效的监督,监察全覆盖和监督的严肃性、实效性,直接关乎党的执政能力和治国理政科学化水平。制定《监察法》,就是要通过制度设计实现对所有行使公权力的公职人员监察全覆盖,补上国家监察的短板,体现依规治党与依法治国、党内监督与国家监察有机统一。

纪委、监委合署办公,要落实它们的双重职责。《中国共产党党内监督条例》明确规定,党的各级纪律检查委员会是党内监督的专责机关,履行监督执纪问责职责,加强对所辖范围内党组织和领导干部遵守党章党规党纪、贯彻执行党的路线方针政策情况的监督检查。党内监督的主要内容是:①遵守党纪党规,坚定理想信念,践行党的宗旨,模范遵守宪法法律情况;②维护党中央集中统一领导,牢固树立政治意识、大局意识、核心意识、看齐意识,贯彻落实党的理论和路线方针政策,确保全党令行禁止情况;③坚持民主集中制,严肃党内政治生活,贯彻党员个人服从党的组织,少数服从多数,下级组织服从上级组织,全党各个组织和全体党员服从党的全国代表大会和中央委员会原则情况;④落实全面从严治党主体责任,严明党的纪律特别是政治纪律和政治规矩,推进党风廉政建设和反腐败工作情况;⑤落实中央八项规定精神,加强作风建设、密切联系群众,巩固党的执政基础情况;⑥坚持党的干部标准,树立正确选人用人导向,执行干部选拔任用工作规定情况;⑦廉洁自律、秉公用权情况;⑧完成党中央和上级党组织部署的任务情况。党内监督的方式包括党委(党组)的日常管理监督、巡视监督、组织生活制度、党内谈话制度、干部考察考核制度、述责述廉制度、报告制度、插手干预重大事项记录制度,以及纪委的执纪监督、派驻监督、信访监督、党风廉政意见回复、谈话提醒和约谈函询制度、审查监督、通报曝光制度等。党内监督要求把纪律挺在前面,运用监督执纪"四种形态",经常开展批评和自我批评、约谈函询,让"红红脸、出出汗"成为常态;党纪轻处分、组织调整成为违纪处理的大多数;党纪重处分、重大职务调整的成为少数;严重违纪涉嫌违法立案审查的成为极少数。在合署办公体制下,纪委的监督、执纪、问责与监委的监督、调查、处置是对应的,既有区别又有一致性,纪检机关的监督和监察机关的监督在指导思想、基本原则上是高度一致的,目的都是为了惩前毖后、治病救人,抓早抓小、防微杜渐。党内监督的内容、方式和要求,也都适用于国家监察的监督。一定要准确把握、高度重视监察委员会的日常监督职责,把纪委监督与监委监督贯通起来。严格监督本身就是反腐败高压态势的组成部分。监察机关履行监督职责的方式包括教育和检查。廉政教育是防止公职人员发生腐败的基础性工作。廉政教育的根本内容是加强理想信念教育,使公职人员牢固树立马克思主义的世界观、人生观、价值观和正确的权力观、地位观、利益观,使讲规矩、守法律成为公职人员的自觉行动,不断增强不想腐的自觉。监督检查的方法包括列席或者召集会议、听取工作汇报、实施检查或者调阅、审查文件和资料等,内容是公职人员依法履职、秉公用权、廉洁从政从业以及道德操守情况。

2. 调查职责

调查公职人员涉嫌职务违法和职务犯罪，是监察委员会的一项经常性工作。它是监察委员会开展廉政建设和反腐败工作、维护宪法和法律尊严的一项重要措施。对公职人员涉嫌职务违法和职务犯罪的调查，突出地体现了监察委员会作为国家反腐败工作机构的定位，体现了监察工作的特色。这项工作做好了，能有效地强化不敢腐的震慑，减少和遏制腐败行为的发生，维护宪法和法律尊严，保持公权力行使的廉洁性。调查的主要内容，包括涉嫌贪污贿赂、滥用职权、玩忽职守、权力寻租、利益输送、徇私舞弊以及浪费国家资财等职务违法和职务犯罪行为，基本涵盖了公职人员的腐败行为类型。在《监察法》第十一条中列举了公职人员 7 类主要的职务违法和职务犯罪行为。这些行为都是党的十八大以来通过执纪审查、巡视等发现的比较突出的职务违法犯罪行为。其中，“贪污贿赂”，主要是指贪污、挪用、私分公共财物以及行贿受贿等破坏公权力行使廉洁性的行为；“滥用职权”，主要是指超越职权，违法决定、处理其无权决定、处理的事项，或者违反规定处理公务，致使公共财产、国家和人民利益遭受损失的行为；“玩忽职守”，主要是指公职人员严重不负责任，不履行或者不认真、不正确履行职责，致使公共财产、国家和人民利益遭受损失的行为；“徇私舞弊”，主要是指为了私利而用欺骗、包庇等方式从事违法的行为。有的行为与刑法规定的罪名和有关法律法规规定的违法行为不完全一一对应，但其实质是一致的。比如，“权力寻租”，主要是指公职人员利用手中的公权力，违反或者规避法律法规，谋取或者维护私利的行为；“利益输送”，主要是指公职人员利用职权或者职务影响，以违反或者规避法律法规的手段，将公共财产等利益不正当授受给有关组织、个人的行为；“浪费国家资财”，主要是指公职人员违反规定，挥霍公款，铺张浪费的行为。

3. 处置职责

主要包括四个方面：

(1)对违法的公职人员依法作出政务处分决定，即监察委员会根据监督、调查结果，对违法的公职人员依照法定程序作出警告、记过、记大过、降级、撤职、开除等政务处分决定。《监察法》引入政务处分的概念，明确作出政务处分的主体是监察机关，对象即监察对象，包括所有行使公权力的公职人员。2018 年 4 月 16 日，中央纪委国家监委颁布《公职人员政务处分暂行规定》，对政务处分做了初步规定。《中华人民共和国公职人员政务处分法》被列入 2019 年全国人大常委会重大立法事项，目前该法已经颁布实施。

(2)对履行职责不力、失职失责的领导人员进行问责。这里所谓的“问责”，是指监察委员会根据问责的有关规定，对不履行或者不正确履行职责的、负有管理责任的领导干部按照干部管理权限作出问责决定，或者向有权作出问责决定的机关提出问责建议。问责的对象是公职人员中的领导人员，主要是指中国共产党机关、人民代表大会及其常务委员会机关、行政机关、监察机关、审判机关、检察机关、政协机关、民主党派和工商联机关中担任各级领导职务和副调研员以上非领导职务的人员；参照《公务员法》管理的单位中担任各级领导职务和副调研员以上非领导职务的人员；大型、特大型国有和国有控股企业中层以上领导人员，中型以下国有和国有控股企业领导班子成员，以及上述企业中其他相当于县处级以上层次的人员；事业单位领导班子成员及其他六级以上管理岗位人员。

（3）对涉嫌职务犯罪的，将调查结果移送人民检察院依法审查、提起公诉。对被调查人涉嫌职务犯罪，监察机关经调查认为犯罪事实清楚，证据确实、充分的，制作起诉意见书，连同案卷材料、证据一并移送检察机关依法审查、提起公诉。另外，监察委员会还有权向检察机关提出对被调查人从宽处罚的建议。

根据《监察法》的规定，监察机关对所有行使公权力的公职人员的职务犯罪行为都可以进行调查。但是基于工作的便利性和实效性，《刑事诉讼法》规定部分职务犯罪的侦查可由检察机关负责。2018 年 10 月 26 日，第十三届全国人民代表大会常务委员会第六次会议对《刑事诉讼法》进行修改，删去了检察院对贪污贿赂等案件行使侦查权的规定，但是保留了检察院在诉讼活动法律监督中发现司法工作人员利用职权实施的侵犯公民权利、损害司法公正的犯罪的侦查权："人民检察院在对诉讼活动实行法律监督中发现的司法工作人员利用职权实施的非法拘禁、刑讯逼供、非法搜查等侵犯公民权利、损害司法公正的犯罪，可以由人民检察院立案侦查。对于公安机关管辖的国家机关工作人员利用职权实施的重大犯罪案件，需要由人民检察院直接受理的时候，经省级以上人民检察院决定，可以由人民检察院立案侦查。"

（4）对监察对象所在单位提出监察建议。监察建议是监察委员会依照法定职权，根据监督、调查结果，对监察对象所在单位廉政建设和履行职责存在的问题等提出的。监察建议不同于一般的工作建议，它具有法律效力，被提出建议的有关单位无正当理由必须履行监察建议要求其履行的义务，否则就要承担相应的法律责任。

（四）监察委员会派出监察机构

我国监察体制改革的一个重要目标，是实现对所有行使公权力的公职人员的全覆盖。根据《监察法》第十五条的规定，我国监察对象包括六类：中国共产党机关、人民代表大会及其常务委员会机关、人民政府、监察委员会、人民法院、人民检察院、中国人民政治协商会议各级委员会机关、民主党派机关和工商业联合会机关的公务员，以及参照《中华人民共和国公务员法》管理的人员；法律、法规授权或者受国家机关依法委托管理公共事务的组织中从事公务的人员；国有企业管理人员；公办的教育、科研、文化、医疗卫生、体育等单位中从事管理的人员；基层群众性自治组织中从事管理的人员；其他依法履行公职的人员。由监察委员会向有关机关、组织和单位等派驻或者派出监察机构或监察专员，有利于保证监察委员会能够经常、及时、准确地了解分散在不同机关、组织和单位等的监察对象情况，对所监察的公职人员真正实现“看得见、管得着”。

派驻监督是党的自我监督的重要形式。党章规定，党的中央和地方纪律检查委员会向同级党和国家机关全面派驻党的纪律检查组，《中国共产党党内监督条例》对党的纪检机构的派驻提供了制度保障。建立监察委员会的派驻、派出制度，既是对党的派驻监督经验的借鉴和吸收，也是监察委员会与本级党的纪律检查委员会合署办公体制的必然要求，有利于形成纪律监督、监察监督、巡视监督、派驻监督“四个全覆盖”的权力监督格局。

监察委员会派驻或者派出的范围，包括本级中国共产党机关、国家机关、法律法规授权或者委托管理公共事务的组织和单位以及所管辖的行政区域的国有企业等。这里的国家机关主要是指行使国家权力、管理国家事务的机关，包括国家权力机关、国家行政机关、审判机关、检察机关等。这里的行政区域主要是指街道、乡镇以及不设置人民代表大会的地区、盟等区域。县级监察委员会向所管辖的街道、乡镇派出监察机构、监察专员，可以每个街道、乡镇单独派出，也可以几个街道、乡镇归口派出，推动国家监察向基层延伸，就近解决群众身边的腐败问题。派驻或者派出的组织形式，具体包括监察机构或者监察专员。监察委员会是设置派驻、派出监察机构还是监察专员，应遵循实际需要，根据监察对象的多少、任务轻重而定。一般来说，地区、盟等地方的监察机构，可以采取派出监察机构的形式；对于街道、乡镇，可以采取派出监察专员的形式；而中国共产党机关、国家机关等的监察机构，可以采取派驻监察机构的形式。

监察机构、监察专员是派驻或者派出它的监察委员会的重要组成部分，受其直接领导、统一管理并对其负责，不受驻在部门的领导和管理，这种体制有利于保证履职的独立公正性，避免驻在部门的不当干预。由于各级监察委员会与本级党的纪律检查委员会合署办公，监察委员会派驻或者派出的监察机构、监察专员，与本级纪委派驻或者派出到该单位以及行政区域、国有企业的纪检组，也应当合署办公。《监察法》第十三条规定：“派驻或者派出的监察机构、监察专员根据授权，按照管理权限依法对公职人员进行监督，提出监察建议，依法对公职人员进行调查、处置。”因此，派驻或者派出的监察机构、监察专员的设置、具体职责和可以行使的权限，包括监督对象有哪些人员、具体履行什么样的监督职责等，由相关法律文件作出明确授权，其根据授权开展相关工作。从党的十八大以来的实践情况看，派驻或者派出的监察机构、监察专员的监督的重点对象是领导人员。需要注意的是，在派出或者派驻监察机构的职责权限上，派出监察机构原则上既可以对公职人员涉嫌职务违法进行调查、处置，又可以对涉嫌职务犯罪进行调查、处置；而派驻监察机构的具体职责权限，则需要根据派出它的监察机关的授权来确定。

二、监察人员

监察机关的各项工作要由具体的工作人员即监察人员来承担,监察人员的素质对监察工作的质量和水平有着直接而重要的影响。因此,必须完善监察人员的各项管理制度,建设忠诚、干净、担当的监察队伍。

监察人员是公务员,需要具备公务员的各项条件、享有公务员的权利、承担公务员的义务、接受公务员主管机关等进行的各项管理。我国《公务员法》就公务员的义务、权利和管理作了详细的规定,包括公务员的职务、职级与级别,录用、考核,职务、职级任免与升降,奖励、监督与惩戒、培训,交流与回避,工资、福利与保险,辞职与辞退、退休,申诉与控告等。除法律中对其做出特别规定的以外,这些都同样适用于监察人员。

《监察法》结合监察工作的具体要求,对监察人员也做了一些规定。这些规定有的是对《公务员法》一般规定的细化,有的则是考虑到监察人员的特殊性而作的特别规定。例如,《监察法》第五十六条规定与《公务员法》第十四条的相关规定相比,就特别强调了监察人员必须熟悉监察业务,具备运用法律、法规、政策和调查取证等能力。《监察法》对监察人员的各方面能力规定如下:

一是“模范遵守宪法和法律”,主要是指监察人员作为执法人员要做遵守宪法和法律的标杆。正人先正己、打铁必须自身硬。监察人员责任重大,只有自身过硬,才能挺直腰杆去监督其他公职人员。监察人员要牢固树立法治观念,培养增强法律意识,提高遵守法律的自觉性,做遵纪守法的模范。

二是“忠于职守”,主要是指监察人员必须认真履行职责,坚守工作岗位,恪尽职守。对于自己范围内的事要坚持原则、竭尽全力、克服困难、任劳任怨,以对国家、对人民高度负责的精神,圆满完成本职工作。

三是“秉公执法”,主要是指监察人员在履行职责中应实事求是,正确运用权力,客观、公正地执行国家法律。监察人员必须尊重事实,重证据、重调查,以事实为根据,以法律为准绳,不徇私枉法,客观、公正地严格执法。

四是“清正廉洁”,主要是指监察人员在履行职责过程中必须廉洁奉公,不利用职权谋取个人私利。监察机关的性质和任务决定了监察人员首先要做到廉洁奉公,不贪赃枉法,不以权谋私。只有这样,才能在监督、促进监察对象遵纪守法、廉洁奉公等方面真正做到“执法如山”“铁面无私”。

五是“保守秘密”,主要是要求监察人员必须牢固树立保守党和国家秘密的观念,严格遵守保密法律和纪律,严守有关保密工作的规定。

六是“具有良好的政治素质”,主要是指监察人员要增强“四个意识”,提高政治觉悟、严守政治纪律,与党中央保持高度一致,坚决维护党中央权威。监察工作政治性极强,出现任何疏漏或问题,都会给全面从严治党、党风廉政建设和反腐败斗争造成损失。监察人员要切实把“四个意识”体现在思想上和行动上，把政治和业务有机统一起来，要紧紧跟上中央要求，坚定政治立场，把责任追究真正落到实处，推动全面从严治党不断向纵深发展。同时，监察人员经常同各种违法犯罪行为作面对面的斗争，不可避免地要接触一些消极阴暗的现象，容易受到腐朽思想的影响，这就特别要求监察人员必须具有极强的自我约束力和心理承受力，在与不正之风和腐败现象的斗争中不断锤炼党性、磨砺心性，在消极腐败面前不动摇，金钱利诱面前不动心。

七是“熟悉监察业务”，主要是指监察人员必须掌握监察专业知识及相关业务知识。党的十九大报告强调，注重培养专业能力、专业精神，增强干部队伍适应新时代中国特色社会主义发展要求的能力。监察工作内容复杂、涉及面广，同时专业性强，这就要求监察人员不仅要具有较高的政治素质和工作热情，而且必须具有较强的业务能力。

八是“具备运用法律、法规、政策和调查取证等能力”，主要是指监察人员必须掌握相关法律、法规、政策知识，并善于在调查取证等工作中加以运用。监察机关依法对行使公权力的公职人员进行监察，调查职务违法和职务犯罪，因此监察人员必须具备相应知识和能力，努力养成严、实、深、细的工作作风。

九是“自觉接受监督”，主要是指监察人员要坚定理想信念，提高政治站位，充分认识严管就是厚爱，把监督当成一种关心、爱护和保护，增强遵纪守法的自觉性，用实际行动证明，监察人员队伍是一支党和人民信得过、靠得住的队伍。

三、监察官制度

我国监察体制改革的一项重要内容是建立中国特色监察官制度。

建立监察官制度，有利于打造专业化的监察队伍，增强监察人员的荣誉感、责任感和使命感，以更高的标准、更严的要求依法履职尽责，实现权利、义务、责任和担当相统一。《监察法》对监察官制度做出原则性规定，即国家实行监察官制度，依法确定监察官的等级设置、任免、考评和晋升等制度。目前，《监察官法》的制定已被列入十三届全国人大立法规划中，属于第二类立法项目之一，即“需要抓紧工作、条件成熟时提请审议的法律草案”。《监察官法》将由国家监察委员会提请审议或作为牵头起草单位。

监察官制度的建构，需要以建立讲政治、专业化的监察队伍为目标，结合监察工作的特点，参考其他国家专业干部队伍管理的有益经验又不照搬照抄。在监察官等级设置上，既要层次合理，又要力求扁平化，体现精简、高效的队伍建设方针。在监察官任免、考评和晋升等制度设计上，要科学设立上下进退机制，监察官门槛要高、退出机制要强，尤其是要细化规定违法违规监察官降低职级等处分的适用条件，把重点落在从严建设队伍上。在监察官的工资待遇上，要参考有关专业干部队伍的待遇标准,综合考虑国家财政负担能力等因素研究解决方案。目前各界对于监察官制度中一些重大问题,例如是否要将监察委员会全部内设机构工作人员纳入监察官的范围,是否要将监察人员分为监察官、监察官助理、监察行政人员,监察官是否要和法官、检察官等一样实行员额制,监察官是否要通过国家统一法律职业资格考试,等等,还存在很大的争议,需要进行深入调查研究,作出审慎决断。

第三节 监察范围及管辖

一、监察范围

监察对象的范围是所有行使公权力的公职人员,也就是说,所有国家财政供养的组织、群体都属于国家监察范围,包括法院、检察院、医院、学校等。在我国,中国共产党领导是中国特色社会主义最本质的特征。党的机关、人民代表大会及其常务委员会机关、行政机关、政协机关、监察机关、审判机关、检察机关等,都在党中央统一领导下行使公权力,为人民用权、对人民负责、受人民监督。权力必须受制约和监督。《监察法》对监察对象范围的规定,就是通过法律的形式,把国家监察对所有行使公权力的公职人员全覆盖固定下来。它涵盖了我国行使公权的各种公职人员类型,在法律层面上实现了监督全覆盖、监察无死角,具有很强的针对性、操作性、权威性和震慑性。

第一,《监察法》中明列的监察对象有狭义和广义之分。狭义的监察对象是正在履行公职的监察对象,也属于当然的监察对象,在履行公职中因违法被发现,便成为调查处置的对象。广义的监察对象除包括狭义的监察对象之外,还包括例如曾经是监察对象的离任退休人员、涉及职务共同犯罪的非公职人员、涉及行贿犯罪的非公职人员。《监察法》中虽然没有明列涉及职务共同犯罪的非公职人员是监察对象,但是《监察法》第三条、第十一条第二款都作出了相应的规定,即监察机关对涉嫌贪污贿赂、滥用职权、玩忽职守、权力寻租、利益输送、徇私舞弊以及浪费国家资财等职务违法和职务犯罪进行调查。《监察法》规定监察委对职务违法和职务犯罪有权力进行调查,只要是涉及职务违法和职务犯罪的行为都应该归监察委进行调查处置,其中涉及的相关人员不论是《监察法》第十五条所列的公职人员还是没有明列的共同犯罪非公职人员都应当成为监察对象。非公职人员成为监察对象的条件是涉嫌监察法中的职务犯罪(未过追诉时效),只要涉嫌《监察法》中规定的职务犯罪,都应当属于监察对象。

第二,虽然对于公职人员行使的公权力目前并无统一的定义,但有学者根据我国公权力行使的现状,结合国内外学界的观点,将公权力界定为:由特定的共同体

(国家、社会等)依一定的规则和程序授予的,由共同体组织管理机构行使的,能影响其相对人权利义务的职权和职责的总称。在我国,公权力机关包括所有国家机关和法律法规授权的组织。这些机关或组织中行使公权力的人员属于需要作为执行国家意志的监察委员会监察覆盖的对象。我国《刑法》第九十三条规定:"本法所称国家工作人员,是指国家机关中从事公务的人员。国有公司、企业、事业单位、人民团体中从事公务的人员和国家机关、国有公司、企业、事业单位委派到非国有公司、企业、事业单位、社会团体从事公务的人员,以及其他依照法律从事公务的人员,以国家工作人员论。"《公务员法》第二条第一款规定:"本法所称公务员,是指依法履行公职、纳入国家行政编制、由国家财政负担工资福利的工作人员。"从立法表述来看,《刑法》采用了"国家工作人员"的概念,《公务员法》则采用了"公务员"这一概念。相对上述两个概念,《监察法》中行使公权力的公职人员是一个更大的概念,包括但不局限于国家工作人员和公务员。

按照《监察法》第十五条的规定,以下六大类的人员属于监察全覆盖的范围:

1. 公务员和参公管理人员

公务员身份的确定,有一套严密的法定程序,只有经过有关机关审核、审批及备案等程序,登记、录用或者调任为公务员后,方可确定为公务员身份。根据《公务员法》第二条第一款的规定,对以下机关机构工作人员的公务员身份予以确定。

(1)中国共产党机关公务员。包括:①中央和地方各级党委、纪律检查委员会的领导人员;②中央和地方各级党委工作部门、办事机构和派出机构的工作人员;③中央和地方各级纪律检查委员会机关和派出机构的工作人员;④街道、乡、镇党委机关的工作人员。

(2)人民代表大会及其常务委员会机关公务员。包括:①县级以上各级人民代表大会常务委员会领导人员,乡、镇人民代表大会主席、副主席;②县级以上各级人民代表大会常务委员会工作机构和办事机构的工作人员;(3)各级人民代表大会专门委员会办事机构的工作人员。

(3)人民政府公务员。包括:①各级人民政府的领导人员;②县级以上各级人民政府工作部门和派出机构的工作人员;③乡、镇人民政府机关的工作人员。

(4)监察委员会公务员。包括:①各级监察委员会的组成人员;②各级监察委员会内设机构和派出监察机构的工作人员,派出的监察专员等。

(5)人民法院公务员。包括:①最高人民法院和地方各级人民法院的法官、审判辅助人员;②最高人民法院和地方各级人民法院的司法行政人员等。

(6)人民检察院公务员。包括:①最高人民检察院和地方各级人民检察院的检察官、检察辅助人员;②最高人民检察院和地方各级人民检察院的司法行政人员等。

(7)中国人民政治协商会议各级委员会机关公务员。包括:①中国人民政治协商会议各级委员会的领导人员;②中国人民政治协商会议各级委员会工作机构的工作人员。

(8)民主党派机关和工商业联合会机关公务员。包括:中国国民党革命委员会中央和地方各级委员会,中国民主同盟中央和地方各级委员会,中国民主建国会中央和地方各级委员会,中国民主促进会中央和地方各级委员会,中国农工民主党中央和地方各级委员会,中国致公党中央和地方各级委员会,九三学社中央和地方各级委员会,台湾民主自治同盟中央和地方各级委员会的公务员,以及中华全国工商业联合会和地方各级工商联等单位的公务员。

参照《中华人民共和国公务员法》管理的人员,根据公务员法规定,法律、法规授权的具有公共事务管理职能的事业单位中除工勤人员以外的工作人员,经批准参照公务员法进行管理的人员。比如,中国证券监督管理委员会,就是参照公务员法管理的事业单位。列入参照公务员法管理范围,应当严格按照规定的条件、程序和权限进行审批。

2. 法律、法规授权或者受国家机关依法委托管理公共事务的组织中从事公务的人员

这主要是指除参公管理以外的其他管理公共事务的事业单位,比如疾控中心、证监会等得到法律法规授权的国务院特设机构中的工作人员。在我国,事业单位人数多,分布广,由于历史和国情等原因,在一些地方和领域,法律、法规授权或者受国家机关依法委托管理公共事务的事业单位工作人员,其数量甚至大于公务员的数量。由于这些人员也行使公权力,为实现国家监察全覆盖,有必要将其纳入监察对象范围,由监察机关对其监督、调查、处置。

3. 国有企业管理人员

根据有关规定和实践需要,作为监察对象的国有企业管理人员,主要是国有独资企业、国有控股企业(含国有独资金融企业和国有控股金融企业)及其分支机构的领导班子成员,包括设董事会的企业中由国有股权代表出任的董事长、副董事长、董事,总经理、副总经理,党委书记、副书记、纪委书记,工会主席等;未设董事会的企业的总经理(总裁)、副总经理(副总裁),党委书记、副书记、纪委书记,工会主席等。此外,对国有资产负有经营管理责任的国有企业中层和基层管理人员,包括部门经理、部门副经理、总监、副总监、车间负责人等;在管理、监督国有财产等重要岗位上工作的人员,包括会计、出纳人员等;国有企业所属事业单位领导人员,国有资本参股企业和金融机构中对国有资产负有经营管理责任的人员,也应当理解为国有企业管理人员的范畴,涉嫌职务违法和职务犯罪的,监察机关可以依法调查。

4. 公办的教育、科研、文化、医疗卫生、体育等单位中从事管理的人员

作为监察对象的公办的教育、科研、文化、医疗卫生、体育等单位中从事管理的人员,主要是该单位及其分支机构的领导班子成员,以及该单位及其分支机构中的

国家工作人员，比如，公办学校的校长、副校长，科研院所的院长、所长，公立医院的院长、副院长等。

公办教育、科研、文化、医疗卫生、体育等单位及其分支机构中层和基层管理人员，包括管理岗六级以上职员、从事与职权相联系的管理事务的其他职员；在管理、监督国有财产等重要岗位上工作的人员，包括会计、出纳人员、采购、基建部门人员涉嫌职务违法和职务犯罪，监察机关可以依法调查。此外，临时从事与职权相联系的管理事务，包括依法组建的评标委员会、竞争性谈判采购中谈判小组、询价采购中询价小组的组成人员，在招标、政府采购等事项的评标或者采购活动中，利用职权实施的职务违法和职务犯罪行为，监察机关也可以依法调查。

5. 基层群众性自治组织中从事管理的人员

作为监察对象的基层群众性自治组织中从事管理的人员，包括村民委员会、居民委员会的主任、副主任和委员，以及其他受委托从事管理的人员。根据有关法律和立法解释，这里的“从事管理”，主要是指：①救灾、抢险、防汛、优抚、扶贫、移民、救济款物的管理；②社会捐助公益事业款物的管理；③国有土地的经营和管理；④土地征用补偿费用的管理；⑤代征、代缴税款；⑥有关计划生育、户籍、征兵工作；⑦协助人民政府等国家机关在层群众性自治组织中从事的其他管理工作。

6. 其他依法履行公职的人员

为了防止出现对监察对象列举不全的情况，避免挂一漏万，《监察法》设定了第六类作为兜底条款。但是对于“其他依法履行公职的人员”不能无限制地扩大解释，判断一个“履行公职的人员”是否属于监察对象的标准，主要看其是否行使公权力，所涉嫌的职务违法或者职务犯罪是否损害了公权力的廉洁性。

二、监察管辖

管辖，是指国家监察委员会对监察对象职务违法和职务犯罪进行监督调查处置的权限和分工。对监察机关的管辖进行明确规定，既可以有效避免争执或推诿，又有利于有关单位和个人按照监察机关的管辖范围提供问题线索，充分发挥人民群众反腐败的积极性。《监察法》确立了监察委员会实行的是级别管辖与地域管辖相结合的原则，各级监察委员会按照干部管理权限对本辖区内的监察对象依法进行监察，同时对提级管辖和管辖争议解决作出规定。

（一）一般管辖规则

《监察法》第十六条规定，监察委员会实行的是级别管辖与地域管辖相结合的原则。即按照干部管理权限和属地管辖相结合的原则，实行分级、分工负责。该条款不仅明确了监察机关的级别管辖和地域管辖，而且明确了级别管辖优先原则，即各级监察委员会按照干部管理权限对本辖区内的监察对象依法进行监察。

其中"按照管理权限"指的是按照干部管理权限，即监察对象的组织人事管理权限。监察对象的组织人事关系由哪一级组织人事部门管理，其所涉及的监察事项则由相对应的监察委管辖。例如：国家监察委员会管辖中管干部所涉监察事项，省级监察委员会管辖本省省管干部所涉监察事项；一般处级干部所涉监察事项由市级监察委员会管辖，处级以下干部所涉监察事项由区县监察委员会管辖；等等。"本辖区"是指本级监察委所在的省（自治区）、盟市、旗县、区的行政管辖区域，各级监察机关只能管辖本行政辖区范围内的被监察对象及其所涉及的监察事项。"本辖区"确定地域管辖的范围。

简而言之，各级监察机关原则上只对本行政区域内本级组织人事部门管理的监察对象及其所涉及的监察事项具有管辖权。

（二）提级管辖

提级管辖是对级别管辖规定的变通处置方法。报请提级管辖，是指监察机关因法定事由可以报请上级监察机关管辖原本属于自己管辖的监察事项。下级报请提级主要包括以下几种情况：其一，下级监察机关认为有重大影响，由上级监察机关办理更为适宜的监察事项；其二，下级监察机关不便办理的重大复杂监察事项，以及自己办理可能会影响公正处理的监察事项；其三，因其他原因需要由上级监察机关管辖的重大、复杂监察事项。

《监察法》中规定的提级管辖主要是出于对监察工作的高机动性的考虑。监察机关正常情况下应当按照一般管辖的分工，尽全力管好自己管辖范围内的监察事项。但是，当监察机关考虑到所在地方的实际情况，以及本机关的地位能力，认为所管辖的监察事项实属重大、复杂，而尽自己力量不能或者不适管辖的，可以报请上级监察机关管辖。在必要时，上级监察机关也可以直接办理所辖下一级监察机关管辖范围内的监察事项，例如：上级监察机关认为在所辖地区有重大影响的监察事项；上级监察机关认为下级监察机关不便办理的重大、复杂的监察事项，以及下级监察机关办理可能会影响公正处理的监察事项；领导机关指定由上级监察机关直接办理的监察事项。

这样的规定首先是由我国双重领导的监察体制决定的。其次，有利于上级监察机关加强对下级监察机关履行职责情况的监督和工作指导，尤其是在遇到由下级监察机关直接办理的可能影响公正处理的监察事项时，上级监察机关直接予以办理，可以保证国家的法律、法规、政策和政纪统一、正确地实施。再次，有利于下级监察机关在工作遇到特殊困难和阻力时，可以得到上级监察机关及时、有力的支持、帮助和指导，提高效率和质量。

第四节 监察权限及程序

一、监察权限

权限是指为了保证职责的有效履行,任职者必须具备的,对某事项进行决策的范围和程度。监察权限,是指为保障监察机关有效履行监督、调查职能,深入推进反腐败工作的规范展开,通过立法程序赋予监察机关相应权力及其行使的范围和限度。监察权限主要包括;调查权、从宽处罚建议权、非法证据排除权。监察法对监察权限的行使主体、适用对象、适用条件、适用审批权限和程序等作了明确规定。

(一)调查权

调查权是指监察机关对公职人员涉嫌职务违法和职务犯罪的行为进行查明的权力。调查权是监察机关最重要同时也是最基本的权力,是查明职务违法以及职务犯罪的重要手段。监察机关的调查权具有以下特征:

(1)从性质上看监察机关的调查权从属于监察权,是监察权的具体化。调查权的内容、适用程序、行使主体都由法律明文规定。监察机关调查权的行使具有强制性,任何机关和个人不得阻碍调查工作的顺利进行。

(2)从适用范围而言,监察机关的调查权适用于所有公职人员的职务违法和职务犯罪行为。就调查措施而言,《监察法》赋权监察机关各项调查措施,包括谈话、讯问、询问三项一般调查措施,以及留置、查询、冻结、搜查、调取、查封、扣押、勘验检查、鉴定、技术调查、限制出境、通缉等特殊措施。

(二)从宽处罚建议权

建议权是指监察机关对符合特定条件的被调查人,在案件移送人民检察院时提出从宽处罚的建议的权力。监察机关的建议权具有以下特征:第一,从性质上看监察机关的从宽处罚建议权属于监察权的一种具体权能。第二,从适用范围来看,其适用具有严格要求。只有在被调查人主动认罪认罚并符合特定条件的情况下,监察机关才能为被调查人提出从宽处罚建议。第三,从适用效果来看,监察机关的从宽处罚建议不具有强制性,不具有约束人民检察院及人民法院的法律效力。

(三)非法证据排除权

非法证据排除权是指监察机关依法排除以非法方法收集的证据的权力。非法证据排除权衍生自调查权,监察机关通过行使调查权收集、固定被调查人的职务违法或职务犯罪的证据材料,并据此作出处置决定。若处置决定是以非法方法收集的证据材料为基础,将严重危害监察处置的质量。非法证据排除权具有以下特点:

第一,从行使主体来看,非法证据排除权的行使主体是监察机关。对监察机关而言这既是一种权力,也是一种义务。第二,从适用范围来看,非法证据排除权适用于监察工作始终。监察法规定了严密的证据规则,对监察机关取证以及证据的采用作了详细规定。

二、一般性调查措施

(一)谈话

《监察法》第十九条规定,对可能发生职务违法的监察对象,监察机关按照管理权限,可以直接或者委托有关机关、人员进行谈话或者要求说明情况。其目的是使监察工作与党内监督执纪“四种形态”的第一种形态相匹配,使谈话成为一种法律手段。

首先确定谈话的对象和要件。谈话的对象是监察对象,要件是其可能发生职务违法,这主要是指监察对象有相关问题线索反映,或者有职务违法方面的苗头性、倾向性问题等。做好监察工作,必须与党内监督同样注重第一种形态的运用。监察机关要履行好监督、调查、处置职责,必须从小处抓起、从日常抓起,对有可能发生职务违法的监察对象,一定要尽早依法进行谈话或者要求其说明情况,避免其滑向职务违法犯罪的深渊。这既是监察机关履行好监察专责的题中应有之义,也是对党的事业负责,是对监察对象的爱护。

其次确认谈话的主体和方式。监察机关按照管理权限进行谈话或者要求说明情况,要按程序报批。谈话由监察机关相关负责人或者承办部门主要负责人进行的,可以由被谈话人所在机关、组织、企业等单位党委(党组)或者纪委(纪检组)主要负责人陪同。“委托有关机关、人员”,是指委托被谈话人所在机关、组织、企业等单位党委(党组)主要负责人。在谈话结束后的规定时间内,由承办部门写出情况报告和处置意见后报批,根据不同情况作出相应处置:①反映不实,或者没有证据证明可能发生职务违法行为的,予以了结澄清;②有证据证明可能发生职务违法行为但情节较轻的,按照管理权限,由监察机关直接或者委托有关机关、人员进行批评教育、责令检查,或者予以诫勉;③反映问题比较具体,但被反映人予以否认,或者其说明存在明显问题的,应当再次谈话或者进行初步核实。

(二)陈述、讯问

《监察法》第二十条第一款规定的陈述这一措施针对的是发生职务违法行为,但尚不构成职务犯罪的公务人员。为了保障这项措施的实施,防止部分被调查人不配合,第1款同时规定了在调查过程中,对涉嫌职务违法的被调查人,监察机关在必要时向被调查人出具书面通知。这里的“书面通知”是具有法律效力的文书,主要是针对被调查人不按照监察机关口头要求进行陈述时,由监察机关对其出具书面通知,要求其作出陈述。如果被调查人此时再不按照要求作出陈述的,则应当追究其法律责任。需要注意的是,要求被调查人就涉嫌的职务违法行为作出陈述,只能由监察机关工作人员来行使,不能委托给其他机关、个人行使。

第二款规定的是对涉嫌贪污贿赂、失职渎职等职务犯罪的被调查人的讯问。"讯问",是指通过监察机关工作人员提问、被调查人回答的方式,取得印证被调查人有关职务违法犯罪事实的口供及其他证据的过程。监察机关是我国有权对涉嫌贪污贿赂、失职渎职等职务犯罪行使调查权的机关。讯问这些涉嫌职务犯罪的被调查人是调查活动中的重要权限之一,讯问笔录也是做出处置、审查起诉和刑事审判的重要证据。调查中的讯问权只能由监察机关工作人员依法行使,不能委托给其他机关、个人行使。讯问活动要符合监察法及其他法律法规关于具体程序、要求等的规定。

需要注意的是,监察机关调查人员在要求涉嫌职务违法的被调查人作出陈述,以及讯问涉嫌贪污贿赂、失职渎职等职务犯罪的被调查人时,应当首先提问被调查人是否有违法犯罪行为,让他陈述有违法犯罪的事实的情节或者没有违法犯罪的辩解,然后再向他提出问题。被调查人对调查人员的提问,应当如实回答。对共同违法犯罪的被调查人,应当分别单独讯问,防止串供或者相互影响。监察机关调查人员应当依法保障被调查人的权利,严禁以威胁、引诱、欺骗及其他非法方式获取口供,严禁侮辱、打骂、虐待、体罚或者变相体罚被调查人。

(三)询问

询问措施来源于纪检监察机关多年实践中运用的执纪审查手段。监察机关肩负着调查职务违法和职务犯罪的职责,为了履行好这一职责,《监察法》将询问措施确定为监察机关的调查权限。

根据《监察法》第二十一条的规定,采取询问措施的对象是证人等。"证人",是指知道监察机关所调查案件真相的当事人以外的第三人。凡是知道案件情况的人,都有作证的义务。生理上、精神上有缺陷或者年幼,不能辨别是非、不能正确表达的人,不能作为证人。监察机关调查人员询问证人,可以到证人所在单位、住处或者证人提出的地点进行,在必要的时候,可以通知证人到监察机关提供证言。询问证人应当个别进行。询问证人,应当告知他应当如实地提供证据、证言和有意作伪证或者隐匿罪证要负的法律责任。法庭查明证人有意作伪证或者隐匿罪证的时候,应当依法处理。询问活动要符合监察法及其他法律法规关于具体程序、要求等的规定。

需要注意的是,证人证言必须在法庭上经过公诉人和被告人、辩护人双方质证并且查实以后,才能作为审判定案的根据。

三、特殊性调查措施

（一）留置

《监察法》第二十二条中对留置的适用分三款给予规定，第一款规定的是留置的要件。“留置”，是指监察机关调查涉嫌贪污贿赂、失职渎职等严重职务违法或者职务犯罪时，已经掌握被调查人部分违法犯罪事实及证据，仍有重要问题需要进一步调查，并且具备法定情形，经依法审批后，将被调查人带至并留在特定场所，使其就案件所涉及的问题配合调查而采取的一项案件调查措施。留置主要包括三个要件：一是涉案要件。留置的涉案要件，是被调查人涉嫌贪污贿赂、失职渎职等严重职务违法或者职务犯罪。留置适用的违法犯罪行为主要是贪污贿赂、失职渎职等行为，而且是严重的，其他的职务犯罪行为或者违法犯罪行为轻微的一般不采取留置措施。二是证据要件。留置的证据要件，是监察机关已经掌握部分违法犯罪事实及证据，且仍有重要问题需要进一步调查。三是具备下列法定的情形之一：①涉及案情重大、复杂的；②可能逃跑、自杀的；③可能串供或者伪造、隐匿、毁灭证据的；④可能有其他妨碍调查行为的。留置的上述三个要件相互联系、缺一不可，必须严格掌握，只有同时具备这三个要件，才能对被调查人实施留置。

第二款规定的是其他留置对象。留置的一般对象是符合第一款留置要件的被调查人，而在实践中，对于有上述法定情形且涉嫌行贿犯罪或者共同职务犯罪的涉案人员，如果不将其留置，将严重影响监察机关对违法犯罪事实的进一步调查，有可能造成事实调查不清、证据收集不足，使腐败分子逃脱法律的惩治，影响调查工作的客观性、公正性，给党和国家的廉政建设和反腐败工作造成损害。因此，对涉嫌行贿犯罪或者共同职务犯罪的涉案人员，监察机关可以依照前款规定采取留置措施。

第三款规定的是留置场所的设置、管理和监督。留置是十分重要的调查措施，留置场所的设置、管理和监督要有一套严密、细致的制度来加以规范。需要注意的是，留置措施必须依法严格掌握，慎重使用。留置是监察机关调查严重职务违法和职务犯罪的重要手段，审批程序和使用期限都有严格的限制，这就倒逼监察机关把基础工作做扎实。除此之外，留置作为监察机关调查职权的重要组成部分，在属性界定上是一种针对被调查人强制限制其人身自由的保障性措施，属于未定罪羁押措施的范畴。该措施也是《监察法》中唯一涉及剥夺被调查人的人身自由的调查措施，监察机关在决定采取该措施时，必须严格遵循人权保障原则。

1. 人权保障一般性原则

尊重与保障人权自 2004 年被写入《宪法》，已经成为我国公权力行使的基本准则，留置权的行使自然也当遵循这一铁律。人身自由权是公民的基本人权的支柱性权能，按照人权保障理念，对于限制人身自由的权力行使应当设置严格的审查批准条件和程序，并且保障被限制人在此期间的知情权、抗辩权和救济权。对于违法行使留置权导致公民人身自由权受侵犯的，应当追究责任并给予国家赔偿。

2. 人权保障的特别性原则

对于留置这种判决前的人身自由限制措施，人权保障原则的指导价值还体现在对决定主体、适用期限以及执行场所等问题的特别规范。就决定主体而言，为发挥权力之间的制约和监督作用，留置的决定机关应当是启动机关的上级机关，不能自我启动、自行决定。为避免对公民人身自由权的过度限制，留置应当严格遵守法定最长适用期限，不得随意延长。相较于定罪后的刑罚执行，留置的执行场所和执行期间被留置人的待遇都应当予以区分，保障被留置人的人身权、财产权、申辩权等基本权利，不得强迫被留置人参加劳动，不得将被留置人与已决犯混合羁押等。

（二）查询、冻结

查询，是指监察机关对涉案单位和涉案人员的存款、汇款、债券、股票、基金份额等财产的情况向银行或者其他金融机构进行查阅、询问、核对的行为。冻结，是指监察机关通知银行或者其他金融机构，在一定期限内停止涉案单位或涉案人员提取其在银行或者其他金融机构的存款、汇款、债券、股票、基金份额等财产的行为。

立法者赋予监察机关此项职权是为了收集、保全财产性证据，防止证据流失或者被隐匿，确保在后续工作中对违法犯罪所得予以没收、追缴、返还、责令退赔。职务犯罪，尤其是贪污贿赂犯罪中的大部分案件都涉及涉案单位和个人的存款、汇款、债券、股票、基金份额等财产，监察法赋予监察机关必要的查询、冻结权限，有利于发现、固定证据，及时查清违法犯罪事实。

根据《监察法》第二十三条的规定，查询、冻结的行使必须符合以下两个要件：一是涉案要件。查询、冻结的涉案要件，是监察机关正在调查的涉嫌贪污贿赂、失职渎职等严重职务违法或者职务犯罪案件。二是必要性要件。监察机关采取查询、冻结措施，必须“根据工作需要”。这主要是指涉案单位和个人为达到伪造、隐匿、毁灭证据的目的，有可能提取、转移其存款、汇款、债券、股票、基金份额等财产，以及其他情形，不采取查询、冻结措施不足以防止这些情形的发生。监察机关采取查询、冻结措施，其对象必须是属于涉案单位和个人而不是其他主体，并且应当向银行或者其他金融机构、有关单位和个人出具查询、冻结书面通知，这些机构、单位和个人应当准予查询、实施冻结并提供必要的协助，不得以任何理由拒绝、阻挠或者拖延。

此外，在第二十三条第二款中对解除冻结也作了规定。监察机关对冻结的财产应当及时进行认真审查，经审查，与案件无关的，应当在查明情况后三日内解除冻结，退还原所有人或者合法持有人、保管人。“与案件无关”，是指冻结的财产并非违法犯罪所得,也不具有证明被调查人是否违法犯罪、罪轻或罪重的作用,不能作为证据使用,与违法犯罪行为没有任何牵连。

需要注意的是,查询、冻结存款、汇款、债券、股票、基金份额等财产,既要收集能够证明被调查人有违法犯罪行为、法律责任重的书证、物证,也要收集能够证明其没有违法犯罪行为、法律责任轻的书证、物证,以保持证据的完整性与客观性。

(三)搜查

《监察法》第二十四条的规定是法律赋予监察机关对人身和财产的搜查权,监察实践中我们需要把握以下几方面:

(1)监察机关实施搜查措施的适用情形和要求。搜查的适用情形是调查职务犯罪案件。搜查的目的,是收集犯罪证据、查获涉嫌职务犯罪的被调查人。搜查的范围主要包括:涉嫌职务犯罪的被调查人的身体、物品和住处;可能隐藏被调查人或者犯罪证据的人的身体、物品、住处;以及其他被调查人可能藏身或者隐匿犯罪证据的地方。

搜查时,应当出示搜查证。监察机关签发搜查证,应当经过严格的审批程序。搜查证上应当写明被搜查人的有关信息、搜查的目的、搜查机关、执行人员以及搜查日期等内容。遇到紧急情况时,比如可能携带、隐藏危险物品,可能隐匿、毁弃、转移犯罪证据或隐匿其他涉嫌犯罪人员等情况,可以先实施搜查,再及时补办相关审批手续。

监察机关在搜查时,调查人员不得少于2人,应当有被搜查人或者其亲属等见证人在场,并对全过程进行录音录像,留存备查。搜查情况应当现场制作笔录,将搜查的情况按照搜查的顺序如实记录下来,写明搜查的时间、地点、过程,发现的证据等有关犯罪线索。搜查笔录由调查人员和被搜查人或被搜查人亲属、其他见证人签名或者盖章。被搜查人在逃,其亲属拒不到场,或者拒绝签名、盖章的,应当在笔录中注明。

调查人员应当依法开展搜查,不得无故损坏搜查现场的物品,不得擅自扩大搜查对象和范围。对于查获的重要书证、物证、视听资料、电子数据及其放置、存储地点应当拍照,并且用文字说明有关情况。

(2)关于搜查女性身体的特殊情况。搜查女性身体时,应当由女性工作人员进行,是对女性的特殊保护,防止在搜查时出现人身侮辱等违法行为,确保被搜查女性的人格尊严和人身安全不受侵犯。

(3)公安机关有配合监察机关进行搜查的义务。根据搜查工作需要,监察机关可以提请公安机关或者有关单位协助进行。对以暴力、威胁等方法阻碍搜查的,公安干警应当予以制止,或者将行为人带离现场;阻碍搜查涉嫌犯罪的,应当依法追究刑事责任。

需要注意的是,调查人员只有出于获取犯罪证据,查获被调查人的目的,才能对被调查人及可能隐藏被调查人、犯罪证据的地方进行搜查,而且搜查的地方必须是与所调查的案件有关。

(四)调取、查封、扣押

调取、查封、扣押是监察机关调查职务违法犯罪案件时收集、固定证据的一项重要措施。监察机关在调查过程中,发现的被调查人涉嫌职务违法或职务犯罪的财物、文件和电子数据等信息,需要及时、全面、准确地收集、固定,防止涉嫌违法犯罪的单位或者人员藏匿、毁灭证据,以便及时有效地查清案件。同时,对调取、查封和扣押的范围、程序和财务、文件的保管及解除查封、扣押的要求做出规范,有利于确保监察机关正确行使调取、查封、扣押的监察权限,保护公民合法权益。

与前述的监察权力不同,监察机关行使调取、查封、扣押权力时,针对的是被调查人涉嫌违法犯罪的行为。此处并没有明确被调查人涉嫌职务违法还是职务犯罪,而是笼统地规定违法犯罪。从法律解释的角度,公职人员违法犯罪的内涵比较宽泛,既可以包括职务违法和职务犯罪,也可以包括公职人员实施的其他违法犯罪;既可以包括轻微违法行为,也可以包括严重犯罪行为。很明显,《监察法》认为监察机关在对公职人员涉嫌职务违法或职务犯罪调查的过程中,实施调取、查封、扣押行为时,不论是否属于职务违法或职务犯罪的财物、文件和电子数据等信息,都要全面收集。一些案件如果不属于职务违法或职务犯罪,但可以证明被调查人存在其他违法犯罪行为的,可以移送有关国家机关进行处理。

为了规范监察机关实施调取、查封、扣押行为,法律对于监察机关如何实施上述权力作出了相对明确的规定。涉嫌违法犯罪的财物、文件和电子数据等信息应当收集原件,监察机关应会同持有人或保管人、见证人,当面逐一拍照、登记、编号,开列清单,由在场人员当场核对、签名,并将清单副本交财物、文件等的持有人或者保管人。证据材料收集原件是证据规则的基本要求,尤其是针对严重的违法犯罪行为,只有证据原件才能单独作为证据证明被调查人是否具有违法犯罪行为和事实,如果是复印件或者复制品,其证明力会受到影响。同时,为了避免和减少争议,监察机关在调取、查封、扣押有关证据时,应当有持有人、保管人或见证人在场证明,并通过开列证据清单等方式,将副本交给持有人或保管人。这既能保证调查行为的顺利进行,也可以避免发生不必要的争议。

调取、查封、扣押行为对有关人员的权利可能造成影响,尤其是如果监察人员不当采取调取、查封、扣押措施,可能对有关人员的利益造成损害。为了规范监察机关和监察人员的调取、查封、扣押行为,《监察法》对于如何规范行使上述权力作出了强制性规定。对调取、查封、扣押的财物、文件等,监察机关应当设立专用账户、专门场所,确定专门人员妥善保管,严格履行交接、调取手续,定期对账核实,不得毁损或者用于其他目的。对价值不明物品应当及时鉴定,专门封存保管。查封、扣押的财物、文件经查明与案件无关的,应当在查明后三日内解除查封、扣押,予以退还。

（五）勘验检查

《监察法》第二十六条规定："监察机关在调查过程中，可以直接或者指派、聘请具有专门知识、资格的人员在调查人员主持下进行勘验检查。勘验检查情况应当制作笔录，由参加勘验检查的人员和见证人签名或者盖章。"这是法律赋予监察机关的勘验检查权，对于确定被调查人是否存在职务违法和犯罪行为具有重要意义。正确理解和适用勘验检查权需要注意以下四方面的要求。

一是采取勘验检查措施，必须经监察机关相关负责人审批。

二是监察机关实施勘验检查的对象是与职务违法犯罪行为有关的场所、物品、人身等，具体措施包括：现场勘验，物证、书证检验，人身检查，等等。

三是调查人员是勘验检查的实施主体，可以由监察机关工作人员直接进行，并邀请见证人在场。在实践中，监察机关应当根据案件的性质和重要程度，指派相应级别的调查人员主持指挥勘验检查。为了保证勘验检查结果的准确性和可靠性，在必要的时候，可以指派或者聘请具有专门知识的人，在调查人员主持下进行勘验检查。指派、聘请具有专门知识的人参与勘验检查，主要是因为职务违法犯罪情况复杂，手段和形式多种多样，特别是利用现代科学技术手段实施的违法犯罪，采用一般的调查措施可能难以得出正确结论，必须运用一定科学方法和专门知识才能查明案件情况。

四是调查人员和其他参加人员应当将勘验检查的情况，制作勘验检查笔录，主要包括勘验检查的时间、地点、对象、目的、经过和结果等。勘验检查笔录由"参加勘验检查的人和见证人签名或盖章"，这样规定，一方面使该证据具有证明力，另一方面加强对勘验检查活动的监督，防止伪造勘验检查结果，以保证正确处理案件。

需要注意的是，调查人员在执行勘验检查任务时，必须持有监察机关的证明文件。监察机关所指派或者聘请参与勘验检查的人员，应当与案件无利害关系，调查人员不能对其进行技术上的干预，更不能强迫或暗示其作出某种不真实的倾向性结论。被指派或者聘请参与勘验检查的人员只能就案件中的专门性问题作出结论，不能就法律适用问题作出结论。

（六）鉴定

《监察法》第二十七条规定："监察机关在调查过程中，对于案件中的专门性问题，可以指派、聘请有专门知识的人进行鉴定。鉴定人进行鉴定后，应当出具鉴定意见，并且签名。"这是法律对监察机关的鉴定权作出的规定。监察机关采取鉴定措施，应经监察机关相关负责人审批，制作委托鉴定文书。监察机关指派、聘请的鉴定人，须具备法律法规规定的条件，可以是公安机关等侦查机关的刑事技术人员或其他专职人员，也可以是其他具有专门知识的鉴定人。

规定中的"专门性问题"，主要是指监察机关在调查过程中遇到的必须运用专门的知识和经验作出科学判断的问题。实践中，对一些专门性问题进行的鉴定主要包括：①法医类鉴定，包括法医病理鉴定、法医临床鉴定、法医精神病鉴定、法医物证鉴定和法医毒物鉴定；②物证类鉴定，包括文书鉴定、痕迹鉴定；③声像资料鉴定，包括对录音带、录像带、磁盘、光盘、图片等载体上记录的声音、图像信息的真实性、完整性及其所反映的情况过程进行的鉴定，对记录的声音、图像中的语言、人体、物体作出种类或者同一认定。此外，有的案件还需进行会计鉴定，包括对账目、表册、单据、发票、支票等书面材料进行鉴别判断；技术问题鉴定，包括对涉及工业、交通、建筑等方面的科学技术进行鉴别判断等。

鉴定人在运用科学技术或专门知识进行鉴别、判断后，应当出具鉴定意见。鉴定意见是证据之一，经审查核实后，即可作为定案依据。形成的鉴定意见应当由鉴定人签名，以确定相应的责任。如果是多名鉴定人，应当分别签名。对有多名鉴定人的，如果意见一致应当写出共同的鉴定意见；如果意见不一致，可以分别提出不同的鉴定意见。

调查人员应对鉴定意见进行审查，必要时，可以提出补充鉴定或者重新鉴定的意见。被调查人对鉴定意见有异议的，可以申请补充鉴定或者重新鉴定。

需要注意的是，监察机关所指派或者聘请的鉴定人，应当与案件无利害关系。调查人员不能对鉴定人进行技术上的干预，更不能强迫或暗示鉴定人或鉴定机构作出某种不真实的倾向性结论。鉴定人只能就案件中的专门性问题作出结论，不能就法律适用问题作出结论。

（七）技术调查措施

《监察法》第二十八条规定："监察机关调查涉嫌重大贪污贿赂等职务犯罪，根据需要，经过严格的批准手续，可以采取技术调查措施，按照规定交有关机关执行。批准决定应当明确采取技术调查措施的种类和适用对象，自签发之日起三个月以内有效；对于复杂、疑难案件，期限届满仍有必要继续采取技术调查措施的，经过批准，有效期可以延长，每次不得超过三个月。对于不需要继续采取技术调查措施的，应当及时解除。"技术调查措施，是指监察机关出于调查职务犯罪需要，指令公安机关根据国家有关规定，通过电话监听、电子监控、拍照或者录像等通信技术手段对被调查人职务违法犯罪行为进行调查，以求获取某些物证的行为。对于这一措施，法律规定程序较为严格，只有在特定条件下，才可动用这一手段，其有如下特点：

（1）须是涉嫌重大贪污贿赂等职务犯罪案件。对于这一手段，动用的首要条件便是"重大"案件。其一般要求是涉及数额巨大造成损失严重，且严重影响了社会秩序或民生的案件。而对于重大贪污贿赂等犯罪的要求，即为若非重大的贪污贿赂犯罪，也应是相同或相近等级的犯罪。一般性的职务犯罪，则不予考虑这一措施。

（2）坚持审慎原则，根据需要选择。对于技术调查手段，很多案件即使满足重大案件这一条件,也不一定都可以使用这一手段。没有必要,无须动用。为了防止滥用,这一措施的采取还设立了严格的批准程序,来判断是否符合动用条件,一旦存在其他可以解决的调查手段,则优先使用其他调查手段进行解决。且即使动用,也应该根据需要选择动用哪种调查手段,而非笼统地全部使用、一并用上,应坚持根据需要审慎使用。

(八)通缉、限制出境

通缉,是指经监察机关决定,由公安机关发布通缉令,将应当留置而在逃的被调查人追捕归案的一种调查措施,是监察机关追捕应当被留置而在逃的被调查人的重要手段。其中,"通缉令"是指公安机关依照法定权限发布的追捕在逃人员的命令。通缉令应当写明被通缉人的姓名(绰号)、性别、年龄、民族、籍贯以及职业、身份证号码、衣着和体貌特征并附上照片。除了必须保密的事项以外,通缉令中应当写明简要案情。

监察机关作为集中统一、权威高效的反腐机构,有权对符合特定条件的被调查人采取留置措施。被调查人出于逃脱惩治的目的,往往躲避调查,严重扰乱监察秩序。应当留置的被调查人在逃,容易引发社会舆论的质疑,影响监察的威慑力,监察机关通过通缉及时将在逃人员追捕归案,体现监察机关坚决查处职务犯罪的决心,从而达到预防犯罪、维护社会安定的效果。

出境,是指一国的公民为进入另一个国家而离开所在国的活动。一般来说,出境的概念包括两个方面的含义:一是指本国公民出于某种需要,经本国政府批准,持用合法证件离开本国国境;二是指外国人出于某种事由,经停留所在国许可,持用合法证件离开停留所在国。监察法中的限制出境,是指监察机关在调查过程中,对于可能逃往境外的被调查人以及出境可能影响调查程序顺利进行的涉案相关人员,采取的限制其出境的调查措施。

监察机关对于可能出逃境外的被调查人及相关涉案人员采取限制出境措施,主要是为了防止被调查人及相关涉案人员逃往境外,阻碍调查工作的顺利进行。具体来说,首先,涉嫌贪污贿赂等职务犯罪的被调查人及相关人员往往具有一定的社会地位并掌握大量钱财,极易凭借其职务便利携款出逃境外,以"人走事了"。限制上述人员出境是预防腐败分子逃避打击和加强廉政建设的有力措施。其次,涉嫌职务犯罪的相关人员很可能掌握着国家机密,放任其潜逃可能导致国家秘密泄露,因此,出于国家安全的考虑,应当限制其出境。最后,对被调查人及相关涉案人员采取限制出境措施,也是维护社会秩序的需要。社会秩序是指在一定规则体系的基础上社会系统运行所体现出来的有规律、可预见、和谐稳定的状态。理所当然,所有破坏社会秩序的成员都要承担由此带来的不利后果,接受相应的惩罚或者履行法定的义务。被调查人及相关涉案人员企图通过出逃境外来逃避惩罚和逃脱义务是对社会秩序的破坏,限制其出境有利于维护我国法律的尊严,保障规范的社会秩序。

四、监察程序制度

程序是有关时、空、步骤要素的汇聚。没有程序安排,实体要求便无法落实;缺乏程序规则,实体规范无法自然实现。与此同时,程序规范本身体现出的参与、民主、文明、高效等特点,还具有超越实体的独立价值。重视程序规则建设,已经成为现代政治建设和法治建设的重要内容。完善的程序规则,特别是对公权力运行的程序设置,对于保障权力正当行使、防止权力滥用侵害公民权利,具有十分重大的现实意义。《监察法》专设“监察程序”一章,在第三十六条明确规定,“监察机关严格按照程序开展工作,建立问题线索处置、调查、审理各部门相互协调、相互制约的工作机制。监察机关应当加强对调查、处置工作全过程的监督管理,设立相应的工作部门履行线索管理、监督检查、督促办理、统计分析等管理协调职能。”并对监察机关履行职责做出了一系列程序性规定,充分保障了监察机关履职用权的正当性,彰显了以法治思维和法治方式惩治腐败的法治理念。

(一)案件受理与问题线索处置程序

《监察法》第三十五条规定:“监察机关对于报案或者举报,应当接受并按照有关规定处理。对于不属于本机关管辖的,应当移送主管机关处理。”“报案”,是指有关单位和个人(包括案件当事人)向监察机关报告其知道的公职人员涉嫌职务违法犯罪事实或者线索的行为;“举报”,是指当事人以外的其他知情人向监察机关检举、揭发公职人员涉嫌的职务违法犯罪事实或者线索的行为。

我国是人民民主专政的社会主义国家,国家的一切权力属于人民,人民是国家的主人。同违法犯罪行为作斗争,既是公民的权利,也是公民的义务。对于公职人员的违法犯罪行为,既要依靠监察机关依职权主动发现,也要依靠人民法院、人民检察院、公安机关、审计机关等国家机关在工作中发现并移送监察机关依法调查处置。与此同时,更不能忽视广大人民群众的力量,这是监察机关对报案或者举报都应当接受的法理基础。无论报案或者举报的对象、事项、性质如何,监察机关都不得拒绝、推诿,而应当接受。

由于报案人或者举报人本身并不熟知法律法规,报案或举报的对象、事项并不一定由接受报案或者举报的监察机关管辖,或者虽属于监察机关的管辖范围,但并非接受报案或举报的监察机关的管辖范围。对于不属于监察机关管辖范围的,应当移送主管机关处理。如果属于监察机关管辖,但是并非属于本机关管辖的,则应当移送给有管辖权的监察机关处理。

监察机关对于报案或者举报,应当在接受之后严格按照相关规定进行甄别,准确判断案件或相关线索的性质,既不僭越职权,又不推诿履职。《监察法》规定监察机关接受报案、举报的法定义务和职责,体现了监察机关设立的宗旨,对于保护人民群众同腐败行为作斗争具有重要意义;同时也遵循了职权法定和程序法定原则,对于保证监察机关依法公正高效行使监察权,维护宪法法律权威,确保法律秩序稳定,具有重要意义。

“问题线索”是监察机关发现职务违法犯罪案件的头绪、脉络及途径。对问题线索进行处置是监察机关开展工作的源头和基础,直接关系到腐败治理的成效以及监察工作的深度与广度。处置反映公职人员涉嫌职务违法犯罪的问题线索,是监察机关开展工作的基础和前提。规定问题线索处置的具体程序和要求,有利于加强对问题线索处置各个环节的监督和制约,实现对问题线索的有效管控。

《监察法》第三十七条规定:监察机关对监察对象的问题线索,应当按照有关规定提出处置意见,履行审批手续,进行分类办理。处置意见应当在收到问题线索之日起30日内提出,并制定处置方案,履行审批手续,不得拖延和积压。

处置主要有谈话函询、初步核实、暂存待查、予以了结四种。暂存待查是指线索反映的问题虽具有一定的可查性,但由于时机、现有条件、涉案人一时难以找到等种种原因,暂不具备核查的条件而存放备查。予以了结是指线索反映的问题失实或没有可能开展核查工作而采取的线索处置方式,包括虽有职务违法事实但情节轻微不需追究法律责任,已建议有关单位作出恰当处理的,以及被反映人已去世的等情况。

在处置具体问题线索时,要提高政治站位,把握“树木”与“森林”的关系,不能只分析具体的线索和案件,只见“树木”、不见“森林”。应当既研究分析被反映公职人员个人情况,还要结合问题线索所涉及地区、部门、单位总体情况,在综合分析的基础上,对个体问题线索提出实事求是的处置意见。

监察机关应当根据工作需要,定期召开专题会议,听取问题线索综合情况汇报,进行分析研判,对重要检举事项和反映问题集中的领域深入研究,提出处置要求。并且,承办部门应当定期汇总线索处置情况,及时向案件监督管理部门通报,并定期对本部门的问题线索处置情况进行自查。案件监督管理部门要定期汇总、核对、检查、抽查问题线索及处置情况,向本机关相关负责人报告。各部门还应当做好线索处置归档工作,归档材料应当齐全完整,载明领导批示和处置过程。

(二)初步核实与立案调查

初步核实是监察机关处置问题线索的重要环节及方式。监察机关在初步核实阶段的主要任务是要了解问题线索所反映的监察对象涉嫌职务违法或犯罪的事实是否存在,是否需要依照《监察法》第三十九条的规定对案件进行立案审查。监察机关实施初步核实的问题线索必须具备一定条件。一是线索所反映的问题具有存在的可能性和可调查性。二是线索反映的问题可能构成职务违法或职务犯罪,需要追究相关公职人员的法律责任。三是掌握的问题线索应当属于本监察机关的管辖范围。

履行审批程序是监察机关做好初步核实工作的重要保障,也是坚持集中统一领导的基本要求。案件承办部门应当按照《监察法》第三十七条的规定,将需要对问题线索进行初步核实的处置意见依程序报监察机关相关负责人批准。经批准后,案件承办人应当根据实际需要制定初步核实的工作方案、成立专门负责初步核实工作实施的核查组。为保证核实工作的效率和公正性,核查组成员应不少于两人。初步核实的工作方案也应报监察机关相关负责人审批,获批后由核查组负责具体实施。

作为案件调查的开端,立案是监察机关依法履行监督和反腐败职能的前提,是监察机关查办职务违法犯罪案件的必经阶段和程序。立案程序的规定旨在确保监察机关能够按照法定权限和程序及时、有效地处理涉嫌职务违法犯罪的案件,充分发挥监督和反腐败的职能。另外,加强对立案结果的公开,充分保障被调查人及其亲属和社会公众的知情权。

《监察法》第三十九条详尽地规定了监察工作中的立案调查程序。监察机关在对问题线索进行初步核实后,可以对符合以下条件的案件,作出予以立案调查的决定。第一,违法主体明确;第二,存在且有证据证明涉嫌职务违法或犯罪的事实;第三,需要追究法律责任;第四,监察机关具备案件管辖权。

《监察法》第三十九条第二款、第三款规定:“监察机关主要负责人依法批准立案后,应当主持召开专题会议,研究确定调查方案,决定需要采取的调查措施。立案调查决定应当向被调查人宣布,并通报相关组织。涉嫌严重职务违法或者职务犯罪的,应当通知被调查人家属,并向社会公开发布。”这两款规定明确了监察立案调查的程序。

监察机关在做出立案调查决定后,调查人员应当严格执行调查方案,不得随意扩大、变更调查对象和调查事项等,保障被调查人的人权,维护调查程序正义,避免监察机关过度行使监察权。若在调查过程中需要变更调查方案,应当按照法定程序重新审批。

对于调查过程中的重要事项,应当集体研究后请示报告。在作出请示报告之前,集体研究参与人以调查小组成员、监察机关主要负责人为限,充分体现调查工作的民主性和参与性。

（三）收集证据规则

在职务违法犯罪案件的调查过程中,收集证据是了解案件真相、查明违法犯罪事实的基础,是监察机关分析研判案情、认定被调查人是否违法犯罪的先决条件。规范监察机关的调查取证行为,明确全面客观、细致深入、环环相扣的证据收集标准,增强监察机关在证据收集环节的守法观念及意识,保证证据收集工作的合法、有序开展。

监察机关查办职务违法犯罪案件,可以采用调查措施发现、收集和保全与被调查人违法犯罪与否及情节轻重有关的各类证据材料,但必须符合以下两个方面的要求。

一是要注重证据收集的全面性、客观性,确保收集到的证据能够相互印证,形成完整稳定、协调一致的证据体系。首先,调查人员应对涉案证据进行全面收集。既要收集能够证明被调查人违法犯罪或情节严重的证据,又要收集能够证明被调查人无罪或罪轻的证据;既要听取证人证言,又要听取被调查人的辩解,不能只认定片面的口供、证词,也不能只收集某一方面的证据。其次,调查人员必须秉持客观、公正的态度,对收集到的证据进行认真分析及研判,鉴别真伪,找出证据与案件事实之间的内在联系,自觉排除来自个人主观主义和经验主义的干扰。最后,调查人员要善于对案件证据进行综合研究及考察,对证据效力进行仔细推敲,排除案内矛盾,厘清不同证据间的关联性,通过证据的相互印证,形成对案件事实认定的可靠结论。

二是严禁以非法方式收集证据。我国《刑事诉讼法》明确规定了非法证据排除规则,要求司法机关必须将违法取得的言词证据以及不符合取证程序、情节严重且无法补正或不能作出合理解释的书证、物证予以排除,"不得将之作为起诉意见、起诉决定和判决的依据"。因而,为促进监察工作与公诉、审判活动的有效衔接,确保调查取证的真实、可靠,监察机关在证据收集过程中也应当遵循上述原则,严禁以威胁、引诱、欺骗及其他非法方式收集证据。特别是禁止监察机关采用侮辱、殴打、体罚或者变相体罚等可能对人的身体和精神造成剧烈痛苦的方法,迫使被调查人违背意愿供述,同时也禁止采用冻、饿、长时间不让睡觉等虐待方式向被调查人和涉案人员逼取口供。

(四)调查程序

《监察法》第四十一条规定:"调查人员采取讯问、询问、留置、搜查、调取、查封、扣押、勘验检查等调查措施,均应当依照规定出示证件,出具书面通知,由二人以上进行,形成笔录、报告等书面材料,并由相关人员签名、盖章。调查人员进行讯问以及搜查、查封、扣押等重要取证工作,应当对全过程进行录音录像,留存备查。"这是关于监察机关采取调查措施的程序性规定。

习近平总书记强调,在赋予监察委员会必要权限的同时,也要加强监督制约、防止权力滥用。要规范监察委员会的工作审批和内控程序,通过全程记录、录音录像等严格的程序设计和细致的监督举措,把规矩严起来。

(五)留置程序

《监察法》第四十三条对留置措施的审批权限、期限、执行和解除给予明确且详细的规定。监察机关采取留置措施,应当由监察机关领导人员集体研究决定。设区的市级以下监察机关采取留置措施,应当报上一级监察机关批准。省级监察机关采取留置措施,应当报国家监察委员会备案。

留置时间不得超过三个月。在特殊情况下,可以延长一次,延长时间不得超过三个月。省级以下监察机关采取留置措施的,延长留置时间应当报上一级监察机关批准。监察机关发现采取留置措施不当的,应当及时解除。监察机关采取留置措施,可以根据工作需要提请公安机关配合。公安机关应当依法予以协助。

贯彻落实党的十九大精神,用留置取代“双规”措施,并规定严格的程序,有利于解决长期困扰我们的法治难题,彰显全面依法治国的决心和自信。制定本条款的主要目的是强化监察机关使用留置措施的程序制约,通过审批权限上提一级,严格限制留置期限,要求采取该措施不当时应当及时解除等,以免监察机关滥用留置措施。

(六)处置形式

处置形式是指监察机关依法取得监督、调查结果后,依法对被调查人作出的处置意见及档次。作出监督、调查结果,需要监察机关依法经过一系列的监督、调查活动后,认定案件事实已调查清楚,证据确实充分,法律程序完备规范,并依法对被调查人提出处置意见及档次。因此,进入监察处置环节,确定监督、调查终结应当符合以下条件:一是案件事实已调查清楚;二是证明案件的证据已确实充分;三是从启动监督、调查到终结全过程法律程序完备规范。

《监察法》第四十五条规定:“监察机关根据监督、调查结果,依法作出如下处置:(一)对有职务违法行为但情节较轻的公职人员,按照管理权限,直接或者委托有关机关、人员,进行谈话提醒、批评教育、责令检查,或者予以诫勉;(二)对违法的公职人员依照法定程序作出警告、记过、记大过、降级、撤职、开除等政务处分决定;(三)对不履行或者不正确履行职责负有责任的领导人员,按照管理权限对其直接作出问责决定,或者向有权作出问责决定的机关提出问责建议;(四)对涉嫌职务犯罪的,监察机关经调查认为犯罪事实清楚,证据确实、充分的,制作起诉意见书,连同案卷材料、证据一并移送人民检察院依法审查、提起公诉;(五)对监察对象所在单位廉政建设和履行职责存在的问题等提出监察建议。监察机关经调查,对没有证据证明被调查人存在违法犯罪行为的,应当撤销案件,并通知被调查人所在单位。”从该条款规定,可以清楚地了解监察机关监督、调查结束后,对被调查人的处置形式主要有以上五种。

此外,《监察法》第六章还对反腐败国际合作方面做出了规定。党的十八大以来,以习近平同志为核心的党中央高度重视反腐败国际合作。习近平总书记反复强调,“决不能让腐败分子躲进‘避罪天堂’、逍遥法外”,“腐败分子即使逃到天涯海角,也要把他们追回来绳之以法,5 年、10 年、20 年都要追”。党的十九大指出:不管腐败分子逃到哪里,都要缉拿归案、绳之以法。加强反腐败国际合作,倡导构建国际反腐败新秩序,有利于表明中国共产党坚定不移反对腐败的鲜明态度,呼吁世界各国共同打击跨国腐败犯罪,为国际反腐败事业贡献中国智慧,提供中国方案。《监察法》第五十条规定:“国家监察委员会统筹协调与其他国家、地区、国际组织开展的反腐败国际交流、合作,组织反腐败国际条约实施工作。”本条中明确国家监察委员会在反腐败国际合作中的职责,促进持续深入开展反腐败国际合作和追逃追赃工作,坚决遏制腐败蔓延和腐败分子外逃势头。《监察法》第五十一条规定:“国家监察委员会组织协调有关方面加强与有关国家、地区、国际组织在反腐败执法、引渡、司法协助、被判刑人的移管、资产追回和信息交流等领域的合作。”这是关于国家监察委员会组织协调开展反腐败合作的规定。其目的在于明确国家监察委员会组织协调国内有关方面开展反腐败对外交流与合作的领域,促进我国反腐败国际工作的顺利、有序开展。第五十二条规定了国家监察委员会加强对反腐败国际追逃追赃和防逃工作的组织协调,督促有关单位做好以下相关工作:①对于重大贪污贿赂、失职渎职等职务犯罪案件,被调查人逃匿到国(境)外,掌握证据比较确凿的,通过开展境外追逃合作,追捕归案;②向赃款赃物所在国请求查询、冻结、扣押、没收、追缴、返还涉案资产;③查询、监控涉嫌职务犯罪的公职人员及其相关人员进出国(境)和跨境资金流动情况,在调查案件过程中设置防逃程序。

第七章对监察机关和监察人员的监督问题做出规定。对监察机关和监察人员的监督是监督主体对监察机关和监察人员进行监视、督促和管理,使其结果能达到预定目标的活动。对监察机关和监察人员的监督,是《监察法》的重要组成部分,也是确保监察权依法规范运行的制度保障。

国家监察体制改革以后,纪委与监察委员会合署办公、一体两面,监督的范围更加广泛了,监督的权限更加大了。此举确实加强了中国共产党对反腐败工作的统一领导,整合了反腐败工作力量,提升了反腐败工作效率,但也产生了谁来监督纪委、监察委员会,防止权力被滥用的问题,这也是一个社会广泛关注的问题。中共中央对此高度重视,习近平总书记在多次讲话中提出明确要求,反复强调信任不能代替监督、监督无禁区、任何权力都要受到监督。他指出:纪检、监察队伍权力很大、责任很重,是监督别人的,更要受到严格的监督;监督是为了支撑信任;必须以更高的标准、更严的纪律要求自己,努力建设忠诚、干净、担当的纪检、监察队伍,防止出现“灯下黑”的问题。《监察法》为回应广大人民群众和社会的关切,坚决贯彻落实中共中央的安排部署,专门在第七章用九个条文,就如何对监察机关和监察人员进行监督作出明确规定。

《监察法》的制定和颁行,从根本上说,是社会主义国家“权力属于人民,人民监督权力”的宪法精神的重要体现。制定《监察法》,从立法上确认中国共产党对反腐败工作的集中统一领导,构建上下一体、高效权威的国家监察体系,赋予监察机关监督、调查、处置职权和采取相关强制性措施、手段的权力,是防止公共权力滥用、维护人民群众根本利益的创制之举。它通过加强和改进国家政权建设,弥补在国家权力结构中监察体系不够完善的短板,构筑起防止中国共产党在长期执政条件下权力异化和权力寻租的屏障,昭示了党和国家确保公共权力的人民性、确保人民赋予的权力永远为人民谋利益的价值追求和坚定决心。其重要意义体现在以下几个方面:①有利于实现党委、人大的领导和监督;②有利于提高监察工作的反腐效能;③有利于构建中国特色的监察体系;④有利于建设忠诚、干净、担当的监察队伍。

最后,《监察法》第六十二至第六十七条共计6条中,对监察法律关系主体的违法违纪行为及其法律责任分别予以规定。坚持“权责对等,严格监督”的基本原则,是监察制度和监察秩序的重要保障。监察法律责任既有一般法律责任的基本特征,也有针对监察法律关系的特殊之处,特别是在责任追究依据、责任主体、责任追究方式等方面。违反《监察法》的法律责任,在主体上主要包括监察主体、监察对象以及其他主体的法律责任。监察法律责任及其救济,主要体现在监察法律责任的具体内容以及相关的救济制度。根据《监察法》,监察法律责任主要体现在以下几个方面:监察失职的问责及其法律责任;拒不执行处理决定、无正当理由拒不采纳监察建议的法律责任;阻碍干扰监察工作的法律责任;报复陷害、诬告陷害的法律责任;监察机关及其工作人员违法违纪的法律责任;相关的刑事责任;等等。监察救济制度主要包括复审与复核制度、申诉制度以及国家赔偿制度。

第八章

监狱与社区矫正制度

第一节 监狱制度概述

一、监狱的概念

监狱的概念有广义与狭义之分。广义的监狱，指以国家强制力为后盾，拘禁限制人身自由、关押罪犯或强迫罪犯劳动的场所，包括既决犯执行自由刑（徒刑和拘役）场所、犯罪嫌疑人和刑事被告的羁押场所（看守所）、治安处置拘留所、少年犯和失教者的教养场所、民事拘留所以及其他未决犯羁押场所。狭义的监狱，指国家依法设立的关押罪犯、执行刑罚的场所，即对既决犯执行自由刑的场所。

除了"监狱"一词以外，关押既决犯的机构还有其他名称，如感化院、教养院、看守所、矫正机构等。

二、监狱的性质

监狱的根本属性是其国家强制性，监狱是国家机器的重要组成部分，与法庭一样，是建立在国家强制力基础之上的，也是具有司法功能的国家机关，通常只有国家有权建立监狱，并合法地利用监狱。监狱的属性和职能可以分为两个方面：

1. 政治强制性

监狱具有鲜明的阶级性，属于国家的专政工具，直接承担着镇压敌对势力的阶级统治职能。阶级性质不同的国家，监狱的阶级属性也有所不同，在人类发展的不同历史阶段，监狱的政治统治镇压和强制属性的具体表现也有所不同。

2. 社会公共性

监狱作为国家机器的组成部分,本身具有一定的社会属性,承担着一般的公共管理职能。监狱也是附属于国家的特殊的社会组织,具有公益性,既是惩罚罪犯的场所,又是教育改造人的场所,同时也可以成为一个相对独立的生产经营单位。

三、监狱的功能

现代监狱的功能主要表现为以下两个方面:

1. 惩罚功能

设置监狱最初和最直接的目的就在于实施刑罚、惩罚犯罪人。无论是作为行刑场所还是暂时拘押场所,无论是作为自由刑的物质设施还是肉刑的实施地,监狱这一组织都是通过限制、剥夺人身自由并施以严格的纪律和必要的惩戒来惩罚罪犯。

2. 改造功能

改造功能是监狱工作整体效能的反映,也是行刑目的和手段的最高统一,改造功能实质上是狱内的再社会化效能。监狱针对罪犯存在的主观和客观方面的问题施以直接的、强制性的管理、控制、约束或疏导,消除罪犯的不良心理和行为,并创造环境培养犯人的文化素质、道德素质、行为习惯、心理素质及谋生技能等。这一功能是现代监狱理念的产物,并成为当代监狱管理的主要目标。

四、监狱制度的历史发展

1. 古代监狱制度

监狱是与国家同时产生的。西方古代监狱制度可以追溯到古希腊和古罗马时期,当时的监狱主要是用来囚禁俘虏、奴隶、违法犯罪者和政敌等,而且没有专门的场所,一般是宫殿城址的一隅或神庙、城堡、地窖等。

古罗马在公元前64年前建立了一座规模巨大的水牢——马默廷监狱。直到中世纪早期,因为西方国家的刑事责任与侵权责任还混为一体,监狱还承担着迫使加害人赔偿损失的职责。进入中世纪,西欧各国一般还是利用原有的抵御外敌入侵的城堡、塔楼等作为监狱,监舍简陋,缺乏必要的生活设施,监狱官为所欲为。中世纪时期欧洲的教会成为一种强大的势力,建立了自己的教阶制度,不仅有自己的宗教裁判所,还有自己的监狱,关押着被判处监禁和免处死刑的异教徒。

2. 近代监狱制度

西方近代监狱制度始于16世纪中叶。在资产阶级启蒙思想家倡导的自然法、天赋人权论、人道主义、理性主义以及古典刑事法学家的罪刑法定、罪刑相适、反对滥用酷刑等思想的影响下,以自由刑为主导的刑罚体系在近代西方国家逐步建立。16 世纪末,荷兰建立了执行自由刑的近代意义上的监狱。1595—1597 年英国分别设立男子矫正院和女子矫正院,开创了男女分监制度。17 世纪初期,宗教战争使监狱的发展受到严重挫折,当时的监狱兼有疯人院、贫民救济院、孤儿院的性质,生活条件极差。18 世纪后期,近代监狱改良鼻祖——英国人约翰·霍华德(John Howard)考察了英国、法国、德国、荷兰、比利时等国的监狱,写下《英格兰及威尔士监狱状况》一书,揭露监狱的恶劣状况,呼吁监狱改革,提出改良监狱的六条措施,发起了监狱改革运动。在他的建议和要求下,英国议会通过了《犯人释放法》和《犯人健康法》以及《监狱法》。此后,其他国家也效仿英国,进行了监狱改革。

3. 现代监狱制度

现代监狱制度,是指当代世界各国根据现代法制原理和人权观念建立、管理的监狱制度,其理论基础是以教育、改造罪犯作为主要行刑目的的教育刑论。在该理论的指导下,世界各国制定了比较完善的监狱法,形成了一系列现代监狱制度。随着现代人权理论的发展,尊重人权的思想在监狱制度上得到体现。

当代世界监狱行刑的发展趋势主要表现如下:

(1)监狱行刑社会化。监狱不再是传统的封闭式监禁场所,缓刑、假释、社区劳役等刑罚执行制度得到广泛适用。通信与会见制度、归假制度、探监制度等,使服刑的罪犯可以一直保持着与社会的接触和联系。有些国家还允许罪犯到社会上去从事某种职业。

(2)监狱行刑文明化。1955 年第一届联合国预防犯罪和罪犯待遇大会通过的《囚犯待遇最低限度标准规则》。1957 年第五届联合国预防犯罪和罪犯待遇大会通过的《保护人人不受酷刑和其他残忍、不人道、有辱人格的待遇或处罚的宣言》等文件,都提出了监狱行刑文明化的具体标准,反映出在世界范围内的监狱行刑文明化的趋势。

(3)监狱行刑科学化。开始形成并实行了对罪犯科学有效的配套管理方法。如行刑前,对罪犯进行综合鉴定并提出分类和矫正建议;在行刑中,对罪犯实行分类关押,并专门分析罪犯的情况,确定矫正方案。在行刑后,由社区组织帮助刑满释放者学习技能和求职。

第二节 监狱体制

监狱体制是指一个国家的各类监狱的机构设置、主管机关、监督机关和监狱工作人员等构成的管理和组织体系。一般而言,当时世界各国的监狱及其制度都属于司法体制中的组成部分,有关监狱体制一般是由专门的《监狱法》或相关法律如《刑法》来加以确立和规范的。

一、监狱的分类

1. 一般分类

当代世界各国的监狱可以按照不同标准划分为不同种类。一般的分类主要有:①以囚犯性别划分,可以将监狱分为男犯监狱和女犯监狱。②以年龄划分,可以将监狱分为成年犯监狱和未成年犯监狱。③以被监禁人状况划分,可以将监狱分为已决犯监狱和未决犯监狱。④以监狱是否开放划分,可以将监狱分为封闭式监狱和开放性机构。

此外,还可以根据警戒程度、罪犯的危险程度、罪犯刑期长短、监狱主管部门、监狱是否开放等标准对监狱进行划分。

2. 各国的特殊分类

由于世界各国制度和习惯的不同,对于监狱还各有本国独特的分类。例如:在美国,各州一般按照警戒程度的不同将监狱分为:①最高警戒度监狱,关押有高度暴力行为倾向和逃跑危险、曾经或可能会有严重行为问题的罪犯;②中等警戒度监狱,关押有一定暴力倾向和逃跑危险或者有一定行为问题的罪犯;③最低警戒度监狱,关押暴力倾向和逃跑危险较小、有令人满意的行为记录的罪犯。

在英国,监狱划分为:①成年犯监狱,分为地方监狱(负责对已决犯进行分配,刑期在6个月以下的犯人在此服刑)和职业监狱;②青少年犯监狱,分为青少年教养院、拘留所、青少年犯管教所等;③女监;④精神病犯监狱。

在法国,监狱分为两类:①拘留所,负责关押被拘留的犯罪嫌疑人、未决犯和被控告犯有罪行者以及刑期在一年以下的矫治监禁刑罪犯、违警监禁刑罪犯。②中央监狱,关押被判处一年以上徒刑且危险性较大的罪犯;监禁中心,关押被判处一年以上徒刑且危险性较小的罪犯;特殊监狱,包括女犯监狱、医疗监狱或监区、惯犯监狱或监区等。

在日本,监狱分为:①惩役监,拘禁受惩役刑罚者;②监禁监,拘禁受监禁刑罚者;③拘留场,拘禁受拘留者;④拘置监,拘禁刑事被告人、依拘禁许可证和临时拘禁许可证在监者、依押解证关押在监者、被判处死刑待执行者。

二、监狱的主管机关

世界各国监狱管理的主管机关大体上如下:

1. 司法部

即在司法部设立监狱管理局或者矫正局,由监狱管理局或者矫正局具体管理监狱事务。如美国司法部设立监狱管理局,负责指导、协调、监督整个联邦监狱系统。该局按照地区设立六个分局,协助总局直接管理本地区的联邦矫正机构。各州的司法部也设立了矫正局,管理本州的矫正机构。法国司法部设监狱管理总局管理全国的监狱工作,监狱管理总局下设刑罚处、刑满释放处和行政管理人事处。刑罚处的单独监禁科负责单独的行刑,监狱安全保卫监禁制度科负责监狱内安全警卫及监禁制度的执行等;刑满释放处下设重返社会及制定规章管理科、职业培养就业科和监外执行科;行政管理人事处下设人法管理科、人员招聘培训科和金融经济诉讼科。

2. 内务部或内政部

如英国由内政部的监狱管理局管理全国的监狱工作。在俄罗斯,由内务部所属的劳改管理总局领导全国的劳改机构。

3. 专门的矫正部或狱政管理机构

如澳大利亚的监狱工作由矫正部管理。香港特别行政区则设有惩教署。

三、监狱的监督机关

世界各国大多建立了对监狱工作的管理体制,但因为国情不同,各国监狱的监督体制存在着一定的差异。大致有以下两类:

1. 由检察官负责监督监狱工作

如在美国,执法检察官有权监督除陆军和海军感化院外的联邦监狱和感化院,颁布有关的行政管理条例,依法任命官员和雇员,指导分类划分入狱者等。在法国,国家检察官每3个月向总检察官进行一次报告,总检察官每年就其上诉法院管辖范围内的刑事监狱工作情况向司法部汇报一次。监狱行政司的地区负责人每年视察监狱四次。一切监狱设施都附设有一个监督委员会,由该委员会负责向司法部提交观察报告、批评或建议。犯人可以与所有这些监督机关进行通信联系。

2. 设立专门的监督机构

如在英国,政府根据内政大臣的提名任命监狱监察总长。监狱监察总长非监狱局成员,而是内政部成员,向内政大臣汇报工作。监察总长对监狱进行定期检查,并在内政部的指导下对特别事件进行调查,但对个人的冤案无司法管辖权。监察总长有一名副总长和一个主要从监狱部门抽调的人员组成的小组协助其工作。国务大臣还为每一个监狱任命一个视察委员会,其职责为掌握监狱房屋状况、狱政管理和囚犯待遇等情况,经常视察监狱,对国务大臣提出的问题进行调查和报告等。该委员会在紧急情况下还有权在国务大臣未做出决定之前令监狱官员停职。此外,英国法律还规定治安官随时可以视察设在其治安委员会所在地区的任何监狱和在该地区违法犯罪的犯人被监禁的监狱。

四、监狱工作人员

1. 监狱工作人员的构成

按照职责的不同,监狱工作人员大致可以分为三类:①看守人员。负责看管监狱中的罪犯。②专业人员。负责教育、改造和治疗罪犯,主要包括文化教师、职业技术教师、心理学家、精神病学家、社会工作者、个案管理人、牧师等。③辅助人员。负责管理监狱中罪犯的生活后勤及罪犯的劳动生产服务,主要包括饮食服务人员、文秘人员、办事员、生产管理人员。

2. 监狱工作人员的待遇

由于监狱工作人员工作环境和工作性质的特殊性,多数国家监狱工作人员的条件均遵守1955年联合国通过的《关于狱政人员的招收、培训地位的建议》的规定,给予其较优厚的待遇。专职监狱管理人员享受国家公务员的各种福利待遇,通常是一种终身职务;他们同时享有一定的特权和职务便利,一般享有警官所有的一切权力。

3. 监狱工作人员的选任

狱政工作人员的招收一般按照普通国家公务员招收程序进行,通常有书面考试、身体检查、心理测试、狱政行政管理部门负责人的面试等环节,特别注意考察其技术工作能力或专业能力、人道精神、性格和适合的身体条件,狱政人员正式选任之前一般需要经过专业培训,在职期间也需要进行继续教育。

第三节 监狱中的刑罚执行

监狱中的刑罚执行,是一个从罪犯收监到释放安置的流程,是具体完成监狱对罪犯的监禁、改造和重归社会的过程,每一个环节都体现现代监狱管理的法治文明的科学理念。

一、收监

收监是监狱将被判处有期徒刑、无期徒刑、死刑缓期执行且符合收监条件的罪犯依照法定程序予以收监关押的刑事执法活动,又称收押。收监是对罪犯执行刑罚,实施惩罚和改造的首要环节。为了保证准确执行刑罚,有效地惩罚和改造罪犯,收监必须严格依法进行。监狱收押罪犯必须遵守一定的工作规程。按照我国监狱法的规定,监狱收押罪犯的程序如下:

1. 审查送押罪犯的法律文书

即审查人民法院的刑事判决书是否已发生法律效力,人民检察院的起诉书副本、人民法院的判决书、执行通知书、结案登记表是否齐备,记载是否有误。

2. 调查了解犯人的基本情况

在收监时,对犯人的基本情况(如姓名、年龄、身高、体重、相貌、特殊标记等)必须进行登记,目的是有利于对犯人进行有针对性的监督、管教。对收监的罪犯填写《罪犯入监登记表》,应由狱医对送押罪犯进行身体检查。即检查罪犯是否患有严重疾病,女犯是否正怀孕或哺乳自己的婴儿等。犯人的私人财物应交监狱保管,不得自己保管。如发现违禁品或赃物,应当予以没收。

3. 告知犯人的权利义务

在入监时,监狱管理人员必须告知犯人其权利和义务及监狱的基本情况,有的国家还给犯人发放《犯人手册》之类的读物。

二、监外执行

监外执行,是指由于罪犯具有法律规定的某种特殊情况而暂时变更刑罚执行场所和刑罚执行方式的一种制度。一般包括以下条件:①前提条件,即正在监狱服刑的罪犯必须确有法律所规定的考验暂予监外执行的情况发生;②刑种条件,即可以考虑适用监外执行的罪犯必须符合该国法律规定的刑罚种类;③可行条件,即适用监外执行的罪犯的亲属必须具有一定具有抚养条件,而且必须具有保障罪犯安全的环境条件;④实质条件,即对罪犯适用监外执行必须不致再危害社会。在具备以上条件后,还需经过法定程序,由主管司法机关作出监外执行的正式决定,才可以采取监外执行。

三、减刑和假释

1. 减刑

减刑包括两种情况:一是改变刑罚的种类,如死刑减为无期徒刑;二是原判较长的刑期减为相对较短的刑期。减刑的条件一般包括:①犯人有良好的行为表现,如罪犯严格遵守法律法规和监狱的规章制度;②犯人有良好的劳动表现,如罪犯积极参加工业劳动或其他劳动并有良好表现;③犯人有其他特别表现,如积极参加职业技术学习或文化学习取得优异成绩,有勇敢或忠诚行为。减刑必须经过法定程序,由主管司法机关作出正式决定。

2. 假释

假释,指罪犯在服满一定的刑期后,如果具备假释条件,可以附条件地予以提前释放的制度。假释的条件一般包括:①犯人有改过自新的悔罪表现。如日本法律规定假释出狱的犯人应有悔悟的感情,有更生的欲望。②不致再危害社会。如美国法律规定,假释委员会收到来自有关机构官员的报告或符合条件的犯人请求假释的报告后,如果有充分理由证明该犯人在社会上居住和生活不会违反法律或假释委员会认为该犯人的释放不会给社会福利带来危害,那么该委员会有权对该犯人予以假释。③服刑已过一定期限。如美国规定被判处无期徒刑或判处 45 年以上刑期的罪犯服刑 15 年后可以予以假释。④经过法定机构批准。如英国规定经假释委员会提议,国务大臣可将正在服刑的犯人假释。对于某些案件经地方复查委员会提议即可假释,而无须提交假释委员会。

四、释放和安置

释放是指监狱对服刑的罪犯,在其具备法律所规定的释放条件时,依法解除监禁、恢复其人身自由,使之回归社会的一种刑罚执行制度。处理好罪犯的释放和安置也是现代监狱制度的组成部分,对于矫正罪犯、保护社会安全具有积极的意义。

1955 年在日内瓦举行的第一届联合国防止犯罪和罪犯待遇大会通过由经济及社会理事会以 1957 年 7 月 31 日第 633C(XXIV)号决议和 1977 年 5 月 13 日第 2076(LXII)号决议予以核准的《囚犯待遇最低限度标准规则》规定:“囚犯的待遇不应侧重于把他们排斥在社会之外,而应注重他们继续成为组成社会的成员。因此,应该尽可能请求社会机构在恢复囚犯社会生活的工作方面,协助监所工作人员……社会的责任并不因囚犯出狱而终止。所以,政府和私立机构应当能够向囚犯提供有效的善后照顾,其目的在于减少公众对他的偏见,便利他恢复正常社会生活。”对罪犯的释放和安置是由监狱与社会机构共同协作实施的,世界各国针对这一问题往往制定了相关的立法,并设置了一定的组织机构来进行。例如:美国各州由教育局、就业与经济发展局等政府机构配合矫正部门对罪犯进行矫正,还有出狱者保护协会、社区成人回归中心、社会活动者、宗教机构等组织帮助释放的罪犯回归社会。

意大利《监狱法》具体规定了五种社会服务和扶助机构及人员,分别是社会服务站、社会帮助委员会、救济和扶助犯罪受害人基金会、帮助被扶助人就业委员会、志愿扶助员。

日本在法务省附属机关——矫正保护审议会下面专设更生保护都会,负责调查审议与更生保护有关的事项。在全国共设立了 8 个地方更生保护委员会和 50 个保护观察所。除此之外,还存在慈善家创办的保护司和更生保护会等民间保护团体。

世界各国帮助罪犯回归社会的措施包括提供经济帮助、提供临时住处、提供就业、就学与生活帮助等。如英国“关心和重新安置罪犯国家协会”下设的经过注册的住房协会向犯过罪的人提供住宅并帮助他们寻找工作,下设的新事业培训部通过地方培训中心培训刑满释放人员并鼓励雇主录用刑满释放人员。日本的更生保护协会协助无住所的人联系住所,并提供90天以内的临时住所和30天以内的膳食。

第四节 狱政管理制度

狱政管理,指对在监狱内服刑的罪犯的日常生活和行为所进行的管理。狱政管理制度,是对狱政管理加以规范的法律制度,狱政管理制度体现了监狱的功能和对罪犯惩罚与改造相结合的目标以及人道主义理念。狱政管理规范既调整罪犯的行为,也是对监狱管理人员行为的制约和规范。

一、分类制度

1. 分类制度的概念

分类制度,指刑罚执行机关对在监狱内服刑的罪犯,依照不同标准,实行分类关押、分类管理、分类教育的狱政管理制度,现为世界大多数国家采用。

2. 分类的标准

分类一般可按照犯罪人的性别、年龄、身体状况、精神状态、政治信仰和宗教信仰、主观恶性大小、犯罪类型、刑罚种类、刑期长短、前科历史、改造表现等标准进行。

3. 分类制度的实施

分类制度具体可从分类关押、分类管理和分类教育三个方面实施。分类制度存在于罪犯的整个服刑期间,按照阶段的不同,可以分为以下三种类型:①入监分类,或关押分类,作用在于确定罪犯服刑的机构和具体场所。②安置与处遇分类,作用在于给罪犯分子居住的监舍和针对罪犯的情况安排合适的工作和矫正方案,并根据犯罪的表现调整相应的处遇级别。③释放前分类,作用在于调整关押场所,为罪犯适应狱外的社会生活做准备。

二、戒护制度

戒护制度也叫监禁制度,是指保证狱内安全、维护狱内秩序的管理制度。具体包括以下四个方面:

1. 警戒制度

监狱内部要设置各种警戒设施，如电子监控设备、电网等。同时，监狱要加强各种防范措施，如严格出入登记、定期检查门窗、经常清点囚犯人数等。

2. 戒具使用

戒具一般是指手铐、脚镣、拘束衣、防身具、捕绳等。使用戒具的目的在于防止出现罪犯逃跑、自杀、行凶等危险情况，而不是惩罚罪犯。戒具的使用是有条件限制的，如日本规定，“在监者有逃跑、实施暴行或自杀之虞，或者在监外时，可使用戒具”；“非经所长命令，不得使用戒具，但有紧急需要时，不在此限”。

3. 武器使用

各国对监狱内武器的使用都有严格限制，使用武器前应当予以警告，使用不得超过必要限度。如德国规定对下列情形之一的可以使用射击武器：经再三要求而不放下手中武器或其他危险工具的；进行叛乱的；为挫败其逃跑重新将其抓获的；对暴力劫持犯人或暴力侵犯监狱管理人员的。

4. 逃脱后的追捕

罪犯逃脱后都必须严加追捕，但具体的程序和方式各国规定各不相同。如法国规定由监狱长或其代理人通知狱外警察局或军事警察部门追捕逃犯。

三、通信和会见制度

通信与会见是罪犯的一项权利，有利于罪犯与社会保持联系，进行矫正。但同时必须注意罪犯不得滥用该权利，不得利用通信与会见实施违法犯罪行为，不得允许罪犯与不必要甚至对矫正有负面影响的人接触。联合国《囚犯待遇最低限度标准规则》要求：“囚犯应准在必要监视之下，以通信或接见方式，经常同亲属和有信誉的朋友联络。”“囚犯应该以阅读报刊和特种机关出版物、收听无线电广播、听演讲或以管理单位核准或控制的类似方法，经常获知比较重要的新闻。”这一要求在各国一般都得到了不同程度的落实。

1. 通信制度

各国都准许罪犯与外界进行通信等联系，同时对这些通信进行一定的监督和限制。例如：在英国，法律规定已决犯在被收押后每周可以寄信一次、收信一次，寄往监外的信件的资费由公共基金支付。囚犯每次寄出或收到的信件得由监狱长或其代理人检查，监狱长有权禁止任何内容不符合规定或过长的信件发出。囚犯可以同议员和欧洲人权委员会通信，信件也要接受检查，但不得阻止信件的发出，也不得因此信的内容惩罚犯人。

在法国，法律规定任何已决犯有权与持有长期会见许可证的人员及其家庭成员和监护人通信，犯人的通信无时间限制。囚犯可以与管理部门和司法部门通信，信件可以密封发出，监狱管理人员免除检查。但对于利用给予的权利侮辱、威胁或恶意中伤他人或反复提出已被驳回的非法要求的囚犯，可以给予纪律处罚，但不得因此影响刑事制裁。关押在拘禁中心的犯人可以按其选择与任何人通信，也可以接受任何人的来信。拘禁中心的已决犯为家务事或重要的个人事由，经监狱长同意，可以与狱外通电话，费用自理或由受话方支付，但应该事先审查受话方的身份和会话内容。

在德国，犯人一般可以不受限制地收发信件。犯人的通信一般要由监狱长进行检查，但在开放式监狱服刑的犯人、在宽松执行的范围内允许从事狱外劳动的犯人或已经享受过休假待遇的犯人的书信往来除外。犯人给其辩护人、联邦议会或州议会及其议员、欧洲人权委员会的信件不受检查。犯人有权打长途电话和拍发电报。犯人可以接收食品和嗜好品的邮包，但每年不得超过三次。执行机关可以对邮递的时间和物品的最高限额进行具体规定。邮包要接受检查，但检查时接收该邮包的犯人必须在场。征得执行机关的同意，犯人也可以向狱外邮寄包裹，但包裹必须接受检查。

2. 会见制度

各国法律都允许罪犯与亲属等会见，但会见要在监视下进行，并受到一定的限制。

在英国，已决犯每四个星期可以会见一次，会见必须在监狱官员的监视及监听下进行，但国务大臣另外下旨的会见以及某些律师的会见除外。囚犯在禁闭期间可以推延其会见。对定期会见有经济困难的，其近亲属的费用可以由监狱帮助解决。

在法国，所有犯人均可以获准与其家属或监护人会见。犯人每周可以至少与探监者会见一次，拘留候审者每周可以会见三次。会见的具体日期、时间和每次会见的长短、间隔时间由监狱来确定。会见都要有一名看守进行监听，谈话前后均要对犯人进行搜查和必要的检查。

在德国，除了家属外，凡有利于犯人矫治和回归社会的探视以及为犯人本人服务的探视，或者是为法律的和工作上的事务服务的探视均可以获准。犯人可以定期接受探视，具体时间由监狱的狱规确定，但每个月不得少于一小时。

四、生活和卫生医疗制度

生活和卫生医疗是每一个囚犯基本的需要。监狱的生活和卫生条件是与一个国家经济发展和对监狱的投入直接相关的，但必须符合最低限度的生存标准。随着当代对罪犯待遇保护的提高，世界各国对囚犯的待遇都在不断提高。一般应保证的条件如下：

1. 监舍

监舍面积，单个监舍住宿人数，监舍配备的各种生活和卫生设施，监舍的采光、通风、保暖等都应达到一定的要求。如《法国刑法典》规定，囚犯起居的场所、窗户的大小应适于他们在日光下读书和劳作的需要。窗户的安装应保证通风。室内灯光应充足，以保证犯人读书或劳作时不至于损伤视力。

2. 衣被

囚犯的衣服、被子和床单等一般由监狱按时发放。有的国家规定囚犯应穿统一的囚服，有的国家则无此要求。在囚犯劳动时可以为其提供适当的劳动保护工作服。一些国家还规定在一定场合（如参加狱外活动）应发给囚犯有别于狱内服装的较为体面的服装。如法国规定，囚犯备用的或向囚犯提供的内外衣物应当适应气候和季节的变化，这些衣物应洁净、整齐，内衣应经常洗涤。任何囚犯用过的衣物根据情况未经洗涤去污或消毒，不得重新使用。囚犯每人一个床位，床上用具专人专用并应及时更换，囚犯用过的床上用具在重新使用前应清洗更换。

3. 饮食

保证囚犯所需营养是各国监狱饮食的基本规定。联合国《囚犯待遇最低限度标准规则》的要求是："管理处应当于惯常时刻，供给每一囚犯足以维持健康和体力的有营养价值的饮食，饮食应属滋养丰富，烹调可口和及时供应的。每一囚犯口渴时应有饮水可喝。"对于囚犯由于身体或精神上的原因而具有的一些特殊但合理的饮食习惯，各国通常是允许并给予照顾的。各国原则上允许囚犯自己花钱购买一些补充的饮食，但一般要求在监狱内部的食堂、小卖部等购买。另外，必须防止和限制囚犯绝食。如《法国刑法典》规定，如果犯人长期绝食，且有生命危险时，可对其实行强迫进食，但须由医生作出决定并在医生监督下进行。

4. 卫生

各国均比较重视囚犯的生活卫生、个人卫生和环境卫生等，在监狱内一般配备有洗衣机、洗浴装置及理发工具等。囚犯的生活、劳动场所均应经常打扫，并定期进行灭菌、消毒和消灭害虫。监狱管理部门应定期对狱内的卫生状况进行检查。如英国规定，监狱为每一个囚犯提供卫生用品，囚犯必须在规定的时间内洗漱，每周至少洗一次热水澡。除监狱长或监狱医官允许免除者外，囚犯得每日刮脸。

5. 医疗

各国都要求监狱内设置医疗机构，配备医疗人员。监狱应定期对囚犯进行身体检查。监狱有义务采取一切必要措施预防和治疗流行病、传染病。对于患有流行病或传染病的囚犯，应采取必要措施加以隔离。囚犯患病时一般在监狱内的医疗机构进行医疗，治疗费用和所需药品一般是免费的。在特殊情况下，患病的囚犯可以转往狱外的医疗机构或其他监狱的医疗机构进行治疗，犯人生病可以得到护理。有的国家还允许罪犯自费接受医疗和购买药品。

五、奖惩制度

奖惩制度是狱政管理的一项重要制度,是指刑罚执行机关对在监狱内服刑的罪犯的教育改造和劳动改造的情况进行考核评比,并根据考核和评比的结果依照法律规定的条件和程序给予罪犯不同的奖励和惩罚。世界各国普遍制定了对囚犯的奖惩制度,具体如下:

1. 奖励

(1)奖励的条件。一般对符合以下条件的囚犯可以给予相应的奖励:遵守法律和监狱内部纪律并有模范带头作用;在劳动中有突出表现;在文化学习和职业培训中认真刻苦,并取得优异成绩;热心帮助其他囚犯解决个人问题;阻止狱内违法犯罪活动等。

(2)奖励的种类。奖励包括精神奖励和物质奖励。具体有表扬、给予荣誉、奖金、休假、放宽自由、减刑、假释、增加通信与会见的次数、发放特别的食粮和饮料、允许自备衬衣、免除债务等。

(3)奖励的程序。对囚犯的奖励一般由监狱长决定,但涉及刑罚执行方式变更、减刑、假释等较大事项时,应由监狱主管部门或有关专门委员会决定。

2. 惩罚

(1)惩罚的条件。囚犯在狱内的犯罪行为和违法违纪行为都应该受到惩罚,包括:叛乱或煽动其他囚犯叛乱,对监狱工作人员和其他为履行职务或视察而进入监狱的人员实施严重违法行为,恐吓或欺压其他囚犯,逃跑,故意破坏公私财物,非法获取或占有他人或监狱财物,劳动中懒散、马虎,有下流的语言和行为,装病,等等。

(2)惩罚的种类。联合国《囚犯待遇最低限度标准规则》规定:“体罚、暗室禁闭和一切残忍、不人道、有辱人格的惩罚应一律完全禁止,不得作为对违法行为的惩罚。”联合国文件的这些规定在西方各国的法律中得到了体现和尊重。对囚犯的处罚一般有:警告、训斥、禁闭、隔离劳动、停发工资、限制或收回对监狱津贴的使用权、限制或收回购物权、免除奖赏、禁止阅读图书、停止使用自备被服、禁止参加集体活动、没收有关财物等种类。

(3)惩罚的程序。各国对惩罚囚犯的程序一般都有较为严格的规定。对囚犯的惩罚通常由监狱长、监狱上级主管部门、监狱内部设立的法庭、司法部长、国务大臣、法官等决定。在作出对囚犯的惩罚决定之前,应该先进行调查。调查工作由监狱看守或警察负责。被指控者有权为自己辩护,必要时可以委托律师。一般情况下,对囚犯的惩罚应立即执行,但出现患病、哺乳期、囚犯有明显的悔改表现并有效地弥补过错造成的损失等特殊情况时，惩罚可以全部或部分地缓期执行。

第五节　罪犯劳动制度和教育制度

罪犯劳动制度，是体现现代监狱惩罚与改造相结合的功能和目标，使服刑的罪犯在监禁期间通过劳动进行改造、提高劳动技能、增加收入的一项监狱制度。罪犯教育制度则是针对罪犯的具体情况，使其在服刑期间接受教育，并以此实现监狱的改造功能和其他社会功能的监狱制度。

一、罪犯劳动制度

1. 基本原则

近现代的罪犯劳动制度，已经从中世纪的以惩罚、折磨罪犯为目的，转变为以矫治罪犯为目的的制度。根据联合国《囚犯待遇最低限度标准规则》《关于监狱劳动的总原则》以及各国的立法和实践，当代罪犯劳动制度的基本原则包括：

（1）人道主义原则。要求监狱劳动是帮助囚犯恢复适应社会能力的措施，不得具有折磨性质，不应被视为附加刑罚，不应被视为对囚犯的惩罚；凡是服刑的囚犯都必须参加劳动，但身体或心理不宜者除外；囚犯所从事的劳动必须是有意义的，在符合正当职业方式和监所管理要求的限度内，应允许囚犯自愿选择所从事的工作种类；在可能的情况下，监狱组织的劳动应该能够有利于囚犯出狱后诚实地谋生。

（2）再社会化原则。要求国家有责任保证每一个囚犯有充分的、适当的工作可做；监狱劳动的组织与方法应尽量接近监外类似劳动的组织和方法，从而使囚犯对正常职业生活有所准备；监狱在组织囚犯劳动或职业培训时，不得屈从于营利目的；针对囚犯的教育程度、兴趣等个人特点，应尽可能丰富劳动工种；应保证囚犯在业余时间的进修机会；在制定监狱劳动计划时，应最大限度地采用开放式监所形式；应当从囚犯重新适应社会的角度出发，尽可能选择最适合监狱的工作。

（3）劳动保护原则。要求监所应遵守为保护劳动者安全和健康而制定的各种规则；囚犯因工伤事故致死、致残、致伤或患职业病而获得的赔偿不得低于自由劳动者依法应得的赔偿；囚犯应最大限度地享受国家现行的社会保险制度；囚犯的日劳动时数和周劳动时数由法律或行政法规规定，但应考虑到当地有关雇佣自由劳动者的规定或惯例；在规定囚犯劳动时数时，要保留囚犯接受教育和进行其他活动的时间。

（4）有偿原则。要求囚犯应获得公平的劳动报酬；囚犯因劳动而获得的报酬数额至少应能激发其劳动热情；监所应实行囚犯劳动报酬公开制度；应允许囚犯使用自己的部分劳动收入购买符合规定的物品供自己使用或将部分劳动收入交付家庭使用;因自己的犯罪行为给他人造成了损失而未赔偿或未全部赔偿的,该囚犯劳动收入的一部分应用来赔偿其犯罪行为的受害人或受害人家属;监狱应扣除囚犯劳动收入的一部分,代为设立储蓄基金,在囚犯出狱时交付囚犯使用。

2. 劳动场所

按照劳动场所是在监狱内还是在监狱外,可以将罪犯劳动分为狱内劳动和狱外劳动两种类型。

(1)狱内劳动,是指罪犯在监狱内设置的劳动场所从事劳动,包括生产劳动、习艺劳动和服务劳动。狱内劳动一般适用于刑期较长、警戒程度较高的罪犯。其产品一般不进入市场流通,而是供给政府部门使用。

(2)狱外劳动,是指罪犯在监狱外的劳动场所从事劳动,包括在从属于监狱的农场、矿山等劳动场所的劳动和在不从属于监狱的社会企业的劳动。狱外劳动更有利于罪犯了解社会,为罪犯刑满释放返回社会做准备。

3. 劳动的自愿或强制

各国对于罪犯参加劳动是自愿还是强制采取了不同政策。大多国家做出了强制服刑罪犯参加劳动的规定,如美国、英国、德国、日本等。有一些国家则规定服刑的罪犯是否参加劳动由罪犯自己决定。

4. 劳动时间

监狱一般规定囚犯每周劳动五至六天,每天劳动六小时到十小时不等。囚犯每周至少要有一天的休息时间。有的国家还将教育、教诲及运动所需的时间也计算在劳动时间内。

5. 劳动指标

确定劳动指标既是对罪犯完成劳动情况的考核,也是调动罪犯劳动积极性的重要方法。劳动指标的确定必须考虑到罪犯的文化水平、罪犯的基本素质、劳动强度、劳动难易程度、监狱现有的设备条件等因素。罪犯的劳动指标一般都略低于社会上同类企业的指标。罪犯的劳动指标既可以是产品定额,也可以是工时定额。

6. 劳动报酬

罪犯的劳动报酬一般低于从事同类劳动的社会自由职业者所获得的报酬。劳动报酬的发放由劳动时间或罪犯服刑情况决定,报酬应随物价的变化而作出相应的调整。一部分国家还明确规定将罪犯的劳动报酬划分为支付监禁费用、赔偿犯罪的受害者、上交国家、代为罪犯储存、直接支付给犯罪等部分。还有一些国家规定不给罪犯发放劳动报酬,而是发放奖金。如日本《监狱法》规定,劳动的收入应全部归国库所有。在监者进行劳动,可依命令的规定发给奖金。劳动奖金的数量,应根据品行、劳动成绩酌定。

7. 劳动保护

监狱必须保证罪犯的劳动安全。对那些长期接触有毒、有害物质的工种的罪犯应当定期进行身体检查和发放保健食品，对已经患有职业病的罪犯应及时给予治疗。在现有的监狱作业现场条件下，尽量完善劳动保护设备和设施，还应注意在一定时期内给罪犯调换劳动岗位。除此之外，还要加强对罪犯进行有关生产机械构造和性能以及操作规程等教育。

8. 劳动的免除

根据罪犯身体的或心理的原因或其他特殊原因，可以允许免除罪犯一定的劳动义务。如日本《监狱法》规定，重大节日免除劳动；接到父母死亡的讣告，3 日内免除劳动；法务大臣认为必要时，可临时免除劳动；从事饮食、洒扫、看护及监狱管理有关的其他工作者，可免除劳动。西班牙《监狱组织法》规定，由于事故和疾病接受治疗的、无能力胜任任何劳动的、65 岁以上的、临产前 6 周及分娩后 8 周的女犯、不能胜任体力劳动的罪犯可以免除劳动。

二、罪犯教育制度

在教育刑论的影响下，各国均十分重视对罪犯的教育，不仅在立法上作出了详细的规定，在实践中也逐步形成了一套组织体系和方法。

1. 基本原则

联合国《囚犯待遇最低限度标准规则》确立了罪犯教育制度的基本原则：①应该设法对可以从中受益的一切囚犯继续进行教育，包括在允许进行宗教教育的国家进行宗教教育。②文盲及青少年囚犯应强制性接受教育。③在可行范围内，囚犯教育应同本国教育制度相结合，以便出狱后得以继续接受教育而无困难。

2. 教育的内容

（1）文化教育，包括小学教育、中学教育和大学教育。文化程度较低的罪犯尤其是青少年囚犯应强制性地要求其接受一定程度的教育。应允许和鼓励已有一定文化程度的罪犯继续接受教育。接受文化教育的罪犯参加考试合格者可以发放相应的学历证明、合格证或文凭。为了鼓励罪犯参加学习并保证其出狱后不受歧视，一些国家的法律还明确规定罪犯在狱内接受教育获得的学历证书上不得表现出其被监禁的状况。

（2）职业技术教育，目的是教授实用技术，罪犯可以根据自身情况和出狱后的工作意向以及监狱的条件选择受教育的具体内容。

（3）道德宗教教育，各国基本上允许罪犯有自己的宗教信仰，但规定宗教信仰和宗教教育不得妨碍监狱安全，不得侵犯他人的宗教权利。宗教教育是通过多种方式进行的，如主持宗教仪式、允许罪犯拥有适量的宗教书籍和宗教用品等。

(4)社会教育,通过收听收看新闻、召开座谈会等方式使罪犯了解社会政治、经济形势等,以便在出狱后更好地适应社会。此外,还应注意针对罪犯个人情况施以不同的教育。

3. 教育的方法

在各国实践中,罪犯教育一般采取集体教育与个别教育相结合、感性教育与理性教育相结合、监内教育与监外教育相结合的方法。

4. 教育的组织机构

各国负责罪犯教育的机构不尽相同。如美国规定由联邦监狱管理局的教养处负责监狱教育工作,各州矫正局和监狱内部都设有负责罪犯教育的专门机构。日本的监狱教育由教育部下属的教育课负责。

5. 教育的设施

包括图书室、电视机、收音机等。图书室现在已经成为各国监狱最基本的教育设施之一。有的国家,囚犯不仅可以借阅监狱内图书,还可以通过监狱图书馆与公共图书馆系统建立的网络联系借阅监狱内图书馆所没有的图书。

6. 从事教育的人员

主要有:①文化教员,主要负责对囚犯进行文化教育,可以由监狱中的专职教师担任,也可以由从社会上聘请的兼职教师或具备相当文化水平的志愿人员担任。②职业技术教员,负责指导囚犯在劳动或专门职业培训中的技术问题,一般由监狱内部的专职人员担任。③道德宗教教员,负责教育和感化囚犯,并满足囚犯的宗教生活需要,如主持宗教仪式。

需要说明的是,当代世界各国都在努力根据联合国通过的各种标准改善监狱管理和犯人待遇。但是,一方面,这种待遇和管理水平由一个国家经济发展水平和国民整体物质生活条件所决定,不可能超过一般国民的生活水准,因此这些标准具有一定的相对性;另一方面,制度上和物质上的保障与实际状况之间往往都存在一定程度的差距。监狱内部的情况不仅取决于其物质条件,还取决于监狱管理的结果和犯人之间的关系。实际上,当代世界各国监狱管理中都存在各种难以解决的问题,因此,国际社会才把这一问题作为世界共同性的问题,通过国际社会的共同努力来加以解决。

第六节 我国监狱制度

一、监狱的性质和任务

1. 监狱的性质

《中华人民共和国监狱法》(以下简称《监狱法》)第二条规定:“监狱是国家的刑罚执行机关。”由此可以看出我国监狱的性质是:①监狱是国家机关,是由国家建立和管理的执法机构。②监狱是执行刑罚的专门国家机关。

2. 监狱的任务

按照《监狱法》的规定,监狱的任务是正确执行刑罚、惩罚和改造罪犯,以达到预防和减少罪犯的目的。

(1)正确执行刑罚,惩罚罪犯。监狱运用国家强制力执行自由刑,在一定期限内剥夺和限制罪犯的人身自由,使罪犯承受因其犯罪行为而应受到的惩罚;并由此保证其在服刑期间不能够继续对社会造成危害。

(2)改造罪犯。惩罚罪犯的目的是改造罪犯,监狱在罪犯服刑期间运用各种方式方法,对罪犯进行教育改造和劳动改造,帮助罪犯认罪服法、改过自新。

二、我国监狱制度的历史发展

1. 古代监狱制度

传说皋陶是监狱的鼻祖。在第一个朝代——夏朝时,监狱被称为夏台或夏宫。商朝的监狱叫做圉。周朝时,监狱筑成圆形的土墙,称为圜土。进入秦朝,广设监狱,监狱被称为囹圄。汉朝的监狱开始叫狱,名目繁多,仅在中央就有诏狱、都司空狱、若卢诏狱、都监狱、上林诏狱、中都官狱、掖廷秘狱等26处。宋朝的囚犯白天服役、夜里监禁,有些类似于现在的劳动改造。明清时期的监狱叫作监或监牢。

2. 近现代监狱制度

清末时期,外国侵略者借助武力与清政府签订了一系列不平等条约,并强行在华设立了自己的司法机关和附属监狱。最早是1844年英国在香港设立的“域多利监狱”。清朝濒临灭亡前,曾试图以“预备立宪”为旗帜改良监狱。1907年沈家本通过比较中外监狱制度,上奏《实行改良监狱注意四事折》,提出较完整的监狱改良方案。后又以日本监狱法为蓝本创制《大清监狱律草案》。北洋政府司法部在《大清监狱律草案》基础上进行删改,颁布了《中华民国监狱规则》,并陆续制定了许多单行规则，除大量抄袭西方国家刑罚原则和监狱制度外，还保留了封建旧狱制的基本内容。由于军阀混战，这些监狱规则都无法得到真正实施。1927 年建立南京国民政府之后，接管了北洋政府的全部监狱系统，并在此基础上不断扩充，形成了庞大的监狱体系，军队、警察、特务机构都有自己的监狱或看守所。在立法方面，自 1928 年司法行政部颁布《监狱规则》起，陆续又颁布了《监狱作业规则》《监犯外役规则》等附属法规。南京国民政府的监狱制度引进了一些西方国家的先进做法，具有一定的进步意义，但又效仿德、意、日残酷地监禁和迫害人民，具有浓厚的法西斯特点。

第二次国内革命战争时期，在中国共产党领导的革命根据地，工农民主政权所建立的监狱体系包括关押未决犯的看守所、教育改造判处长期监禁刑罪犯的劳动感化院和监狱、教育改造判处短期监禁刑的苦工队。1932 年中央工农民主政府制定《中华苏维埃共和国劳动感化院暂行章程》，较详细地规定了劳动感化院的目的、制度等。在抗日战争时期，在各边区抗日民主政权的高等法院、地方法院和县司法处之下设立了看守所、监狱，有的还设立了犯人自新学艺所、劳动感化院、劳动生产所、劳作队等。解放战争时期，人民民主政权机关不仅设立看守所和监狱，还组建了劳改队。

3. 当代监狱制度的建立与发展

新中国成立后，在中央人民政府司法部下设置监狱司，各大行政区司法部门下设监狱处，负责主管狱政工作，彻底改造旧监所，创建新型监狱制度。1950 年司法部将监所工作移交给公安部领导和管理。1951 年第三次全国公安工作会议作出《关于组织全国犯人劳动改造问题的决定》，随后在全国范围内逐步建立起劳动改造制度。1954 年 9 月 7 日政务院公布《劳动改造条例》，标志着劳动改造的法律化、制度化。1982 年开始进行国家机构改革，国务院决定将劳动改造机关由公安部整建制地划归司法部领导和管理，看守所仍由公安机关领导和管理。1994 年 12 月 29 日第八届全国人民代表大会常务委员会第 11 次会议通过《中华人民共和国监狱法》（以下简称《监狱法》），是我国监狱制度的基本法律规范。中华人民共和国第十一届全国人民代表大会常务委员会第二十九次会议 2012 年 10 月 26 日通过《关于修改〈中华人民共和国监狱法〉的决定》，自 2013 年 1 月 1 日起施行。

我国当代监狱制度同样是根据现代法制原则、人权原则和联合国关于犯人待遇的有关规则依法建立的。但是，由于物质条件、社会理念和制度等方面的原因，我国监狱制度及其管理方面仍存在着许多问题。随着经济发展、人权保护不断加强，通过改革完善，我国监狱管理的现代化水平也在不断提高。

三、监狱体制

1. 监狱的分类

我国的监狱按照不同的标准可以可分为不同的类型,主要包括:①以性别为标准,分为女犯监狱和男犯监狱。②以年龄为标准,分为成年犯监狱和未成年犯管教所。前者是执行有期徒刑、无期徒刑和死刑缓期二年执行的已满18周岁的罪犯的场所。未成年犯管教所是关押被判处有期徒刑、无期徒刑和死刑缓期二年执行的不满18周岁的罪犯的场所。其设置需报司法部批准。一般情况下,每个省、自治区、直辖市设置一个未成年管教所。③以罪犯的犯罪性质和刑期长短为标准,分为重犯监狱和轻犯监狱。

2. 监狱的主管机关

《监狱法》规定,国务院司法行政部门(司法部系统)主管全国的监狱工作;监狱的设置、撤销、迁移,由司法行政部门批准。司法部下设监狱管理局,负责统一领导和管理全国的监狱工作;各省、自治区、直辖市司法厅(局)负责领导本行政区域内的监狱工作,省、自治区、直辖市的监狱管理局在当地司法厅的领导下具体管理辖区内的监狱工作。

3. 监狱的工作机构和工作人员

各监狱根据实际需要设置必要的工作机构。主要有行政机构、生产经营机构、狱政管理机构、生活卫生管理机构、教育机构等。

各监狱设监狱长一名、副监狱长若干名,并根据实际需要配备其他监狱管理人员。《监狱法》明确规定,监狱的管理人员是人民警察。这说明监狱警察是人民警察的一个警种,与刑警、交警等具有同等的法律地位。

4. 监狱的监督体制

各监狱要接受主管机关的行政监督。同时,《监狱法》规定:"人民检察院对监狱执行刑罚的活动是否合法,依法实行监督。"各监狱必须接受人民检察院的法律监督,检察院一旦发现监狱有违法情况,应当通知其纠正。

5. 监狱的财政体制

《监狱法》规定,国家保障监狱改造罪犯所需经费。监狱的警察经费、罪犯改造经费、罪犯在狱内的生活费用、狱政设施经费及其他专项经费,列入国家预算。监狱依法使用的土地、矿产资源和其他自然资源以及监狱的财产,受法律保护,任何组织或者个人不得侵占、破坏。

四、监狱中的刑罚执行

1. 收监

按照法律的规定，人民法院对被判处死刑缓期二年执行、无期徒刑、有期徒刑的罪犯，应当将起诉书副本、执行通知书、判决书或裁定书、结案登记表送达羁押该罪犯的公安机关，公安机关在收到该通知书和判决书后一个月内将该罪犯送交监狱执行刑罚。罪犯在被交付执行刑罚前，剩余刑期在三个月以下的，由看守所代为执行。

罪犯被交付执行刑罚时，接收罪犯的监狱应当仔细审查有关执行法律文书，包括起诉书副本、判决书或裁定书、执行通知书、结案登记表。如果文书不全或发现文书记载有误，监狱应告知交付执行的法院及时补全或更正；对其中有可能导致错误收监的，不予收监。

监狱将罪犯收监后，应进行身体检查。如果通过检查发现有符合监外执行的情形，应当交由交付执行的人民法院决定是否监外执行。当监外执行的情形消失后，应由公安机关将原判刑罚尚未执行完毕的罪犯送交监狱收监。女犯的检查由女监狱警察进行。

监狱对罪犯收监后，应检查罪犯的人身和携带的物品，违禁品予以没收。非生活必需品，由监狱代为保管或征求罪犯同意退还给其家属。罪犯所携带的现金可以由监狱代为存入银行，存款利息归罪犯本人所有，存折交由罪犯本人保管。女犯的检查由女监狱警察进行。对罪犯的人身和所携带的物品检查完毕后，应当为罪犯更换囚服，按照编队及分组入监服刑。

为了保护婴幼儿和未成年人的身心健康，《监狱法》明确规定罪犯不得携带子女在狱内服刑。

监狱将罪犯收监后，应当逐一进行谈话，进一步了解罪犯的有关情况，并认真填写罪犯入监登记表。监狱应当自收监之日起5日内向罪犯家属发出通知书。没有亲属的，监狱可以通知其原所在单位、基层组织或者原居住地的公安机关。

2. 监外执行

2018年10月26日生效新修订的《刑事诉讼法》第二百六十五条规定，对于被判处有期徒刑或拘役的罪犯，发现有下列情形之一的，可以暂予监外执行：①有严重疾病需要保外就医的；②怀孕或者正在哺乳自己婴儿的妇女。③生活不能自理，适用暂予监外执行不致危害社会的。对被判处无期徒刑的罪犯，有前款第二项规定情形的，可以暂予监外执行。对适用保外就医可能有社会危险性的罪犯，或者自伤自残的罪犯，不得保外就医。对罪犯确有严重疾病，必须保外就医的，由省级人民政府指定的医院诊断并开具证明文件。暂予监外执行由监狱或者看守所提出书面意见，报省级以上监狱管理机关或者设区的市一级以上公安机关批准。监狱、看守所提出暂予监外执行的书面意见的，应当将书面意见的副本抄送人民检察院。人民检察院可以向决定或者批准机关提出书面意见。决定或者批准暂予监外执行的机关应当将暂予监外执行决定抄送人民检察院。人民检察院认为暂予监外执行不当的，应当自接到通知之日起一个月以内将书面意见送交决定或者批准暂予监外执行的机关，决定或者批准暂予监外执行的机关接到人民检察院的书面意见后，应当立即对该决定进行重新核查。

《监狱法》第二十八条规定，对暂予监外执行的罪犯，依法实行社区矫正，由社区矫正机构负责执行。原关押监狱应当及时将罪犯在监内改造情况通报负责执行的社区矫正机构。暂予监外执行的罪犯具有刑事诉讼法规定的应当收监的情形的，社区矫正机构应当及时通知监狱收监；刑期届满的，由原关押监狱办理释放手续。罪犯在暂予监外执行期间死亡的，社区矫正机构应当及时通知原关押监狱。

3. 减刑和假释

减刑是指对被判处管制、拘役、有期徒刑、无期徒刑的犯罪分子，在执行期间，如果认真遵守监规，接受教育改造，确有悔改表现的，或者有立功表现的，将其原判刑罚予以适当减轻的一项刑罚执行制度。

依照新修订《刑事诉讼法》第二百六十一条规定，被判处死刑缓期二年执行的罪犯，在死刑缓期执行期间，如果没有故意犯罪，死刑缓期执行期满，应当予以减刑的，由执行机关提出书面意见，报请高级人民法院裁定。有下列重大立功表现之一的，应当减刑：①阻止他人重大犯罪活动的；②检举监狱内外重大犯罪活动，经查证属实的；③有发明创造或者重大技术革新的；④在日常生产、生活中舍己救人的；⑤在抗御自然灾害或者排除重大事故中，有突出表现的；⑥对国家和社会有其他重大贡献的。减刑建议由监狱向人民法院提出，人民法院应当自收到减刑建议书之日起 1 个月内予以审核裁定；案情复杂或者情况特殊的，可以延长 1 个月。减刑裁定的副本应抄送人民检察院。被判处死刑缓期二年执行的罪犯，在死刑缓期执行期间符合法律规定减为无期徒刑、有期徒刑的，二年考验期满后，由所在监狱提出减刑建议书，报经省、自治区、直辖市监狱管理机关审核后，提请高级人民法院裁定。

假释是指对被判处有期徒刑或者无期徒刑的罪犯，在其服满一定的刑期后，如果认真遵守监规，接受教育改造，确有悔改表现、不致再危害社会的，附条件地予以提前释放的一种刑罚执行制度。

被判处无期徒刑、有期徒刑的罪犯，符合法律规定的假释条件的，由监狱向人民法院提出假释建议书，人民法院应当自收到假释建议书之日起 1 个月内予以审核裁定；案情复杂或者情况特殊的，可以延长 1 个月。假释裁定的副本应抄送人民检察院。监狱在收到人民法院的假释裁定书后，应当立即召开全体服刑罪犯大会宣布人民法院的假释裁定。

《监狱法》第三十三条第二款规定，对被假释的罪犯，依法实行社区矫正，由社区矫正机构负责执行。被假释的罪犯，在假释考验期限内有违反法律、行政法规或者国务院有关部门关于假释的监督管理规定的行为，尚未构成新的犯罪的，社区矫正机构应当向人民法院提出撤销假释的建议，人民法院应当自收到撤销假释建议书之日起一个月内予以审核裁定。人民法院裁定撤销假释的，由公安机关将罪犯送交监狱收监。

4. 释放和安置

罪犯服刑期届满，监狱应该按期释放并发给释放证明。监狱在释放罪犯时应填写《罪犯出监鉴定表》，并将鉴定表和判决书一起移送给释放人员安置落户地的公安机关。罪犯释放后，公安机关凭释放证明书办理户籍登记和居民身份证。

释放罪犯时，监狱应将代为保管的罪犯的物品和现金全部返还给罪犯本人，并办理交接手续。对于患有重病的释放人员，监狱应派人护送其回家或通知其家属来接。

当地人民政府应该帮助刑满释放人员安置生活。如果刑满释放人员丧失劳动能力又无法定赡养人、抚养人，无基本生活来源，当地人民政府应予以救济，社会应当平等对待刑满释放人员。

五、狱政管理制度

1. 分类制度

监狱对罪犯实行分类制度，具体如下：

(1)分类关押。刑罚执行机关应根据罪犯的不同类型将罪犯分别监禁在不同类型的监狱或在同一监狱内予以分别关押。如根据性别，把男犯和女犯分别关押；根据年龄，把成年犯和未成年犯分别关押；根据刑罚种类，把死缓犯和无期徒刑犯分别单独关押；按照刑期长短，把长刑犯和短刑犯分别关押；按照犯罪类型，把暴力型罪犯、淫欲型罪犯、盗窃型罪犯、贪利型罪犯、过失型罪犯分别关押。

(2)分类管理。既包括对罪犯分类关押后进行的管理工作，也包括在罪犯服刑过程中因改造表现的不同而发生的管理级别以及管理的内容的变化。具体而言，对罪犯中的死缓犯、无期徒刑犯、长刑犯以及其他主观恶性较深、有抗拒改造表现的罪犯应从严管理；对罪犯中的大部分过失犯及服刑期间表现好且服刑时间已经超过原判刑期二分之一的罪犯应从宽管理；对不符合从严管理和从宽管理条件的其他罪犯应采取普通管理的方式。

(3)分类教育。应根据年龄、性别、文化程度、社会经历、家庭状况、心理特征、接受能力、主观恶性、犯罪事实、犯罪性质、犯罪情节、犯罪后果、社会危害程度、犯罪后的表现等因素，对罪犯进行分类教育。

2. 戒护制度

根据《监狱法》规定,监狱的武装警戒由人民武装警察部队负责。武装警察部队负责监狱四周所设的警戒线以外的警戒任务,监狱的人民警察负责监狱的警戒线以内的警戒任务。

监狱根据监管的需要,设立警戒设施。监狱的警戒设施主要如下:

(1)隔离设施。监狱四周应设有围墙,围墙上应架设电网和安装自动报警器。监狱外部应在四周设立警戒隔离带,任何人未经允许都不得进入。

(2)监控设施。监狱的围墙四角及大门应设立岗楼,在监狱的中心制高点应设立瞭望台。除此之外,还应根据需要和可能配备监视、监听设施。

(3)照明设施。在监狱的各个岗楼应安装能够覆盖监狱内所有位置及监狱外一定范围的探照灯。在监狱内的其他重要位置、通道等都应配备一定的照明设施。

(4)通信设施。监狱的岗楼之间、岗楼与监狱的各个部门之间以及监狱内部的各个部门之间应当安装电话和配备无线通信装置。监区、作业周围的机关、团体、企业事业单位和基层组织应协助监狱做好安全警戒工作。

戒具是对有危险行为的罪犯的人身所使用的防御性器具,包括手铐、脚镣、警棍、警绳等。按照法律规定,在出现以下情形之一时监狱可以对罪犯使用戒具:①有脱逃行为的;②有暴力行为的;③正在押解途中的;④有其他危险行为的需要采取防范措施的。以上情形消失后,应当停止使用戒具。一般情况下,对老年、疾病、残疾罪犯以及未成年犯禁止使用戒具。对女犯除个别特殊情况外,也不得使用戒具。对罪犯使用手铐、脚镣,必须事先报请监狱的主管领导批准。如遇有特别紧急的情况,可以先加戴戒具,但应立即补办报批手续。除了被判处死刑的罪犯等待执行死刑的外,罪犯戴手铐、脚镣一般为 7 天,最长不得超过 15 天。

按照法律规定,遇有以下情形之一,非使用武器不能制止的,可以使用武器:①罪犯聚众骚乱、暴乱的;②罪犯脱逃或者拒捕的;③罪犯持有凶器或者其他危险物,正在行凶或者破坏,危及他人生命、财产安全的;④劫夺罪犯的;⑤罪犯抢夺武器的。使用武器的人员,应当按照国家有关规定报告情况。

3. 通信和会见制度

(1)通信。监狱在服刑期间享有通信权,可以与他人通信,但来往信件应接受监狱检查。如果发现信件中有妨碍罪犯改造内容或其他违法内容的,可以予以扣留。罪犯写给监狱的上级机关和司法机关的信件,不受检查。凡是被查扣的信件,除了具有侦查价值的以外,都应在适当时间向罪犯说明扣留信件的原因并对罪犯进行教育。罪犯在向外寄发信件时,发信地址一律使用信箱代号,不得使用所在监狱的名称。少数民族罪犯在与他人通信时,可以使用本民族的语言文字。外籍犯可以与其亲属以及本国驻华使、领馆的人员通信,但内容必须经过检查。

监狱应指定专人对寄给罪犯的包裹进行检查和登记。如果发现包裹中有违禁品、境外所谓的“救济团体”寄来的物品,应一律没收,并向上级机关报告;如果包裹中是非日常生活必需品,由监狱代为保管,在罪犯释放时再返还给本人。

罪犯收受其亲属或他人的汇款,应由监狱指定专人将汇款取出并代为存入银行。

除经监狱特别批准的情况外,罪犯在服刑期间不得使用电话与外界联系。目前有些监狱将与家人的亲情通话作为对表现好的服刑人员进行奖励的方式之一。

(2)会见。罪犯在服刑期间,可以会见亲属、监护人。每月可以安排罪犯会见亲属一到两次,每次会见的时间不超过一小时,确有特殊情况的可以适当延长。罪犯在被关禁闭期间不得会见亲属,如有特殊情况需要会见的,应当经过监狱主管领导批准。罪犯应在监狱专门设立的会见室会见亲属。会见过程应当由监狱的人民警察进行监视。罪犯会见亲属时禁止使用外国语或者隐语进行交谈。少数民族罪犯会见亲属时可以使用本民族语言。外籍罪犯会见亲属时可以使用本国语言,但必须有监狱的翻译人员在场监听。如果发现有串通案情、泄露国家机密以及其他违反会见规则的情况,监狱的人民警察应立即停止罪犯的会见,并根据具体情况进行处理。

罪犯亲属在会见时带给罪犯的日用品、糖果、香烟、学习书刊等,经过监狱详细检查后可以让罪犯带回监舍。罪犯亲属带给罪犯的现金由监狱代为存入银行,在罪犯有正当用途时可以支取使用。罪犯亲属带给罪犯的信件,应由监狱进行检查。罪犯可以将自己的物品交给亲属,但需先经过监狱检查。监狱应热情接待前来会见的罪犯亲属,对于住所较远、家庭生活确有困难的,监狱应尽力解决他们的食宿问题。

除了正常的罪犯会见制度以外,监狱在特殊情况下可以安排罪犯离监探家。原判 5 年以下有期徒刑或者 10 年以下有期徒刑且已服刑二分之一的普通刑事犯,在服刑期间确有悔改表现、没有现实人身危险的,如果遇有直系亲属病重、病危、死亡或者家庭的其他重大变故,确实需要本人回去探望和处理的,经过批准可以离监回家。罪犯离监探家的时间一般为 3 天至 5 天,特殊情况不超过 7 天。

4. 生活和卫生制度

《监狱法》规定,罪犯的生活标准按实物量计算,由国家规定。监狱应配备专职干部管理罪犯的伙房。罪犯的伙食标准应按照当地同类国有企业同工种的伙食标准供给,不得克扣。罪犯的伙食账目应定期公布。对于患病的罪犯在生活上应尽量给予照顾;对于从事矿山、高温、有毒作业的罪犯,应提高他们的伙食标准;对于少数民族罪犯的特殊生活习惯,应当予以照顾。

罪犯的被服由监狱统一配发,罪犯的被服供应应遵循御寒遮体、厉行节约、整齐清洁、便于识别的原则。监狱应按照规定及时发放囚服、囚被以及其他必要的生活用品。罪犯入监时携带的被褥、内衣、蚊帐、鞋袜等应允许罪犯使用。罪犯刑满释放或者因其他情况提前出狱时,囚服、囚被一律收回。

罪犯居住的监舍应当坚固、通风、透光、清洁、保暖。每个罪犯的人均居住面积应在3平方米左右。监舍的设计和布局要以有利于监管罪犯为原则,不能留有监控的死角和盲区。监舍内应有充足的采光条件,保持空气流通,还要做到防潮和保暖。

六、罪犯劳动制度和罪犯教育制度

1. 罪犯劳动制度

(1)罪犯劳动制度的概念。罪犯劳动制度,指国家根据改造在监内服刑罪犯的需要,组织罪犯从事具有一定规模的劳动生产活动的制度,目的是使罪犯通过劳动掌握一定的生产技能并养成良好的劳动习惯,为罪犯重返社会做合格的守法公民奠定基础。

(2)罪犯劳动制度的原则。根据《监狱法》规定,凡有劳动能力的罪犯都必须参加劳动。通过劳动,使罪犯矫正不良习性,并在劳动中逐步掌握生产知识和技能。没有劳动能力或不宜参加劳动的老、弱、病、残罪犯,可以不参加劳动,而是按照自愿原则组织其从事一些力所能及的工作。对于女犯和未成年犯的劳动改造,还应考虑其生理、心理特点。

(3)劳动时间。监狱应参照国家有关规定来确定罪犯的劳动时间。在季节性生产等特殊情况下,可以适当调整劳动时间。

(4)劳动报酬。监狱应按照有关规定给予罪犯适当的劳动报酬。罪犯的劳动报酬是根据监狱的生产情况以及罪犯的劳动贡献等综合指标确定的。在向罪犯发放劳动报酬时,应当扣除罪犯服刑期间的必要生活开支。

(5)劳动保护。监狱应执行国家有关劳动保护的规定。监狱应当对长期从事接触有毒、有害物质的工种的罪犯进行定期身体检查和发放保健食品。因劳动致伤、致残、致死的,监狱应参照国家劳动保险的有关规定进行处理。

2. 罪犯教育制度

(1)罪犯教育制度的概念和原则。罪犯教育制度,是指根据需要对在监内服刑罪犯进行教育的制度,基本原则是因人施教、分类教育、以理服人。因人施教,是指针对各个罪犯的不同情况,采取不同的教育内容和方法。分类教育,是指按照不同标准将罪犯分为不同的类型,根据各类罪犯的情况提出不同的教育要求,设计不同的教育内容。以理服人,是指教育罪犯采取的是说理的方式而不是体罚。

(2)教育方法。采取集体教育与个别教育相结合、狱内教育与社会教育相结合、感性教育与理性教育相结合的方法。即在集中组织罪犯进行教育的同时,要结合罪犯各自的现实问题做到因人施教;在监狱内实施教育的同时,尽可能调动机关、企事业单位、社会团体、个人的力量对罪犯进行教育,尤其是要发挥罪犯亲属的帮助教育的作用;在将教育内容简化为罪犯能够感知的东西的同时,还应组织罪犯学习文化知识,通过理性教育提高罪犯对国家法律、政策以及其他有关问题的认识。

(3)教育内容。具体包括:①思想教育,包括法制教育、道德教育、形势政策教育、前途教育等。②文化教育,包括基本文化知识教育和高等文化教育。监狱应根据罪犯的具体情况进行扫盲教育、初等教育、初级中等教育等,经考试合格的可以发给相应的学业证书。③职业技术教育,包括工业技术教育、农业技术教育和其他技术教育。监狱应根据自身的情况和罪犯释放后就业的需要,对罪犯进行职业教育,经考核合格的可以发给相应的技术等级证书。监狱还应鼓励罪犯自学,经考核合格的可以发给相应的证书。此外,监狱还应组织和开展一些体育活动和娱乐活动。

第七节　社区矫正制度

社区矫正是一个外来语。社区矫正是西方国家首先推行的一种刑事执行模式,其理念始于19世纪末近代学派的行刑社会化思想。近代学派的大师们认识到监狱刑罚的缺陷和不足,提出了非监禁刑罚措施和对罪犯人格的改造,社区矫正便由此发端。20世纪50年代兴起了罪犯再社会化思潮,以安塞尔为代表的新社会防卫学派提出对罪犯实行人道和再社会化,使社区矫正思想由孕育走向成熟,并逐渐由学说渗透到立法,再转化为各国的行刑实践。注重对犯罪人的改造、完善而不是报复,刑罚的目的是将社会人格不完善、不能正常进行社会生活的犯罪人再社会化,已成为现代社会的共识。社区矫正比监狱矫正有更大的优越性,目前已成为西方国家占主导地位的行刑方式,也已成为世界各国刑罚体制改革发展的趋势。

一、社区矫正概述

社区矫正是与监禁矫正相对的行刑方式,是指将符合法定条件的罪犯置于社区内,由司法行政机关(司法局)及其派出机构(司法所)在相关部门和社会力量的协助下,在判决、裁定或决定确定的期限内,矫正其犯罪心理和行为恶习,并促进其顺利回归社会的非监禁刑罚执行活动。社区矫正工作是积极利用各种社会资源、整合社会各方面力量,对罪行较轻、主观恶性较小、社会危害性不大的罪犯或者经过监管改造、确有悔改表现、不致再危害社会的罪犯在社区中进行有针对性管理、教育和改造的工作。

过去,我国没有使用社区矫正的名称。但是,中国的刑罚制度中包含了社区矫正的有关内容，例如，管制、缓刑、假释等。不过，与其他一些国家相比，特别是与一些发达国家相比，中国的做法在制度上、力度上，都有需要改进的地方。20 世纪七八十年代以来，各国都在不断进行刑罚制度的创新，尝试用最有益的方式处理犯罪和犯罪人，社区矫正就是这样一种刑罚方式的探索和实践。从国际社会的发展趋势来看，刑罚制度已经从以监禁刑为主的阶段进入了以非监禁刑为主的阶段。在许多国家中，适用社区矫正的人数大大超过监禁人数。国外社区矫正的方式主要包括缓刑、假释、社区服务、暂时释放、工作释放、学习释放、电子监控等。

我国于 2003 年开始了社区矫正试点工作，2009 年在全国全面试行，社区矫正工作发展迅速，覆盖面稳步扩大，社区矫正人员数量不断增长。截至 2010 年 12 月底，全国 31 个省（区、市）和新疆生产建设兵团已开展社区矫正工作，覆盖全国 91% 的地（市、州）、72% 的县（市、区）和 65% 的乡镇（街道）。北京等 13 个省（区、市）已经在全辖区开展社区矫正工作。各地累计接收社区矫正人员 59.8 万人，现有社区矫正人员 27.8 万人。2011 年 2 月 25 日，十一届全国人大常委会第十九次会议审议通过《中华人民共和国刑法修正案（八）》，明确规定了对判处管制、缓刑以及假释的罪犯依法实行社区矫正，标志着我国社区矫正法律制度的确立，为改革和完善我国刑罚执行制度奠定了重要基础。2012 年 1 月 10 日，最高人民法院、最高人民检察院、公安部、司法部下发《关于印发〈社区矫正实施办法〉的通知》。2012 年 3 月 1 日，《社区矫正实施办法》正式施行。2019 年 12 月 28 日，第十三届全国人大常委会第十五次会议正式通过《中华人民共和国社区矫正法》（以下简称《社区矫正法》），2020 年 7 月 1 日正式实施。在现行法律框架内，扩大适用社区矫正措施，强化社区矫正的执行，包括依法加强对社区矫正对象的监督、管理，确保刑罚的有效实施；加强对社区矫正对象的教育矫正，通过多种形式，矫正其不良心理和行为，促使其弃恶从善；帮助社区矫正对象解决就业、生活、心理及维权等方面的问题和困难。对于提高罪犯的教育改造质量、维护社会稳定具有极其重要的现实意义。

二、社区矫正的对象

接受社区矫正的罪犯，称为社区服刑人员，包括：①被判处管制的；②被宣告缓刑的；③被暂予监外执行的，具体包括有严重疾病需要保外就医的、怀孕或者正在哺乳自己婴儿的妇女、生活不能自理且适用暂予监外执行不致危害社会的。④被裁定假释的；⑤被剥夺政治权利，并在社会上服刑的。在符合上述条件的情况下，对于罪行轻微、主观恶性不大的未成年犯、老病残犯以及罪行较轻的初犯、过失犯等，应作为重点对象，适用上述非监禁措施，实施社区矫正。

三、社区矫正的措施

（一）社区矫正的组织实施机关

根据《社区矫正法》规定，司法行政机关负责指导管理、组织实施社区矫正工作；人民法院对符合社区矫正适用条件的被告人、罪犯依法作出判决、裁定或者决定；人民检察院对社区矫正各执法环节依法实行法律监督；公安机关对违反治安管理规定和重新犯罪的社区服刑人员及时依法处理。

县级司法行政机关社区矫正机构对社区服刑人员进行监督管理和教育帮助。司法所承担社区矫正日常工作；社会工作者和志愿者在社区矫正机构的组织指导下参与社区矫正工作；有关部门、村（居）民委员会、社区服刑人员所在单位、就读学校、家庭成员或者监护人、保证人等协助社区矫正机构进行社区矫正。

（二）社区矫正的组织实施程序

人民法院、人民检察院、公安机关、监狱对拟适用社区矫正的被告人、罪犯，需要调查其对所居住社区影响的，可以委托县级司法行政机关进行调查评估。受委托的司法行政机关应当根据委托机关的要求，对被告人或者罪犯的居所情况、家庭和社会关系、一贯表现、犯罪行为的后果和影响、居住地村（居）民委员会和被害人意见、拟禁止的事项等进行调查了解，形成评估意见，及时提交委托机关。

对于适用社区矫正的罪犯，人民法院、公安机关、监狱应当核实其居住地，在向其宣判时或者在其离开监所之前，书面告知其到居住地县级司法行政机关报到的时间、期限以及逾期报到的后果，并通知居住地县级司法行政机关；在判决、裁定生效起三个工作日内，送达判决书、裁定书、决定书、执行通知书、假释证明书副本等法律文书，同时抄送其居住地县级人民检察院和公安机关。县级司法行政机关收到法律文书后，应当在三个工作日内送达回执。

社区服刑人员应当自人民法院判决、裁定生效之日或者离开监所之日起十日内到居住地县级司法行政机关报到。县级司法行政机关应当及时为其办理登记接收手续，并告知其三日内到指定的司法所接受社区矫正。发现社区服刑人员未按规定时间报到的，县级司法行政机关应当及时组织查找，并通报决定机关。暂予监外执行的社区服刑人员，由交付执行的监狱、看守所将其押送至居住地，与县级司法行政机关办理交接手续。罪犯服刑地与居住地不在同一省、自治区、直辖市，需要回居住地暂予监外执行的，服刑地的省级监狱管理机关、公安机关监所管理部门应当书面通知罪犯居住地的同级监狱管理机关、公安机关监所管理部门，指定一所监狱、看守所接收罪犯档案，负责办理罪犯收监、释放等手续。人民法院决定暂予监外执行的，应当通知其居住地县级司法行政机关派员到庭办理交接手续。

司法所接收社区服刑人员后，应当及时向社区矫正人员宣告判决书、裁定书、决定书、执行通知书等有关法律文书的主要内容;社区矫正期限;社区服刑人员应当遵守的规定、被禁止的事项以及违反规定的法律后果;社区服刑人员依法享有的权利和被限制行使的权利;矫正小组人员组成及职责等有关事项。宣告由司法所工作人员主持,矫正小组成员及其他相关人员到场,按照规定程序进行。

司法所应当为社区服刑人员确定专门的矫正小组。矫正小组由司法所工作人员担任组长,由社会工作者和志愿者、有关部门、村(居)民委员会、社区服刑人员所在单位、就读学校、家庭成员或者监护人、保证人等相关人员组成。社区服刑人员为女性的,矫正小组应当有女性成员。司法所应当与矫正小组签订矫正责任书,根据小组成员所在单位和身份,明确各自的责任和义务,确保各项矫正措施落实。

司法所应当为社区服刑人员制定矫正方案,在对社区矫正人员被判处的刑罚种类、犯罪情况、悔罪表现、个性特征和生活环境等情况进行综合评估的基础上,制定有针对性的监管、教育和帮助措施。根据矫正方案的实施效果,适时予以调整。

县级司法行政机关应当为社区矫正人员建立社区矫正执行档案,包括适用社区矫正的法律文书,以及接收、监管审批、处罚、收监执行、解除矫正等有关社区矫正执行活动的法律文书。司法所应当建立社区矫正工作档案,包括司法所和矫正小组进行社区矫正的工作记录,社区矫正人员接受社区矫正的相关材料等,同时留存社区矫正执行档案副本。

(三)社区矫正人员应遵守的规定

社区矫正人员应当定期向司法所报告遵纪守法、接受监督管理、参加教育学习、社区服务和社会活动等情况。社区矫正人员应当参加公共道德、法律常识、时事政策等教育学习活动,增强法治观念、道德素质和悔罪自新意识。社区矫正人员每月参加教育学习时间不少于八小时。有劳动能力的社区矫正人员应当参加社区服务,修复社会关系,培养社会责任感、集体观念和纪律意识。社区矫正人员每月参加社区服务时间不少于八小时。

社区矫正人员发生居所变化、工作变动、家庭重大变故以及接触对其矫正产生不利影响人员的,社区矫正人员应当及时报告。保外就医的社区矫正人员还应当每个月向司法所报告本人身体情况,每三个月向司法所提交病情复查情况。对于人民法院禁止令确定需经批准才能进入的特定区域或者场所,社区矫正人员确需进入的,应当经县级司法行政机关批准,并告知人民检察院。社区矫正人员未经批准不得离开所居住的市、县(旗)。社区矫正人员因就医、家庭重大变故等原因,确需离开所居住的市、县(旗),在七日以内的,应当报经司法所批准;超过七日的,应当由司法所签署意见后报经县级司法行政机关批准。返回居住地时,应当立即向司法所报告。社区矫正人员离开所居住市、县(旗)不得超过一个月。社区矫正人员未经批准不得变更居住的县(市、区、旗)。社区矫正人员因居所变化确需变更居住地的,应当提前一个月提出书面申请,由司法所签署意见后报经县级司法行政机关审批。县级司法行政机关在征求社区矫正人员新居住地县级司法行政机关的意见后作出决定。经批准变更居住地的,县级司法行政机关应当自作出决定之日起三个工作日内,将有关法律文书和矫正档案移交新居住地县级司法行政机关。有关法律文书应当抄送现居住地及新居住地县级人民检察院和公安机关。社区矫正人员应当自收到决定之日起七日内到新居住地县级司法行政机关报到。

(四)司法行政机关的职责

1. 矫正管理职责

司法行政机关应当根据社区矫正人员的心理状态、行为特点等具体情况,应当采取有针对性的措施进行个别教育和心理辅导,矫正其违法犯罪心理,提高其适应社会能力;根据社区矫正人员的需要,协调有关部门和单位开展职业培训和就业指导,帮助落实社会保障措施。

司法所应当根据社区矫正人员个人生活、工作及所处社区的实际情况,有针对性地采取实地检查、通讯联络、信息化核查等措施及时掌握社区矫正人员的活动情况。重点时段、重大活动期间或者遇有特殊情况,司法所应当及时了解掌握社区矫正人员的有关情况,可以根据需要要求社区矫正人员到办公场所报告说明情况。社区矫正人员脱离监管的,司法所应当及时报告县级司法行政机关组织追查。司法所应当定期到社区矫正人员的家庭、所在单位、就读学校和居住的社区了解、核实社区矫正人员的思想动态和现实表现等情况。对保外就医的社区矫正人员,司法所应当定期与其治疗医院沟通联系,及时掌握其身体状况及疾病治疗、复查结果等情况,并根据需要向批准、决定机关或者有关监狱、看守所反馈情况。司法所应当及时记录社区矫正人员接受监督管理、参加教育学习和社区服务等情况,定期对其接受矫正的表现进行考核,并根据考核结果,对社区矫正人员实施分类管理。

司法行政机关应当建立例会、通报、业务培训、信息报送、统计、档案管理以及执法考评、执法公开、监督检查等制度,保障社区矫正工作规范运行。司法行政机关应当建立突发事件处置机制,发现社区矫正人员非正常死亡、实施犯罪、参与群体性事件的,应当立即与公安机关等有关部门协调联动、妥善处置,并将有关情况及时报告上级司法行政机关和有关部门。

司法行政机关和公安机关、人民检察院、人民法院建立社区矫正人员的信息交换平台,实现社区矫正工作动态数据共享。社区矫正人员的人身安全、合法财产和辩护、申诉、控告、检举以及其他未被依法剥夺或者限制的权利不受侵犯。

2. 对社区矫正人员违规处理职责

司法行政机关发现社区矫正人员有违反监督管理规定或者人民法院禁止令情形的,应当及时派员调查核实情况,收集有关证明材料,提出处理意见。

(1)社区矫正人员有下列情形之一的,县级司法行政机关应当给予警告,并出具书面决定:①未按规定时间报到的;②违反关于报告、会客、外出、居住地变更规定的；③不按规定参加教育学习、社区服务等活动，经教育仍不改正的；④保外就医的社区矫正人员无正当理由不按时提交病情复查情况，或者未经批准进行就医以外的社会活动且经教育仍不改正的；⑤违反人民法院禁止令，情节轻微的；⑥其他违反监督管理规定的。

（2）社区矫正人员违反监督管理规定或者人民法院禁止令，依法应予治安管理处罚的，县级司法行政机关应当及时提请同级公安机关依法给予处罚。公安机关应当将处理结果通知县级司法行政机关。

（3）缓刑、假释的社区矫正人员有下列情形之一的，由居住地同级司法行政机关向原裁判人民法院提出撤销缓刑、假释建议书并附相关证明材料，人民法院应当自收到之日起一个月内依法作出裁定：①违反人民法院禁止令，情节严重的；②未按规定时间报到或者接受社区矫正期间脱离监管，超过一个月的；③因违反监督管理规定受到治安管理处罚，仍不改正的；④受到司法行政机关三次警告，仍不改正的；⑤其他违反有关法律、行政法规和监督管理规定，情节严重的。司法行政机关撤销缓刑、假释的建议书和人民法院的裁定书同时抄送社区矫正人员居住地同级人民检察院和公安机关。

（4）暂予监外执行的社区矫正人员有下列情形之一的，由居住地县级司法行政机关向批准、决定机关提出收监执行的建议书并附相关证明材料，批准、决定机关应当自收到之日起十五日内依法作出决定：①发现不符合暂予监外执行条件的；②未经司法行政机关批准擅自离开居住的市、县（旗），经警告拒不改正，或者拒不报告行踪，脱离监管的；③因违反监督管理规定受到治安管理处罚，仍不改正的；④受到司法行政机关两次警告，仍不改正的；⑤保外就医期间不按规定提交病情复查情况，经警告拒不改正的；⑥暂予监外执行的情形消失后，刑期未满的；⑦保证人丧失保证条件或者因不履行义务被取消保证人资格，又不能在规定期限内提出新的保证人的；⑧其他违反有关法律、行政法规和监督管理规定，情节严重的。司法行政机关的收监执行建议书和决定机关的决定书，应当同时抄送社区矫正人员居住地同级人民检察院和公安机关。

（5）违反禁止性规定的处理。对于实行社区矫正的人员，因违反社区矫正禁止性规定，人民法院裁定撤销缓刑、假释或者对暂予监外执行罪犯决定收监执行的，居住地县级司法行政机关应当及时将罪犯送交监狱或者看守所，公安机关予以协助。监狱管理机关对暂予监外执行罪犯决定收监执行的，监狱应当立即赴羁押地将罪犯收监执行。公安机关对暂予监外执行罪犯决定收监执行的，由罪犯居住地看守所将罪犯收监执行。

社区矫正人员符合法定减刑条件的，由居住地县级司法行政机关提出减刑建议书并附相关证明材料，经地（市）级司法行政机关审核同意后提请社区矫正人员居住地的中级人民法院裁定。人民法院应当自收到之日起一个月内依法裁定；暂予监外执行罪犯的减刑，案情复杂或者情况特殊的，可以延长一个月。司法行政机关减刑建议书和人民法院减刑裁定书副本，应当同时抄送社区矫正人员居住地同级人民检察院和公安机关。

3. 未成年犯的社区矫正方针

对未成年人实施社区矫正，应当遵循教育、感化、挽救的方针，按照下列规定执行：对未成年人的社区矫正应当与成年人分开进行；对未成年社区矫正人员给予身份保护，其矫正宣告不公开进行，其矫正档案应当保密；未成年社区矫正人员的矫正小组应当有熟悉青少年成长特点的人员参加；针对未成年人的年龄、心理特点和身心发育需要等特殊情况，采取有益于其身心健康发展的监督管理措施；采用易于未成年人接受的方式，开展思想、法制、道德教育和心理辅导；协调有关部门为未成年社区矫正人员就学、就业等提供帮助；督促未成年社区矫正人员的监护人履行监护职责，承担抚养、管教等义务；采取其他有利于未成年社区矫正人员改过自新、融入正常社会生活的必要措施。对于犯罪的时候不满十八周岁被判处五年有期徒刑以下刑罚的社区矫正人员，适用前述规定。

4. 社区矫正期满后的处理

社区矫正期满前，社区矫正人员应当作出个人总结，司法所应当根据其在接受社区矫正期间的表现、考核结果、社区意见等情况作出书面鉴定，并对其安置帮教提出建议。

社区矫正人员矫正期满，司法所应当组织解除社区矫正宣告。宣告由司法所工作人员主持，按照规定程序公开进行。司法所应当针对社区矫正人员的不同情况，通知有关部门、村（居）民委员会、群众代表、社区矫正人员所在单位、社区矫正人员的家庭成员或者监护人、保证人参加宣告。宣告事项应当包括：宣读对社区矫正人员的鉴定意见；宣布社区矫正期限届满，依法解除社区矫正；对判处管制的，宣布执行期满，解除管制；对宣告缓刑的，宣布缓刑考验期满，原判刑罚不再执行；对裁定假释的，宣布考验期满，原判刑罚执行完毕。县级司法行政机关应当向社区矫正人员发放解除社区矫正证明书，并书面通知决定机关，同时抄送县级人民检察院和公安机关。暂予监外执行的社区矫正人员刑期届满的，由监狱、看守所依法为其办理刑满释放手续。

社区矫正人员社区矫正期满的，司法所应当告知其安置帮教有关规定，与安置帮教工作部门妥善做好交接，并转交有关材料。社区矫正人员在就学、就业和享受社会保障等方面，不受歧视。司法工作人员应当认真听取和妥善处理社区矫正人员反映的问题，依法维护其合法权益。

四、社区矫正的目标

坚持和完善中国特色社区矫正制度，是我国司法体制改革和刑事法治建设的重大举措,符合现阶段我国经济社会发展的要求,符合人民群众对社会和谐稳定和公平正义的需求,也符合刑罚执行社会化的国际趋势。同时,也是加强和创新社会管理的客观需要,是贯彻宽严相济刑事政策的必然要求,是改革完善刑罚执行制度的重要内容。建设具有中国特色是社区矫正制度应实现以下几方面:

(1)按照中国刑法、刑事诉讼法等有关法律、法规和规章的规定,加强对社区服刑人员的管理和监督,确保刑罚的顺利实施。

(2)通过各种形式,加强对社区服刑人员的思想教育、法制教育、社会公德教育,矫正其不良心理和行为,使他们悔过自新,弃恶从善,成为守法公民。

(3)帮助社区服刑人员解决在就业、生活、法律、心理等方面遇到的困难和问题,以利于他们顺利适应社会生活。

五、社区矫正的价值功能

社区矫正作为一种全新的刑罚执行方式,蕴涵着刑罚的惩罚性和恢复性双重价值。

(1)社区矫正是一种具有惩罚性的刑事制裁措施。社区矫正是与监禁矫正相对的非监禁刑罚执行方式,是一种刑事制裁措施,而刑罚的制裁性决定了社区矫正措施的惩罚性。社区矫正作为刑罚执行活动,自然要严格落实具体的惩罚性措施,以实现刑罚的惩罚性。社区矫正对象作为罪犯,应当就其犯罪行为给社会造成的危害承担惩罚性后果,得到应有的惩罚。同时,惩罚社区矫正对象也是国家实现社会正义、维护社会公正的客观要求。现代刑事法律出于保护社会和改造罪犯的双重目的,即使是在惩罚罪犯的过程中,也必须同时将如何促使罪犯重新回归社会列为目标之一。

(2)社区矫正具有恢复性功能。社区矫正作为行刑社会化的一种方式,一方面使服刑人员得到有效监管,使人们改变对服刑人员的"标签"式看法,让社会变得更加公正、和谐;另一方面,社区矫正通过弱化监狱的封闭性、放宽罪犯自由度、增加罪犯与社会的联系,促使罪犯掌握生活技能与相关社会知识、塑造罪犯符合社会正常生活的信念和人格,最终促成罪犯回归社会,摆脱犯罪"标签"的影响,使他们能够更快、更好地融入社会,达到预防犯罪的目的。可见,社区矫正不仅体现了对人的尊严的尊重,更重要的是满足了罪犯再社会化和实现自我发展的需求。

(3)社区矫正功能的司法平衡把握。在社区矫正蕴涵的惩罚性和恢复性二元功能中,如果选择不当,就可能导致刑罚和社区矫正的失衡,进而损害社会利益和个人利益。因而,在构建和谐社会的背景下,如何发挥社区矫正的二元性价值,以及如何平衡二元性价值之间的冲突,是社区矫正发展与完善的重要环节。刑罚理念及其制度、刑罚执行方式的变革与发展,实际上就是一个平衡国家利益、社会利益、社区利益、被害人利益和罪犯利益的过程。在这个平衡的过程中,司法的价值也在不断地自我平衡,法律价值的选择也随之调整,这主要表现在两方面:从宏观上看,社会的秩序、正义、安全的建构,是靠"严厉的惩罚"还是"轻缓的矫正",这是从各国、各地区社会法制状况、监狱运行机制、人权保障力度等多方面来考察的,每个国家或地区都有适合"本土化"的发展实际。随着世界社会生活交流的日益加强,刑事执法的理念也逐渐由低级走向高级、由野蛮走向文明。人权保障思想是法治社会、法治世界的最高目的:从微观上看,社区矫正的惩罚性和刑罚的社会化孰轻孰重,也在考验着社会的人道主义和法治建设。虽然社区矫正有一定的刑法惩罚性,但它毕竟和一般的刑罚不一样,而是一种恢复性司法指导下的刑罚理念,注重的是罪犯的再社会化。因此,从社区矫正的法律价值和正义的取向来看,它是以惩罚为基础,以矫正(恢复)为主的刑罚制度,应当以平衡上述利益冲突,修复被犯罪破坏的社会关系,恢复公平正义,最终实现社会的和谐作为基本价值目标。和谐意味着合理地界定利益关系,合理地分配利益主体的权利与义务,切实保障各个利益主体合理的利益,平衡各个利益主体之间的利益关系。社区矫正要实现上述目标,就必须兼顾罪犯、被害人、社区、社会和国家的利益,满足上述各个主体各自的利益需求。

第九章

司法程序制度

第一节　司法程序概述

一、司法程序的概念

司法程序,是指司法活动中必须遵循的法定形式、步骤和方法,主要是指司法诉讼程序。司法程序概念可以作广义与狭义的理解。广义的司法程序,可以涵盖司法机关的组织规范、行为准则、司法行政程序和部分非诉讼程序等;狭义的司法程序,则特指诉讼程序。

司法程序从权力主体的角度上与立法程序、行政程序相互区别;从性质、功能和效力上与非诉讼程序及一般执法程序有所不同。在外延上,主要包括刑事诉讼程序、民事诉讼程序、行政诉讼程序和违宪审查程序(或宪法诉讼)。

由于对司法和司法活动的概念和范围的认识不同,关于司法程序历来存在不同的理解和界定。

(1)从形式的意义上,司法程序是以司法机关的活动为中心的,包括司法机关的组织、活动规范以及诉讼程序规则和制度。从功能或实质的意义上,许多非司法机关的活动及纠纷解决程序,包括行政机关和民间性团体的非诉讼程序,也可以涵盖在广义的司法程序之中。例如,仲裁程序等。在当代,非诉讼机制特别是司法性非诉讼机制的发展,更加扩大了实质意义上的司法程序的外延。

(2)由于司法功能不断向其他国家机关分散,国家权力机关之间的权限和程序不断发生交叉和融合,一些行政机关或其专门机构的程序在一定意义上也属于司法程序的范畴。例如,《牛津法律大词典》对司法程序的定义是:司法程序与立法程序、行政程序不同。它的功能在于通过查清纠纷和案件的事实,公布真相,以协助司法机构对于纠纷和案件进行法律处理。实际上,立法程序、行政程序与司法程序并没有严格界限,在某些特殊案件的处理过程中,三种程序互相交错,不易区分。

二、程序公正与司法程序的基本原则

(一)程序公正的概念

"现代意义上的司法程序是一种有价值倾向的程序。"①程序公正是现代法治的基本理念和价值,其实质是以程序的公正作为衡量法治与司法正当性和公正性的基本尺度,强调各方主体机会的平等,以及执法过程和手段的合法性、权力行使的形式上的正当性。程序公正在司法程序中的具体体现就是"正当程序"的理念,并表现为一系列原则和具体规则。现代司法程序的基本要求就是保证司法机关严格遵守各种法定的程序要件,并以此作为判断其行为正当性的标准。目的在于给予各方当事人以平等的权利和机会,并切实保证每一个当事人的基本权利,由此维护社会的公共利益和法律秩序。

(二)司法程序的基本原则

现代司法程序的原则是以程序公正为基础和标准的,体现为由一系列原则构成的集合体,在各种诉讼程序中必不可少、至关重要、为世界各国司法机关共同遵循的基本原则。具体如下:

(1)合法性原则。法律正义的实现必须以一定的程序法和实体法的存在及其有效适用为前提。在现代法治社会中,司法机关必须依法行使权力,不得任意背离既定的法律规则,自行其是。司法的正当程序要求法官在适用实体规范解决纠纷的过程中,必须严格遵循各种相应的程序规则。

(2)平等对待原则和辩论原则。无论是刑事、民事或行政诉讼程序,乃至于违宪审查程序,双方当事人在诉讼中都应有平等的参与和辩论的机会,拥有同等的诉讼权利。平等原则旨在反对一切形式的特权,法官必须平等地对待诉讼各方当事人,对所有人平等地适用法律,所谓"同样的案件同样处理""不同的案件不同处理"。通过辩论原则,使双方当事人在诉讼中形成两造对抗,获得同等的机会,保证平等地实现和行使自己的权利,并以此制约法官的职权。

(3)审判中立性原则。即保证法官居中裁判,通过法官的中立保证司法的公正。每个人都不能成为自己案件的裁判官,法官办案时必须本着客观、公正的态度,避免主观随意性和先入为主,要以客观事实和充分可靠的证据为基础,不偏不

---

① 张文显主编:《法理学》(第五版),高等教育出版社2018年版,第264页。

倚地适用法律。

（4）公开审判原则。公开是保证公正的条件和程序保障之一。任何案件，除法律有特别规定的以外，都必须公开进行审理。不仅包括审理过程的公开，而且包括法官心证的公开、法律适用及裁判理由的公开、法律文书的公开；不仅应对双方当事人公开，并且应向社会公众公开。公开既是为了接受双方当事人和社会的监督；也是一种向社会传播法律信息，对公众进行法制教育的重要渠道。

（5）审级保证和程序监督原则。司法的程序公正最终是以追求实质公正为目标的，为此，必须认识、承认并通过程序克服司法的局限通过司法程序纠正司法活动中可能出现的错误。为了统一法律的适用，避免和纠正初审程序中可能出现的错误和不同认识，减少法律适用结果的不确定性和差异，通过合理设计审级制度和上诉程序，更好地实现司法公正，发挥不同审级法院在司法实践中的不同功能，特别是上级法院和最高法院的决策功能。同时，通过司法机关之间的相互监督，如检察院的上诉和抗诉等程序，形成司法程序自身的监督机制。

三、程序法体系

（一）程序法的概念

司法程序的制度化形成程序法，程序法从狭义上讲就是指诉讼法。诉讼法是国家制定或认可的、用于调整诉讼法律关系的、国家司法机关和当事人以及其他诉讼参与人进行诉讼活动必须遵循的法律规范的总和。根据诉讼性质的不同，一般分为刑事诉讼法、民事诉讼法和行政诉讼法。此外，有些国家还存在通过宪法及相关法律创立的违宪审查程序或司法审查程序。诉讼程序法的渊源，除了诉讼法典、诉讼规则和证据规则等专门的成文程序法外，还包括宪法、法院组织法等基本法律，同时，在很多实体法中也包含着大量诉讼程序规范。此外，许多国家的法院规则和在判例法国家的一些不成文的程序规则或惯例也属于司法程序中必须依据的法律规范。

（二）现代司法程序体系

1. 司法程序的发展

在人类社会和法的发展历程中，诉讼的结构、形式和功能始终处于不断地发展变化中。从早期的诸法合体以及实体法与程序法不分，到近现代三大诉讼法体系的形成，标志着法律调整机制的日益成熟和人类对法的认识的不断深化，也标志着司法的社会功能的扩大，以及司法活动日益走向理性化、科学化和规范化。

人类社会早期的诉讼，脱胎于原始社会的同态报复、血亲复仇和神明裁判，无论是惩罚犯罪还是主张权利，都采用相似的诉讼程序；并且国家和社会利益与私人的权益并没有明确的区别。随着公共秩序和私有权利的逐步确立以及法律的完善,代表国家或社会惩罚犯罪的刑事诉讼与解决私人间纠纷的民事诉讼逐步分离,形成了最初的两大类诉讼程序。

至于行政诉讼的出现,则远远晚于前两类诉讼程序。行政诉讼是近代民主宪政和法治的产物,是基于对行政权的监督和保护公民权利不致受到来自行政权或国家机关及其工作人员的侵害而设立的法律救济制度。由于世界各国国家结构和政治制度的不同,行政诉讼的形式、运作方式和原理也存在一定差异。例如,有些国家专门设立行政法院,而有些国家却是由普通法院审理行政诉讼;有些国家制定了专门的行政诉讼法典,有些国家则对行政诉讼适用民事诉讼程序,等等。

此外,在现代民主宪政制度下,为了维护宪法的权威,保证法治的统一,保障公民的基本权利,独立的(违宪)司法审查、宪法法院及宪法诉讼也成为现代法治条件下的一种重要的诉讼机制。

2. 现代各国司法程序体系

由于国家体制和所属法系的不同,司法程序的体系也不同。当代大多数国家的司法程序体系分为民事诉讼程序、刑事诉讼程序、行政诉讼程序及违宪审查程序;一般都分别制定了民事诉讼法典、刑事诉讼法典、行政诉讼法典。但也有部分国家未制定行政诉讼法,处理行政诉讼案件适用民事诉讼法典。例如,美国没有行政法院和专门的行政诉讼程序,在处理行政诉讼案件时同样适用民事诉讼程序。我国的司法程序体系分为民事诉讼程序、刑事诉讼程序、行政诉讼程序。为了保证体系的严谨,本章的内容主要以狭义司法程序即诉讼程序为研究对象。

四、司法程序之间的联系与区别

(一)各种司法程序之间的联系

一个国家的各种司法程序之间必然存在着内在的统一性。表现如下:

(1)各种司法程序同属国家的法律体系,建立在共同的经济基础、政治体制、价值理念和文化传统基础上。各种司法程序都需要通过国家的司法机关进行运作,都受到司法独立等体制上的保障。在当代,各种诉讼程序共同面临着社会发展带来的新的需求和挑战。

(2)各种诉讼程序都属于司法程序,遵循司法活动的共同规律,具有许多相同的基本原则。都需要遵循前述司法程序的基本原则,以平等、公开、当事人对抗与法官中立、司法独立、保障当事人诉讼权利、公正与效率等为基本理念。同时,各种诉讼程序之间需要根据法律的规定保证它们之间协调性。

(3)作为诉讼程序,各种程序之间存在许多共同特征和内在要求,如:司法官职业化;程序都具有规范性和复杂性的特点,往往需要借助律师的帮助;所作出的裁判都应具有既判力、权威性、终局性。

(4)现代各种诉讼程序中存在一些共同的运作原理,采用相似的程序和制度。都采用以辩论主义为核心的对审结构,以及相同的审级制度等。例如,都属于事后的救济,裁判者都采取“不告不理”的消极立场;都必须依法定程序进行证据调查,依法进行审判和判决,等等。因此,程序之间是可以衔接和贯通的。

(二)各种诉讼程序之间的区别

尽管各种诉讼程序之间存在许多基本的共同点,然而,随着社会发展,对司法活动的科学化、专门化的要求不断提高,对不同的法律关系和案件的审理不仅需要适用不同的实体规范,而且需要适应不同性质的案件采用不同的程序加以解决。由此,逐步发生了诉讼程序之间的分化和司法功能的内部分化,形成了现代的三大基本诉讼程序及违宪审查程序。各种诉讼程序之间主要存在以下区别:

1. 所解决的纠纷性质不同

刑事诉讼解决的是犯罪与刑罚问题,即被告人的刑事责任问题;民事诉讼则解决平等民事主体在财产关系、人身关系方面发生的民事纠纷及经济纠纷;行政诉讼解决的问题是国家行政机关与公民、法人和其他组织之间因行政管理活动而引起的纠纷。违宪审查程序或宪法诉讼则与三大诉讼不同,是对现行法律规范及各种规则及权力的行使是否存在违宪问题的审查和判定。

2. 依据的实体法律规范不同

由于各种实体法所调整的社会关系不同,在不同的主体之间形成不同的法律关系,承担不同的法律责任,导致不同的法律后果。这决定了法官在处理案件时所适用的法律规范不同,法律解释的方法也因此存在较大的差别。例如,刑事诉讼以“罪刑法定”为原则,原则上禁止类推;而民事诉讼则不能因没有法律规定而拒绝受理民事案件,必须通过大量的实质推理等方法发现规则、处理案件,法院在民事诉讼程序中,也拥有更多的自由裁量权。

3. 具体程序、原则和方式不同

由于纠纷或冲突的性质不同,解决这些纠纷或冲突的手段也不同。刑事诉讼所要解决的是追究犯罪行为并对犯罪施以刑罚制裁,在这一过程中,对于实体法(即刑法)和程序法(包括当事人的权利保护、证据的确定性等)两方面都要求尽可能严格的确定性,体现为“罪刑法定”“罪刑相适应”“违法必究”等原则。国家对犯罪的追究原则上是不容妥协和交易的,除少数自诉案件外,应由检察机关代表国家提起公诉,不允许当事人自行“私了”。[①] 民事诉讼以当事人的处分为原则,无论在实体权利的确定还是纠纷解决的方式上,都具有较大程度的自主性和灵活性,可以采取当事人自行和解或调解的方式解决纠纷。行政诉讼则是为了审查和纠正行政机关在行使行政权过程中的权力滥用或法律适用的错误,保护行政相对人的合法权益,针对行政行为是否合法而设立的一种司法救济。这种诉讼程序体现的是对行政权的司法监督,主要是对行政行为合法性的审查。

4. 举证责任和证明标准不同

刑事诉讼的举证责任主要由原告或者国家司法机关承担;并且要求达到接近确信无疑的证明程度;民事诉讼强调谁主张谁举证,证明标准达到高度盖然性即可;而行政诉讼的举证责任则在被告,即行政主体,证明的目的仅针对行政行为的合法性。

5. 诉讼主体不同

在刑事诉讼中,公诉案件由检察机关起诉,自诉案件由被害人或其法定代理人起诉,对方当事人则是犯罪嫌疑人;民事诉讼的双方当事人一般都是平等的民事主体;行政诉讼中的起诉人是行政行为的相对人,被告则是作出行政行为的国家行政机关。宪法诉讼的主体具有更明确的特定性。因此,在不同的诉讼程序中,当事人之间的权利义务和诉讼地位也有所不同。

6. 审理的结果不同

刑事诉讼追究的是被告人的刑事责任;民事诉讼追究当事人的民事责任;行政诉讼的审理结果则是撤销或维持行政机关被诉的行政行为,或者判决被告在一定期间内履行其法定职责,给予或不给予原告人以行政补偿等。

第二节 刑事诉讼法

一、刑事诉讼法概述

(一)刑事诉讼法的概念

诉讼是国家司法机关在当事人和其他诉讼参与人的参与下,按照法定程序,解

① 当代以美国为代表的“诉辩交易”属于一种例外,这是由于实际上国家的司法资源和司法能力出现危机,无法完全通过正规的司法程序追究犯罪并对犯罪者定罪量刑,因而不得不通过某些方式作出妥协,以减轻犯罪者的刑罚而求得更为经济和有效的结果,这种方式对刑事被告人和公诉人都有一定好处,在一定程度上也有利于社会。

决争诉案件而进行的活动。基于所要解决案件性质的不同,一般将诉讼分为民事诉讼、行政诉讼和刑事诉讼三种。所谓刑事诉讼,是为了查明和认定犯罪嫌疑人、被告人的行为是否构成犯罪和应处以何种刑罚所进行的诉讼活动。

刑事诉讼法是规范刑事诉讼的基本法律,是规定司法机关和诉讼参与人在进行刑事诉讼活动中所必须遵循的原则、制度和程序的法律规范的总和。我国现行的《中华人民共和国刑事诉讼法》(以下简称《刑事诉讼法》)是1979年7月1日通过,1980年1月1日起施行的。根据1996年3月17日第八届全国人民代表大会第四次会议《关于修改〈中华人民共和国刑事诉讼法〉的决定》第一次修正;根据2012年3月14日第十一届全国人民代表大会第五次会议《关于修改〈中华人民共和国刑事诉讼法〉的决定》第二次修正;根据2018年10月26日第十三届全国人民代表大会常务委员会第六次会议《关于修改〈中华人民共和国刑事诉讼法〉的决定》第三次修正。修订的《刑事诉讼法》对刑事诉讼的各个环节,作出了一系列重大修改和补充,在新的时代背景下完善了监察改革与刑事诉讼的衔接、建立刑事缺席审判制度、确立认罪认罚从宽制度、增加速裁程序等。

刑事诉讼法相对于作为实体法的刑法而言,是程序法。它从程序上保证刑法的正确实施。具体而言,新修订的《刑事诉讼法》的第二条规定:"中华人民共和国刑事诉讼法的任务,是保证准确、及时地查明犯罪事实,正确应用法律,惩罚犯罪分子,保障无罪的人不受刑事追究,教育公民自觉遵守法律,积极同犯罪行为作斗争,维护社会主义法治,尊重和保障人权,保护公民的人身权利、财产权利、民主权利和其他权利,保障社会主义建设事业的顺利进行。"

(二)刑事诉讼法的基本原则

我国刑事诉讼法的基本原则,是指在刑事诉讼过程中,国家司法机关和诉讼参与人正确进行刑事诉讼活动所必须遵循的基本准则。它们贯穿于整个刑事诉讼法所规定的各项制度和程序中,是我国长期刑事司法实践经验的总结。这些原则包括:①人民法院、人民检察院和公安机关依法行使职权;②人民法院、人民检察院依照法律规定独立行使审判权、检察权;③专门机关与群众路线相结合;④以事实为根据,以法律为准绳;⑤公民在适用法律上一律平等;⑥人民法院、人民检察院和公安机关分工负责、互相配合、互相制约;⑦人民检察院依法对刑事诉讼实行法律监督;⑧诉讼以民族语言文字进行;⑨被告人有权获得辩护;⑩未经人民法院依法判决,对任何人都不得确定有罪;⑪保障诉讼参与人的诉讼权利;⑫有法定不予追究刑事责任情形的不予追究;⑬对外国人追究刑事责任适用我国法律;⑭刑事司法协助。

以上各项都是刑事诉讼法的基本原则,参与刑事诉讼的人都要严格遵守。其中,有些是社会主义法的一般原则,有些是宪法原则,有些是刑事诉讼法所特有的基本原则,如第①⑥⑩⑫⑭项等。

1. 人民法院、人民检察院和公安机关依法行使职权

我国《刑事诉讼法》规定,对刑事案件的侦查、拘留、执行逮捕、预审,由公安机关负责;检察、批准逮捕、检察机关直接受理的案件的侦查、提起公诉,由人民检察院负责;审判由人民法院负责。除法律特别规定的以外,其他任何机关、团体和个人都无权行使这些权力。人民法院、人民检察院和公安机关进行刑事诉讼,必须严格遵守刑事诉讼法和其他法律的有关规定。

2. 人民法院、人民检察院和公安机关分工负责、互相配合、互相制约

人民法院、人民检察院和公安机关进行刑事诉讼,应当分工负责、互相配合、互相制约,以保证准确有效地执行法律。这是解决人民法院、人民检察院和公安机关在刑事诉讼中相互关系的一项原则。

3. 未经人民法院依法判决,对任何人都不得确定有罪

人民法院是国家的审判机关,代表国家行使审判权,对刑事案件的被告人有最终的定罪权。在人民检察院向人民法院提起公诉之前,被追究刑事责任的人称为犯罪嫌疑人,起诉到法院后被称为被告人。犯罪嫌疑人、被告人不是罪犯,只是涉嫌犯罪。这是一项十分重要的原则。它有利于贯彻"以事实为根据,以法律为准绳"的原则,有利于切实保障犯罪嫌疑人、被告人的合法权益,有利于防止办案人员先入为主、主观臆断的错误做法和刑讯逼供等严重侵犯犯罪嫌疑人、被告人人身权利的现象。

4. 有法定不予追究刑事责任情形的不予追究

我国《刑事诉讼法》第十六条规定,有下列情形之一的,不追究刑事责任,已经追究的,应当撤销案件,或者不起诉,或者终止审理,或者无罪释放:①情节显著轻微,危害不大,不认为是犯罪的;②犯罪已过追诉时效的;③经特赦令免除刑罚的;④依照刑法告诉才处理的犯罪,没有告诉或者撤回告诉的;⑤犯罪嫌疑人、被告人死亡的;⑥其他法律规定免于追究刑事责任的。

5. 刑事司法协助

这是《刑事诉讼法》第十八条规定的内容。它是指一国司法机关或其他主管机关,根据另一国司法机关或其他主管机关的请求,代为或者协助实行与刑事诉讼有关的一定的司法行为。具体包含两方面的含义:其一,进行司法协助的依据是我国缔结或者参加的国际条约,在不存在有关条约的情况下,也可以按照互惠原则通过外交途径进行;其二,我国司法机关在相互尊重主权和平等互利的基础上,与外国司法机关相互协作,请求对方或为对方代为作出一定刑事诉讼方面的司法行为,如进行搜查等。

二、刑事诉讼制度

(一)公开审判制度

公开审判制度,是指人民法院审判案件,一律公开进行。但是,有关国家秘密、个人隐私的不公开审理,涉及商业秘密的案件,当事人申请不公开审理的,可以不公开审理;14 岁以上不满 16 岁未成年人犯罪的案件,一律不公开审理;16 岁以上不满 18 岁未成年人犯罪的案件,一般也不公开审理。不公开审理的案件,宣判时必须公开。

(二)回避制度

回避制度,是指审判人员、检察人员、侦查人员具有法律规定的情形时,不得参与审判、起诉和侦查的制度。有下列情形之一的,应当自行回避,当事人及其法定代理人也有权要求他们回避:①是本案的当事人或者当事人的近亲属的;②本人或者他的近亲属和本案有利害关系;③担任过本案的证人、鉴定人、辩护人、诉讼代理人的;④与本案当事人有其他关系,可能影响公正处理案件的。审判人员、检察人员、侦查人员违反规定接受当事人及其委托的人的请客送礼,或者违反规定会见当事人及其委托人的,当事人及其委托代理人也有权要求他们回避。

(三)管辖制度

刑事诉讼中的管辖,是指监察机关、公安机关、人民检察院和人民法院立案受理刑事案件以及人民法院系统内部审判第一审刑事案件的分工制度。所谓立案,则是指监察机关、公安机关、人民检察院和人民法院对报案、控告、举报和自首等材料进行审查,依法决定将某项事实作为刑事案件进行侦查或审判的诉讼活动。立案是刑事诉讼程序启动的标志,而确定管辖,是立案的前提。

管辖可分为职能管辖和审判管辖。

职能管辖又称立案管辖,是指人民法院、人民检察院、监察机关和公安机关在立案受理刑事案件上的权限和分工。根据《刑事诉讼法》,人民法院直接受理自诉案件。自诉案件包括告诉才处理的案件,被害人有证据证明的轻微的刑事案件,被害人有证据证明对被告人侵犯自己的人身权利、财产权利的行为应当依法追究刑事责任,而公安机关或者人民检察院不予追究被告人刑事责任的案件。人民检察院立案侦查的案件有:司法工作人员利用职务实施的非法拘禁、刑讯逼供、非法搜查等侵犯公民权利、损害司法公正的犯罪。另外,监察机关经过初步核实,对监察对象涉嫌职务违法犯罪,需要追究法律责任的,监察机关应当按照规定的权限和程序办理立案手续。除了上述三类职能管辖之外的其他案件的立案侦查,一般由公安机关进行。但是,对于国家机关工作人员利用职权实施的其他重大的犯罪案件,需要由人民检察院直接受理的,经省级以上人民检察院决定,可以由人民检察院立案侦查。

审判管辖，是指各级人民法院上下级之间以及不同地区、不同类型的人民法院之间受理、审判刑事案件的权限和分工。审判管辖又可分为级别管辖、地域管辖和专门管辖。所谓级别管辖，是指各级人民法院在审判第一审案件上的权限和分工。级别管辖主要有四种情况：①基层人民法院管辖第一审普通刑事案件，但是依照法律规定由上级人民法院管辖的案件除外；②中级人民法院管辖的第一审刑事案件，包括危害国家安全案件，可能判处无期徒刑、死刑的普通刑事案件，以及外国人犯罪的案件；③高级人民法院管辖的第一审刑事案件，是全省（自治区、直辖市）性的重大刑事案件；④最高人民法院管辖的第一审刑事案件，是全国性的重大刑事案件。不过，级别管辖不是绝对的。上级人民法院在必要的时候，可以审判下级人民法院管辖的第一审刑事案件；下级人民法院认为案情重大、复杂，需要由上级人民法院审判的，也可以请求移送上级人民法院。所谓地域管辖，是指同级人民法院之间审判第一审刑事案件的分工。刑事案件由犯罪地人民法院管辖，这是划分地域管辖的一般原则。所谓犯罪地，包括犯罪行为发生地和犯罪结果发生地。几个同级人民法院都有管辖权的案件，由最初受理的人民法院管辖。在必要的时候，可以移送主要犯罪地的人民法院管辖。此外，管辖不明的案件，上级人民法院可以指定下级人民法院审判。有关案件，由犯罪地、被告人居住地以外的人民法院审判更为适宜的，上级人民法院可以指定下级人民法院管辖。所谓专门管辖，是指专门人民法院与普通人民法院受理、审判刑事案件的权限划分。专门人民法院如军事法院等，管辖刑事案件的范围由法律另行规定，即不属于普通人民法院管辖。

（四）辩护制度

刑事诉讼中的辩护，是指犯罪嫌疑人、被告人及其法定代理人、辩护人依照法律规定的程序和方式反驳控诉，从事实和法律方面提出有利于犯罪嫌疑人、被告人的证据和理由，以证明被告人无罪、罪轻或者应当从轻、减轻或者免除处罚的诉讼活动。辩护权是犯罪嫌疑人、被告人最基本的诉讼权利。被告人有权获得辩护，人民法院有义务保证被告人获得辩护。这既是一项宪法原则，同时也是刑事诉讼法的一项基本原则。

犯罪嫌疑人、被告人在整个刑事诉讼中，都有权为自己申辩，提出证明自己无罪、罪轻或者应当减轻、免除其刑事责任的材料和意见。犯罪嫌疑人、被告人及其法定代理人可以委托有资格担任辩护人的公民，为犯罪嫌疑人、被告人进行辩护。如果公诉人出庭公诉且被告人因经济困难或者其他原因，被告人没有委托辩护人的，人民法院可以指定辩护人为其进行辩护。如果被告人是盲、聋、哑或未成年人，或者被告人可能被判处死刑的，人民法院应当指定承担法律义务的律师为其提供辩护。在审判过程中，被告人可以拒绝辩护人继续为其辩护，也可以另行委托辩护人为其辩护。

（五）证据制度

能证明案件真实情况的一切事实，都是证据。证据具有客观性、相关性和合法性的特征，它必须是客观存在的事实，是与案件事实有关联的事实，同时又是具有法定形式、依法收集并经法定程序查证属实的事实。所谓证明，是指依法运用证据确定案件事实的诉讼活动。证明的对象，包括有关的犯罪事实、有关犯罪分子个人的情况及犯罪后的表现等。

在刑事诉讼中，必须以确实、充分的证据证明案件事实，达到事实清楚的程度。这一证明责任，在公诉案件中由公诉人员承担，在自诉案件中原则上由自诉人承担。犯罪嫌疑人、被告人不负举证责任，不得要求他们自己证明自己有罪或无罪（法律另有规定的除外，如巨额财产来源不明罪），但他们对监察、侦查、检察、审判人员的提问应当如实回答。

证据有以下几种：①物证。物证是能够证明案件真实情况的物品或痕迹，以客观存在的物的形状、特性、品质等外部特征来证明案件事实。②书证。书证是以其所记载的内容证明案件真实情况的文件。③证人证言。证人证言是了解案件真实情况的人就其所了解的有关案件事实所作的陈述，证人证言必须在法庭上经公诉人、被害人和被告人、辩护人双方询问、质证，经过查实以后，才能作为定案的根据。④被害人陈述。⑤犯罪嫌疑人、被告人的供述和辩解。这也被称为“口供”，包括两个方面的内容：承认犯罪事实的供述和说明无罪或者罪轻的辩解。对于口供，不能轻信。只有被告人供述，没有其他证据的，不能认定被告人有罪和对被告人处以刑罚。⑥鉴定意见，是指专门人员接受公安机关、检察机关、审判机关的指派或聘请，对案件中的专门性问题进行鉴别、分析后提出的结论性意见。如法医鉴定、指纹鉴定、血迹鉴定等。⑦勘验、检查、辨认、侦查实验笔录，是指司法人员对与犯罪有关的现场、物品、人身、尸体进行勘验、检查以及回溯案件原貌进行试验所做的笔录。⑧视听资料、电子数据，是指以录音、录像、电子计算机以及其他设备所存储的信息资料证明案件情况的证据。视听资料、电子数据具有客观性强、信息量大、精确度高和证明作用直接、稳定的特点，但也存在容易伪造、变造等缺点。人民法院、人民检察院、监察机关和公安机关有权向有关单位和个人收集、调取证据。有关单位和个人应当如实提供证据。凡是伪造证据、隐匿或者毁灭证据的，无论何人，必须追究其法律责任。

（六）强制措施

强制措施是人民法院、人民检察院和公安机关为了保证侦查、审判工作的顺利进行，防止犯罪嫌疑人、被告人继续危害社会，依法对其人身自由施加的强制性限制。刑事诉讼中的强制措施有拘传、取保候审、监视居住、逮捕和拘留五种。

1. 拘传

拘传是人民法院、人民检察院和公安机关强制未被羁押的犯罪嫌疑人、被告人到指定场所接受讯问的一种强制措施。拘传时,应当出示拘传证。到场讯问后,如果发现犯罪嫌疑人、被告人符合采取其他强制措施条件的,应当采取其他强制措施。一次拘传持续的时间不得超过12小时,不得以连续拘传的形式变相拘禁犯罪嫌疑人、被告人。

2. 取保候审

取保候审是人民法院、人民检察院和公安机关责令犯罪嫌疑人、被告人提供担保,保证不逃避,不妨碍侦查、起诉、审判,并随叫随到的一种强制措施。人民法院、人民检察院、公安机关对于有下列情形之一的犯罪嫌疑人、被告人,可以决定取保候审,责令其提出保证人或者交纳保证金:①可能判处管制、拘役或者独立适用附加刑的;②可能判处有期徒刑以上刑罚,采取取保候审不致发生社会危险的。被羁押的犯罪嫌疑人、被告人及其法定代理人、近亲属有权申请取保候审。对犯罪嫌疑人、被告人取保候审不得超过12个月。

3. 监视居住

监视居住是人民法院、人民检察院和公安机关为防止犯罪嫌疑人、被告人逃避、妨碍刑事诉讼顺利进行,依法规定其不得擅自离开住所或居所并予以监视的一种强制措施。监视居住适用的条件与取保候审相同。监视居住最长不得超过6个月。

4. 逮捕

逮捕是剥夺犯罪嫌疑人、被告人的人身自由而予以羁押的强制措施。逮捕是最严厉的强制措施。对于有证据证明有犯罪事实,可能判处有期徒刑以上刑罚的犯罪嫌疑人、被告人,采取取保候审、监视居住等方法尚不足以防止发生社会危险,而有逮捕必要的,应依法逮捕。但是如果犯罪嫌疑人、被告人患有严重疾病或者是正在怀孕、哺乳自己婴儿的妇女,可以采取取保候审、监视居住的方法。逮捕必须经人民检察院批准或者决定,或者人民法院决定,并由公安机关执行。公安机关逮捕犯罪嫌疑人、被告人的时候,必须出示逮捕证。逮捕后,除有碍侦查或者无法通知的情形以外,应当把逮捕的原因和羁押的处所,在24小时内通知被逮捕人的家属或者所在单位。对被逮捕的人必须在逮捕后的24小时以内进行讯问,发现不应逮捕的,应当立即释放,并发给释放证明。对需要逮捕而证据还不充足的,可以取保候审和监视居住。

5. 拘留

刑事拘留是检察机关、公安机关在紧急情况下,对现行犯或者重大犯罪嫌疑分子临时剥夺其人身自由的强制措施。对于有下列情形之一的,可以先行拘留:①正在预备犯罪、实行犯罪或者在犯罪后即时被发觉的;②被害人或者在场亲眼看见的人指认其犯罪的;③在身边或者住处发现有犯罪证据的;④犯罪后企图自杀、逃跑,或者在逃的;⑤有毁灭、伪造证据或者串供可能的;⑥不讲真实姓名、住址,身份不明的;⑦有流窜作案、多次作案、结伙作案重大嫌疑的。公安机关拘留人的时候,必须出示拘留证。拘留后,除有碍侦查或者无法通知的情形以外,应当把拘留的原因和羁押的处所,在24小时内通知被拘留人的家属或者所在单位。对被拘留的人应当在拘留后的24小时以内进行讯问,发现不应拘留的,必须立即释放,并发给释放证明。认为需要逮捕的,应当在拘留后的3日内,提请人民检察院审查批准。在特殊情况下,提请批准逮捕的时间可以依法延长。人民检察院不批准逮捕的,公安机关应当在接到通知后立即释放被拘留人。

人民法院、人民检察院和公安机关如果发现对犯罪嫌疑人、被告人采取强制措施不当的,应当及时撤销或者变更。人民法院、人民检察院或者公安机关对被采取强制措施法定期限届满的犯罪嫌疑人、被告人,应当予以释放、解除取保候审、监视居住或者依法变更强制措施。犯罪嫌疑人、被告人及其法定代理人、近亲属或者委托的律师及其他辩护人对于人民法院、人民检察院或者公安机关采取强制措施超过法定期限的,有权要求解除强制措施。

(七)附带民事诉讼制度

刑事附带民事诉讼是指在刑事诉讼过程中,被害人或者提起公诉的人民检察院附带要求被告人承担民事赔偿责任的诉讼。有权提起附带民事诉讼的原告人,一般是被害人或其法定代理人、近亲属。如果是国家、集体财产遭受损失的,人民检察院可以在提起公诉的同时提起附带民事诉讼。提起附带民事诉讼,必须符合以下条件:①被告人的行为已经构成犯罪;②被告人的犯罪行为给被害人造成物质损失;③被害人的物质损失与被告人的犯罪行为之间存在法律上的因果关系;④必须在刑事诉讼的过程中提出。

对于附带民事诉讼,人民法院应当同刑事案件一并审判,只有为了防止刑事案件的过分延迟,才可以在刑事案件审判后,由同一审判组织继续审理附带民事诉讼。

(八)缺席审判制度

缺席审判制度明确了对于贪污贿赂犯罪案件,以及需要及时进行审判,经最高人民检察院核准的严重危害国家安全犯罪、恐怖活动犯罪案件,犯罪嫌疑人、被告人潜逃境外,监察机关、公安机关移送起诉,人民检察院认为犯罪事实已经查清,证据确实、充分,依法应当追究刑事责任的,可以向人民法院提起公诉。人民法院进行审查后,对于起诉书中有明确的指控犯罪事实,符合缺席审判程序适用条件的,应当决定开庭审判。符合条件的,被告人患有严重疾病无法出庭和被告人死亡的案件,人民法院可以缺席审理,依法作出判决。

(九)认罪认罚从宽制度

认罪认罚从宽制度适用于侦查、起诉、审判各个阶段,是指犯罪嫌疑人、被告人自愿如实供述自己的犯罪,对于指控犯罪事实没有异议,同意检察机关的量刑意见并签署具结书的案件,可以依法从宽处理。“认罪”是指犯罪嫌疑人、被告人自愿如实供述自己的罪行,对指控的犯罪事实没有异议;“认罚”是指犯罪嫌疑人、被告人真诚悔罪,愿意接受处罚。被告人认罪认罚的,可以依照刑事诉讼法的规定,在程序上从简、实体上从宽处理。犯罪嫌疑人自愿认罪,同意量刑建议和程序适用的,应当在辩护人或者值班律师在场的情况下签署认罪认罚具结书。犯罪嫌疑人认罪认罚的,人民检察院应当就主刑、附加刑、是否适用缓刑等提出量刑建议,并随案移送认罪认罚具结书等材料。被告人认罪认罚的,审判长应当告知被告人享有的诉讼权利和认罪认罚的法律规定,审查认罪认罚的自愿性和认罪认罚具结书内容的真实性、合法性。对于认罪认罚案件,人民法院依法作出判决时,一般应当采纳人民检察院指控的罪名和量刑建议。

三、刑事诉讼程序

刑事诉讼程序主要包括立案程序、侦查程序、起诉程序、审判程序和执行程序五个基本程序。大多数刑事案件要经过这五个程序,但并不是所有刑事案件都必须完整地经历这五个程序。有的案件,经过立案和侦查之后,公安机关或者人民检察院撤销案件或不起诉的,诉讼活动即告终止。而自诉案件无须侦查,即可进入审判阶段。

(一)立案程序

立案是公安机关、人民法院和人民检察院按照管辖范围,对报案、控告、举报、自首等材料进行审查后,认为有犯罪行为发生,依法应当追究刑事责任时,决定作为刑事诉讼案件进行侦查或者审判的诉讼活动。

人民法院、人民检察院和公安机关经过审查立案材料,认为没有犯罪事实发生,或者犯罪情节显著轻微,不需要追究刑事责任,不予立案的,应当将不立案的原因通知控告人。控告人如果不服,可以申请复议。人民检察院认为公安机关对应当立案侦查的案件而不立案侦查的,或者被害人认为公安机关对应当立案侦查的案件而不立案侦查向人民检察院提出的,人民检察院应当要求公安机关说明不立案的理由。人民检察院认为公安机关的不立案理由不能成立的,应当通知公安机关立案,公安机关接到通知后应当立案。

(二)侦查程序

侦查,是指公安机关、人民检察院在办理刑事案件的过程中,依照法律进行的专门调查工作和有关的强制性措施。侦查的主要任务是依法收集、调取证据材料,通过预审等予以核实,证实犯罪,保障无罪的人不受刑事追究。侦查是提起公诉和审判的基础。

1. 侦查行为及其程序

侦查行为,亦称侦查措施或侦查活动。《刑事诉讼法》第一百一十五至一百五十五条是关于侦查行为及其程序的规定,包括讯问犯罪嫌疑人,询问证人,勘验、检查,搜查,扣押物证、书证,鉴定,通缉。

(1)讯问犯罪嫌疑人。讯问犯罪嫌疑人,是侦查人员依照法定程序,以言辞方式向犯罪嫌疑人查问案件事实的侦查行为。讯问犯罪嫌疑人必须由人民检察院或公安机关的侦查人员二人以上负责进行。犯罪嫌疑人在被侦查机关第一次讯问后或者采取强制措施之日起,可以有权委托律师作为辩护人。侦查人员在讯问犯罪嫌疑人的时候,应当首先讯问犯罪嫌疑人是否有犯罪行为,让他陈述有罪的情节或者无罪的辩解,然后向他提出问题。犯罪嫌疑人对侦查人员的提问,应当如实回答。但是对与本案无关的问题,有拒绝回答的权利。

(2)询问证人。侦查人员询问证人,可以到证人的所在单位或者住处进行,但是必须出示人民检察院或者公安机关的证明文件。在必要的时候也可以通知证人到人民检察院或者公安机关提供证言。询问证人应当个别进行,并告知他应当如实提供证据、证言和有意作伪证或者隐匿罪证应当承担的法律责任。

(3)勘验、检查。勘验、检查是指侦查人员对与犯罪有关的场所、物品、人身、尸体等进行查看和检查,以发现和收集证据的侦查活动。《刑事诉讼法》规定,任何单位和个人都有义务保护犯罪现场,并且立即通知公安机关派员勘验。对于死因不明的尸体,公安机关有权决定解剖。为了确定被害人、犯罪嫌疑人的某些特征、伤害情况或者生理状态,可以对人身进行检查。在必要的时候,经公安局局长批准,可以进行侦查实验。

(4)搜查。为了收集犯罪证据、查获犯罪人,可以对犯罪嫌疑人以及可能隐藏罪犯或者犯罪证据的人的身体、物品、住处和其他有关的地方进行搜查。搜查时,必须向被搜查人出示搜查证。但是在执行逮捕、拘留的时候,遇有紧急情况,不出具搜查证也能进行搜查。在搜查的时候应当有被搜查人或者他的家属、邻居或者其他见证人在场。

(5)查封、扣押物证、书证。在勘验、搜查中发现的可用以证明犯罪嫌疑人有罪或者无罪的各种物品和文件,应当查封、扣押。侦查人员认为需要扣押犯罪嫌疑人的邮件、电报时,经公安机关或者人民检察院批准,即可通知邮电机关将有关的邮件、电报检交扣押。

(6)鉴定。鉴定是为了查明案情,指派或聘请有专门知识的人,对某种专门性问题进行鉴别和判断的一种侦查措施。鉴定人进行鉴定后应当写出鉴定结论并且签名。鉴定人故意作虚假鉴定的,应当承担法律责任。

(7)通缉。通缉是公安机关缉捕在逃的犯罪嫌疑人归案的侦查措施。通缉的对象必须是符合逮捕条件、确实在逃避法律责任的下落不明的犯罪嫌疑人。各级公安机关在自己的管辖范围内可以发布通缉令。超过辖区的,应当报请有权决定的上级公安机关发布。

2. 侦查终结

侦查机关经过一系列侦查活动后，认为案件事实已经查清，足以对犯罪嫌疑人作出起诉或者撤销案件的决定时，即可终结侦查阶段。公安机关侦查终结的案件，应当做到犯罪事实清楚，证据确实、充分，并且写出起诉意见书，连同案件材料、证据一并移送同级人民检察院审查决定；发现不应对犯罪嫌疑人追究刑事责任的，应当撤销案件。被告人已经逮捕的，应当立即释放，发给释放证明，并且通知原批准逮捕的人民检察院。在侦查中，对犯罪嫌疑人逮捕后的侦查羁押期限不得超过 2 个月。案情复杂、期限届满不能终结的案件，可以经上一级人民检察院批准延长 1 个月。某些案件在上述期限内不能侦查终结的，还可以依照法律规定报经有关机关批准进一步延长羁押期限。

(三)起诉程序

公诉是与自诉相对应的刑事诉讼形式。由被害人或者其法定代理人直接向人民法院起诉，称为自诉；由人民检察院代表国家向人民法院提起控告进行诉讼，称为公诉。我国对绝大多数刑事案件实行国家公诉。

1. 审查起诉

凡需要提起公诉的案件，一律由人民检察院审查决定。人民检察院审查案件的时候，必须查明犯罪事实、情节是否清楚，证据是否确实、充分，犯罪性质和罪名的认定是否正确；有无遗漏罪行和其他应当追究刑事责任的人；是否属于不应追究刑事责任的案件；有无附带民事诉讼；侦查活动是否合法。审查案件，应当讯问犯罪嫌疑人，听取辩护人或者值班律师、被害人及其诉讼代理人的意见，并记录在案。审查起诉部门可以要求公安机关提供法庭所必需的证据材料。对于需要补充侦查的，可以退回公安机关或者监察机关补充侦查，也可以自行侦查。人民检察院对于公安机关、监察机关移送起诉的案件，应当在 1 个月内作出提起公诉或不起诉的决定，重大、复杂的案件，可以延长半个月。犯罪嫌疑人认罪认罚，符合速裁程序适用条件的，应当在十日以内作出决定，对可能判处的有期徒刑超过一年的，可以延长至十五日。

2. 提起公诉

提起公诉，是指人民检察院认为犯罪嫌疑人的犯罪事实已经查清，证据确实、充分，依法应当追究刑事责任，从而作出起诉决定，按照审判管辖的规定，将案件提交人民法院审判的活动。提起公诉应当制作起诉书。起诉书的内容包括被告人的基本情况、犯罪事实、情节、证据及结论等。起诉书经检察长批准后，应当连同证据目录、证人名单、主要证据复印件或照片一并移送人民法院。

3. 不起诉

不起诉，是指人民检察院经过审查起诉，认为不符合起诉条件或不需要起诉的，作出不提交法院审判的决定。法律规定不起诉有三种类型：①绝对不起诉，即犯罪嫌疑人有《刑事诉讼法》第十六条规定的情形之一的，应当作出不起诉决定。②相对不起诉，即对于犯罪情节轻微，依照刑法规定不需要判处刑罚或者免除刑罚的，可以作出不起诉决定。③存疑不起诉，即经过补充侦查，仍然认为证据不足，不符合起诉条件的，可以作出不起诉决定。另外，犯罪嫌疑人自愿如实供述涉嫌犯罪的事实，有重大立功或者案件涉及国家重大利益的，经最高人民检察院核准，公安机关可以撤销案件，人民检察院可以作出不起诉决定，也可以对涉嫌数罪中的一项或者多项不起诉。对于有被害人的案件，决定不起诉的，人民检察院应当将不起诉决定送达被害人和公安机关。被害人如果不服，可以自收到决定书后 7 日以内向上一级人民检察院申诉，请求提起公诉。人民检察院应当将复查决定告知被害人。对人民检察院维持不起诉决定的，被害人可以向人民法院起诉。被害人也可以不经过申诉，直接向人民法院起诉。对于存疑不起诉的决定，被不起诉人如果不服，可以自收到决定书后 7 日内向人民检察院申诉，人民检察院应当作出复查决定，通知被不起诉的人，同时抄送公安机关。

（四）审判程序

审判是人民法院行使国家赋予的权力，依法对案件进行审理和裁判的诉动。刑事案件经人民检察院向人民法院提起公诉，或者经自诉人向人民起诉之后，即进入审判阶段。审判是刑事诉讼中具有决定意义的阶段。经过开庭审理后所确认的事实和证据，才能成为定罪量刑的依据，也只有法院发生法律效力的判决，才能最终确定被告人的刑事责任。

1. 审判组织

人民法院审判组织的形式主要有以下两种：

（1）合议制。基层人民法院、中级人民法院审判第一审案件，应当由审判员三人或者由审判员和人民陪审员共三人或者七人组成合议庭进行。高级人民法院审判第一审案件，应当由审判员三人至七人或者由审判员和人民陪审员共三人或者七人组成合议庭进行。最高人民法院审判第一审案件，应当由审判员三人至七人组成合议庭进行。人民法院审判上诉和抗诉案件，由审判员三人或者五人组成合议庭进行。合议庭的成员人数应当是单数。合议庭由审判员担任审判长。院长或者庭长参加审理案件时，由其本人担任审判长。合议制是人民法院审判案件的基本组织形式。对于疑难、复杂、重大的案件，合议庭难以作出决定的，由合议庭提请院长决定提交审判委员会讨论决定。因此，审判委员会也是一种审判组织。

（2）独任制。基层人民法院适用简易程序、速裁程序的案件可以由审判员一人独任审判。

2. 公诉案件的第一审程序

人民法院应当对人民检察院提起公诉的案件进行审查，对于起诉书中有指控犯罪事实并且附有证据目录、证人名单和主要证据复印件或者照片，应当决定开庭审判。

法庭审理的程序大致包括四个相互联系的阶段：开庭，法庭调查和辩论，被告人最后陈述，评议和宣判。

开庭是法庭审判的开始。开庭的时候，由审判长查明当事人是否到庭，宣布案由；宣布合议庭组成人员、书记员、公诉人、诉讼代理人、鉴定人和翻译人名单；告知当事人有权申请回避和享有辩护权。

法庭调查和辩论，是对案件事实进行全面调查，审查核实证据，并就事实据以及相关法律问题展开辩论。首先由公诉人宣读起诉书。之后，被告、被害人可以就起诉书指控的犯罪进行陈述，公诉人、审判人员可以讯问被告人，被害人、附带民事诉讼的原告人和辩护人、诉讼代理人经审判长许可可以向被告人发问。

证人作证时，审判人员应当告知其要如实地提供证言和有意作伪证或隐匿罪证要负的法律责任。公诉人、当事人和辩护人、诉讼代理人经审判长许可，可以对证人、鉴定人发问。审判人员可以询问证人、鉴定人。

公诉人、辩护人应当向法庭出示物证，让当事人辨认。对未到庭的证人证言笔录、鉴定人的鉴定结论、勘验笔录和其他作为证据的文书，应当当庭宣读。审判人员应当听取公诉人、当事人和辩护人、诉讼代理人的意见。

法庭审理过程中，合议庭对证据有疑问的，可以宣布休庭，对证据进行检查核实。当事人和辩护人、诉讼代理人有权申请通知新的证人到庭，调取新物证，申请重新鉴定或者勘验。

经审判长许可，公诉人、当事人和辩护人、诉讼代理人可以对证据和案情况发表意见并且可以互相辩论。

审判长在宣布辩论终结后，被告人有最后陈述的权利。在被告人最后陈述后，审判长宣布休庭，合议庭进行评议，根据已经查明的事实、证据和有关法律规定，分别作出以下判决：①案件事实清楚，证据确实、充分，依据法律认定被告人有罪的，应当作出有罪判决；②依据法律认定被告人无罪的，应当作出无罪判决；③证据不足，不能认定被告人有罪的，应当作出证据不足、指的犯罪不能成立的无罪判决。

宣告判决一律公开进行。当庭宣告判决的，应当在5日以内将判决书送达当事人和提起公诉的人民检察院；定期宣告判决的，应当在宣告后立即将判决书送达当事人和提起公诉的人民检察院。判决书应当由合议庭的组成人和书记员署名，并且写明上诉的期间和上诉的法院。

在法庭审判过程中，如果遇有下列情形之一，影响审判进行的，可以延期审理：需要通知新的证人到庭，调取新的物证，重新鉴定或者勘验的；检察官发现提起公诉的案件需要补充侦查，提出建议的；由于当事人申请回避而不进行审判的。

法庭审判的全部活动，应当由书记员写成笔录，经审判长审阅后，由审判长和书记员签名。法庭笔录中的证人证言部分,应当当庭宣读或者交给证人阅读,证人在承认没有错误后,应当签名或者盖章。法庭笔录应当交给当事人阅读或者向他宣读,当事人认为记载有遗漏或者差错的可以请求补充或者改正。当事人承认没有错误后,应当签名或者盖章。人民法院审理公诉案件,应当在受理后二个月以内宣判,至迟不得超过三个月。对于可能判处死刑的案件或者附带民事诉讼的案件,以及有《刑事诉讼法》第一百五十八条规定情形之一的,经上一级人民法院批准,可以延长三个月;因特殊情况还需要延长的,报请最高人民法院批准。

3. 自诉案件的第一审程序

自诉案件,是指被害人或其法定代理人向人民法院起诉并由人民法院直接受理的案件。

人民法院对自诉案件,按照下列情形分别处理:犯罪事实清楚,有足够证据的案件,应当开庭审判;缺乏罪证的案件,如果自诉人提不出补充证据,应当说服自诉人撤回自诉,或者裁定驳回。

自诉案件的审理程序与公诉案件有所不同。在法庭审理中,自诉人经两次依法传唤,无正当理由拒不到庭的,或者未经法庭许可中途退庭的,按撤诉处理。人民法院对告诉才处理和被害人有证据证明的轻微的自诉案件可以进行调解。自诉人在宣告判决前,可以同被告人自行和解。自诉案件的被告人在诉讼过程中,可以对自诉人提起反诉,但是公诉转自诉的案件除外。

4. 简易程序

人民法院对于下列案件,可以适用简易程序,由审判员一人独任审判:①对依法可能判处三年以下有期徒刑、拘役、管制、单处罚金的公诉案件,事实清楚,证据充分,人民检察院建议或者同意适用简易程序的;②告诉才处理的案件;③被害人起诉的有证据证明的轻微刑事案件。

适用简易程序审理公诉案件,人民检察院亦应当派员出席法庭。被告人可以就起诉书指控的犯罪进行陈述和辩护。适用简易程序审理自诉案件,宣读起诉书后,经审判长许可,被告人及其辩护人可以同自诉人及其诉讼代理人互相辩护。

适用简易程序审理的案件,人民法院应当在受理后 20 日内审结;对可能判处的有期徒刑超过三年的,可以延长至一个半月。在审理过程中,发现不宜适用简易程序的,应当按照普通程序重新审理。

5. 速裁程序

基层人民法院管辖的可能判处三年有期徒刑以下刑罚的案件,案件事实清楚,证据确实、充分,被告人认罪认罚并同意适用速裁程序的,可以适用速裁程序。适用速裁程序审理案件,一般不受送达期限的限制,一般不进行法庭调查、法庭辩论,但在判决宣告前应当听取辩护人的意见和被告人的最后陈述意见,应当当庭宣判。人民法院应当在受理后 10 日以内审结;对可能判处的有期徒刑超过一年的,可以延长至 15 日。

6. 第二审程序

第二审程序,亦称上诉审程序,是指上一级人民法院根据被告人、自诉人、附带民事诉讼的原告人和被告人以及他们的法定代理人的上诉或者人民检察院的抗诉,对第一审人民法院所作的尚未发生法律效力的案件进行重新审理的程序。被告人、自诉人和他们的法定代理人,不服地方各级人民法院第一审的判决、裁定,有权用书状或者口头方式向上一级人民法院上诉。被告人的辩护人和近亲属,经被告人同意,也可以提出上诉。附带民事诉讼的当事人及其法定代理人,可以对地方各级人民法院第一审的判决、裁定中的附带民事部分提出上诉。地方各级人民检察院认为本级人民法院第一审的判决、裁定确有错误的,应当向上一级人民法院提出抗诉。被害人及其法定代理人不服地方各级人民法院第一审的判决,自收到判决书后 5 日以内,有权请求人民检察院提出抗诉。人民检察院应当在收到请求后 5 日内,作出是否抗诉的决定并且答复请求人。不服判决的上诉和抗诉的期限为 10 日,不服裁定的上诉和抗诉期限为 5 日,从接到判决书、裁定书的第二日起算。

第二审人民法院应当就第一审判决认定的事实和适用法律进行全面审查,不受上诉或者抗诉范围的限制。共同犯罪的案件只有部分被告人上诉的,第二审人民法院应当对全案进行审查,一并处理。第二审人民法院对上诉案件应当组成合议庭,开庭审理。合议庭经过阅卷,讯问被告人,听取其他当事人、辩护人、诉讼代理人的意见,对事实清楚的,可以不开庭审理。对人民检察院抗诉的案件,第二审人民法院应当开庭审理。人民检察院提出抗诉的案件或者第二审人民法院开庭审理的公诉案件,同级人民检察院都应当派员出庭。第二审人民法院必须在开庭 10 日以前通知人民检察院查阅案卷。第二审人民法院对不服第一审判决的上诉、抗诉案件,经过审理后,应当按照下列情形分别处理:原判决认定事实和适用法律正确、量刑适当的,应当裁定驳回上诉或者抗诉,维持原判;原判决认定事实没有错误,但适用法律有错误,或者量刑不当的,应当改判;原判决认定事实不清或者证据不足的,可以在查清事实后改判,也可以裁定撤销原判,发回原审人民法院重审。此外,第二审人民法院发现第一审人民法院的审理违反法律规定的诉讼程序,可能影响公正审判案件的,应当裁定撤销原判,发回原审人民法院重审。对于不服第一审裁定的上诉或者抗诉案件,经过审查,参照上述规定分别情形用裁定驳回上诉、抗诉,或者撤销、变更原裁定。第二审人民法院审判被告人或者其法定代理人、近亲属上诉的案件,不得加重被告人的刑罚。但是人民检察院提出抗诉或者自诉人提出上诉的,可以加重被告人的刑罚。

第二审人民法院受理上诉、抗诉案件,应当在二个月以内审结。对于可能判处死刑的案件或者附带民事诉讼的案件,以及有交通十分不便的边远地区的重大复杂案件,重大的犯罪集团案件,流窜作案的重大复杂案件,犯罪涉及面广,取证困难的重大复杂案件等情形之一的案件,经省、自治区、直辖市高级人民法院批准或者决定,可以延长二个月;因特殊情况还需要延长的,报请最高人民法院批准。第二审的判决、裁定和最高人民法院的判决、裁定,都是终审的判决、裁定。

7. 死刑复核程序

死刑由最高人民法院核准。中级人民法院判处死刑的第一审案件,被告人不上诉的、人民检察院未抗诉的,应当由高级人民法院复核后,报请最高人民法院核准。高级人民法院不同意判处死刑的,可以提审或者发回重新审判。高级人民法院判处死刑的第一审案件被告人不上诉的、人民检察院未抗诉的,判处死刑的第二审案件,都应当报请最高人民法院核准。中级人民法院判处死刑缓期二年执行的案件,由高级人民法院核准。

8. 审判监督程序

审判监督程序是人民法院依法对已经发生法律效力的判决和裁定,发现确有错误而重新进行审查处理的一种特殊程序。

当事人及其法定代理人、近亲属,对已经发生法律效力的判决、裁定,可以向人民法院或者人民检察院提出申诉。其申诉符合下列情形之一的,人民法院应当重新审判:有新的证据证明原判决、裁定认定的事实确有错误的;据以罪量刑的证据不确实、不充分或者证明案件事实的主要证据之间存在矛盾;原判决、裁定适用法律确有错误的;违反法律规定的诉讼程序,可能影响公正审判的;审判人员在审理该案件的时候,有贪污贿、徇私舞弊、枉法裁判行为的。各级人民法院院长对本院已经发生法律效力的判决和裁定,如果发现在认定事实和适用法律上确有错误,必须提交审判委员会处理。最高人民法院对各级人民法院以及上级人民法院对下级人民法院已经产生法律效力的判决、裁定,如果发现确有错误,可以提审或者指令下级人民法院再审。最高人民检察院对各级人民法院、上级人民检察院对下级人民法院已经产生法律效力的判决和裁定,如果发现确有错误,有权按照审判监督程序提出抗诉。人民检察院抗诉的案件,接受抗诉的人民法院应当组成合议庭重新审,对于原判决事实不清楚或者证据不足的,可以指令下级人民法院再审。

(五)执行程序

刑事诉讼中的执行,是指执行机关为实现已经发生法律效力的判决、裁定确定的内容,依照法定程序进行的活动。执行是刑事诉讼的最后阶段。

人民法院的判决和裁定在发生法律效力后执行。发生法律效力的判决、裁定包括:已过法定期限没有上诉、抗诉的判决和裁定;终审的判决和裁定;最高人民法院核准的死刑判决和高级人民法院核准的死刑缓期二年执行的判决。根据我国《刑事诉讼法》的规定,执行机关主要包括人民法院、公安机关、监狱、未成年犯管教所等。人民检察院依法对执行活动是否合法进行监督。

第三节 民事诉讼法

一、民事诉讼法概述

(一)民事诉讼和民事诉讼法

民事诉讼,是指代表国家行使审判权的法院和诉讼当事人以及其他诉讼参与人,为审理和解决民事、商事、经济纠纷依法进行的诉讼活动,以及在这些活动中依法产生的各种诉讼法律关系的总称。民事诉讼包括两个方面的内容:一是诉讼行为,如当事人及其诉讼代理人的起诉、应诉行为;法院的受理、审理、裁判和执行行为;其他诉讼参与人作证、翻译和鉴定行为。二是诉讼法律关系,是在诉讼行为的基础上必然形成的法院分别同当事人、诉讼代理人以及其他诉讼参与人之间的权利义务关系。

民事诉讼法是国家制定或认可的,调整人民法院和一切诉讼参与人的民事诉讼活动,以及在这些活动中产生的民事诉讼关系的法律规范的总称。在我国,狭义的民事诉讼法是指 1991 年 4 月 9 日第七届全国人民代表大会第四次会议通过的《中华人民共和国民事诉讼法》(以下简称《民事诉讼法》);2007 年 10 月 28 日第十届全国人民代表大会常务委员会第三十次会议通过《关于修改〈中华人民共和国民事诉讼法〉的决定》第一次修正;根据 2012 年 8 月 31 日第十一届全国人民代表大会常务委员会第二十八次会议通过《关于修改〈中华人民共和国民事诉讼法〉的决定》第二次修正。2007 年的修正主要是对审判监督程序和执行程序的部分规定作了修改。随着经济社会快速发展,民事案件数量不断增多,新的案件类型不断出现,民诉法的规定在某些方面已经不能完全适应人民群众的司法需求,有必要进一步予以完善。2012 年民诉法修改主要内容包括七个方面:完善调解与诉讼相衔接的机制;进一步保障当事人的诉讼权利;完善当事人举证制度;完善简易程序;强化法律监督;完善审判监督程序;完善执行程序。根据 2017 年 6 月 27 日第十二届全国人民代表大会常务委员会第二十八次会议通过《关于修改〈中华人民共和国民事诉讼法〉和〈中华人民共和国行政诉讼法〉的决定》第三次修正,修改的内容主要包括公益诉讼、证据制度、简易程序、特别程序等。根据 2021 年 12 月 24 日第十三届全国人民代表大会常务委员会第三十二次会议通过《关于修改〈中华人民共和国民事诉讼法〉的决定》第四次修正,修改主要内容包括:新增网络在线诉讼、扩大独任制的适用范围、完善电子送达制度、缩短公告送达时间、简易程序最长审限、完善小额诉讼制度、扩大了司法确认的范围。根据 2023 年 9 月 1 日第十四届全国人民代表大会常务委员会第五次会议通过的《关于修改〈中华人民共和国民事诉讼法〉的决定》第五次修正。这次修正的重点是对“涉外民事诉讼程序的特别规定”一编的内容进行了修改完善。此外,针对社会普遍关注、司法实践反映集中、各方能够形成高度共识的其他各编内容,也做了相应修改。

广义的民事诉讼法是指宪法和其他法律法规中有关民事诉讼程序、制度等的法律规范以及司法解释。

(二)民事诉讼法特有的原则

民事诉讼法的基本原则是指由民事诉讼法规定的对民事诉讼的全过程或者重要的诉讼阶段起指导作用的准则。根据《民事诉讼法》的规定,其基本原则有17个,包括三大诉讼法都适用的共同原则和民事诉讼法特有的原则,其中特有原则如下:

1. 诉讼权利平等原则

诉讼权利平等原则,是指在民事诉讼中,双方当事人的诉讼地位是平等的,彼此享有平等的诉讼权利,人民法院也要保障和便利双方当事人平等地行使诉讼权利,真正实现“适用法律一律平等”。平等原则包含以下内容:①当事人有平等的诉讼权利,包括相同的权利和对等的权利,比如举证、辩论、上诉是相同的权利,而原告起诉、被告应诉、被告反诉、原告答辩等则是对等的权利。②当事人有平等地行使诉讼权利的手段,比如法庭调查阶段中有当事人陈述、证人举证、出示书证和物证等诉讼活动。只有保障法律规定的诉讼权利一一实现,才能保证双方诉讼权利的平等。③当事人有同样的诉讼义务。诉讼义务主要在于遵守诉讼秩序,履行发生效力的裁判等。如果不履行义务则要承担一定的后果。

2. 依法调解原则

《民事诉讼法》第九条规定:“人民法院审理民事案件,应当根据自愿和合法的原则进行调解;调解不成的,应当及时判决。”这一规定确立了我国民事诉讼法中的法院调解原则。调解贯穿于审判程序的各个阶段,无论是第一审程序还是第二审程序、再审程序,不论是普通程序还是简易程序,只要是能适用调解的,都可以进行调解。法院调解原则包含以下几方面的内容:①人民法院审理民事案件,可以调解的尽量用调解方式结案,而不用判决;②调解要坚持自愿和合法的原则,需要当事人主动申请或同意法院适用调解,并且双方当事人要在自主协商的情况下达成一个调解协议,符合法律法规的规定;③如果调解不成的话,要及时判决,不能一味调解,久调不决。调解和判决同属于法院解决民事案件的两种方式,但调解并非审理民事案件的必经程序,只有一个例外,就是离婚诉讼是法律明文规定应当进行调解的。

3. 辩论原则

辩论原则的法律依据见于《民事诉讼法》第十二条的规定:“人民法院审理民事案件时,当事人有权进行辩论。”在人民法院的主持下当事人就案件事实和争议问题,各自陈述自己的主张和意见,并互相进行反驳和答辩。辩论的形式有两种:一是书面形式,即当事人向人民法院起诉要递交起诉状,被告收到起诉状副本后可以选择是否提出答辩状,起诉状和答辩状都是属于书面形式的辩论;二是法庭辩论,即口头形式。

4. 诚信原则

《民事诉讼法》第十三条第一款规定,"民事诉讼应当遵循诚信原则。"这一原则最初是2012年民事诉讼法修改中的一个引人瞩目之处,将"诚实信用原则"明文化、法定化,后来《中华人民共和国民法典》第七条规定:"民事主体从事民事活动,应当遵循诚信原则,秉持诚实,恪守承诺。"为保持我国法治体系的一致性,2017年民事诉讼法第四次修正在此基础上将"诚实信用原则"改为"诚信原则"。之所以将民法中诚信原则引入民事诉讼领域,是鉴于在民事诉讼实践中,普遍地存在着当事人滥用诉讼权利的情形,恶意诉讼、虚假诉讼、诉讼中的虚假陈述、拖延诉讼、伪造证据等现象时有发生。因此,在应对社会诉求方面,将诚信作为一项原则在民事诉讼法中明确规定,并非仅仅具有法律上的意义,更为重要的是政治层面的意义。因为,整个社会的诚实信用丧失不仅是一个社会问题,也是一个政治问题。将诚信原则法定化,有助于引导、规范人们的诉讼行为,也有助于提升整个社会的诚信度。人们相信只要遵循诚实信用原则,诉讼公正、高效、低成本的价值追求都能够充分得以实现。

5. 处分原则

《民事诉讼法》第十三条第二款规定:"当事人有权在法律规定的范围内处分自己的民事权利和诉讼权利。"这是处分原则的法律依据。行使处分权包括两大类:民事实体权利和民事诉讼权利。对实体权利的处分主要体现在当事人确定、变更、放弃和承认诉讼请求,达成调解协议等;对诉讼权利的处分则主要体现在是否行使起诉权、上诉权、反诉权、申请再审、申请执行、撤诉等。

6. 支持起诉原则

《民事诉讼法》第十五条规定:"机关、社会团体、企业事业单位对损害国家、集体或者个人民事权益的行为,可以支持受损害的单位或者个人向人民法院起诉。"支持起诉原则有几个要素:①支持起诉的前提是存在受损害主体和侵害行为,且受损主体尚未起诉;②受害主体存在不能或不善于保护自己受损害的民事权益;③有权支持起诉的主体,是对受害人有保护责任的机关、社会团体和企业事业单位,而不包括个人。支持起诉的单位在支持起诉的时候仍然是支持受害人以其自己的名义起诉,而不是代为起诉。

7. 公开审判原则

所谓审判公开,是指法院审理案件和宣告判决,要向社会公开进行,允许公民到场旁听,允许新闻记者采访报道,是一种推动和确保民众对人民法院信任的工具。根据《民事诉讼法》的规定，以下三类民事案件不公开审理：涉及国家秘密的案件；涉及个人隐私的案件；离婚案件和涉及商业秘密的案件，当事人申请不公开审理的。不公开审理的案件，宣告判决一律公开进行。

二、民事诉讼制度

（一）民事诉讼管辖

民事诉讼管辖，是指各级人民法院之间和同级人民法院之间受理第一审民事案件的分工和权限。按照《民事诉讼法》的体例，诉讼管辖种类可以分为级别管辖、地域管辖、移送管辖和指定管辖，其中地域管辖又可分为普通地域管辖、特殊地域管辖、专属管辖、协议管辖、共同管辖和合并管辖。

1. 级别管辖

级别管辖，是划分上下级人民法院之间受理第一审民事案件的分工和权限。我国《民事诉讼法》从我国的实际情况考虑，主要以案件的性质和案件的影响大小作为标准来划分级别管辖。

（1）基层人民法院管辖的第一审民事案件。我国《民事诉讼法》第十八条规定："基层人民法院管辖第一审民事案件，但本法另有规定的除外。"这一规定使基层人民法院承担了大部分民事案件的第一审管辖权。

（2）中级人民法院管辖的第一审民事案件。根据《民事诉讼法》第十九条的规定，中级人民法院主要管辖以下民事案件：①重大涉外案件，主要指争议标的额大，或者案情复杂，或者居住在国外的当事人人数众多的涉外案件；②在本辖区有重大影响的案件；③最高人民法院确定由中级人民法院管辖的案件，主要包括专利纠纷案件、海事海商案件、重大的涉港澳台民事案件，以及诉讼标的额大或者诉讼单位属省、自治区、直辖市以上的经济纠纷案件。

（3）高级人民法院管辖的第一审民事案件。根据《民事诉讼法》第二十条的规定，高级人民法院管辖在本辖区有重大影响的第一审民事案件。

（4）最高人民法院管辖的第一审民事案件。根据《民事诉讼法》第二十一条的规定，最高人民法院管辖下列第一审民事案件：①在全国有重大影响的案件；②认为应当由本院审理的案件。由最高人民法院审理的第一审民事案件，一审终审，不得上诉。

2. 地域管辖

地域管辖，是确定同级人民法院之间在各自管辖的地域内审理第一审民事案件的分工和权限。

（1）普通地域管辖，按照当事人住所地与人民法院辖区的关系来确定，遵循"原告就被告"的原则，原告起诉，由被告住所地人民法院管辖，如果住所地和经常居住地不一致的,由经常居住地法院管辖。一般而言,住所地指公民的户籍所在地,经常居住地则是离开住所地到起诉时已经连续居住一年以上的地方。法人的住所地,是法人的主要营业地或主要办事机构所在地。现实中会存在一些不适合由被告住所地法院管辖的情况,称为"被告就原告"的特殊情形,由原告住所地法院管辖;原告住所地与经常居住地不一致的,由原告经常居住地人民法院管辖。包括四种情形:①对不在我国领域内居住的人提起的有关身份关系的诉讼;②对下落不明或宣告失踪的人提起的有关身份关系的诉讼;③对被采取强制性教育措施的人提起的诉讼;④对被监禁的人提起的诉讼。

(2)特殊地域管辖,是以被告住所地及诉讼标的所在地或者引起法律关系发生、变更、消灭的法律事实所在地为依据确定的地域管辖。《民事诉讼法》规定了10种属于特殊地域管辖的情况:①因合同纠纷提起的诉讼,由被告住所地或者合同履行地人民法院管辖。②因保险合同纠纷提起的诉讼,由被告住所地或者保险标的物所在地人民法院管辖。③因票据纠纷提起的诉讼,由票据支付地或者被告住所地人民法院管辖。④因公司设立、确认股东资格、分配利润、解散等纠纷提起的诉讼,由公司住所地人民法院管辖。⑤因铁路、公路、水上、航空运输和联合运输合同纠纷提起的诉讼,由运输始发地、目的地或者被告住所地人民法院管辖。⑥因侵权行为提起的诉讼,由侵权行为地或者被告住所地人民法院管辖,包括侵权行为实施地、侵权结果发生地。⑦因铁路、公路、水上和航空事故请求损害赔偿提起的诉讼,由事故发生地或者车辆船舶最先到达地、航空器最先降落地或者被告住所地人民法院管辖。⑧因船舶碰撞或者其他海事损害事故请求损害赔偿提起的诉讼,由碰撞发生地、碰撞船舶最先到达地、加害船舶被扣留地或者被告住所地人民法院管辖。⑨因海难救助费用提起的诉讼,由救助地或者被救助船舶最先到达地人民法院管辖。⑩因共同海损提起的诉讼,由船舶最先到达地、共同海损理算地或者航程终止地的人民法院管辖。

(3)专属管辖,是指某些案件只能由法律规定的特定法院管辖,其他法院无管辖权,当事人也不得协议变更管辖法院,具有管辖上的排他性。根据《民事诉讼法》第三十四条的规定,下列案件为专属管辖:①因不动产纠纷提起的诉讼,由不动产所在地人民法院管辖;②因港口作业中发生纠纷提起的诉讼,由港口所在地人民法院管辖;③因继承遗产纠纷提起的诉讼,由被继承人死亡时住所地或者主要遗产所在地人民法院管辖。

(4)协议管辖。《民事诉讼法》第三十五条规定:"合同或者其他财产权益纠纷的当事人可以书面协议选择被告住所地、合同履行地、合同签订地、原告住所地、标的物所在地等与争议有实际联系的地点的人民法院管辖,但不得违反本法对级别管辖和专属管辖的规定。"这是《民事诉讼法》对协议管辖的规定。民事诉讼当事人可在签订书面合同的时候将管辖法院作为条款之一,也可以在合同书外另行作出书面约定。协议管辖必须具备以下条件:①只能采用书面形式约定;②协议管辖的范围只限于法律规定的这五类与合同有实际联系地点的法院;③当事人必须做确定单一的选择,不得选择两个或两个以上;④不能违反级别管辖和专属管辖的规定;⑤协议管辖只限于第一审人民法院,因为第二审人民法院是不具有可选择性的。

(5)共同管辖,是指按照法律的规定,有两个以上的人民法院对某一个案件享有管辖权。如果发生管辖冲突,首先以原告的选择权为准,由原告决定向其中的一个人民法院提起诉讼;如果原告向两个或两个以上的法院都递交了起诉状,或者共同原告分别向几个法院起诉,则由最先立案的人民法院管辖。

(6)合并管辖,是指对某个案件有管辖权的人民法院可以一并审理与该案有牵连的其他案件。例如,原告增加诉讼请求、被告反诉、第三人提出与本案有关的诉讼请求等都可适用合并管辖。

3. 移送管辖

移送管辖,是指人民法院受理案件后发现本院对该案件无管辖权,依法律规定将案件移送给有管辖权的人民法院审理,或者将自己有管辖权的案件移交给其他更适合审理该案的人民法院。移送管辖包括案件移送和管辖权移送。案件移送是对管辖发生错误而采取的一种纠正措施,一般是在同级人民法院之间。它的适用具备以下条件:①人民法院已经受理了案件;②受理的人民法院对该案无管辖权;③接受移送的人民法院依法有管辖权。案件移送对接受移送的人民法院有约束力,受移送的人民法院必须受理,不得以任何理由再行移送,如果其认为自己依法确实没有管辖权,可以报请上级人民法院指定管辖。管辖权移送,是指上级人民法院有权审理下级人民法院的一审案件,也可以把由本院管辖的一审案件交由下级人民法院审理,下级人民法院对自己管辖的一审案件认为需要由上级人民法院审理的,可报请上级人民法院同意后移送审理。

4. 指定管辖

指定管辖,是指上级人民法院以裁定的方式指定下级人民法院对某一案件行使管辖权。指定管辖是上级人民法院在特殊情况下有权变更和确定某一案件的管辖法院,以适应审判实践需要的措施。指定管辖分为两种情况:①有管辖权的法院由于特殊原因不能行使管辖权,由其上级法院在辖区内指定其他适宜的法院管辖;②因管辖权争议双方协商无法解决,报请共同的上级法院指定管辖。

上述关于管辖权是《民事诉讼法》对我国民事诉讼管辖的法定分类。但在司法实践中,当事人为了自身权益或者地方法院之间为了地方利益往往会发生争管辖权的问题,这就会产生如何处理管辖权异议的问题。管辖权异议,是指当事人向人民法院提出的对该人民法院不享有本案管辖权的意见。这是在一个无管辖权的人民法院受理案件后,法律给予当事人的救济权利。《民事诉讼法》第一百三十条规定:"人民法院受理案件后,当事人对管辖权有异议的,应当在提交答辩状期间提出。人民法院对当事人提出的异议,应当审查。异议成立的,裁定将案件移送有管辖权的人民法院;异议不成立的,裁定驳回。当事人未提出管辖异议,并应诉答辩的,视为受诉人民法院有管辖权,但违反级别管辖和专属管辖规定的除外。”裁定驳回异议申请的,申请人对裁定不服的可以在10日内提起上诉。

(二)民事诉讼当事人和诉讼代理人

1.民事诉讼当事人

民事诉讼的当事人是指因民事权益受侵犯或与他人发生争议,以自己的名义进行诉讼并受人民法院的裁判拘束的利害关系人。

当事人有广义和狭义之分。广义的当事人包括原告和被告、共同诉讼人、诉讼代表人和第三人;狭义的当事人专指原告和被告。

(1)原告和被告,是民事诉讼中最基本的当事人。民事诉讼主要是解决原告和被告之间有关民事权利义务的争议,可以说,原告和被告的存在与否是民事诉讼是否发生和进行的前提。在民事诉讼中,公民、法人和其他组织都可以作为原告起诉或被告应诉。原告和被告具有同等的诉讼地位,享有平等的诉讼权利。

(2)共同诉讼人,是指当事人一方或双方为两人或两人以上的诉讼,其中的共同原告和共同被告就被称为共同诉讼人。共同诉讼分为必要的共同诉讼和普通的共同诉讼。必要的共同诉讼主要在于诉讼标的是共同的,人民法院必须合并审理。根据《民事诉讼法》第五十五条第二款的规定:“共同诉讼的一方当事人对诉讼标的有共同权利义务的,其中一人的诉讼行为经其他共同诉讼人承认,对其他共同诉讼人发生效力。”因此,必要的共同诉讼人之间是采取协商的原则,协商一致的诉讼行为对全体有效。普通的共同诉讼要求诉讼标的是同一种类的,既可以合并审理,也可以分开审理。如果合并审理,需要人民法院认为可以合并审理并征得当事人的同意。《民事诉讼法》第五十五条第二款规定:“对诉讼标的没有共同权利义务的,其中一人的诉讼行为对其他共同诉讼人不发生效力。”任何一个共同诉讼人的诉讼行为都是自己对自己负责,人民法院在审理案件中,如果共同诉讼人中有一人诉讼中止或诉讼终结,不影响其他共同诉讼人诉讼的进行。人民法院对案件的裁判也是就各个共同诉讼人分别出具法律文书,便于法院执行和当事人上诉,因为这个上诉权也是分别提起的,不相互牵连。

(3)诉讼代表人,是指由人数众多的一方当事人推选或者商定产生的,以自己的名义参加诉讼,维护全体当事人及自身民事权益的人。诉讼代表人是从众多的权利人或义务人中选出的,他本身也是当事人之一,和诉讼结果有直接的利害关系,同时他又是代表全体当事人进行诉讼的,诉讼行为的效力及于所代表一方的共同诉讼人。诉讼代表人可以行使当事人的一般权利,如提供证据、请求调解、提起上诉等,但诉讼代表人变更、放弃诉讼请求或者承认对方当事人的诉讼请求,进行和解,在行使这些直接关系和影响当事人权益的诉讼权利时,要经被代表的当事人同意,否则,不对被代表的当事人发生效力。

(4)第三人,是指对他人发生争议的诉讼标的有独立的请求权,或虽然没有独立的请求权,但案件的处理结果与其有法律上的利害关系,因而参加到已经开始的诉讼程序中来的人。第三人分为有独立请求权的第三人和无独立请求权的第三人。有独立请求权的第三人是指对他人争议的诉讼标的有部分或全部的独立请求权,以实体权利人的资格提出诉讼请求而参加到已经开始的诉讼中来的人。有独立请求权的第三人对原被告争议的诉讼标的主张单独的实体权利,原被告任何一方胜诉都会涉及和影响其利益,即有独立请求权的第三人是以双方当事人为共同被告,而自己处于一种原告的地位。无独立请求权的第三人,是指对当事人双方争议的诉讼标的,虽然没有独立的请求权,但与案件的处理结果有法律上的利害关系,为维护自己的合法权益参加到诉讼中的人。无独立请求权的第三人在诉讼中总是参加到和他利益有关的一方当事人进行诉讼,支持所参加一方的诉讼主张,反对另一方的诉讼主张,但同样具有独立的诉讼地位,维护自身的合法民事权益。此外,无独立请求权的第三人在参加一方败诉的情况下,特别是如果参加被告一方败诉,第三人又对被告负有返还或赔偿义务的,则可能会被法院判决承担民事责任,而他此时就有了上诉权,在第二审程序中处于上诉人的地位。

(5)公益诉讼中的当事人。公益诉讼是法院在当事人及其他参与人的参加下,按照法定程序,依法对于个人或组织提起的违法侵害国家利益、社会公共利益的诉讼进行审理并判决,以处理违法行为的活动,它具有以下特征:①公益诉讼的原告是不特定的人;②原告起诉的出发点在于维护社会公共利益,法律尊严及社会公平正义;③公益诉讼涉及的案件范围宽泛,可以是民事侵权行为,也可以是行政违法、刑事犯罪活动;④公益诉讼的地位体现在对国家机关执法能力不足的补充与协助,而非取代国家机关进行执法活动;⑤原告在胜诉后往往受到一定的物质奖励。《民事诉讼法》第五十八条规定:"对污染环境、侵害众多消费者合法权益等损害社会公共利益的行为,法律规定的机关和有关组织可以向人民法院提起诉讼。人民检察院在履行职责中发现破坏生态环境和资源保护、食品药品安全领域侵害众多消费者合法权益等损害社会公共利益的行为,在没有前款规定的机关和组织或者前款规定的机关和组织不提起诉讼的情况下,可以向人民法院提起诉讼。前款规定的机关或者组织提起诉讼的,人民检察院可以支持起诉。"

2. 诉讼代理人

诉讼代理人,是指根据法律规定或当事人授权,以当事人名义保护该当事人合法权益,代理实施诉讼行为参加诉讼的人。诉讼代理人有以下法律特征:①诉讼代理人必须以被代理人名义进行诉讼,其诉讼行为的法律后果也是由被代理人承担;②诉讼代理人是维护被代理人利益的诉讼参与人,诉讼代理人只能够代理一方当事人,不能同时代理双方;③诉讼代理人必须在诉讼代理权限内进行活动。诉讼代理人能享有多少诉讼权利,由代理权限决定,而诉讼代理权限又分为由法律规定或当事人授予。由法律规定的诉讼代理人为法定代理人,由当事人授权的诉讼代理人为委托代理人。法定代理人,即按照法律的规定代理无诉讼行为能力的当事人进行民事诉讼的人。法定代理人的范围由法律直接规定,代理权限也由法律直接规定。《民事诉讼法》第六十条规定:“无诉讼行为能力人由他的监护人作为法定代理人代为诉讼。”因此,法定代理人的范围一般和监护人是一致的。委托代理人,是指接受当事人、法定代理人、法定代表人以及第三人的委托和授权,代为进行诉讼的人。《民事诉讼法》第六十一条第一款规定:“当事人、法定代理人可以委托一至二人作为诉讼代理人。”受委托担任诉讼代理人的范围包括:律师、基层法律服务工作者;当事人的近亲属或者工作人员;当事人所在社区、单位以及有关社会团体推荐的公民。委托代理权的产生是基于当事人的授权,代理诉讼的权限、范围和各事项都是由被代理人委托和授予,具体的授权范围,由当事人、法定代理人自行决定。

(三)民事诉讼证据

1. 民事诉讼证据的概念

民事诉讼证据,是指能够证明民事案件真实情况的各种事实,是认定案情的根据。和刑事诉讼证据一样,民事诉讼证据也具有客观性、关联性和合法性的特征。《民事诉讼法》第六十六条规定,民事诉讼证据包括当事人的陈述、书证、物证、视听资料、电子数据、证人证言、鉴定意见和勘验笔录,其中不同于刑事诉讼的证据类型是当事人的陈述。

当事人的陈述是指当事人就有关案件的事实情况向人民法院所作的说明,包括当事人自己说明案件事实和对案件事实的承认。根据不同的划分标准,可以把当事人陈述分为:书面陈述和口头陈述;确认性陈述、否定性陈述与承认性陈述。当事人陈述有两个方面的法律意义:一是有利于发现和掌握案情;二是当事人如果在诉讼中承认了对方当事人主张的事实或证据,即可据此认定该案件事实,免除对方当事人的举证责任。

2. 民事诉讼的证明责任

与刑事诉讼中由控告方承担证明责任不同,民事诉讼中证明责任的分担情况比较复杂。我国《民事诉讼法》第六十七条规定:“当事人对自己提出的主张,有责任提供证据。当事人及其诉讼代理人因客观原因不能自行收集的证据,或者人民法院认为审理案件需要的证据,人民法院应当调查收集。”但是在因产品制造方法发明专利引起的专利侵权诉讼、因环境污染引起的损害赔偿诉讼、高度危险作业引起的侵权诉讼等六类案件中,对原告提出的侵权事实,被告否认的,由被告负责举证。

3. 民事证据保全

在证据可能灭失或者以后难以取得的情况下,诉讼参加人可以向人民法院申请保全证据，人民法院也可以主动采取保全措施。证据可能灭失，是指作为案件证据的事实材料由于某种特殊情况即将消灭而使得人民法院无法收集使用，如挥发性的化学药品、易腐烂的物品、重病的证人等。证据以后难以取得，是指证据如果不及时提取将来再提取可能有困难的，如证人马上要出国，如果不在其出国前获取证词，将来再找时可能会增加很大的困难和成本。因此，一旦出现这种情况，就需要通过证据保全制度避免证据的灭失，保障证据收集的便利。

(四)财产保全和先予执行

1. 财产保全

财产保全，是指因为一方当事人或者利害关系人的行为或其他原因，有可能使将来生效的法律文书不能执行或难以执行，人民法院在诉讼前或诉讼中作出裁定，对一方当事人或利害关系人特定的财产或有争议的财产采取措施，限制其处分的一种法律行为和法律制度。财产保全分为诉前财产保全和诉讼财产保全。

(1)诉前财产保全，是财产保全在紧急情况下的运用。利害关系人感觉到情况紧急，已经来不及起诉，在合法财产马上要受到重大的损失时向有管辖权的人民法院提出申请，对将要起诉的对方当事人与自己有争议的财产申请财产保全。申请诉前保全，申请人要提供可靠的担保，申请人不能提供担保的，驳回申请。实施财产保全后，申请人要在30日内提起诉讼，否则人民法院应解除财产保全。

(2)诉讼财产保全，是指人民法院对于可能因当事人一方的行为或者其他原因，使将来的判决不能执行或者难以执行的案件，根据另一方当事人的申请或依职权作出裁定，对有关的财产采取保护措施的法律制度。

保全限于请求的范围，或者与本案有关的财物。不服财产保全裁定的，可以申请复议一次，其间不停止执行，也不适用上诉。人民法院采取财产保全措施，可以责令申请人提供担保；申请人不提供担保的，驳回申请。

2. 先予执行

先予执行，是人民法院在诉讼中，为解决权利人在生活或者生产上的急需，根据当事人的申请裁定义务人预先付给权利人一定数额的金钱或其他财物的制度。先予执行是民事诉讼程序中的一项保护性制度，有未决先执行的性质。根据《民事诉讼法》第一百零九条的规定，先予执行适用的范围有：①追索赡养费、扶养费、抚养费、抚恤金、医疗费用的案件；②追索劳动报酬的案件；③其他因情况紧急需要先予执行的案件。根据《民事诉讼法》第一百一十条的规定，人民法院裁定先予执行的，应当符合下列条件：①当事人之间权利义务关系明确，不先予执行将严重影响申请人的生活或者生产经营的；②被申请人有履行能力。人民法院可以责令申请人提供担保，申请人不提供担保的，驳回申请。申请人败诉的，应当赔偿被申请人因先予执行遭受的财产损失。

（五）对妨害民事诉讼行为的强制措施

对妨害民事诉讼行为的强制措施是在民事诉讼中依法对有妨害民事诉讼秩序行为的人所采取的强制性手段，以保证正常的诉讼程序和诉讼活动的顺利进行。

1. 妨害民事诉讼的行为

妨害民事诉讼的行为，是指行为主体在民事诉讼活动中，故意破坏和扰乱诉讼秩序，妨碍诉讼正常进行的行为。例如，必须到庭的被告经两次传票传唤无正当理由拒不到庭的；违反法庭规则、扰乱法庭秩序的；伪造、毁灭重要证据，妨碍人民法院审理案件的；以暴力、威胁、贿买方法阻止证人作证或者指使、贿买、胁迫他人作伪证的；等等。

2. 对妨害民事诉讼行为的强制措施的种类

根据《民事诉讼法》的规定，对妨害民事诉讼强制措施的种类有 5 种：拘传、训诫、责令退出法庭、罚款、拘留。

(1)拘传，是人民法院对必须到庭的被告，经两次传票传唤，无正当理由拒不到庭而采取的措施。在拘传前应先向被拘传人说明拒不到庭的后果，经批评教育仍拒不到庭的方可拘传其到庭。

(2)训诫，是指人民法院对妨害民事诉讼行为情节较轻的人，予以批评教育并责令改正。这是一种较轻的强制措施。

(3)责令退出法庭，是人民法院对于开庭审理中违反法庭规则的诉讼参与人及其他人，强制离开法庭的强制措施。

(4)罚款，是人民法院对于妨害民事诉讼行为人所采取的强令其在指定期间缴纳一定数额的金钱的强制措施。罚款必须经人民法院院长批准，并出具罚款决定书，当事人不服可向上一级人民法院申请复议一次。

(5)拘留，是人民法院对妨害民事诉讼行为情节严重的行为人，在一定期限内限制其人身自由的强制措施。拘留必须经人民法院院长批准，制作拘留决定书，期限为 15 日以下，被拘留人不服可以向上一级人民法院申请复议一次。

民事诉讼的强制措施是排除性的或者带惩罚性的，是对已经实施了妨碍诉讼秩序行为的人所采取的；而刑事诉讼的强制措施是预防性的，为防止逃跑、串供、自杀等情况的出现而采取的。因此它们是有明显区别的。

三、民事诉讼程序

（一）审判程序

1. 普通程序

普通程序，是指人民法院审理第一审民事案件时通常适用的最基本的诉讼程序。人民法院审理第一审民事案件,由审判员、陪审员共同组成合议庭或者由审判员组成合议庭。另外,《民事诉讼法》的修改建立了独任制普通程序审理模式,基层人民法院审理的基本事实清楚、权利义务关系明确的第一审民事案件,可以由审判员一人适用普通程序独任审理。

(1)起诉和受理。起诉是指公民、法人和其他组织依法向人民法院提出诉讼请求,要求人民法院审理以保护自身合法权益的诉讼行为。在我国,人民法院奉行“不告不理”的原则,因此,起诉是人民法院对案件行使审判权的前提。根据《民事诉讼法》第一百二十二条的规定,起诉必须符合下列条件:原告是与本案有直接利害关系的公民、法人和其他组织;有明确的被告;有具体的诉讼请求和事实、理由;属于人民法院受理民事诉讼的范围和受诉人民法院管辖。起诉的方式以书面起诉为原则,以口头起诉为例外。受理是人民法院经过审查,接受原告起诉,决定立案审理的诉讼行为。人民法院对起诉审查后,针对不同情况作出不同处理:人民法院认为起诉符合法定条件的,在 7 日内立案并通知当事人;人民法院认为起诉不符合法定条件的,在 7 日内裁定不予受理,原告可提起上诉;人民法院在立案后发现起诉不符合条件的,裁定驳回起诉,原告可以提起上诉。

(2)审理前的准备。人民法院在受理案件后进入开庭审理前要进行一系列的诉讼准备活动:①人民法院应当在立案之日起 5 日内将起诉状副本发送被告,被告在收到起诉状副本之日起 15 日内提出答辩状,人民法院应当在收到答辩状之日起 5 日内将答辩状副本发送原告;②人民法院应当在受理案件通知书和应诉通知书中告知当事人有关的诉讼权利义务,依法确定审判人员后应在 3 日内告知当事人;③审阅诉讼材料,调查收集必要的证据;④必须共同进行诉讼的当事人没有参加诉讼的,人民法院应当通知其参加诉讼。

(3)开庭审理。开庭审理是由人民法院由审判人员主持,在当事人和其他诉讼参与人的参加下,依照法定的程式和顺序,对案件进行审理,查明案件事实,并依法作出裁判或调解的活动。开庭审理是普通诉讼程序中最重要和最中心的环节。开庭审理的主要工作包括:①庭审准备。人民法院应当在开庭 3 日前通知当事人和其他诉讼参与人。公开审理的,应当公告当事人姓名、案由和开庭的时间、地点。②宣布开庭。书记员应当查明当事人和其他诉讼参与人是否到庭,宣布法庭纪律。开庭审理时,由审判长或者独任审判员核对当事人,宣布案由,宣布审判人员、书记员名单,告知当事人有关的诉讼权利义务,询问当事人是否提出回避申请。③法庭调查。法庭调查按照下列顺序进行:当事人陈述;告知证人的权利义务,证人作证,宣读未到庭的证人证言;出示书证、物证和视听资料;宣读鉴定结论;宣读勘验笔录。法庭调查结束前,审判长应就认定的事实和争议的问题进行总结,询问各方是否要做最后陈述。如果认为此次法庭调查未能查清案件有关情况,可以休庭准备第二次开庭。④法庭辩论。法庭辩论按照下列顺序进行:原告及其诉讼代理人发言;被告及其诉讼代理人答辩;第三人及其诉讼代理人发言或者答辩;互相辩论。

法庭辩论终结,由审判长或者独任审判员按照原告、被告、第三人的先后顺序征询各方最后意见。法庭辩论终结后作出判决前,能够调解的,还可以进行调解。⑤评议和宣判。法庭辩论终结后,审判长宣布休庭,合议庭进入评议室评议,评议完毕,审判长宣布继续开庭,宣告判决结果。独任审判的,由独任审判员宣告判决结果。宣告判决有两种方式:当庭宣判和定期宣判。

适用普通程序审理的案件,人民法院应当在立案之日起6个月内审结。有特殊情况需要延长的,报请院长批准,延长的期限最长不超过6个月。还需要延长的,报请上级人民法院批准。

(4)撤诉。撤诉是人民法院受理案件之后,宣告判决之前,原告要求撤回诉讼的行为。撤诉是当事人行使处分权的表现,是一项重大的诉讼行为。撤诉包括申请撤诉和按撤诉处理。申请撤诉要具备以下条件:①申请人必须是原告及其法定代理人,以及特别授权的诉讼代理人;②申请撤诉必须是自愿的;③申请撤诉必须合法;④申请撤诉必须由人民法院作出裁定。按撤诉处理是指申请人虽然没有提出申请,但其行为已经表明其不愿意再进行诉讼了,则人民法院依法决定撤销案件不予审理的行为。这可称为当事人消极撤诉。如原告经传票传唤,无正当理由拒不到庭的,或者未经法庭许可中途退庭的,以及原告应预交而未预交案件受理费的,等等。

(5)缺席判决。缺席判决是人民法院对一方当事人在无正当理由拒不参加庭审的情况下依法作出判决,依此制度作出的判决书就是缺席判决书。根据《民事诉讼法》的规定,缺席判决适用于以下情况:①被告经传票传唤,无正当理由拒不到庭的,或者未经法庭许可中途退庭的;②被告提出反诉的,原告经传票传唤,无正当理由拒不到庭的,或者未经法庭许可中途退庭的;③人民法院裁定不准许原告撤诉,原告经传票传唤,无正当理由拒不到庭的。

(6)延期审理。延期审理是指人民法院开庭审理后,出现某些特殊情况使得开庭审理无法继续进行,从而顺延至另一日期进行审理的制度。延期审理的情况包括:①必须到庭的当事人和其他诉讼参与人有正当理由没有到庭的;②当事人临时提出回避申请的;③需要通知新的证人到庭,调取新的证据,重新鉴定、勘验,或者需要补充调查的;④其他应当延期的情形。

(7)诉讼中止。诉讼中止是在诉讼进行中,由于出现法定情形,人民法院裁定诉讼程序暂时停止的制度。根据《民事诉讼法》第一百五十三条的规定,造成诉讼中止的原因有:①一方当事人死亡,需要等待继承人表明是否参加诉讼的;②一方当事人丧失诉讼行为能力,尚未确定法定代理人的;③作为一方当事人的法人或者其他组织终止,尚未确定权利义务承受人的;④一方当事人因不可抗拒的事由,不能参加诉讼的;⑤本案必须以另一案的审理结果为依据,而另一案尚未审结的;⑥其他应当中止诉讼的情形。中止诉讼的原因消除后,恢复诉讼。

(8)诉讼终结。诉讼终结是在诉讼进行中,因发生某种特殊情况,使诉讼无法继续进行从而由人民法院裁定终结诉讼程序的制度。根据《民事诉讼法》第一百五十四条的规定,诉讼终结的情形有:①原告死亡,没有继承人,或者继承人放弃诉讼权利的;②被告死亡,没有遗产,也没有应当承担义务的人的;③离婚案件一方当事人死亡的;④追索赡养费、扶养费、抚养费以及解除收养关系案件的一方当事人死亡的。

2. 简易程序

民事诉讼简易程序适用于基层人民法院和它派出的法庭审理事实清楚、权利义务关系明确、争议不大的简单的民事案件。原告可以口头起诉,人民法院或其派出法庭在审理时采用独任制,可以用简便方式随时传唤当事人、证人。简易程序案件要在立案之日起3个月内审结,有特殊情况需要延长的,经本院院长批准,可以延长一个月。

基层人民法院和它派出的法庭审理事实清楚、权利义务关系明确、争议不大的简单金钱给付民事案件,标的额为各省、自治区、直辖市上年度就业人员年平均工资百分之五十以下的,适用小额诉讼的程序审理,实行一审终审。基层人民法院和它派出的法庭审理前款规定的民事案件,标的额超过各省、自治区、直辖市上年度就业人员年平均工资百分之五十但在二倍以下的,当事人双方也可以约定适用小额诉讼的程序。而且进一步规定了不得适用小额诉讼程序的六种情形,包括人身关系、财产确权案件、涉外案件等,并明确了当事人的异议权。当事人认为案件不符合适用小额诉讼程序条件的,可以向人民法院提出异议,经审查异议成立,应当转换审理程序。

3. 第二审程序

第二审程序又叫上诉审程序,是指民事诉讼当事人不服第一审人民法院尚未生效的判决和裁定,在法定期限内向上一级人民法院提起上诉,上一级人民法院对案件进行审理时所适用的诉讼程序。二审民事案件统一规定适用合议制审理,《民事诉讼法》第四十一条第二款规定:中级人民法院对第一审适用简易程序审结或者不服裁定提起上诉的第二审民事案件,事实清楚、权利义务关系明确的,经双方当事人同意,可以由审判员一人独任审理。

(1)提起与受理。上诉是当事人对第一审人民法院裁判不服,在法定期限内要求上一级人民法院对案件进行审理的诉讼行为。提起上诉必须具备一定的条件:①合法的上诉人和被上诉人,包括第一审程序中的原告和被告、共同诉讼人、诉讼代表人等;②上诉的对象必须是依法准予上诉的裁判,包括地方各级人民法院适用普通程序和简易程序审理作出的第一审判决、不予受理的裁定、驳回起诉的裁定等;③在法定的上诉期间,不服判决的上诉期间为15日,不服裁定的上诉期间为10日;④上诉必须递交上诉状,上诉状应当通过原审人民法院提出,并按照对方当事人或者代表人的人数提供副本。当事人直接向第二审人民法院上诉的,第二审人民法院应当在5日内将上诉状移交原审人民法院。

原审人民法院收到上诉状及其副本后应当在5日内将上诉状副本送达对方当事人，对方当事人在收到上诉状副本之日起15日内提出答辩状。人民法院应当在收到答辩状之日起5日内将副本送达上诉人。原审人民法院收到上诉状、答辩状，应当在5日内连同全部案卷和证据，报送第二审人民法院。至此，案件全部脱离第一审人民法院，由第二审人民法院进行审理。

(2)案件的审理。根据《民事诉讼法》第一百七十五条规定，第二审人民法院应当对上诉请求的有关事实和适用法律进行审查。因此，第二审人民法院审理的内容是与上诉请求有关的事实和法律问题，审理方式是由审判员组成合议庭进行审理，符合法律规定的也可采用独任制，不能有陪审员参加，原则上应开庭审理。在事实核对清楚后，认为不需要开庭审理的，也可以径行判决。第二审程序也适用调解制度，调解书送达当事人后，原审人民法院的判决即视为撤销。

(3)案件的裁判。第二审人民法院对上诉案件经过审理后，根据不同的情况，分别作出如下判决和裁定：①原判决、裁定认定事实清楚，适用法律正确的，以判决、裁定方式驳回上诉，维持原判决、裁定；②原判决、裁定认定事实错误或者适用法律错误的，以判决、裁定方式依法改判、撤销或者变更；③原判决认定基本事实不清的，裁定撤销原判决，发回原审人民法院重审，或者查清事实后改判；④原判决遗漏当事人或者违法缺席判决等严重违反法定程序的，裁定撤销原判决，发回原审人民法院重审。原审人民法院对发回重审的案件作出判决后，当事人提起上诉的，第二审人民法院不得再次发回重审。我国实行二审终审制，二审裁判为终审裁判，不得再行上诉，不得就同一诉讼标的以同一事实或理由重新起诉。

4. 审判监督程序

审判监督程序又称再审程序，是指人民法院、人民检察院对于已经发生法律效力的判决、裁定，发现在认定事实或适用法律上确有错误的，依法提出并由人民法院进行重新审判的诉讼程序。审判监督程序是独立的审判程序，是纠正人民法院已经发生法律效力的错误裁判的补救程序，但它不是案件审理的必经程序，也不是诉讼的独立审级。

民事审判监督程序和刑事审判监督程序的提起有相同之处，也有自己特有的制度。

(1)法院基于审判监督权提起再审，两者的规定是一致的。

(2)人民检察院基于检察监督权向人民法院抗诉引起审判监督程序的，《民事诉讼法》第二百一十五条作了如下规定：最高人民检察院对各级人民法院已经发生法律效力的判决、裁定，上级人民检察院对下级人民法院已经发生法律效力的判决、裁定，发现有本法第二百零七条规定情形之一的，或者发现调解书损害国家利益、社会公共利益的，应当提出抗诉。地方各级人民检察院对同级人民法院已经发生法律效力的判决、裁定，发现有本法第二百零七条规定情形之一的，或者发现调解书损害国家利益、社会公共利益的，可以向同级人民法院提出检察建议，并报上级人民检察院备案；也可以提请上级人民检察院向同级人民法院提出抗诉。

（3）基于诉权申请再审。当事人可以在判决、裁定生效后6个月内申请再审。申请再审必须符合以下条件：①有新的证据，足以推翻原判决、裁定的；②原判决、裁定认定的基本事实缺乏证据证明的；③原判决、裁定认定事实的主要证据是伪造的；④原判决、裁定认定事实的主要证据未经质证的；⑤对审理案件需要的主要证据，当事人因客观原因不能自行收集，书面申请人民法院调查收集，人民法院未调查收集的；⑥原判决、裁定适用法律确有错误的；⑦审判组织的组成不合法或者依法应当回避的审判人员没有回避的；⑧无诉讼行为能力人未经法定代理人代为诉讼或者应当参加诉讼的当事人，因不能归责于本人或者其诉讼代理人的事由，未参加诉讼的；⑨违反法律规定，剥夺当事人辩论权利的；⑩未经传票传唤，缺席判决的；⑪原判决、裁定遗漏或者超出诉讼请求的；⑫据以作出原判决、裁定的法律文书被撤销或者变更的；⑬审判人员审理该案件时有贪污受贿，徇私舞弊，枉法裁判行为的。

5. 特殊程序

（1）特别程序。特别程序是人民法院对非民事权益争议案件的审理程序。与普通程序和简易程序相比，特别程序有以下特点：①不解决民事权利义务的争议，而是确认某种法律关系是否存在；②启动特别程序的当事人特殊，没有原告和被告；③审判组织特殊，原则上实行独任制，只有选民资格案件和重大疑难的非讼案件才适用合议庭；④实行一审终审制；⑤审理期限较短，应在立案之日起30日内或公告期满30日内审结，需要延长的报院长批准；⑥免收案件受理费。适用于特别程序的案件有：选民资格案件，宣告公民失踪案件，宣告公民死亡案件，认定公民无民事行为能力、限制民事行为能力案件，认定财产无主案件。

（2）其他审判程序。包括督促程序、公示催告程序、破产程序等。

（二）执行程序

执行是民事诉讼程序的最后阶段，直接关系到当事人合法权益的实现，也关系到法律的尊严和人民法院的威信，它是人民法院按照法律规定，运用国家司法执行权，依据执行程序迫使被执行人实现法律文书确定的内容的行为。审判程序是执行程序的前提，执行程序是审判程序的继续和完成。

1. 执行程序的开始

（1）权利人的申请。发生法律效力的民事判决、裁定和调解书，当事人必须履行。一方拒绝履行的，对方当事人可以向人民法院申请执行，申请执行的期间为二年。申请执行时效的中止、中断，适用法律有关诉讼时效中止、中断的规定。

（2）审判人员移送执行，在人民法院的判决、裁定或者调解协议发生法律效力后，当事人必须履行。一方拒绝履行的，除对方当事人向人民法院申请执行外，也可以由审理该案件的审判人员将案件直接交付执行人员，随即开始执行程序。移送执行的案件主要有：①生效的具有给付赡养费、扶养费、抚育费、抚恤金和劳动报酬内容的法律文书；②含有财产执行内容的法律文书；③财产保全或先予执行的裁定书；④审判人员认为涉及国家、集体或者公民重大利益的案件。

2. 执行程序的一般规定

（1）执行组织。基层人民法院、中级人民法院可以设立执行庭作为执行机构，执行工作由执行员进行。

（2）执行管辖。发生法律效力的民事判决、裁定，以及刑事判决、裁定中的财产部分，由第一审人民法院或者与第一审人民法院同级的被执行的财产所在地人民法院执行。法律规定由人民法院执行的其他法律文书，由被执行人住所地或者被执行的财产所在地人民法院执行。

3. 执行措施

我国《民事诉讼法》规定的执行措施主要有扣留、提取被申请执行人的收入，冻结、划拨被申请执行人的存款，查封、扣押、拍卖、变卖被申请执行人的财产，搜查被申请执行人隐匿的财产，强制被申请执行人交付法律文书指定的财物或票证，强制被申请执行人迁出房屋或者退出土地，强制执行法律文书指定的行为等。

4. 委托执行

被执行人或者被执行的财产在外地的，可以委托当地人民法院代为执行。

5. 执行异议

执行过程中，案外人对执行标的提出异议的，执行员应当按照法定程序进行审查，理由不成立的，予以驳回；理由成立的，由院长批准中止执行。如果发现判决、裁定确有错误，按照审判监督程序处理。

6. 执行和解

在执行中，双方当事人自行和解达成协议的，执行员应当将协议内容记入笔录，由双方当事人签名或者盖章。

7. 执行担保

在执行中，被执行人向人民法院提供担保，并经申请执行人同意的，人民法院可以决定暂缓执行及暂缓执行的期限。被执行人逾期仍不履行的，人民法院有权执行被执行人的担保财产或者担保人的财产。

8. 执行回转

执行完毕后，据以执行的判决、裁定和其他法律文书确有错误，被人民法院撤销的，对已被执行的财产，人民法院应当作出裁定，责令取得财产的人返还；拒不返还的，强制执行。

被执行人或者被执行的财产在外地的，可以委托当地人民法院代为执行。

第四节 行政诉讼法

一、行政诉讼法概述

(一)行政诉讼与行政诉讼法

1. 行政诉讼

行政诉讼,是指公民、法人或者其他组织认为行政主体的行政行为侵犯其合法权益,依法向人民法院提起诉讼,由人民法院依法对被诉行政行为是否合法进行审查并作出裁判的活动。在我国,行政诉讼与刑事诉讼、民事诉讼并称为三大诉讼,是国家诉讼制度的基本形式之一。行政诉讼相对其他诉讼具有以下特征:

(1)行政诉讼是解决行政争议的活动。行政争议是在行政管理过程中,行政主体和相对人之间、行政机关和公务员之间以及行政机关之间发生的各种争议。其争议的范围广、种类多。行政诉讼解决的只是行政争议的一部分,即行政主体在对外实施行政管理中与相对人之间因行政行为发生的争议。

(2)行政诉讼是人民法院运用国家审判权解决行政争议的一种司法活动。行政诉讼的这一特征使其与行政复议加以区别,行政复议是行政机关适用行政程序解决行政争议的活动。

(3)行政诉讼当事人的地位具有特定性。一方面,行政诉讼的原告恒定为作为行政管理相对一方的公民、法人和其他组织;行政诉讼的被告恒定为作为行政主体的行政机关和法律、法规授权的组织。另一方面,行政诉讼当事人的权利义务具有特定性。原告享有起诉权、撤诉权,而被告既不享有起诉权也不享有反诉权。

(4)行政诉讼的核心是对行政行为的合法性进行审查。也就是行政诉讼是人民法院通过审查行政行为合法性的方式来解决行政争议。正是这一特点,决定了行政诉讼的审理形式及裁判形式都不同于一般的民事诉讼和刑事诉讼。

2. 行政诉讼法

为了保证人民法院正确、及时审理行政案件,保护公民、法人和其他组织的合法权利,维护和监督行政机关依法行使职权,我国在 1989 年颁布了《中华人民共和国行政诉讼法》(以下简称《行政诉讼法》),并于 1990 年 10 月 1 日起生效实施。根据 2014 年 11 月 1 日第十二届全国人民代表大会常务委员会第十一次会议通过《关于修改〈中华人民共和国行政诉讼法〉的决定》第一次修正,此次修正扩大了行政诉讼的受案范围,加强权利保护;通过专门条款规定和立案登记制度进一步保障诉权;对于管辖制度、证据制度、诉讼程序进行健全和完善;加重了行政机关不执行法院判决裁定的法律责任；等等。根据2017年6月27日第十二届全国人民代表大会常务委员会第二十八次会议通过《关于修改〈中华人民共和国民事诉讼法〉和〈中华人民共和国行政诉讼法〉的决定》第二次修正，此次修正还在充分吸取试点经验和教训的基础上，确立了生态环境和资源保护、食品药品安全、国有财产保护和国有土地使用权出让等行政公益诉讼类型。我国的行政诉讼法是规范人民法院、当事人、其他诉讼参与人进行行政诉讼活动及其在诉讼活动中相互关系的法律规范的总称。行政诉讼法有广义和狭义之分。狭义的行政诉讼法即形式意义上的行政诉讼法，仅指行政诉讼法典。广义的行政诉讼法，即实质意义上的行政诉讼法，是指有关行政诉讼的一切法律规范，主要包括：宪法中有关行政诉讼的法律规范，人民法院组织法中有关行政诉讼的法律规范，民事诉讼法中适用于行政诉讼的法律规范，各种单行法律、法规中有关行政诉讼的法律规范，最高人民法院有关行政诉讼的司法解释、批复，等等。

（二）行政诉讼法的基本原则

行政诉讼法的基本原则，是指由行政诉讼法规定的，贯穿于全部行政诉讼具体制度之中的基本行为准则。根据《行政诉讼法》的规定，行政诉讼的基本原则有：行政机关负责人出庭应诉的原则；人民法院依法独立行使审判权原则；以事实为根据，以法律为准绳原则；依法实行合议、回避、公开审判和两审终审原则；本民族语言文字原则；法律监督原则；法律地位平等原则；辩论原则；合法性审查原则；当事人诉讼权利平衡原则；行政被告不得处分法定职权原则；诉讼不停止执行原则；被告负举证责任原则；等等。其中，最后五项原则是行政诉讼法特有的基本原则。

1. 合法性审查原则

我国《行政诉讼法》第六条规定："人民法院审理行政案件，对行政行为是否合法进行审查。"这一规定，就审查主体、审查内容和审查标准作了原则性的界定。确认了人民法院对行政行为的司法审查权；确认了人民法院审查行政行为合法性的程序和范围；指明了人民法院审查行政行为合法性的依据和标准。

合法性审查原则是指人民法院通过依法审理行政案件，对行政行为是否合法进行审查，并作出判决。人民法院对被诉行政行为合法性审查原则，是指人民法院应当对被诉行政行为的合法性进行全面、客观的审查，不受原告诉讼请求和理由的限制。对被告作出的行政行为审查的主要内容包括：主要证据不足，适用法律、法规错误，违反法定程序，超越职权，滥用职权，明显不当六个方面。无论原告是否对前述六个方面提出异议，人民法院都必须逐一进行合法性审查。该原则包括以下内容：①对行政行为是否合法进行审查的主体是人民法院。合法性审查对具体行政行为进行审查，也可以按照当事人的申请对规章以下的规范性文件附带审查。②以合法性审查为原则，以合理性审查为例外。按照《行政诉讼法》第七十条的规定，行政行为"显失公平的"，人民法院判决撤销或者部分撤销，并可以判决被告重新作出行政行为。除了上述情况,人民法院对行政行为原则上只作合法性审查,即对其是否合法作出评价,合法的,予以维持;违法的,予以撤销或者要求行政机关依法重做。但是,不作合理性审查,不能制裁违法的行政行为,也不能直接规定行政机关如何进行行政管理。这项原则是处理行政诉讼中人民法院与行政机关之间关系,确定人民法院行政审判职能的基本准则。③人民法院审查的表现方式,是判断性的审查结论。根据我国《行政诉讼法》的规定,人民法院对违法的行政行为不能进行制裁,即人民法院不能代替行政机关行使国家行政管理权,进行行政管理。人民法院审理行政案件只能作出行政行为是否合法的评价,合法的应予以维持;违法的,应予以撤销;不作为违法的,应要求行政主体依法行使职权。只有在法定的例外情况下,才能对行政行为予以变更。

2. 当事人诉讼权利平衡原则

在行政诉讼中,被告既代表国家行政机关,又以当事人的身份参加诉讼;原告是公民、法人和其他组织,在行政管理关系中是处于被管理地位的一方。因此,行政诉讼法必须根据这种特殊关系分配诉讼权利和诉讼义务,使诉讼双方的诉讼力量具有对抗性,实现诉讼地位上的平等。这种权利配置上的特殊处理方式,就是行政诉讼法的权利平衡原则。它突出体现了行政诉讼当事人之间的诉讼权利义务的性质及区别于民事诉讼权利义务配置方式的特点。根据权利平衡原则,在行政诉讼中,行政机关不得提出实体上的要求,没有起诉、反诉的权利,只能要求人民法院作出公正的裁判,维持合法的行政行为,或者强制执行某些行政行为。为了加强原告的诉讼地位,《行政诉讼法》规定,被告承担举证责任,并且不得在诉讼中自行向原告和证人收集证据。

3. 行政被告不得处分其法定职权原则

行政被告不得处分其法定职权原则,是指禁止行政被告出于诉讼胜负或其他动机,放弃、交换法律赋予的管理职权和诉讼权利。这是依法行政原则对行政机关在诉讼中的要求,也是由行政职权的性质所决定的。行政机关的职权是由国家权力机关通过法律和其他方式赋予的,行政机关对其职权不能“自治”或自由取舍,必须积极地维护国家利益和公共利益,证明和维护其行政行为的合法性,不得随意放弃。行政机关的职权既是一种权利,也是一种义务,行政机关若不以积极的行为履行职权,就要承担失职或渎职的责任。由于这一原则,人民法院审理行政诉讼案件不适用调解;行政机关改变原行政行为,原告同意并申请撤诉的,是否准许,要由人民法院裁定。

4. 诉讼不停止执行原则

诉讼不停止执行,是指在行政诉讼中,当事人争议的行政行为不因原告提起诉讼而停止执行。这是由国家行政管理的特殊性决定的。我国《行政诉讼法》规定,公民、法人和其他组织因不服行政机关的行政处理决定,可以向人民法院提起诉讼,但诉讼期间,不停止行政行为的执行。这是行政诉讼所具有的一项特殊原则。现代国家的行政管理要求既有效率性又有连续性,如果一经当事人起诉就停止行政行为的执行,势必影响行政管理的效率性和连续性,使法律处于不稳定状态,甚至危害国家和公共利益。

不停止执行是原则,停止执行是例外。根据《行政诉讼法》的规定,在下列情况下,被诉的行政行为可以停止执行:①被告认为需要停止执行的;②原告或者利害关系人申请停止执行,人民法院认为该行政行为的执行会造成难以弥补的损失,并且停止执行不损害国家利益、社会公共利益的;③人民法院认为该行政行为的执行会给国家利益、社会公共利益造成重大损害的;④法律、法规规定停止执行的。当事人对停止执行或者不停止执行的裁定不服的,可以申请复议一次。

5. 被告负举证责任原则

被告负举证责任原则,是指在行政诉讼中,被告应当对被诉的行政行为提供有关的证据和所依据的规范性文件,以证明其行为的合法性,否则就要承担败诉的后果。

在行政诉讼中之所以由被告负举证责任,是因为行政案件争议的关键是行政行为的合法性,而行政行为是由被告行政机关单方面作出的。在行政程序中,行使行政执法权的行政机关拥有足够的行政经费、专门的仪器设备和技术保障手段,并配备了强大的专业技术队伍,从而保证了行政机关既有足够的权力,又有足够的能力收集、调取证据。同时,从行政管理的基本要求来看,行政机关作出行政行为的活动是根据事实适用法律的过程,应当遵循“先取证,后裁决”原则,否则就是程序违法、滥用职权,必然侵害相对人一方的合法权益。进入诉讼程序后,则除了证明行政机关在行政程序阶段作出的行政行为没有基本的事实根据,已经违反了行政程序规则而构成违法外,没有任何其他理由可以作出有利于被告的解释,只能由它承担败诉的后果。因此,我国《行政诉讼法》规定由被告负举证责任,就其作用来讲,不仅可以保证行政机关依法行政,防止滥用职权,有利于促进其重事实、重证据,严格依法办事,也可以充分保障原告的诉讼权利,维护原告的合法权益。同时,被告负举证责任,也有利于人民法院查清案件事实,依法公正判决。

二、行政诉讼制度

(一)受案范围

行政诉讼的受案范围,就是人民法院依法受理行政案件的范围。它决定着司法机关对行政机关行政行为的监督范围,决定着受到行政侵权的公民、法人和其他组织诉权的范围,也决定着行政终局裁决权的范围。

1. 人民法院应当受理的行政案件

人民法院受理下列案件:①行政处罚类争议案件,包括对拘留、罚款、吊销许可证和执照、责令停产停业、没收财物等行政处罚不服的案件。②行政强制措施类争议案件,包括对限制人身自由或者对财产的查封、扣押、冻结、扣留、强行隔离等行政强制措施不服的案件。③行政许可类争议案件,包括申请行政许可,行政机关拒绝或者在法定期限内不予答复,或者对行政机关作出的有关行政许可的其他决定不服的。④行政确权类争议案件,对行政机关作出的关于确认土地、矿藏、水流、森林、山岭、草原、荒地、滩涂、海域等自然资源的所有权或者使用权的决定不服的。⑤征收征用类争议案件,包括对征收、征用决定及其补偿决定不服的。⑥行政机关不作为类争议案件,包括申请行政机关履行保护人身权、财产权等合法权益的法定职责,行政机关拒绝履行或者不予答复的。⑦侵犯经营权类争议案件,包括全民所有制企业、集体所有制企业、私营企业等依法享有的生产权、产品销售权、物资采购权、机构设置权、劳动人事权等经营自主权在受到行政行为影响引起争议的案件。⑧行政垄断类争议案件,包括认为行政机关滥用行政权力排除或者限制竞争的。⑨违法要求履行义务类争议案件,包括认为行政机关违法集资、摊派费用或者违法要求履行其他义务的。⑩行政给付类争议案件,包括认为行政机关没有依法支付抚恤金、最低生活保障待遇或者社会保险待遇的。⑪行政协议类争议案件,认为行政机关不依法履行、未按照约定履行或者违法变更、解除政府特许经营协议、土地房屋征收补偿协议等协议的。⑫兜底性规定,认为行政机关侵犯其他人身权、财产权等合法权益的。法律、法规规定可以提起诉讼的其他行政案件。即使行政诉讼法未列入受案范围,只要其他法律、法规规定可以提起行政诉讼的,都可以提起行政诉讼。

2. 人民法院不予受理的行政案件

人民法院不受理公民、法人或者其他组织对下列事项提起的诉讼:①公安、国家安全等机关依照刑事诉讼法的明确授权实施的行为;②调解行为以及法律规定的仲裁行为;③行政指导行为;④驳回当事人对行政行为提起申诉的重复处理行为;⑤行政机关作出的不产生外部法律效力的行为;⑥行政机关为作出行政行为而实施的准备、论证、研究、层报、咨询等过程性行为;⑦行政机关根据人民法院的生效裁判、协助执行通知书作出的执行行为,但行政机关扩大执行范围或者采取违法方式实施的除外;⑧上级行政机关基于内部层级监督关系对下级行政机关作出的听取报告、执法检查、督促履责等行为;⑨行政机关针对信访事项作出的登记、受理、交办、转送、复查、复核意见等行为;⑩对公民、法人或者其他组织权利义务不产生实际影响的行为。

(二)管辖

行政诉讼中的管辖,是指人民法院之间受理第一审行政案件的权限分工。基层人民法院管辖第一审行政案件。中级人民法院管辖的第一审行政案件包括:①对国务院部门或者县级以上地方人民政府所作的行政行为提起诉讼的案件;②海关处理的案件;③本辖区内重大、复杂的案件;④其他法律规定由中级人民法院管辖的案件。高级人民法院管辖本辖区内重大、复杂的第一审行政案件。最高人民法院管辖全国范围内重大、复杂的第一审行政案件。

行政案件由最初作出行政行为的行政机关所在地人民法院管辖。经复议的案件,复议机关改变原行政行为的,也可以由复议机关所在地人民法院管辖。对限制人身自由的行政强制措施不服提起诉讼的,由被告所在地或者原告所在地人民法院管辖。因不动产提起的行政诉讼,由不动产所在地人民法院管辖。

两个以上人民法院都有管辖权的案件,原告可以选择其中一个人民法院提起诉讼。原告向两个以上有管辖权的人民法院提起诉讼的,由最先立案的人民法院管辖。

人民法院发现受理的案件不属于本院管辖的,应当移送有管辖权的人民法院,受移送的人民法院应当受理。受移送的人民法院认为受移送的案件按照规定不属于本院管辖的,应当报请上级人民法院指定管辖,不得再自行移送。

有管辖权的人民法院由于特殊原因不能行使管辖权的,由上级人民法院指定管辖。人民法院对管辖权发生争议,由争议双方协商解决。协商不成的,报他们的共同上级人民法院指定管辖。

上级人民法院有权审理下级人民法院管辖的第一审行政案件。下级人民法院对其管辖的第一审行政案件,认为需要由上级人民法院审理或者指定管辖的,可以报请上级人民法院决定。

(三)证据

行政诉讼证据,是指能够证明行政案件事实的材料和手段。我国《行政诉讼法》规定了7种证据:书证;物证;视听资料;电子数据;证人证言;当事人的陈述;鉴定意见;勘验笔录,现场笔录。其中,现场笔录是行政诉讼特有的证据。所谓现场笔录,是指行政机关对公民、法人或者其他组织违反行政法律规范行为的当场记录,用以作出行政行为的根据的文字记载。现场笔录应当是在现场制作的,而不能事后补作。现场笔录应当由当事人签名或者盖章,在可能的情况下,还应当由在场证人签名或盖章。没有当事人或者在场证人签名盖章的现场笔录不能作为证据使用。

与其他证据相比,行政诉讼证据具有如下特征:①证据来源的特定性。行政诉讼证据主要来自行政程序中,并且主要由作为被告的行政机关提供给人民法院。即被告对作出的行政行为负有举证责任。被告应当在一审法院庭审结束之前提出证据,在一审法院庭审结束之后提出的证据不具有效力。而且,被告和被告的代理人不得为举证而向原告和证人收集证据。②证据审查阶段和方式的特定性。证据在法律上无预决力,任何证据必须"经法庭查证属实,才能作为定案的根据"。

③最终作为定案根据的证据必须具有合法性、客观性、相关性。

在行政诉讼中,人民法院有权要求当事人提供或补充证据。人民法院有权向有关行政机关以及其他组织、公民调取证据。通常情况下,证据是由当事人提供的,人民法院只有在认为必要时,才主动收集证据。比如当事人提供证据确有困难;当事人根本无法收集到证据;本证与反证针锋相对,仅凭当事人提供的证据无法认定的;当事人举证的可靠性、真实性很低,而又无力补充的。在这些情况下,人民法院可以主动收集证据。并且,人民法院只能收集对审查行政行为的合法性具有意义的证据,而不能代替行政机关收集作出行政行为的证据。任何证据必须"经法庭审查属实,才能作为定案的根据"。无论是当事人向人民法院提供的证据还是人民法院自行收集的证据,都必须查证属实,才能作为定案的根据,并且对未采纳的证据应当在裁判文书中说明理由。在证据可能灭失或以后难以取得的情况下,人民法院可以根据诉讼参加人的请求或依职权采取措施以确定和保护证据,这就是证据保全。对书证的保全主要是复制;对物证的保全方法主要是摄影、录像、复制和勘验并制作勘验笔录;对视听资料的保全方法主要是翻录;对可能死亡或外出的证人,主要是询问并制作询问笔录或者进行录音,或者由证人自行书写证言等。

三、行政诉讼程序

(一)起诉与受理

起诉是指公民、法人或者其他组织认为行政机关及其工作人员的行政行为侵犯其合法权益,依法请求人民法院行使国家审判权,保护其权益的诉讼行为。

起诉是行政诉讼程序发生的前提条件。起诉人的起诉一旦具备了法律要求的起诉条件,就意味着行政诉讼程序的开始。提起行政诉讼应符合以下条件:①原告是认为行政行为的相对人以及其他与行政行为有利害关系的公民、法人或者其他组织,即起诉人具有原告资格。②有明确的被告。原告起诉须明确指出作出行政行为的行政机关或法律、法规授权的组织。③有具体的诉讼请求和事实根据。④属于人民法院的受案范围和受诉人民法院管辖。另外,法律、法规规定起诉前应当先向行政机关申请复议的,具有原告资格的公民、法人或者其他组织应当先向复议机关申请复议,对复议决定不服时,才可提起诉讼。

公民、法人或者其他组织直接向人民法院提起诉讼的,应当在知道作出行政行为之日起6个月内提出。申请人不服复议决定的,可以在收到复议决定书之日起15日内向人民法院提起诉讼。复议机关逾期不作决定的,申请人可以在复议期满之日起15日内向人民法院起诉。法律、法规对当事人提起诉讼的期限有特别规定的,按照法律、法规的特别规定。超过法定期限,当事人即丧失了诉权。

原告起诉应以书面形式进行;书写起诉状确有困难的,也可以口头起诉。起诉状应当载明下列内容:①当事人的基本情况。包括原告的姓名、性别、年龄、民族、职业、住所;原告是法人或者其他组织的,应当写明名称、性质、法定代表人的情况;被告的名称、住所、法定代表人的情况。②诉讼请求和根据的事实和理由。③证据和证据来源。

人民法院接到起诉状,经审查,应当在7日内立案或者作出裁定不予受理。起诉状内容或者材料欠缺的,人民法院应当给予指导和释明,并一次性全面告知当事人需要补正的内容、补充的材料及期限。原告对人民法院不予受理的裁定不服的,可以提起上诉。公民、法人或者其他组织认为行政行为所依据的国务院部门和地方人民政府及其部门制定的规范性文件不合法,在对行政行为提起诉讼时,可以一并请求对该规范性文件进行审查。

人民法院对行政案件宣告判决或者裁定前,原告申请撤诉的,或者被告改变其所作的行政行为,原告同意并申请撤诉的,是否准许,由人民法院裁定。被告在一审期间改变被诉行政行为的,应当书面告知人民法院。

(二)第一审程序

人民法院审理行政案件实行两审终审制。因此,行政诉讼程序有第一审程序和第二审程序。第一审程序又称普通程序,是指人民法院第一次对行政行为进行审查所适用的程序。

人民法院审理行政案件,首先要组成合议庭。合议庭由审判员组成合议庭,或者由审判员、陪审员组成合议庭。合议庭的成员应当是3人以上的单数。

完成审理前的准备之后,即可开庭审理。审判人员主持开庭审理过程,在当事人和其他诉讼参加人的参加下,依法定程序在法庭上对被诉行政行为进行审查并作出裁判。行政诉讼的开庭审理以公开审理为原则,只有在涉及国家秘密、个人隐私或法律另有规定的情况时,才不公开审理。在法庭调查阶段,审判长主持法庭调查,先由原告宣读起诉状,然后由被告宣读答辩状。有第三人参加的,应询问第三人的意见和理由,以确定本案争议的焦点。法庭调查主要调查被诉行政行为所认定的事实根据,以及被诉行政行为的法律、法规依据。

在法庭辩论阶段,在审判人员的主持下,双方当事人及其代理人就本案事实、证据以及作出行政行为的依据,充分阐述自己的主张和根据,反驳对方的主张,按照原告、原告代理人、被告、被告代理人、第三人、第三人的代理人的顺序进行。双方依此顺序互相辩论,直至将争论的问题弄清楚。法庭辩论结束,休庭评议。按照少数服从多数的原则作出判决;重大疑难案件交审判委员会讨论决定。合议庭评议后,可当庭宣判,也可定期宣判。宣判一律公开进行。

人民法院对行政案件宣告判决或裁定前,原告申请撤诉的,或者被告改变其所作的行政行为原告同意并撤诉的,是否准许,由人民法院裁定。申请撤诉是原告对起诉权利的处分行为,不影响原告实体权利的存在。原告撤诉后,当事人仍可在法定期限内再起诉。经人民法院两次合法传唤,原告无正当理由拒不到庭的,视为申请撤诉,人民法院可终结诉讼。

人民法院在开庭审理时,在一方当事人或双方当事人未到庭陈述、辩论的情况下,合议庭经过审理后,可以作出缺席判决。缺席判决适用于下列情况:原告或者上诉人申请撤诉,人民法院裁定不予准许的,原告或者上诉人经传票传唤无正当理由拒不到庭,或者未经法庭许可中途退庭的,人民法院可以缺席判决;被告经传票传唤无正当理由拒不到庭,或者未经法庭许可中途退庭的,人民法院可以按期开庭或者继续开庭审理,对到庭的当事人诉讼请求、双方的诉辩理由以及已经提交的证据及其他诉讼材料进行审理后,依法缺席判决。诉讼参与人或者其他人妨害行政诉讼的,人民法院可以采取强制措施,根据情节轻重予以训诫、责令具结悔过或者处一万元以下的罚款、十五日以下的拘留;构成犯罪的,依法追究刑事责任。

另外,人民法院审理的行政案件,一般不适用调解。但是以下三类案件可以调解:行政赔偿、补偿以及行政机关行使法律、法规规定的自由裁量权的案件。人民法院认为法律关系明确、事实清楚,在征得当事人双方同意后,可以径行调解。调解过程一般不公开,当事人也不能请求法院按照和解协议或者调解协议的内容制作判决书。

民事争议和行政争议交叉的案件可以依公民、法人以及其他组织的请求合并审理。民事、行政争议交叉案件,是指在案件的审理过程中,同时存在需要解决的行政争议和民事争议,两种争议的内容具有关联性、处理结果互为因果或互为前提的案件,主要包括:涉及行政许可、登记、征收、征用和行政机关对民事争议所做的裁决的行政诉讼。该类争议交叉的案件一案一立,合并审理,分别裁判。

(三)简易程序

人民法院审理下列第一审行政案件,认为事实清楚、权利义务关系明确、争议不大的,可以适用简易程序:①被诉行政行为是依法当场作出的;②案件涉及款额二千元以下的;③属于政府信息公开案件的。除上述以外的第一审行政案件,当事人各方同意适用简易程序的,可以适用简易程序。适用简易程序审理的行政案件,由审判员一人独任审理,并应当在立案之日起四十五日内审结。人民法院可以用口头通知、电话、短信、传真、电子邮件等简便方式传唤当事人、通知证人、送达裁判文书以外的诉讼文书。人民法院在审理过程中,发现案件不宜适用简易程序的,裁定转为普通程序。

(四)第二审程序

第二审程序是由上诉引起的。行政诉讼当事人对第一审法院的判决、裁定不服,依照法律规定的程序和期限,向上一级人民法院提请上诉。上诉既可以通过原审人民法院提出,也可以直接向第二审人民法院提出,当事人均提起上诉的,上诉各方均为上诉人。第二审人民法院审理行政案件,应当由审判员组成合议庭,开庭审理。符合法律规定的情况下合议庭也可以不开庭审理。

第二审人民法院对上诉案件的审理，必须对第一审判决认定的事实是否清楚，适用法律、法规是否正确，有无违反法定程序等方面进行全面审查，不受上诉范围的限制。原审人民法院对发回重审的案件作出判决后，当事人提起上诉的，第二审人民法院不得再次发回重审。

人民法院审理上诉案件，需要改变原审判决的，应当同时对被诉行政行为作出判决。人民法院审理上诉案件，应当在收到上诉状之日起三个月内作出终审判决。有特殊情况需要延长的，由高级人民法院批准，高级人民法院审理上诉案件需要延长的，由最高人民法院批准。

（五）审判监督程序

审判监督程序，即再审程序，是人民法院对已经发生法律效力的判决、裁定，发现违反法律、法规的规定，依法再次审理的程序。当事人对已经发生法律效力的判决、裁定，认为确有错误的，可以向原审人民法院或者上一级人民法院提出申诉，但判决、裁定不停止执行。人民法院院长对本院已经发生法律效力的判决、裁定，发现违反法定情形，或者发现调解违反自愿原则或者调解书内容违法，认为需要再审的，应当提交审判委员会决定是否再审。最高人民法院对地方各级人民法院已经发生法律效力的判决、裁定，上级人民法院对下级人民法院已经发生法律效力的判决、裁定，发现违反法定情形，或者发现调解违反自愿原则或者调解书内容违法的，有权提审或者指令下级人民法院再审。最高人民检察院对各级人民法院已经发生法律效力的判决、裁定，上级人民检察院对下级人民法院已经发生法律效力的判决、裁定，发现违反法定情形，或者发现调解书损害国家利益、社会公共利益的，应当提出抗诉。原判决是一审判决的，按第一审程序审理；原判决是二审判决的，按第二审程序审理。

（六）执行程序

1. 执行的概念和特征

行政诉讼的执行，是指法律文书发生法律效力后，义务人逾期拒不履行生效裁判所确定的义务，人民法院和有权机关依法运用国家的强制手段，强制义务人履行义务或达到其履行义务的相同状态，确保行政裁判和调解内容得以实现的诉讼活动。它具有以下特征：①执行以生效法律文书具有执行的内容，且义务人逾期拒不履行应负义务为前提；②执行的主体为人民法院和有强制执行权的行政机关；③执行程序中申请执行人或被执行人必有一方是行政机关，且执行措施因被执行人的不同而不同；④行政诉讼执行程序中不适用执行和解制度。

2. 执行程序的概念和内容

行政诉讼的执行程序，是指人民法院和有权机关执行生效裁判所必须遵循的有关步骤、顺序、时限、方式等要求的总和。根据我国《行政诉讼法》规定，执行程序的内容主要包括：执行的提起、执行的期限、执行的管辖、执行的审查、执行的准备和执行的实施等方面。

3. 执行措施

行政诉讼执行措施，是指人民法院和有强制执行权的行政机关依法强制义务人履行生效裁判所确定的义务或达到义务人履行义务相同状态的法律手段。由于行政诉讼当事人具有自身的特殊性，执行措施因被执行人的不同而不同。根据《行政诉讼法》第九十六条的规定，对行政机关采取的执行措施有：①对应当归还的罚款或者应当给付的款额，通知银行从该行政机关的账户内划拨；②在规定期限内不履行的，从期满之日起，对该行政机关负责人按日处五十元至一百元的罚款；③将行政机关拒绝履行的情况予以公告；④向监察机关或者该行政机关的上一级行政机关提出司法建议。接受司法建议的机关，根据有关规定进行处理，并将处理情况告知人民法院；⑤拒不履行判决、裁定、调解书，社会影响恶劣的，可以对该行政机关直接负责的主管人员和其他直接责任人员予以拘留；情节严重，构成犯罪的，依法追究刑事责任。公民、法人或者其他组织对行政行为在法定期限内不提起诉讼又不履行的，行政机关可以申请人民法院强制执行，或者依法强制执行。

另外，人民法院对起诉行政机关没有依法支付抚恤金、最低生活保障金和工伤、医疗社会保险金的案件，权利义务关系明确、不先予执行将严重影响原告生活的，可以根据原告的申请，裁定先予执行。

第五节　违宪审查与宪法监督程序

一、现代违宪审查制度的基本原理

（一）违宪审查制度的概念及其历史沿革

1. 违宪审查制度的概念

违宪审查或合宪性审查指根据宪法或惯例，对特定法律或特定国家机关或官员（在德国还包括政党）的行为是否违反成文宪法的审查制度。这种审查一般可分为内容（实体）和形式（程序）两个方面。

在西方政治法学中，由于很多国家的违宪审查往往由司法机关通过司法程序或诉讼进行，因此又称为“司法审查”。例如，《大不列颠百科全书》对司法审查（judicial review）的释义是：“指由国家的法院行使的审查政府的立法、行政和管理部门的权力活动，并保证使这些活动符合宪法规定的权力。不符合宪法的活动就是违宪的。”

实际上，违宪审查与司法审查是两个不同概念，二者的主要区别在于：①违宪审查的主体并不仅限于司法机关,世界各国根据体制的不同,可以由立法机关、宪法委员会及其他专门机构进行违宪审查。不仅包括宪法诉讼,也包括我国的宪法监督程序。②司法审查具有两种含义。第一种含义与违宪审查概念相同,包括对立法机关与行政机关的抽象行政行为和行政行为的审查,例如美国往往将司法审查解释为美国联邦最高法院的违宪审查。第二种含义则是指法院对行政机关的行政行为的司法审查(也称行政复审),实际上是行政诉讼范畴的问题。因此,司法审查并不简单地等同于违宪审查,即对立法和抽象行政行为(行政法规)的违宪审查。本书采用严格意义上的违宪审查制度的概念。

2. 违宪审查制度的历史沿革

违宪审查制度作为一种宪政制度,是以宪法的存在为前提的。近代违宪审查制度的起源最早可追溯到1799年法兰西共和国八年宪法。在英美法系国家,真正对现代宪政运动理论和实践产生重大影响的事件,是1803年美国的马歇尔大法官所审判的马伯里诉麦迪逊案。在该案判决中,马歇尔法官基于宪法至上的观点,认为"司法机关的职责范围就是确定法律到底是什么",这意味着应该由司法机关来确定宪法到底是什么。由此,最高法院对宪法的解释就具有了宪法的效力,最高法院由此可以依据宪法宣布与宪法相抵触的法律无效。这就是所谓"司法审查",也就是"违宪审查"。此案以判例的形式第一次在美国乃至全世界首开由司法机关即普通法院对立法进行违宪审查之先河。此后,美国联邦最高法院又先后通过马丁诉亨特案、弗莱彻诉佩克案、柯恩诉弗尼亚案等一系列判决,最终确定了具有美国特色的违宪审查制度,并对世界各国宪法的发展产生了巨大的影响。此后,各国宪政运动的理论和实践都逐渐引入了违宪审查制度。

由于战后法治国家对法治理念及制度的反思,认识到现代民主政治存在着内在的局限性,法治不仅应保证有法可依、有法必依,还必须追求"良法之治",保证法律体系内在的合理性、正当性和统一性。为此,需要对立法和行政法规等法律规范进行审查,保证其符合宪法的基本精神,一旦出现了恶法或劣法,应当有合理有效的纠正机制和救济机制。在这种理念的基础上,违宪审查制度在当代得到了极大的重视和发展。

(二)违宪审查的目的和功能

违宪审查的目的是保障宪法的实施。违宪审查的功能如下:

1. 对国家立法权进行制约

国家立法权在整个国家权力体系中具有规范和指导其他国家权力的作用,其重要性是不容置疑的,因此,立法不能与宪法相抵触的原则必须得到无条件的保障。违宪审查制度的目的之一,就是通过对立法机关制定的法律文件进行审查,对立法权进行制约。

2. 对行政立法权进行制约

行政法规是国家最高行政机关制定的法律性文件，是诸多行政行为实施的法律依据。违宪审查通过对行政法规进行司法审查，实现对行政立法权的监督和制约，避免行政法规与宪法、法律的冲突以及行政法规之间的相互冲突。

3. 对地方立法权进行制约

违宪审查通过对地方性法规进行司法审查，实现对地方立法权的监督和制约，避免地方性法规与宪法、法律、行政法规相冲突以及地方性法规之间的相互冲突。

4. 对一切社会团体、自治章程条例进行制约

自治性团体的规范性文件不能违反宪法、法律及法规，违宪审查通过对自治性规范进行司法审查，实现对社会自治的监督和制约，避免自治权脱离法治的轨道。

（三）违宪审查制度的价值理念及理论基础

违宪审查制度作为一项重要的宪法制度，在现代的政治生活中发挥着不可替代的作用。违宪审查制度的价值理念及理论基础主要来自以下几种思潮：

1. 自然法思想

这一理论认为，自然法作为一种“理念的法”和“永恒的法”，指导着人们的行为。任何“实在法”或“人定法”都是低层次的法，应该依自然法而制定，受自然法的指引和评价。宪法作为人民意志的集中体现，直接来源于自然的理性即自然法，宪法一方面受自然法的制约，同时又制约着其他低层次的法，与其他人定法相比处于无上优越的地位。当其他法律或规则违宪时，就是间接与自然法相抵触，应该进行纠正。在判断一个法律规则或文件的合法性时，法院经常需要借助法以外的其他因素，如社会公共利益、公共道德、普遍价值观、效益等，这也是自然法思想的体现。

2. 社会契约论和人民主权说

依照社会契约论和人民主权说，主权在民，国家作为人民公意的代表，应在人民订立的契约范围内（实质是宪法范围内）活动。随着国家权力的扩大，为了捍卫人民的利益，就有必要对国家机关的行为进行监督审查，建立和完善违宪审查制度。

3. 新的分权和制衡论

根据传统的分权原理，立法、司法和行政三种国家权力应分别由三个不同机关掌握，各自独立行使同时又相互制约和协调，以保证权力不被集中到少数人或个别人手中，防止专制政体的出现。由于现代议会民主以多数决定为主要方式制定的立法，以及授权行政机关制定的行政法规，往往难免出现恶法与劣法，为了纠正民主的弊端，就必须对立法的缺陷进行救济和纠正。为了实现社会的正义，美国的政

治家认为法院权限太弱,要求"法院必须有权宣布违反宪法明文规定的立法为无效"。违宪审查制度的确立表明司法权的扩大和司法能动主义(积极主义)的出现,实际上已经打破了传统的三种权力分立的格局,形成了新的权力制约和平衡关系,而围绕分权和制衡的需要,也就产生了不同的违宪审查制度及模式。

4. 人权学说

第二次世界大战后,世界各国的人权保护理念促成了对法治的反思,其中德、意、日三国为避免重蹈法西斯主义和战争覆辙,以人权保护为基本理念,在战后制定的宪法中都参照了美国的经验,建立了违宪审查制。当代违宪审查制已经成为世界各国普遍实行的一项保障人权的宪法制度。各国的违宪审查制在制度和程序上尽管存在着很大的差异,但在人权保护、维护良法之治的理念上都是相同的。

二、世界各国的违宪审查制度

(一)违宪审查制度的基本模式

从19世纪到现在,世界各国结合本国的国情,先后建立了各具特色的违宪审查制度。当代世界现存的违宪审查制度大致可以分为以下两大类型:

1. 美国模式

美国模式及其司法审查制度,其特点是:①在审查主体上是分权的,由不同法院分别行使。②在审查时机上采用事后审查,主要是对案件进行审理。③在审查方法上是附带审查;在诉讼程序上是采用普通诉讼程序;在审查结果上是采用个案效力原则,通过既判力对社会主体产生约束力。这种模式要求必须有一部刚性宪法,并必须存在具有足够声誉、威望和能力的法官。

二百多年来,美国最高法院在行使司法审查权中形成了一系列自我限制原则,主要是:①政治问题不受审查,政治问题应由国会和行政部门解决;②无诉讼则不实行司法审查,司法审查只能通过具体诉讼案件进行;③法律应尽可能推定为合宪,以尊重立法机关的权利。

日本战后宪法基本采用了美国模式,即由最高法院行使违宪审查权。由于最高法院多年来对议会和政府采取了"缓和审查"的宽容态度,并对立法机关和行政机关的判断采取"合宪性推定""尊重自由裁量"的原则,因此50多年来,很少出现法律、法令和中央政府的行为被最高法院终审判为违宪的现象。但随着日本宪政的发展,最高法院对涉及限制基本人权和经济自由的立法及行政行为,逐渐开始接受"严格审查"原则,禁止事前抑制和过度宽泛的限制,强调缓和规制的思路成为主流。

2. 欧洲大陆模式

欧洲大陆法系国家在第二次世界大战后对宪政越来越重视,并接受了违宪审查的理念。但是在具体制度上与美国模式有所不同。其特点是:①在审查主体上是集权的,由特定机构专门集中行使。②在审查时机上采取预防审查,主要是对法律文件进行事先审查。③在审查方法上是主要审查;在诉讼程序上是采用特别诉讼程序;在审查结果上是采用普及效力原则。这种制度可以更好地保证三权之间的分工和制衡,对法律规则和文件进行全面监督,在法院不具有崇高威望的情况下仍然可以进行违宪审查。

在大陆法系国家违宪审查的具体制度设计有三种类型:①德国和意大利的宪法法院违宪审查制度;②瑞士的模仿美国由普通法院进行违宪审查的制度;③法国的宪法委员会违宪审查制度。

(二)违宪审查机构的不同类型

当代世界各国的违宪审查制度,从审查机构即主体来看,主要分为以下几种类型:

1. 代议机关审查制

代议机关审查制,即由最高国家立法机关或最高国家权力机关负责违宪审查。该宪法监督体制源于英国的议会监督模式。英国的"议会至上"原则主张,国家主权属于人民,人民通过"代议制"把法律上的主权赋予议会,即形成所谓议会主权。议会有权制定和废止任何法律,立法权不受任何限制。根据这一原理,任何国家机关都不可能监督审查议会制定的法律,因此,监督宪法实施的职责顺理成章地落在了议会自己身上。英国的议会审查制在19世纪的欧洲大陆影响很大,曾被意大利、德意志、比利时等诸多国家所效法。在社会主义国家中,苏联和我国也采取了这种审查制。代议机关违宪审查制,在违宪审查方式上是通过立法程序来进行的。无论事前或事后,一旦发现法律法规、规章等违宪,都可以进行修改或废除。但在事前或事后两种方式中,更主要运用前者。其优点是宪法监督的权威性有充分保证,立法的合宪性较强;缺点是议会自我审查监督的效率、权力运行机制都存在一定的不足。

2. 司法机关审查制

司法机关审查制,又称为司法违宪审查制,即由普通法院通过司法程序来审查和裁决立法、行政是否违宪的一种基本制度。它首创于美国1803年联邦最高法院"马伯里诉麦迪逊"案。司法机关审查制主张立法、行政、司法三者既互相分立又互相牵制,不承认立法或行政部门具有法定的最高权威性,强调司法机关可以对立法、行政机关进行监督。在违宪审查方式上,是通过普通诉讼程序来进行的,采取的是一种附带审查方法,即由司法机关在审理具体案件的诉讼过程中,对所适用的法律、法令是否合宪进行附带审查。如果被适用的法律、法令中某个条款经审查不合宪,便宣布该违宪条款无效而拒绝适用。这种制度的优势在于更好地体现了法院的作用,可以及时纠正立法机关和行政机关的违宪行为,给予受害者及时的救济。但是这种制度实际上使司法机关具有了更大的权限,积极参与到决策过程中,从而实际上改变了法院消极、被动的定位,并改变了三权分立的平衡格局。实际上,自从司法审查制度确立以后,在美国,司法权已经成为最高权力,这在一方面确实可以纠正民主的弊端和局限,但另一方面又与民主的原则相悖。并且只有在司法机关(普通法院)具有了足够的威望和能力的前提下,才可能实行这一制度。正因为如此,世界上模仿美国司法审查制度的许多国家,或者最终改成了其他形式,或者并未发挥相同的作用。

3. 专门机关审查制

专门机关审查制,即设立专门机关,如宪法法庭和宪法委员会行使违宪审查权。如法国建立了宪法委员会来监督宪法实施,进行违宪审查。法国历来反对赋予司法(法院)过大的权力,反对美国式的司法审查制度。宪法委员会的审查模式力求打破国家权力的传统分类,去寻找一种凌驾于行政权、立法权和司法权之上的权力,亦即一种新的制衡力量,负责监督行政权、立法权和司法权,以确保其在宪法的范围内运行。宪法委员会的违宪审查不采取诉讼程序,也不实行公开审理,并非宪法法院。

4. 宪法法院审查制

宪法法院是作为独立于国家传统权力之外的行使宪法监督权的形态应运而生的。1920 年,奥地利建立了第一个以保障宪法实施为目的的宪法法院。其创始人是实证主义法学家汉斯·凯尔森,他反对“三权分立”的传统学说,认为国家的基本职能不是立法、行政和司法,而是创立法律和适用法律。他最早提出设立宪法法院作为宪法监督和保障的专门机构,并出任了宪法法院的第一任院长。奥地利的宪法法院地位高于普通法院,拥有对于一切法律、法令的违宪审查权。继奥地利之后,捷克斯洛伐克和西班牙等国也建立了宪法法院。东欧国家剧变之后,大都建立了宪法法院,并以此作为走向法治的标志。

(三)当代违宪审查制的发展

比较上述几种宪法监督模式,可以看到,一方面,尽管现存的各国宪法监督体制都不是尽善尽美的,各有其利弊。各国之所以采取不同的宪法监督模式,取决于各自的国情,即归结于各国的政治、思想和法律传统的差异。但是另一方面,违宪审查制已经成为当代世界各国法治发展的共同需要和趋势。当代经济全球化和法律制度与法律文化的交流日益活跃的结果,必然导致各国在法律原则和精神上的接近,人权保护将日益成为世界性的共同课题和司法的使命。在这种背景下,可以看到,当代宪法监督体制发展的共同趋势是:①违宪审查的主体日趋专门化。②违宪审查的程序日趋司法诉讼化,即宪法诉讼。③违宪审查制度逐步完善。

三、我国的宪法监督制度

(一)我国宪法监督制度的基本内容

《宪法》规定,全国人民代表大会及其常设机关(全国人大常务委员会)负有监督宪法实施的职权(《宪法》第六十二条第二项和第六十七条第一项)。"监督宪法的实施"在我国法学中简称"宪法监督",2017年党在十九大会议上提出:"加强宪法实施和监督,推进合宪性审查工作,维护宪法权威。"通常被称为我国的合宪性审查制度。我国学界的一种观点认为,我国的合宪性审查制度属于"宪法的监督实施"的一种制度。

我国宪法实施的监督制度经历了一个发展过程。1954年《宪法》规定,由全国人大行使监督宪法实施的职权;1975年《宪法》删去了这一规定;1978年《宪法》再次规定由全国人大行使监督宪法和法律实施的职权;在1954年宪法和1978年宪法规定全国人民代表大会有权"监督宪法实施"的基础上,1982年制定的宪法在总结以往经验教训的基础上,加强了宪法实施的监督制度,增加了许多新的内容,其中1982年宪法第六十七条增加规定,全国人大常委会也有权监督宪法的实施。增加此规定是为了弥补因全国人大为非常设机关,无法进行日常的宪法监督活动的缺陷。根据《立法法》第九十九条的规定,我国进行合宪性审查的主要机关是全国人大常委会。2018年修宪时,宪法修正案第四十四条将《宪法》第七十条第一款中的全国人民代表大会"法律委员会"改为全国人民代表大会"宪法和法律委员会"。2021修正的《中华人民共和国全国人民代表大会组织法》第三十九条的规定:"宪法和法律委员会承担推动宪法实施、开展宪法解释、推进合宪性审查、加强宪法监督、配合宪法宣传等工作职责。宪法和法律委员会统一审议向全国人民代表大会或者全国人民代表大会常务委员会提出的法律草案和有关法律问题的决定草案;其他专门委员会就有关草案向宪法和法律委员会提出意见。"我国的宪法监督制度主要可以归纳为以下几个方面:

(1)宪法序言确认了宪法的最高地位和最高效力。《宪法》在序言中明确规定:"本宪法以法律的形式确认了中国各族人民奋斗的成果,规定了国家的根本制度和根本任务,是国家的根本法,具有最高的法律效力。全国各族人民、一切国家机关和武装力量、各政党和各社会团体、各企业事业组织,都必须以宪法为根本的活动准则,并且负有维护宪法尊严、保证宪法实施的职责。"在第五条中又规定:"国家维护社会主义法制的统一和尊严。一切法律、行政法规和地方性法规都不得同宪法相抵触。""任何组织或个人都不得有超越宪法和法律的特权。""一切违反宪法和法律的行为,必须予以追究。"此外,《宪法》第五十三条还把遵守宪法列为公民履行的基本义务。第七十六条规定,全国人大代表在自己参加的生产、工作和社会活动中,协助宪法和法律的实施。第九十九条规定,地方各级人民代表大会在本行政区域内，保证宪法、法律、行政法规的遵守和执行。

(2)1954年和1978年《宪法》规定，监督宪法的实施是全国人民代表大会的职权之一。1982年《宪法》在总结过去经验的基础上，把监督宪法实施的职权同时赋予全国人大及其常委会，这不仅有利于对违宪事件的及时处理，而且由于解释宪法是全国人大常委会的职权，把解释权和监督权结合起来，还可以使问题的处理更能符合宪法的精神。现行《宪法》第七十条、《全国人民代表大会组织法》第三十七条规定：在全国人民代表大会闭会期间，各专门委员会受全国人民代表大会常委会的领导。各专门委员会审议全国人民代表大会常委会交付的被认为同宪法、法律相抵触的国务院的行政法规、规定和命令，国务院各部、各委员会的命令、指示和规章，省、自治区、直辖市的人民代表大会和它的常务委员会的地方性法规和决议，以及省、自治区、直辖市的人民政府的决定、命令和规章，提出意见。各专门委员会的审议活动属于预防性原则审查，既可在规范性法律文件颁布前进行，也可以在规范性文件实施以后进行。各专门委员会属于常设机关，由它们协助全国人大及其常委会行使合宪性审查权，承担大量事务性的准备工作，能够保证全国人大及其常委会更充分地行使宪法监督权，避免1954年宪法和1978年宪法仅全国人大有宪法监督权的空洞规定。为弘扬宪法精神，增强宪法意识，维护宪法权威，加强宪法实施和监督，推进合宪性审查工作，2018年全国人大通过的宪法修正案将全国人大法律委员会更名为全国人大宪法和法律委员会。全国人大宪法和法律委员会在继续承担统一审议法律草案工作的基础上，承担推动宪法实施、开展宪法解释、推进合宪性审查、加强宪法监督、配合宪法宣传等职责。这些规定表明了我国宪法监督体制的重大发展，它不仅弥补了原来只有全国人大行使监督宪法实施职权的不足，保证了我国最高国家权力机关可以经常地行使这一职权，而且各专门委员会又可在这方面从事具体的审议工作，使这一工作加强了组织基础。

(3)现行《宪法》建立了一套自上而下、比较完整的法制监督体系，以保证宪法的统一实施。《宪法》规定：全国人大有权改变或撤销其常委会不适当的决定；有权撤销国务院制定的同宪法、法律相抵触的行政法规、决定和命令以及下一级国家权力机关的相应决定和法规命令。现行宪法规定了全国人大及其常委会组织关于特定问题的调查委员会、全国人大及其常委会通过批准规范性法律文件进行合宪性审查、全国人大及其常委会通过对提交备案的规范性法律文件进行合宪性审查，宪法及全国人大组织法、全国人大议事规则、全国人大常委会议事规则、立法法等法律文件规定了合宪性审查对象、合宪性审查的主体、协助全国人大及其常委会进行合宪性审查的机构等我国合宪性审查制度的具体内容。

（二）我国宪法监督制度的特点和存在的问题

1. 我国现行宪法监督制度的特点

(1)从合宪性审查的法定机关来看，我国宪法监督属于权力机关合宪审查的模式。按照现行宪法的规定,我国宪法的监督机关是全国人大和全国人大常委会。

(2)从合宪性审查的方式来看,我国合宪审查采取了事先审查和事后审查相结合的方式。事先审查就是在法律生效之前,在法律的制定过程中由法定机关对其合宪性进行的审查。事后审查就是在法律生效以后,由法定的主体提出而由法定机关对其进行的审查。我国宪法监督采取了事先审查和事后审查相结合的方式。其中,事先审查表现为对有关地方性法规、单行条例和自治条例的备案和批准;事后审查表现为全国人大有权撤销全国人大常委会的违宪立法,全国人大常委会有权撤销国务院的违反宪法的行政立法和地方人大及其常委会制定的地方性法规。

(3)从合宪审查的制裁措施上看,我国采取撤销违宪法律、不批准违宪法案和罢免违宪责任人的职务等措施。世界各国的违宪审查制度都十分重视对违宪的制裁措施,大体来讲主要有以下一些措施:撤销违宪法律;宣布违宪法律无效;允许宪法主体不受该违宪法律约束或者不适用该法律;不允许通过具有违宪性的法案,并责令立法机关修改;以弹劾、罢免等措施追究违宪行为的责任者。各国根据本国的宪政传统和宪政体制选择适用不同的违宪制裁措施,以形成切实有效的违宪审查制度。

(4)从宪法监督的主体看,具有广泛性和多样性的特点。现行《宪法》序言规定:全国各族人民、一切国家机关和武装力量、各政党和各社会团体、各企业和事业组织,都必须以宪法为根本的活动准则,并且负有维护宪法尊严,保证宪法实施的职责。我国一切社会主体都有守宪、护宪及对违宪行为进行监督的义务和权力。我国的合宪性审查机关是全国人大以及全国人大常委会。

总之,我国宪法实施的监督制度的特点主要表现为:坚持一切权力属于人民和民主集中制的原则;有广泛的全民性和民主性基础;有从中央到地方的组织保证体系;采用的是事前审查与事后审查相结合的方式。从行使宪法监督的国家机关来看,我国大体上是由全国人民代表大会及其常务委员会行使宪法监督的职权。这种方式有它的优点,即宪法的制定权和监督实施权统一由最高权力机关行使,可以较好地体现人民民主的精神,但前提是必须使全国人民代表大会成为真正的最高国家权力机关。

2. 我国现行的宪法监督制度存在的问题

(1)合宪性审查制度长期处于怠滞状态。由于全国人大及其常委会担负着繁重的立法任务和任免、决定等工作,且又是以会议的方式行使职权,会议次数、期限都受到限制,使得全国人大及其常委会没有足够的时间和精力行使宪法监督权,从而导致宪法的监督缺乏有效性和连续性。我国长期的对备案文件的审查主要属于一般性的合法性审查,不涉及合宪性审查。特定国家机关以及公民等向人大常委会提出立法审查要求以及建议在实践中少之又少,前者甚至从未出现过。因而,不论是事前审查还是事后审查,合宪性审查都属于相对怠滞的状态。

(2)宪法监督缺乏可操作性和适用性。这突出表现在:第一,现行《宪法》第五条规定:一切法律、行政法规和地方性法规都不得同宪法相抵触。可见,全国人大制定的立法也在宪法监督的范围内。但是,无论是现行《宪法》本身,还是《立法法》都没有明确规定全国人大可以对自己的立法即法律和国务院的规章进行合宪性审查,致使宪法监督的范围出现了空白。第二,缺乏宪法监督的程序和标准,这使得宪法监督很难实际开展。第三,由于全国人大及其常委会没有司法功能,我国有关法律也没有规定对除违宪立法之外的其他违宪行为进行审查的依据和违宪的司法救济手段,使得宪法无法进入实际诉讼领域,从而无法有效地纠正违宪行为,达到保障公民免受公共权力侵害的目的。总而言之,宪法的监督实施是一项专业性很强、技术性很高的系统工作,并非简单的法律技术就可以操作。由于目前我国的宪法监督体制在实际政治生活中难以落到实处,使得形式上具有最高权威性和至尊地位的宪法原则和宪法条文,在适用于社会政治法律关系时,极易被架空。

(三)我国宪法监督制度的改革和完善

建立中国宪法监督体制,只能立足于我国国情的需要,广泛借鉴各国宪法监督制度的经验。一方面,我国宪法解释权属于全国人大常委会,由此,法院因无明确的受理和审理标准,实际上无权受理因宪法规范的适用而直接产生的纠纷。但另一方面,寻求宪法诉讼和宪法救济需要客观存在,并已经通过法院的司法实践出现。2001 年 8 月,最高人民法院针对山东省高级法院关于齐玉苓姓名权纠纷案,作出司法解释(2001 年第 25 号),试图建立一种直接援引宪法进行诉讼的宪法诉讼。此案受到了我国法学界的关注,并引起了广泛的争议。但是后来最高院又废除了对于该案的解释批复。针对我国宪法救济和宪法诉讼,目前我国法学界提出了以下几种选择方案:

1. 授权最高人民法院受理因直接适用宪法规范而发生的案件

最高人民法院设立宪法法庭,由宪法法庭具体办理这类案件。当事人向宪法法庭起诉后,先审核案件是属于宪法案件还是属于法律案件。受理案件后,请求全国人大常委会对宪法规范的含义进行解释,再根据全国人大常委会对宪法规范的解释,对当事人之间的纠纷作出判断。最高人民法院受理案件的前提条件应是:①属于宪法案件而不属于法律案件,或者当事人已经穷尽了法律上的所有救济手段,仍然认为公权力侵犯了其合法权益。②直接根据宪法而形成了具体的纠纷,而不能直接对国家机关的某个法律、法规、规章提起违宪诉讼。③提起诉讼的当事人必须是与案件有利害关系的公民、法人或者其他组织。这种安排可以保证全国人大常委会解释宪法权力的统一性和权威性。

2. 授权最高人民法院对宪法的解释权

最高人民法院就可以在受理宪法案件后,直接解释宪法规范的含义,并依据其自身的解释作出判断。最高人民法院受理的条件与上述条件相同。这种安排的优点是实效性强，最高人民法院不需要请求全国人大常委会解释，可以直接对案件纠纷作出判断。如果全国人大常委会认为最高人民法院对宪法规范的解释不符合宪法规范的本意，可以予以撤销。

3. 全国人大成立宪法委员会或者宪法监督委员会直接受理公民的违宪控诉

鉴于我国的政治体制以及政治实践，多数合宪性审查的完善建议仍是难以实现的。目前建立宪法委员会审查制度是最符合我国实际情况的方案。该委员会设立在全国人大或者全国人大常委会下面，进行专门的合宪性审查。如果该委员会无权解释宪法规范的含义，仍然需要请求全国人大常委会对宪法规范的本意进行解释。目前，我国将法律委员会更名为“宪法和法律委员会”即是在一定程度上回应了此种学术观点。

第十章

律师制度

第一节 律师及律师制度

一、律师概述

(一)律师的概念

律师,指依法取得律师资格,为社会提供法律服务的执业人员,属于法律职业的重要组成部分。现代世界各国都存在这一法律职业,并普遍建立了律师制度。虽然不同国家对律师的称谓、分类及其概念表述存在很大的差异,但其内涵及其本质和功能基本是一致的。对律师概念的界定,主要是着重于其功能和资格上的特点。《中华人民共和国律师法》第二条对律师的界定是:“本法所称的律师,是指依法取得律师执业证书,接受委托或者指定,为当事人提供法律服务的执业人员。”

律师作为复数概念,意味着律师职业和行业,以及由从事律师职业的所有职业人员构成的职业群体。在现代社会,律师也是一个社会阶层和一种社会力量。在实行法律职业一元化的国家,律师也可以作为所有法律职业的统称。

(二)律师职业的特征

律师作为一种法律职业,其基本特征如下:

1. 具备必需的法律专业知识

律师的职能和工作要求他们必须能够熟练地掌握、运用法律规则和法律程序,因此,律师应该是受过法律专业训练,具有丰富的法律知识的专业人士。要想成为执业律师,应当具备一定的条件,获得相应的资格。世界各国往往以法律法规对律师的执业条件作出明确规定,并辅之以非常具体的行业规则;不仅要求律师应具备一定的文化教养,更重要的是,要求他们必须具有一定的专业教育背景,掌握必要的专业知识技能,并必须通过特定的资格考试,才能授予律师资格。

2. 以提供法律服务为职能

律师是接受委托或指定参加法律事务为社会提供法律服务的法律工作者。世界各国律师的法律地位有所不同,其性质一般属于一种自由职业,其服务的对象是相当广泛的:从政府到普通当事人。律师的法律服务主要体现为民事诉讼中的代理和刑事诉讼中的辩护。但是随着社会的发展和法律活动的多样化,当代律师活动的范围和业务越来越广泛,目前,非诉讼业务在律师中所占的比例越来越大,一般可占律师业务总量的80%以上。律师的服务性决定其有权以自己的服务获取报酬。

3. 受国家保护和管理、实行行业自治

律师是经过国家考试并取得执业资格的人,律师的职业资格由国家授予,受国家保护和管理。律师承担着许多重要的司法辅助职能,他们的工作与司法的公正和司法活动的正常进行息息相关,其行为能够产生相应的法律效力,并且成为司法程序的一个重要环节,因此,律师的执业活动和行为受到国家法律保护。同时,律师作为一种专业性很强的职业,具有悠久的行业自治和自律的传统。律师协会是各国律师的自治性行业组织,负责制定律师的职业道德规范,监督实施行业自律,维护律师的合法权益,等等。

4. 具有重要的社会功能

律师是现代法治的重要因素和基础,律师的活动直接与法律的实施、公民的权益保护和当事人的利益密切相关,并关系到司法程序的公正与效率,所以律师不仅必须具备良好的业务素质和职业道德,并且需要承担监督和维护司法公正、追求正义、维护当事人合法权益和法律的权威,以及人权保护、推动立法等重要的社会义务和责任。因此,律师的权利和义务及其职业道德不同于一般的自由职业者,具有更强的规范性、道德性和严格性。

(三)律师的性质

律师的性质,指法律所规定的律师职业区别于其他职业的本质属性和法律地位。律师的性质决定着一个国家律师的社会地位、权利和义务、职业道德与律师的管理体制。世界上多数国家都通过法律明确规定律师的性质和法律地位。例如,《德意志联邦共和国律师法》第一条规定:"律师是独立的司法人员。"第二条规定:"律师职业属于自由独立职业。"法国有关律师的法律也规定:"律师职业属于自由独立职业。"

实际上,律师同时具有司法职业和自由职业的双重性质。一方面,从职业属性而言,律师属于司法活动的组成部分,律师的一切工作都要在国家法律规范下进行；律师是司法程序运作中不可缺少的一环，是现代法治的要素之一，其活动具有司法性和公益性。另一方面，从社会属性而言，律师虽然参加司法活动，但与法官、检察官的司法活动有很大的区别，其本身是利用自己掌握的法律知识向委托人提供法律服务，而不是国家司法官员。在这个意义上，律师是一种市场主体或中介，本身具有获取报酬并营利的动机、需求和权利，律师活动具有一定的经营性和营利性。各国对律师性质的界定，也体现了对其作用不同方面的强调，例如，日本称律师为“在野法曹”，既将其区别于法官、检察官等“官”，又强调了其作为“法曹”及法律家的职业特点。律师在其职业活动中必须谨慎协调好这两个方面。

我国1980年颁布的《律师暂行条例》（现已失效）第一条曾规定：“律师是国家的法律工作者。”这一概念偏重强调律师职业属性中的司法性。1996年颁行、经过2001年修正、2007年修订、2012年和2017年修正的《中华人民共和国律师法》第二条则将我国律师性质定为：“本法所称律师，是指依法取得律师执业证书，接受委托或者指定，为当事人提供法律服务的执业人员。”这一定义主要是从律师资格、受托形式和工作内容对其性质作出的界定。

对于律师的性质，法学界仍然存在不同看法，主要由以下几种观点：

（1）认为我国的律师仍应定位为“国家法律工作者”。因为我国是社会主义公有制的国家，律师作为上层建筑的组成部分应与其相适应。虽然我国现行《律师法》将其定位为“自由职业者”，但这种定位不利于管理，会给我国法律实践造成不应有的混乱，影响正常的法律秩序。而且，当下的律师执业实践中，律师的执业活动仍然受到司法行政部门的实际领导和管理，这一点从大案要案和群体性案件的辩护代理可见一斑。

（2）认为我国律师是“社会的法律工作者”。因为律师作为法律工作者，有独立承办委托事务的权利，律师执业是向委托人提供法律服务，委托人可以是政府、企业单位，也可以是公民个人。同时，律师的收入是依靠向委托人提供法律服务收取费用而取得的，是面向社会的。

（3）第三种观点认为，应当把律师定位为“自由职业者”。律师向委托人提供法律服务，并且依据服务的数量和质量收取费用，为了保持律师工作的独立性，律师事务所作为律师的执业机构，不应当隶属于任何机构，否则可能会因隶属上的关系而影响律师工作的独立性。

综合各方面的观点，在确定我国律师的性质和法律地位时，既应考虑到我国社会主义市场经济的性质，又要把律师和检察官、法官等司法官员明确区分开，同时还要保持我国律师的自身特性。

对律师性质的界定，应从其服务性、司法性和经营性的特点综合加以把握。律师本身应该是司法性、公益性和服务性的统一，应该忠实于法律和客观事实。律师在为当事人负责的同时，必须承担对法律和社会的义务和责任，在二者发生根本性冲突时，必须以法律和公共利益为优先，不能仅考虑当事人的利益而作出违法和违背正义的行为。总之,从我国律师业的发展看,这一职业将更多的成为一种社会性的法律服务行业:就职业属性而言,属于司法体制的组成部分;从行业组织性质而言属于社会性、民间性社会组织;从执业形式和运作方式而言,基本定位为自由职业方向。

(四)律师的职能

1. 律师的基本职能

律师的职能,指律师能够从事的法律事务的范围,一般由各国的法律加以明确规定。作为依靠向委托人提供法律服务、收取报酬的行业,律师的职能都是与法律相关的。世界各国律师的职能因国情而异,一般而言,共同的职能至少包括:①提供法律咨询;②为当事人担任辩护人或代理人,参加诉讼;③代理当事人参加谈判协商、调解、仲裁等非诉讼纠纷解决活动;④参与签订合同、代写法律文书和提供其他法律服务;等等。

2. 参与诉讼

参与诉讼活动是律师最重要的职能,律师作为辩护人和代理人参与诉讼分为以下两种情况:

(1)强制律师代理(辩护),即法律明确规定在诉讼中必须有律师作代理人或辩护人。很多国家明确规定一切刑事案件(即使是轻罪案件)的被告都有权获得辩护,如果当事人自己没有能力聘请律师,国家就必须为其提供法律援助;一些国家规定在特定情况下必须采用强制代理,如我国刑事诉讼法规定部分刑事被告人依法必须有辩护人。在民事诉讼方面,一些国家规定,适用普通诉讼程序审理的民事案件必须聘请律师作为代理人(简易法院和简易程序除外),例如联邦德国就是如此。

(2)任意性代理又称当事人本人诉讼主义,在国家无法保证为每一个无能力聘请律师的当事人提供法律援助的情况下,是否聘请律师代理只能由当事人自行决定。在民事诉讼方面,多数国家采用任意代理原则,但实际上,由于普通民事诉讼程序高度复杂,有无律师代理直接关系到诉讼结果的胜负,因此,很多国家例如美国尽管采用任意代理原则,但实际上绝大多数民事诉讼都是由律师代理的。而有些国家,如日本,当事人本人诉讼的情况虽然较多,但当事人往往会在诉讼前通过向律师进行咨询等方式求助于律师的服务。当代各国在小额诉讼中,一般均鼓励当事人本人诉讼,限制甚至禁止律师代理。

3. 我国律师的业务职能

我国《律师法》第二十八条对律师的业务职能作出了明确的规定。具体包括:①接受自然人、法人或者其他组织的委托,担任法律顾问;②接受民事案件、行政案件当事人的委托,担任代理人,参加诉讼;③接受刑事案件犯罪嫌疑人的委托,为其提供法律咨询,代理申诉、控告,为被逮捕的犯罪嫌疑人申请取保候审,接受犯罪嫌疑人、被告人的委托或者人民法院的指定,担任辩护人,接受自诉案件自诉人、公诉案件被害人或者其近亲属的委托,担任代理人,参加诉讼;④接受委托,代理各类诉讼案件的申诉;⑤接受委托,参加调解、仲裁活动;⑥接受委托,提供非诉讼法律服务;⑦解答有关法律的询问、代写诉讼文书和有关法律事务的其他文书。

(五)律师的权利和义务

律师在执业活动中的权利和义务与其职能直接相关,通常是由国家的相关法律明确加以确定的,例如:律师法、司法组织法、各种诉讼法等。

1. 律师的权利

律师的权利,是律师在执业活动履行其职能时依法享有的权利。律师的权利受国家法律保护。规定并保证律师的权利,对于保证律师执业活动的正常进行,维护当事人的合法权益,具有重要的意义。律师的权利通常是与其职能范围相适应的,在一定程度上属于一种职务上的特权,只有赋予律师一定的特殊权利,才能保证其顺利履行职责。例如,如果允许律师在刑事案件侦查初期介入,就必须通过法律赋予并保证律师的这一特权;如果需要更好地发挥律师在维护刑事被告人权利方面的作用,就必须赋予他们与公诉机关相同或对等的了解案件证据等情况的权利;如果需要律师在民事诉讼中发挥更大的作用,就需要保证他们的取证和调查权,等等。在不同的国家、不同的时代、不同的诉讼程序中,法律赋予律师的权利各有不同,律师可以据此在法庭内外发挥不同的作用。律师的权利能否得到社会和司法机关的尊重和保障,在很大程度上决定着一个国家司法公正的程度。此外,很多国家还规定,律师享有辩论豁免权和作证豁免权,即律师在法庭辩论中如有不当言行,一般不得以诽谤、侮辱或蔑视法庭等罪责追究其法律责任;在涉及当事人隐私或律师保密义务的情况下,律师可以免除作证义务,等等。

另一方面,律师与当事人之间的权利义务关系属于一种委托代理关系,这种关系也需要法律的调整。律师有接受或拒绝委托的权利,在这方面,律师的权利与其对当事人所承担的义务是对等的。双方根据法律规定、行业惯例和职业道德以及双方之间的约定,产生相应的权利义务关系。

根据律师法和有关法律的规定,我国律师在执业中享有以下权利:

(1)人身权利。律师在执业活动中的人身权利不受侵犯。包括人身自由、住所和工作地点、名誉权不受侵犯的权利。

(2)执业权。律师有接受或拒绝委托的权利,有获得合法报酬的权利。并由此可以引申出律师的一系列具体权利。

(3)在诉讼中的权利。有出席法庭、参与诉讼的权利;有收集、查阅与本案有关的材料,同被限制人身自由的人会见和通信,出席法庭,参与诉讼,以及享有诉讼法律规定的其他权利;律师担任诉讼代理人或者辩护人的,其辩论或者辩护的权利应当依法保障。

(4)调查取证权。2007年《律师法》第三十五条对律师的调查取证权的内容作出了新的规定,分为申请取证和自行取证。受委托的律师根据案情的需要,可以申请人民检察院、人民法院收集、调取证据或者申请人民法院通知证人出庭作证。律师自行调查取证的,凭律师执业证书和律师事务所证明,可以向有关单位或者个人调查与承办法律事务有关的情况。2007年《律师法》取消了1996年《律师法》规定中的"经有关单位或个人同意"的内容,2017年我国修订《律师法》,对上述内容的相关规定保持不变。

2. 律师的义务

律师的义务是指律师在执业活动中应当遵守的行为规范。律师的义务与其权利相对应,具有保证其正当行使权利、避免其滥用权利的必要性,律师如果违背其义务,就需要承担相应的责任。律师的义务分为法定义务和约定义务两个方面,前者指由法律规定的律师必须履行的义务,既包括职务内容、程序上的,也包括行为方式(如语言、文字的使用)、服饰甚至礼仪方面的要求。后者则包括律师与当事人之间在委托代理合同中所约定的各种义务。律师的义务不仅受法律规范,同时也受到行业内的职业道德规范制约。我国律师法对律师义务的规定大致可以归纳如下:

(1)基于代理权而产生的义务。在受委托的权限内,维护委托人的合法权益;应当保守在执业活动中知悉的国家秘密和当事人的商业秘密,不得泄露当事人的隐私;律师不得在同一案件中,为双方当事人担任代理人。

(2)禁止的行为。私自接受委托,私自向委托人收取费用,收受委托人的财物;利用提供法律服务的便利牟取当事人争议的权益,或者接受对方当事人的财物;违反规定会见法官、检察官、仲裁员;向法官、检察官、仲裁员以及其他相关工作人员请客送礼或者行贿,或者指使、诱导当事人行贿;提供虚假证据,隐瞒事实或者威胁、利诱他人提供虚假证据,隐瞒事实以及妨碍对方当事人合法取得证据;扰乱法庭、仲裁庭秩序,干扰诉讼、仲裁活动的正常进行。

(3)法律援助的义务。律师必须按照国家规定承担法律援助义务,尽职尽责,为受援人提供法律服务。

(4)公平竞争方面的义务。1995年,司法部专门制定了《关于反对律师行业不正当竞争行为的若干规定》,规定8种不正当竞争行为应受到处罚,包括不当宣传、借行政权力垄断法律事务、诋毁其他律师事务所、无正当理由降低收费标准等情况。

(5)执业限制义务。曾担任法官、检察官的律师,从人民法院、人民检察院离任后两年内,不得担任诉讼代理人或者辩护人。

3. 律师的责任

律师如果违反了法定或约定义务,就应该承担相应的责任,包括刑事责任、行政责任、民事责任，分别由相应的司法机关、行政主管部门和受害当事人依法加以追究，同时，律师的行业自律机构亦可以通过内部的惩戒机制追究其违反职业道德规范的行为责任。

（1）行政责任。我国《律师法》第四十七条规定，律师有下列行为之一的，由设区的市级或者直辖市的区人民政府司法行政部门给予警告，可以处五千元以下的罚款；有违法所得的，没收违法所得；情节严重的，给予停止执业三个月以下的处罚：①同时在两个以上律师事务所执业的；②以不正当手段承揽业务的；③在同一案件中为双方当事人担任代理人，或者代理与本人及其近亲属有利益冲突的法律事务的；④从人民法院、人民检察院离任后二年内担任诉讼代理人或者辩护人的；⑤拒绝履行法律援助义务的。《律师法》第四十八条规定，律师有下列行为之一的，由设区的市级或者直辖市的区人民政府司法行政部门给予警告，可以处一万元以下的罚款；有违法所得的，没收违法所得；情节严重的，给予停止执业三个月以上六个月以下的处罚：①私自接受委托、收取费用，接受委托人财物或者其他利益的；②接受委托后，无正当理由，拒绝辩护或者代理，不按时出庭参加诉讼或者仲裁的；③利用提供法律服务的便利牟取当事人争议的权益的；④泄露商业秘密或者个人隐私的。

（2）刑事责任。我国《律师法》第四十九条规定，律师有下列行为之一的，由设区的市级或者直辖市的区人民政府司法行政部门给予停止执业六个月以上一年以下的处罚，可以处五万元以下的罚款；有违法所得的，没收违法所得；情节严重的，由省、自治区、直辖市人民政府司法行政部门吊销其律师执业证书；构成犯罪的，依法追究刑事责任：①违反规定会见法官、检察官、仲裁员以及其他有关工作人员，或者以其他不正当方式影响依法办理案件的；②向法官、检察官、仲裁员以及其他有关工作人员行贿，介绍贿赂或者指使、诱导当事人行贿的；③向司法行政部门提供虚假材料或者有其他弄虚作假行为的；④故意提供虚假证据或者威胁、利诱他人提供虚假证据，妨碍对方当事人合法取得证据的；⑤接受对方当事人财物或者其他利益，与对方当事人或者第三人恶意串通，侵害委托人权益的；⑥扰乱法庭、仲裁庭秩序，干扰诉讼、仲裁活动的正常进行的；⑦煽动、教唆当事人采取扰乱公共秩序、危害公共安全等非法手段解决争议的；⑧发表危害国家安全、恶意诽谤他人、严重扰乱法庭秩序的言论的；⑨泄露国家秘密的。律师因故意犯罪受到刑事处罚的，由省、自治区、直辖市人民政府司法行政部门吊销其律师执业证书。

（3）民事责任。我国《律师法》第五十四条规定，律师违法执业或者因过错给当事人造成损失的，由其所在的律师事务所承担赔偿责任。律师事务所赔偿后，可以向有故意或者重大过失行为的律师追偿。律师和律师事务所不得免除或者限制因违法执业或者因过错给当事人造成损失所应当承担的民事责任。

（4）职业道德责任。世界各国律师都必须受律师行业协会制定的职业道德规范的严格制约。我国《律师法》第三条规定律师执业必须遵守宪法和法律，恪守律师职业道德和执业纪律。中华全国律师协会也制定了《律师职业道德和执业纪律规范》,对律师行为具有约束力。

二、律师制度

(一)律师制度的概念及意义

律师制度,是指国家确认的关于律师性质、资格、地位、功能、组织、执业方式、活动原则以及向社会提供法律服务的具体方式等方面的法律制度。律师制度属于一国司法制度的重要组成部分,现代国家都通过宪法、律师法和各种司法程序法对律师制度加以确认和规范。

律师制度在现代法治社会中具有非常重要的作用,已经成为现代法律和司法运作的基本要素之一,其意义主要体现在以下六个方面:

1. 律师制度是民主与法治的重要保障

律师制度本身是现代民主法制的产物,同时,其存在及作用又是民主与法治所不可或缺的保证。律师通过向社会提供法律服务,成为连接国家法律与普通社会民众生活之间的桥梁。通过建立律师制度,可以保障法律规范得以实施和实现,保证社会主体实现利用和参与司法程序的权利,保障社会秩序和法律秩序的有序运行。当前,律师已经成为现代法治社会的一种重要社会力量,直接参与立法、司法、行政和社会生活的各个环节,具有普及宣传法律的功能和意义,并成为健全法制的标志之一。

2. 律师制度是司法程序公正、高效运行的重要条件

法律程序具有程序的规范性、专业性和复杂性的特点,一般的当事人由于不具备法律职业的专业知识和经验以及必要的技术手段,在取证、调查、书写法律文书、举证、质证和法庭辩论等方面,都存在着明显的能力不足,因此在普通诉讼程序中,很难自行参与并成功实现自己的诉讼目的。同时,当事人诉讼能力上的巨大差距也会给居中裁判的法官的审理带来极大的困难,不仅会严重阻碍诉讼程序的正常高效进行,并可能由此导致诉讼结果的实质上的不公正。因此,现代司法诉讼程序,尤其是刑事诉讼程序,一般都需要借助律师的辅助才能完成。越来越多的国家通过法律规定,所有的刑事诉讼被告人都有权获得律师的辩护,并由国家的法律援助制度给予保证;在民事诉讼方面,一部分国家规定民事普通诉讼程序必须由律师代理,即强制律师代理,即使是采取本人诉讼原则的国家,在普通程序中聘请律师代理的也占有很高的比例。律师的参与,能够缩小当事人之间在诉讼能力上的差距,保证诉讼的公正和效率,并极大地减轻法官的工作,成为法官的有力辅佐。

3. 律师制度是市场经济运行和社会自治不可缺少的中介

现代法治社会的法律调整主要不是通过司法诉讼实现的,更多的是依靠社会

主体自主地依据法律规定的行为规范建立各种法律关系,进行各种经济和社会交往活动。但是由于法律调整越来越具体和专门化,当事人对专门的法律规定的理解和运用都存在许多障碍。在这方面,律师的作用尤显积极和广泛:通过提供法律咨询,指导当事人的决策和行为;通过提供法律服务,如订立合同、参与协商谈判等帮助当事人建立法律关系;通过提供法律意见减少当事人的违法行为,避免纠纷的发生;协助当事人依法纳税、制定各种法律文件、自治性规章和公约,建立自治性组织,等等。目前,不仅企业已经普遍聘请法律顾问或专职律师,而且许多公民个人生活中也已经越来越多地依靠律师的服务和帮助。律师行业及其业务适应这种社会需求,本身也发展为一种具有巨大市场和发展潜力的产业。

4. 律师制度是现代社会纠纷解决机制的重要组成部分

传统的律师主要是为当事人进行诉讼活动提供法律服务,但现代的律师的主要业务领域已经极大地扩展,非诉讼事务和诉讼外纠纷解决已经成为律师工作的主要部分。律师由此也开始改变其自身“唆讼”的形象,积极为社会提供各种形式的纠纷解决服务,包括代理当事人参与谈判协商、调解和解、仲裁等;也包括作为中立第三方担任调解人、仲裁员等。还可能通过例如公证、律师见证、法律咨询等业务,避免各类纠纷的发生。相对于其他社会纠纷解决机制而言,律师的纠纷解决具有专业化程度高的特点,能够比较准确地对纠纷解决的法律标准和程序做出成本、效益和结果的判断,属于一种在法律的框架下交易协商的模式,既能够满足当事人的特定需要,又可以使司法资源的配置和利用更加合理。

5. 律师制度是现代人权保障事业的重要力量

随着法治的发展,人权的保护越来越受到重视,而这种保障是通过具体的法律制度和程序、体现在具体的当事人、行为和事件中的。在现代人权保障事业的发展中,律师起到了重要的保障和推动作用。律师能够帮助当事人实际地利用司法诉讼程序解决纠纷,维护自己的合法权益。律师既可以代表被害人参与追究违法犯罪,又可以使刑事被告人获得辩护的权利,通过律师的帮助,能够使处于弱势地位的当事人得到平等的诉讼权利。现代法律援助制度主要是依靠律师的努力建立和运行的;许多重要的公益诉讼和集团诉讼也是在律师的推动下完成的。律师尽早介入刑事侦查阶段,不仅可以有效保证犯罪嫌疑人的合法权益,本身也是对司法活动的有效监督。律师不仅可以维护公民的合法权益,也可以通过对政府活动的指导和监督来减少权力的滥用,提高政府的依法行政意识。

6. 律师制度的存在及运作方式对法治建设具有重要影响

当代世界各国的律师人数、组织和执业方式存在着明显的不同,这种不同也决定了一个国家法律整体运作方式或模式的不同。律师人数多、作用大,说明一个国家对法律特别是诉讼的依赖程度较高。这既有促进经济和市场的竞争力、保护社会成员权利、法律服务全面的优势,但也可能产生刺激诉讼、消耗较多的经济和司法资源的负面作用。而律师人数少,一方面说明社会法律依赖程度低或法律不够健全,但也反映了社会主体协商、自治能力较强,当事人本人参与诉讼的程度较高,对社会有积极的一面。现代法治社会应该根据市场经济和社会生活的需要适度进行规划,使律师人数和素质保持在一个合理的程度。同时,律师规模及发展速度也应与社会和经济的发展相协调,使社会和法律保持一种合理的平衡即“可持续发展”状态。

(二)律师制度的产生与发展

1. 古代律师制度

律师的需要产生于法律活动的专门化。西方国家早在公元前6世纪的雅典共和国时期,就产生了律师的雏形——辩护士或“保护人”。雅典的法律规定,只有雅典的男性才拥有起诉权,异邦人只有通过其“保护人”才能提起和进行诉讼;同时,在案件审理中允许委托他人进行辩护,为适应这种需要,就产生了职业的辩护士。辩护士或“保护人”对后来的罗马律师制度的产生起到了一定作用。

古罗马共和国时期,由于商品经济发达,民事纠纷和诉讼也日益增加,由此形成了罗马时期的诉讼制度和法庭审理中的辩论模式。法律及诉讼程序的复杂和辩论的需求产生了诉讼代理人的需要,并逐步产生了以此为职业的专业人士。公元前3世纪,罗马皇帝正式以诏令形式确认了诉讼代理,并建立了通过考试选用辩护人作为诉讼代理人的制度,这一制度就是现代律师制度的起源。公元1世纪,在罗马共和国后期,律师制度正式确立,不仅采用了“律师”这一职业名称,而且形成了律师职业阶层。法律规定,公民有权获得律师的法律帮助。公元3世纪,罗马帝国后期,国家加强了对律师的管理,将律师分为从业律师和候补律师,从业律师实行限额管理,缺额时由候补律师递补。律师收费标准由法律规定。律师的社会地位很高,并常常成为法官的候选人。

2. 中世纪律师制度

在中世纪的西方国家,由于封建割据,国家的立法和司法活动处于非常低落的状态;同时,纠问式的法庭审理模式也使得辩论的意义不复存在。因此,这一时期在欧洲大陆,律师制度几乎失去了存在的地位和意义。有些国家虽然存在律师制度,但只有僧侣能够以律师身份在宗教法庭执行律师职务。12世纪开始的文艺复兴运动,使得罗马法得以全面复兴。随着大学法律教育和法学研究的发展,世俗律师及律师事业也得到复兴。12世纪以后,法国正式建立了由受过法律教育的世俗专业律师宣誓就职的登记律师制度,律师逐步成为法国法律职业中重要的组成部分,并直接促进了近现代法的形成。

中世纪的英国,从13世纪开始,律师制度开始有了长足的发展,辩论式诉讼模式和罗马法的影响都推动了律师行业的发展。至15世纪,律师业已经相对发达,形成了师徒传承式的律师教育模式,建立了四大律师学院,并确立了从律师中选任法官的传统。

3. 近现代律师制度

近代律师制度是17世纪、18世纪资产阶级革命的产物。近代自由民主思想提倡罪刑相适应、无罪推定等原则，主张保护人权，近现代诉讼程序则以当事人的平等权、辩护权为基础，强调诉讼程序的理性化、专业化和文明化，这些都促进了律师制度的发展。1679年英国颁布《人身保护法》，规定诉讼实行辩论原则，当事人有权获得辩护。此后，各国的宪法和法律先后确认了刑事被告人获得辩护的权利，并相继建立了近现代律师制度。律师制度成为近现代司法活动的标志和组成部分，成为保护当事人权利和促进司法公正的重要机制。

4. 当代律师制度的发展趋势

(1)当代世界律师制度仍在继续发展，其共同的趋势是：①律师人数迅速增长，社会地位不断提高。当代世界的法律需求仍在增长，律师人数也随之继续增长。例如，美国1970年有律师35万人，1983年为60万人，1992年已达到75万人，截至21世纪初，其开业律师已经超过80万人，与人口的比例约为1∶275左右。自2010年以来，美国律师人数的增长速度超过了全国人口的增长速度。截至2020年1月1日，美国共有1,328,692名在职律师，比2010年(1,203,097名律师)增长了10.4%。原来对律师人数发展持稳健保守态度的日本，经过司法改革，日本司法考试的合格率有了很大的提高，律师的人数也在不断上涨。20世纪90年代，日本每年通过司法考试的人数一直有严格的限定，通过率仅为3%。日本法律从业者太少，已经远远难以达到社会的需求，于是在日本社会各界的呼吁下，于2002年左右开始推行司法制度改革。2011年日本正式全面适用新司法考试，考试通过率2011年为17%，2012年为18.6%，2013年为19.8%，2014年为19.5%，2015年为20.3%，从中可以看到新司法考试通过率逐年递增。近几年，日本司法考试的合格率维持在20%以上。此同时，律师的社会地位也在不断提高，律师开始形成独立的政治势力和利益集团，并在社会的各个领域发挥着越来越重要的作用。

(2)律师业务范围不断扩大。从原来的诉讼为主发展到各个领域，从纠纷解决到一般日常法律事务；服务对象从国际组织、政府直到个人，业务范围和职能的扩大也进一步促进了律师人数的增长和社会地位的提高。

(3)律师的分工日趋专业化。由于现代法律事务日趋专业化和复杂化，律师为了适应社会需要，也产生了分工专业化趋势。专业律师和专业律师事务所已经成为普遍现象，在此基础上又发展了律师之间合作的新形式，如大型律师事务所或律师公司的出现。

(4)执业形式多样化。由于法律服务市场和需求的多元化，为适应这种情况，律师执业形式也呈现多样化特点。在经济全球化的背景下，大型律师事务所及公司化律师事务所在国际贸易和投资等事务中具有特别明显的竞争优势，其出现和快速发展标志着律师业务国际化时代的到来，由此也导致律师执业责任的承担从无限责任向有限责任方向的转变。

(5)律师行业自治和自律程度不断提高。律师行业自治历史悠久，随着其社会地位的不断提高，通过自治维护行业的社会威望和声誉，提高行业的素质和竞争力就成为各国律师界的共同目标。律师自治能力的提高既保护了自身的权利，维护了行业的整体利益，也使得国家和社会减少了对其进行行政管理和控制的必要。与此同时，世界各国关于律师的立法也日益完善，使律师行业自治在法律的框架下更加规范。律师开始承担越来越多的社会责任，特别是法律援助和公益诉讼，力图改变其整体形象，成为社会正义和社会良心的代言人。

三、西方主要国家的律师制度

(一)英国的律师制度

在普通法系中，英国的律师制度具有一定的代表性。13 世纪前后产生的"辩护律师"职业，可以视为英国大律师的最初形态。英国没有系统的律师法典，有关律师制度的各项规定散见于宪法性文件及其他一些法律文件中。英国律师分为以下两类：

(1)大律师(barrister)，也译为"出庭律师""巴律师""高级律师"或"专门律师"，指能在英国上级法院执行律师职务的律师。成为大律师需要严格的条件：首先要求得到四大律师公会即林肯、格雷、内殿、中殿律师公会(学院)认可的资格；其次，需要通过大律师资格考试(通过率一般在 60% 左右)；最后，需要在有经验的辩护律师的指导下，当 1 年的见习律师。大律师的职能是出庭辩护。大律师有许多的特权，有权在上议院、上诉法院、刑事高等法院、巡回法院等上级法院执行律师职务。在皇家法院，通常只有大律师享有出庭权。大律师社会地位很高，属于高收入阶层，对英国社会的政治、经济等方面产生了深远的影响。在英国，没有大律师的资格不得申请成为法官。法院的许多重要职位，都要求有 10 年或 15 年以上的大律师执业资历。但大律师不能直接从当事人那里接受委托，也不能直接会见当事人。

(2)小律师(solicitor)，也译为"初级律师""沙律师""诉状律师""事务律师"，是直接接受当事人的委托，在下级法院及诉讼外执行律师业务的律师。小律师无特定学历要求，一般要求毕业于大学法科，通过小律师资格考试，到诉状律师所当若干年(一般为 2 年至 5 年)实习律师，才可成为诉状律师。主要职能是负责接待当事人，解答法律咨询，起草法律文书，担当法律顾问，处理婚姻、家庭、财产、遗嘱方面的法律事务。其工作大多与财产有关，如调查土地的所有权，准备销售、财产转让及遗嘱的契约文书，还常常履行执行人和受托人的职责。小律师是不准出庭的，但在20世纪70年代以后，此规定有所松动，但只限于在治安法院和郡法院出庭辩护，如果这些案件上诉到高等法院，小律师也可以到高等法院出庭辩护。

在英国，大律师远远小于小律师。在这种律师二元制的结构中，由于出庭律师不与当事人直接接触，有利于其从纯粹的专业的角度公正地承办法律事务，维护当事人的合法权益，确保法律的公正实施；但是当事人因此就必须聘请两名大小律师，手续复杂且花费巨大。

英国没有全国性的律师组织，各地区都建有大律师和小律师两种律师组织。例如，英格兰和威尔士的大律师公会和律师协会，分别实行行业自治。律师都必须是律师组织的成员，律师组织负责律师的资格考试、资格认定、惩戒，并制定律师从业规则和考试规则等。

（二）美国的律师制度

美国没有统一的《律师法》，有关律师的规定散见于宪法、判例法以及律师协会制定的《律师守则》中。美国律师没有出庭律师和诉状律师之分，但可以依职能划分为私人律师和公职律师。

（1）私人律师是自由开业的律师。取得州的律师资格，并在一家律师事务所工作，就可以成为私人律师。主要工作是受当事人委托从事各种法律业务。私人律师收费方式以按时收费为主，同时对部分案件实行胜诉酬金制度。律师收入和经济地位之间存在极大的差别。

（2）公职律师主要为政府部门、法院、检察院服务，一般只为本部门提供法律服务，而不面向社会。如向政府部门的首长提供法律咨询，代理本部门参加诉讼。在法院工作的公职律师主要是接受法院指定，为没有钱请律师的被告人担任辩护律师（法律援助）。公职律师的报酬由政府支付，除高级司法官员（如司法部部长）外，相对于私人律师，收入较低。因此，担任公职律师的，通常是刚获得律师资格的年轻律师，一旦他们获得丰富经验或收入较优厚的私人律师职位，就转为私人律师。

私人律师和公职律师在法律资格和教育方式上完全相同：首先，需要法学院学历，任何大学学历都不能代替法学院的教育。其次，应通过律师资格考试。作为一个联邦制国家，美国的各个州都有自己的律师制度，律师在一州执业必须通过该州的律师考试，各州考试委员会由该州的最高法院指定。联邦由全国律师资格考试领导小组负责协调各州的考试与评分。最后，应具备良好的个人品行条件，律师事务所和律师协会对律师的品行拥有详细的记录和监督机制。取得律师资格后，担任私人律师还是公职律师完全由律师个人决定。

美国有全国性和各地方性律师组织。美国律师协会成立于1878年，是全国最大的由律师自发组成的律师组织，由于美国法律家共同体是一元化结构，因此其成员不仅包括开业律师，而且包括法官、检察官和法学家等。律师协会在促进法学研究和法律家的继续教育、促进司法统一、维护律师职业的荣誉、加强法律家之间的感情和联系、增进公共利益等方面都承担着责任。律师加入律师协会是自愿的。

（三）法国的律师制度

作为典型的大陆法系国家，法国的律师制度主要受罗马法的影响。在1971年以前，法国的律师业由四种专职人员组成，即辩护律师、诉讼代理人、商事诉讼代理人和法律顾问。这种分类类似于英国的出庭律师和诉状律师的分类。辩护律师出庭代表所代理的当事人发表口头辩论；而诉讼代理人则处理案件的所有其他事务，诸如文书制作、收集证据、提起上诉等。这两种职业之间在履行职责方面具有排他性的权利，一方不得越权去干涉属于另一方的事情。在辩护律师、诉讼代理人之外，法国的律师职业还存在着商事诉讼代理人。商事诉讼代理人可以在商事法院履行辩护律师和诉讼代理人的职责，但在其他法院则无权出庭。1971年，法国颁发《关于司法与法律方面专门职业改革办法》，对传统律师制度进行改革，创设新的专业律师取代过去各种专门律师。通过1990年的议会专门立法，至1992年1月，律师和法律顾问的两类职业合并，最终实现了律师职业的统一。

在法国成为律师的条件是：①必须是法国国民。②必须具有法学学士或法学博士学位的资格，除非法律另有规定。③必须持有律师职业适合证书。其途径是：在国立大学内部设立司法研究所举办律师考试培训课程，由教授、司法官、律师担任讲师；法律系四年级学生、法学学士、法学博士均可以报名接受为期一年的培训课程；在培训后参加笔试和口试两次考试，考生参加考试不得连续超过3年。④道德行为标准：必须没有因为有损于品行的行为而被判处刑罚或受到行政制裁。⑤没有受过破产等宣告。在通过律师资格考试，获得“律师业技能合格证书”之后，即成为见习律师，此后，还需要在律师事务所进行为期3年至5年的实习培训，由律师协会根据其表现决定是否授予律师资格。

在法国，由于法律职业采用分业模式，律师一般不能直接成为法官或检察官。

（四）德国的律师制度

德国律师都拥有统一称号和资格，并没有职业上的分类。但是根据律师所从事的业务，可以将其分为三类：

（1）私人开业律师。接受当事人委托，作为辩护人或代理人参与诉讼活动，提供法律咨询和其他委托业务。由于在普通民事诉讼中实行强制律师代理制度，律师的主要业务与诉讼有关。律师在诉讼中的收费由法律明文规定，少数大律师事务所的业务则主要集中于非诉讼业务。

（2）企业法律顾问。分为两种：一类是企业的专职法律顾问，在企业的法律部门工作，主要从事商务法律工作，相应地失去作为出庭律师的机会。另一类是理事律师，绝大多数时间为特定客户如某一企业服务，但不是专职律师，其余时间仍作为私人开业律师从事业务。

（3）政府律师。服务于政府部门的律师，绝大多数是以行政官员而非法律专家行使职权的。

德国的律师与法官接受同样的法律教育和培训,但由于法律职业采用分业模式,律师一般不能直接转为法官或检察官。

(五)日本的律师制度

目前,日本律师与法官、检察官的培训途径是相同的,即司法考试和司法研修。由于传统上法律职业采用分业模式,律师一般不能直接成为法官或检察官。20世纪90年代的司法改革,开始仿效英美允许律师成为法官,但人数极为有限。目前正在实施的司法改革方案计划在若干年内逐步增加从律师中升任法官的人数,最终实现全部法官由律师中产生的目标。

日本律师(辩护士)联合会是法定的律师组织,属于一种独立的自治团体,但律师加入该组织则是强制性的,律师必须加入当地律师联合会,律师和各地律师联合会均为日本律师联合会的当然成员(双重强制加入制度)。协会的活动经费来自会员缴纳的会费。根据日本的辩护士法,律师联合会的权限和职能主要是:①设置律师名册,负责登记业务;②律师的资格审查;③研讨为维护会员纪律的各种方针政策;④审查对律师惩戒处分的不服或审查对不处分所提出来的异议申诉,以及行使对律师的直接惩戒权;⑤发行机关杂志和出版物;⑥办理休业、共济、互助养老金业务。

日本律师界有很严格的行业自律和重要的社会功能,在司法改革、立法、人权保障运动等方面都作为一支重要的力量发挥了不可或缺的作用。同时,在强调律师行业为当事人服务性的同时,强调律师的公益性和司法性,以维护法治、促进司法的公正和民主化为己任。

(六)俄罗斯的律师制度

根据俄罗斯有关律师制度的法律规定,律师制度是指保障律师为刑事案件的被告人进行辩护,以及律师为民事、行政与刑事等案件中的某一方实施诉讼代理的制度。俄罗斯律师制度的基本内容主要包括以下几个方面:

(1)律师资格的认定。根据俄罗斯律师法规定,凡受过高等法律教育、从事法律专业工作两年以上,并通过律师协会资格鉴定委员会考核的法律从业人员可以获得律师资格。如果没有通过考核,一年后允许复考一次。取得律师资格后,此人还必须经过一年以上的实习期才可以正式成为律师。此外,获得法学专业副博士以上学位并从事法律科研和教学工作的人员可以不经过律师协会资格鉴定委员会的考核及法律专业进修而直接取得律师资格。取得律师资格后,该律师可以直接加入律师协会,开始从事律师工作。从加入律师协会之日起,该律师将不得同时在国家立法机关和执行机关内担任职务。

(2)律师的法律地位。根据俄罗斯法律规定,国家保障律师独立地从事律师活动,律师在受理委托案件时不受任何机关和个人意见的左右,完全以自己的律师职责为准则。律师在代理诉讼和担任辩护人时,并不因自己口头或书面的个人意见而承担纪律、行政、司法及物质方面的责任,只有联邦总检察长、副总检察长或联邦主体检察长有权对律师提起刑事诉讼。

(3)律师的职责。根据俄罗斯法律规定,律师应对涉及受理委托案件当事人的情况保守秘密;律师无权对实施刑侦的国家机关提供委托案件当事人的相关情报或对国家机关施加个人影响;律师不得作为受理委托案件的证人接受传唤和质询;律师可以为所有案件的各类法人和自然人提供法律及利益上的援助;律师有权为提供法律援助而搜集相关的证据、文件;律师有权利用法律允许的方法为委托人提供法律方面的援助,但无权为委托人应享有的权利设置障碍。

(4)律师资格的取消。根据俄罗斯法律规定,在下列情况下可以取消律师的职业资格:①职业考核不合格或健康原因;②服兵役;③担任国家机关工作职务;④违犯了律师协会章程,未能忠实地恪守自己的律师职责而受到纪律处分;⑤被指控犯罪而受到刑事判决等。被取消律师资格后,该律师如有异议,可以向法院提起申诉。全俄律师联合会是俄罗斯律师界所组成的一个独立的社会性的职业组织。该组织不仅在俄罗斯司法界,而且在整个俄罗斯社会都有着十分广泛的影响。

四、我国律师制度

(一)我国律师制度的产生与发展

1. 古代社会的法律职业

作为一种提供法律服务的职业,我国古代也存在类似律师的行业。春秋时期,在公元前7世纪和前6世纪的文献中,就已经可以见到以法律知识和辩论技巧为人代理诉讼的记载。元、明、清时期,国家曾允许为没有诉讼行为能力(老废笃疾或妇女)的当事人提供诉讼代理。然而,我国历史上从未正式承认过律师的作用,也并未形成正式的律师制度。由于诉讼本身的复杂性,民间实际上存在着对法律服务的需求,因此,一种被称为"讼师"的民间法律家应运而生,为当事人代写诉讼文书、提供法律咨询、打点官府等,提供"法律服务"。但是,由于讼师的行为和声誉不佳,国家不但不承认其地位和合法性,反而不断对其进行禁止和打压。因此,讼师尽管确实发挥了律师的某些功能,但不具备律师的社会地位,也不能在法庭上公开合法地出现。

2. 近代律师制度的建立

近代中国的律师制度萌芽于清末变法,在当时拟定的许多法律中都确认了律师的作用。辛亥革命后,南京临时政府起草了《律师法草案》。1912年,北洋政府公布《律师暂行章程》,为第一部正式实施的律师法,标志着中国近代律师制度的建立。南京国民政府时期,曾制定颁布了多部关于律师的法律法规,使律师制度更加规范，但实际上为数不多的律师都集中于少数几个大城市。

在中国共产党领导的革命根据地时期，已经开始实行律师代理和辩护制度，但由于历史条件所限，在当时不可能发挥律师的作用。

3. 新中国律师制度的建立和发展

新中国建立后，立即开始筹建新的律师制度。1954 年《宪法》规定，被告人有权获得辩护的权利。从 1954 年到 1957 年，多数省、自治区和直辖市都建立了律师机构。但是，1957 年以后，律师制度被视为资产阶级司法制度而被废除。

直到 20 世纪 80 年代之后，律师制度才得以恢复。1980 年，全国人大常委会通过《中华人民共和国律师暂行条例》，此后，我国律师制度得到了迅速的发展。1996 年 5 月 15 日第八届全国人民代表大会常务委员会第十九次会议通过了《中华人民共和国律师法》。2001 年 12 月 29 日第九届全国人民代表大会常务委员会第二十五次会议通过《关于修改〈中华人民共和国律师法〉的决定》第一次修正，2007 年 10 月 28 日第十届全国人民代表大会常务委员会第三十次会议修订，2012 年 10 月 26 日第十一届全国人民代表大会常务委员会第二十九次会议通过《关于修改〈中华人民共和国律师法〉的决定》第二次修正。2017 年 9 月 1 日第十二届全国人民代表大会常务委员会第二十九次会议通过《关于修改〈中华人民共和国法官法〉等八部法律的决定》对《律师法》进行了第三次修正。目前，律师已经成为一个人数众多的法律职业，截至 2022 年 2 月，律师人数已达到 57.6 万多人，律师事务所达到 3.6 万多个。

（二）我国律师制度的特点

与世界各国的现代律师制度比较，我国律师制度除与之存在基本的共同点外，还具有以下一些特点：

（1）我国律师制度建立在中国特色社会主义制度和司法体制的基础上，具有鲜明的本国特色。我国律师制度尚处在一个转型和发展的过程中，律师执业机构从最初的法律顾问处到国办所，发展为目前的多元化格局，最终的制度建构尚未完成。

（2）我国律师制度的历史较短，发展过快，导致目前律师素质参差不齐，律师行业的整体职业道德和自治能力相对较低。同时，律师的社会地位和权利保障程度也比较低。

（3）由于法律职业和法律教育尚未形成特定的模式，律师的来源和法律职业之间的关系复杂，律师与法官、检察官、法学家之间的转换相对宽松，职业定位和资格获得途径多元化。

（4）律师资格与律师执业资格相分离，取得律师资格的程序和申请律师执业的程序相互分离，公民依法取得律师资格后并不能当然成为职业律师，但可以保留律师资格；取得律师资格的公民如欲以律师名义执行业务，还必须经过法定的行政许可程序领取律师执业证书。

(5)行政管理与行业自治相结合。目前律师行业自治能力较低,行政管理仍为主要方式,但正在逐步从行政管理向加强行业自治过渡。

(6)由于实行"一国两制",在我国港澳台地区存在相对独立的律师制度,律师在各法域之间的交流和协作将成为今后律师活动的重要内容。

(三)港澳台地区律师制度

1.香港特别行政区律师制度

香港的律师制度渊源于英国律师制度,从1858年《执业律师条例》开始,先后制定了若干关于律师的法律法规。1964年8月颁布、历经多次修订的《执业律师条例》,是现行律师制度的基本依据。

香港的律师也分为"大律师"和"(事务)律师"两类。大律师又称出庭律师,主要从事诉讼代理,代表当事人出庭或辩护,不能直接接待当事人,出庭必须由事务律师陪同。事务律师主要处理非诉讼法律事务以及出庭前的准备工作,当事人诉讼必须通过事务律师聘请大律师。此外,香港还有政府律师,受聘于政府机构,律政司的检察官也被称为政府律师。

事务律师资格的取得,要求具备法定条件(在香港居住满7年以上、法学学士);在律师行跟随一名律师实习两年后的12个月内向律师会提出申请,经审查合格者,发给"符合资格获认许为律师证明书";之后向司法常务官提出申请,由高等法院审查同意后送律政司和律师会备案;经过宣誓、交纳规定费用,登入律师名册;取得律师资格后,还必须申请执业资格,领取律师执业证书。

大律师资格与事务律师不同,需单独申请,程序大致相似。在大律师中又单独列出"资深大律师",作为一种特定资格。

律师的执业组织称为律师行,有两种形式:合伙制和独营律师。

两类律师分别建立了自己的自治性组织。香港律师公会成立于1907年,是律师的自治性组织,也是法定的专业团体。香港大律师公会是大律师的专业团体。律师公会制定了一系列纪律规范和职业道德规范,对律师严加规范。

香港的律师纪律审裁团由首席法官委任,负责处理律师的违纪案件和投诉,根据情况分别处以除名、吊销执业资格等处分。律师由于职业过失给当事人造成损失的,当事人可以通过民事诉讼获得赔偿。律师都必须购买执业保险,实行强制保险制度。

2.澳门特别行政区律师制度

澳门的律师为自由职业者,人数很少(约40人)。1991年5月6日通过了《澳门律师通则》,共41条,成为澳门律师制度建设和律师工作的基本法规。

获得律师资格要求一定的学历条件。所有的律师都必须向律师公会所组成的公共团体筹备委员会申请成为注册律师。经澳门公会有效注册的律师和实习律师，具有执业的权利，享有与律师业务相当的保障及待遇。律师不得兼任任何有损律师独立性及职业尊严的活动或职务。例如：除立法会议员之外的澳门管理机关领导或成员；正式或代任的法院法官、检察院司法官及任何法院的公务员或服务员；市政厅主席、副主席、公务员或服务人员；公证登记机关的公共公证员、登记局局长、公务员或服务人员；除法律教员以外的任何公共机关的公务员或服务人员；现役的武装部队及军事化部队的成员；中间人或拍卖人；特别法所规定的律师不得从事的其他活动或职业。律师必须遵守《澳门律师法》，在澳门律师公会注册并遵守公会制定的章程、准则。

澳门律师有单独执业的，也有采取合伙的形式、集体执业的。澳门律师公会是自治的公法人组织，职责主要有：①规定职业的从事。②给予律师和实习律师职业称号。③促进律师间的交流，维护律师的权利和利益，促进律师间的团结。④发表对于司法组织、从事律师业、民事及刑事诉讼等法规制定的建议及草案的意见。

澳门律师业高等委员会，是根据《澳门律师通则》建立的律师的职业纪律机关。澳门律师的惩戒由澳门律师业高等委员会来行使，它通过投诉或者举报自行行使对律师和实习律师的纪律管辖权。对律师的处分主要有：警告、训诫、罚款、中止 10～180 个律师工作日和中止 6 个月至 5 年律师工作，以及开除等。对违纪律师的处分需遵循法定的程序，并允许受处分的律师进行辩护。

3. 台湾地区律师制度

在台湾，成为律师必须参加律师资格考试。根据台湾“律师法”，参加律师考试，必须具有应试资格，分为积极资格与消极资格两种。积极资格，即允许考试的资格，律师高等鉴定考试，要求具有法律专科以上学校的同等学力，只要是成绩及格，就可以取得律师资格。消极资格，指禁止参加律师考试的条件，包括违法犯罪等。

律师资格还可以通过检复的方式获得，即以间接的形式，考查检复对象是否已具备执行律师职务所需要的知识和能力。主要限定于司法界、立法界、教育界和军界，以及能在台湾开业的外国律师。检复只能由考选机关设置的检复委员会实施。

根据台湾“律师法”的规定：已经取得律师资格证书者，从正式工作起，必须先在法院登录，并且要加入律师公会，否则不能执业。台湾的律师公会分为全台湾省的律师公会和地方各级的律师公会。行政上，省级律师公会受“内政部”管辖；地方各级律师公会受各市、县级的行政主管机关管理。业务上，它们都受“法务部”及律师公会所在地的地方法院首席检察官的指挥和监督。没有加入律师公会的律师，不能进行律师执业。律师公会的作用主要是促进司法制度的改革，提高律师地位，发展司法教育，与世界各地的法律界进行交流，提高法律服务的质量，律师公会的工作要受到社会行政主管部门和法院的指挥和监督。

律师的工作主要包括诉讼与非诉讼两类。律师必须本着忠于事实、为当事人服务的精神而为当事人谋求利益，遵守法规法纪不为私利所动。没有正当的理由，律师不得终止与当事人的契约或合同。如果因为客观原因不得不中止与当事人的契约，根据“律师法”规定应当在审判前 10 天通知委托人。同时，律师负有对当事人的保密义务。

根据台湾“律师法”的规定，对律师共有四种处罚方式：警告、申诫、停止执业两个月以上两年以下、除名。其中第四种处罚意味着受罚人将永远失去律师资格。

律师受到惩戒时，“律师惩戒委员会”是初审机关，“律师惩戒复议委员会”为复审机关。由高等法院及其分院或地方的法院首席法官向“惩戒委员会”提出律师的惩戒案，由“律师惩戒委员会”内部评议表决，超过半数即可通过该惩戒案。如果受惩戒律师对该判决不服，可以在 20 天内以书面形式向“惩戒复议委员会”提出复审。初审、复审后由“法务部”以命令的形式来决定是否执行。

第二节　律师的执业形式及其管理

一、律师职业资格

（一）律师资格的概念

律师资格，即根据国家的有关规定、按照一定的条件和程序所获得的国家认可的专业资格。只有取得律师资格的人，才能以律师的身份执行律师职务。获得律师资格是成为律师的必经程序和法定条件。律师作为为社会提供法律服务的专业人员，必须具有精湛的法律知识和较高的道德水准，所以世界上各国对于律师的资格都有严格的规定。

（二）获得律师资格的途径和条件

世界各国律师资格取得方式各有不同，一般有两种基本模式：

（1）法律职业培养的一元化模式，即律师与法官、检察官采用同样的资格条件和培训途径，例如德国、日本的统一司法考试和统一培训制度。但是，在取得资格后，通常分别就任不同的法律职业，如法官、律师等，这种模式，律师与法官具有相同的任职条件和资格。

（2）单独的律师培养途径和资格获得方式，包括两类：①英美法系国家，律师是法律职业的基础，从事法律职业必须首先从律师开始，法官、检察官资格高于律师。其中英国和我国香港地区的律师根据分工的不同，大律师与实务律师各有专门的资格获得方式和培养途径。②大陆法系国家的分业培养模式，例如法国，律师的培训与法官分别进行，互不相关，各法律职业的任职条件不同，要求不同，但并无明显的高下之分。

各国的律师资格基本要求大致都有以下条件:①具有本国国籍,但有些国家允许外国人参加律师资格考试并获得律师资格,如美国和德国;②品行良好;③学历条件,根据本国国情,一般具备法学学士学位;④通过专门的司法考试或资格考试。同时,在正式从事律师业务之前,一般均需要经过一定的专门培训或实习。经过专门机构(如律师协会)的考察,正式授予律师资格。

(三)执业资格

律师资格与律师执业资格既有联系,又可以相互区别。原则上,律师资格是指一种专业资格,是进入律师行业的准入条件之一;而律师执业资格则是一种营业资格,即开业和执业的许可,是以律师资格为前提并以实际从事律师职业为条件的。在大多数国家,律师资格与律师执业证书是统一的,但二者又是可以分离的。在取得律师资格之后即使不从事律师业务,仍然可以保留其资格;同样,具有律师资格并不必然可以随时进行律师业务,仍需履行一定的程序、取得执业证书。我国采取律师资格与律师执业资格分离的制度。取得律师资格,并不必然意味着可以获取律师执业证书,只有经过实习,司法行政机关经审核认为其能力可以从事律师职业的,才可以获得律师执业证书。

律师职业道德及权利义务通常是针对律师的行为而言的,在这个意义上,律师行业管理和自治也主要是针对实际从事律师职业的执业律师而言的。此外,执业律师的营业性活动必然与一定的组织机构即律师事务所和其他执业形式有关,因此对诸如注册、考核、营业、纳税等问题须由一系列特殊的法律制度加以调整。

(四)我国律师资格与执业资格

1. 律师资格的取得

根据我国《律师法》和《国家统一法律职业资格考试实施办法》的规定,取得律师资格的条件如下:

(1)品行条件:拥护中华人民共和国宪法;品行良好。受过刑事处分的(过失犯罪除外)和被开除公职或被吊销律师执业证书和公证员执业证书的人不予颁发律师执业证书。

(2)学历条件:具备全日制普通高等学校法学类本科学历并获得学士及以上学位;或者全日制普通高等学校非法学类本科及以上学历,并获得法律硕士、法学硕士及以上学位;或者全日制普通高等学校非法学类本科及以上学历并获得相应学位且从事法律工作满三年。

(3)业务条件:通过律师资格考试或考核。根据《国家统一法律职业资格考试实施办法》的规定,国家实行法律职业资格全国统一考试制度。我国从 1986 年组织第一次全国律师资格考试,到 2000 年为止已进行了 12 次全国统考,共有 150 万人次参加了考试。从 2002 年开始,我国不再实行单独的律师资格考试,而由统一司法考试取代。到 2018 年为止,已经举行了 16 次统一司法资格考试。2018 年

9 月 22 日上午,47 万余人走进考场参加首次国家统一法律职业资格考试。存在了 16 年的司法考试正式被法律职业资格考试取代。

此外,《律师法》第八条规定:“具有高等院校本科以上学历,在法律服务人员紧缺领域从事专业工作满十五年,具有高级职称或者同等专业水平并具有相应的专业法律知识的人员,申请专职律师执业的,经国务院司法行政部门考核合格,准予执业。”这就是说,我国律师执业是以律师资格考试为主,以考核批准为补充。经考核批准取得律师执业资格,在程序上要求比较严格。申请人应由本单位出具同意从事律师执业的书面意见,本人提出从事律师执业的申请,还要找到接受其执业的律师事务所,然后由该所将有关材料报省级司法行政部门考核报批。

2. 律师执业证书的取得

律师执业证书是律师的法定标志,是律师执业的有效证件。经过考试或考核取得律师资格的人员,其申请律师执业者还必须依法领取律师执业证书才能执业。律师执业证书与律师资格证书不同,律师执业证书的取得,表明申请人既具有取得律师资格应有的知识水平,又拥有实际执行律师业务的能力。申请律师证书必须符合一定的条件,包括实质要件和形式要件。

(1)申请执业证书的实质要件。我国《律师法》第五条规定:“(1)拥护中华人民共和国宪法;(2)通过国家统一法律职业资格考试取得法律职业资格;(3)在律师事务所实习满一年;(4)品行良好。实行国家统一法律职业资格考试前取得的国家统一司法考试合格证书、律师资格凭证,与国家统一法律职业资格证书具有同等效力。”上述条件,是申请律师执业证书的实质条件,必须同时具备,缺一不可。

申请律师执业证书者,有下列情形之一的,不予颁发律师执业证书:①无民事行为能力或者限制民事行为能力。②受过刑事处罚的,但过失犯罪的除外。③被开除公职或者被吊销律师、公证员执业证书的。

(2)申请执业证书的形式要件。《律师法》第六条规定,申请律师执业,应当向设区的市级或者直辖市的区人民政府司法行政部门提出申请,并提交下列材料:①国家统一法律职业资格证书;②律师协会出具的申请人实习考核合格的材料;③申请人的身份证明;④律师事务所出具的同意接收申请人的证明。省、自治区、直辖市以上人民政府司法行政部门在收到申请人的申请之日起 30 日内决定是否颁发律师执业证书。

受理申请的部门应当自受理之日起 20 日内予以审查,并将审查意见和全部申请材料报送省、自治区、直辖市人民政府司法行政部门。省、自治区、直辖市人民政府司法行政部门应当自收到报送材料之日起 10 日内予以审核,作出是否准予执业的决定。准予执业的,向申请人颁发律师执业证书;不准予执业的,向申请人书面说明理由。

申请人对司法行政部门不予颁发律师执业证书不服的,自收到通知书之日起 15 日内,可以向上一级司法行政机关申请复议,对复议决定不服的,可以自收到复议决定之日起15日内向人民法院提起行政诉讼，也可以直接向人民法院提起行政诉讼。

此外，在某些特殊的业务领域，例如，拟从事证券法律实务的律师，必须事先取得主管部门授予从业资格后才能从事该项业务，也就是要取得中国证监会和司法部共同举办的证券律师资格培训班学习，培训合格获得资格证书后方可执业。

3. 律师执业的限制

律师执业限制，是指国家法律、法规或者其他规范性文件所规定的有关律师执业时的身份、业务种类和时空范围等方面的特殊约束。对一些特殊情况下的律师执业行为进行适当的限制，有利于维护正常的律师执业秩序和保障社会公众的利益。根据中国《律师法》和其他有关规定，我国的律师执业限制主要包括以下几个方面：

(1)律师只能在一个律师事务所执业。律师只能从属于某一个特定的律师事务所(可以是个体律师事务所)，禁止律师同时在两个以上的律师事务所执业。

(2)公务员不得兼任执业律师。

(3)担任各级人民代表大会常务委员会组成人员期间不得执业。之所以这样规定，一方面，有利于担任该职务的律师集中精力履行其职责；另一方面，人大作为权力机关，对政府、法院、检察院等的工作具有监督权，对其主要负责人有任免权。律师如果在担任各级人大常委会组成人员期间同时还执行律师职务，不利于各有关机关依法履行职务，也不利于律师的队伍建设和自我保护。

(4)没有取得律师执业证书的人员，不得以律师名义从事法律服务业务；除法律另有规定外，不得从事诉讼代理或者辩护业务。

(5)曾经担任法官、检察官的律师，从人民法院、人民检察院离任后二年内，不得担任诉讼代理人或者辩护人。《律师法》的这一规定本质上是一种回避制度。因为，曾担任法官、检察官的律师，由于以往工作的关系、人情等因素，可能会对司法工作带来不必要的干扰；同时也是为了维护律师业的整体形象。

二、律师执业机构

(一)律师执业机构的概念和性质

律师执业机构，是律师开展业务活动的工作机构，包括工作组织和场所。世界各国的律师执业机构名称各有不同，例如律师事务所、法律事务所、律师办公室、法律顾问处、律师楼等，其组织形式和经营方式也各有不同。

世界各国的律师执业机构在性质上也各有不同，多数国家都将律师视为一种自由职业，律师执业机构属于民间性质的法律服务机构；但也有国家强调律师执业机构作为国家司法机构的性质，由国家司法行政机关统一管理。我国律师制度建立初期，曾经作为国家事业单位，受司法行政机关的管理，但随着律师制度的改革，我国律师执业机构被定位为市场中介组织，在组织形式和管理体制等方面都发生了重要的变革。

（二）律师执业机构的组织形式

当代世界各国的律师执业机构的组织形式呈多元化格局，但是开始出现了集约化的发展趋势。目前，存在的律师执业机构组织形式主要有以下三种：

1. 个体或个人律师事务所

个体或个人律师事务所是由取得律师资格和执业执照的律师单独投资建立的、以个人或家庭所有的财产承担无限责任的律师执业机构。在律师制度发展初期，个体事务所是基本执业形式，很少有联合开业的情况。但随着律师业的发展，为了节约成本、扩大影响、加强律师间的合作，律师行业开始出现了各种联合营业的形式。这些形式包括：其一，以雇佣关系结合的事务所，即个体开业律师以雇佣关系聘请其他律师在其事务所工作。其二，联合营业，即若干个体事务所共同使用同一场所（办公室），分担各种行政费用开支，但每个个体在业务上不发生联系与合作；或者在一个场所同时建立多个事务所，各自分立，仅仅共同使用物质设施。

2. 合伙律师事务所

合伙律师事务所是由个体联合的事务所发展而来的、按照合伙法律关系组成的律师执业机构，合伙人对律师事务所的财产实行共有，共同负责事务所的经营，对事务所的债务共担风险、承担连带无限责任。目前，合伙制是西方国家律师事务所的主要形式，其内部一般由合伙人、聘任律师、业务人员和行政辅助人员构成。在业务上，各合伙人独立运作，但也合作承担较大的业务项目；共同承担事务所的日常运营费用，同时各自负担个人独立的业务费用，如雇用秘书等。合伙律师事务所均设立代表人或主任对外代表事务所。合伙人一般分为普通合伙人和高级合伙人，聘用律师在事务所工作一定年限后可升任为合伙人。合伙人可以对事务所的利润进行分配，一般是依据合伙人当年的工作业绩、案件受益、客户量和在事务所工作的年限等因素。聘用律师一般通过工资和奖金获得报酬。合伙制律师事务所一般采用合伙人民主管理的方式经营，并聘用行政主管管理日常行政工作。

3. 大型律师事务所

它是适应经济全球化和法律事务国际化的趋势和需求发展起来的新型律师执业机构。其特点是集合了大量具有专业知识的优秀律师，形成了专业的互补与合作的规模优势和竞争力，在承办国际投资、国际贸易、跨国公司组建、国际技术转让法律服务方面能够发挥重要的作用。目前美国、英国和一些其他发达国家都出现了这种大型律师事务所，并且在不同国家设立了若干分支机构，形成了跨国法律服务的格局。大型律师事务所的经营方式有两种：一种是合伙制，另一种则是法人性质的律师公司。律师公司的执业形式已经为一些国家的法律所认可，例如，法国允许开办律师组成民法上的非商业性律师公司。美国的法律虽然不允许建立律师公司,但是许多大型律师事务所实际上已经发展为职业性的公司或职业联合。今后,大型律师事务所和律师公司将会成为律师业的发展趋势之一。

(三)我国律师执业机构

我国《律师法》第十四条规定,律师事务所是律师的执业机构。律师执业机构对律师从事业务工作,交流律师工作经验,维护律师的合法权益,以及对律师职业道德和职业纪律意识的提高,反映律师的意见和建议,促进律师制度的发展,都有着十分重要的意义。

1. 律师事务所的设立

《律师法》第十四条对设立律师事务所所必须具备的条件做了具体的规定:

(1)有自己的名称、住所和章程。律师事务所的名称,是经批准设立的律师事务所在执业活动中使用的机构名字和字号。由字号+律师事务所组成,字号由两个以上汉字组成。

(2)符合律师法规定的律师。

(3)设立人应当是具有一定的执业经历,且三年内未受过停止执业处罚的律师。

(4)有符合国务院司法行政部门规定数额的资产。

设立合伙律师事务所,除应当符合《律师法》第十四条规定的条件外,还应当有三名以上合伙人,设立人应当是具有三年以上执业经历的律师。

设立个人律师事务所,除应当符合《律师法》第十四条规定的条件外,设立人还应当是具有五年以上执业经历的律师。设立人对律师事务所的债务承担无限责任。

申请设立律师事务所,应当提交下列材料:①申请书;②律师事务所的名称、章程;③律师的名单、简历、身份证明、律师执业证书;④住所证明;⑤资产证明。设立合伙律师事务所,还应当提交合伙协议。

住所地司法行政机关对申请材料审查无误后,报省、自治区、直辖市人民政府司法行政部门审核,符合《律师法》规定条件的,应当在收到材料之日起 30 日内颁发律师事务所执业证书,并应当在收到申请人材料之日起 30 内书面通知申请人。申请人对不予颁发律师事务所执业证书不服的,可以依照规定的程序向司法部申请复议,也可以直接向人民法院提起行政诉讼。

律师事务所办理开业登记时,应当填写《律师事务所登记表》,发起人应当向登记机关提交已辞去原职的证明。办理开业登记后,登记机关应向律师事务所颁发律师事务所执业证书。律师事务所凭借律师事务所执业证书刻制公章,开立银行账户,办理税务登记。律师事务所执业证书由司法部统一制作,不得伪造、涂改、出借、抵押和转让。

律师事务所在执业过程中,变更名称、住所、章程、合伙人等重大事项,应当报原审核部门,并到原登记机关办理变更登记。律师事务所因解散或其他原因终止业务活动时,应到原登记机关办理注销登记手续。律师事务所被注销后,登记机关应当收回律师事务所执业证书、公章以及所属律师的执业证书。

2. 律师事务所的组织形式

我国目前律师事务所的组织形式包括以下几种:

(1)国办律师事务所。《律师法》第二十条规定:"国家出资设立的律师事务所,依法自主开展律师业务,以该律师事务所的全部资产对其债务承担责任。"国家出资是国办律师事务所的法定内涵,也是其区别于其他类型的律师事务所的根本特征,以该律师事务所的全部资产对其债务承担有限责任。国资律师事务所,是律师制度恢复初期执业机构的主要形式,但是目前其地位已经相对降低,体制改革已是大势所趋。

(2)合伙律师事务所。《律师法》第十五条规定,合伙律师事务所可以采用普通合伙或者特殊的普通合伙形式设立。合伙律师事务所的合伙人按照合伙形式对该律师事务所的债务依法承担责任。合伙律师事务所是由律师自愿组合,不要国家经费,不要编制,自筹资金,自负盈亏,其财产由合伙人共有的律师事务所所有,即由律师自愿组合,开办经费由个人筹集,风险责任由合伙人共担,收入归合伙人所有的律师执业机构。合伙是国际上通行的律师执业形式。1993 年 12 月 26 日,国务院批准了《司法部关于深化律师工作改革的方案》,此后,合伙律师事务所迅速得到发展,目前已成为我国律师事务所的主要形式之一。

1996 年 10 月 25 日司法部发布了《合伙律师事务所管理办法》,对合伙律师所的有关问题做了具体规定:合伙律师事务所须有 3 名以上符合规定条件的律师自愿组合构成;合伙人须共同出资,共负盈亏,财产归合伙人共同所有,合伙人对律师事务所的债务承担无限连带责任,合伙协议是律师事务所成立、存在的前提和基础。"有书面的合伙协议"是合伙律师事务所与国办所、合作所不同之处,体现了律师事务所的高风险、高收益的市场特色。合伙律师事务所实行"自主分配",随着合伙制事务所的发展,律师间收入差距将进一步扩大,对市场化导致的律师追求利益和牺牲职业道德的现象应引起足够的重视,从而保证合伙制律师事务所的健康发展。

(4)个人律师事务所。我国《律师法》第十六条规定,设立个人律师事务所,除应当符合本法第十四条规定的条件外,设立人还应当是具有五年以上执业经历的律师。设立人对律师事务所的债务承担无限责任。起初,我国《律师法》中并未规定个人律师事务所的执业形式,但是,2002 年 10 月北京已批准成立首批 5 家个人律师所,同年 11 月初,上海成立了第一家个人律师所。2002 年 7 月,上海市司法局制定了《关于个人开业律师事务所管理的规定(试行)》,根据该规定,在上海开办个人律师所的基本条件是具备不少于 80 平方米建筑面积的办公场所,具备

10万元人民币以上的资产和20万元以上的执业风险准备金,以及拥有3名以上专职律师。但聘用律师总数不得超过9名。根据司法部的有关政策,个人律师事务所已经获得国家承认,故此2007年修改的《律师法》将个人合伙律师事务所这种形式用法律确定下来。个人律师所的债务承担与合伙所相同,都是由个人对律师所债务承担无限连带责任。今后,个人律师所将成为我国律师执业形式中的重要组成部分。

3. 律师事务所的年检制度

一般律师事务所应当向住所地司法行政机关提交年度执业情况报告、律师事务所执业证书(副本)、经审计机构审计的律师事务所年度财务报表、律师事务所及律师的纳税凭证以及其他需要提交的材料。年检的时间应为每年的3月1日至5月31日。逾期不参加年检的,可以予以注销;年检中隐瞒事实,弄虚作假的,应予以行政处罚。

4. 律师执业的基本原则

律师执业原则,指律师在正常从事的业务活动时所必须遵守的基本原则,这些原则是律师、律师事务所以及律师行业管理所共同遵循并贯穿在律师职业全部过程中的。主要包括以下几个方面:

(1)遵守宪法和法律,恪守职业道德和职业纪律的原则。我国《律师法》第三条规定,律师执业必须遵守宪法和法律,恪守律师职业道德和执业纪律。律师在执业过程中必须以事实为根据,以法律为准绳。同时,律师并且还应当特别遵守与律师执业有关的法律。律师在执业中恪守职业道德和执业纪律,在律师法中具体表现为相应的律师的义务规范。执业纪律,主要是律师行业自己的行规。职业道德,是律师在执业过程中所应遵守的道德规范。

(2)以事实为根据,以法律为准绳。以事实为根据就是律师办理任何一项业务,都要尊重客观事实,忠于事实真相,根据案件证据所证明的事实,认定案件的真相。以法律为准绳就是要求律师办理任何业务,都要在详细认真研究案件事实的基础上,以国家法律规定进行判断。准确理解法律原则、法律精神并用以指导业务,决不能有意曲解法律规定原意和精神以及实施其他误读法律的行为。

(3)维护当事人合法权益的原则。律师是为社会提供法律服务的专业人员,它与当事人的利益息息相关,所以律师立法的另外一项重要的原则就是规范律师的执业行为,维护当事人的合法权益。律师在执业过程中必须在受委托的权限内,努力维护委托人的合法权益,不得损害当事人的利益。

(4)接受国家、社会和当事人监督的原则。《律师法》规定,律师执业应当接受国家、社会和当事人的监督。其中,司法行政机关代表国家对律师进行监督、管理;社会各界对律师业进行社会监督,维护公共利益和社会正义;同时,律师接受当事人的委托,为其提供法律服务,当事人与律师的关系最为密切,利害关系也最大,因此也应受到当事人的监督。律师接受国家、社会和当事人的监督,可以保证律师业的健康的发展。

(5)律师依法执业受法律保护的原则。保障律师依法执业,是律师法的出发点和归宿。《律师法》第三条第四款规定:“律师依法执业受法律保护,任何组织和个人不得侵害律师的合法权益。”律师执业中的职业权利和人身权利不允许被非法侵犯,司法机关对于律师的依法执业活动不准以任何借口和理由无故阻挠和侵犯。律师从事业务活动,在忠于事实和法律的前提下,只对当事人的委托负责,有权依法独立开展业务活动而不受任何机关、团体和个人的干涉。律师对于执业过程中存在的各种非法干涉,如地方保护主义、上级行政机关的干涉,应当坚决抵制,必要时有权进行控告。只有坚持这一原则,才能充分调动律师的积极性,充分发挥律师在法治建设中的作用,从而保证国家法律得以正确实施。

三、律师管理体制

(一)律师管理体制的概念和模式

1. 律师管理体制的概念

律师管理体制,指一个国家对律师行业及其活动的管理制度,包括律师资格的获得、律师执业许可、律师执业机构的开设和管理、律师行为规范等各个方面的管理。根据管理主体的不同,律师管理可分为行政监管与行业自治管理两个方面。一般而言,当代世界各国律师管理中都同时存在两种因素:一方面,行业自治已逐渐成为现代社会律师管理的主流;另一方面,为了避免自治中可能存在的行业保护倾向、维护社会公共利益,必要的行政管理或调控仍然是必不可少的。一般而言,社会主义国家律师管理以行政监管为主;大陆法系国家律师管理中行政因素相对较强,而律师行业自治组织也或多或少地受到司法行政机关的控制;而英美国家的律师自治则历史悠久且影响极大,基本成为律师行业管理的主导因素。但即使是美国,律师也需要接受执业注册登记等行政监管。

2. 行政监管

当代世界各国律师管理通常是由国家的司法行政机关(司法部)主管,但是,各国的行政管理在律师管理体制中的作用各有不同。管理方式大致有两类:

(1)宏观规划和监管。即有关律师的基本制度均由法律明确加以规定,司法行政机关仅对律师的人数、规模进行整体规划,通过司法考试或者法律职业资格考试、法律教育规模等进行调节,统一掌握律师培训的机构、职业准入标准和程序等,并通过律师行业组织(律师协会)对律师及其执业机构进行间接的监管。司法行政机关不具体负责律师行为的惩戒、管理、监督等,而由律师行业自治组织行使具体的管理。

（2）微观和具体管理，根据法律的授权，一些国家的司法行政机关具体承担许多律师管理职能，例如：组织司法考试，录用和培训律师，审核批准律师执业机构，负责律师注册，组织管理律师行业协会，对律师执业机构和律师执业行为进行监督、管理并追究行政责任，等等。

行政监管的具体方式和政策，主要是取决于一个国家对律师的重视程度、律师的性质与职能，律师行业自治的成熟程度和司法行政机关的职权范围等因素，并且在具体操作上也各有不同的侧重。

3. 行业自治

律师的行业自治，是指律师自治组织即律师协会对所属会员律师的职业活动进行的行业约束和监督。西方国家的律师作为一个特殊而独立的行业，从历史上就有行业自治的传统，行业自治起着自我保护、自我约束、抵制外来干预、提高行业公信度的作用。目前，行业自治已成为世界各国律师管理的主流，但各国律师在自治程度和方式上仍存在着一定的差异。

律师行业的自治管理，通常是由优秀的执业律师组成的律师协会对律师进行自我服务、自我约束，体现了律师群体的高度自治性。世界各国基本上都设立了律师协会等自治组织，通过执行有关律师行业的指导、联络和监督事务，谋求律师素质、品格和律师服务水平的提高，促进法律制度的完善。各国律师协会的职责与权限各有不同，但一般都包括以下几个方面：制定律师执业规则和职业道德规范，负责律师的业务培训和教育、资格管理、纪律惩戒等事务，调解处理会员之间及会员与当事人之间的纠纷，维护律师待遇和权利，开展律师界的联络与交流等，并将促进法律的公正实施和立法的完善作为其奋斗目标之一。

从世界范围来看，律师管理仍在不断向强化行业自治的方向发展。在大多数国家，对律师的管理主要或完全依靠律师行业组织来进行，律师的自治程度不断加强。各国律师协会普遍通过制定行业规范，从完善律师资格考试、严格律师纪律等方面入手着力提高律师执业的整体水平，形成了各具特色的律师管理模式。实践证明，实行律师行业自治既有利于排除过多的行政干扰，又有利于充分调动律师自我管理的积极性，已成为世界各国律师管理的主要方式。各国律师自治的组织存在两种基本模式：

（1）自愿模式。律师各自是完全独立的，加入律师协会是律师的权利，完全根据律师本人的自愿选择决定，律师协会的影响完全是依靠其成员自身的维护而形成并保持的。如美国的律师协会（ABA）。优点是高度自由民主，个别律师即使不同意律协的管理，不加入律协，也有权以律师身份执业；缺点是可能导致部分律师的失控状态，仍需行政监管作为后盾。

（2）强制模式。即律师加入律师协会是其法定义务，律师必须强制性地加入律师协会，接受律师协会的管理，律协本身带有一定的行政指导性。如日本的辩护士联合会，我国的律师协会也属于此类。优点是使每一个律师都置于律协的管理控制下,有利于保证律师的整体素质和管理,并可以通过收费保证协会的日常财政支出。这种方式可以将行政机关的管理减少到最低限度,但无法保证律师的自由执业,行业的垄断性和保护性强。

(二)我国律师管理体制

《律师法》第四条规定了司法行政部门依照该法对律师、律师事务所和律师协会进行监督、指导,并分别规定了各级司法行政机关对律师行业的行政管理职权。同时,《律师法》第四十三条规定:"律师协会是社会团体法人,是律师的自律性组织。"并规定了律师协会的有关职责,确立了一种以行政管理为主、行业自治为辅、行政管理与行业自治相结合的律师管理体制。律师资格的授予权、律师执业证书的颁发权、律师事务所设立的许可权、律师行业的日常监督管理权以及行政处罚权等均由各级司法行政机关控制;而律师协会的职责是总结交流工作经验、组织业务培训等。

我国律师管理体制从初建至今始终是以司法行政管理为主,这一方面是因为国家历来把律师视为司法工作的一部分,较多地强调了国家对律师职业的管理和控制,同时我国总体上缺乏行业自治的传统和经验,因此在立法上,国家尚未赋予律师行业充分的自治权。另一方面,我国律师尚处于发展的初期,行业本身不够成熟,尚不具备实现行业自治的能力,律师行业自治也尚未赢得社会公众的信任和认可。随着我国律师行业的发展以及律师执业水平的提高,根据目前法治建设的规划和趋势,可以预见,我国律师行业的管理将会逐步过渡为一种在司法机关宏观指导之下的律师协会的行业自治的模式。

1. 律师业的行政管理

我国律师业的行政管理由司法行政部门主管,包括:①对律师、律师事务所和律师协会进行监督、指导;②主持国家统一法律职业资格考试;③审核发放律师执业证书;④审核批准建立律师事务所;⑤对律师协会章程备案;⑥对违反律师法规定的律师给予行政处罚;⑦对违反律师法规定的律师事务所给予行政处罚;⑧制定律师收费办法。

2. 律师业的行业自治

我国律师的行业自治,是指律师自治组织即律师协会对所属会员律师的职业活动进行的行业约束和监督。律师协会简称律协,是由执业律师自愿组成并依法设立的行业性社会团体,在我国包括中华全国律师协会和地方各级律师协会。律师协会是社会团体法人,是律师的自律性组织,凡中华人民共和国的律师均为中华全国律师协会会员。

根据《律师法》第四十六条规定,律师协会应当履行下列职责:①保障律师依法执业,维护律师的合法权益;②总结、交流律师工作经验;③制定行业规范和惩戒规则;④组织律师业务培训和职业道德、执业纪律教育,对律师的执业活动进行考核;⑤组织管理申请律师执业人员的实习活动,对实习人员进行考核;⑥对律师、律师事务所实施奖励和惩戒;⑦受理对律师的投诉或者举报,调解律师执业活动中发生的纠纷,受理律师的申诉;⑧法律、行政法规、规章以及律师协会章程规定的其他职责。

律师协会制定的行业规范和惩戒规则,不得与有关法律、行政法规、规章相抵触。行业自治是行业健康发展的客观要求,一种行业越发达,其行业团体便越强大,自治能力和程度也就越高。随着我国律师业的不断发展,律师业的规则逐步完善,律师行业自治将会发挥越来越大的作用。

(三)律师收费制度

1. 律师收费制度及其意义

律师收费制度,即律师为其服务收取报酬的制度。律师收费制度是由律师的性质与职能决定的,作为提供法律服务的自由职业,律师本质上属于一种受法律服务市场调节的行业。律师有权为其提供的法律服务收取报酬,并可能根据案件的难度、工作量以及所提供的服务的质量、水准收取不同的费用。

律师收费的意义在于合理调节法律服务需要与诉讼成本的关系。一方面,律师收费受市场规律调节。律师收费也是诉讼成本的组成部分,在这一点上,律师收费有限制滥诉、促进当事人理性解决纠纷的积极意义。但是,由于当事人是否聘请律师、聘请什么等级的律师,取决于他的需求和经济能力,这也就必然因当事人经济地位的不同,导致利用司法的权利事实上不平等的结果。另一方面,由于律师的工作具有一定的公益性,并且是司法活动不可缺少的环节和保障当事人合法权利的重要手段,因此,国家必然会对律师收费进行适当的调控,并以法律援助作为弥补诉讼不平等的辅助手段。

总之,律师收费制度构成现代律师制度中的一个重要环节,决定着如何发挥律师的作用,怎样保证公民平等权,以及怎样控制诉讼成本等问题。

2. 律师收费的主要方式

当代世界各国现有的律师收费方式大致有以下几种:

(1)计时收费制。即律师以小时为单位收费,每小时的收费标准,根据律师的资历、声望,以及案件的复杂程度、胜诉的可能性等确定。计时收费制的主要弊端是容易诱使律师拖延,导致诉讼成本的攀升。英美的律师传统上实行计时收费。

(2)固定收费制,也称定价收费。根据法律规定的收费标准,按照案件的类型、诉讼的不同阶段、工作量等收费。德国的律师诉讼费用采用固定制,由法律明文规定收费标准,分阶段收费,如果当事人在诉讼中达成和解(调解),律师可以获得全部费用,以此鼓励律师提高效率、促进和解。这种收费方式对当事人比较合理,但如果标准过低,则难以调动律师的积极性,可能会影响律师参与诉讼(拒绝收案)。因此,在社会律师供应总体不足的情况下,这种收费制有时难以满足社会需要。

(3)胜诉酬金制,也称风险代理。即律师与当事人事先达成协议,当事人不用预先支付代理费(或部分支付),在胜诉后律师再按约定的比例从胜诉后的赔偿金中收取律师费用。如败诉,则不收取任何费用。这一收费方式的积极意义在于,可以使当事人不承担诉讼成本和风险,有利于保护贫困和弱势当事人的权利;但是也存在一些弊端:律师获利比例过高,多数赔偿金都落入律师之手,使律师成为利益主体,会产生"唆讼"的强烈动机。因此,首先采用胜诉酬金制的美国,近年来一直限制采用这一收费方式的范围,以避免其弊端。

(4)协商收费制,即当事人与律师协商确定费用,一般综合了多种因素,如律师水准、案件情况等。但是,协商往往在很大程度上受供求关系制约,存在一定的随意性,一般仍需要行业制定的收费标准作为基准。

(5)比例收费制,即按诉讼标的额确定收费标准,一般是在财产纠纷案件中采用,这种方式比较简单明了,但缺点是,诉讼的复杂性并非必然与标的额成正比,有时未必合理。

3. 我国现行律师收费标准

为了规范律师收费,1990 年司法部、财政部、国家物价局就曾经制定颁布了《律师收费办法》。由于我国律师服务不能满足社会需求,因此收费标准和方式比较混乱,确定的标准过低导致律师不愿办理刑事案件,对于当事人权利的保护十分不利,对于改革律师收费制度的呼声很高。故此,为规范律师服务收费行为,维护委托人和律师的合法权益,促进律师服务业健康发展,依据《价格法》和《律师法》等有关法律法规,国家发展和改革委员会、司法部于 2006 年 4 月 13 日又制定了新的《律师服务收费管理办法》。其中规定律师服务收费可以根据不同的服务内容,采取计件收费、按标的额比例收费和计时收费等方式。计件收费一般适用于不涉及财产关系的法律事务;按标的额比例收费适用于涉及财产关系的法律事务;计时收费可适用于全部法律事务。

(1)计件收费,一般适用于不涉及财产关系的法律事务,主要适用于法律咨询、制作法律文书、刑事案件和非财产民事案件的计件收费标准。

(2)按标的额收费,主要指涉及财产纠纷的案件根据争议标的额、按不同比例收取费用。

(3)计时收费,主要用于解答法律咨询和处理涉外法律事务方面。

(4)协商收费,实行市场调节的律师服务收费,由律师事务所与委托人协商确定。律师事务所与委托人协商律师服务收费应当考虑以下主要因素:①耗费的工作时间;②法律事务的难易程度;③委托人的承受能力;④律师可能承担的风险和责任;⑤律师的社会信誉和工作水平等。

(5)风险收费,实行风险代理收费,律师事务所应当与委托人签订风险代理收费合同,约定双方应承担的风险责任、收费方式、收费数额或比例。实行风险代理收费,最高收费金额不得高于收费合同约定标的额的30%。但下列情形除外:①婚姻、继承案件;②请求给予社会保险待遇或者最低生活保障待遇的;③请求给付赡养费、抚养费、扶养费、抚恤金、救济金、工伤赔偿的;④请求支付劳动报酬的等。禁止刑事诉讼案件、行政诉讼案件、国家赔偿案件以及群体性诉讼案件实行风险代理收费。

第三节　法律援助制度

一、法律援助制度概述

(一)法律援助的概念

法律援助制度,又称法律扶助、法律救济或司法援助制度,是为无力支付诉讼费用的公民或特殊当事人提供法律帮助的一项法律制度,目的是维护他们的合法权益,实现"法律面前人人平等"。

法律援助制度是当代世界许多国家普遍采用的一种司法救济方式,通常有广义和狭义两种理解。广义的法律援助,是指国家为需要帮助的当事人所提供的各种法律帮助,包括法院的诉讼费用减免缓交措施、公职辩护人和律师的法律援助;狭义的法律援助,则特指在当事人确需律师的法律服务但无力支付律师费用时,由国家或律师为其所提供的专业法律服务。

我国的法律援助制度,是指在国家设立的法律援助机构的指导和协调下,由律师、公证员、基层法律工作者等法律服务人员为经济困难或特殊案件的当事人给予减免费用提供法律帮助的法律制度。法律援助的目的是保障经济困难的公民获得必要的法律服务。广义的法律援助还包括法院对诉讼费用的减免缓交制度;狭义的法律援助,则特指由律师具体实施的法律援助活动及其制度,不包括人民法院对诉讼费用的减免缓交制度。

法律援助所要解决的问题,并不仅限于通过减免诉讼费用而使经济困难的当事人得到所需要的法律服务,即消除其经济障碍;同时还在于消除其心理和地域障碍。消除所有这些障碍的最终目的,也就是法律援助制度的根本宗旨,即:①实现司法公正,促进司法制度的完善,保障法治秩序的正常运行;②使全体公民平等地获得利用司法资源的权利,以维护公民的各种基本权利。

(二)法律援助制度的基本模式

法律援助的模式,即一个国家或地区向法律援助对象提供法律援助的基本形式或方式。现代西方国家法律援助的方式主要表现为以下三种:

1. 国家福利型

以保证公民平等寻求司法救济权利为目标，通过建立公共基金支付律师费用、创设公共或私人保险形式的预付法律服务制度，以及由私人律师提供免费服务等方式来提供法律援助。法律援助制度主要是由国家设立专门机构、组织专门人员进行的。实行这种模式的国家主要有意大利、西班牙、法国、德国等，这些国家一方面把诉讼权利视为国家福利，另一方面还保留着律师向穷人提供免费服务的道义责任。诉讼保险制度主要是在意大利、德国和北欧国家实行，这也是为了保证当事人的诉讼权利而设立的。

2. 行政指导与律师援助型

在行政机关指导或控制下的法律援助计划框架体系中，由私人律师提供具有公共利益性质的服务，同时也不排斥一些社会组织向其所属成员提供的援助。它是由私人律师提供援助的传统模式和人们对由公共法律机构提供援助的需要相妥协的产物，当事人可以在这两者之间进行选择。实行这种模式的国家包括英国、加拿大的部分省以及瑞典等。这些国家和地区根据法律援助计划建立了专门的公共援助局，由国家提供资金，当地政府监督，私人律师提供援助。但是，由于一方面，律师不愿意接受任何形式的公共控制，另一方面，律师协会自身利益的局限也妨碍了该计划的实行，同时由于自 20 世纪 70 年代起公共援助基金因经济危机而大幅削减，大多数法律援助计划的目标都没有得到很好的实现。

3. 社会动员型

把法律援助作为广泛的社会服务的组成部分，法律援助体系的建构和运作主要依靠受政府资助的律师协会。以美国 1964 年至 1974 年实施的法律服务计划最为典型。该计划主要通过在大城市和贫困乡村建立邻里法律事务中心，由律师提供全日或非全日的法律援助，律师的工资由公共基金支付。同时大力开展公共宣传，并吸收社区代表参与管理。该计划是多重法律援助形式的有机统一体，各州采用的援助制度各有不同，同时也包括私人法律援助组织的活动在内。

上述三种模式，不是彼此孤立无关，而往往是交叉并存、相互融合、互相影响的。法律援助的资金来源主要是通过国家的财政拨款和社会的捐赠，建立法律援助基金，并在此基础上，或者由政府律师或者由志愿义务性提供法律援助的律师提供具体的法律服务。也有人将其分为两类，即将上述第 2、3 种类型作为同一种模式，分为政府主导和社会主导两种模式。

（三）法律援助的功能

当代法律援助制度的功能主要如下：

（1）保障公民权利，实现司法的平等。法律援助制度的建立就是为了保障经济上贫困、诉讼地位上处于劣势的当事人的诉讼权利，努力扩大普通民众利用司法的机会，通过社会和国家的力量加强保护弱势群体的诉讼权利和基本人权。“法律面前人人平等”是法治国家的旗帜,但如果不能解决司法利用上的不平等,它就会成为一种虚伪的口号。法律援助所保障的,并不是完整意义上的“公民在法律面前一律平等”,而是保障公民一律平等地站在法律面前。即保障公民不受经济困难等因素的影响,可以通过减免缓交有关费用进入诉讼程序,获得公民所应享有的最低限度的法律服务,从而平等地行使诉讼权利。律师的援助并不能保证法官一定能正确地适用实体法律,只在一定程度上对法官在案件事实的准确认定和正确适用法律上发生重要的影响作用。事实上,大凡有律师出庭的案件,无论是刑事案件还是民事案件,法院裁判的正确率都会大大高于没有律师出庭的案件。另一方面,法律援助以法律化、制度化的形式,提供了一种解决公民在法律面前事实上不平等的弥补机制。

(2)保证当事人双方在诉讼中的实力对比平衡,实现程序的公正。许多国家为了保证当事人双方在诉讼中诉讼能力相当,要求在普通的民刑事诉讼中都必须聘请律师代理或作辩护人,以保证法官居中裁判。特别在刑事诉讼中,与被告人相比,公诉人一方往往精通法律,业务能力强,诉讼技巧熟悉,加之处于主动进攻态势,对所诉事由早有准备,因而控辩双方的差距悬殊和明显。由律师为刑事被告人提供法律援助,通过调查取证,证据交换,参加法庭诉讼等活动,帮助其行使法律赋予的权利,使控辩双方的力量趋于平衡。同时,律师的参与,也为制约和监督法院正确行使审判权提供了保障,有利于维护司法的程序公正,保护处于弱势的被告人的权利。

(3)有利于实现司法的实质公正。法律援助首先追求的是一种程序公正,但同时,法律援助制度的建立,有利于通过个案实现实质正义,保护人权,实际上也为追求司法的实质公正创造了条件,并有利于充分发挥司法参与决策等方面的社会功能,平衡社会的利益和资源分配。通过法律援助,将涉及社会的阶级对立和冲突的个案引入诉讼程序,就有可能将社会冲突转变为法律问题,在法庭上加以解决,从根本上有利于社会的稳定,减少激烈的社会对抗。国家为了实现司法的平等,减少各种影响当事人实现权利上的障碍,就需要通过一种社会政策对处于弱势的当事人给予援助,法律援助制度的意义在于它努力弥补影响司法公正的制度缺陷。因此,法律援助实际上也就成为一种社会福利或基本权利,成为现代国家特别是福利国家的责任。

(4)有利于提高司法效率。由于律师的参与,提高了调查取证、证据交换、法庭调查和辩论等环节的规范性与合法性,并可以准确地把握事实争论点和法律问题所在,由此可以大大提高司法活动的规范性和准确性,加快诉讼的进行,减轻法院的负担,提高司法活动的效率。

正是由于法律援助制度在保障公正司法中的这一重要作用,联合国在《公民权利和政治权利国际公约》和我国加入的《联合国少年司法最低限度标准规则》(即“北京规则”)中,都专门对法律援助制度做了规定,以此作为衡量一个国家的司法制度健全与否的重要标准。

二、法律援助制度的产生与发展

(一)法律援助制度的产生

法律援助产生的必要性首先在于法律制度和法律程序的特点及其内在的弊端。

1. 法律程序和法律职业的专门化

随着法律制度的发展,逐步形成了一套具有高度技术性和复杂性的专门程序,并出现了专门从事法律服务的职业。法律作为专门知识难于为一般人所掌握,普通人在涉及法律问题时,不得不求助于掌握法律知识和诉讼技能的律师。有无律师的帮助成为能否利用司法的前提,也成为诉讼成败的关键,而由此也形成了由于贫富差别而导致的公民利用司法权利事实上的不平等。由于好的律师必然需要较高的报酬,因此贫富差别也直接体现为司法在权利保护上的不平等。

2. 诉讼成本过高

在任何国家,都存在着国家司法资源的投入与当事人的纠纷解决需求之间供求失衡的矛盾,体现为诉讼延迟和积案严重,诉讼的费用成本高昂,包括公共成本(如法院和法官的设置)与私人成本(如律师费)等诸多问题。尤其是高昂的诉讼成本严重阻碍了当事人特别是贫困当事人利用司法的可能。根据各国诉讼制度的不同,在诉讼收费较高的国家,法律援助的需求主要在于诉讼费用的减免;而律师费用较高的国家,法律援助的重点则是律师费用的减免或提供免费律师服务。

在现行司法体制中,公民占有经济资源的多少,与其能否顺利进入司法程序,在司法程序中是否处于有利地位,以及维护自身合法权益的可能性的大小,具有直接的正相关联系。经济条件优越者,能够从容地支付法律服务费用并得到优质的法律服务,能够不为诉讼费用所困扰而以最快的速度进入司法程序,能够为获得对自己有利的证据支付必要的费用。从这个意义上看,占有经济资源越多,就具有越多的优势和机会获得和利用司法资源,在诉讼中的地位也就越有利;反之,经济困难者,则处于获取司法资源的不利或弱势地位。这说明,司法制度存在着一种内在的制度缺陷,影响着司法平等和司法公正的真正实现。

(二)世界法律援助制度的发展

法律援助制度至今已有500多年的发展历史。1495年,英王亨利七世时期即确认:司法公正和社会正义,不应只给富人,应当同样给予贫困的人,这一点没有什么能够取代,包括财富和金钱;同样也应当根据司法公正和社会正义的原则选任律师,律师应同样地为当事人包括贫困的人提供旨在维护正义的服务。高等法院和上诉法院依据《最高法院章程》对不能支付民事诉讼费用的人给予法律援助。虽然这一规定仅是形式性的,并没有得到很好的实施,但它仍被西方法学界公认为是法律援助制度的雏形和起源。

17 世纪、18 世纪，随着资产阶级革命的胜利和近代律师制度的产生，法律援助制度开始以“公设辩护人”的形式出现。1781 年，奥地利法院程序法典规定：提供了可靠的证据证明了他们贫困的人，以有关当局颁发的文件或其他任何形式说明他们在最基本的生活资料以外没有财产，应被免除所有费用。法律援助的理念开始得到法律的确认和保证。但是，直到 19 世纪末以前，对穷人的法律援助还常常被认为是律师为了公共利益并应其职业道德义务的新要求而自发地向穷人提供援助的一项慈善事业，具有很大的随意性。这种随意性限制了法律援助的范围和程度，国家的责任仅限于向刑事案件中贫穷的囚犯提供辩护。其他类型的法律援助主要依赖于律师的慈善事业。

19 世纪末 20 世纪初，随着法律社会主义思想的传播和人权观念的确立，法律援助在各国开始被确认为一种人人都享有的社会权利。通过恰当的法律援助计划，为包括穷人在内的每个人公平地提供向法院申诉的机会，被认为是国家法律制度的责任。这一新观念标志着法律援助开始由律师的慈善行为向国家行为转化，法律援助制度开始进入政府加以积极干预的有组织发展阶段。这一时期，法律援助社会化的思想虽然在理论上为许多国家所接受，但许多国家在立法上并未制定专门的法律来保证其实现。

第二次世界大战以后，随着传统的诉讼观念和诉讼模式的改变以及福利国家社会本位观念的发展，法律援助制度也发生了质的跨越。穷人不再被当作孤立阶层的成员而得到帮助，法律援助的内容也不再只是简单地满足向穷人提供律师的需要，而是在法制运行全过程的各个环节、各个层次上向全体公民提供帮助。如在诉讼程序中，为保障当事人之间的真正平等，强调要使较弱一方当事人有充足的机会向法院提供证据与理由，并能有效地为自己辩护。同时以社会本位为中心，强调国家最重要的任务就是排除所有妨碍实现公民之间真正平等的经济障碍、心理障碍、地域障碍等各种障碍。法律咨询也开始被纳入法律援助的新体系之中。1958 年，国际律师协会发起组织了国际法律援助协会。

社会主义国家法律援助制度的产生，可以追溯到巴黎公社时期。1871 年巴黎公社建立之初就把“法律面前人人平等”作为司法工作的三大基本原则之一，规定由公社财政拨款支付律师或其他从事刑事诉讼和民事代理工作的人的费用和报酬。1917 年 11 月列宁领导的苏维埃政府也设立了法律保护人处，负责维护社会辩护的职能。1939 年苏联的人民委员会批准公布的《苏联律师条例》中进一步明确规定了律师有免费提供法律援助，维护无力支付诉讼费用的被告人权利的义务。随后，波兰、南斯拉夫等社会主义国家也相继建立了各具特色的法律援助制度。

发展中国家的法律援助制度是在 20 世纪六七十年代才发展起来的。由于发展中国家经济发展水平不高，贫民占绝大多数，以及缺少训练有素且愿意从事社会本位活动的律师等，还没有能力建立像西方那样完备的法律援助制度，而只能在本国司法实践中发展一些可行的援助方式来满足穷人的援助需求,如减少对律师代理的需求、简化诉讼程序等。

(三)我国法律援助制度的建立与规范化

1. 法律援助制度的建立与发展

我国的法律援助制度虽在新中国成立初期已有萌芽,但由于历史原因,直到1979年律师制度恢复,法律援助制度才得以真正建立。20世纪80年代以后,随着我国法治建设的发展,大量法律法规颁布实施,越来越多的社会关系纳入了法律调整的范围,社会对法律服务的需求也呈现出日益增长的趋势。然而一方面,由于公民的经济收入存在较大差别,在低收入的群体中,一部分人由于经济困难,难以支付法律服务费用,因而不能利用法律途径维护自己的合法权益。另一方面,随着司法程序的改革,诉讼程序越来越专业化、正规化,在弱化法院职权的同时,强调当事人的举证责任,诉讼成本和诉讼风险都随之增加。对法律知识相对欠缺的普通公民来说,参与诉讼越来越需要专业法律服务人员的帮助。与此同时,对刑事被告人的权利保护日益受到重视,并已经得到法律确认。在这种社会背景下,尽快建立和发展法律援助制度就被提到法治建设的日程上来。

1994年1月,时任司法部部长肖扬在讨论《律师法》草案时首次明确提出建立法律援助制度的构想。同年初,司法部正式提出,要探索建立和实施中国法律援助制度,并首先在一些大中城市开展了法律援助工作的试点。1996年3月和5月,我国《刑事诉讼法》《律师法》相继修订颁行,确立了法律援助制度在法律体系中的地位。由此,建立和实施中国法律援助制度的工作全面启动。

《律师法》于1997年1月1日正式实施。其中第六章规定:公民在赡养、工伤、刑事诉讼、请求国家赔偿和请求依法发给抚恤金等方面需要获得律师帮助,但是无力支付律师费用的,可以按照国家规定获得法律援助。律师必须按照国家规定承担法律援助义务,尽职尽责,为受援人提供法律服务。法律援助的具体办法,由国务院司法行政部门制定,报国务院批准。这些规定明确了公民获得法律援助的范围和律师必须依法承担的法律援助义务。1996年10月1日实施的《中华人民共和国老年人权益保障法》也规定了对老年人提供法律援助的有关内容:老年人因其合法权益受侵害提起诉讼……需要获得律师帮助,但无力支付律师费用的,可以获得法律援助。

1998年10月,中国政府签署了《公民权利和政治权利国际公约》,在立法机关正式批准该《公约》后,法律援助就将成为公民的一项基本法律权利,并成为政府根据宪法、法律和国际法的规定应承担的国际义务。

此外,2007年修订后的《律师法》第四十二条亦规定了法律援助制度:"律师、律师事务所应当按照国家规定履行法律援助义务,为受援人提供符合标准的法律服务,维护受援人的合法权益。"这为律师履行法律援助义务确立了法律基础。

2017 年修订的《律师法》对该项条文的规定保持不变。

2. 法律援助制度的制度化、规范化

1996 年 12 月，司法部法律援助中心成立，担负对全国法律援助工作的管理和监督。1997 年 5 月，中国法律援助基金会经民政部批准成立。此后，司法部就刑事、民事、行政等法律援助工作和最高人民法院、最高人民检察院、公安部等发布了多个联合通知。例如，1994 年 4 月发布了《关于民事法律援助工作若干问题的联合通知》；1996 年 6 月发布了《关于迅速建立法律援助机构、开展法律援助工作的通知》；1996 年 10 月发布了《关于保障老年人合法权益、做好老年人法律援助工作的通知》；1996 年 11 月发布了《关于做好残疾人法律援助工作的通知》《关于保障未成年人合法权益做好未成年人法律援助工作的通知》；1997 年 5 月发布了《关于开展法律援助工作的通知》；1997 年 4 月与最高人民法院联合发布了《关于刑事法律援助工作的联合通知》，同年 5 月、11 月先后发布了《关于开展法律援助工作的通知》和《关于开展公证法律援助工作的通知》；1999 年 5 月，最高人民法院、司法部下发了《关于民事法律援助工作若干问题的联合通知》；2000 年 4 月，最高人民法院、最高人民检察院、司法部又联合发布《关于在刑事诉讼活动中开展法律援助工作的联合通知》；2001 年最高人民法院、最高人民检察院、公安部、司法部联合印发《关于刑事诉讼法律援助工作的规定》；等等。

在法律援助的规范化方面，不少地方也相继制定了有关法律援助的办法、规定、章程、规则等，并已经出现了关于法律援助的地方立法。如 1994 年，北京全国首创法律援助基金会，并于 1995 年制定了《北京市法律援助基金会章程》和《北京市法律援助基金会管理办法》。1995 年 5 月 5 日，武汉市律师协会制定了《武汉市律师法律援助办法》。1995 年 11 月 10 日广州市司法局制定了《广州市司法局法律援助试行办法》。1997 年 9 月，广东省珠海市和清远市颁布了《珠海市法律援助办法》和《清远市法律援助办法》，首次以地方立法的形式对法律援助制度进行规范。各地制定的地方性法规在所管辖的行政区域内具有普遍效力，并为法律援助的全国性立法积累了经验。

2003 年 7 月，国务院制定公布了《中华人民共和国法律援助条例》(2003 年 9 月 1 日起施行)，至此我国的法律援助事业有了全国性的法律规范，规定法律援助是政府的责任，确立了中国法律援助制度的基本框架，有力地保障和促进了法律援助工作发展，而使法律援助事业进一步走上了法制化的道路。根据《中华人民共和国刑事诉讼法》《中华人民共和国法律援助条例》等有关法律、行政法规的规定，2012 年 2 月 21 日司法部部务会议审议通过《办理法律援助案件程序规定》，自 2012 年 7 月 1 日起施行，该规定对于进一步规范法律援助案件的办理，保证法律援助质量发挥了重要作用。2015 年 6 月 29 日，中共中央办公厅、国务院办公厅印发了《关于完善法律援助制度的意见》。作为落实全面推进依法治国战略部署的一项重要举措，该意见提出了今后一段时期法律援助工作发展的指导思想、基本原则、政策措施和要求。2021 年 8 月 20 日，十三届全国人大常委会第三十次会议表决通过了《中华人民共和国法律援助法》（以下简称《法律援助法》），自 2022 年 1 月 1 日起施行。该法的颁布与施行，在法律援助制度发展历史上具有重要的里程碑式的意义。

三、法律援助的对象和范围

（一）法律援助的对象

法律援助的对象是一个特殊的社会阶层，即因经济困难而难以通过法律救济手段保障自身基本社会权利的阶层。当代世界各国法律援助的对象主要限定为自然人，并主要是针对本国居民，包括无行为能力人、失业者、儿童、老年人、土著居民、移民等，但不仅仅限于常人所认为的“穷人”。也有一些国家如丹麦、挪威等规定，法人或者非法人团体也可以作为受援对象。目前，很多国家都规定居住在本国的外国人或无国籍人可享受其法律援助。在实践中，对外国移民或非法入境者的特殊法律援助已经成为许多国家律师组织的一项重要工作。所谓社会基本权利是指一国宪法所规定的为该国公民所享有的各项基本权利，如政治权利和自由、平等权、人身权、财产权等。当当事人在主张这些基本权利，包括提起民事诉讼、刑事辩护等过程中遇到经济、心理或地域困难，而又无法获得专门的法律帮助时，就会影响甚至妨碍他们这些基本权利的实现。这些困难主要包括以下三种：

（1）经济上的障碍，指当事人的收入和资产低于一定水平，而无力承担法院诉讼费用和律师费，因而无法寻求任何种类的法律服务。这是当事人寻求法律救济时遇到的最主要的障碍，也是法律援助需要解决的主要问题。

（2）心理上的障碍，包括两方面：一方面，是指对法律程序的无知与恐惧，因为当事人未受过专门的法律教育，无法理解烦琐的法律程序和晦涩的法律术语，不能充分了解他所享有的权利，更不知如何去行使这些权利；另一方面，心理上的障碍还表现为由于不同种族在语言风俗及宗教信仰等方面的差异，特别是少数民族与主流社会的差异，在法律程序中往往产生交流上的困难而妨碍其权利的行使。

（3）地域上的障碍，主要是指在大多数国家，律师的分布很不平衡。律师事务所往往都集中设在经济发达、人口稠密的城市商业区，而穷人聚居的边缘地区或人口稀少的乡村却缺少足够的律师。这样，大城市外的穷人就往往不能够得到及时的法律服务。

这三种影响司法公正的障碍，在每个国家都不同程度地存在（一些单一民族国家由于种族差异所引起的心理障碍相对较少，但外国人或移民仍然有同类问题）。因此，可以说法律援助的对象或受益者不仅仅是穷人，而且还包括受到不公正待遇的人和其他需要获得法律帮助的主体。

(二)法律援助的范围

法律援助的范围,就是一个国家以各种形式所提供的法律援助的具体领域。就世界各国开展法律援助的具体情况来看,法律援助主要是在刑事和民事等诉讼领域以及非诉讼领域为受援助对象提供的。各国法律援助制度的基本方面虽然大致相同,但由于各国经济发展存在差距,文化和历史传统不同,法律制度健全程度不同,各国法律援助所涵盖的具体领域又存在一定的差异。根据法律援助事项的性质,当代法律援助主要包括以下两种:

1. 诉讼法律援助

即所提供的法律援助是以法律诉讼的服务为目的,这是法律援助的重点,它包括刑事案件法律援助,以及民事、行政案件法律援助。

(1)刑事诉讼法律援助。刑事被告人有权获得辩护是当代人权保护和刑事诉讼法的共同基本原则。世界各国都将其作为法律援助的重点,很多国家已通过法律规定,凡自己无力聘请辩护律师的刑事被告,都有权获得法律援助;并通过政府律师或公职律师保证这一规定的具体实施。在当代世界很多国家的刑事诉讼中,无经济能力的被告有权获得律师辩护已成为一项强制性的规定,得到优先的保证。

(2)民事、行政诉讼法律援助。民事、行政诉讼法律援助的目的是帮助贫困、弱势或诉讼能力较低的当事人通过诉讼实现自己的权利。援助的对象一般是权利受到侵害、有胜诉可能,无法承担诉讼费用的民事案件当事人,特别是老弱病残、妇女或其他弱势群体。当代世界各国民事、行政诉讼法律援助发展很不平衡。援助的方式除了由律师无偿提供服务外,还有利用缓减免诉讼费用甚至胜诉酬金的方式,在当事人胜诉后,可以向败诉的当事人请求支付该项费用。当代世界各国法律援助的有关法律中都明确了民事、行政诉讼援助的对象、标准和条件。

2. 非诉讼案件的法律援助

在民事纠纷方面,当代非诉讼案件的法律援助开始有了较大的发展,并成为民事法律援助的重点。具体方式如下:

(1)为当事人提供法律咨询和法律辅导。其方式可以是多样的,包括:律师在为需要援助的当事人提供法律咨询和法律辅导时不收取费用;专门为特定弱势群体创建专门的法律咨询和法律辅导机构,如移民、受到家庭暴力的妇女、少数民族等;设立常设的公益性的机构,为不特定的大众提供免费的法律咨询,例如,消费者权益法律服务机构、社区法律服务机构等。

(2)代理当事人参与非诉讼纠纷解决活动,如参加和解、调解或仲裁等。特别是对缺乏自行参与协商、调解能力的当事人提供帮助,促成其顺利完成非诉讼的纠纷解决,尽快排除妨害,实现权利。

(3)直接作为中立第三方为双方当事人提供调解和仲裁等服务。一些公益性的法律援助机构本身既有作为中立调解人或仲裁人的地位和作用,随着律师对非诉讼纠纷解决事业的重视和积极参与,也开始越来越多地接受当事人聘请或在社区的法律服务机构中担任调解人或仲裁人,这方面的法律援助的范围和作用也在日益扩大。

(三)我国法律援助的对象

根据《法律援助法》及其他相关法律文件的规定的对象和范围,我国法律援助包括以下几种情况:

(1)民事诉讼当事人。《法律援助法》第三十一条规定:“下列事项的当事人,因经济困难没有委托代理人的,可以向法律援助机构申请法律援助:(一)依法请求国家赔偿;(二)请求给予社会保险待遇或者社会救助;(三)请求发给抚恤金;(四)请求给付赡养费、抚养费、扶养费;(五)请求确认劳动关系或者支付劳动报酬;(六)请求认定公民无民事行为能力或者限制民事行为能力;(七)请求工伤事故、交通事故、食品药品安全事故、医疗事故人身损害赔偿;(八)请求环境污染、生态破坏损害赔偿;(九)法律、法规、规章规定的其他情形。”民事诉讼当事人申请法律援助以经济困难为前提条件,法律援助的具体形式是为其提供民事代理。根据《法律援助法》第三十二条规定,当事人申请法律援助的,不受经济困难条件的限制的情形有:英雄烈士近亲属为维护英雄烈士的人格权益;因见义勇为行为主张相关民事权益;再审改判无罪请求国家赔偿;遭受虐待、遗弃或者家庭暴力的受害人主张相关权益;法律、法规、规章规定的其他情形。

(2)刑事诉讼当事人,包括犯罪嫌疑人、被害人和自诉人。《法律援助法》第二十四条规定:刑事案件的犯罪嫌疑人、被告人因经济困难或者其他原因没有委托辩护人的,本人及其近亲属可以向法律援助机构申请法律援助。《法律援助法》第二十九条规定:刑事公诉案件的被害人及其法定代理人或者近亲属,刑事自诉案件的自诉人及其法定代理人,刑事附带民事诉讼案件的原告人及其法定代理人,因经济困难没有委托诉讼代理人的,可以向法律援助机构申请法律援助。

(3)特殊刑事被告人。根据《法律援助法》第二十五条规定,刑事案件的犯罪嫌疑人、被告人属于未成年人,视力、听力、言语残疾人,不能完全辨认自己行为的成年人,可能被判处无期徒刑、死刑的人,申请法律援助的死刑复核案件被告人,缺席审判案件的被告人,法律法规规定的其他人员,没有委托辩护人的,人民法院、人民检察院、公安机关应当通知法律援助机构指派律师担任辩护人;其他适用普通程序审理的刑事案件,被告人没有委托辩护人的,人民法院可以通知法律援助机构指派律师担任辩护人。这一类被告人属于法定受法律援助的范围,不受经济困难的条件限制,法律援助的具体形式是为其提供辩护人。根据《法律援助法》第二十八条规定,强制医疗案件的被申请人或者被告人没有委托诉讼代理人的,人民法院应当通知法律援助机构指派律师为其提供法律援助。

(4)外国籍刑事被告人。根据有关法律规定,刑事案件中外国籍被告人没有委托辩护人,人民法院指定律师辩护的,可以获得法律援助,法律援助的具体形式是为其提供辩护人。

经审查批准的法律援助申请人或符合条件、接受人民法院指定的刑事被告人、嫌疑人为受援人。在法律援助过程中,受援人可以了解为其提供法律援助活动的进展情况,受援人有事实证明法律援助承办人员未适当履行职责的,可以要求更换承办人。受援人因所需援助案件或事项的解决而获得较大利益时,应当向法律援助机构支付服务费用。

我国法律援助对象的确定主要是基于以下原则:

(1)除法定援助对象外,申请人必须是经济困难者。法律援助是司法上的一种救济行为,救济的对象是需要法律服务但又没有能力支付法律服务费用的当事人。所以,对于申请法律援助的当事人,都必须进行经济状况审查,以确认是否符合受援条件,并根据经济状况确定援助的方式和程度,即缓交、减交还是免交法律服务费用。由于我国地区经济发展不平衡,《法律援助法》规定:经济困难的标准,由省、自治区、直辖市人民政府根据本行政区域经济发展状况和法律援助工作需要确定,并实行动态调整。申请人住所地的经济困难标准与受理申请的法律援助机构所在地的经济困难标准不一致的,按照受理申请的法律援助机构所在地的经济困难标准执行。各地法律援助机构对申请法律援助的当事人进行资格审查时,基本上是以当地政府确定的城镇最低收入标准和农村贫困线标准,作为确定本地区法律援助条件的经济困难标准。

(2)申请人必须有采取法律行为的充分理由。这也是法律援助机构必须审查的条件,其作用既是为了防止申请人滥用诉讼权利,也是为了有效利用有限的法律资源。对于申请法律援助的当事人,法律援助机构必须进行案情审查,根据案情理由确定是否给予法律援助。一般来说,必须有胜诉的可能,才能获得法律援助。《法律援助法》规定的援助范围,既考虑到申请人主张的实体权益的特殊性,也考虑到申请人身份和诉讼能力上的特殊性,体现了一种对弱者主张合法权利给予优先支持的原则和精神。这不仅符合法律援助的宗旨,也体现了人道主义、社会的进步和社会文明程度的提高。

(3)对部分刑事被告人提供法定援助。法定的法律援助主要是根据刑事诉讼法的规定,对公诉人出庭公诉的案件,被告人没有委托辩护人的,人民法院可以为他指定辩护人,即指定律师为其提供法律援助。它包括:被告人是盲、聋、哑人,未成年人和可能被判处死刑的,以及外国籍被告人。在这类情形下,人民法院为被告人指定辩护人时,法律援助机构应当提供法律援助,无须对被告人进行经济状况的审查。法定法律援助体现了一种国家强制性,已成为公平对抗的诉讼程序的必要条件和制度保障,使这部分当事人的特殊权益有了明确的法律保护,也符合世界各国充分保障刑事被告辩护权的法律援助宗旨。除民事诉讼和刑事诉讼之外,我国法律援助的范围还包括其他确需法律援助的事项,如法律咨询、代拟法律文书、非诉讼法律事务、公证及其他法律事务等。

近年来，各级司法行政机关和法律援助机构认真贯彻实施《法律援助法》，采取有力措施，积极推进法律援助工作，法律援助工作不断创新发展，法律援助经费保障能力显著增强，法律援助基层设施装备明显改善，法律援助机构队伍建设取得显著成绩，为维护困难群众合法权益、保障社会公平正义，推进平安中国、法治中国建设做出了积极贡献。到 2020 年，全国法律援助机构共办结法律援助案件近 140 万件，受援人达 216 万余人次，接待群众咨询近 1500 万人次，有效维护了受援群众的合法权益。

四、法律援助的主体和内容

（一）法律援助的主体

法律援助的主体，是指具体实施法律援助的机构或个人。

1. 法律援助的责任主体

法律援助的责任主体，是指由谁来承担对需要援助的对象提供法律援助的义务和责任，在当代主要是指国家或政府。随着法律援助事业在现代法治和人权保护中的意义不断提升，提供法律援助不再仅仅被认为是律师的一种道德义务，而逐渐被作为国家为公民提供的一种福利、保障，成为国家的责任。

《法律援助法》第二条规定："本法所称法律援助，是国家建立的为经济困难公民和符合法定条件的其他当事人无偿提供法律咨询、代理、刑事辩护等法律服务的制度，是公共法律服务体系的组成部分。"这说明，我国已经通过法律明确国家是法律援助制度的责任主体，法律援助的经费主要由国家的财政支持。

《法律援助法》第八条规定："国家鼓励和支持群团组织、事业单位、社会组织在司法行政部门指导下，依法提供法律援助。"第九条规定："国家鼓励和支持企业事业单位、社会组织和个人等社会力量，依法通过捐赠等方式为法律援助事业提供支持；对符合条件的，给予税收优惠。"这样就使得我国的法律援助事业在国家的主导下，吸收各种社会力量，成为一项社会各界广泛参与的公益事业。

2. 法律援助工作的主管机关

《法律援助法》第五条规定："国务院司法行政部门指导、监督全国的法律援助工作。县级以上地方人民政府司法行政部门指导、监督本行政区域的法律援助工作。"这一规定，确定了司法行政机关是法律援助工作的主管机关，并明确了国家对法律援助工作的监督管理职责和权限，有利于使法律援助事业在政府的监督管理下得以落实。同时，通过政府的监管，对积极推动法律援助事业的机构和人员给予奖励，追究不履行法律援助义务的责任者的法律责任，能够使法律援助事业获得切实的制度保障。

3. 法律援助机构和人员

除人民法院诉讼费用的减免缓交制度外，我国的法律援助主要是通过律师及其他法律工作者具体实施的。《法律援助法》规定，律师协会应当指导和支持律师事务所、律师参与法律援助工作。

法律援助具体由法律援助机构负责提供。《法律援助法》第十二条规定，县级以上人民政府司法行政部门应当设立法律援助机构。法律援助机构负责组织实施法律援助工作，受理、审查法律援助申请，指派律师、基层法律服务工作者、法律援助志愿者等法律援助人员提供法律援助，支付法律援助补贴。我国的法律援助机构采取从中央到地方，按照现有行政区划与法院的设置相对应，设立政府法律援助机构的方式，形成了中央、省（自治区、直辖市）、地（市）、县（区）四级法律援助机构体系。除法律援助机构的专职人员提供一定量的法律援助服务外，律师、公证员、基层法律服务工作者以及一些社会团体、法学院校的法律援助志愿者，在各级法律援助机构的组织和指导下参与了具体的法律援助工作。司法部法律援助中心负责全国范围内法律援助的管理工作，各省（区、市）法律援助中心负责所辖区域的法律援助的管理工作，各地市、县（区）法律援助中心除担负所辖区域的法律援助管理工作之外，还直接为受援对象提供服务。

（二）法律援助的内容

法律援助的内容是为援助对象提供法律帮助或服务，包括为贫穷的刑事案件被告人提供辩护，为确需帮助的民事当事人提供代理等法律服务，以及减免诉讼费用等。第二次世界大战以后，法律援助逐渐成为一些福利国家的一种社会权利，其所涵盖的范围也扩大到在国家法制运行的各个环节，对因经济困难而难以通过法律救济手段保障自身基本社会权利者给予多方面的法律帮助，法律援助在法庭外的作用日益重要，特别是通过法律咨询为当事人提供一种低成本、高效率的法律援助。

法律援助在诉讼中的具体内容，是通过减免法院诉讼费、免费为当事人提供辩护和代理等法律服务，以保证那些权利受到侵害的当事人通过法律途径获得救济和保护。

1. 法律援助的申请和审查

（1）法律援助的申请。根据《法律援助法》第三十八条的规定，对诉讼事项的法律援助，由申请人向办案机关所在地的法律援助机构提出申请；对非诉讼事项的法律援助，由申请人向争议处理机关所在地或者事由发生地的法律援助机构提出申请。

《法律援助法》第三十九条规定，被羁押的犯罪嫌疑人、被告人、服刑人员，以及强制隔离戒毒人员等提出法律援助申请的，办案机关、监管场所应当在24小时内将申请转交法律援助机构。犯罪嫌疑人、被告人通过值班律师提出代理、刑事辩护等法律援助申请的,值班律师应当在24小时内将申请转交法律援助机构。

《法律援助法》第四十条规定,无民事行为能力人或者限制民事行为能力人需要法律援助的,可以由其法定代理人代为提出申请。法定代理人侵犯无民事行为能力人、限制民事行为能力人合法权益的,其他法定代理人或者近亲属可以代为提出法律援助申请。被羁押的犯罪嫌疑人、被告人、服刑人员,以及强制隔离戒毒人员,可以由其法定代理人或者近亲属代为提出法律援助申请。

《法律援助条例》规定了申请法律援助的要件。公民申请代理、刑事辩护的法律援助应当提交下列证件、证明材料:①身份证或者其他有效的身份证明,代理申请人还应当提交有代理权的证明;②经济困难的证明;③与所申请法律援助事项有关的案件材料。

申请应当采用书面形式,填写申请表;以书面形式提出申请确有困难的,可以口头申请,由法律援助机构工作人员或者代为转交申请的有关机构工作人员作书面记录。

(2)法律援助申请的审查。《法律援助法》规定,法律援助机构应当自收到法律援助申请之日起七日内进行审查,做出是否给予法律援助的决定。决定给予法律援助的,应当自做出决定之日起三日内指派法律援助人员为受援人提供法律援助;决定不给予法律援助的,应当书面告知申请人,并说明理由。

《法律援助法》规定,申请人提交的申请材料不齐全的,法律援助机构应当一次性告知申请人需要补充的材料或者要求申请人作出说明。申请人未按要求补充材料或者做出说明的,视为撤回申请。

申请人对法律援助机构作出的不符合法律援助条件的通知有异议的,可以向确定该法律援助机构的司法行政部门提出,司法行政部门应当在收到异议之日起5个工作日内进行审查,经审查认为申请人符合法律援助条件的,应当以书面形式责令法律援助机构及时对该申请人提供法律援助。

2. 法律援助的实施

我国广义法律援助制度包括两个部分,即人民法院诉讼费用的减免缓交和指定辩护人,以及由律师及法律援助机构提供的法律援助服务。在程序上,涉及法院与法律援助机构及律师事务所之间的相互协调。

人民法院的法律援助工作包括以下几项:

(1)诉讼费用的缓交减免。民事诉讼法规定,当事人交纳诉讼费用确有困难的,可以按照规定向人民法院申请缓交、减交或者免交。是否缓交、减交或者免交,由人民法院审查决定。缓交,是指当事人经济上确有困难,暂时无力交纳诉讼费用,向人民法院申请延缓交纳的时间,待有能力时再交纳。减交,是指当事人经济上确有困难,无力交纳全部诉讼费用,经申请后,人民法院准予适当减少应交纳的诉讼费用。免交是指当事人经济上确有困难,无力交纳诉讼费用,经申请后,人民法院准予不交纳诉讼费用。当事人申请缓、减、免交纳诉讼费用,可以用书面或口头形式提出。口头申请的，人民法院应记入笔录，由当事人签名或盖章。人民法院根据当事人的经济情况，决定是否缓交、减交或者免交诉讼费用。

(2)指定辩护人。公诉人出庭公诉的案件，被告人因经济困难或者其他原因没有委托辩护人，被告人是盲、聋、哑人或者未成年人而没有委托辩护人的，或者被告人可能被判处死刑而没有委托辩护人的，人民法院应为被告人指定辩护人，由法律援助机构提供法律援助。根据《法律援助条例》第二十条规定：由人民法院指定辩护的案件，人民法院在开庭10日前将指定辩护通知书和起诉书副本或者判决书副本送交其所在地的法律援助机构；人民法院不在其所在地审判的，可以将指定辩护通知书和起诉书副本或者判决书副本送交审判地的法律援助机构。

律师的法律援助工作根据司法部《关于开展法律援助工作的通知》的规定，我国律师的法律援助主要采取以下形式：①法律咨询、代拟法律文书；②刑事辩护和刑事代理；③民事、行政诉讼代理；④非诉讼法律事务代理；⑤公证证明；⑥其他形式的法律服务。

法律援助机构可以指派律师事务所安排律师或者安排本机构的工作人员办理法律援助案件；也可以根据其他社会组织的要求，安排其所属人员办理法律援助案件。对人民法院指定辩护的案件，法律援助机构应当在开庭3日前将确定的承办人员名单回复作出指定的人民法院。

3. 法律援助的终止

法律援助机构对公民申请的法律咨询服务，应当即时办理；复杂疑难的，可以预约择时办理。办理法律援助案件的人员，应当遵守职业道德和执业纪律，提供法律援助不得收取任何财物。受指派办理法律援助案件的律师或者接受安排办理法律援助案件的社会组织人员在案件结案时，应当向法律援助机构提交有关的法律文书副本或者复印件以及结案报告等材料。

《法律援助法》对法律援助机构及其人员的工作规范和相关程序作了具体规定。办理法律援助案件的人员遇有下列情形之一的，应当向法律援助机构报告，法律援助机构经审查核实的，应当终止该项法律援助：①受援人以欺骗或者其他不正当手段获得法律援助；②受援人故意隐瞒与案件有关的重要事实或者提供虚假证据；③受援人利用法律援助从事违法活动；④受援人的经济状况发生变化，不再符合法律援助条件；⑤案件终止审理或者已经被撤销；⑥受援人自行委托律师或者其他代理人；⑦受援人有正当理由要求终止法律援助；⑧法律法规规定的其他情形。

4. 法律援助的程序

根据《法律援助法》《法律援助条例》和司法部《关于开展法律援助工作的通知》及其他文件的规定，我国目前法律援助的程序如下：

(1)人民法院指定辩护的刑事法律援助案件，由该人民法院所在地的法律援助机构统一接受并组织实施；非指定辩护的刑事诉讼案件和其他诉讼案件的法律援助，由申请人向有管辖权法院所在地的法律援助机构提出申请；其他非诉讼法律服务，由申请人向住所地或工作单位所在地的法律援助机构提出申请，特殊情况除外。

（2）同一法律援助事项，由同一法律援助机构办理。

（3）法律援助机构负责审查和批准援助申请的工作人如果是援助事项的申请人或申请人的亲属，或与申请事项有直接利害关系的，应当回避。

（4）法律援助申请应当以书面形式提出，同时提交必须提供的材料。以书面形式提出申请确有困难的，可以口头申请，由法律援助机构工作人员或者代为转交申请的有关机构工作人员作书面记录。申请人为未成年人或无行为能力人的，应由其监护人代为申请。代申请人应提交代理权资格的证明。

（5）法律援助机构对法律援助申请，应按规定进行审查。审查内容包括是否应由本法律援助中心受理、是否符合规定的法律援助受援条件等。法律援助机构认为申请人提供的材料不完备或有疑义的，应通知申请人作必要的补充或向有关单位、个人索取有关证明材料，并可视情况进行调查。

（6）对申请公证法律援助事项的条件审查，由法律援助机构与有关公证处共同决定。

（7）法律援助机构应当自收到法律援助申请之日起 7 日内进行审查，作出是否给予法律援助的决定。决定给予法律援助的，应当自作出决定之日起 3 日内指派法律援助人员为受援人提供法律援助；决定不给予法律援助的，应当书面告知申请人，并说明理由。

申请人提交的申请材料不齐全的，法律援助机构应当一次性告知申请人需要补充的材料或者要求申请人作出说明。申请人未按要求补充材料或者作出说明的，视为撤回申请。

（8）遇有紧急或特殊情况，法律援助机构可以当即决定予以法律援助；法律服务机构亦可先提供法律援助，之后报法律援助机构核准。

（9）法律援助承办人员在援助事项办结后，应向法律援助机构提交结案报告。

（10）法律援助事项办结时，需由法律援助机构付费的，法律援助机构应照国家规定标准及时核定，并向该事项的法律服务机构支付法律援助费用。

（11）人民法院指定辩护的刑事法律援助案件，除法定受援对象外，根据《最高人民法院、司法部关于刑事法律援助工作的联合通知》的规定，还包括法院根据案情认为确需律师辩护、具有以下条件的刑事被告人：本人确无经济来源，其家庭经济状况无法查明的；本人确无经济来源，其家属经多次劝说仍不愿为其承担辩护律师费用的；共同犯罪案件中，其他被告已委托辩护人，而该被告没有委托辩护人的；外国籍被告没有委托辩护人的；案件有重大社会影响的；人民法院认为起诉意见和移送的案件证据材料有问题，有可能影响法院定罪量刑的。人民法院指定辩护的案件,应在开庭前10日内将有关材料送交法律援助机构或同级司法行政机关,由其指派律师提供辩护。

5. 法律援助的办案补贴

法律援助机构收到前款规定的结案材料后,应当向受指派办理法律援助案件的律师或者接受安排办理法律援助案件的社会组织人员支付法律援助办案补贴。

法律援助办案补贴的标准由省、自治区、直辖市人民政府司法行政部门会同同级财政部门,根据当地经济发展水平,参考法律援助机构办理各类法律援助案件的平均成本等因素核定,并可以根据需要调整。

6. 法律责任

《法律援助法》特别规定了在法律援助实施中有关机构和人员应承担的法律责任,包括以下几个方面:

(1)法律援助机构及其工作人员的法律责任。法律援助机构及其工作人员有下列情形之一的,由设立该法律援助机构的司法行政部门责令限期改正;有违法所得的,责令退还或者没收违法所得;对直接负责的主管人员和其他直接责任人员,依法给予处分:拒绝为符合法律援助条件的人员提供法律援助,或者故意为不符合法律援助条件的人员提供法律援助;指派不符合本法规定的人员提供法律援助;收取受援人财物;从事有偿法律服务;侵占、私分、挪用法律援助经费;泄露法律援助过程中知悉的国家秘密、商业秘密和个人隐私;法律法规规定的其他情形。

(2)律师事务所、基层法律服务所的法律责任。无正当理由拒绝接受法律援助机构指派;接受指派后,不及时安排本所律师、基层法律服务工作者办理法律援助事项或者拒绝为本所律师、基层法律服务工作者办理法律援助事项提供支持和保障;纵容或者放任本所律师、基层法律服务工作者怠于履行法律援助义务或者擅自终止提供法律援助的,由司法行政部门给予处罚。

(3)律师、基层法律服务工作者的法律责任。律师有下列情形之一的,由司法行政部门给予处罚:无正当理由拒绝履行法律援助义务或者怠于履行法律援助义务;擅自终止提供法律援助;收取受援人财物;泄露法律援助过程中知悉的国家秘密、商业秘密和个人隐私。

(4)受援人的法律责任。以欺骗或者其他不正当手段获得法律援助的,由司法行政部门责令其支付已实施法律援助的费用,并处三千元以下罚款。

(5)国家机关及其工作人员的法律责任。国家机关及其工作人员在法律援助工作中滥用职权、玩忽职守、徇私舞弊的,对直接负责的主管人员和其他直接责任人员,依法给予处分。

五、法律援助制度存在的问题与发展趋势

（一）法律援助制度存在的问题

经过500多年的发展，法律援助制度作为人类文明的一项重要成果，已经被各国所接受和确认，并且确实对社会的稳定起到了一定的促进作用。但是，同其他任何一种社会制度一样，法律援助制度也还存在不少有待解决的问题。主要体现在以下几个方面：

（1）当代世界各国的法律援助制度发展极不平衡。由于受经济发展水平的制约，以及由此而产生的贫困人口较多、律师占人口总数比例较低以及现行法律体系的不完善等问题，发展中国家特别是非洲的许多国家，缺乏建立切实有效的法律援助制度的现实基础。

（2）资金问题是当代世界各国法律援助制度面临的普遍困难。由于西方国家目前普遍经济不景气，各国政府对法律援助的财政投入大幅削减，其他渠道的资金投入也在现有的水平上停滞不前；而与此同时，社会的贫困状况却在持续扩大，被划入贫困线以下的人也越来越多。资金紧张、资源匮乏与不断增长的法律援助需求之间的矛盾越来越突出，资金问题严重制约着法律援助事业的全面展开。

（3）律师参与法律援助工作的积极性不高。由于律师的报酬太低，特别是在提供诉讼外的法律咨询和法律扶助时，报酬更低，律师参与法律援助的积极性受到很大影响。如在日本，律师大都不愿接受指定充任国选辩护人，即使接受了也是敷衍了事。也有些律师仅仅为了扩大自己的知名度而利用法律援助制度。

（4）法律援助的质量较低。一般而言，参与法律援助的私人律师或公职律师并非最优秀的律师，由于报酬低，一般仅能提供最低限度的法律服务，远远不能达到较高的专业标准。在一些国家中，有关法律援助的某些规定形同虚设，没有真正落到实处。如美国1976年《法律服务公司法》曾规定了“最低量法律服务”的目标，即每一万名低收入公民至少有两名律师提供免费法律服务，而现有状况远远达不到这一法定目标。

（5）法律援助机构的权力过于分散，权责划分不明，管理不够得力。如英国的法律援助制度中，由刑事法庭负责刑事诉讼中为被告提供辩护方式的援助，并受内政部刑事法律援助方案的监督；在民事诉讼法律援助中，由一个专门的机构即利益补偿委员会负责对当事人进行经济状况的调查，由执业律师组成的法律援助委员会进行案情方面的调查，并受到大法官的监督和指导；由律师公会负责对提供援助的诉状律师进行管理。内政部与大法官办公室之间由于权责划分很模糊，常常在一些具体政策上发生冲突。

（6）操作中的问题。各国关于法律援助的现有制度中还存在着一些不合理的规定。如对申请法律援助者的资历调查和案情调查过于严格、律师的拖延等。同

时,民事诉讼的法律援助的标准特别是提起诉讼的合理性的标准很难掌握,如果范围过大,在一定程度上可能诱发诉讼的增长,加大法院的压力。

目前,我国法律援助工作面临的主要困难有:①法律援助的供需矛盾突出。我国法律援助工作遇到的最大问题是法律援助供需矛盾突出。我国还处在社会主义初级阶段,中央和许多地方财政拿不出充足的经费投入法律援助,由于人力和财力不足,供需矛盾日益突出。随着法律援助制度的实施和宣传不断深入,社会对法律援助的需求不断扩大。有许多地方法院指定的刑事辩护案件越来越多,公民要求民事法律援助的事项也逐渐呈现应接不暇之势。由于人力、财力不足,加之一些地方律师义务办理案件的体制尚未理顺,对承担法律援助义务的律师缺乏规范管理,这种供需矛盾日益突出,成为当前法律援助工作的主要矛盾。②法律援助工作发展不平衡。由于律师多集中于大城市,现有法律援助机构和法律援助工作还仅限于少数大中城市,县级地方设立机构的极少。但是,从我国贫困人口的分布情况看,县级地方对于法律援助的潜在需求量很大。因此,怎样最大限度地满足县级地方贫困者的法律援助需求,成为法律援助工作深入发展的难点。建立机构和解决经费保障问题,将是未来法律援助工作发展所面临的具有普遍性的重大难题。此外,由于法律援助制度资源短缺的问题不可能从根本上解决,因此,应该将援助的重点放在保护刑事被告人的辩护权上,扩大法律援助对象的范围。在民事纠纷方面,则应注重以非诉讼方式或其他社会救济方式解决民事纠纷,广阔开辟非诉讼的救济渠道。

(二)法律援助制度的发展趋势

当代世界各国的法律援助事业仍在继续发展,其发展趋势主要体现在以下几个方面:

1. 继续改革完善法律援助制度

针对法律援助所面临的各种问题,当代世界各国采取积极的改进措施,例如积极改进和完善有关法律援助的立法,肯定法律援助保障基本人权的社会福利性质;法律援助的受案更为灵活,标准更为合理,以更好地满足社会的需求;积极拓宽资金渠道来源,实行费用分担制度;进一步拓宽法律援助的范围,为社会提供更为充分的法律服务;适当增加律师人数,解决法律援助人力资源短缺的问题;提高对律师的法律援助的强制性义务规定等。

2. 法律援助的国际化

法律援助的国际化的趋势具体体现在以下几个方面:

(1)援助对象国际化,即一国根据国际待遇原则或互惠原则将给予本国公民的法律援助给予外国公民,从而使一国的法律援助通过域外效力而国际化,也称为单向国际化。

如英国 1979 年《诉讼费用援助法》规定,除法人或非法人团体外,任何自然人,不论是英国人还是外国人,均能申请援助资金。若接受援助的外国人败诉,援助资金将根据援助证书支付其应付的全部或部分辩护费,其中包括法院根据受援助的外国公民的经济情况而确定的支付对方律师费的合理金额。1951 年联邦德国《关于在联邦德国境内无住所的外国人的法律地位法》和 1959 年联邦德国《关于北大西洋公约组织军队的附属协定》规定,联邦德国有关法律援助的规定同样适用于在德国无住所地的外国人或驻扎于联邦德国境内的在北大西洋公约组织中服役的外国军人。美国长期以来不承认其国民与外国公民享有法律援助权,但在 1963 年,最高法院在简迪昂诉温科怀特案的判决中,首次承认民事案件的原告或被告均享有接受法律援助的权利。除上述国家外,很多国家都通过民商事诉讼法典、特别立法或法院制定的诉讼规范以及判例法,确定外国自然人享有法律援助权。目前,仅有少数国家如印度、蒙古、海地和洪都拉斯等,明确规定不授予外国人(包括无国籍人)诉讼费用豁免权。

(2)加强法律援助的国际合作,即国与国之间通过订立民事、刑事司法互助协定互相给予对方国家的公民以法律援助或者免费协助完成一定的司法行为,也称为双向国际化。

当代世界法律援助的覆盖面更加广泛,不仅包括对经济困难的个人的救济,也包含对国家的援助;不仅包括刑事诉讼,而且包括民事、商事诉讼;不仅包括起诉、上诉等诉讼程序,而且包括取证、鉴定、送达文书、执行等与诉讼有关的程序;不仅包括诉讼费用、律师费用,而且包括诉讼担保费、证据担保费、引渡费、税费、公证费等,甚至包括免除认证程序。在民事诉讼的法律援助中,很多国家在签订双边司法协助或协定时,往往在条约或协定中将其国内的法律援助条款部分或全部地、具体地或概括性地加以规定,由此使法律援助转化为双向国际化。刑事司法协助中的法律援助,包括引渡费、过境解送费、被判刑人员移交费、调查费、翻译费的减免,对这些费用,各国间的条约规定不尽相同。

(3)法律援助的多边国际化,即两个以上的国家之间通过订立民事、商事及司法协助协议或公约互相给予缔约国公民以法律援助或者免费协助完成一定的法律行为,包括多边性国际化、区域性多边化、全球性多边化。

法律援助的多边性国际化,是指两个以上的国家共同签订一项多边民事、商事及刑事协助条约或协定,以规范它们之间互相给予法律援助的行为,往往是某一区域内相邻的数国,但不包括该区域内所有的国家。如 1964 年丹麦、芬兰、冰岛、挪威及瑞典在哥本哈根签订的《关于相互给予司法协助的协定》规定,诉讼协助的费用应由采取措施的国家支付,但数额较大的翻译费用及血液证明以及外国专家鉴定证明除外。

法律援助的区域性多边国际化是指特定区域内的基于国家通过缔结区域性民事、商事、刑事司法协助公约相互提供法律援助或者免费协助完成一定的司法行为。这种多边化所涉及的范围较广,既包括对“贫民”或“穷人”的法律援助,也包括刑事诉讼移管、移交补充判刑人、诉讼费用担保金、提供外国法资料等。

(4)法律援助国际化,是指若干国家通过缔结全球多边公约在全球范围内彼此给予法律援助或免费协助完成一定的法律行为。经济全球化带来了全球依赖性的加强,而人类面临的日益繁重的困难和灾难(如妇女问题、儿童问题、难民问题、跨国犯罪等)成为世界各国的共同课题。现代科技的迅速发展,洲际或全球性交流日趋频繁,各种法律关系的产生和发展,经常突破国际或区域界限,法律援助也因此由区域性多边化走向全球性多边化,国别法律问题开始超越疆界,越来越多地在区域或全球层面上开展国际化的法律援助。20 世纪 50 年代以后,有关法律援助的国际公约先后出台,如 1954 年海牙《民事诉讼法公约》,1979 年《民商事国外调查证据公约》,1973 年《承认和执行抚养义务判决的公约》以及 1980 年《国际司法救助公约》等,表明这种法律援助国际化合作的趋势不断发展。

3. 法律援助的内容和功能扩大

贫富不均在当代国际社会非常普遍,贫富差距在部分国家和地区甚至日益加大。现代社会的发展引发了一系列全球性问题,法律行为的产生、发展与结果已经难以囿于一国境内,法律关系的涉外性与跨国性明显增强。在国际化的趋势下,法律援助的内容和功能也上升到一个新的层级——人权保护。给予每一个人平等的法律保护,既是每个国家道德上的义务,也是现代国际人权保护和法律合作事业的共同目标,因此,法律援助的重点也开始向给予外国人、移民、少数民族等更多的法律帮助倾斜,并被赋予了国际人权保护的积极意义。

4. 合理配置法律援助资源

法律援助不仅需要制度的支持,也需要依靠大量资金的支持。因此,其发展不可能超越实际,只能根植于各国政治、经济、文化的现实土壤之中。同时,也需要认识到,诉讼特有的局限性和司法利用上的不平等是法律与生俱来的问题,并不可能通过法律援助制度彻底根除。因此,在充分肯定法律援助制度的社会功能和意义的同时,也不应低估或否定这些局限性,尽可能将有限的法律援助资源合理地配置于最重要的地方。在法律援助中,首先应确保对刑事被告人辩护权的保护,与此同时,在民事纠纷解决方面不断扩大法律援助的范围和方式,发展非诉讼纠纷解决中的法律援助。

我国在 2001 年全国人大通过的《国民经济和社会发展第十个五年计划纲要》中,明确提出"建立法律援助体系"的目标,标志着建立和实施法律援助制度已经成为中国社会发展的一项重要内容和政府的一项重要职责。2011 年《国民经济和社会发展第十二个五年计划纲要》中再次强调"加强法律援助"。2013 年 11 月 12 日,中国共产党第十八届三中全会将法律援助制度提升到国家人权司法保障制度的高度,明确提出完善法律援助制度的改革目标。2014 年 10 月 23 日中国共产党第十八届四中全会通过《中共中央关于全面推进依法治国若干重大问题的决定》,决定提出建设完备的法律服务体系。随着《法律援助法》的制定和施行,我国法律援助制度得到了长足的发展。目前而言我国法律援助发展的主要趋势是:

(1)法律援助将进一步法治化、规范化。《法律援助条例》《法律援助法》及相关地方性实施细则、司法解释等将得到进一步完善和落实。

(2)法律援助的范围将进一步扩大,伴随着中国加入世贸组织,外国人会更多的成为中国法律援助的对象。司法部提出,要在大中城市和沿海经济发达地区培养一定数量的懂法律、懂外语的法律援助机构和人员;要参照大多数国家的做法,实行国民待遇原则,明确规定外国人可以成为中国法律援助对象。

(3)随着经济和社会发展,政府更加重视和支持法律援助制度的建立和实施。目前,中央财政向司法部法律援助中心提供了开展工作所需的经费保障;省、区、县各级地方政府财政负责本地区法律援助工作所需经费。各级政府加大对法律援助工作的支持力度,法律援助经费保障水平明显提高。虽然在一些经济欠发达地区法律援助机构的组建和法律援助经费的筹集还有困难,但这方面情况已经并将进一步改善或好转。

(4)法律援助的机构、人员将进一步充实。目前,我国设立值班律师制度,根据2020年颁布施行《法律援助值班律师工作办法》,值班律师是指法律援助机构在看守所、人民检察院、人民法院等场所设立法律援助工作站,通过派驻或安排的方式,为没有辩护人的犯罪嫌疑人、被告人提供法律帮助的律师。同时,国家要求执业律师必须承担一定的法律援助义务。此外,各种法律志愿者组织也在不断发展壮大,逐步形成了一个法律援助体系。很多院校也都设立了法律援助组织,例如,武汉大学弱者法律援助中心、中国人民大学学生法律援助中心、北京大学妇女及弱者法律援助中心、中国政法大学环境问题法律援助中心等。此外,一些非政府机构和律师自治组织的法律援助机构也纷纷建立,在未成年人保护、劳动者及农民工权益保护、消费者权益保护等方面发挥了重要的作用。

第十一章

公证制度

第一节 公证制度概述

一、公证制度的起源

公证作为一种证明制度，是私证在一定条件下演变而来的，商品交换的产生与发展则是这种演变的催化剂。早在公元前6世纪的罗马共和国时期，即有一种奴隶，根据奴隶主的授权起草各类法律文书，这种奴隶被称为“诺达里”，即书记的意思。到了罗马共和国末期，出现了一种被称为“达比伦”的职业代书人，他们为雇主拟定契约、遗嘱等法律文书，并在文书上签字予以证明。他们所拟定的法律文书经法院审查确认后成为无争议的文书。这种代书人即是现代公证人的雏形。

到了罗马帝国时代，公证已经成为有特定内涵的法律术语，例如，在《查士丁尼法典》中，就有关于遗嘱公证的规定。随后，由于商品交换在时间和空间上的广泛性和多样性，交易一方就迫切需要了解对方的各种真实情况，公证活动于是就进入了商业领域，公证活动的重要性日益显现。到公元15世纪，欧洲出现了最早的公证立法，《法国民法典》中也对公证作出了系统的规定。这些立法为资本主义国家的公证制度奠定了基础。

二、中国公证制度的沿革

尽管中国的公证制度确立的比较晚，但在许多民事活动中请“中人”作证的历史却非常悠久，但“中人”作证始终只是存在于民间，未能形成一种国家制度。在宋朝,对于买卖、典当土地、房屋等契约,官府要在契约上加盖官印,盖了官印的契约称“红契”。虽然官府加盖官印的出发点是为了赋税,却在客观上起到了确认交易关系存在、避免纠纷的作用。以上两者,均不是现代意义上的公证。

第一次使用“公证”一词见于1912年北洋政府颁布的《登记条例》。1935年7月30日民国政府以司法院的名义颁布了第一部公证法规《中华民国公证暂行规则》,随后又于1943年3月31日颁布了《中华民国公证法》。

新中国成立后,于20世纪50年代在北京、上海、天津等少数大城市开展了公证的试点工作。随着公有化的完成和计划经济体制的确立及频繁的政治运动,公证制度同其他法律制度一样,被弃置不用。恢复公证制度是在20世纪70年代末。1982年4月13日,国务院发布了新中国第一部公证法规——《中华人民共和国公证暂行条例》,公证制度成为国家重要的法律制度之一。2005年8月28日《中华人民共和国公证法》(以下简称《公证法》)由第十届全国人民代表大会常务委员会第十七次会议通过并予公布,自2006年3月1日起该法生效施行。自此,公证法成为社会主义法律体系之一重要法律部门。《公证法》施行后,分别于2015年和2017年进行了前后两次修正。为了规范公证程序,保证公证质量,司法部令根据《公证法》的规定,于2006年5月10日制定了《公证程序规则》(以下简称《规则》),自2006年7月1日起施行。为了进一步满足社会的需求,2020年9月27日司法部部务会议审议通过修改决议,自2021年1月1日起施行。《规则》作为公证执业活动的基本程序规范,无论在总体制度设计、具体操作规范,还是在文字表述方面,忠实体现《公证法》的立法本意和制度安排,贯彻落实《公证法》制度设计和程序要求。

三、公证的概念与特征

公证是指公证机构根据当事人的申请,依法证明法律行为、有法律意义的文书和事实的真实性、合法性,以保护当事人合法权益的活动,公证活动有以下特征:第一,公证是公证机构依当事人的申请而进行的证明活动。公证机构不得自行就任何事项进行公证;第二,公证的对象是法律行为、有法律意义的文书和事实,没有任何法律属性的行为、文书及事实则不能进行公证;第三、公证的内容则是确认公证对象的真实性和合法性。

公证制度是国家以法律的形式确立的关于公证活动的法律规范的总称。公证制度是一项预防性的司法制度,它和司法制度中的其他制度一起构成了我国司法制度的整体。公证制度设计的目的与司法制度中的其他制度完全一样,但不同制度发挥作用方式和途径各异。因此,正确认识不同制度的功能也是必要的。

(一)公证与民事诉讼

公证与民事诉讼的联系主要有两点:第一,公证书是民事诉讼中的证据之一，而且其证明力要高于其他证据；第二，公证机构可赋予无疑义的、追偿债权和物品的公证书以强制执行的效力，这类公证书可以直接成为当事人向人民法院申请强制执行的依据。

公证与民事诉讼的区别主要表现在以下三个方面：第一，公证是以证明的方式对法律行为、有法律意义的文书和事实进行确认，以达到预防纠纷、减少诉讼之目的，属于非诉讼范畴。公证不能替当事人设定权利义务，也不因公证证明而引起民事法律关系的产生、变更和消灭。民事诉讼则表现为人民法院以审判的方式，对已经产生冲突的民事法律关系进行裁判，达到定分止争的目的。第二，公证只有一方当事人。大多数的民事诉讼则有利益互相冲突的双方当事人。第三，公证依据公证程序规则进行；民事诉讼则应严格按照《民事诉讼法》的规定进行。

（二）公证与认证

所谓认证，又称外交认证，是指外交、领事机构在经过公证的文书上，证明公证机构或认证机关（制作国外交部门）的最后一个签名或印章属实的活动。其目的是使该公证文书发生域外的法律效力。

公证文书在本国可以直接发生证明效力，但如果是在别国使用，就需要经过该国外交或领事机关认证后才能发生作用。因为使用国并不了解他国公证组织的情况，所以须经原公证国的外交部门认证公证机构和公证员的签名、印章属实，再经使用国的外事部门（一般是驻他国的外交领事机构）认证制作国外交部门的印章、签名属实后，方可发往该国使用。例如，我国去外国学习工作的人员需要证明在本国的学历、经历时，首先应由有管辖权的公证机构作出相应的公证书，再交我国外事部门认证，最后由公证书使用国驻我国使领馆认证属实，才能在使用国发生法律效力。外国的公证书发到我国使用，也要经过相同的认证程序。如果公证书的使用国与我国没有外交关系，则公证书域外效力的发生需要经过更为复杂的程序。公证与认证联系紧密，却各不相同，没有公证，不会产生认证问题；没有认证，公证书发往域外使用即成问题。

四、公证的作用和意义

公证作为预防性司法制度，其根本性的作用和意义在于纠正违法、预防纠纷、减少诉讼。公证的作用和意义可以通过以下几个方面得到体现：

（1）公证是市场经济良性运转必不可少的保障。我国已基本实现了经济的市场化运转，市场经济的本质是自由竞争。但市场经济并不等于放任自流的经济，只不过国家对经济的管理和干预模式由微观改为宏观而已。国家通过法律手段来调控和约束市场主体的活动，公证即是国家对经济宏观管理的重要手段。

市场主体并非被动地遵守法律，他们也可以有效地利用法律手段参与市场竞争和保护自己的合法权益。而公证则正好发挥了市场的中介功能，通过公证的参与，市场主体不仅可以减少交易的成本，而且可以增加交易的安全性。

我国加入世界贸易组织后，市场已经成为全球性的市场。市场的国际竞争必将更加激烈，而且更加难以驾驭。市场主体只有充分有效地利用法律武器，才能在更广阔的范围和更深的层次上参与国际竞争。利用公证，可以在国际市场树立自己的形象、建立自己的信用，使自己在参与国际竞争与合作、进行国际商务活动中处于有利的位置。

（2）公证可以保护当事人的合法权益，预防纠纷。实践中，公证机构的公证业务大量涉及当事人的权利和义务，公证机构及时地对相关的法律行为、文书和事实予以公证，使之固定化，即可有效地保护当事人的合法权益。例如，银行在发放贷款时，请求公证机构对借款合同及保证合同进行公证并赋予公证书以强制执行的效力，可最大限度地化解银行的金融风险并且避免诉讼之累。此外，通过公证，还可以发现不合法或者违法活动，使当事人的合法权益在发生纠纷之前即得到维护。

（3）促进国际经贸合作，维护国家、当事人在域外的合法权益。我国的综合国力在改革开放的四十多年时间里得到了极大提升，国际影响日益增强，与其他国家在经济、贸易、技术、文化、旅游等方面的交往日益频繁。与其他国家的民间交往也是与日俱增，探亲、投资、旅游、留学、民间互访以前所未有的速度增长。与此同时，各种各样涉外的法律关系也日益复杂。在涉外交往中，外方常根据本国法律，要求中国当事人提供各种各样的公证书，例如学历、经历、出生、死亡、亲属关系、资金、信用等事项的公证。公证机构及时为我方当事人出具公证书，不仅极大地方便当事人的涉外交往，而且有利于保护国家和当事人在域外的合法权益。

（4）公证能促进社会信用制度的建设。改革开放以来，在经济建设取得巨大成就的同时，不能否认，一部分人的思想道德观发生了扭曲，不健康的、利己的甚至反动的思想、道德观还有很大的市场。在这种背景下，各种造假活动泛滥，假冒伪劣产品充斥市场，假文凭、假证明瞒天过海。人与人之间缺乏基本的信任，诚信守法的人深受其害。现在，呼吁重新建立社会信用的呼声非常高，那么，彼此之间如何获得信用呢？这就需要建立各种社会信用的平台，通过这些平台人们可以获得所需要的真实情况和信息。公证由于其自身的所具有的证明公证对象真实性的特性，成为理想的社会信用平台。这种平台的功能在每一个公证业务当中都能得到体现，在一些公众参与性强的活动中，这种平台功能更得到了充分的体现，如彩票的开奖公证等。

第二节 公证的业务范围

一、公证机构的主要业务

公证的业务范围是十分广泛的,涉及经济领域及人们日常生活的方方面面。《公证法》第十一条规定了公证机构办理公证事项范围:合同;继承;委托、声明、赠与、遗嘱;财产分割;招标投标、拍卖;婚姻状况、亲属关系、收养关系;出生、生存、死亡、身份、经历、学历、学位、职务、职称、有无违法犯罪记录;公司章程;保全证据;文书上的签名、印鉴、日期,文书的副本、影印本与原本相符;自然人、法人或者其他组织自愿申请办理的其他公证事项。法律、行政法规规定应当公证的事项,有关自然人、法人或者其他组织应当向公证机构申请办理公证。

在公证实践中,其业务范围并非局限于《公证法》上述规定,因为需要进行公证的新生事物是层出不穷的。

二、公证机构的业务类别

公证机构的主要业务即是出具公证书,根据公证证明对象的不同可将其划分为证明法律行为、证明有法律意义的事实、证明有法律意义的文书、赋予部分债权书以强制执行效力。

(一)证明法律行为

公证制度中所讲的法律行为与《民法典》中的法律行为具有一致性,是指民事主体设立、变更、终止民事权利和义务的合法行为。它们应具备以下要件:首先,行为人具有相应的行为能力;其次,意思表示要真实;不以损害他人利益为目的,并不违反法律和社会公共利益。合同是公证业务中最常见的法律行为。合同往往是双方甚至多方当事人意思表示一致的结果,即使申请公证,也要所有当事人一致意思表示。单方法律行为的公证也经常见到,例如委托、遗嘱、声明等法律行为。法律行为的复杂性决定了公证机构进行公证的复杂程度,要审查清楚法律行为的真实性、合法性必须慎重从事。

(二)证明有法律意义的事实

有法律意义的事实是指不以人的意志为转移,但对当事人具有法律上的利害关系的客观情况,这些客观情况的存在与变化能够引起当事人权利义务的变化。能成为公证业务的有两种情况:一是法律事件,如人的出生、死亡、自然现象(山体滑坡、塌方、泥石流等)。二是其他在法律上有一定影响的事实状态,如人的姓名、年龄、学历、经历、健康状况等,这些状态虽不直接引起民事法律关系的产生、变更、消灭,但对当事人的学习、生活、工作意义重大,公证机构应予以公证。

(三)证明有法律意义的文书

有法律意义的文书是指在法律上对当事人有特定意义或作用的文书、证件及其他文字材料。包括国家机关和有关部门颁发的文件、证书、证明,还包括当事人自己制作或保存的各种文字材料。但这类公证却不包括当事人为进行特定的法律行为而制作的文件,如合同、遗嘱等。实践中、这类文书的形式和类别繁多,公证机构通常采用两种方法来证明它们。

(1)证明文件上的签名、印鉴属实。签名、印鉴属实是反映文件真实性的最主要的指征。对于国家机关颁发的各类文件、证书、证明上的签名、印鉴,公证机构要证明其真实性,往往会要求有关部门予以核查。如果属于当事人自己的签名或印鉴,公证机构常要求当事人当着公证员的面签字、盖章,如果是在签字、盖章之后要求公证,当事人需要为签名、盖章的真实性负举证责任。

(2)证明文件的副本、节本、译本、影印本与原本相符。副本是指原本以外的其他复本,它与原本的内容、形式完全相同。节本是指经过删节的文本,是原本的一部分。译本是翻译成另外一种文字的文本。影印本是指经过洗印或复印的文本。

一般情况下,副本、节本、译本、影印本是不能发挥与原本一样的效力的,但日常生活、工作、学习中的许多时候,是不能直接或不方便直接使用文件原本的。遇到类似问题,即可通过公证的方式,使副本、节本、译本、影印本获得与原本相同的效能。

(四)赋予某些债权文书以强制执行的效力

《公证法》第三十七条规定,对经公证的以给付为内容并载明债务人愿意接受强制执行承诺的债权文书,债务人不履行或者履行不适当的,债权人可以依法向有管辖权的人民法院申请执行。

公证书具有与法院判决书一样的强制执行效力,其理论基础在于公证减少纠纷、预防诉讼功能的具体体现,债权人完全可以凭借已被赋予强制执行效力的公证书来避免陷入冗长的诉讼程序中去。民事诉讼法也有规定,对公证机关依法赋予强制执行效力的债权文书,一方当事人不履行的,对方当事人可以向有管辖权的人民法院申请执行,受申请的人民法院应当执行。公证债权文书确有错误的,人民法院裁定不予执行,并将裁定书送到对方当事人和公证机关。

三、公证机构的辅助性业务

《公证法》第十二条还规定,根据自然人、法人或者其他组织的申请,公证机构可以办理下列事务:法律、行政法规规定由公证机构登记的事务;提存;保管遗嘱、遗产或者其他与公证事项有关的财产、物品、文书;代写与公证事项有关的法律事务文书;提供公证法律咨询。归纳起来有以下几类:

(一)保全证据

保全证据是指公证机构根据当事人的申请,对于可能灭失或者日后难以取得的证据事先进行收集和固定,以保持其真实性和证明活力的活动。公证机构的证据保全活动只能在民事诉讼发生之前进行,诉讼中的证据保全由法院来完成。公证机构保全证据的方法也不完全与法院相同,一般不能采取查封、扣押、冻结等强制措施。对证人证言,可采取制作笔录或录音的方式;对书证、物证,可采取提取、封存的方式;还可以采用勘测现场、录像、拍照、绘图、登记的方式;必要时还可请人进行鉴定。

(二)保管遗嘱等文件

保管遗嘱是指公证机构根据遗嘱人的请求代为保管其所立遗嘱的行为。公证处也可根据当事人的请求,代为保管房产证、合同等重要文书。公证处的保管是为了预防重要文书的丢失,以免给当事人造成不必要的损失。

(三)为当事人提供法律及技术服务

当事人在进行法律行为公证时,常涉及许多法律问题,公证员常就此类问题对当事人进行咨询。可以说,法律咨询是公证活动的副产品。此外,公证处还可根据当事人的请求,代为草拟各类法律文书。

第三节 公证的基本原则

公证的基本原则是指公证处和公证员在办理公证事项当中应遵守的基本准则。

一、真实、合法原则

真实、合法原则是以事实为根据、以法律为准绳的法律原则在公证活动中的体现。真实性是所有证明活动的根本要求,更是公证活动的灵魂。它要求公证证明的法律行为必须是当事人的真实意思表示,有法律意义的文书和事实必须是客观存在。任何虚假的、缺乏证据的事项,均不能进行公证。

合法性是指公证活动当中,公证人员要对公证事项是否符合我国现行的法律进行审查,凡是违反我国现行法律和社会公德的事项均不能公证。

真实性与合法性是审查公证事项的一个问题的两个方面,不能将其割裂。只有这两方面完全合乎要求,才具备出具公证书的条件。

需要注意的是,我国对公证事项的审查是从真实性、合法性两个方面进行的,出具公证书也要求真实性、合法性同时具备才行。但是,并非所有的国家都有这两个方面的要求,如许多国家只要求公证人员对公证事项的真实性负责。而公证事项的合法性则由法院负责。

二、自愿原则

自愿原则是指公证必须依当事人的申请而进行,公证处和公证员不得强迫当事人办理公证。这一原则体现了当事人的意思自治,因为公证事项涉及的都是当事人的民事权益,当事人是否需要保护自己的合法权益以及如何保护是当事人自己的事情。

但是,这一原则并不意味着国家在公证上的完全无所作为,对于一些可能影响社会安定和事关大局的民事法律行为,国家可以在相关的法律当中规定,凡是这些法律行为必须公证,以保证国家对社会生活进行宏观调控和干预的实现。必须公证的法律规定与自愿原则是完全一致的。在法律要求公证而当事人不愿申请公证的时候,公证处和公证员同样无权强迫当事人进行公证。而不申请公证的不利后果由当事人自己来承担。

在我国现行的许多法律中均有必须公证的规定,如《民法典》规定,外国人收养中国儿童的,必须到公证处办理收养公证。

三、直接原则

直接原则是要求办理公证的公证员要亲自接待当事人,亲自审查当事人的申请材料和其他证据材料,以确保公证质量。

《公证法》规定,只有公证员才能独立办理公证事务,出具公证文书,并在公证文书上签名。因此,公证员必须亲自接待当事人,了解情况,直接办理公证事务。公证处的其他人员只是协助公证员办理公证事务。

直接原则可以有效防止公证员的不负责任,并防止由此而来的错误公证文书,确保证明对象的真实性、合法性不出问题。但应当注意,直接原则并不是要求公证员事无巨细都亲自处理,在确保真实性、合法性不出问题的前提下,可以将一些事务性的工作交由辅助人员办理。

四、保密原则

保密原则是指在办理公证过程中,公证员及辅助人员对于了解、知悉的国家机密、当事人的商业秘密和当事人不愿为别人知悉的情况负有保守机密的责任。

当事人申请公证的初衷是为保护自己的合法权益,但有些情况若泄漏出去,反而损害了当事人的合法权益,有违办理公证的初衷。至于在具体的公证业务当中,哪些公证事项需要保密,保密的期限是多久,则须视具体情况而定。

具体的保密操作规程是:①公证人员不得向他人泄露本人和本公证处办理的公证事项;②公证人员不仅要对当事人申请公证事项的内容保守机密,而且要对当事人申办公证的目的、作用、法律效力进行保密;③公证书只能发给当事人,不能发给其他人;④公证处应妥善保管档案材料。

五、回避原则

回避原则是指公证人员不得参与办理与其本人和亲属有利害关系或有其他关系的公证事务,以预防徇私舞弊及不良影响的产生。回避可以自行回避和申请回避。公证员有下列情形之一的,应当自行回避,当事人也有权申请他们回避:①本公证事项的当事人或者当事人的近亲属;②与本公证事项有利害关系;③与本公证事项的当事人有其他关系,可能影响公证的。

六、便民原则

便民原则要求公证机构和公证员在法律许可的程度内,办理公证应尽量方便当事人,在公证工作中体现为人民服务的宗旨。

公证机构可以采取以下具体的便民措施:①为当事人提供法律咨询和必要的技术服务,以降低当事人申请办证的难度。②采用上门服务和设员办证的方式方便当事人。对于行动不便的当事人,公证人员应登门服务;对于业务量比较集中或者有连续性的,公证处可以派员定点办证。如派公证员常驻银行提供公证服务即是如此。③在保证办证质量的前提下,缩短办证的时间。

七、使用中文和民族语言文字的原则

这一原则体现了办理公证当中的国家主权和我国各民族一律平等的民族关系。在公证活动中坚持这一原则要求:①公证书应使用中文或者民族语言文字,不得使用外文制作公证书。若公证书需发往域外使用,应以中文本为正本,在译本上加盖公章后交当事人使用。②必要时,公证处可以根据当事人的需要为其提供翻译。

第四节 公证机构和公证员

一、公证机构

在我国,公证机构即是公证处。关于如何设立公证处的问题,《公证法》第七条规定,公证机构按照统筹规划、合理布局的原则,可以在县、不设区的市、设区的市、直辖市或者市辖区设立;在设区的市、直辖市可以设立一个或者若干个公证机构。公证机构不按行政区划层层设立。

公证处是如何定位的?《公证暂行条例》曾经将公证处定位于专司证明的国家机关,虽然它受司法行政机关的领导,但不是司法行政机关的职能部门。此后,党的第十六次全国代表大会召开以后,对国家机关、社会组织的职能、定位重新进行思考,公证处定位于国家机关有几点不妥:其一,公证处本质上并不具有国家管理的职能;其二,从精简国家机构的角度考虑,公证没有必要单设一个国家机关来进行。现今,对公证处的认识,多数倾向于是具有特定职能的社会组织,其应为市场经济和当事人的合法权益提供优质服务。基于此,《公证法》第六条对公证处进行了重新定位:"公证机构是依法设立,不以营利为目的,依法独立行使公证职能、承担民事责任的证明机构。"

虽然我国的公证处隶属于不同级别的司法行政机关,但是公证处本身却没有级别之分,公证处间也不存在隶属关系,它们出具的公证书的效力是完全相同的。公证处由公证员和辅助人员组成。公证处的职责是统一接受当事人的申请,将业务分配给公证员办理,对公证员的办证行为进行监督和管理,对因公证员的过错给当事人造成损失的负责赔偿。

二、公证员

公证员是能以自己的名义出具公证文书的人。在我国,公证员实行资格加任命的形式。《公证法》第十八条规定,担任公证员,应当具备下列条件:①具有中华人民共和国国籍;②年龄 25 周岁以上 65 周岁以下;③公道正派,遵纪守法,品行良好;④通过国家统一法律职业资格考试取得法律职业资格;⑤在公证机构实习二年以上或者具有三年以上其他法律职业经历并在公证机构实习一年以上,经考核合格。此外,从事法学教学、研究工作,具有高级职称的人员,或者具有本科以上学历,从事审判、检察、法制工作、法律服务满 10 年的公务员、律师,已经离开原工作岗位,经考核合格的,也可以担任公证员。

为了鼓励公证员不断提高公证业务水平，我国目前对公证员实行专业技术职务的评聘工作。公证员的专业技术职务有：公证员助理、四级公证员、三级公证员、二级公证员、一级公证员，公证员助理和四级公证员是初级职务；三级公证员是中级职务；二级公证员和一级公证员是高级职务。

三、公证管理

根据《公证法》及公证管理的实践，目前对于公证机构及公证员的管理都是由司法行政机关来进行的。司法行政机关对公证的管理表现在行政管理和业务管理两个方面。

行政管理主要是对公证处及公证员的行政事务进行管理，如办公设施的配备、人事调整等。业务管理表现在：按照法律法规，处理公证管辖纠纷；监督检查公证处及公证员的工作等。另外，司法部还负责制定公证方面的规章，对公证问题请示的批复等工作。

第五节　公证管辖和公证程序

一、公证管辖

公证管辖是指公证处之间关于公证业务受理范围的划分。它主要解决当事人的公证事项究竟由哪一个公证处来办理。确定公证管辖的基本原则是：一要便于当事人就近申请公证；二要便于公证处办理公证业务；三是原则性与灵活性相结合。《公证法》第二十五条规定，自然人、法人或者其他组织申请办理公证，可以向住所地、经常居住地、行为地或者事实发生地的公证机构提出。申请办理涉及不动产的公证，应当向不动产所在地的公证机构提出；申请办理涉及不动产的委托、声明、赠与、遗嘱的公证，可以适用前款规定。

此外，作为公证员公证的例外，在特定的情况下，由公证处以外的机构或人员出具证明，这种证明在效力上与公证书相同。主要有如下几种情况：①我国驻外使馆可以接受驻在国的我国当事人的要求办理公证事务；②在航行当中的船舶、航空器上的负责人对其乘员的遗嘱、委托、声明所出具的证明，与公证书有同等效力；③在野外的勘探队、考察队及其他在野外作业的组织负责人，对其成员在野外间的遗嘱、委托、声明所出具的证明，与公证书有同等效力；④执行剥夺自由的场所（主要有监狱）的负责人，对其所管辖的被剥夺自由人员的遗嘱、委托、声明行为出具的证明书；⑤军队的首长和政治机关对所属军职人员在战时的遗嘱、委托、声明所出具的证明书。此外，根据国际惯例，商检局出具的各种鉴定证书，卫生机构出具的免疫证明书、健康检查证明书、死亡证明书、出生证明书在使用中与公证书具有同等效力。

上述情况本质上并非公证管辖，也非公证业务。但是，根据国际惯例，上述证明所发挥的作用与公证文书一样，而且上述几种证明不能或者不可能由公证人员办理。

二、公证程序

公证程序是指公证处和当事人办理公证的步骤及其他程序性规则。《公证法》对公证程序作了原则规定，现行的公证程序规范是司法部颁发的《公证程序规则》。公证程序包括申请与受理、审查、出证三个阶段，还包括公证期限、终止和拒绝公证、公证复议等其他程序性规则。

（一）申请与受理

1. 申请

申请是指当事人向公证处提出办理公证请求的行为。向公证处提出办理公证请求的人，称为申请人。具有完全民事行为能力的自然人，可以自己申请办理公证，无民事行为能力人应由法定代理人代为申办公证，限制民事行为能力人申办公证应征得法定代理人的同意或者由法定代理人代理，法人或其他组织申办公证由法定代表人或负责人申请。申请人可以自己申请办理公证，也可以委托他人代为申请，但涉及遗嘱、遗赠扶养协议、赠与、认领亲子、收养和解除收养、委托、声明、生存状况及其他与申请人有密切身份关系的公证事项除外。

申请人申办公证事项，应当填写公证申请表，不再允许以口头的方式提出申请。申请人应按照申请表的要求如实填写以下内容：①申请人及其代理人的基本情况；②申请公证的事项及公证书的用途；③申请公证的文书的名称；④提交证明材料的名称、份数及有关证人的姓名、住址、联系方式；⑤申请的日期；⑥其他需要说明的情况。申请人应当在申请表上签名或者盖章，不能签名、盖章的由本人捺指印。

当事人应当在申请时提交下列材料：①自然人的身份证明，法人的资格证明及其法定代表人的身份证明，其他组织的资格证明及其负责人的身份证明；②委托他人代为申请的，代理人须提交当事人的授权委托书，法定代理人或者其他代理人须提交有代理权的证明；③申请公证的文书；④申请公证的事项的证明材料，涉及财产关系的须提交有关财产权利证明；⑤与申请公证的事项有关的其他材料。对于上述第四项、第五项所规定的申请人应当提交的证明材料，公证机构能够通过政务信息资源共享方式获取的，当事人可以不提交，但应当作出有关信息真实合法的书面承诺。

2. 受理

受理是公证处接受当事人的公证申请,同意给予办理的行为。公证处受理公证申请应符合法定的条件,因此,公证处要对当事人的公证申请进行审查,但这种审查不涉及是否出具公证书的问题,是一种形式审查。

(1)申请人与公证事项有法律上的利害关系。例如:申请合同公证只能是合同的双方当事人;有法律意义事实的公证须是该事实对当事人产生了法律上的利害关系等。反之,公证事项若对申请人不产生任何法律上的影响或没有法律上的权利义务关系,那么该申请人无权就该事项申请公证。

(2)申请公证事项的当事人、利害关系人之间对申请公证的事项无争议。公证是以证明的方式达到预防纠纷之目的,解决纠纷已经超出了公证的职责范围。所以,对存在争议的事项,公证处不能受理。

(3)申请公证的事项属于公证处的业务范围。公证的业务范围仅限于对法律行为、有法律意义的文书和事实的证明。超出上述范围的,公证处即不能作出受理的决定。

(4)申请公证的事项属于本公证处管辖。管辖是确定不同公证处之间对公证事项受理的职能分工。公证处必须首先确认本公证处有权受理该业务,若其他公证处同样对该公证事项有管辖权,公证处还须确定自己的受理有优先性。

对符合受理条件的公证申请,公证处在决定受理后应及时通知申请人,以便于下一步工作的开展。对不符合受理条件的,公证处作出不予受理的决定,通知申请人并说明不予受理的理由。

(二)审查

审查是公证员对当事人申请公证的事项从真实性、合法性的角度进行核实,以决定是否出具公证书的活动。公证机构受理公证申请后,应当根据不同公证事项的办证规则,分别审查下列事项:当事人的身份、申请办理该项公证的资格以及相应的权利;当事人的意思表示是否真实;提供的文书内容是否完备,含义是否清晰,签名、印鉴是否齐全;提供的证明材料是否真实、合法、充分;申请公证的事项是否真实、合法。

公证人员对公证事项的审查要根据证据进行,证据的种类与民事诉讼的证据种类基本一致。公证机构核实公证事项的有关情况以及证明材料主要通过以下几种方式:询问当事人、公证事项的利害关系人;询问证人;向有关单位或者个人了解相关情况或者核实、收集相关书证、物证、视听资料等证明材料;现场勘验;委托专业机构或者专业人员鉴定、检验检测、翻译。公证人员对于获得的各种证据进行全面审查,直到确认公证事项在真实性、合法性方面再无疑问为止。

（三）出证

出证是指公证处对经过审查的公证事项，认为符合出具公证书条件的，制作公证书，结束公证程序的活动。

不同的公证事项在出具公证书时应当具备的条件也不一样。法律行为公证应符合下列条件：①当事人具有从事该行为的资格和相应的民事行为能力；②当事人的意思表示真实；③该行为的内容和形式合法，不违背社会公德；④《公证法》规定的其他条件。

有法律意义的事实或文书公证应符合下列条件：①该事实或者文书与当事人有利害关系；②事实或者文书真实无误；③事实或者文书的内容和形式合法，不违背社会公德；④《公证法》规定的其他条件。

文书上的签名、印鉴、日期的公证，其签名、印鉴、日期应当准确、属实；文书的副本、影印本等文本的公证，其文本内容应当与原本相符。

赋予债权文书具有强制执行效力的公证，应当符合下列条件：①债权文书以给付为内容；②债权债务关系明确，债权人和债务人对债权文书有关给付内容无疑义；③债务履行方式、内容、时限明确；④债权文书中载明当债务人不履行或者不适当履行义务时，债务人愿意接受强制执行的承诺；⑤债权人和债务人愿意接受公证机构对债务履行情况进行核实；⑥《公证法》规定的其他条件。

公证书应当包括以下内容：①公证书编号；②当事人及其代理人的基本情况；③公证证词；④承办公证员的签名（签名章）、公证机构印章；⑤出具日期。有强制执行效力的公证书应在公证证词中注明，并注明债务人履行债务的期限、强制执行标的的名称、种类、数量等。

公证证词证明的文书是公证书的组成部分。公证书不得涂改、挖补，必须修改的应加盖公证处校对章。公证书从审批人批准之日起生效，审批人批准日期即为出证日期。不需要审批的公证事项，承办公证员的签发日期为公证书的出具日期；现场监督类公证需要现场宣读公证证词的，宣读日期为公证书的出具日期。

（四）特别程序

公证处办理招标、投标、开奖、拍卖等公证事项，承办公证员应亲临现场，对其真实性、合法性予以审查核实。对真实、合法的当场宣读公证词，并在七日内做成公证书发给当事人，该公证证明从宣读之日起生效。在上述活动中，如发现当事人弄虚作假、违反活动规则或有违法行为的，应当场责令当事人予以改正；拒不改正的，公证员应当拒绝宣读公证词，不予办理公证。

遗嘱公证应当由两名公证员共同办理。承办公证员应当全程亲自办理，并对遗嘱人订立遗嘱的过程录音录像。特殊情况只能由一名公证员办理时，应有一名见证人在场，见证人应当在询问笔录上签名或者盖章。公证机构办理遗嘱公证，应当查询全国公证管理系统。出具公证书的，应当于出具当日录入办理信息。

保全证据公证应由二人共同办理，承办公证员应当亲自外出办理。办理保全证据公证，承办公证员发现当事人是采用法律、法规禁止的方式取得证据的，应当不予办理公证。

公证处办理提存公证，应以通知书或公告方式，通知债权人在确定的期限内领取提存标的物。债权人领取提存标的物时，应提供身份证明和有关债权的证明，并承担因提存所支出的费用。不易保存的或债权人到期不领取的提存物品，公证处可以拍卖，保存价款。提存人可以凭人民法院的裁决书或提存之债已清偿的其他证明领取提存物。从提存之日起，超过二十年无人领取的提存标的物，视为无主财物，上交国库。

（五）公证的其他程序性规定

1. 公证的期限、终止与拒绝公证

为有效保护当事人的合法权益，公证处应及时办理各类公证事务。公证机构经审查，认为申请提供的证明材料真实、合法、充分，申请公证的事项真实、合法的，应当自受理公证申请之日起十五个工作日内向当事人出具公证书。但是，因不可抗力、补充证明材料或者需要核实有关情况的，所需时间不计算在期限内。

在办理公证其间，遇有下列情况的，公证处应当终止公证：①因当事人的原因致使该公证事项在六个月内不能办结的；②公证书出具前当事人撤回公证申请的；③因申请公证的自然人死亡、法人或者其他组织终止，不能继续办理公证或者继续办理公证已无意义的；④当事人阻挠、妨碍公证机构及承办公证员按规定的程序、期限办理公证的。

终止公证的，由承办公证员写出书面报告，报公证机构负责人审批。终止公证的决定应当书面通知当事人或其代理人。

公证处发现不真实、不合法的行为、事实和文书，应拒绝公证。拒绝不予办理公证的，由承办公证员写出书面报告，报公证机构负责人审批。不予办理公证的决定应当书面通知当事人或其代理人。

2. 公证书的撤销

当事人、公证事项的利害关系人认为公证书有错误的，可以向出具该公证书的公证机构提出复查。公证书的内容违法或者与事实不符的，公证机构应当撤销该公证书并予以公告，该公证书自始无效；公证书有其他错误的，公证机构应当予以更正。

当事人、公证事项的利害关系人对公证书的内容有争议的，可以就该争议向人民法院提起民事诉讼。

第六节　公证的效力

公证的效力是指公证证明在法律上所产生的作用。根据现行法律的规定，公证的效力主要体现在三个方面，即证据效力、使法律行为生效的效力和强制执行的效力。

一、证据效力

证据效力是公证证明最基本的效力，也是公证的目的所在。公证证明大量地被运用在日常的社会交往和国家的行政管理活动中。公证是对法律行为、有法律意义的事实和文书的真实性、合法性的确认，使使用公证证明者能够容易地接受其结果，同时，使用公证证明可以大大节省使用者的时间和精力。此外，根据国际条约、国际惯例，国际的许多民事交往中所需要的证明文件必须由公证处的证明，因此公证的证据效力不仅仅局限于国内，在域外也有证明力，是公证证据效力的延伸。公证的证据效力还反映在诉讼中，而且由于公证已经就事实的真实性、合法性进行过审查，其证明作用高于普通的证明材料。《民事诉讼法》规定，人民法院对有关单位和个人提供的证明文书，应当辨别真伪，审查确定其效力。而对于公证证明则规定人民法院应当作为认定事实的依据，但有相反的证据足以推翻公证证明的除外。错误的公证证明与其他错误的证明一样是不产生任何证明力的。

二、使法律行为生效的效力

使法律行为生效的效力是指公证证明已经成为某些法律行为成立的必要条件之一。产生该效力多基于法律、法规的规定或者当事人的约定。

1. 基于法律、法规的规定产生该效力

随着我国经济体制向市场化转轨的成功及政府职能的转变，国家对经济及其他民事活动的管理也从微观转变为宏观，公证即是宏观调控的手段之一。国家以立法的方式，将关系国计民生、社会稳定的重要法律行为纳入调控的范围，非经公证不能产生法律效力。在现行的诸多法律当中不乏此类规定，如《民法典》第一千一百零五条第四款规定，收养关系当事人各方或者一方要求办理收养公证的，应当办理收养公证。当然，民事行为是当事人的事情，在法律中作出类似的规定必须慎重，以避免出现国家过多干预私法领域的现象。

2. 基于当事人的约定产生该效力

当事人有权约定他们之间的法律行为成立或生效的条件，许多当事人为了自身利益将公证当作法律行为能否生效的必要条件,尤其在合同当中。

3.按照国际惯例、国际条约和双边条约,法律行为非经公证不能生效

很多国家对别国的公民、法人到本国开办企业、设立机构、继承遗产、结婚等诸多法律行为均规定当事人应提交相应的公证证明,除非两国间签有免于公证的协议。

三、强制执行效力

强制执行效力是指公证处依法赋予债权文书强制执行的效力,债务人到期不履行时,债权人可不经过审判程序直接向有管辖权的人民法院申请强制执行。

具有强制执行效力的公证书仅占公证书的一少部分,公证的这一效力可以迅速解决债务人不履行债务的问题,保护债权人的合法权益,避免因诉讼和仲裁造成人力、物力和时间上的损失。

公证的强制执行效力最终要经过人民法院的审查。《民事诉讼法》规定,经公证机关依法赋予强制执行效力的债权文书确有错误的,人民法院裁定不予执行,并将裁定书送达对方当事人和公证机关。

第十二章

仲裁制度

第一节 仲裁制度概述

一、仲裁的概念和特征

仲裁是指当事人根据争议发生之前或之后达成的协议,自愿将争议交给第三方裁决的法律制度。作为解决纠纷的渠道之一,仲裁具有以下特征:

(一)仲裁的民间性和自治性

仲裁是一种非官方的解决纠纷的方式,仲裁机构是民间组织,不具有国家机关的权力,也没有强制性。仲裁机构必须完全依靠高质量、高效率地解决纠纷来求生存。仲裁的自治性是由其民间性决定的,仲裁完全独立于国家机关,自主地开展仲裁工作。

(二)仲裁的自愿性和排他性

选择仲裁的方式解决纠纷是出于当事双方的完全自愿,具体就是当事人必须通过协议这一意思表示一致的形式加以选择。若任何一方不同意使用仲裁的方式解决问题,纠纷的解决即不能选择仲裁。但是,当事人一旦选择了仲裁的方式,便不能再选择诉讼的方式解决纠纷。

(三)仲裁的灵活性与终局性

与诉讼程序相比,仲裁制度给予当事人更多的自主权,在具体问题的处理上也有极大的灵活性。如当事人可以自由地选择仲裁机构、仲裁员,可以约定开庭的地点、时间等。仲裁的终局性表现为就同一个纠纷实行一裁终局的制度,不允许申请二次仲裁或者提起诉讼。

二、仲裁的历史发展

仲裁起源于古代的希腊和罗马，是伴随着商品经济的发展而产生的一种解决纠纷的机制。作为一种法律制度，仲裁则形成于中世纪的英国、瑞士等西欧国家，1347 年英国即有了仲裁的记载。东印度公司的章程中规定，该公司成员间的民事纠纷以仲裁的方式解决。17 世纪末，英国议会正式承认仲裁作为解决争议的方式之一。1889 年英国制定的《仲裁法》将仲裁运用于解决国际贸易纠纷。在 20 世纪，仲裁得到了极大的发展，许多国家都制定了仲裁法，出现了国际性的仲裁立法，如 1923 年由国际联盟主持于日内瓦签署了《仲裁条款协议书》；1958 年在联合国主持下于纽约签订了《承认与执行外国仲裁裁决公约》。

作为解决争议的仲裁制度，在我国的确立时间比较晚。受西方法律制度影响，1912 年，北洋政府颁布了《商事公断处章程》，该章程为我国最早的仲裁立法。

新中国成立后，由于种种因素的影响，仲裁的发展是缓慢而曲折的。虽然也建立了各种被冠以“仲裁”之名的解决纠纷的制度，但是，他们不过是行政机关的附属物而已，并不具备民商事仲裁的实质。1994 年 8 月 31 日第八届全国人民代表大会常务委员会第九次会议通过、1995 年 9 月 1 日施行的《中华人民共和国仲裁法》（以下简称《仲裁法》），按照国际上通行的做法，建立了我国的仲裁制度。该法于 2009 年 8 月 27 日第十一届全国人民代表大会常务委员会第十次会议通过《关于修改部分法律的决定》第一次修正；2017 年 9 月 1 日第十二届全国人民代表大会常务委员会第二十九次会议通过《关于修改〈中华人民共和国法官法〉等八部法律的决定》第二次修正。《仲裁法》经过修正进一步完善了我国的仲裁制度。2019 年 4 月，中共中央办公厅、国务院办公厅印发了《关于完善仲裁制度提高仲裁公信力的若干意见》，要求各地区各部门结合实际认真贯彻落实，完善仲裁制度提高仲裁公信力。

三、仲裁的种类

在仲裁的发展历史上曾经出现过不同类型的仲裁制度。

（一）临时仲裁和机构仲裁

根据是否有常设的仲裁机构，仲裁有临时仲裁和机构仲裁之分。临时仲裁是当事人根据仲裁协议的约定，临时指定仲裁员组成仲裁庭以解决其争议的仲裁，这类仲裁不依赖任何常设的仲裁机构或组织。

机构仲裁是指当事人双方将他们之间的争议提交给仲裁协议约定的常设仲裁机构进行的仲裁。仲裁机构具有固定的办公地点、组织章程、仲裁规则和仲裁员名册，并有自己的办事机构和管理制度。机构仲裁已经成为世界范围内仲裁的主要方式。目前,我国只有机构仲裁,不承认临时仲裁。

(二)友谊仲裁和依法仲裁

根据裁决是否严格依法进行,仲裁可分友谊仲裁和依法仲裁。友谊仲裁不要求仲裁员严格依法仲裁,而是根据公正合理的原则和商业惯例对纠纷进行裁决。选择友谊仲裁要有当事人的授权,并不得违背公共秩序及其他强制性要求。依法仲裁要求仲裁员根据一定的法律对纠纷进行裁决。我国仲裁法要求,仲裁须依法进行。

(三)国内仲裁和涉外仲裁

以发生纠纷的主体的国籍是否有外籍当事人,仲裁有国内仲裁和涉外仲裁之分。国内仲裁是指仲裁机构对本国当事人之间的纠纷进行裁决的仲裁,这类仲裁占据仲裁的大多数。

涉外仲裁用以解决当事人属于不同国籍的主体之间的纠纷。由于涉外仲裁涉及对不同法律制度和仲裁制度的选择,相对国内仲裁而言复杂了许多。

四、仲裁与民事诉讼的关系

仲裁与民事诉讼作为解决民商事纠纷的两种法律制度,它们既有联系,又有区别。

(一)仲裁与民事诉讼的联系

(1)在立法上,大陆法系国家将仲裁立法包含于民事诉讼法之中。我国虽有《仲裁法》,但仲裁裁决的执行等问题在民事诉讼法中也有规定,它们在立法上有较密切的联系;

(2)处理争议的均是第三方。仲裁员和法官虽然分别代表民间和官方,但在处理争议时都是以公正、权威的第三方的身份出现的;

(3)仲裁直接运用了民事诉讼的部分规则,在当事人资格的认定、举证责任的划分、证据的种类、对证据的审查、证据保全等方面,仲裁直接借用了民事诉讼法的相关规定;

(4)仲裁裁决与法院的判决、裁定所产生的法律效力是一致的,当事人必须遵守和履行仲裁裁决,仲裁裁决是人民法院进行强制执行的依据之一。

(二)仲裁与民事诉讼的区别

(1)法律规范的性质不同。民事诉讼法在本质上是强行法,人民法院和当事人只能严格按照其规定执行。原告一旦起诉,被告必须应诉,否则即要承担法律上的不利后果。而仲裁法具有较强的任意性,当事人具有较大的选择余地。

(2)仲裁与诉讼受理案件的范围不同。根据"司法最终裁决"的原则,人民法院受理民事案件基本没有限制,任何纠纷或者通过其他途径解决不了的纠纷都可以起诉到法院。仲裁则只能受理一部分民商事纠纷,具体就是当事人有权自由处分的平等主体之间的合同纠纷和其他财产权益纠纷。当事人无权自由处分的民事纠纷,不得提交仲裁。

(3)对案件管辖的依据不同。人民法院对民事案件的管辖直接依据民事诉讼法对案件管辖的规定,如地域管辖、级别管辖、移送管辖、指定管辖等。仲裁对案件的管辖源于当事人在仲裁协议中对仲裁机构的选择。

(4)具体的制度不同。例如在是否公开方面,人民法院以公开审理案件为一般原则,以不公开审理为例外情况,只要没有不公开审理的法定理由,必须公开审理。仲裁是否公开进行则要取决于当事人的选择。我国法院审理案件实行两审终审制,而仲裁则实行一裁终局的制度。

(5)适用的具体程序不同。民事诉讼只能严格按照民事诉讼法规定的程序进行,法院及当事人无权擅自更改。仲裁活动则适用仲裁委员会制定的规则,简便灵活。

五、仲裁的适用范围

仲裁的适用范围是指哪些纠纷可以通过仲裁的途径加以解决,即什么样的纠纷具有可仲裁性。从仲裁制度的发展历史及现代各国对仲裁适用范围的立法规定看,仲裁的适用范围局限于民商事纠纷。联合国国际商事仲裁示范法也有类似的规定。这些法律规定有一些共同点:①仲裁所解决的争议均涉及财产,非财产性争议一般不能仲裁;②争议的权利当事人可以自由处分,这些权利的处分不会影响第三人和社会公共利益。

通常而言,对于当事人可以自由处分的权利的争议,选择什么样的途径去解决,是当事人自己的事情,国家和公权力不宜过多干预;从仲裁的民间性来讲,其解决纠纷的范围也不宜介入国家和公权力固有的范畴。这两个方面的限制基本上确定了仲裁的适用范围。

我国关于仲裁适用范围的立法与国际通行立法具有一致性。《仲裁法》第二条规定:平等主体的公民、法人和其他组织之间发生的合同纠纷和其他财产权益纠纷可以仲裁。第三条规定,下列纠纷不能仲裁:①婚姻、收养、监护、扶养、继承纠纷;②依法应当由行政机关处理的行政争议。

第二节　仲裁的基本原则和基本制度

一、仲裁的基本原则

仲裁的基本原则是指贯穿于仲裁活动始终，用以指导仲裁机构、仲裁庭和当事人进行仲裁活动的基本准则。

（一）自愿原则

自愿原则是仲裁的基本原则，是仲裁制度的基石。《仲裁法》第四条规定：当事人采用仲裁方式解决纠纷，应当双方自愿，达成仲裁协议。没有仲裁协议，一方申请仲裁的，仲裁委员会不予受理。

仲裁的自愿原则首先体现在是否用仲裁的方式解决纠纷应出于当事人双方自愿，并有仲裁协议表现当事人的这一愿望，仅有当事人一方自愿是不能申请仲裁的。自愿原则还体现在当事人对仲裁委员会的选择上，双方当事人可以自由选择处理争议的仲裁委员会而不受当事人所在地、标的大小、仲裁委员会所在城市的影响。

在仲裁的具体程序上，也充分体现了自愿的原则。如仲裁员的选择、是否公开裁决、开庭的时间和地点等，当事人可以有较大的选择余地。

（二）公平合理原则

公平合理是对仲裁的根本要求，违背该原则即会丧失当事人的信任。《仲裁法》第七条规定：仲裁应当根据事实，符合法律规定，公平合理地解决纠纷。

根据事实、符合法律规定是实现公平原则的前提。仲裁必须认真审查各种证据，准确判断案件事实，分清是非曲直。在查清事实的基础上，运用法律，准确认定当事人的权利义务。依法裁决是公平合理原则的灵魂所在。公平合理的另外一层含义是，仲裁还可以参照行业惯例和国际惯例进行，只要不违反我国法律和社会公共利益即可。

（三）仲裁独立的原则

仲裁独立原则是仲裁公平合理的重要保证，是仲裁制度发展的前提之一。仲裁独立在仲裁制度的设计上有多重保证。

首先，《仲裁法》第八条规定：仲裁依法独立进行，不受行政机关、社会团体和个人的干涉。这一规定彻底改变了《仲裁法》颁布之前，仲裁机构一直隶属于行政机关的状况。仲裁机构脱离了与行政机关的关系，同时客观上避免了行政机关干预仲裁的可能性。

其次，各仲裁委员会在设置上也是互相独立的，相互间无上下级之分，也不存在管辖上的交叉和重叠。

再次，仲裁委员会和仲裁庭之间互相独立。仲裁委员会作为仲裁机构，但并不直接仲裁案件，仲裁委员会的主要职责在于受理案件和进行日常管理工作。仲裁案件由依法组成的仲裁庭进行，仲裁委员会和仲裁庭的关系与法院的审判委员会和法庭之间的关系截然不同，应注意区分。

当然，仲裁独立不能超越法律的界限随心所欲地进行仲裁，我们还要正确区分仲裁独立与法院监督的关系。

（四）法院监督的原则

法院监督是仲裁质量的又一保证，贯彻法院监督的原则，才能使仲裁机构、仲裁庭和仲裁员认真履行职责，严格依法办事，才能最大限度地减少错误仲裁裁决的产生。法院对仲裁监督的措施有：

（1）当事人在仲裁过程中提出的财产保全或证据保全申请，仲裁机构提交有关法院后，接受申请的法院有权审查该申请并作出是否采取措施的决定。

（2）当事人认为仲裁裁决有错误的，可以自接到裁决书之日起 6 个月内向仲裁委员会所在地的中级人民法院提出撤销仲裁裁决的申请。法院认为有仲裁法规定的可撤销的情形时，可裁定撤销仲裁裁决。

（3）法院认为仲裁裁决有违背法律规定的情形时，可以裁定不予执行该裁决。

二、仲裁的基本制度

仲裁的基本制度是指仲裁法规定的在仲裁的某一阶段或环节用以指导仲裁活动的准则。它与仲裁基本原则的区别在于，仲裁的基本原则贯穿于仲裁活动的始终，而基本制度仅在某一阶段发挥作用。

（一）协议仲裁制度

协议仲裁制度指当事人申请仲裁必须以双方自愿签订的仲裁协议为基础，是自愿原则在仲裁申请中的体现。

协议仲裁制度在仲裁申请过程中既规范当事人的行为，也规范仲裁机构的行为。对当事人而言，没有有效的仲裁协议，则不能提出仲裁申请；对仲裁机构而言，当事人若不能提供仲裁协议，应当作出不予受理当事人仲裁申请的决定。

协议仲裁制度普遍为世界各国采纳，视为仲裁制度的基石。在我国《仲裁法》施行前，基本没有采纳该制度。《仲裁法》当中采纳和承认了协议仲裁制度。

（二）或裁或审制度

或裁或审制度是指当事人对纠纷的解决方式的选择，在仲裁和诉讼之间只能选择一种。

当事人签订有仲裁协议的,认为当事人已经选择了仲裁的方式来解决纠纷,同时放弃了诉讼方式。法律明确规定,当事人之间有仲裁协议而一方当事人向人民法院起诉的,人民法院不能受理。但是,仲裁协议无效的除外。

(三)一裁终局制度

一裁终局制度是指仲裁机构对当事人之间的纠纷作出裁决后立即发生法律效力的制度,不允许当事人就同一纠纷再提起复议、仲裁或诉讼。一裁终局制度正是仲裁的优越性的体现,确保了当事人的纠纷迅速、方便、公正地解决,极大地节省了当事人解决纠纷的成本。这也是当事人乐于选择仲裁这种方式解决纠纷的重要原因。

一裁终局制度是仲裁制度存在和发展的重要保证,也是国际上仲裁制度的普遍做法。在《仲裁法》颁布前,我国并没有真正确立这一制度。可以说,这一制度的确立,是我国仲裁制度的一大进步。

一裁终局制度并非意味着错误的仲裁裁决丧失了救济的途径。对确有错误的裁决,人民法院可以裁定撤销或不予执行。

第三节 仲裁机构、仲裁员和仲裁协会

一、仲裁机构

在《仲裁法》颁布之前,我国没有专司民商事仲裁的机构,那时存在着经济合同仲裁、技术合同仲裁、劳动仲裁等不同类型的仲裁机构。那时的仲裁机构有两个特征:其一,仲裁机构为行政机关的附属物,层层设立;其二,仲裁的法律依据不统一,仲裁规则、程序比较混乱。

《仲裁法》颁布实施后,对仲裁机构的设置做了相应的调整,设立统一的民商事仲裁机构,撤销行政机关设立的民商事仲裁机构。对于行政机关设立的不解决民商事纠纷的仲裁机构予以保留,如劳动争议仲裁机构,但这类仲裁制度属于行政法研究的范畴,不属于仲裁制度的范畴。

(一)仲裁机构的设置

《仲裁法》第十条规定:仲裁委员会可以在直辖市和省、自治区人民政府所在地的市设立,也可以根据需要在其他设区的市设立,不按行政区划层层设立。仲裁委员会由前款规定的市的人民政府组织有关部门和商会统一组建。设立仲裁委员会,应当经省、自治区、直辖市的司法行政部门登记。《仲裁法》的上述规定,体现了仲裁机构在设置上的必要性和可能性。因为仲裁受理案件的范围仅限于一部分

民事纠纷,而这些纠纷也均可由人民法院来处理,如果仲裁机构设置过多,则可能造成仲裁业务的过于分散,不利于仲裁机构的健康发展。仲裁机构在很小的行政区域内(如县、区一级)设立,可能其业务量会更低,因此是没有必要的。仲裁机构的设置既要保证社会对于仲裁的需要,还要使仲裁机构自身有一个良好的发展。虽然仲裁委员会是民间机构,由于它的设立事关重大,且一个城市只能设立一个仲裁委员会,因此由仲裁委员会所在的市的人民政府负责组建比较适宜。一般由市级人民政府组织工商和其他经济部门会同商会来组建。仲裁委员会组建完成后,还应当到所在的省、自治区、直辖市司法行政机关进行登记。

(二)仲裁委员会应当具备的条件

《仲裁法》第十一条规定,设立仲裁委员会应当具备下列条件:有自己的名称、住所和章程;有必要的财产;有该委员会的组成人员;有聘任的仲裁员。

1. 有自己的名称、住所和章程

仲裁机构的名称是人们对仲裁机构进行识别和区分的主要标志。由于仲裁委员会在一个城市只能设立一个,它们之间没有级别的高低之分,因此,仲裁机构的名称由“所在城市的地名+仲裁委员会”组成,如郑州仲裁委员会、上海仲裁委员会等。除中国国际经济贸易仲裁委员会和中国海事仲裁委员会外,在仲裁机构的名称中不能使用“中国、国家、国际”的字样。

仲裁机构的住所即是办公场所,由于我国只承认机构仲裁而不承认临时仲裁,要求每一个仲裁机构都有比较固定的住所。住所便于仲裁委员会开展日常的工作,也方便当事人进行仲裁活动。国内仲裁机构一般只允许有一个住所,不得在别处设立分支机构。

仲裁委员会的章程是仲裁委员会的组织规则与行为规则的集中体现。仲裁委员会章程一旦制定并经登记备案,不得随意变更。仲裁委员会章程应当载明以下内容:①仲裁委员会的名称和住所;②仲裁委员会的组成、任期及组成人员的更换方式;③仲裁委员会的职责和议事规则;④仲裁委员会的办事机构;⑤仲裁委员会的仲裁员名册及对仲裁员的要求等。

2. 有必要的财产

由于仲裁委员会的民间属性,其所需要的资金及财产不可能全由国家负担。因此仲裁法规定,仲裁委员会应有属于自己的财产,如办公用房、办公设施、维持日常运转的经费等。

3. 有该委员会的组成人员

《仲裁法》第十二条对仲裁委员会的组成人员规定:仲裁委员会由主任1人,副主任2至4人和委员7至11人组成。仲裁委员会的主任、副主任和委员会由法律、经济贸易专家和有实际工作经验的人员担任。仲裁委员会的组成人员中,法律、经济贸易专家不得少于三分之二。

在组建仲裁委员会的过程中，对上述规定应严格执行，这是保证仲裁裁决公正合理的前提。如没有符合条件的人员，则不能设立仲裁委员会。仲裁委员会的组成人员由政府法制、经贸、体改、司法、工商、科技、建设等部门和贸促会、工商联等组织推荐，经广泛协商后，由市人民政府聘任。

4. 有聘任的仲裁员

仲裁员多数不是仲裁委员会的工作人员，由仲裁委员会根据需要从法律、经济贸易、科学技术等方面有专门知识和实际经验的中外人士当中聘任。仲裁委员会要将仲裁员的基本情况、从事的专业登记在仲裁员名册当中，以备当事人选择。

(三)仲裁委员会的登记

我国实行仲裁委员会的登记制度，仲裁委员会的设立、注销应当到省、自治区、直辖市的司法行政机关进行登记。

从登记的性质上看，司法行政机关的登记仅是一种程序上的备案，它不对仲裁委员会的设立是否具备条件进行审查，也不存在是否批准设立仲裁委员会的问题。但这种登记却具有法律上的意义，仲裁委员会非经登记不算正式成立，不得对外开展活动。因为仅是一个程序上的备案，司法行政机关没有对仲裁委员会进行管理和处罚的权力。

仲裁委员会的设立登记需提交下列文件：①设立仲裁委员会的申请书；②组建仲裁委员会的市的人民政府设立仲裁委员会的文件；③仲裁委员会的章程、必要的经费证明；④仲裁委员会住所证明；⑤聘任仲裁委员会组成人员的聘书副本；⑥拟聘任的仲裁员名册。

注销仲裁委员会应当提交下列文件：①注销登记申请书；②组建仲裁委员会的市的人民政府同意注销该仲裁委员会的文件；③有关机关确认的清算报告；④仲裁委员会登记证书。

登记机关对仲裁委员会的设立登记、注销登记，自登记之日起生效，并予以公告，报司法部备案。仲裁委员会的住所、组成人员的变更，应于变更后10日内到原登记机关备案。

(四)仲裁委员会的内部机构

仲裁委员会下设办事机构，负责办理仲裁案件受理、仲裁文书送达、档案管理、仲裁费用的收取与管理等事项。办事机构的日常工作由仲裁委员会秘书长负责。

二、仲裁员

(一)仲裁员应具备的条件

仲裁员是受聘于仲裁委员会，依据需要对案件进行仲裁的人员。仲裁员与法官、检察官的不同之处在于多数仲裁员不是仲裁委员会的工作人员，仲裁委员会与仲裁员之间是一种相对松散的合作关系。

《仲裁法》第十三条规定，仲裁委员会应当从公道正派的人员中聘任仲裁员。仲裁员应当符合下列条件之一：①从事仲裁工作满八年的；②从事律师工作满八年的；③曾任法官满八年的；④从事法律研究、教学工作并具有高级职称的；⑤具有法律知识、从事经济贸易等专业工作并有高级职称或者具有同等专业水平的。

从仲裁员应具备的条件可以看出，由于仲裁的民间特性，对仲裁员并没有强调政治素质，而是从是否公道正派来要求。从专业要求看，均要求是相关领域的高级人才，必须能胜任仲裁工作。

（二）仲裁员的职责

仲裁员主要依据相关的法规和当事人的选择及指定产生。仲裁员的职责有以下几个方面：

（1）对仲裁案件的管辖。当事人向仲裁委员会提出仲裁申请后，有权指定仲裁员或委托仲裁委员会主任指定仲裁员。仲裁员一旦被指定，即享有对该案件的管辖权。

（2）对仲裁事项作出决定权。仲裁员可以按照仲裁规则的要求对具体事项作出决定，如开庭的时间、地点等。

（3）调取证据的权力。根据所仲裁案件的需要，仲裁员可以要求当事人提供证据。如有必要，仲裁庭（仲裁员）可以自行收集证据。对于仲裁中涉及的专门问题，可以指定鉴定机构进行鉴定。

（4）开庭和裁决的权力。仲裁员在仲裁庭开庭时主持仲裁，并根据事实、法律，遵循公平合理的原则作出裁决。

（三）仲裁员的义务

为了保证仲裁工作的顺利进行和仲裁裁决的合法公正，仲裁员应忠实地履行仲裁的义务。

（1）依法回避的义务。《仲裁法》第三十四条规定：“仲裁员有下列情形之一的，必须回避，当事人也有权提出回避申请：①是本案的当事人或者当事人、代理人的近亲属；②与本案有利害关系；③与本案当事人、代理人有其他关系，可能影响公正仲裁的；④私自会见当事人、代理人，或者接受当事人、代理人的请客送礼的。”

当事人提出回避申请，应当说明理由，在首次开庭前提出。回避事由在首次开庭后知道的，可以在最后一次开庭前提出。仲裁员是否回避，由仲裁委员会主任决定；仲裁委员会主任担任仲裁员时，由仲裁委员会集体决定。

仲裁员因回避或者其他原因不能履行职责的，应当依照本法规定重新选定或者指定仲裁员。因回避而重新选定或者指定仲裁员的，当事人可以请求已进行的仲裁程序重新进行，是否准许，由仲裁庭决定；仲裁庭也可以自行决定已进行的仲裁程序是否重新进行。

(2)根据事实和法律独立公正地仲裁案件的义务。依法、公正仲裁是仲裁机构生存与发展的根本。作为受聘于仲裁机构的仲裁员则是仲裁机构实现其目的的忠实执行者,仲裁员履行该义务是整个仲裁制度的核心。

(3)保守仲裁机密的义务。仲裁员不能公开自己知道的所有仲裁过程中不宜公开的事项,尤其是当事人表示不能向他人泄露的信息。这同时也是保护当事人合法权益的要求。

(4)廉洁自律,不私自接触当事人,不索贿受贿、徇私舞弊、枉法徇私。

(5)认真学习仲裁业务,不断提高仲裁水平。

三、仲裁协会

中国仲裁员协会是社会团体法人,是仲裁委员会的自律性组织。仲裁委员会是中国仲裁协会的会员。仲裁协会可以制定自己的章程。

由于我国仲裁委员会数量有限,所以,仲裁协会不能随意设立。仲裁协会的职责是根据章程对仲裁委员会及其组成人员、仲裁员的违纪行为进行监督。仲裁协会还可依法制定仲裁的规则。仲裁协会不得干涉仲裁委员会和仲裁员的活动。

第四节　仲裁协议

一、仲裁协议的概念和特征

仲裁协议是双方当事人以书面形式签订的自愿将他们之间已经发生或者将来可能发生的纠纷提交仲裁解决的协议。

仲裁协议作为契约的一种,有契约的共同特征,也有其自身的特征:①主体上,仲裁协议只能是有利害关系的双方当事人,也就是说,他们之间可能发生纠纷或者已经发生纠纷。当事人委托他人订立仲裁协议,应当有书面的委托授权。②仲裁协议双方当事人权利、义务的一致性,即当事人签订仲裁协议后,双方当事人只能选择仲裁的方式解决纠纷,而放弃了诉讼的方式。一般协议中当事人的权利、义务具有对等性而不是一致的。③仲裁协议约定的纠纷可以是已经发生的,也可以是将来可能发生的。④仲裁协议的书面性。当事人的仲裁协议必须有一个可以为他人识别的载体,不能使用口头协议。这是仲裁协议形式上的特点。

二、仲裁协议的类型

以仲裁协议的外在表现形式,可以将其分为仲裁条款和仲裁协议书两类。

(一)仲裁条款

仲裁条款是当事人在合同当中订立的、用仲裁的方式解决本合同可能出现纠纷的条款。仲裁条款有以下特点:

(1)仲裁条款与其所依赖的合同有密切联系。这种联系体现在三个方面:①合同的当事人也是仲裁协议的当事人;合同签订时间即是仲裁协议签订的时间;②合同的其他条款决定了仲裁条款解决争议的内容;③仲裁条款发挥作用以其他条款出现争议为前提。仲裁条款在合同中有相对的独立性。它不因合同的其他条款无效或者发生纠纷而失去效力。相反,正因其他条款无效或产生纠纷才激活了仲裁条款的功能。

(2)仲裁条款只能用于解决合同纠纷。

(3)仲裁条款只能适用于将来可能发生的纠纷。

(二)仲裁协议书

仲裁协议书与仲裁条款比较,有以下特点:

(1)仲裁协议书不依赖于其他合同而存在,是完整的、独立的合同类型。

(2)仲裁协议书适用解决纠纷类型的多样化。仲裁协议书适用于所有可以通过仲裁途径解决的纠纷,而不仅仅适用于合同纠纷。从这一点看,仲裁条款适用的局限性就十分明显了。

(3)仲裁协议书不仅适用于业已存在的纠纷,也可以适用于将来可能发生的纠纷。有些纠纷只能使用仲裁协议书的方式来选择仲裁,如侵权、事故等。

三、仲裁协议有效的条件

仲裁协议与所有的合同一样存在无效的问题,仲裁合同要产生法律效力需要具备一定的条件。仲裁协议要生效,必须具备实质要件和形式要件。

(一)实质要件

仲裁协议有效的实质要件是指法律规定的合同生效必须具备的条件,仲裁协议若缺少这些条件之一,将直接导致仲裁协议的无效,而且这种无效是绝对的、不可逆转的。

1. 当事人有民事行为能力

当事人的民事行为能力是当事人进行所有民事法律行为的必备要件。依据民法的有关规定,公民的民事行为能力取决于他的年龄和精神状况。无民事行为能力人所进行的民事行为均是无效的,限制民事行为能力人只能进行与其年龄、精神状况相适应的民事行为。因为签订仲裁协议是重要的民事行为,无民事行为能力人和限制民事行为能力人都不能签订,即使签订了,也是无效的。签订仲裁协议的双方还应当是与仲裁协议约定的纠纷有利害关系的人。若委托别人代签仲裁协议,委托人应当出具委托书。

2. 意思表示要真实

当事人的仲裁协议必须是在双方平等自愿的基础上协商达成的。因受胁迫、强制、欺诈而签订的仲裁协议都是无效的。

3. 约定仲裁的事项属于仲裁委员会的管辖范围

当事人约定的仲裁事项在已经超出仲裁委员会受理案件范围的情况下,仲裁协议自然不能生效。

(二)形式要件

《仲裁法》第十六条规定,仲裁协议应当具有下列内容:①请求仲裁的意思表示;②仲裁事项;③选定的仲裁委员会。

上述三项条件也是仲裁协议生效必不可少的,缺少任何一项,仲裁协议都不能产生效力。《仲裁法》第十八条规定,仲裁协议对仲裁事项或者仲裁委员会没有约定或者约定不明的,当事人可以补充协议;达不成补充协议的,仲裁协议无效。

(三)对仲裁协议效力的异议

仲裁协议签订后,当事人对仲裁协议的效力问题产生分歧的,应当按照《仲裁法》第二十条规定处理:当事人对仲裁协议的效力有异议的,可以请求仲裁委员会作出决定或者请求人民法院作出裁定。一方请求仲裁委员会作出决定,另一方请求人民法院作出裁定的,由人民法院裁定。

当事人对仲裁协议的效力有异议,应当在仲裁庭首次开庭前提出。对仲裁协议效力的裁决或确认是终局的,当事人不得就此提起上诉。

四、仲裁协议的效力

仲裁协议的效力是指仲裁协议在法律上的约束力。一般的合同仅对签订合同的当事人有约束力,而法律规定,仲裁协议不仅对当事人有约束力,而且其效力还及于仲裁机构和法院。

(一)对当事人的效力

当事人签订仲裁协议后即应自觉遵守和履行合同的义务,对于发生的纠纷只能申请仲裁机构仲裁。又由于我国仲裁制度当中实行或裁或审的制度,签订仲裁协议的同时即意味着放弃了通过诉讼解决纠纷的途径。

一方当事人对于另一方违背仲裁协议的行为,有权向仲裁机构或者人民法院提出请求,先行确认仲裁协议的效力。

(二)对仲裁机构的效力

仲裁协议对仲裁机构的效力完全基于法律的规定,仲裁协议是仲裁机构对仲裁案件行使管辖权的唯一依据。仲裁机构在审查当事人的仲裁申请时,应首先审查当事人之间有无仲裁协议及仲裁协议是否有效。

(三)对人民法院的效力

仲裁协议对人民法院的效力也是基于法律的规定,合法有效的仲裁协议即排除了法院对协议约定纠纷的管辖权。有仲裁协议而一方当事人向人民法院起诉的,人民法院应作出不予受理的决定。起诉时当事人未声明有仲裁协议的,另一方在法院首次开庭前提交仲裁协议的,人民法院应驳回起诉,但仲裁协议无效的除外。若另一方在法院首次开庭前未对人民法院受理该案提出异议的,视为放弃仲裁协议,人民法院应当继续审理。

第五节　仲裁程序

仲裁作为非诉讼的解决纠纷的方式,其程序自然不同于诉讼程序。仲裁程序具有简便灵活的特点。

一、申请和受理

(一)申请

1. 申请的条件

申请是当事人根据仲裁协议,将所发生的纠纷提交到仲裁委员会,请求仲裁解决的活动。《仲裁法》第二十一条规定,当事人申请仲裁应当符合下列条件:①有仲裁协议;②有具体的仲裁请求和事实、理由;③属于仲裁委员会的受理范围。

当事人签订的仲裁协议是决定纠纷能否通过仲裁解决及受理申请的仲裁委员会能否仲裁的唯一依据。当事人在提出申请时不仅要有仲裁协议,而且要确信仲裁协议是有效的。有具体的仲裁请求是指提出申请的当事人试图通过仲裁所要达到的目的。仲裁请求应当根据发生纠纷的类型及相关的事实、证据来确定。仲裁请求必须是明确和具体的,如赔偿损失、履行合同等。事实与理由要求提出仲裁申请的当事人说明纠纷发生的经过并提供相应的证明,然后说明被申请人违约及侵权的理由。最后,应当根据《仲裁法》的规定,确定所发生的纠纷属于仲裁委员会受理的案件范围。

2. 申请书

《仲裁法》明确要求，当事人申请仲裁应当提交仲裁申请书。仲裁申请书应当载明下列事项：①当事人的姓名、性别、年龄、职业、工作单位和住所，法人或者其他组织的名称、住所和法定代表人或者主要负责人的姓名、职务；②仲裁请求和所根据的事实、理由；③证据和证据来源、证人姓名和住所。

(二)受理

仲裁委员会接到当事人的仲裁申请后，应当就仲裁委员会是否能够受理该申请进行审查，并作出结论。《仲裁法》第二十四条规定："仲裁委员会收到仲裁申请书之日起5日内，认为符合受理条件的，应当受理，并通知当事人；认为不符合受理条件的，应当书面通知当事人不予受理，并说明理由。"仲裁委员会受理仲裁申请后，应当在仲裁规则规定的期限内将仲裁规则和仲裁员名册送达申请人，并将仲裁申请书副本和仲裁规则、仲裁员名册送达被申请人。申请人可以放弃或者变更仲裁请求。被申请人可以承认或者反驳仲裁请求，有权提出反请求。申请人应当向仲裁委员会预交案件受理费及其他费用。当事人、法定代理人可以委托律师和其他代理人进行仲裁活动。委托律师和其他代理人进行仲裁活动的，应当向仲裁委员会提交授权委托书。

(三)财产保全

一方当事人因另一方当事人的行为或者其他原因，可能使裁决不能执行或者难以执行的，可以申请财产保全。当事人应当向仲裁委员会提出财产保全的申请，由仲裁委员会按照《民事诉讼法》的有关规定将该申请提交人民法院。被申请人住所地、财产所在地及仲裁地的人民法院可以进行财产保全。申请财产保全应当提供担保，不提供担保的，驳回申请。因财产保全申请错误使被申请人遭受损失的，申请人应当赔偿。

二、仲裁庭的组成

(一)仲裁庭的形式

仲裁庭是根据当事人的意愿产生的具体处理纠纷的办案组织，它因处理某一具体案件而组建，案件处理结束即告解散。

仲裁庭有两种形式：三名仲裁员组成和一名仲裁员组成。由三名仲裁员组成仲裁庭的，设首席仲裁员。当事人有权选择由哪一种形式处理纠纷。

(二)仲裁员的选定或者指定

仲裁员应当从仲裁委员会的仲裁员名册中选择。当事人约定由三名仲裁员组成仲裁庭的，应当各自选定或者各自委托仲裁委员会主任指定一名仲裁员，第三名仲裁员由当事人共同选定或者共同委托仲裁委员会主任指定。第三名仲裁员是首席仲裁员。当事人约定由一名仲裁员成立仲裁庭的,应当由当事人共同选定或者共同委托仲裁委员会主任指定仲裁员。当事人没有在仲裁规则规定的期限内约定仲裁庭的组成方式或者选定仲裁员的,由仲裁委员会主任指定。当事人应自收到仲裁通知之日起15日内约定仲裁庭的形式并选定仲裁员。仲裁员在履行职责时有下列行为的,应当承担法律责任,仲裁委员会应当将其除名:①私自会见当事人、代理人,或者接受当事人、代理人的请客送礼的;②有索贿受贿,徇私舞弊,枉法裁决行为的。

三、开庭和裁决

(一)开庭

1. 开庭的一般性规定

仲裁委员会应当在仲裁规则规定的期限内将开庭日期通知当事人。当事人有正当理由的,可以在仲裁规则规定的期限内请求延期开庭,是否延期,由仲裁庭决定。仲裁应当开庭进行。当事人协议不开庭的,仲裁庭可以根据仲裁申请书、答辩书及其他材料作出裁决。因此,仲裁是以开庭审理为主,当事人约定不开庭的,可以书面审理。根据法律规定,仲裁以不公开进行为原则。当事人协议公开的,可以公开进行,但涉及国家秘密的除外。仲裁的这一特点,与诉讼截然不同,诉讼是以公开审理为基本原则,以不公开审理为例外。

2. 开庭审理的阶段

(1)准备阶段。在准备阶段,由首席仲裁员或者独任仲裁员宣布仲裁庭的组成情况,及双方当事人出庭的情况。

(2)调查阶段。仲裁庭调查是在仲裁员的主持下,查明争议的原因,确认案件事实的过程。一般先由申请人陈述自己的仲裁请求及依据的事实和理由,然后由被申请人针对申请人的陈述进行答辩。在此基础上,双方当事人围绕自己的主张进行举证,并对对方的证据进行质证。仲裁员还可以对双方当事人进行询问。

(3)辩论阶段。辩论阶段是指当事人在仲裁庭调查的基础上,对如何认定事实和适用法律进行的辩驳过程。当事人可以就证据的证明力、事实的认定和法律的适用向仲裁庭提供自己的结论性意见。辩论的目的是使案件事实及当事人之间的是非曲直进一步明朗化。仲裁员认为当事人已经充分发表了意见后,可以宣布辩论终结。辩论终结意味着仲裁庭审理阶段的完成。仲裁员应征询当事人的最后意见。

3. 仲裁的证据

仲裁中使用的证据,除《仲裁法》另有规定的以外,在证据的种类、证据的规则等方面适用《民事诉讼法》的有关规定。《仲裁法》第四十三条规定,当事人应当对自己的主张提供证据。仲裁庭认为有必要收集的证据,可以自行收集。《仲裁法》第四十四条规定,仲裁庭对专门性问题认为需要鉴定的,可以交由当事人约定的鉴定部门鉴定,也可以由仲裁庭指定的鉴定部门鉴定。根据当事人的请求或者仲裁庭的要求,鉴定部门应当派鉴定人参加开庭。当事人经仲裁庭许可,可以向鉴定人发问。

在证据可能灭失或者以后难以取得的情况下,当事人可以申请证据保全。当事人申请证据保全的,仲裁委员会应当将当事人的申请提交证据所在地的基层人民法院。

4. 开庭笔录

开庭笔录是在开庭时制作的,记载开庭过程的重要法律文书,它是作出裁决的依据之一。《仲裁法》第四十八条规定,仲裁庭应当将开庭情况记入笔录。当事人和其他仲裁参与人认为对自己陈述的记录有遗漏或者差错的,有权申请补正。如果不予补正,应当记录该申请。笔录由仲裁员、记录人员、当事人和其他仲裁参与人签名或者盖章。

5. 和解、调解

(1)和解。根据《仲裁法》第四十九条之规定,当事人申请仲裁后,可以自行和解。达成和解协议的,可以请求仲裁庭根据和解协议作出裁决书,也可以撤回仲裁申请。当事人撤回仲裁申请后反悔的,可以根据仲裁协议再申请仲裁。

(2)调解。仲裁调解是在仲裁庭辩论终结后、裁决前,由仲裁庭主持,当事人本着自愿原则对争议的事实达成解决协议的过程。调解达成协议的,仲裁庭应当制作调解书或者根据协议的结果制作裁决书。调解书与裁决书有同等法律效力。调解不成的,应当及时作出裁决。调解书应当写明仲裁请求和当事人协议的结果。调解书由仲裁员签名,加盖仲裁委员会印章,送达双方当事人。调解书经双方当事人签收后,即发生法律效力。在调解书签收前当事人反悔的,仲裁庭应当及时作出裁决。

(二)裁决

裁决应当按照多数仲裁员的意见作出,少数仲裁员的不同意见可以记入笔录。仲裁庭不能形成多数意见时,裁决应当按照首席仲裁员的意见作出。裁决书应当写明仲裁请求、争议事实、裁决理由、裁决结果、仲裁费用的负担和裁决日期。当事人协议不愿写明争议事实和裁决理由的,可以不写。裁决书由仲裁员签名,加盖仲裁委员会印章。对裁决持不同意见的仲裁员,可以签名,也可以不签名。仲裁庭仲裁纠纷时,其中一部分事实已经清楚,可以就该部分先行裁决。对裁决书中的文字、计算错误或者仲裁庭已经裁决但在裁决书中遗漏的事项,仲裁庭应当补正;当事人自收到裁决之日起30日内,可以请求仲裁庭补正。裁决书自作出之日起发生法律效力。

第六节　仲裁裁决的撤销和执行

一、仲裁裁决的撤销

（一）概述

仲裁裁决的撤销是指仲裁裁决有法律规定的情形时，当事人可以请求法院对该裁决进行审查，并撤销该裁决的活动。它是对错误的仲裁裁决进行救济的制度。众所周知，作为解决纠纷的非诉讼途径，仲裁制度在设计上力求仲裁裁决客观公正，如仲裁原则的选择、仲裁员的产生等方面都有很高的要求。但是，再严密的制度，只是最大限度地降低了产生错误裁决的可能性，而不能保证仲裁裁决百分之百的准确无误。坚持有错必纠的原则，使错误的仲裁裁决归于无效是实事求是的基本要求。现行《仲裁法》规定，只能通过撤销仲裁裁决或对仲裁裁决不予执行的办法予以救济。

（二）仲裁裁决撤销的条件

《仲裁法》第五十八条规定，当事人提出证据证明裁决有下列情形之一的，可以向仲裁委员会所在地的中级人民法院申请撤销裁决：①没有仲裁协议的；②裁决的事项不属于仲裁协议的范围或者仲裁委员会无权仲裁的；③仲裁庭的组成或者仲裁程序违反法定程序的；④裁决所根据的证据是伪造的；⑤对方当事人隐瞒了足以影响公正裁决的证据的；⑥仲裁员在仲裁该案时有索贿受贿，徇私舞弊，枉法裁决行为的。另外，人民法院认定该裁决违背社会公共利益的，应当裁定撤销。

当事人提出撤销申请必须向人民法院提供证据，且能够证明确有撤销的必要。为了对撤销裁决慎重从事，《仲裁法》规定，只有仲裁委员会所在地的中级人民法院才能够作出撤销的决定。《仲裁法》对撤销仲裁裁决规定了严格的时限，这是为了保证社会秩序的稳定。当事人申请撤销裁决的，应当自收到裁决书之日起 6 个月内提出。人民法院应当在受理撤销裁决申请之日起 2 个月内作出撤销裁决或者驳回申请的裁定。

（三）仲裁裁决撤销的程序

人民法院受理撤销仲裁裁决的申请后，认为可以由仲裁庭重新仲裁的，通知仲裁庭在一定期限内重新仲裁，并裁定中止撤销程序。仲裁庭拒绝重新仲裁的，或者重新仲裁后，当事人提出证据证明未能消除申请撤销仲裁裁决的理由时，人民法院应当裁定恢复撤销程序。人民法院应当组成合议庭对当事人的申请和仲裁裁决进行审查，以最终决定是否撤销仲裁裁决。

(四)仲裁裁决撤销的效力

仲裁裁决被人民法院撤销的,当事人可以重新达成仲裁协议,通过仲裁的方式解决纠纷;也可以向人民法院起诉,以诉讼方式解决纠纷,但不能依据原来的仲裁协议申请仲裁。

二、仲裁裁决的执行

仲裁裁决的执行是指人民法院根据当事人的申请,强制被申请人履行仲裁裁决所确定的义务的活动。仲裁裁决一经作出即具有法律效力,它与法院的判决书一样,当事人可以以此为依据申请人民法院强制执行。

仲裁裁决的强制执行只能由人民法院来进行,仲裁机构只是作出裁决,而不能自行执行。强制执行是人民法院固有的权力,作为民间组织的仲裁委员会不能行使应当由国家机关行使的权力。

执行仲裁裁决应当由被执行人住所地或者被执行财产所在地的基层人民法院进行。

(二)申请执行

当事人应当履行裁决。一方当事人不履行的,另一方当事人可以依照《民事诉讼法》的有关规定向人民法院申请执行,受申请的人民法院应当执行。申请执行的,当事人应当提出执行申请,并提交作为执行依据的仲裁裁决书。申请执行应当在法律规定的期限内提出,申请执行的期限依照民事诉讼法的规定执行。

(三)对仲裁裁决的审查

人民法院一般不主动对仲裁裁决进行审查,但是,被执行人若对仲裁裁决提出异议的,人民法院应当对仲裁裁决进行审查,以确定是否执行。一方当事人申请执行裁决,另一方当事人申请撤销裁决的,人民法院应当裁定中止执行。人民法院裁定撤销裁决的,应当裁定终结执行。撤销裁决的申请被驳回的,人民法院应当裁定恢复执行。

第七节　涉外仲裁

一、涉外仲裁概述

涉外仲裁是指在涉外经济贸易、运输和海事活动中,当事人依据他们之间达成的仲裁协议,自愿将他们之间已经发生或者可能发生的纠纷提交仲裁解决。

《中国国际经济贸易仲裁委员会仲裁规则》和《中国海事仲裁委员会仲裁规则》对于涉外仲裁的范围作了原则的规定。中国国际经济贸易仲裁委员会的仲裁规则先后作过7次修订，现在生效的《中国国际经济贸易仲裁委员会仲裁规则》是中国国际贸易促进委员会2014年11月4日修订并通过，2015年1月1日起施行的版本。该规则第三条规定了中国国际经济贸易仲裁委员会仲裁会的案件管辖范围，仲裁委员会根据当事人的约定受理契约性或非契约性的经济贸易等争议案件，包括：①国际或涉外争议案件；②涉及香港特别行政区、澳门特别行政区及台湾地区的争议案件；③国内争议案件。

《中国海事仲裁委员会仲裁规则》经2014年11月4日中国国际贸易促进委员会（中国国际商会）修订并通过。2021年10月9日，中国海事仲裁委员会在北京召开新闻发布会，发布《中国海事仲裁委员会仲裁规则（2021年版）》（简称《2021仲裁规则》），该规则于2021年10月1日起施行。中国海事仲裁委员会（原名中国国际贸易促进委员会海事仲裁委员会，以下简称仲裁委员会）以仲裁的方式，独立、公正地解决海事、海商、物流争议以及其他契约性或非契约性争议，以保护当事人的合法权益，促进国际国内经济贸易和物流的发展。仲裁委员会受理下列争议案件：①租船合同、多式联运合同或者提单、运单等运输单证所涉及的海上货物运输、水上货物运输、旅客运输争议；②船舶、其他海上移动式装置的买卖、建造、修理、租赁、融资、拖带、碰撞、救助、打捞，或集装箱的买卖、建造、租赁、融资等业务所发生的争议；③海上保险、共同海损及船舶保赔业务所发生的争议；④船上物料及燃油供应、担保争议，船舶代理、船员劳务、港口作业所发生的争议；⑤海洋资源开发利用、海洋环境污染所发生的争议；⑥货运代理，无船承运，公路、铁路、航空运输，集装箱的运输、拼箱和拆箱，快递，仓储，加工，配送，仓储分拨，物流信息管理，运输工具、搬运装卸工具、仓储设施、物流中心、配送中心的建造、买卖或租赁，物流方案设计与咨询，与物流有关的保险，与物流有关的侵权争议，以及其它与物流有关的争议；⑦渔业生产、捕捞等所发生的争议；⑧双方当事人协议仲裁的其他争议。

二、涉外仲裁机构

《仲裁法》第六十六条规定，涉外仲裁委员会可以由中国国际商会组织设立。目前，我国的涉外仲裁机构有中国国际经济贸易仲裁委员会和中国海事仲裁委员。

（一）中国国际经济贸易仲裁委员会

中国国际经济贸易仲裁委员会是1956年根据国务院的决定成立的，是中国处理国际或涉外的契约和非契约经济贸易争议的民间性的仲裁机构，总部设在北京。其后，根据需要，经国务院批准，分别于1984年和1990年在深圳和上海设立了分会。该仲裁委员会的组成人员由中国国际商会聘请有关方面的知名人士担任，每届任期3年。仲裁委员会一般由与涉外经济贸易有关人士组成，如立法部门的人员、法官、法学教授、律师、政府有关部门负责人、企业界人士等。仲裁委员会设主任一人，副主任和委员若干人。仲裁委员会下设秘书局，在秘书长的领导下处理日常工作。主任、副主任和秘书长由中国国际商会提名，由仲裁委员会委员会议通过。副秘书长由中国国际商会指定。仲裁委员会还设立专家咨询委员会，由仲裁委员会会议决定聘请5至15名专家组成，职责是负责仲裁程序和实体上的重大疑难问题的研究和提供仲裁意见，组织仲裁员交流经验，对仲裁规则进行修订及对仲裁委员会的工作和发展提出建议等工作。

中国国际经济贸易仲裁委员会实行仲裁员名册制度，当事人只能从仲裁员名册中选定仲裁员。目前，共有来自美、英、法、德、意、日等20多个国家和地区的近100人受聘为该仲裁委员会的仲裁员，加上国内的受聘仲裁员，共有400余名仲裁员。

（二）中国海事仲裁委员会

中国海事仲裁委员会是专门处理海事纠纷的专门涉外仲裁委员会。仲裁委员会委员由中国国际贸易促进会（中国国际商会）聘请中国有关方面的知名人士担任，每届任期2年。仲裁委员会设主任一人，副主任若干人和秘书长一人，副秘书长若干人。主任、副主任和秘书长由中国国际商会提名，由仲裁委员会会议审议通过。副秘书长由中国国际商会指定。仲裁委员会设立秘书处，负责仲裁委员会的日常工作。仲裁委员会设仲裁员名册，仲裁员由中国国际商会从具有相关专业知识和实践经验的中外人士中聘任。

三、涉外仲裁协议

（一）涉外仲裁协议的内容

涉外仲裁协议与国内仲裁的仲裁协议不同，它应当包括以下几项内容：

1. 提交仲裁的事项

这一内容要解决是什么样的纠纷提交仲裁及仲裁的具体范围有多大。一方当事人实际提请仲裁的争议，以及仲裁机构所受理的争议，都不得超越仲裁协议中所规定的提交仲裁事项。否则，仲裁机构无权审理。

2. 仲裁地点和仲裁机构

仲裁地点是指进行仲裁程序和作出裁决的所在地。确定仲裁地点十分重要，因为仲裁地点与仲裁所适用的程序法以及按哪一国的冲突规则来确定争议的实体法都有密切关系，而且仲裁地点也关系到仲裁协议是否有效和作出裁决能否得到承认和执行。在当事人没有明示仲裁依特定规则进行或者当事人在协议中没有拟定仲裁程序规则时，只有仲裁地法支配当事人和仲裁程序，这将对仲裁结果产生影响。另外,当事人对自己所在国家的法律和仲裁实践比较了解,而对外国的法律和仲裁实践缺少了解和信任,难免存在疑虑,因此在订立仲裁协议时,当事人各方一般都力争在本国的仲裁机构仲裁。

大多数情况下,仲裁地点与仲裁机构是一致的。当事人选择某地为仲裁地点时,他们也选择该地的常设仲裁机构进行仲裁,反之亦然。

3. 适用的仲裁程序规则

仲裁规则在当事人签订的仲裁协议当中也必须明确。它包括仲裁申请的提出、仲裁员的选定、仲裁庭的组成、仲裁的审理、仲裁裁决的作出等内容。但是,当事人选择我国的涉外仲裁机构进行仲裁时,应当适用我国涉外仲裁机构的仲裁规则,当事人不能另行约定。

4. 裁决的效力

当事人可以在仲裁协议中约定仲裁裁决是否对双方当事人具有约束力,当事人是否有权向法院起诉请求变更或撤销该项裁决。当事人在订立仲裁协议时一般应明确规定,仲裁裁决是终局的,不能向法院起诉。

在我国,根据法律的规定,仲裁裁决必须是终局的。当事人不能以约定抗衡法律规定。

(二)涉外仲裁协议示范条款

1. 中国国际经济贸易仲裁委员会示范仲裁条款

“凡因本合同引起的或与本合同有关的任何争议,均应提交中国国际经济贸易仲裁委员会____分会(仲裁中心),按照申请仲裁时中国国际经济贸易仲裁委员会现行有效的仲裁规则进行仲裁。仲裁裁决是终局的,对双方均有约束力。”

2. 中国海事仲裁委员会示范条款

“凡因本合同引起的或与本合同有关的任何争议,均应提交中国海事仲裁委员会,按照申请仲裁时该会现行的仲裁规则进行仲裁。仲裁裁决是终局的,对双方均有约束力。”

3. 联合国国际贸易法委员会推荐的仲裁条款

“任何争议、争执或请求,凡由于本合同而引起的或与之有关的,或由于本合同的违约、终止、无效而引起的或与之有关的,均应按照《联合国国际贸易法委员会仲裁规则》仲裁解决。”

四、涉外仲裁程序

（一）仲裁申请、审查、答辩与反请求

1. 仲裁申请

仲裁申请是在仲裁协议所约定的纠纷发生后，协议的一方当事人依据协议将纠纷提交选定的仲裁机构，启动仲裁程序的活动。申请人提出仲裁申请应提交申请书。申请书应载明以下内容：①申请人和被申请人的基本情况；②申请依据的仲裁协议；③事实与理由；④案件的证据。申请人还应当按照规定交纳仲裁费用。

2. 审查

仲裁机构对当事人的申请进行审查，以决定仲裁机构能否受理该纠纷。仲裁机构一般从当事人之间是否有仲裁协议、纠纷是否属于仲裁机构受理的范围、是否超过了时效等方面进行审查。仲裁机构受理申请后，应及时向申请人发出仲裁通知，并将仲裁申请书的副本、仲裁规则、仲裁员名册送达被申请人。仲裁程序从仲裁通知发出之日起计算。

3. 答辩与反请求

被申请人应在收到仲裁通知之日起 45 日内向仲裁机构提交答辩书，若被申请人提出反请求，应在答辩书中写明反请求的要求、反请求的事实与理由，并提供相应的证据。

（二）仲裁庭的组成

1. 涉外仲裁庭的类型

根据组成仲裁庭的人数，将仲裁庭分为独任仲裁庭和合议仲裁庭。独任仲裁庭由一名仲裁员组成；合议仲裁庭由 3 名仲裁员组成。

2. 仲裁员的产生

当事人应当在仲裁机构的仲裁员名册中选择仲裁员。当事人约定由一名仲裁员组成仲裁庭的，应当由当事人共同选定或者共同委托仲裁委员会主任指定仲裁员。当事人约定由三名仲裁员组成仲裁庭的，应当各自选定或者各自委托仲裁委员会主任指定一名仲裁员，第三名仲裁员由当事人共同选定或者委托仲裁委员会主任指定。第三名仲裁员是首席仲裁员。当事人如果没有在仲裁规则规定的期限内选定仲裁员的，由仲裁委员会主任指定。

3. 仲裁员的回避

当事人对被指定的仲裁员的公正性和独立性产生有正当理由的怀疑时，可以书面形式向仲裁委员会提出要求该仲裁员回避的请求。但应当说明提出回避所依

据的事实和理由。对仲裁员的回避请求应在第一次开庭之前以书面形式提出;如果要求回避事由的发生和得知是在第一次开庭审理之后,则可以在最后一次开庭终结前提出。仲裁员是否回避,由仲裁委员会主任决定。仲裁员有义务告知当事人或仲裁机构对其公正性及独立性有理由可怀疑的任何情况,这就是仲裁员披露制度。在这种情况下,仲裁员应自动请求回避。

(三)审理

涉外仲裁可采用开庭审理和书面审理两种形式。开庭审理的,仲裁机构应于开庭前30日通知双方当事人。当事人有正当理由的,可以请求延期,但必须在开庭前12日以书面形式向秘书局提出;是否延期,由仲裁庭决定。书面审理是指双方当事人或者他们的代理人不必亲自到庭,仲裁庭只根据双方当事人提出的书面材料如申请书、答辩书及其他材料对争议进行仲裁。适用普通程序的案件采用书面审理的,应经双方当事人同意或提出书面申请。适用简易程序审理的,仲裁庭可以直接决定进行书面审理,但书面审理的决定要通知双方当事人。

(四)调解与裁决

1. 调解

调解是在仲裁过程中,经双方当事人请求或同意,在仲裁机构或仲裁庭的主持下,由双方当事人自愿协商,解决争议的活动。调解达成协议后,仲裁庭应根据调解协议书作出裁决书。

2. 裁决

仲裁庭应及时对当事人之间的纠纷进行裁决。仲裁庭还可以对一部分事实清楚的先行作出裁决。裁决书应包括如下几项:①仲裁机构的名称、裁决书编号、仲裁员的姓名和地址、当事人双方的名称和住所地、代理人和其他参与人的姓名以及作出仲裁裁决的准确日期和地点;②简述仲裁争议的过程;③仲裁庭根据双方当事人的申请、抗辩、证据和可适用的法律对案件作出的评价;④当事人需支付的仲裁费用;⑤仲裁员在裁决书上签名。

(五)涉外仲裁裁决的期限

仲裁应在规定的期限内作出裁决。普通程序的裁决期限为仲裁庭组成后9个月内;按照简易程序进行书面审理时,裁决期限为仲裁庭组成之日起90天内;进行开庭审理的,则为开庭审理之日起30天内。仲裁庭的组成以仲裁委员会发出仲裁庭组庭通知之日为准;开庭审理日则以该案最后一次开庭审理的第一日为准。

五、涉外仲裁裁决的承认与执行

(一)涉外仲裁在我国的执行

依据相关法律规定,当事人可以以仲裁裁决为依据向被执行人住所地或者被执行财产所在地的中级人民法院申请执行。但被执行人提出证据证明仲裁裁决有下列情形之一的，人民法院应裁定不予执行：①没有仲裁协议的；②仲裁庭的组成不符合法律规定的；③裁决的事项超出仲裁委员会的受案范围或者超出了仲裁协议约定范围的。

（二）涉外裁决在其他国家和地区的执行

1987 年 4 月 22 日，我国加入了《承认及执行外国仲裁裁决公约》（该公约于 1958 年 6 月 10 日在联合国主持下于纽约订立，又称《纽约公约》）。该公约规定，缔约国互相承认和执行外国仲裁裁决，对外国仲裁裁决不审查实体事项。缔约国法院在执行外国仲裁裁决时，不得比执行国内仲裁裁决附加更为苛刻的条件。当事人可以依照该国际条约的规定，直接向有关缔约国的法院申请承认和执行我国涉外仲裁裁决。

第十三章

调解制度

第一节　调解制度概述

一、调解的概念

调解是在第三方协助下进行的、当事人自主协商性的纠纷解决活动。调解与当事人自主协商的区别在于中立第三方的参与，而其中的第三方，即调解人的作用也是区别于审判和仲裁的关键因素——调解人没有权力对争执的双方当事人施加外部的强制力。调解既是一种纠纷解决的手段或程序，也是当代世界各国普遍存在的一种纠纷解决制度。

调解作为一种制度，在非诉讼纠纷解决机制中历史悠久。当前调解作为现代非诉讼纠纷解决程序（ADR）的一种基本形式，在世界各国被广泛应用，然而，其具体的形式和运作方式又因地因时存在着不同程度的差异。例如，有些国家通过立法建立了较系统的调解组织，使其成为司法体系的一个重要组成部分，有些国家的调解则只是作为非正式的民间性活动而存在。同时，各国的调解在从传统到现代的发展中也往往不断推陈出新，各有特色。

二、调解的主要特征

（1）调解是在中立第三方的参与下进行的纠纷解决活动。担任调解人的可以是国家机关、社会组织、专门机构的成员或公民个人。然而，无论调解人本人的身份如何，都是作为中立第三方而不是裁判者参加调解过程的。传统的调解强调调解人的消极中立,现代的调解已经突破这种限制,调解人在促成合意时可以采用多种方法,从不同的方向对当事人产生影响:或是纯粹中立的观察和监督者,或是积极的对立平息者;有时仅仅是对话的中介,有时则可以作为专家或权威,对结果提供评价性的意见。然而,无论调解人作用如何,归根结底是以中立第三方的地位主持参与调解的,既不应代替当事人作出决定,也不能作出强制性的裁判。

(2)调解以当事人的自愿为前提。调解是一种在当事人自主协商基础上进行的纠纷解决活动,其本质功能是促成合意的形成。它是非强制性的纠纷解决程序,本质上,无论是在启动还是在协议达成环节上,都应该以当事人的完全自愿为基本原则。因为,调解是以双方当事人合意即和解为最终结果的,没有当事人双方的认可和自愿接受,就没有真正意义上的调解,调解人的积极影响也只能通过当事人的自愿接受起作用。

(3)调解协议本身的达成和生效不具有国家强制性,但其效力能够得到法律的保证。就性质而言,调解是促成当事人达成和解的非诉讼程,所达成的调解协议或和解协议属于当事人双方自主处分的意思表示,本质上属于一种契约。另一方面,调解又是由第三方主持下进行的,调解协议的达成也表明了调解者的参加及其意志。和解协议一旦经过法院及其他权威机构的认证、登记之后,就产生了严格的法律约束力,具有与生效的法律判决同等的效力。这是对调解进行规制的最妥善的方法。由此,调解协议对当事人双方不仅具有契约的约束力,而且具有国家认可的强制执行力,这样就能够有效地保证调解协议的履行。

(4)调解具有程序的便利性和处理的灵活性与合理性。与审判程序相比,调解无须严格的程序,容易使当事人之间的对立在和谐的(至少是非对抗性的)气氛中化解。调解一般是不公开的,当事人无须顾忌暴露商业秘密和个人隐私。调解程序在当事人主张、事实的证明责任、适用规范和运作方式上都具有很大的灵活性。在调解中,除法律规范和原则外,还可以以各种有关社会规范作为依据和标准,如地方惯例、行业标准、乡规民约、公共道德准则、通行的公平原则等作为依据。此外,当事人可以根据自身的利益和条件充分地进行协商和交易,达成符合实际的、能为双方所接受的协议。

三、调解的主要形式

当代世界的调解形式多样,并且仍在不断创新。常见的调解可概括为以下几类:

(一)根据中立第三方即主持者的性质划分

1. 民间(组织)调解

民间(组织)调解既包括民间自发成立的,也包括由政府或司法机关组织或援助的调解组织机构的调解，广泛应用在城乡基层社区的民事及轻微刑事纠纷的解决过程中。这种调解在纠纷解决中具有介入早、中立第三方与当事人之间有特定联系等特点，整个过程往往不需任何费用或费用低廉，在解决日常的民间纠纷中具有无可替代的优势。如我国的人民调解、美国 20 世纪 60 年代开始的社区志愿者的调解等。

2. 行政（机关）调解

行政调解是行政性纠纷解决的一种替代性纠纷机制，行政调解包括：①专门设立的行政性非诉讼程序，是当代重要的 ADR 形式，行政机关可以根据法律规定采取准司法方式（即裁决或决定）处理纠纷，当事人对其处理结果可以提起行政复议或起诉。②行政机关附带性的纠纷解决。法律并未赋予行政机关作出裁决的权力，行政机关只能主持调解，促成当事人双方达成协议（和解），例如派出所在处理治安案件中对民事赔偿部分的调解。在这种情况下，行政机关因其具有国家权威和专家优势，不需任何费用，亦可监督保证调解协议的履行，因此在实践中具有重要意义。

3. 律师调解

就功能和形式而言，律师调解可分为两类：①单向法律咨询，律师通过向一方当事人提供法律意见、评估预测判决结果，分析诉讼的利弊，使当事人考虑是否进行诉讼、能否达成诉讼前和解。②作为中立调解人进行双向调解。近年来世界各国开始出现了一些独立调解人和从事调解的律师事务所。他们受双方当事人的共同委托进行调解，或者把法律援助工作和律师参与调解相互结合，这种方式有利于一般民事纠纷迅速、简便和低廉地获得解决，有很大的发展前景。近年来社区法律服务所也属于这一类型。律师调解一般不包括代理调解，即律师作为代理人代表当事人参与调解。

4. 法院调解

法院调解包括：①法院附设的诉讼前调解。是 20 世纪逐渐发展起来，近年来最受重视的一种制度。功能在于尽管纠纷已经到达法院，但仍有可能通过调解将其解决在诉讼程序之外。日本的调停、我国台湾地区的调解以及美国的法院附设调解都属于此列。诉讼前调解的主要目的在于把调解与诉讼严格区别开来，分别按照其自身的运作规律和特有的方法进行。这种设计有利于充分发挥调解的功能和特长，并且不致影响诉讼程序中特有的对抗性和规范确认功能，效力与诉讼中和解相同。②法官的诉讼中调解，也称为和解促成，即我国的法院调解。它是在诉讼程序中、由本案主审法官或审判组织主持的调解，可以替代判决，作为一种结案方式。

(二)根据调解与诉讼的关系即调解在纠纷解决不同阶段中的作用划分

1. 诉讼外调解

诉讼外调解是指当事人通过法院外的调解程序解决纠纷,达成的调解协议相当于诉讼外和解,性质属于一种契约或对契约的修订(合同变更行为),产生民法上的效力。在许多国家,一般谈判(交涉)和民间调解所达成的协议都被列为此类。我国目前也将经过人民调解或其他调解组织达成的调解协议视为民事合同,具有一般契约的法律约束力。

2. 诉讼前调解

诉讼前调解是指通过法院附设的前置性调解程序解决纠纷。目的是不起诉或撤诉,所涉及的内容不在于民事法律关系的建立、变更或消灭,而主要是纠纷的解决;所达成的协议或调解书无论是有关撤诉还是有关实体权利处分的内容,往往都需要第三方的确认,属于三方的协议。此外,这种调解还可能延伸到起诉后、诉讼中、审判前乃至判决前,与诉讼中调解相互衔接。法院附设调解一般都属于这一类。因这些调解协议的达成是在法院的职权范围内,调解书或和解协议经法院审核确认后,产生与生效判决同样的法律效力,具有强制执行力,因此确有较好的息讼止争作用。但与我国民事诉讼中当事人之间自行达成的撤诉和解具有不同的性质和法律效果,后者不排除当事人再次起诉。

3. 诉讼中调解

诉讼中调解即我国的法院调解和大陆法系国家的法官调解(和解促成义务),它是在法院的诉讼程序中展开的。一方面,其性质属于当事人对自己的实体权利和诉讼权利的处分,是基于当事人自愿基础上的一种自治行为;另一方面,这种调解及其达成的和解本身是诉讼活动的一部分,往往与法官的和解促成工作分不开,并受到法院的监督和制约,因此也被视为一种替代性的结案方式。诉讼中调解达成的调解协议属于诉讼中和解,具有与生效判决相同的效力。但是,这种调解不属于严格意义上的非诉讼程序。

第二节 调解程序和调解原则

一、调解程序

调解的程序,依制度及性质有所不同。法院附设调解的程序通常由法律加以规定,其他调解程序则依主持机关的规则所定,并具有较大的灵活性。由于调解特别注重环境和气氛的非对抗化，因此，其程序通常以通俗、简便、非正规性为特征。一般而言，调解大致都要经过以下几个步骤：

（一）纠纷的受理，即调解的开始程序

一般有以下几种情况：

（1）当事人申请调解，无论是当事人双方申请，还是一方当事人申请而对方不表示反对的情况，都可以进行调解。

（2）强制调解。包括：①法定强制性调解，即根据法律规定一部分纠纷必须先经过调解程序才能够进入诉讼程序，当事人的起诉被视为申请调解，可以启动调解程序，另一方当事人有义务参加。②根据法官或法院的建议或指令进行调解。例如，在美国，法官在审判中经常建议或指令当事人先行进行调解。

（3）调解组织主动调解。我国《人民调解委员会组织条例》第七条规定："人民调解委员会根据当事人的申请及时调解纠纷；当事人没有申请的，也可以主动调解。"如果纠纷属于调解的范围，当事人接受调解，则可直接进行调解；但如果当事人拒绝，也不得强行调解。

（二）选择确定调解员

调解一般都允许当事人选择调解员。在实践中，调解员既有由法院或调解机构指定、当事人认可的，也有直接由当事人自己选任的。美国的一些法院附设调解，有时由双方当事人从法院提供的名单中各选一名代表本方，再共同选定一名中立调解员组成调解委员会。在简单的民间调解中，有时由一名调解员主持即可，除了专职调解员外，基层政权或社会组织的首长或年长者，都可以充当调解人。

（三）在调解员主持下进行调解

在多数调解程序中，调解过程主要是进行谈判和交涉。但在较为复杂的事件中，则需要首先进行事实调查和认证。具体的调解过程，原则上以双方当事人为主进行交涉，调解员可以在调查的基础上形成初步的调解方案并进行斡旋，也可以直接提出调解方案。调解方法可以根据需要不拘一格，包括背靠背的调解和说服劝解，只要没有压制和欺骗，能够促成双方当事人达成和解，就达到了调解的目的。

（四）调解的终结程序

根据调解结果的不同，分为调解成立和调解不成两种终结程序。当调解失败，未能达成和解时，调解程序即告终结，根据特定程序或直接转入诉讼，或由当事人自行决定是否提起诉讼。调解成立时，当事人可以在调解员的见证下达成口头协议，并即时履行，终结调解程序；正式的方式是制作调解书或和解协议，协议需要记明调解的全部程序和当事人、调解员的姓名、身份等基本情况；纠纷事实与争议点；双方的主张与理由；调解达成的具体协议事项，等等。调解书或和解协议必须由双方当事人签署，并由调解员签署或作见证。一些国家和地区的调解程序规定，应将调解书（和解协议）送交法院审核或进行公证，使其产生确定性法律效力。

(五)调解协议的履行

未经特定程序产生法律强制力的调解协议,主要依靠当事人的自觉和自律保证履行,如当事人反悔,亦不能对其采取强制措施,只能由调解机关进行督促。而具有强制性的调解协议在当事人拒不履行时,对方当事人可以申请强制执行。如果当事人依法定事由主张调解协议无效或应该撤销时,一般应承担举证责任。有时,亦可以通过经济制裁方式敦促当事人诚实履行。例如,美国的一些法院附设调解,规定当事人在不接受调解进入诉讼的情况下,如果法院判决的赔偿额与调解协议相差不超过10%,则提起诉讼的一方,必须承担对方的诉讼费用,以限制当事人再次提起诉讼。

二、调解的基本原则

世界各国的有关法律、法规中对调解原则的规定表述各有不同,其中共同遵循的一些原则包括以下几点:

(一)自愿原则

调解的进行和协议的达成都应该是当事人自愿的,即使是强制调解也不能强制当事人达成或接受调解,法官建议当事人采用调解程序的,也需经当事人同意。当调解失败,当事人无法达成和解时,转入诉讼程序。自愿原则符合当事人主义的精神和处分原则,同时也是调解协议正当性及效力的根据所在。

(二)尊重当事人的实体权利和诉讼权利原则

调解主持者一般应最大限度地尊重当事人的处分权。在当事人不能达成协议时,不得限制当事人行使诉讼权。

(三)合法和不违反公序良俗原则

调解一般允许适用多种社会规范,也允许当事人进行自主处分,但和解内容应符合法律的基本原则,不得违反法律的强行性和禁止性规定,不得违背公序良俗和公共道德规范,也不得损害公共利益和第三人的合法权益。法院或公证机关在对调解协议进行内容和形式两方面的审查,在确认其存在违法时,可以宣布调解协议无效或将其撤销。合法性尤其意味着程序上的合法性,及当事人的自愿、程序公平等。

(四)诚实信用和公平原则

调解应强调双方当事人的诚实信用,不得利用调解作为拖延纠纷解决的手段,不得滥用处分权。在程序上应保证最基本的公平,例如,必须保证双方当事人在调解程序中的完全平等,避免由于当事人地位和实力不平衡导致的压制和解;调解人的地位身份应符合公平中立的原则,不得偏袒一方;调解过程对当事人应该是公开的,不得在当事人不知情或有重大误解的情况下,以欺骗手段诱使其达成和解等。如未达成和解,调解程序中使用过的证据在诉讼程序中仍需重新质证,在调解中做出的陈述、妥协和自认也不产生拘束力,不能在以后的诉讼中直接采用,以避免影响诉讼程序的公正。

第三节 人民调解制度

一、人民调解制度的建立与发展

新中国成立后,政务院于 1954 年 3 月 22 日发布了《人民调解委员会暂行组织通则》,规定"调解委员会是群众性的调解组织"。1954 年 12 月,公布了《城市居民委员会组织条例》,规定在居民委员会中设立人民调解委员会。1957 年后,人民调解组织曾遭到较大挫折,60 年代得到恢复。1980 年,经全国人大常委会批准,重新公布了《人民调解委员会暂行组织通则》。1982 年《民事诉讼法(试行)》确认了人民调解的法律地位,同年 12 月制定的《宪法》第一百一十一条明确规定:"城市和农村按居民居住地区设立的居民委员会或者村民委员会是基层群众性自治组织。居民委员会、村民委员会的主任、副主任和委员由居民选举。居民委员会、村民委员会同基层政权的相互关系由法律规定。居民委员会、村民委员会设人民调解、治安保卫、公共卫生等委员会,办理本居住地区的公共事务和公益事业,调解民间纠纷,协助维护社会治安,并且向人民政府反映群众的意见、要求和提出建议。"从而使人民调解成为我国一项为宪法所确认的基本制度。1989 年 6 月 17 日中华人民共和国国务院令第 37 号发布了新的《人民调解委员会组织条例》,自发布之日起施行,1954 年《人民调解委员会暂行组织通则》同时废止。

2002 年 9 月,最高人民法院通过了《关于审理涉及人民调解协议的民事案件的若干规定》,以司法解释的形式明确了人民调解协议的性质和效力。同时,为了规范人民调解工作,完善人民调解组织,提高人民调解质量,2002 年 9 月 11 日司法部部长办公会议制定颁布了《人民调解工作若干规定》,自 2002 年 11 月 1 日起施行。《人民调解工作若干规定》,对人民调解委员会的工作范围、组织形式、调解行为和程序等作出了具体的规定,进一步加强和规范了人民调解工作。为了完善人民调解制度,规范人民调解活动,及时解决民间纠纷,维护社会和谐稳定,根据宪法,2010 年 8 月 28 日公布了《中华人民共和国人民调解法》,自 2011 年 1 月 1 日起施行。2021 年修改的《民事诉讼法》将司法确认程序适用范围从原来的"人民调解协议"扩展至"依法设立的调解组织调解达成调解协议",这为其他依法设立的调解组织(如消协、妇联等)参与社会纠纷多元化解提供了相应保障。在司法确认管辖方面,第201条区分了受法院邀请调解和自行开展调解的管辖,将自行调解申请司法确认的受理法院范围扩大至三地法院,同时也考虑了级别管辖的相应情形。

二、人民调解的性质、任务和功能

(一)人民调解的性质

人民调解委员会是调解民间纠纷的群众性组织,其基本功能主要在于解决民间纠纷(特别是民事纠纷),属于一种非诉讼的纠纷解决程序。其组织及程序的性质为民间性(群众性)和自治性。民间性,是指人民调解委员会不是政府的行政机关也不是司法机关,而是一种民间性社会组织。自治性,是指组织的自治性,即其组织属于群众自治性质,并非行政或司法组织;工作方法的自治性,即基于群众的自我管理、自我教育和自我约束,并无国家强制力作为保障;调解协议的自治性,即属于不具法律强制效力的文书,依靠当事人自觉履行。人民调解属于一种民间性的,不同于行政性或司法性的非诉讼程序。但近年来,我国人民调解形成"大司法"调解格局,基层人民调解委员会具有了更多的准司法性,已经成为满足基层社会法律需求的重要渠道,被视为人民司法制度的重要组成部分。

(二)人民调解的任务和功能

人民调解委员会的任务是:①调解民间纠纷,防止民间纠纷激化;②通过调解工作,宣传法律、法规、规章和政策,教育公民遵纪守法,尊重社会公德,预防民间纠纷发生;③向村民委员会、居民委员会、所在单位和基层人民政府反映民间纠纷和调解工作的情况。

人民调解具有多重社会功能:①人民调解是一种基层民主政治制度,与基层自治组织共同发挥作用;②人民调解是一种社会组织形式,通过自治解决纠纷,起着维系民众的道德和社会凝聚力的重要作用;③人民调解是我国司法综合治理系统工程中的重要一环,具有预防犯罪、防止矛盾激化、稳定社会的意义,在20世纪50年代曾被刘少奇主席誉为"政法工作的第一道防线";④人民调解也是普法的重要基础力量。

三、人民调解组织

(一)人民调解的组织形式

人民调解的组织形式是人民调解委员会。人民调解组织最初主要是设在基层居民委员会和村民委员会等自治组织中的,随着我国社会结构的变化,新型的调解组织不断出现,司法部在2002年9月发布的《人民调解工作若干规定》中,对调解组织形式作出了新的规定。指出:人民调解委员会可以采用下列形式设立:①农村村民委员会、城市(社区)居民委员会设立的人民调解委员会;②乡镇、街道设立的人民调解委员会;③企业事业单位根据需要设立的人民调解委员会;④根据需要设立的区域性、行业性的人民调解委员会。由此,把各类调解都纳入人民调解的范畴之中。

乡镇、街道司法所(科)负责指导和管理人民调解委员会的日常工作;各地基层人民法院及其派出法庭应对人民调解委员会的工作进行指导。

(二)调解员

人民调解委员会委员、调解员,统称人民调解员。由于目前各种调解组织形成了一个多层次的系统,对不同层次的调解委员会调解员的要求和条件也各有不同。

《人民调解工作若干规定》规定:村民委员会、居民委员会和企业事业单位的人民调解委员会根据需要,可以自然村、小区(楼院)、车间等为单位,设立调解小组,聘任调解员。

乡镇、街道人民调解委员会委员由下列人员担任:①本乡镇、街道辖区内设立的村民委员会、居民委员会、企业事业单位的人民调解委员会主任;②本乡镇、街道的司法助理员;③在本乡镇、街道辖区内居住的懂法律、有专长、热心人民调解工作的社会志愿人员。乡镇、街道人民调解委员会委员比基层自治组织的调解员具有更多的法律知识,因此其调解的规范性、合法性和权威性相对更高。同时,司法部的规定对调解员的素质、聘任程序、培训和工作纪律、职业道德等都作出了明确具体的规定。

四、人民调解的原则及管辖范围

(一)人民调解的原则

人民调解委员会调解民间纠纷,应当遵守下列原则:①依据法律、法规、规章和政策进行调解,法律、法规、规章和政策没有明确规定的,依据社会主义道德进行调解;②在双方当事人自愿平等的基础上进行调解;③尊重当事人的诉讼权利,不得因未经调解或者调解不成而阻止当事人向人民法院起诉。

(二)人民调解的管辖范围

人民调解委员会处理民间纠纷,具有以下特点:①就纠纷主体而言,仅指我国公民;②在纠纷性质方面,一般不具有扰乱公共秩序、妨害公共安全的性质;③其主管范围不得涉及其他行政、司法部门的专属管辖范围;④就处理手段而言,无权使用任何强制手段。具体而言,包括家庭成员、邻里、同事、居民、村民等相互之间,因合法权益受到侵犯或者发生争议而引起的纠纷,按其表现形式分为人身权利纠纷、婚姻家庭纠纷、财产权益纠纷、生产经营性纠纷和损害赔偿纠纷等。构成犯罪的刑事案件不能调解;构成违反治安管理的行为应由公安机关处理,不属于调解委员会主管范围。

五、人民调解的程序

(一)受理纠纷

人民调解委员会根据当事人的申请及时调解纠纷;当事人没有申请的,也可以主动调解。人民调解委员会调解民间纠纷不收费。

(二)进行调解

调解时双方当事人必须到场。人民调解委员会调解纠纷,可以邀请有关单位和个人参加,被邀请的单位和个人应当给予支持。人民调解委员会调解纠纷,应当在查明事实、分清是非的基础上,充分说理,耐心疏导,消除隔阂,帮助当事人达成协议。

(三)制作调解协议

《人民调解委员会组织条例》第八条规定,调解纠纷应当进行登记,制作笔录,根据需要或者当事人的请求,可以制作调解协议书。调解协议书应当有双方当事人和调解人员的签名,并加盖人民调解委员会的印章。

(四)调解协议的履行

调解结束,当事人应当履行调解协议。经过调解,当事人未达成协议或者达成协议后又反悔的,任何一方可以请求基层人民政府处理,也可以向人民法院起诉。根据《最高人民法院关于审理涉及人民调解协议的民事案件的若干规定》,经人民调解委员会调解达成的、有民事权利义务内容,并由双方当事人签字或者盖章的调解协议,具有民事合同性质。当事人应当按照约定履行自己的义务,不得擅自变更或者解除调解协议。

(五)调解协议的司法确认

2021 年修改的《民事诉讼法》对调解协议的司法确认问题进行了明确规定:"经依法设立的调解组织调解达成调解协议,申请司法确认的,由双方当事人自调解协议生效之日起 30 日内,共同向下列人民法院提出:(一)人民法院邀请调解组织开展先行调解的,向作出邀请的人民法院提出;(二)调解组织自行开展调解的,向当事人住所地、标的物所在地、调解组织所在地的基层人民法院提出;调解协议所涉纠纷应当由中级人民法院管辖的,向相应的中级人民法院提出。"这一规定明确了经依法设立的调解组织自行开展调解达成调解协议,申请司法确认的,由双方当事人自调解协议生效之日起 30 日内,共同向当事人住所地、标的物所在地、调解组织所在地的基层人民法院提出;调解协议所涉纠纷应当由中级人民法院管辖的,由双方当事人自调解协议生效之日起 30 日内,共同向相应的中级人民法院提出。

这一规定为通过依法设立的调解组织自行受理调解案件，达成调解协议后需要申请司法确认的当事人指明了具体路径，也为调解组织帮助有司法确认需求的当事人对接法院提供了明确依据。此规定可使选择通过依法设立的调解组织调解纠纷的当事人，获得与司法调解一样具有强制执行力的法律文书，这必将进一步提高当事人选择调解组织进行调解的主动性、自愿性和积极性，也必将推动调解组织提升调解服务的专业化水平，做优做强调解工作，承担更多纠纷调解任务，真正实现纠纷解决机制的多元化，将“把非诉讼纠纷解决机制挺在前面”这一要求落到实处。

参考文献

专著：

[1]周晓冰. 人民法院审判指标管理与绩效评价[M]. 北京:法律出版社,2023.

[2]陈云龙. 检察视野下的诉讼制度研究[M]. 北京:中国检察出版社,2023.

[3]程汉大,侯建新. 欧洲文明进程:司法与法治卷[M]. 北京:商务印书馆,2023.

[4]崔嘉欣. 民国时期监狱近代化研究:以北京监狱为例[M]. 保定:河北大学出版社,2023.

[5]翟中东. 国外罪犯矫正制度概论[M]. 北京:法律出版社,2023.

[6]郭晶英. 中国监狱管理手册:狱内暴力防控手册[M]. 北京:中国政法大学出版社,2023.

[7]韩锦霞. 公诉理论与实务[M]. 北京:中国检察出版社,2023.

[8]何帆. 积厚成势:中国司法的制度逻辑[M]. 北京:中国民主法制出版社,2023.

[9]贺大伟. 我国独立航空仲裁法律制度研究:以航空仲裁适用性为视角[M]. 北京:中国政法大学出版社,2023.

[10]胡铭. 司法制度的中国模式与实践逻辑[M]. 北京:商务印书馆,2023.

[11]江国华. 中国特色社会主义司法制度研究:理论篇[M]. 北京:科学出版社,2023.

[12]李保清,李晗. 监狱执法文书实训手册[M]. 武汉:华中科技大学出版社,2023.

[13]李文超. 法官说:案例检索与类案判决[M]. 北京:人民法院出版社,2023.

[14]栗志杰,吴丙林. 监狱执法文书[M]. 北京:法律出版社,2023.

[15]刘哲. 检察再出发[M]. 北京:清华大学出版社,2023.

[16]任惠华. 侦查学原理[M]. 北京:法律出版社,2023.

[17]史殿国. 监狱学基础理论:第2版[M]. 北京:法律出版社,2023.

[18]宋强. 贵州省检察体制改革第三方评估报告[M]. 北京:中国政法大学出版社,2023.

[19]谭世贵. 中国司法制度:第5版[M]. 北京:法律出版社,2023.

[20]汤维建. 民事诉讼法学精论:上册[M]. 北京:中国检察出版社,2023.

[21]汤维建. 民事诉讼法学精论:下册[M]. 北京:中国检察出版社,2023.

[22]王春业. 我国行政公益诉讼制度优化研究[M]. 北京:中国政法大学出版社,2023.

[23]王海军. 检察关键词:人民检察制度研究[M]. 北京:北京大学出版社,2023.

[24]王恒勤. 中国特色监狱管理体制改革与创新研究[M]. 北京:人民出版社,2023.
[25]王雪峰. 监狱文化论稿:一种宏观监狱学的立场[M]. 北京:法律出版社,2023.
[26]魏武. 法德检察制度[M]. 北京:中国检察出版社,2023.
[27]肖小梅. 反垄断刑事责任制度研究[M]. 北京:中国检察出版社,2023.
[28]谢祥为. 行政法律原理与实务:第 4 版[M]. 北京:中国政法大学出版社,2023.
[29]徐为霞,孙延庆,李海萍. 监狱执法证据保全[M]. 北京:法律出版社,2023.
[30]徐运全. 医疗事故应对与医疗纠纷调解实例[M]. 呼和浩特:内蒙古人民出版社,2023.
[31]杨万明. 中国少年司法[M]. 北京:人民法院出版社,2023.
[32]易延友. 刑事审判制度研究[M]. 北京:中国民主法制出版社,2023.
[33]殷宏. 检察理论与实务[M]. 北京:中国检察出版社,2023.
[34]陈国庆. 认罪认罚从宽制度司法适用指南[M]. 北京:中国检察出版社,2023.
[35]公丕祥. 能动司法与社会正义:基于中国国情的初步分析[M]. 北京:社会科学文献出版社,2022.
[36]顾永忠. 律师制度与律师实务[M]. 北京:北京师范大学出版社,2022.
[37]何家弘. 外国司法判例制度[M]. 北京:中国法制出版社,2022.
[38]侯振发. 中国监察法治化的思想脉络与实践探索[M]. 长沙:中南大学出版社,2022.
[39]胡锦光. 合宪性审查五论[M]. 北京:中国民主法制出版社,2022.
[40]江国华. 中国特色社会主义司法制度研究:对策篇[M]. 北京:科学出版社,2022.
[41]李双元,欧福永. 国际私法:第 6 版[M]. 北京:北京大学出版社,2022.
[42]李为忠,刘光国. 监狱科研成果转化研究[M]. 北京:法律出版社,2022.
[43]李祎,朱轶佳,李雪. 法社会学维度下非诉调解与司法程序衔接研究[M]. 北京:法律出版社,2022.
[44]廖永安,谢蔚. 中国公证的现代化:体制转型与制度创新[M]. 北京:清华大学出版社,2023.
[45]薛凡,甘世恒. 公证制度与实践的革命性重塑:预防性司法研究[M]. 厦门:厦门大学出版社,2022.
[46]卢上需. 广西审判实务与探索[M]. 北京:法律出版社,2022.
[47]马怀德. 行政法学精论[M]. 北京:中国检察出版社,2022.
[48]马兰花. 社区矫正机制问题研究[M]. 北京:法律出版社,2022.

[49]孟涛.民事诉讼法实用教程[M].北京:中国政法大学出版社,2022.
[50]莫纪宏,田禾.法治蓝皮书:中国法治发展报告 No.20(2022)[M].北京:社会科学文献出版社,2022.
[51]娜鹤雅.旧谱新曲:近代中国审判制度中的司法资源研究[M].北京:北京大学出版社,2022.
[52]齐树洁.域外调解制度研究[M].厦门:厦门大学出版社,2022.
[53]乔欣.仲裁法学:第2版[M].北京:清华大学出版社,2022.
[54]师璇.税收征纳合作法律制度研究[M].北京:法律出版社,2022.
[55]苏力.送法下乡:中国基层司法制度研究:第3版[M].北京:北京大学出版社,2022.
[56]汪国华.司法文明论坛[M].北京:中国政法大学出版社,2022.
[57]汪世荣,朱继萍.人民调解的枫桥经验[M].北京:法律出版社,2022.
[58]王淑华.监狱学典藏精义:中国监狱学的初期发展[M].北京:中国人民公安大学出版社,2022.
[59]王新建.检察机关适用认罪认罚从宽制度研究[M].北京:法律出版社,2022.
[60]王志亮.刑罚学研究:欧美刑罚观、监狱观的演变[M].苏州:苏州大学出版社,2022.
[61]王志亮.中国监狱史:从待审待刑羁押到行刑监禁的蜕变[M].北京:中国政法大学出版社,2022.
[62]魏彬彬.国际投资条约仲裁司法审查制度研究[M].天津:天津人民出版社,2022.
[63]吴丙林,王定辉.狱政管理学:第2版[M].北京:法律出版社,2022.
[64]吴宏耀.法律援助法[M].北京:中国政法大学出版社,2022.
[65]姚建龙.矫正学的视界:从监狱学到矫正学的理论尝试[M].北京:中国政法大学出版社,2022.
[66]张昌辉.司法的意识形态之维[M].武汉:武汉大学出版社,2022.
[67]张晋藩.中国古代监察制度史:修订本[M].北京:中国方正出版社,2022.
[68]张凯,姜组桢.社区矫正概论[M].北京:法律出版社,2022.
[69]章恩友,宋胜尊.犯罪心理学:第3版[M].北京:法律出版社,2022.
[70]周艳萍.法院调解制度改革研究[M].北京:中国政法大学出版社,2022.
[71]陈磊,刘琳.自贸区纠纷解决机制创新与临时仲裁的制度构建[M].北京:法律出版社,2023.
[72]卢然.转型社会中的司法制度研究[M].北京:商务印书馆,2022.
[73]陈涛.中国法制史学[M].北京:中国政法大学出版社,2022.
[74]阙钰.女子监狱制度研究:以美国为样本[M].北京:中国政法大学出版

社,2022.
[75]毕玉谦,等.民事诉讼架构下的司法公开[M].北京:中国政法大学出版社,2022.
[76]陈瑞华.刑事审判原理论:第3版[M].北京:法律出版社,2022.
[77]陈甦,田禾,吕艳滨.中国司法制度发展报告No.4[M].北京:社会科学文献出版社,2022.
[78]段明.公证债权文书执行研究:基于公证权与司法权的关系视角[M].北京:清华大学出版社,2021.
[79]范进学.完善我国合宪性审查制度与机制研究[M].南京:译林出版社,2021.
[80]侯猛.司法的运作过程:基于对最高人民法院的观察[M].北京:中国法制出版社.2021.
[81]贾宇.新时代检察理念研究[M].北京:中国检察出版社,2021.
[82]江溯.美国判例刑法[M].北京:北京大学出版社,2021.
[83]贺凯.明朝监察制度[M].谢天,译.北京:中国方正出版社,2021.
[84]刘宇平.律师法学[M].北京:中国政法大学出版社,2021.
[85]龙宗智.司法建设论[M].北京:法律出版社,2021.
[86]皮特·L.施特劳斯.美国的行政司法[M].徐晨,译.北京:商务印书馆,2021.
[87]秦前红,石泽华.检察制度基础理论研究[M].北京:法律出版社,2021.
[88]时显群.法律原则司法适用研究[M].北京:知识产权出版社,2021.
[89]史可.刑事缺席审判制度研究[M].武汉:华中科技大学出版社,2021.
[90]王孟嘉.检察机关法律监督中的公众参与问题研究[M].北京:法律出版社,2021.
[91]韦凤珍.常见刑事犯罪侦查取证工作指引[M].北京:中国检察出版社,2021.
[92]吴宗宪.中国社区矫正规范化研究[M].北京:北京师范大学出版社,2021.
[93]虞浔.监察委员会理论溯源及其制度建构[M].北京:法律出版社,2021.
[94]周艳萍.法院调解制度改革研究[M].北京:中国政法大学出版社,2021.
[95]朱兰春.法官如何裁判[M].北京:中国法制出版社,2021.
[96]卞建林.刑事诉讼法实施重点问题研究[M].北京:中国人民公安大学出版社,2021.
[97]樊崇义.法律援助制度研究[M].北京:中国人民公安大学出版社,2020.
[98]樊崇义.司法制度与司法改革[M].北京:中国人民公安大学出版社,2020.
[99]郝建臻.法治监察研究[M].北京:法律出版社,2020.
[100]刘金华,俞兆平.公证与律师制度:第4版[M].厦门:厦门大学出版社,2020.
[101]刘哲.法律职业的选择[M].北京:清华大学出版社,2020.

[102]苗生明. 刑事检察专论[M]. 北京:法律出版社,2020.
[103]苏国强,汤庆,刘志云. 亚洲公证法汇编[M]. 厦门:厦门大学出版社,2020.
[104]谭宗泽,张震. 监察法学[M]. 北京:高等教育出版社,2020.
[105]王进喜. 律师法实施与再修改问题研究[M]. 北京:知识产权出版社,2020.
[106]魏中礼. 刑事侦查学:第2版[M]. 北京:法律出版社,2020.
[107]吴宗宪. 社区矫正导论:第2版[M]. 北京:中国人民大学出版社,2020.
[108]薛伟宏. 检察制度辨论[M]. 北京:法律出版社,2020.
[109]伊士国,尚海龙. 国家监察体制改革研究[M]. 北京:知识产权出版社,2020.
[110]余凌云. 警察法讲义:第2版[M]. 北京:清华大学出版社,2020.
[111]周阳山. 比较监察制度[M]. 台北:三民书局,2020.
[112]周叶中. 宪法学:第5版[M]. 北京:高等教育出版社,2020.
[113]北京市高级人民法院. 新时代深化司法体制综合配套改革的理论研究与实践探索[M]. 北京:人民法院出版社,2020.
[114]陈碧. 中外侦查制度[M]. 北京:中国政法大学出版社,2020.
[115]陈光中. 中国现代司法制度[M]. 北京:北京大学出版社,2020.
[116]韩平. 中英仲裁法比较研究[M]. 厦门:厦门大学出版社,2019.
[117]江国华. 中国监察法学[M]. 北京:中国政法大学出版社,2019.
[118]廖永安. 调解学教程[M]. 北京:中国人民大学出版社,2019.
[119]刘社建. 清代监察史[M]. 上海:格致出版社,2019.
[120]马怀德. 监察法学[M]. 北京:人民出版社,2019.
[121]彭勃,龚飞. 中国监察制度史[M]. 北京:人民出版社,2019.
[122]秦前红. 监察法学教程[M]. 北京:法律出版社,2019.
[123]童德华,马嘉阳. 西方监察制度的历史批判[M]. 北京:中国法制出版社,2019.
[124]王嘉. 侦查思维[M]. 北京:中国公安人民大学出版社,2019.
[125]杨宗辉. 侦查学人研思录[M]. 北京:中国检察出版社,2019.
[126]张晋藩. 中国监察法制史[M]. 北京:商务印书馆,2019.
[127]朱孝清. 论司法体制改革[M]. 北京:中国检察出版社,2019.
[128]陈玉忠,王雷. 检察职业道德研究[M]. 北京:法律出版社,2018.
[129]林来梵. 宪法学讲义[M]. 北京:清华大学出版社,2018.
[130]刘辰著,樊崇义. 侦查监督论[M]. 北京:中国人民大学出版社,2018.
[131]刘启刚. 侦查心理研究[M]. 北京:中国人民公安大学出版社,2018.
[132]秦前红,叶海波. 国家监察制度改革研究[M]. 北京:法律出版社,2018.
[133]史殿国. 监狱学基础理论[M]. 北京:法律出版社,2018.
[134]田有赫. 国内仲裁法律适用[M]. 北京:法律出版社,2018.

[135]王公义. 中国公证新探:法理与案例(法律素养与依法治国)[M]. 北京:清华大学出版社,2018.
[136]翁腾环. 公证法释义与实务[M]. 北京:商务印书馆,2018.
[137]吴丙林. 狱政管理学[M]. 北京:法律出版社,2018.
[138]吴建雄. 读懂《监察法》[M]. 北京:人民出版社,2018.
[139]张圣翠. 中国仲裁法制改革研究[M]. 北京:北京大学出版社,2018.
[140]张文显. 法理学:第 5 版[M]. 北京:高等教育出版社,2018.
[141]张跃进. 警察领导力研究[M]. 北京:中国人民公安大学出版社,2018.
[142]白洁. 职务犯罪调查疑难问题研究[M]. 北京:中国人民公安大学出版社,2018.
[143]陈瑞华. 司法体制改革导论[M]. 北京:法律出版社,2018.
[144]波斯纳. 法官如何思考[M]. 苏力,译. 北京:北京大学出版社,2009.
[145]段明学. 检察制度比较研究[M]. 北京:中国检察出版社,2017.
[146]姜金兵. 现代监狱创制:江苏模式详解[M]. 北京:法律出版社,2017.
[147]孟广林. 英国“宪政王权”论稿:从《大宪章》到“玫瑰战争”[M]. 北京:人民出版社,2017.
[148]司法部司法研究所. 中国公证制度完善研究[M]. 北京:法律出版社,2017.
[149]田幸. 当代中国的司法体制改革[M]. 北京:法律出版社,2017.
[150]王建国. 中俄检察制度比较研究[M]. 北京:法律出版社,2017.
[151]徐辰. 宪制道路与中国命运:中国近代宪法文献选编 1840—1949:下[M]. 北京:中央编译出版社,2017.
[152]杨宗辉. 侦查学总论:第 2 版[M]. 北京:中国检察出版社,2017.
[153]于湛是. 国际商事仲裁司法化问题研究[M]. 北京:法律出版社,2017.
[154]张晋藩. 中国近代监察制度与法治研究[M]. 北京:中国法制出版社,2017.
[155]何勤华. 外国法制史[M]. 北京:法律出版社,2016.
[156]马宏俊. 中国公证十年文萃:公证法的理论与实践[M]. 北京. 北京大学出版社,2016.
[157]谭世贵. 中国司法制度[M]. 北京:法律出版社,2016.
[158]王进喜. 律师与公证制度[M]. 北京:中国人民大学出版社,2016.
[159]吴宁,吴娴兰,张丽. 新编警察心理学教程[M]. 南京:南京大学出版社,2016.
[160]闫永黎. 侦查程序与财产权保障[M]. 北京:中国人民公安大学出版社,2016.
[161]姚建龙,等. 矫正学导论:监狱学的发展与矫正制度的重构[M]. 北京:北京大学出版社,2016.

[162]陈业宏,唐鸣.中外司法制度比较[M].北京:商务印书馆,2015.
[163]胡荻.国际商事仲裁权研究[M].北京:法律出版社,2015.
[164]刘林呐.法国检察制度研究[M].北京:中国检察出版社,2015.
[165]孙笑侠.商谈理论与司法程序[M].北京:法律出版社,2015.
[166]唐新礼.狱政管理[M].北京:法律出版社,2015.
[167]郭华.技术侦查的诉讼化控制[M].北京:中国人民公安大学出版社,2013.
[168]那思陆.中国审判制度史[M].上海:上海三联书店,2013.
[169]孙谦,韩大元.司法机构与司法制度:世界各国宪法的规定[M].北京:中国检察出版社,2013.
[170]谭世贵.中国司法制度:第3版[M].北京:法律出版社,2013.
[171]高其才.司法制度与法律职业道德[M].北京:清华大学出版社,2012.
[172]张千帆,包万超,王卫明.司法审查制度比较研究[M].南京:译林出版社,2012.
[173]冯军,丁建军.司法制度的历史样态与现代图景[M].北京:人民法院出版社,2011.
[174]李燕萍.澳门的法院和审判制度[M].北京:中国民主法制出版社,2011.
[175]孙雄.监狱学[M].北京:商务印书馆,2011.
[176]顾永忠.律师制度与律师实务[M].北京:北京师范大学出版社,2010.
[177]姜组桢.社区矫正理论与实务[M].北京:法律出版社,2010.
[178]齐树洁.美国司法制度:第2版[M].厦门:厦门大学出版社,2010.
[179]邵建东.德国司法制度[M].厦门:厦门大学出版社,2010.
[180]徐美君.司法制度比较:以英、美、德三国为主要考察对象[M].北京:中国人民公安大学出版社,2010.
[181]孙谦.人民检察制度的历史变迁[M].北京:中国检察出版社,2009.
[182]韩苏琳.美英德法四国司法制度概况[M].北京:人民法院出版社,2008.
[183]金邦贵.法国司法制度[M].北京:法律出版社,2008.
[184]齐树洁.英国司法制度:第2版[M].厦门:厦门大学出版社,2007.
[185]张学仁.香港法概论[M].武汉:武汉大学出版社,2006.
[186]范愉.司法制度概论[M].北京:中国人民大学出版社,2005.
[187]郭成伟,宋英辉.当代司法体制研究[M].北京:中国政法大学出版社,2002.
[188]马海发·梅隆.诊所式法律教育[M].彭锡华,等译.北京:法律出版社,2002.
[189]史蒂文·苏本,玛格瑞特·伍.美国民事诉讼的真谛:从历史、文化、实务的视角[M].蔡彦敏,徐卉,译.北京:法律出版社,2002.
[190]孙谦,樊崇义,杨金华.司法改革报告:检察改革.检察理论与实践专家对话

录[M]. 北京:法律出版社,2002.
[191]孙谦,郑成良. 司法改革报告:司法考试、司法官遴选、司法官培训制度[M]. 北京:法律出版社,2002.
[192]孙谦,郑成良. 司法改革报告:有关国家司法改革的理念与经验[M]. 北京:法律出版社,2002.
[193]杨欣欣. 法学教育与诊所式教学方法[M]. 北京:法律出版社,2002.
[194]张培田. 法与司法的演进及改革考论[M]. 北京:中国政法大学出版社,2002.
[195]洪浩. 检察权论[M]. 武汉:武汉大学出版社,2001.
[196]刘玫. 香港与内地刑事诉讼制度比较研究[M]. 北京:中国政法大学出版社,2001.
[197]苏力. 送法下乡:中国基层司法制度研究[M]. 北京:中国政法大学出版社,2000.
[198]孙谦,刘立宪. 检察理论研究综述(1989—1999)[M]. 北京:中国检察出版社,2000.
[199]王利明. 司法改革研究[M]. 北京:法律出版社,2000.
[200]焦宏昌,周大纲. 港澳台法制概论[M]. 北京:中国政法大学出版社,1999.
[201]宋冰. 读本:美国与德国的司法制度及司法程序[M]. 北京:中国政法大学出版社,1999.
[202]魏宏运. 民国史纪事本末:第 1 册[M]. 沈阳:辽宁人民出版社,1999.
[203]贺卫方. 中国法律教育之路[M]. 北京:中国政法大学出版社,1997.
[204]王大伟. 英美警察科学[M]. 北京:中国人民公安大学出版社,1995.
[205]赵秉志,高德志. 澳门法律问题研究[M]. 北京:中国公安大学出版社,1994.
[206]龚祥瑞. 西方国家司法制度[M]. 北京:北京大学出版社,1993.
[207]哈罗德·J·伯尔曼. 法律与革命:西方法律传统的形成[M]. 贺卫方,等译. 北京:中国大百科全书出版社,1993.
[208]中国社会科学院近代史研究所. 孙中山全集:第 6 卷[M]. 上海:中华书局,1981.

期刊论文:

[1]秦前红. 检察侦查权的制度逻辑与时代走向[J]. 政法论丛,2023(4):36-48.
[2]王洪亮. 论诉讼和解作为意定纠纷解决机制:以在线纠纷解决机制为背景[J]. 政法论丛,2023(3):30-40.
[3]于同志. 深化以审判为中心的刑事诉讼制度改革[J]. 中国应用法学,2023(3):135-148.
[4]张智辉. 论检察一体化[J]. 中国法学,2023(3):243-263.

[5]杨佳瑜. 审判中心背景下认罪认罚从宽制度的冲突与调和[J]. 太原理工大学学报(社会科学版),2023(3):49-55.
[6]廖永安,蒋龙威. 我国不动产法定公证制度的重新审视与规则构建[J]. 湖湘法学评论,2023(2):34-46.
[7]潘志玉. 虚假诉讼检察监督职能再定位[J]. 政法论丛,2023(2):149-160.
[8]张永华. "诉源治理"视角下律师权威的塑造[J]. 河北法学,2023(5):135-153.
[9]涂永前. 论我国劳动法治的现代化与劳动法典的编纂[J]. 法学论坛,2023(2):87-99.
[10]刘文轩. 审判中心视域下刑事法律援助范围再构[J]. 法律适用,2023(3):168-177.
[11]王海军. 一般监督制度的中国流变及形态重塑[J]. 中外法学,2023(1):125-142.
[12]丁国民,吴光慧,张程. 担保合同仲裁管辖的制度完善[J]. 财经理论与实践,2023(1):155-160.
[13]邓佑文. 行政复议调解的现实困境、功能定位与制度优化[J]. 中国行政管理,2023(1):29-35.
[14]张庆庆. 从律师中选任法官制度的实践与思考[J]. 重庆社会科学,2023(1):126-138.
[15]孟婕. 值班律师制度保障的三重维度[J]. 中国政法大学学报,2023(1):265-275.
[16]艾明. 论刑事侦查中行踪轨迹信息收集运用的法律规制[J]. 江西社会科学,2022(12):141-151,201.
[17]王海军. 中国语境下的"检察权"概念考察[J]. 中国法学,2022(6):262-281.
[18]丁霞敏,高嘉澍. 能动司法检察理念下民事检察支持起诉制度研究[J]. 人民检察,2022(S1):1-5.
[19]唐雨欣,刘梦哲,李熠茏. 社会治理视角下社区调解的优化路径探析[J]. 南方论刊,2022(11):64-66,72.
[20]胡兴东. 中道:传统司法制度中正向原则与补救原则的形成及实践[J]. 河南财经政法大学学报,2022(6):155-166.
[21]阳平. 检察提前介入监察:正当性、限度与制度建构[J]. 南京大学学报(哲学人文科学社会科学),2022(5):114-125.
[22]周艳萍. 新时期构建有中国特色的警察民事调解制度初探[J]. 中国人民公安大学学报(社会科学版),2022(5):137-147.
[23]刘磊. 从审判管理到诉讼博弈:类案运用的视角转换与制度构造[J]. 中国法

律评论,2022(5):45-56.
[24]吴卫军.习近平法治思想中的司法体制改革理论研究[J].比较法研究,2022(5):16-30.
[25]于丽红,邓洪涛.论检察听证制度诉讼化改造[J].江西社会科学,2022(9):157-165.
[26]王宇石.我国自由贸易试验区商事调解制度的优化与创新:以《新加坡公约》为背景[J].求索,2022(5):170-178.
[27]吴元元.人民调解制度的技艺实践考[J].法学,2022(9):3-15.
[28]陈文聪.论审判中心主义改革与认罪认罚从宽制度的关系[J].华东政法大学学报,2022(5):171-179.
[29]于鹏.行政协议纠纷适用仲裁研究[J].清华法学,2022(5):55-71.
[30]刘晓涛.侦查监督与协作配合机制运行难题及对策[J].人民检察,2022(17):62-64.
[31]王艳.优化营商环境视域下我国商事司法制度优化路径探析[J].河北法学,2022(10):181-200.
[32]肖雯.《仲裁法》修订视阈下临时仲裁制度构建[J].重庆理工大学学报(社会科学),2022(8):154-165.
[33]张立平,谢米隆.我国民事诉讼调解政策的历史变迁与演进逻辑:基于历史制度主义分析[J].重庆社会科学,2022(8):89-100.
[34]付立华,石文乐.社会支持视阈下社区矫正中的家庭参与[J].东岳论丛,2022(7):176-181.
[35]邓平.社区矫正对象再犯风险现状及对策探究[J].犯罪与改造研究,2022(8):43-48.
[36]章志远.以习近平法治思想引领行政审判制度新发展[J].法学研究,2022(4):3-19.
[37]郭亮.乡村振兴背景下的土地纠纷调解及其制度完善[J].华中科技大学学报(社会科学版),2022(4):23-30.
[38]毋爱斌.《仲裁法》引入临时仲裁制度体系论[J].社会科学家,2022(4):104-112.
[39]匡旭东.社区矫正检察监督的实践检视与优化路向[J].时代法学,2022(3):82-93.
[40]孙巍.中国仲裁立法的二元模式探讨[J].中国法律评论,2022(3):193-205.
[41]冀祥德.论法律援助制度的中国特色[J].政治与法律,2022(6):143-159.
[42]刘强.推进社区矫正委员会制度建设和立法完善[J].中国司法,2022(6):66-70.

[43]李元华. 实质性化解行政争议的程式建构[J]. 学术交流,2022(6):66-77.
[44]谷佳杰,张健祯. 仲裁案外人准入制度之质疑[J]. 海南大学学报(人文社会科学版),2022(4):123-130.
[45]黄明儒,张继. 涉罪未成年人救赎之路探究:以未成年人犯罪记录为切入点[J]. 中南大学学报(社会科学版),2022(3):41-55.
[46]安文霞. 社区矫正对象权利规范探析[J]. 犯罪与改造研究,2022(6).
[47]王海军. 人民检察院性质的理论辩思:"法律监督机关"的概念史考察[J]. 华东政法大学学报,2022(3):38-44.
[48]崔玮. 被追诉人权利保障机制的结构性缺陷及其矫正:以认罪认罚案件为中心[J]. 北方法学,2022(3):109-120.
[49]刘学在,刘鋆. 公证机构签发执行证书制度之检讨[J]. 河南财经政法大学学报,2022(3):111-123.
[50]韩良,刘鹏坤. 我国发展家族信托的法律困境及突破[J]. 天津师范大学学报(社会科学版),2022(3):105-113.
[51]秦前红,薛小涵. 论《监察法》中的涉案人员:规范意涵、角色定位及其制度建构[J]. 学术界,2022(4):114-125.
[52]张永进,任海勇. 审判中心主义视野下监察法与刑事诉讼法证据衔接制度研究[J]. 重庆理工大学学报(社会科学),2022(6):146-153.
[53]刘为军,漆晨航. 机动侦查权的解读与实化:回归权力本位的研究思路[J]. 甘肃政法大学学报,2022(2):90-101.
[54]周雨臣. 社区矫正公益活动与监狱劳动改造异同分析[J]. 犯罪与改造研究,2022(4):25-30.
[55]赵恒. 职务犯罪案件认罪认罚从宽制度研究[J]. 比较法研究,2022(2):72-88.
[56]田夫. 审判监督概念能成立吗? [J]. 华东政法大学学报,2022(2):124-140.
[57]龙宗智. 论"检察一体"与检察官统一调用制度之完善[J]. 中外法学,2022(2):404-424.
[58]杨衡宇,杨翔. 司法体制改革共识及其未来图景[J]. 湘潭大学学报(哲学社会科学版),2022(2):74-83.
[59]朱广新. 情势变更制度的体系性思考[J]. 法学杂志,2022(2):1-12.
[60]梁盼,张昱. 从"维控有力"到"治理长效":社区矫正效能标准的转向[J]. 华东理工大学学报(社会科学版),2022(2):92-104.
[61]于冰. 我国辩护律师制度的发展历程、存在问题及完善路径[J]. 中共济南市委党校学报,2022(1):53-57.
[62]章志远. 法治政府建设中的人民法院:问题与再定位[J]. 探索与争鸣,2022

(1):92-99,179.
[63]余劲松.投资条约仲裁制度改革的中国选择[J].法商研究,2022(1):59-70.
[64]卞建林.习近平法治思想中的司法改革理论要义[J].法商研究,2022(1):3-14.
[65]张卫平.审判资源程序配置的综合判断:以民事诉讼程序为中心的分析[J].清华法学,2022(1):195-208.
[66]董坤.认罪认罚从宽制度在监察与司法中的衔接[J].内蒙古社会科学,2022(1):113-120.
[67]高志刚.司法改革方法论的反思性整合:一个实践理性的视角[J].法学论坛,2022(1):97-108.
[68]董坤.职务犯罪案件缺席审判在监察与司法中的衔接[J].江海学刊,2022(1):178-187.
[69]齐玎,张晓红.国家治理视野下公证参与检察公益诉讼路径探索[J].河南财经政法大学学报,2022(1):129-138.
[70]王海军.人民检察院性质的理论辩思:"法律监督机关"的概念史考察[J].华东政法大学学报,2022(3):108-123.
[71]龙宗智.论"检察一体"与检察官统一调用制度之完善[J].中外法学,2022(2):404-424.
[72]梁盼,张昱.从"维控有力"到"治理长效":社区矫正效能标准的转向[J].华东理工大学学报(社会科学版),2022(2):92-104.
[73]纪格非.民事程序类型化的基础与逻辑[J].社会科学辑刊,2022(3):79-89,209.
[74]孙辙,张龑.司法的实体公正、程序公正及法官的行为公正[J].法律适用,2022(3):102-110.
[75]钱大军.组织与权威:人民调解的兴衰、重振和未来发展逻辑[J].法制与社会发展,2022(2):28-42.
[76]李红梅,王顺安.认罪认罚从宽制度与社区矫正制度的冲突与解决[J].学习与实践,2021(10):48-57.
[77]任重.民法典的实施与民事诉讼目的之重塑[J].河北法学,2021(10):38-70.
[78]刘敏.论优化司法确认程序[J].当代法学,2021(4):73-82.
[79]于浩.人民调解法制化:可能及限度[J].法学论坛,2020(6):140-147.
[80]周新.我国检察制度七十年变迁的概览与期待[J].政法论坛,2019(6):44-57.
[81]刘天来.俄罗斯行政检察制度研究[J].北方法学,2019(3):126-139.
[82]尹吉,王梦瑶.新时代检察机关行政法律监督制度研究[J].国家行政学院学

报,2018(4):35-40,148.
[83]朱孝清. 国家监察体制改革后检察制度的巩固与发展[J]. 法学研究,2018(4):3-19.
[84]万毅. 论检察制度发展的"东亚模式":兼论对我国检察改革的启示[J]. 东方法学,2018(1):198-208.
[85]兰荣杰. 人民调解:复兴还是转型? [J]. 清华法学,2018(4):111-127.
[86]王海军. 苏俄检察监督制度及其现代发展[J]. 国家检察官学院学报,2017(6):147-168,172.
[87]张建伟. 认罪认罚从宽处理:中国式辩诉交易? [J]. 探索与争鸣,2017(1):71-77.
[88]刘莘,祁菲. 论检察制度的探索性特征[J]. 南京社会科学,2016(12):78-84,99.
[89]姜涛. 检察机关行政法律监督制度研究[J]. 东方法学,2016(6):2-13.
[90]侯欣一. 中国检察制度史研究现状及相关文献[J]. 国家检察官学院学报,2016(4):154-161,174.
[91]周叶中,叶正国. 我国宪法检察制度若干关键问题辨析[J]. 四川师范大学学报(社会科学版),2015(5):49-61.
[92]李川. 修复、矫治与分控:社区矫正机能三重性辩证及其展开[J]. 中国法学,2015(5):158-176.
[93]邵辉. "检察"一词的前世今生:词源和历史的交融[J]. 北方法学,2014(5):121-130.
[94]徐鹤喃. 制度内生视角下的中国检察改革[J]. 中国法学,2014(2):65-91.
[95]刘柳. 中国监狱制度的实施效果和改革方向[J]. 国家行政学院学报,2013(2):74-91.
[96]曾赟. 中国监狱罪犯教育改造质量评估研究[J]. 中国法学,2013(3):149-162.
[97]李浩. 调解归调解,审判归审判:民事审判中的调审分离[J]. 中国法学,2013(3):5-18.
[98]江必新. 行政程序正当性的司法审查[J]. 中国社会科学,2012(7):123-140,205-206.
[99]刘柳. 论我国监狱制度中的劳动改造手段[J]. 江苏社会科学,2011(3):149-152.
[100]但未丽. 社区矫正的"北京模式"与"上海模式"比较分析[J]. 中国人民公安大学学报(社会科学版),2011(4):151-156.
[101]谢鹏程,任文松. 苏联检察制度对我国的影响[J]. 河北法学,2010(7):

195-199
[102]苑远. 浅谈当代俄罗斯的法学教育[J]. 俄语学习,2007(3):59-61.
[103]吴英姿. “大调解”的功能及限度纠纷解决的制度供给与社会自治[J]. 中外法学,2008(2):309-319.
[104]翁里. 中美“社区矫正”理论与实务比较研究[J]. 浙江大学学报(人文社会科学版),2007(6):64-72.
[105]张绍彦. 社区矫正在中国:基础分析、前景与困境[J]. 环球法律评论,2006(3):295-303.
[106]王晨光. 法学教育的宗旨:兼论案例教学模式和实践性法律教学模式在法学教育中的地位、作用和关系[J]. 法制与社会发展,2002(6):33-44.
[107]康树华. 社区矫正的历史、现状与重大理论价值[J]. 法学杂志,2003(5):21-23.
[108]曾小华. 强力与无奈:中国古代监察制度的政治分析[J]. 中共浙江省委党校学报,2000(6):35-41.
[109]季卫东. 法律职业的定位[J]. 中国社会科学,1994(3):63-86.

后　记

《司法制度原理》一书自2014年忝列21世纪普通高等教育规划法学教材、河南省“十二五”普通高等教育规划教材出版以来，多次印刷发行，有幸获得业界认可。在本书出版至今的八年多时间里，国家的政治、经济、社会生活与法律制度均发生了巨大变化，法学理论研究和国家法治实践也日新月异。相应地，我国司法制度建设亦取得了巨大成就，开展了一系列具有时代意义的改革措施和立法工作，其中《宪法》《刑法》《刑事诉讼法》《行政诉讼法》《行政处罚法》《民事诉讼法》《法官法》《检察官法》《公证法》等法律法规顺应时代大潮进行了必要修改，《监察法》《民法典》《网络安全法》《个人信息保护法》《监察官法》等法律法规先后颁布实施。为了适应社会发展、国家立法工作以及司法制度改革的步伐，《司法制度原理》一书也应与时俱进地进行相应修改与完善，确保内容的时代性和适应性，更好地服务于法学通识教育教学以及司法实践工作的现实需要。

《司法制度原理》在延续第一版编写原则与编写内容的基础上，主编王建国教授重新组织法学新锐，对本书的相关内容根据形势和新法律内容进行了重新写作编撰。新修订稿实际上完全是一本新时代中国特色社会主义司法制度的描绘，是一本紧跟时代的新教材。书稿完成后，经过申报评审，有幸入选河南省“十四五”普通高等教育规划教材。本书由郑州大学法学院博士研究生导师王建国教授担任主编，其他参编者为：河南警察学院讲师、法学博士谷耿耿，郑州大学法学院博士研究生肖冲、张毅伟、吴芊玮，华东政法大学博士研究生苏晓阳，南京师范大学法学院博士研究生王蕊。在编写时，先由主编拟订大纲，提出编撰要求与写作内容，再由各撰稿人分工写作，而后集体讨论反复斟酌编写内容，最后由主编统筹修改定稿。

主编王建国教授负责前言、提纲、后记撰写以及全书统稿工作。谷耿耿、肖冲协助主编统稿做了大量工作。各章节具体撰写分工如下：

前言、第一章，王建国教授负责撰写；第二章，王建国教授撰写、王蕊博士校订；第三章，谷耿耿博士撰写、王蕊博士校订；第四章，谷耿耿博士负责撰写；第五章，谷耿耿博士负责撰写；第六章，王建国教授撰写、张毅伟博士校订；第七章，谷耿耿博士负责撰写；第八章，王建国教授撰写、苏晓阳博士校订；第九章，王建国教授撰写、肖冲博士校订；第十章，王建国教授撰写、吴芊玮博士校订；第十一章，王建国教授撰写、吴芊玮博士校订；第十二章，王建国教授撰写、张毅伟博士校订；第十三章，王建国教授撰写、肖冲博士校订。

本书的出版，尤其要感谢郑州大学出版社孙保营社长对本教材出版工作的支持，感谢责编张卫明对本教材的细心编辑。

编者

2023年8月10日